의미창출을 위한 상담기법

애도상담과 표현예술

Barbara E. Thompson · Robert A. Neimeyer 편저 | 유영권 · 박경은 공역

Grief and the Expressive Arts

Practices for Creating Meaning

학지사

역자 서문

2014년 한국상담심리학회에서 이 책의 저자인 로버트 니마이어(Robert A. Neimeyer) 교수를 초청하여 애도에 관한 워크숍을 진행하였다. 그때는 세월호 사건으로 인해 대한민국의 모든 국민이 집단 트라우마를 경험하고 있던 시기로, 니마이어 교수의 강연과 워크숍은 커다란 위로와 감동을 전해 주었다. 워크숍이 끝나고 식사를 하는 자리에서 이 책에 대한 이야기가 나왔고, 한국어로 출간되면 좋겠다는 대화를 나누면서 번역이 시작되었다.

이 책은 유가족의 슬픔, 직장을 잃은 슬픔, 소외되면서 가지는 슬픔, 은퇴 · 이혼 · 사별에 따른 슬픔 등 다양한 슬픔을 겪는 사람들을 효과적으로 치료할 수 있는 방법을 상세하고 친절하게 알려 주는 책이다. 슬픔과 트라우마를 경험하는 개인, 가족, 집단은 자신들의 고통과 아픔을 제대로 표현하지 못하는 경우가 많다. 특히 한국인들은 자신의 고통을 표현하지 않는 사람이 더 강하다는 생각을 가지고 있기 때문에 문화적으로 자신의 슬픔을 표현하는 것에 익숙지 않다. 자살 유가족도 사랑하는 이의 죽음에 대해서 수치감을 가지고 주변 사람에게 죽음의 원인을 숨기기에 바쁘고 이로 인해 지연된 슬픔을 경험하게 된다. 일례로, 부부상담에서는 현재 부부 사이의 친밀감이 부족한 상황에서 남편이 어머니의 죽음에 대한 자책감이 있어 지금의 행복한 순간을 충분히 누리지 못하고 살아가는 경우를 볼 수 있었다. 자녀의 죽음에 대해 서로를 비난함으로써 부부 사이에 갈등을 일으키는 경우도 보았다. 대인관계에서의 트라우마와 지연된 슬픔은 커다란 심리적 영향을 미친다. 이런 사람에게는 자신의 슬픔을 드러내게 하고 그 슬픔을 다른 사람과 나눌 수 있게 하는 것만으로도 커다란 치유의 경험을 제공해 줄 수 있다. 논리적인 사고로 자신의 슬픔을 표현할 수 있도록 하는 것은 힘든 과정이다. 이 책은 이러한 논리적 구조에 예술적 표현 방법들을 더하여 슬픔을 표출하고 치유할 수 있는 방법들을 다양하게 제시한다. 여러 학자와 상담자의 실제 경험이 녹아 있는 기법들은 애도상담을 진행하는 데 아주 유용하게 사용될 것이다.

역자들은 함께 번역을 하면서 원문의 내용을 그대로 전달하기 위해 직역을 원칙으로 작업하였다. 그러나 이 책의 저자들이 예술적인 성향을 가진 저자들이었기에 예술적인 단어들, 시적인 단어들이 많이 나올 때마다 번역에 어려움을 겪었다. 될 수 있는 대로 원문에 충실하려고 노력하였고, 한국어 문맥에 맞게 의역한 부분도 있다. 번역한 후 이를 서로 몇 번씩 점검하고 모여서 토론하면서 문장을 가다듬었다. 독자들이 자연스럽게 거침없이 읽어 내려가는 번역이 이루어졌기를 바란다.

이 책은 심리치료의 공간에서, 호스피스 프로그램에서, 집단상담의 장에서, 양로원이나 고아원 등의 시설에서도 애도 작업을 하는 데 사용할 수 있는 여러 가지 방법을 제시하고 있다. 이러한 다양한 접근과 방법이 소개되어 상담자와 돌봄을 제공하는 자들이 내담자의 눈물을 효과적으로 닦아 주고 위로해 줄 수 있기를 바란다.

오랜 세월 동안 이 책의 번역을 함께 한 박경은 교수님의 수고와 열정에 감사드리고, 실질적으로 이 책이 나올 수 있도록 격려해 주신 학지사의 김진환 사장님과 편집을 담당해 준 이영봉 님에게도 감사드린다.

슬픔을 당한 많은 사람이 이 책을 통해 슬픔의 과정을 솔직하고 용기 있게 경험하여 새로운 의미를 창출하고 새로운 희망의 빛을 경험할 수 있기를 바란다.

2020년 1월
역자 대표
유영권

'기억'은 낯선 새와 같아.
우리 세계에 무엇을 가져다주지.

우리가 만들어 낸
파편들로 —

나는 파수꾼이야. 지금,
모두 잡았어.

글을 쓰는 오늘 밤, 나는 마법사가 돼.

내가 손을 열면,
천 마리의 새가 날아오를 거야.

* Moore, J. (2012). *Everything, Now*. Ontario: Brick Books. 허락하에 게재함.

추천사

중국 속담에 이런 말이 있다. '당신은 슬픔의 새가 머리 위로 날아드는 것을 막을 수는 없지만, 머리 위에 둥지를 틀지 못하게는 할 수 있다.' 어떻게 그렇게 할 수 있을까? 고통스럽고 슬픈 내면의 이야기를 떠올려 표현해야 할까? 그 이야기가 우리의 머리 위에 둥지를 틀지 못하도록 그것을 개조하고 변형해야 할까? 이 속담의 숨은 의미는 바로 창조적인 치유는 모든 사람에게 일어날 수 있다는 것이다. 그리고 치료에서 창조적인 영혼을 일깨우는 것만큼 중요한 일은 없다는 것이다.

서구 문화권에서 전통적인 치료의 목적은 환자의 문제를 해결하는 것이었다. 예술치료는 의학 모델과 같이 환자의 문제를 진단하고 분석·해석하는 것에 중점을 둔다. 즉, 환자나 내담자가 자신이 그린 그림의 이미지를 통해 통찰을 얻도록 돕는 것을 목표로 삼는 것이다. 이러한 견해는 계속 확장되어 왔으며, 이제는 그 과정에서 내담자가 의미를 만들고 만족스러워한 결과를 바탕으로 치유의 경험을 통해 예술작품을 만드는 것이 얼마나 가치 있는 일인지 알 수 있게 되었다.

논쟁의 여지가 있지만, 최초의 애도상담자라고 할 수 있는 샤먼(shaman, 주술사)은 다양한 형태의 방법을 활용했다. 예를 들어, 이들은 언어적·회화적·음악적(드럼 연주, 노래 부르기)·신체적(춤추기, 땀 흘리기) 방법을 활용해 슬픔이 치유되는 과정으로 나아갈 수 있도록 하였다. 이 책의 샤먼이라고 할 수 있는 톰슨(Thompson)과 니마이어(Neimeyer)는 뛰어난 치료사이자 편집자로, 창조적이고 예술적인 치료법에 관한 이론과 그 활용 방법을 제시한다. 또한 이들은 우리 역시 상처받은 치유자라는 사실을 일깨워 준다. 우리가 가진 치유의 능력은 우리가 가진 취약성에 비례하며, 진실한 마음을 계속해서 유지하기 위해서는 주기적인 자극이 필요하다. 그것이 바로 이 책의 각 개요에 나타난다. 각 장은 우리에게 맡겨진 사람들뿐 아니라 우리 스스로를 위해서 유익한 만남을 어떻게 만들어 나갈 수 있을지 가르쳐 준다. 이들은 표현예술치료가 '슬픔의 새가 머리 위로 날아드는 것'을 막을 수 있도록 도와준다고 말하지 않는다. 그 대신 우리가 슬픔을 통해 더 많은 것을 느끼고 배울 수 있도록 도와준다고 말한다. 현 시대의 '치료사'가 고통의 시간을 살아가는 다른 사람들과 함께하기 위한 기본 자격은 온전한 인간으로서 현재에 존재하는 것이다. 치료사는 공간을 제공할 뿐 아니라 경외감과 무비판적인 해설 그리고 감히 말하자면 사랑을 가지고 내담자들이 펼쳐 나갈 창조적인 과정에 증인이 되어야 하는 것이다.

샌드라 버트먼(Sandra L. Bertman, Ph.D.)

편저자 서문

이 프로젝트를 막 시작할 때쯤 우리는 심리학자 칼 로저스(Carl Rogers)의 딸이자 예술치료의 선구자인 나탈리 로저스(Natalie Rogers)와 대화를 나누었다. 그녀는 "애도의 과정에서 활용하는 표현예술은…… 사랑하던 사람을 잃거나 자신의 어떤 부분을 잃은 마음에서 나오는 다양한 감정을 표현하고 변화시키는 언어이다. 이때는 어떠한 말도 목에 걸려 나오지 않고, 자신의 마음의 상태조차 인식되지 않기 때문이다."라고 말하며 표현예술을 활용하는 것에 상당한 열정을 보여 주었다. 하지만 그녀는 단순한 절차를 넘어서는 수준에서 그러한 작업의 본질적인 관계적 기반을 강조하였다. "나중에는 어떨지 모르겠지만, 나는 이 일이 특정한 기술이나 방법을 사용하여 하는 일이라고 생각하지 않는다. 애도의 과정을 촉진하는 것은 슬픔에 젖어 있는 사람과 치료사 및 촉진자 사이에서 이루어지는 관계에 달려 있다. 촉진제는 공감적으로 존재하는 가치 체계 또는 방법으로, 슬픔에 젖어 있는 사람들이 슬픔, 분노, 두려움, 수치심 및 떠오른 다양한 감정을 드러내어 내면의 힘을 발견할 수 있도록 돕는다. 예술은 이 과정을 매우 의미 있는 방식으로 돕는 언어이다."(Natalie Rogers, 개인적 담화, 2012. 10. 12.)

이렇게 생생한 감정적 순간에 슬픔에 잠긴 사람들과 함께하는 치료사로서 우리는 로저스가 예술적 애도상담을 '근본적으로 인간적인 교류'라고 묘사한 것에 공감한다. 인간적 교류의 목표는 애도 과정에서 맞닥뜨리는 심오한 개인의 감정과 의미를 명료화하고, 상징화하고, 재협상하는 것이다. 이것은 기술적인 상호작용 이상의 것을 뜻하며, 내담자가 가져온 '문제'에 대한 준비된 전문적 절차를 적용하는 것으로 이해할 수 있다. 이것은 창조(또는 공동 창조) 활동이다. 하지만 새로운 악기(가령, 피아노)의 도입이 예술적 표현의 범위를 제한하지 않고 오히려 크게 증폭시키듯이, 광범위한 예술적 방법이 이러한 치료 작업을 진전시키지 못할 것이라고는 생각하지 않는다. 이것은 현재 우리의 프로젝트가 추구하는 방향을 제시하는 기본 입장으로, 치료 관계에서의 본질적 인간성에 중점을 두고 증가하는 예술적 방법의 레퍼토리에 따라 유용하게 확장하는 입장이다.

이 책을 집필하면서 우리는 애도상담의 세계와 표현예술 사이에 단단한 다리를 만들기 위해 노력하였으며, 가장 창조적인 목소리를 들려줄 수 있는 많은 예시를 활용하였다. 특히 사별을 경험한 아동 및 청소년의 상담에 있어서는 간략하고 명료하게 쓰인 여러 개의 장을 통해 독자가 활용할 수 있는 실천지향적 지혜와 학문이 반영된 새로운 방식을 나눌 것이다.

제1부는 '틀을 제시하는' 장으로 구성하였다. 이 장들을 통해 현대적이고 의미지향적인 뼈대를 갖추었는데, 이 뼈대는 근래 급부상하고 있는 사별 이론 및 연구를 반영하며, 표현예술치료의 구조를 파악하고 그것을 내담자의 트라우마와 상실에 접목하는 방법을 제시한다. 또한 애도상담에 있어서 예술적 정보에 입각한 활동의 범위와 깊이를 제시한다. 요약하면, 각 장은 전문적인 치료를 위해 필수적인 관계적 '담아 주기 용기'를 설명하고 예술을 심리치료에 통합하는 실례를 제시한다.

제2부는 많은 분량을 할애하여 방대한 양의 실제적인 도구를 제시한다. 이 도구들은 비탄에 잠긴 내담자가 슬픔의 의미를 구성하고 더 깊은 예술적 탐구를 할 수 있도록 돕는 데 쉽게 활용할 수 있다. 각 장은 특정 모델의 지시 사항과 예시를 함께 제시함으로써 음악, 시각 예술, 창조적 글쓰기, 춤과 동작, 영화와 연극의 접목 방법을 잘 보여 준다. 또한 이 책에는 내담자의 예술작품과 치료적 과정 및 결과물을 보여 주는 사진을 풍부하게 실었다. 이러한 자료들은 실제 내담자와 함께하는 사례에서 활용할 수 있는 수십 가지의 방법을 제시한다. 종합적으로, 저자들은 표현예술치료 개입의 다양성을 구체적으로 전달한다. 이 개입은 아동기부터 청소년기까지 그리고 이후 성인의 삶에 이르기까지 사랑하던 사람을 자연재해 및 폭력으로 잃은 아픔뿐 아니라, 좀 더 모호한 관계나 건강 혹은 사회적 정체성의 상실 등의 범위에 이르는 상실의 아픔을 다룬다. 각 장에서 제시하는 변형과 적용은 독자가 해당 사례에서 벗어나 내담자 집단에서도 그 방법을 자유롭게 확장해 볼 수 있도록 돕는다. 그리고 신중하게 선별된 참고문헌은 이후 특색 있는 임상 방법을 확장하거나 연구한 결과물을 출판하고자 하는 독자에게 도움이 될 것이다. 마지막으로, 저자들은 다양한 표현예술치료 방법을 통합

하는 다중모델 접근 방식을 설명하는 데 심혈을 기울인다. 관련 사례들은 내담자가 단어, 이미지, 동작, 음악 및 공연을 통해 자신의 슬픔을 '목소리 내는' 통합적 방식을 발견할 수 있도록 돕는다. 또한 그들이 가르쳐야 할 내용을 배우고, 이를 기리고, 의식하고, 변형시켜 결국에는 성장과 발달을 이룰 수 있도록 돕는 방법을 보여 준다.

제3부는 각 예술작품에 담긴 인물 개개인의 특성을 더욱 강조하면서, '실재하는 상실'과 '무형의 상실' 모두와 관련해 치료사 자신의 슬픔을 표현예술에 성찰적으로 접목할 수 있는 방법을 설명한다. 용기와 개방성을 포함하는 이 장들의 저자는 많은 창조적 방식을 제시한다. 예를 들어, 콜라주, 사진, 문신, 그림 저널 그리고 춤과 같은 방식을 통해 사랑하던 사람을 기억하고 자신의 계속되는 삶에서 상실의 의미를 가시적으로 탐구할 수 있도록 돕는다. 또한 내담자와 치료사를 동등한 자리에 위치시키는 '움직이는 명상'은 상실의 보편성을 상기할 수 있게 돕고, 치료사로서 우리가 가진 성실성과 통찰력이 자신의 표현매체를 통해 어떻게 날카롭게 되어 우리 자신의 슬픔과 삶의 전환기 경험을 시각과 청각의 형태로 드러내는지 보여 준다.

제4부는 몇몇 장에서 매우 폭력적이거나 급작스럽게 맞이한 비극적인 상실의 아픔으로 고군분투하는 사람들을 위한 치료적 프로그램의 예들을 제시한다. 또한 시각 예술, 작곡, 시, 의식, 음악, 공예 작품을 비롯하여, 신중하게 설계된 상징적 공간에서의 움직이는 동작 등 창조적 방법의 다양성을 바탕으로 자살, 사회적으로 주변인이 되는 것, 전쟁으로 사랑하던 사람을 잃은 슬픔, 아동 및 청소년의 아픔을 다룬다. 종합하면, 이들은 독자가 사별을 경험한 많은 사람과의 작업을 예술을 활용하여 활력 있게 만들고, 어떻게 개인심리치료에서 주로 다루는 것을 넘어 특별한 돌봄을 제공할 수 있는지 생각해 보도록 한다.

제5부는 애도를 돕는 표현예술치료 관련 연구를 개관하며 이 책을 마무리한다. 여기서 우리는 예술이 어떻게 상실과 변혁의 개인적 의미를 탐구하는 수단으로 활용될 수 있는지에 대해 제시하는 삽화를 제공한다. 또한 이 책을 비롯하여, 이 과정의 가치와 효능에 관해 제시한 다른 질적 및 양적 문헌들을 검토하였다. 우리는 이 분야의 연구 자료들에 입각한 관점을 문서화하고 다듬기에는 아직 많은 일이 산적해 있음을 인식하면서 겸손과 희망의 글로 책을 마무리하였지만, 이러한 작업이 가치 있는 일임을 분명하게 나타낼 수 있는 많은 근거 또한 제시하였다.

정리하자면, 창조적인 방법과 그것을 다양한 현장에서 활용할 수 있는 다양한 예시를 제시하며 이 책이 탄생할 수 있도록 산파 역할을 한 것은 사랑의 노동이었다. 우리는 이 책에서 제시한 훌륭한 작품을 통해 독자가 예술치료를 어떻게 응용해 나갈 수 있을지 영감을 얻기를 바라며, 소위 애도상담이라고 부르는 현장에서 인간을 깊이 있게 만나는 데 지속적인 발전을 이루어 나갈 수 있기를 바란다.

로버트 니마이어(Robert A. Neimeyer, Ph.D.)
바바라 톰슨(Barbara E. Thompson, LCSW, OTD)

도입

플로리다 대학교의 평온한 가을 학기 교정에서 청바지를 입은 붉은 머리의 두 학생이 심리학 수업을 마치고 돌아오며 C. G. 융(Carl Gustav Jung)의 작품에 매료된 채 문학적이고 상징적인 꿈을 나누었다. 의식적으로든 그렇지 않든, 두 학생은 자기 자신의 이야기와 삶의 이야기를 이해하는 데 관심을 기울이고 있었다. 그 이야기는 그들이 매우 순진한 어린 나이였음에도 불구하고 상실의 고통과 원치 않은 변화에 맞닥뜨려 구성하게 된 삶의 이야기였다. 머지않아 이들이 맞이할 졸업과 작업치료 및 임상심리학 분야에서 쌓을 다양한 경력이 이 대화를 방해하게 될 것이다. 어떤 의미에서 이 책은 이러한 대화를 계속하게 만들 것이다.

우리의 현재 삶과 그동안 이루어진 만남들 사이의 지난 40년을 돌이켜 보았을 때, 그리고 졸업 후 죽음교육 및 상담협회(Association for Death Education and Counseling: ADEC)에서 놀라운 재상봉을 하기까지 지나온 25년을 돌이켜 보았을 때, 우리는 예전이나 지금이나 똑같은 모습에 서로 미소 짓지 않을 수 없었으며, 성숙한 우정과 동료애를 실감할 수 있었다. 우리는 각자의 분야에서 접점을 찾아내기 위해 수년간 노력했다. 예술이 과학과 만나고, 심리학이 인간의 필요와 만나거나 그 필요를 채우기 위해 힘쓰는 방식으로 노력을 기울였다. 그간 우리는 삶과 죽음의 경계에서 다양한 상실의 아픔을 견뎌 내고자 분투하는 내담자들을 접해 왔다. 그리고 그들이 애도의 과정을 잘 표현하고 탐구하도록 도울 수 있는 방법들을 발견하기 위해, 또 그것을 확장하기 위해 각자의 분야에서 익숙하게 해 오던 관습을 뛰어넘고자 하였다. 이러한 노력 가운데 우리는 서로 다시 만났으며, 표현예술과 애도상담 분야에 있는 창조적인 동료들로 이루어진 공동체는 비슷한 탐구를 시작하게 되었다. 이 책은 이러한 대화를 재개하고 확장한 결과로 나오게 되었다.

이 프로젝트에서 우리가 추구하는 목표는 많은 창조적 공헌자의 작품을 한 권의 책으로 묶고, 각자가 선호하는 표현예술치료 방법을 명료하고 간결하게 전달하는 한편, 실제 사례 연구에서 그것을 어떻게 활용하여 슬픔에 젖어 있는 내담자와의 상담에 접목할 수 있을지 설명하는 것이었다. 이 책을 구성하는 여러 장에서 발견할 수 있듯이, 우리는 시각 예술, 창조적 글쓰기, 음악치료, 연극과 공연, 춤과 동작 및 단독 치료 또는 치료 프로그램에서 활용할 수 있는 다양한 방식의 적용 사례를 보여 주고자 하였다. 이와 마찬가지로, 이러한 치료 방식을 접한 내담자는 어린아이부터 노인에 이르기까지 다양했으며, 사별, 질병, 부상, 전쟁 또는 억압 등을 통해 경험한 상실의 아픔 또한 다양함을 발견할 수 있었다. 우리는 각 장의 집필을 맡은 저자들에게 그들이 소개하는 방법을 '어떻게' 활용할 수 있을지 구체적인 과정에 대해 다루어 줄 것을 부탁하였다. 그리고 그 방법을 다른 문제 상황과 사람들에게 적절하게 활용할 수 있는 방안을 함께 제시해 줄 것을 부탁하였다. 진단 기준에 부합하는 특정 내담자 집단 및 다양한 상실의 아픔을 드러내는 데 주력하기보다 이들을 도울 수 있는 특정한 방식을 드러내는 데 주력하기로 한 결정은, 사실상 모든 표현예술이 창조적 상담자에 의해 적절하게 적용 및 활용될 때 다양한 내담자와 위기 상황에 폭넓게 접목될 수 있다는 우리의 확신을 반영한 것이다.

마지막으로, 우리는 이 책이 주로 치료사에게 도움이 되는 실용적인 자료를 제공할 것으로 기대하지만, 구체적 방법들은 이론적이고 전문적인 구조틀 안에 자리 잡고 있다. 이 틀은 책의 내용이 단순히 고립된 '기술'이라기보다는 더 큰 목적을 위한 수단으로 간주될 수 있도록 도울 것이다. 따라서 우리는 다양한 표현예술치료의 방법을 알리기 위해 몇몇의 넓은 '뼈대를 세우는' 장으로 이 책을 시작한다. 이를 통해 독자는 표현예술치료사의 '기술'뿐만 아니라 사별과 관련된 애도의 과정에서 의미를 재구성해 나가는 것의 역할을 강조하는 현대 이론의 지식을 얻을 수 있을 것이다. 이와 마찬가지로, 우리는 예술을 통합한 특정 내담자 집단의 치료 프로그램의 예들을 살펴보며 이 책을 마무리할 것이다. 그리고 몇몇 장에서는 이러한 방법을 지지하는 최신 연구를 제시할 것이다. 이후의 장은 우리에게 특히 중요한데, 여기에서는 애도상담에 미치는 표현예술의 영향력과 관련된 질적 및 양적 연구를 다룰 뿐만 아니라 연구 방법 자체로서의 예술적 탐구의 활용을 다룬다.

요약하자면, 우리는 각자가 40년 전에 시작한 이 대화에 이 책을 읽는 독자인 당신이 초대되어 좀 더 폭넓고 깊이 있는 변화를 이끌어 낼 수 있기를 기대한다. 애도 이론과 상담은 발효기에 있으며, 우리는 이 장에서 발견할 수 있는 창조적인 방법들이 지금의 현장과 당신이 있는 임상 현장 모두에서 더 많은 발전을 의미 있게 이루어 낼 수 있으리라 확신한다.

차례

※ 역자 서문 _ 3

※ 추천사 _ 7

※ 편저자 서문 _ 9

※ 도입 _ 13

PART 1 기초 세우기 21

01 의미창출과 애도상담 기술 / 23

02 포이에시스, 찬사 그리고 애통 – 기념, 애도 그리고 표현예술치료의 '구조' / 42

03 아동의 트라우마적 상실과 애도의 과정을 돕는 예술치료 / 49

04 신들의 침묵 – 회복의 영과 치유의 혼 / 58

05 사별을 위한 표현예술치료 – 예술의 도시 / 65

PART 2 실제로 작업하기 73

06 음악: 이별을 노래하기 / 75

07 음악: 여기에서 듣기 – 기억의 음악 불러들이기 / 80
08 음악: 새로운 삶의 노래 / 86
09 음악: 악기 연주로 감정 이끌어 내기 / 92
10 음악: 가사 분석 / 97
11 음악: 치료적 작곡에서 활용되는 아크로스틱 / 102
12 음악: 템플릿을 활용한 집단 작곡 / 109
13 음악: 상실을 노래하기 / 116
14 창조적 글쓰기: 가상의 꿈 이야기 / 124
15 창조적 글쓰기: 시와 관련된 글쓰기 과정 / 130
16 창조적 글쓰기: 가구 게임 / 138
17 창조적 글쓰기: '나는……' 시 / 144
18 창조적 글쓰기: 아크로스틱 추도 / 150
19 창조적 글쓰기: 우리 삶의 챕터 / 155
20 영화와 연극: 인터플레이 / 163
21 영화와 연극: 플레이백 시어터 / 170
22 영화와 연극: 감정 재연하기 / 181
23 영화와 연극: 그림자 속에서 춤추기 / 190
24 영화와 연극: 사회극에서의 실용적 뮤즈 / 199
25 영화와 연극: 6단계 스토리메이킹 / 207
26 춤과 동작: 근감각적 상상 / 215
27 춤과 동작: 과도기의 춤 / 223
28 춤과 동작: 신체와의 연결 / 230
29 춤과 동작: 몸으로 표현하는 연민과 공감 / 236

30 춤과 동작: 내면의 이끌림으로 몸을 움직이기 / 242
31 시각 예술: 이야기 스크랩북 만들기 / 248
32 시각 예술: 이야기를 스케치하기 / 255
33 시각 예술: 은유적 표현으로 그림 그리기 / 266
34 시각 예술: '기억될 순간들' 다큐멘터리 / 274
35 시각 예술: 간단한 그림 그리기 / 282
36 통합적 접근: 캔버스와 대화하기 / 288
37 시각 예술: 영혼의 나뭇가지 / 297
38 시각 예술: '삶의 회고록' 비디오 촬영 / 303
39 시각 예술: 그리피티 / 309
40 시각 예술: 돌 사이에서 춤추기 / 314
41 걱정 털어 내기 / 321

PART 3 예술과 성찰 329

42 콜라주 - 찢어진 조각들을 하나로 만들기 / 331
43 사진에 찍힌 은유 / 345
44 추모의 문신 새기기 - 애도를 시각화하기 / 351
45 엔소 - 그림 저널 / 356
46 부동의 것을 움직이기 / 362

PART 4 프로그램 369

47 자살 생존자의 희망의 심장박동 되살리기 / 371

48 통합적 작사 / 383

49 위기 청소년을 위한 폰고 창조적 글쓰기 / 389

50 병사의 마음 - 예술을 활용하여 전쟁의 상처를 치유하기 / 399

51 한 음표, 한 음표씩 슬픔을 헤쳐 나가기 - 사별한 아동을 위한 음악치료 / 406

52 슬픔이 치유되는 정원 / 412

53 '올바른 애도 캠프'에서 마음과 마음을 연결해 주는 표현예술 / 429

PART 5 연구 441

54 민간인과 참전 용사의 예술적 대화 / 443

55 연구의 예술 / 463

56 애도상담에서의 표현예술 - 경험적 관점 / 472

57 지하세계의 페르세포네 - 닫는 글 / 483

에필로그(영혼의 움직임) _ 488

PART 1
기초 세우기

1

의미창출과 애도상담 기술

로버트 니마이어(Robert A. Neimeyer) & 바버라 톰슨(Barbara E. Thompson)

애도는 사랑과 상실 그리고 정듦과 이별의 교차점에 존재하면서 인류가 시작된 이래로 인간의 언어로 이해되어 계속 존재했다. 한 인류 공동체 안에서 한 사람의 죽음을 목격하는 일은 고통이지만, 한편으로는 그것이 새로운 희망으로 간주되어 왔다. 이러한 전통은 고대 동굴 벽화에서부터 각 문화 공동체가 만들어 낸 음악과 춤 속에 녹아 있다. 그것은 수많은 영적 전통을 가진 종교적 예술에서부터 세속화된 시와 산문에 이르기까지 다양한 예술적 표현 속에서 발견되어 왔다. 이 책을 출판하게 된 이유는 이러한 전통이 어떻게 표현예술 속에 녹아 현대의 애도상담에 어떻게 접합될 수 있을지를 탐구하기 위한 목적에서 시작되었다.

이 글을 읽게 될 독자뿐만 아니라 우리 모두는 다양한 상실의 경험 속에서 우리 자신의 모습을 발견하게 된다. 또한 우리 모두는 실존적으로 느끼는 공허함 속에서 또는 사랑하는 사람을 여읜 내담자들을 만나는 가운데 우리 자신의 모습을 발견하게 된다. 사랑하는 사람을 여읜 내담자들과 함께하는 여러 과정, 곧 탐색, 명료화, 경험의 타당화 그리고 변화의 과정에서 느끼는 일반 언어의 한계를 뛰어넘어 은유적 · 음악적 · 실천적 · 시각적 예술의 언어가 필요하다는 인식을 얻게 된다. 이러한 인식은 오늘날 심리치료 현장에서 일어나고 있다.

애도와 관련된 이론의 변천사

사랑하는 사람을 여읜 슬픔은 우리 모두가 이해할 수 있는 부분과 이해할 수 없는 미지의 부분을 모두 갖고 있다. 이러한 부분들은 역설적이게도 심리학을 비롯한 관련 전문 분야들에서 다루어 왔으나 그 의미를 충분히 밝혀내지는 못했다. 사랑하는 사람을 여읜 슬픔이 무엇인지를 밝히고자 하는 현대적 논의가 활발한 가운데, 새로운 모델과 방법들이 인접 학문 분야의 학자, 연구자 그리고 임상가들에 의해 발표되어 왔다(Neimeyer, Harris, Winokuer, & Thornton, 2011). 불과 얼마 전까지만 해도 사랑하는 사람을 상실한 슬픔(grieving)은 '놓아 줌(letting go)'의 고통스러운 과정이라는 순차적 개념이 정신건강 분야에서 통용되었다. 이러한 개념은 사랑하는 사람이 떠났다는 사실을 점진적으로 수용하고 회복하는 과정에서 타협, 분노 또는 저항이 일어나며 사랑하는 사람이 떠났다는 사실을 부정하고 충격과 마비 상태를 경험하게 된다는 '단계(stage)'의 개념으로 지지받았다. 이러한 단계를 지나고 나면 사랑하는 사람을 여읜 사람들은 우울한 감정으로 포기 상태에 이른다. 그러나 실제적인 경험들에 의하면 이 단계 모델이 사별과정을 적절하게 설명하는 모델이냐에 대한 의문이 일고 있다(Holland & Neimeyer, 2010). 상실의 아픔을 다루는 이론 연구자들은 사랑하는 사람을 여읜 사람들이 보일 수 있는 다양한 상실의 과정을 드러내 주는 다양한 모델을 제시했다. 예를 들어, 사랑하는 사람을 여읜 사람들(mourners)의 1/3 가량은 전통적인 단계 모델에 따른 고통스러운 느낌을 갖기보다, 상당한 회복탄력성(resilience)을 보이고 사별 후 초기부터 큰 안도감을 느끼게 되는 것으로 나타났다(Bonanno, 2004). 이와 대조적으로 10~15%가량은 아주 강렬하며 장기적으로 복잡한 슬픔과 비탄을 느끼는 과정을 거치는 것으로 나타났다. 이들은 극심한 분리의 고통을 느끼며 상실에 압도되어 여러 달 혹은 여러 해에 걸쳐 중요한 삶의 역할을 잘 해내지 못하게 되었다(Prigerson et al., 2009). 그러나 이 양극단 사이에 힘든 시기를 잘 적응해 나간 사람들이 있는데, 이들은 전문적인 치료의 도움 없이도 힘든 격변의 시기를 지나 상실의 아픔을 잘 이겨나가는 것으로 알려져 왔다(Currier, Neimeyer, & Berman, 2008). 사랑하는 사람을 여읜 슬픔과 관련된 최근의 연구 동향과 학계의 관심은 일부 극적인 변화를 이끌어 내는 차이점에 초점을 맞추고 있다. 뿐만 아니라 사랑하는 사람을 여읜 사람들이 자신의 자원과 가족과 공동체의 도움을 받아 상실의 아픔을 잘 극복해 나가는 데 새로운 치료적 개입의 효과가 실험되기도 하였다.

애도와 의미 추구

최근 큰 관심을 끌고 있는 모델 가운데 하나는 상실로 인해 도전받은 의미의 세계를 재확인하고 재구성해 내는 과정을 통해 애도를 이해하는 모델이다(Neimeyer, 2001; Neimeyer & Sands, 2011). 이 모델의 관점에서는 사랑하는 사람의 죽음뿐만 아니라 관계적 배신, 개인적 상처, 경력의 상실, 삶의 목적 상실과 같은 '비정형(nonfinite)'의 상실(Harris, 2001) 또한 우리 삶의 기초를 이루는 스토리라인을 훼손시킬 수 있다고 본다. 더 나아가 우리는 이러한 상실을 통해 우리 자신이 누구이며, 무엇이 우리를 고통스럽게 하는지를 탐구하는 고뇌의 해석을 시작하게 된다. 우리는 상당히 복잡하고, 강렬하며, 장기적으로 압도적인 슬픔을 느끼게 될 때 상실의 의미를 찾게 된다. 이것은 수많은 연구 결과에 의해 지지되었다. 그 대상이 사별한 부모든(Keesee, Currier, & Neimeyer, 2008), 나이가 더 많은 배우자든(Coleman & Neimeyer, 2010), 또는 끔찍한 사고, 자살 혹은 살인과 같은 폭력으로 사랑하는 사람을 여읜 사람이든(Currier, Holland, & Neimeyer, 2006) 모두가 이와 같은 과정을 거치게 되는 것이다. 또한 사랑하는 사람을 잃은 슬픔 가운데 의미를 찾지 못했을 때는 이와 관련된 기록을 남기거나 복잡한 영적 투쟁에 돌입하게 될 수도 있다(Lichtenthal, Burke, & Neimeyer, 2011). 즉, 사랑하는 사람의 죽음에서 발생하는 분리에 대한 스트레스는 지속적으로 자신이 유지해 온 종교적 또는 영적 믿음을 훼손시킬 수 있다. 더 나아가 자신의 경험을 어떻게 해석하고 받아들여야 할지에 대해 방향을 찾지 못하는 어려움을 겪게 만들 수도 있다(Burke, Neimeyer, McDevitt-Murphy, Ippolito, & Roberts, 2011).

대처 능력의 관점에서, 사랑하는 사람을 여읜 아픔을 극복하기 위해 다양한 형태로 나름의 의미를 구성해 나가는 것은 긍정적인 효과를 낳을 수 있다(Holland, Currier, & Neimeyer, 2006; Lichtenthal, Currier, Neimeyer, & Keesee, 2010). 예를 들어, 노화로 인해 사랑하는 사람을 먼저 떠나보낸 배우자가 상실을 경험한 초기 기간에 그 아픔의 의미를 생각해 볼 수 있도록 했을 때 사랑하는 사람이 떠난 후 4년 18개월 동안 높은 자긍심, 만족감, 심리적 건강함을 경험할 수 있게 되는 것으로 알려졌다(Coleman & Neimeyer, 2010). 더 나아가 상실의 경험이 사랑하는 사람을 여읜 사람들의 의미 체계 안에서 통합되면 복잡한 애도의 과정을 줄여 줄 수 있는 것으로 알려졌다. 또한 다른 형태의 트라우마 및 전환기적 경험을 한 사람들의 일반적인 심리적 고통 또한 줄여 줌으로써 점진적인 회복을 도울 수 있는 것으로 알려졌다(Holland, Currier, Coleman, & Neimeyer, 2010). 실제로 상실의 고통을 이겨 나가기 위해 숨겨진 자원을 발견하고 감각을 일깨워 줄 수 있도록 설계된 안내된 일기쓰기(journaling)와 같은 치료적 개입이 효과가 있다는 증거가 있었다(Lichtenthal & Neimeyer, 2010). 이것은 사랑하는 사람을 잃은 아픔이 장기화된 징후를 상당히 지속적으로 줄여 줄 수 있으며(Lichtenthal & Cruess, 2010), 그 아픔의 의미를 새롭게 구성해 나갈 수 있도록 돕는 다른 창조적 방법들 또한 제시해 줄 수 있다.

그러나 사랑하는 사람을 잃은 상실에 대해 의미를 재구성한다는 것은 무엇을 뜻하는 것일까? 이와 관련된 물음에 대한 한 가지 해답은 두 가지 중요한 이야기 과정과 관련된다. 하나는 죽음 자체에 대한 사건 이야기(event story)를 작업하는 능력이고, 다른 하나는 치료적 형태로 사별한 사람과의 관계를 재구성해 내는 기반 이야기(back story)에 접근하는 능력이다(Neimeyer & Sands, 2011). 첫 번째 경우에 사랑하는 사람을 잃은 상실에 대해 의미를 재구성하기 위한 방법으로 이러한 일이 왜 일어났으며, 그것의 의미는 무엇인지에 관한 물음을 던져 볼 수 있다. 또한 세상이 어떻게 돌아가는지에 대해 실존적 감각을 일깨워 주는 물음 또는 우리 삶의 더 큰 이야기 속으로 어떻게 편승해 들어갈 수 있는지에 대한 물음을 던져 볼 수 있다. 물론 어린아이나 젊은 사람의 죽음을 목격했을 때, 무의미한 폭력의 현실에 맞서게 됐을 때, 자살의 트라우마 또는 예고 없이 맞닥뜨린 사랑하는 사람의 갑작스러운 죽음 같은 상실들은 이런 면에서 다른 사람들보다 더 심오한 도전을 제기할 것이다. 이러한 경우, 의미를 재구성해 내는 일은 더욱 심오한 과정에서 일어나며, '자기에 대한 재학습(re-learn the self)'과 '세상에 대한 재학습(re-learn the world)'에 촉진이 일어날 수 있다(Atting, 2001). 노화로 병상에서 오랫동안 투병한 이후 예고된 죽음을 맞이하게 된 경우에는 사랑하는 사람을 떠나보낸 아픔의 의미를 재구성하는 것이 조금 더 미묘할 수 있다. 이러한 전환기적 경험은 세상이 '어떠해야만 하는지(should)'에 관한 우리의 신념을 재확인시켜 줄 수 있기 때문이다. 하지만 이러한 경우, 상실의 아픔이 감정적으로 의미하는 것이 무엇인지, 우리가 누구인지, 우리가 사랑하는 사람은 누구인지, 우리가 앞으로 어떻게 살아야 하는지를 고민해 봐야 할 필요가 있다. 애도에 대응하는 이중과정모델(Dual Process Model) 관점에서 본다면 고이 간직했던 과거를 대안적인 미래와 같이 엮는다는 것은 변화된 환경에 맞추어 역할과 목표를 수정하면서 상실에 집중하기도 하고 일상생활은 회복하는 과정을 포함한다(Stroebe & Schut, 2001). 〈표 1-1〉은 내담자가 계속해서 살아 나가는 삶 속에서 맞닥뜨리게 되는 죽음의 의미를 재구성해 나가기 위해 내담자와 상담자가 함께 활용해 볼 수 있는 몇 가지 전형적인 질문이다.

두 번째 잘 엮어야 할 중요한 이야기는 '기반 이야기'의 재구성 및 재접근을 통해 삶의 파편화된 것들을 엮어 내야 하는 것이다. 특히 누군가 과거의 부모(또는 조부모), 현재 친밀한 배우자(소울메이트 또는 형제자매와 더불어) 혹은 미래의 동반자(아이 또는 손자와 같은)와 같은 대상들에게서 신뢰를 상실했을 때, 이러한 대상들의 죽음은 다른 사람과 연결되고 함께한다는 근본적인 유대감에 의문을 던지도록 만든다. 사랑하는 사람을 여읜 사람들이 불안정 애착을 형성한 경우에는 이러한 상실의 경험 앞에서 더욱 큰 우울감을 느끼며 복잡한 애도의 과정을 거치게 될 수 있다(Meier, Carr, Currier, & Neimeyer, 2013). 이들은 사별한 사람의 신체적 부재 가운데 지속 가능한 방법으로 유대감을 계속 유지하려고 분투하고 있기 때문이다(Field, Gao, & Paderna, 2005). 사별한 사람과의 실제 관계를 없애기보다 그 사람과의 관계 의미를 새롭게 재구성해 내는 것은 사별의 두 가지 트랙 모델(Two-Track Model of Bereavement)과 같은 현대 이론에서 살펴볼 수 있다(Rubin, 1999). 이 이론은 생물심리사회적 접근의 증상학에서 그러하듯이, 기억, 의식(ritual) 그리고 감정적 및 영적 유대를 통해 감정을 유지하는 것을 중요시한다. 그것은 지속적인 스토리텔링과 그 사람의 유산을 간직함으로써 누군가의 사회적 세계에 '사별한 사람을 소개(introducing the deceased)'하는 것이다. 즉, 떠난 사람을 소개함으로써

표 1-1 죽음과 관련된 '사건 이야기' 과정에서 던질 수 있는 암시적 질문들의 예

- 무슨 일이 일어났는지, 그것이 내 삶에서 무엇을 의미하는지와 관련해 어떻게 내가 의미를 재구성할 수 있을까?
- 내 몸과 감정적 느낌이 나에게 무엇이 필요하다고 말해 주는가?
- 앞으로 거쳐야 할 과정에서 나는 어떤 역할과 어떤 책임을 감당해야 할까?
- 죽음에 있어 인간의 의도성, 부주의, 잘못한 부분 같은 것이 있는가?
- 나의 영적 또는 철학적 믿음은 이러한 전환기에 잘 적응할 수 있도록 어떠한 도움을 주었으며, 그 결과 그들은 어떻게 변화했는가?
- 이러한 상실이 내가 가진 정의, 예측성 그리고 우주의 연민에 대한 개념과 어떻게 적절하게 맞는가?
- 지금까지 간직했던 신념들 중 이러한 상실에 상응하는 또는 상응하지 않는 신념은 무엇인가?
- 이러한 상실 앞에 선 현재의 나는 누구인가? 미래의 나는 어떻게 될까? 어떻게 이러한 경험이 더 큰 우리 삶의 이야기를 구성하고, 또한 재구성해 낼 수 있을까?
- 누가 이러한 상실이 나에게 의미하는 바를 이해하고 수용하도록 도와줄 수 있을까?
- 상실에 대한 의미 중 누구의 것이 나에게 가장 가깝게 또는 가장 멀게 느껴지는가? 멀리 느껴진다면 어떻게 이러한 차이들을 연결시킬 수 있을까?

그 사람이 우리 삶의 공동체로 초대되어 다시 기억되고 공동체 일원이 되는 과정을 통해 '리멤버링(re-membering)'되게 하는 것이다(Hedke, 2012). 〈표 1-2〉에서는 죽음의 순간에 사랑하던 사람과 지속적인 유대감을 느끼고 싶을 때 내담자와 상담자가 다룰 수 있는 몇 가지의 대표적인 질문들을 보여 준다.

죽음 자체에 대한 사건 이야기를 다루고 관계 이야기에 접근하는 암시적인 내용을 담은 질문들에서 보는 바와 같이, 사랑하는 사람을 떠나보낸 아픔에 대해 의미를 재구성해 나가는 작업은 상당히 효과적일 수 있다. 이 작업은 좀 더 긍정적인 형태로 상실에 대한 '재구성(reframing)'에서 '대처 전략(coping strategy)'보다 효과적일 수 있다. 대신 의미에 관한 물음은 더 모호하고 아이러니하며, 인간의 삶이 가진 취약함에 대해 철학적 인식을 불러일으킬 수 있다. 더 나아가 결과적으로는 사랑하던 사람을 여읜 사람들이 더 큰 겸손, 감사, 연민, 존재 의식 또는 영성을 갖도록 이끌 수 있다(Calhoun & Tedeschi, 2006). 또한 슬픔에 너무 압도당하지 않고, 삶의 기본 전제를 검토하고 재설정하며 상실의 아픔을 이겨 나가는 심오한 과정을 촉진시킬 때 상실의 아픔을 딛고 외상 후 성장(posttraumatic growth)까지도 이뤄 내도록 도울 수 있다(Currier, Hollan, & Neimeyer, 2012).

표 1-2 사별한 사람과의 관계를 설명하는 '기반 이야기'에 접근하는 데 활용할 수 있는 질문의 예

- 사랑하던 사람의 물리적 죽음을 견뎌 낼 수 있도록 연결감을 회복하거나 재구성을 어떻게 이뤄 낼 수 있을까?
- 내 몸 또는 내 감정 속에서 사랑하던 사람에 대한 슬픔을 어디에서, 어떻게 느껴 볼 수 있을까? 그리고 어떻게 그것이 치료적인 내적 유대감으로 연결될 수 있을까?
- 우리 관계에서 어떠한 기억이 고통, 죄책감 혹은 슬픔을 불러일으키는가? 현재 시정되거나 유예되어야 하는 것들은 무엇인가? 어떻게 용서를 구하거나 용서받을 수 있을까?
- 우리 관계에서 즐거움, 안정감 또는 자랑스러움을 준 기억은 무엇이며, 현재 축하하고 기억되어야 할 것은 무엇인가? 어떻게 나는 이러한 기억을 좀 더 자주 돌아보며 즐길 수 있을까?
- 내가 사랑하던 사람이 지내 온 삶에서 최상의 순간은 언제였는가? 그들은 자신의 강점 또는 소중한 특성을 무엇이라고 말할까?
- 우리가 함께 나눈 삶의 과정 속에서 살아가기(living)와 사랑하기(loving)에 관해 무엇을 배웠는가? 나는 사별의 과정 속에서는 무엇을 배웠는가?
- 이렇게 어려운 시기를 잘 견뎌 낼 수 있는 나만의 능력을 사랑하던 사람이 발견할 수 있다면, 그것은 무엇일까?
- 사랑하던 사람이 지금 현재 나에게 조언해 준다면, 그것은 무엇일까? 그리고 어떻게 미래의 나는 그의 목소리와 지혜를 이끌어 낼 수 있을까?
- 내가 사랑하던 사람과의 유대감을 지속하는 것으로 가장 위협받거나 덜 위협받는 사람은 누구인가? 또한 어떻게 안전한 공간을 만들어 낼 수 있을까?
- 누가 사랑하던 사람의 이야기를 생생하게 유지시키도록 도울 수 있을까?

치료에 활용되는 표현예술

애도상담에서 표현예술은 어떤 역할을 할 수 있을까? 의미의 재구성 및 사랑하던 사람을 여읜 아픔과 관련된 현대 모델들에서 알 수 있는 것은 무엇인가? 이 장의 나머지 부분은 바로 이러한 질문들을 확장한 대답들로 구성되어 있다. 그러나 여기서 우리는 다소 개인적이고 국지적인 답변만을 제시할 것이다. 우리는 상실의 아픔을 견뎌 내고자 한 2명의 내담자와 함께한 치료적 순간들을 임상 사례로 소개할 것이다. 이들은 말을 통해서뿐 아니라 상징적 표현들을 통해서도 그들의 아픔을 이겨 내고자 했다. 2명의 내담자와 함께한 각각의 사례에서는 예술의 한 분야인 그림을 활용하였다. 여기서 이뤄진 개입들은 의미를 재구성해 갈 수 있도록 돕는 과정 속에 자연스럽게 녹아들어 있음을 보여 준다. 이후에 제시된 다양한 방법 또한 다학제적으로 구성되어 있으며, 다양한 범위에 걸친 창조적 방법들로 상당한 깊이를 보여 준다(Neimeyer, 2012a). 우리는 한 어머니의 갑작스러운 죽음과 관련된 사례에서 시작하고 광범위하고 덜 반항적인 사례로 마칠 것이다.

사례 연구

지연된 기쁨에 대한 사례

내가(B. E. 톰슨) 처음 에스더를 만났을 때, 플로리다에 거주하던 그녀의 어머니는 울혈성 심부전증 진단을 받았다. 그들은 오랜 세월 멀리 떨어져 살았기 때문에 매일 전화로 안부를 묻곤 했다. 어머니의 상태가 점점 더 악화되기 시작하자, 에스더는 어머니를 만나기로 결심했다. 그런데 얼마 지나지 않아, 그녀의 어머니가 집에서 쓰러져 머리의 부상을 당해 중환자실에 있다는 사실을 알게 되었다. 에스더는 병간호를 하기 위해 즉시 플로리다로 날아가 어머니를 만나 보았으나, 그녀는 의식이 돌아오지 않은 채 일주일 후 사망하였다. 가족과 함께 시바(shiva)[1]를 지낸 후, 그녀는 집으로 돌아왔다.

---

1) 역자 주: 부모 또는 배우자와 사별한 유대인이 장례식을 치른 후 지키는 7일간의 복상(服喪) 기간.

다음 회기에서 에스더는 어머니의 죽음에 대해 말했다. “저는 지금 트라우마 상태에 있는 것 같아요. 지금 너무 비통한 심정이에요.” 하지만 그녀는 ‘죄책감이 느껴지지 않는 것’이 놀랍다고 하였다. 그녀는 ‘안도감’과 함께 ‘감사한’ 마음을 갖고 있었는데, 이것은 어머니의 죽음을 준비하는 시간이 있었기 때문이었다. “잘 사는 것이 저희 어머니가 바라시는 것이기 때문에 그렇게 하려고 해요.”라고 말했다.

몇 주 후, 에스더는 다음 회기를 시작하면서 “저는 마치 스크럼블 에그 같아요. 꼼짝할 수가 없어요.”라고 말했다. 나는 그녀에게 뭔가 다른 활동을 해 보자고 하면서 그림 그리기(drawing)를 소개하였다. 그러자 에스더는 말했다. “저는 창조적인 활동을 하기에는 너무 꽉 막힌 것 같다고 생각해 왔어요. 이야기꾼 가족 가운데 자랐으니, 저는 제 가족에 대해 이야기하고 싶어요. 하지만 어떻게 해야 할지 모르겠어요. 저는 좀 새로운 방식으로 새로운 이야기들을 말해 보고 싶어요.” 그녀는 계속해서 ‘새로운 것의 시도’에 관해 이야기한 후 “저는 어려서 많은 시를 쓰곤 했어요. 제가 사랑하는 사람에게 제 시집을 주기도 했지만, 결혼을 한 이후에는 글쓰기를 그만뒀죠.”라고 말했다. 저널 쓰기(journaling)는 에스더의 첫 번째 표현 방식이었고, 그녀는 치료 시간에 그녀가 쓴 저널에서 발췌한 것들을 가져오거나 편지의 형식으로 글을 써 오기도 했다. 에스더는 피아노 또한 꽤 잘 쳤는데, 어머니의 죽음 이후 최근 몇 년 동안은 치지 않았다고 했다. 그녀는 조심스럽게 말했다. “지금은 피아노를 치지 않는 게 좋다고 생각해요. 저는 검은 천으로 피아노를 덮어 놓고, 그 위에 저희 어머니 사진을 올려놓은 다음, 그 옆에 매일 초를 피워 놓아요.” 그림 회기에 참여했을 때 에스더는 “그림을 그릴 수가 없어요. 제 아들이 어렸을 때 함께 그림 그리는 걸 너무 좋아했는데…… 한번 해 보고 싶어요.”라고 말했다. 우리는 그림 그리는 활동의 효과에 대해 설명하였다. 그러자 에스더는 “저는 어머니가 돌아가시던 순간 저에게 주시길 원했던 선물을 잘 간직하고 싶어요.”라고 말했다. 하지만 그녀는 그것을 언어로 표현하는 데 어려움을 느끼고 있었다.

다음 회기에서 에스더는 이틀 전 꾼 ‘강렬한 꿈’을 소개해 주었다. 꿈속에서 에스더는 그녀의 어머니와 전화 통화를 하고 있었다. 그녀의 어머니는 그녀에게 레시피 하나를 알려 주면서 맛있게 만들기 위해 ‘이것 조금, 저것 조금’ 추가할 것을 부탁했다. 꿈에서 에스더는 그녀의 어머니가 ‘곧 죽을 것’이라는 사실을 알고 있었지만, 그녀의 어머니는 그 사실을 깨닫지 못한 것처럼 보였다. 에스더는 이 사실을 어떻게 그녀에게 알려야 할지 알지 못했다. 그녀의 어머니는 ‘그녀가 늘 하듯이 대화를 이끌었다.’ 에스더는 두려움과 좌절감에 휩싸였지만, 그것을 말로 표현해 내기 어려웠다. 그녀에게 그림을 그려 보기 원하는지 묻자, 그러겠다고 하였다. 그녀에게 14×17인치의 질 좋은 오일 파스텔과 흰색 종이를 건네주었다. 나는 에스더에게 물었다. "칠하고 싶은 색이 있나요? 어떤 색이든 좋으니 선택해 봐요. 깊게 생각하지 말고 마음에 딱 와 닿는 게 있는지 한번 살펴보세요."

15분쯤이 지난 후, 에스더는 그림 그리기에 몰두하기 시작했다. 그녀는 종이의 위편 오른쪽 모퉁이에 어머니를 그리기 시작했다. 그녀의 어머니는 웃는 모습으로 선이 있는 오래된 전화기를 들고 있었다. 에스더는 이어 아래편 왼쪽 모퉁이에 자신의 모습을 그려 넣었다. 그녀 역시 오래된 전화기를 들고 있었다. 그리고 그림 안에는 양방향의 빨간색 화살이 두 사람을 서로 연결시키고 있었다. 나는 에스더에게 그녀의 어머니가 무엇을 알았으면 좋겠는지를 그려 보라고 말했다. 그녀는 빨간색 파스텔로 써 넣었다. '내가 당신을 얼마나 소중하게 생각했는지 알아주세요.' 나는 그녀의 어머니가 되어 물었다. "그게 무슨 뜻이니?" 이번에는 그녀가 녹색 파스텔로 썼다. '나는 어머니가 저 때문에 죄책감을 느끼고 계셨다는 걸 알고 있어요. 하지만 어머니가 얼마나 나를 사랑했는지, 그리고 어머니는 모르시겠지만 어머니는 나에게 소중한 가르침을 주셨다는 것을 내가 잘 알고 있음을 알아주셨으면 해요.' 또다시 나는 에스더에게 물었다. "당신의 어머니가 이 이야기를 듣고 뭐라고 답했을까요?" 에스더는 활짝 미소 지으며 종이에 그려진 어머니 머리 위에 큰 파란색 글씨로 '아……!'라고 적어 넣었다. 그러고는 그녀 옆에 녹색 나비를 그려 넣은 후 말했다. "나의 어머니는 나비를 사랑하셨어요." 그녀는 어머니 밑으로는 밝은 색의 붉은 심장을 그려 '평화'라는 글씨를 써 넣었다. 또 다른 심장에는 '기쁨'이라는 글씨를 넣어 주었다. 이어 또다시 나는 "당신의 어머니가 어떻게 반응했을 것 같나요?"라고 물었다. 에스더는 어머니 주변으로 파란색 굴곡진 선을 그려 넣고는 오렌지색의 삐쭉삐쭉한 테두리를 그려 넣었다. "파란색은 안전함을 뜻하고 삐쭉삐쭉한 오렌지색은 가볍다는 걸 뜻해요. 이게 저를 보호해 주는데, 어머니가 이러한 보호를 저에게 해 주고 계세요." 나는 또 물었다. "또 다른 건요?" 에스더는 웃으며 종이 중앙에 파란색으로 크게 'OK!'라고 썼다. 그녀는 자신의 그림을 훑어보며 말했다. "어머니는 제가 괜찮다는 걸 스스로 알길 바라고 계세요. 그녀는 살면서 자주 그것을 알려 주려고 하지 않으셨어요. 마지막 순간에서야 저에게 그걸 알려 주고 싶어 하셨고, 자주 그것에 대해 말씀하셨죠. 그녀는 저를 걱정했어요. 제가 매우 약하다고 생각하셨던 것 같아요. 하지만 제 어머니는 매우 강인한 분이셨죠. 그녀는 어려운 일들을 참 잘 견뎌 내셨어요. 그녀는 이걸 저에게 가르쳐 주셨어요. 저 또한 많은 것을 잘 이겨 내 왔죠. 저 역시나 매우 강인한 사람이에요." 에스더는 그녀의 이미지 아래로 두 개의 빨간 심장을 그리고는 그 안에 '평화'와 '즐거움'을 써 넣었다. 그러고 나서 그녀의 어머니 심장에 자신의 심장이 닿을 수 있도록 빨간색 줄을 그려 놓았다. 나는 에스더에게 물었다. "당신의 이 그림에 뭐라고 이름을 붙여 볼 수 있을까요?" 그녀는 "어머니와의 대화. 아니에요, 이건 그것보다는 더 깊은 의미가 있어요."라고 답했다. 이어, 종이 위에 빨간색으로 '우리에게 평화가 깃든다.'라고 써 넣었다.

그림을 그린 후, 에스더는 말했다. "편안해요." 이어서 그녀는 최근에 자신의 오빠에게서 받은 사진 하나를 보여 주며 말했다. "폴란드에서 같이 온 사람들이 분명 여기에 50명은 있었을 거예요. 제 어머니는 매우 어린 소녀였죠. 어떻게 그들이 모두 함께 나올 수 있었는지 모르겠지만, 어쨌든 그들은 여기 있어요. 그들은 전쟁 이전에 폴란드를 벗어났거든요. 그들 중 50명이 말이죠. 그곳을 떠나지 못한 사람도 많았는데, 그들은 죽었어요. 하지만 50명은 엘리스 섬에 정착했어요. 저는 이 사진을 아주 어렸을 때부터 갖고 있었어요." 에스더는 그녀가 가장 좋아하는 사진을 가지고 생생한 이야기를 계속하였다. 회기가 끝나갈 무렵, 그녀는 말했다. "저는 어머니와의 대화를 계속하고 싶어요. …… 그녀는 매우 강인한 분이셨죠. 최근 들어 저는 이 말을 자주 생각하고 있어요. 제 어머니는 저에게 많은 것을 깨닫게 해 주셨어요."

다음 회기에서 에스더는 그녀가 자기 자신을 돌보기 위해 무엇을 하고 있는지를 알려 주었다. 그녀는 살이 많이 빠져 말랐는데, 체중을 점차 늘리게 되었다고 하였다. 그러고는 말했다. "저는 지난주 그림에 관해 생각해 봤어요. 저는 제 아들이 어렸을 때 그린 그림을 복사해 두곤 했어요." 짧은 침묵이 흐른 뒤 에스더는 말을 이어 나갔다. "며칠 전에 저는 몇 권의 책을 봤는데, 거기에 제 눈길을 뗄 수 없게 만든 이미지 하나가 있었어요." 그녀는 나에게 아직 미완이지만 거의 완성에 가까운 캘빈과 홉스라는 만화 캐릭터 펜 그림을 보여 주었다. 홉스(캘빈과 함께 생명을 부여받은 냉소적인 호랑이 인형)는 자신의 팔로 캘빈(사나우면서도 조숙한 여섯 살 아이)을 사랑스럽게 끌어안고 있었다. 홉스는 완벽하게 그려져 있었지만, 캘빈은 머리만 그려져 있었다. 에스더는 자신의 그림이 너무나 미숙해 보였기 때문에 캘빈을 완성할 수 없었다고 하였다. 함께 그림을 보면서 그녀는 다시 말했다. "제가 어머니에게 안기기를 원했다는 걸 알게 됐어요. 하지만 저희 어머니는 감정을 잘 드러내는 분이 아니셨어요. 저희 가족에게는 죽음이 많았어요. 제 사촌 중 하나는 제가 보는 앞에서 죽었고, 할아버지는 집에서 돌아가셨어요." 에스더는 죽음에 관한 질문에 대한 어머니의 대답을 기억하고 있었다. "너도 언젠가 죽게 돼!" 에스더는 말을 잠시 멈추더니 다시 이어 말했다. "저는 한 번도 저희 어머니를 비롯해 다른 어른들이 저를 안아 줬다는 느낌을 받아 본 적이 없어요. 그것이 도움이 되었다는 생각도 안 들었고요. …… 저는 제 삼촌 파이스치에게서 그것을 조금 느꼈고, 그와 유사하게 어머니가 돌아가시는 순간에서야 그것을 조금 느껴 보았을 뿐이에요." 나는 에스더에게 그림을 그려 보도록 했다. 그녀는 큰 미소를 띤 어머니의 이미지를 그리고는 말했다. "제 어머니는 파란 눈을 갖고 있었어요." 그러고는 옆쪽에 그녀 자신을 그려 넣었다. 에스더는 "저는 어머니를 보고 있지 않지만, 어머니는 저를 보고 있어요."라고 말했다. 그녀는 두 이미지를 연결할 수 있는 빨간 선을 그리고는 그것에 대해 설명했다. "그림에서 어머니는 저를 보고 계세요. 어떠한 말씀도 움직임도 없으시죠. 저는 그녀가 저와 함께 있다는 사실을 느끼면 무엇이든지 할 수 있을 것 같아요. 우리는 모두 웃고 있지요. 제가 관심을 받고 있는 것처럼 느껴져요." 나는 에스더에게 그녀의 어머니가 보고 있는 것을 그려 달라고 말했다. 그녀는 어머니와 자신의 이미지 사이에 빨간색 큰 심장을 그려 넣었고, 그 안에 '사랑'과 '자부심'이라는 단어를 써 넣었다. 에스더는 웃으며 말했다. "제 어머니는 저를 보시면서 매우 행복하게 자랑스러워하고 계세요." 에스더는 회기를 마무리하면서 그림을 가져가 그것을 '더 크게 만들고' 싶다고 하였다. 또한 수용된 느낌을 충분히 간직하기 위해서 '캘빈의 그림을 완성하고 캘빈과 홉스에게 색깔을 입혀 주고 싶다.'고 하였다.

박동하는 코어

입원 당시 그랜트는 29년간 우울장애에 시달려 왔다고 말했다. 그는 우울증이 어떻게 오게 되었는지 잘 모름에도 불구하고, 그가 가진 슬픔의 가장 근본적인 원인을 너무나 선명하게 기억하고 있었다. 그는 많은 상실을 경험해 왔다. 그중에 가장 기억에 남는 것은 아동기가 끝나갈 무렵, 이웃에 있는 한 남자로부터 성적 학대를 받아 온 것이었다. 그는 열두 살이 될 무렵 자신의 부모에게 용기를 내어 그 사실을 알린 이후에야 그 고통에서 벗어나게 되었다. 당시에 법적 조치가 취해지면서 그의 학대 사실이 공공연하게 알려지게 되었다. 그랜트는 청소년기에도 약물 남용을 반복하게 되었다. 그리고 그 학대의 고통이 너무나 극심할 때에 자살 시도까지 했기 때문에 입원치료를 받기도 했다. 그는 번번이 자살의 문턱에서 살아남아 약물 남용을 끊고, '삶의 의미를 갖기 위해 학교를 이용'하기도 하였다. 그러나 대학을 졸업하자, 이러한 대처 기술을 빼앗기고 말았다. 첫 번째 회기에서 그랜트는 나의 사무실에 앉아, 자신을 드러내기를 꺼렸다. 나(R. A. 니마이어)와의 치료 과정에서 그가 원했던 것은 자신을 인정하는 것이었다. 곧, '타인에게 수용될 수 있다는 자신감을 갖고 단련된 모습을 갖는 것'을 위해 부단히 노력했으나 '그의 내면에는 번번이 실패했던 것'이 자리해 있었음을 인정할 수 있게 되기를 원했다. 그는 자신의 과거 이야기들을 대충 설명한 다음, "자유로워지고 싶어요. 문제들 사이에서 갈팡질팡하고 싶지 않고 더 이상 그것으로부터 도망치고 싶지 않아요."라는 말로 결론을 지었다.

'자기 자신과 타인에게 솔직해질 수 있는 것이 진전을 보일 수 있는 유일한 길'이라는 점에서 그랜트의 준비성을 확인한 후, 그의 핵심 감정에 주의를 기울였다. 그것은 그가 '사람들 사이에 있는 것을 두려워하는 것'이었다. 그는 이것을 '신체적으로 고통스러운 것'이라고 표현하였다. 나는 그에게 그것이 '어디에서' 느껴지는지 물었다. "지금도 그 고통이 느껴지나요?" 그랜트는 주저하지 않고 답했다. "명치에서 느껴져요. 경련이 일어나는 것 같아요." 여기서 나는 비유적 경청(analogical listening)을 활용해 (Gendlin, 1996), 그의 몸에서 느껴지는 감각 느낌(felt sense)을 좀 더 상징화해 볼 수 있도록 도왔다. 나는 머리를 끄덕이고 천천히 말하면서, 나는 다음과 같이 이어 나갔다.

밥: 눈을 한번 감아 보실 수 있겠어요? (그렇게 해도 괜찮다는 사인을 주기 위해 내 눈을 감아 보인다.) …… 당신에게 고통을 주는 그 공간으로 옮겨 갈 수 있도록 당신의 관심을 그곳으로 돌려주세요. …… 단지 약간만 떨어져 있어 봐 주세요. 그것에 완전히 압도되지 않으면서 천천히 그것을 관찰해 봅시다. 무엇이 느껴지시나요?

그랜트: (5초간 침묵) …… 음, 욱신거리고, 울렁거리고, 마치 신기루 같아요. 멀리 떨어져 있는 고통 같아요. 구체적이지 않고요. …… 마치 윤곽만 있는 것 같아요. 이건 구체적이지도, 명확하지도, 인식될 만한 것도 아니에요.

밥: 음…… 한 발짝만 그것에 가까이 가 볼 수 있겠어요? (그랜트가 천천히 고개를 끄덕인다.) 형태에 변화가 있나요?

그랜트: 아니요. 어떠한 변화도 없어요. 여전히 윤곽만 있어요.

밥: 좋아요. 그것에 어떤 모양이나 색깔이 있나요?

그랜트: 네, 중앙이 마치 보라색인 것 같아요. 가장자리는…… 마치 노란색 원으로 윤곽이 그려져 있는 것 같고요. 밖은 까매요.

밥: 아. 어떤 움직임이 있나요? 어떤 방향으로 움직이고 싶어 하는 것 같나요?

그랜트: 네, 마치 박동하는 것 같아요. …… 그리고 마치 그것이 내려가고 싶어 하는 것처럼

느껴져요.

밥: 아하…… 그것이 그 방향으로 약간만 움직일 수 있도록 해 주실 수 있겠어요? (그랜트는 고개를 끄덕이며 약간의 미소를 지어 보인다.) 무엇이 느껴지나요?

그랜트: 재밌네요. 더 가까워졌어요. 희망을 주는 것 같아요. 편안해질 수만 있다면 그걸 놓아주고 싶어요.

밥: 으음. 말해 보세요. "너를 기꺼이 놓아주고 싶어."

그랜트: (망설이며) 너를 기꺼이 놓아주고 싶어. …… 음 (눈살을 찌푸린다.)

밥: 이것이 당신이 확신할 수 없는 당신의 한 부분인 것 같습니까?

그랜트: 네. 이건 준비되지 않은 저의 한 부분인 것 같고, 아마 다시 돌아올 거예요.

밥: 아. 이렇게 말해 봅시다. "여기 머물 수 있어."

그랜트: 여기 머물 수 있어. …… 하지만 이건 친구 같지 않아요. 단지 친숙할 뿐, 이걸 놓아주기가 두려운 것 같아요.

밥: 이렇게 말해 봅시다. "나는 너를 놓아주기가 두려워."

그랜트: 나는 너를 놓아주기가 두려워. …… 너 없이 어떻게 살 수 있을지 모르겠어. (천천히 눈물을 흘리기 시작한다.) 참 오래 머물러 있었다. 너는 나의 한 부분이야, 나야.

밥: 이렇게 따뜻한 말을 하고 나니, 혹시 어떤 변화가 느껴지시나요?

그랜트: 매우 어두운 보랏빛이 아닌 것 같아요. 좀 더 노란빛에 가까워졌어요. 노란색이 내려가서 섞인 것 같아요. 더 밝아졌어요.

밥: 그 모양이 이름을 갖고 있나요?

그랜트: 네. '코어(Core).'

비유적 질문을 통해 복잡한 느낌의 의미를 살펴본 다음, 나는 그랜트에게 심호흡을 해 보도록 했다. 그런 다음, 눈을 뜨고 그 경험의 과정을 살펴보게 했다. 그는 눈물을 닦은 후, 심상 작업이 '너무나 효과적'이었다고 말했다. 그는 '그것을 명료화할 수 있고, 실제적으로 느껴 볼 수 있도록 만드는 도구를 갖게 된 것'처럼 느꼈다고 하였다. 금융 컨설턴트로 일하면서 그가 활용한 '이성적 앎의 방식'으로부터 이렇게 풍성하게 이미지를 떠올릴 수 있을까 의아해하면서 이것이 그림자와 빛의 상호성과 같은 음양의 관계와 같다고 말해 주었다. 그랜트는 흔쾌히 동의하며, 그가 명상을 하면서 때때로 발견했던 '평화와 자유'는 이전의 그림자 지식(shadow knowledge)에서였다고 말했다. 나는 다음 주에 그가 명상을 하면서 그 이미지를 다시 불러오거나, 큰 종이에 오일 파스텔을 갖고 그것을 그려 볼 것을 제안하면서 회기를 자연스럽게 마무리했다. 그랜트는 이 과제를 하기로 했다.

두 번째 회기에서 그랜트의 팔에는 아티스트의 노트가 들려 있었다. 우리의 대화는 그의 그림으로 시작되었다([그림 1-1] 참조).

나는 그에게 그 그림을 제작하면서 어떤 느낌을 가졌는지 물어보았다. 그는 "더 실제적이고, 진실하고, 마치 이완되고 편안함을 주는 것과 같았어요."라고 답했다. 그는 회기를 시작할 때 경험했던 감정의 변화를 공고히 다져 나가는 데 예술이 가치가 있다고 말해 주었다. 그가 어떻게 그림을 그리게 되었으며 어떠한 과정을 거치게 되었는지 내가 궁금해하자, 그는 그 그림을 시각화하기 시작했다. 그는 노란색으로 밖의 원을 그리고 보라색 내부를 채운 후 마지막으로 그 주변을 검게 칠했다고 설명했다. 이어서 그랜트는 우리가 거기에 들어가 놓아주라고 할 때 준비되지 않았었지만 그의 손가락으로 그들을 가리키며 '보라색 안의 노란색 입자'를 확산시키고, 그가 시각화한 것은 반영하면서 점차로 중앙에 있는 이미지의 바깥 원을 두텁게 만들 수 있었다고 회상하였다. 나는 다른 색깔이 다른 감정을 표현하는지 물어보았다. 그랜트는 "검은색은 분노 또는 두려움을 나타내요. …… 두 가지는 잘 연결되어 있어요."라고 답했다. 그리

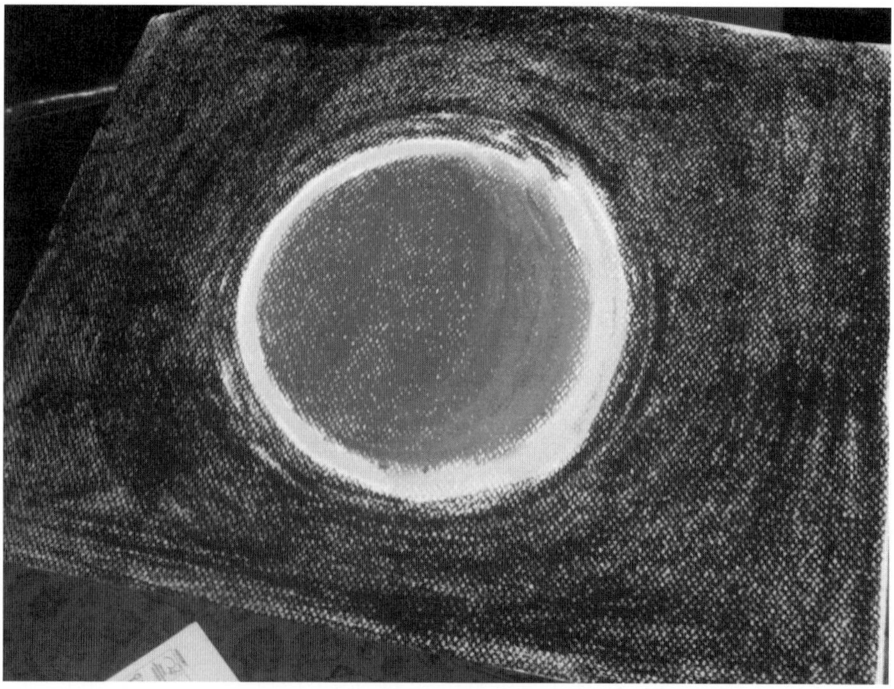

[그림 1-1] 그랜트가 그린 '박동하는 코어'의 초기 이미지

고 노란색은 '즐거움 또는 축복'을 뜻하는 것이라고 답했다. 보라색 안에는 그가 덧붙이고 싶은 것이 있었다. 그는 이에 대해 "그것을 어떻게 만들어야 할지 모르겠어요. 제가 느끼기에 그건 무언가를 보호해 주는 축복과 같아요."라고 말했다. 이어서 나는 검은색을 둘러싼 부분을 손짓하며, "심지어 분노와 두려움 사이에서도 보호받고 있다는 축복을 느껴 본 적이 있나요?"라고 물었다. 이것은 그가 거의 잊어버린 줄 알았던 강한 기억을 즉각적으로 떠올리게 했다. 그것은 마치 아이가 두려움에 가득 둘러싸여 학대자에 대한 증언을 하러 법정에 들어서는 느낌과도 같았다. 동시에 결국에는 두려움이 줄어들고 '자유로움'을 갖게 될 것이란 확신이 가득 찬 느낌과도 같았다. 회기는 점차 그의 과거와 현재의 구체적 경험들을 탐색하면서 두려움과 희망이라는 무형의 경험을 다루는 것으로 나아갔다. 회기를 마무리하면서 나는 그에게 명상할 때 박동하는 코어에서 더 발전된 이미지를 다시 불러 들여와, 그것이 움직인다고 느껴진다면 파스텔로 다시 그려 볼 것을 제안하였다. 그랜트는 알았다는 듯 고개를 끄덕여 보였다.

돌아오는 주에 그랜트는 또다시 자신이 그린 이미지 그림을 가지고 왔다. 그것은 이전의 것보다 더 얼룩덜룩한 색감이 묻어 있었다([그림 1-2] 참조).

[그림 1-2] 그랜트의 변화된 공포와 희망을 상징하는 다양한 다이아몬드 이미지

그는 명상을 하는 가운데 이전보다 더 빠르게 변화하는 것처럼 보이는, '오랫동안 붙들 수 없던 패턴'을 발견하였다. 그는 중앙에 이전의 것보다 더 형태가 뚜렷한 보라색의 다이아몬드를 그려 넣었고, 노란색의 층은 또다시 축복을 나타낸다고 했으며, 그 두 가지가 지속적으로 합쳐지기를 희망한다고 덧붙였다. 이어서 그는 다이아몬드를 둘러싼 화려한 불규칙적 모양에 주의를 집중시켰다. 그것은 그의 삶의 흔적인 자살 경험을 나타내는 것이었다. 첫 번째로 왼쪽 위에 있는 검은색 모양을 가리키면서 그가 어렸을 때 자살한 그의 삼촌의 죽음을 묘사한 것이라고 설명하였다. 오른쪽 위에 있는 파란색 모양은 그가 고등학교에서 알았던 소년의 자살을 나타낸 것이었다. 오른쪽 아래에 있는 녹색 모양은 5년 전 있었던 친구의 약물 과다 복용을 나타낸 것이었다. 그랜트는 그 일 이후 자신의 삶을 다그치기 시작했다. 왼편 아래에 있는 마지막 회색 부분은 그랜트 삶의 중요한 지지자로 남아 있던 삼촌의 끔찍한 자살 경험을 나타낸 것이었다. 각각의 모양을 둘러싼 빨간색 윤곽은 두려움을 나타낸 것이었다. 이것은 그랜트가 벼랑 끝에 내몰린 이러한 비극 주변을 지속적으로 '선회(swim)'하는 것과 같았다. 마지막으로, '지적하고 있는 코너의 화살'은 '만약 자신의 가능성을 망치지 않았다면 어떻게 그들의 삶이 진전될 수 있었는지'를 보여 주는 것이었다. 그랜트는 유사한 비극의 위협으로부터 자기 자신을 자유롭게 하기 위한 노력을 기울여 왔다. 우리는 치료에서 경험적 작업을 지속하였고, 예술을 활용한 표현은 그랜트에게 상실과 슬픔의 복잡한 역사 가운데 의미를 되찾을 수 있도록 도와주었다. 더불어 그는 우리의 작업이 더욱 진보할 수 있도록 평화와 자유의 가능성을 상징화하며 발전시켰다.

맺는글

사별이론이 고통의 감정에 대하여 일련의 순서가 있다는 단계이론적인 형식적인 묘사에서 진화하였듯이(Neimeyer et al., 2011), 애도상담은 유사하게 어려운 시기에 겪는 경험에 대해 새로운 의미와 방향을 찾는 창조적인 과정의 다양한 영역을 포함하도록 발전해 왔다(Neimeyer, 2012a). 우리는 표현예술치료의 많은 선구자를 초청해 다양한 모델을 제시하고, 그것의 효과를 입증해 보이기 위해 이 책을 편집하였다. 이들의 연구를 통해 영감을 얻고, 좋은 자료들을 얻어 갈 수 있게 되기를 바란다. 이를 통해 애도상담자들이 어려운 삶의 전환기를 지나가는 내담자들과의 작업에서 좀 더 예술적인 방법을 활용할 수 있게 되기를 바란다.

참고문헌

Attig, T. (2001). Relearning the world: Making and finding meanings. In R. A. Neimeyer (Ed.), *Meaning reconstruction and the experience of loss*. Washington, DC: American Psychological Association.

Bonanno, G. A. (2004). Loss, trauma and human resilience. *American Psychologist*, *59*, 20-28.

Burke, L. A., Neimeyer, R. A., McDevitt-Murphy, M. E., Ippolito, M. R., & Roberts, J. M. (2011). In the wake of homicide: Spiritual crisis and bereavement distress in an African American sample. *International Journal Psychology of Religion*, *21*, 289-307.

Calhoun, L., & Tedeschi, R. G. (Eds.). (2006). *Handbook of posttraumatic growth*. Mahwah, NJ: Lawrence Erlbaum.

Coleman, R. A., & Neimeyer, R. A. (2010). Measuring meaning: Searching for and making sense of spousal loss in later life. *Death Studies*, *34*, 804-834.

Currier, J. M., Holland, J. M., & Neimeyer, R. A. (2006). Sense making, grief and the experience of violent loss: Toward a mediational model. *Death Studies*, *30*, 403-428.

Currier, J. M., Holland, J. M., & Neimeyer, R. A. (2012). Prolonged grief symptoms and growth in the first two years of bereavement: Evidence for a non-linear association. *Traumatology*, *18*, 65-71.

Currier, J. M., Neimeyer, R. A., & Berman, J. S. (2008). The effectiveness of psychotherapeutic interventions for the bereaved: A comprehensive quantitative review. *Psychological Bulletin*, *134*, 648-661.

Field, N. P., Gao, B., & Paderna, L. (2005). Continuing bonds in bereavement: An attachment theory based perspective. *Death Studies*, *29*, 277-299.

Gendlin, E. (1996). *Focusing oriented psychotherapy*. New York: Guilford.

Harris, D. (Ed.). (2011). *Counting our losses*. New York: Routledge.

Hedtke, L. (2012). *Bereavement support groups: Breathing life into stories of the dead*. Chagrin Falls, OH: Taos Institute Publications.

Holland, J. M., Currier, J. M., Coleman, R. A., & Neimeyer, R. A. (2010). The Integration of

Stressful Life Experiences Scale (ISLES): Development and initial validation of a new measure. *International Journal of Stress Management*, *17*, 325-352.

Holland, J. M., Currier, J. M., & Neimeyer, R. A. (2006). Meaning reconstruction in the first two years of bereavement: The role of sense-making and benefit-finding. *Omega*, *53*, 173-191.

Holland, J. M., & Neimeyer, R. A. (2010). An examination of stage theory of grief among individuals bereaved by natural and violent causes: A meaning-oriented contribution. *Omega*, *61*, 105-122.

Keesee, N. J., Currier, J. M., & Neimeyer, R. A. (2008). Predictors of grief following the death of one's child: The contribution of finding meaning. *Journal of Clinical Psychology*, *64*, 1145-1163.

Lichtenthal, W. G., Burke, L. A., & Neimeyer, R. A. (2011). Religious coping and meaning-making following the loss of a loved one. *Counseling and Spirituality*, *30*, 113-136.

Lichtenthal, W. G., & Cruess, D. G. (2010). Effects of directed written disclosure on grief and distress symptoms among bereaved individuals. *Death Studies*, *34*, 475-499.

Lichtenthal, W. G., Currier, J. M., Neimeyer, R. A., & Keesee, N. J. (2010). Sense and significance: A mixed methods examination of meaning-making following the loss of one's child. *Journal of Clinical Psychology*, *66*, 791-812.

Lichtenthal, W. G., & Neimeyer, R. A. (2012). Directed journaling to facilitate meaning making. In R. A. Neimeyer (Ed.), *Techniques of grief therapy* (pp. 161-164). New York: Routledge.

Meier, A. M., Carr, D. R., Currier, J. M., & Neimeyer, R. A. (2013). Attachment anxiety and avoidance in coping with bereavement: Two studies. *Journal of Social and Clinical Psychology*, *32*, 315-334.

Neimeyer, R. A. (Ed.). (2001). *Meaning reconstruction and the experience of loss*. Washington, DC: American Psychological Association.

Neimeyer, R. A. (Ed.). (2012a). *Techniques of grief therapy: Creative practices for counseling the bereaved*. New York: Routledge.

Neimeyer, R. A. (2012b). Analogical listening. In R. A. Neimeyer (Ed.), *Techniques of grief therapy: Creative pracices for counseling the bereaved* (pp. 55-58). New York: Routledge.

Neimeyer, R. A., Harris, D., Winokuer, H., & Thornton, G. (Eds.). (2011). *Grief and bereavement in contemporary society: Bridging research and practice*. New York:

Routledge.

Neimeyer, R. A., & Sands, D. C. (2011). Meaning reconstruction in bereavement: From principles to practice. In R. A. Neimeyer, H. Winokuer, D. Harris, & G. Thornton (Eds.), *Grief and bereavement in contemporary society: Bridging research and practice*. New York: Routledge.

Prigerson, H. G., Horowitz, M. J., Jacobs, S. C., Parkes, C. M., Aslan, M., Goodkin, K. et al. (2009). Prolonged grief disorder: Psychometric validation of criteria proposed for DSM-V and ICD-11. *PLoS Medicine*, *6*(8), 1-2.

Rubin, S. (1999). The Two-Track Model of Bereavement: Overview, retrospect and prospect. *Death Studies*, *23*, 681-714.

Stroebe, M. S., & Schut, H. (2001). Meaning making in the Dual Process Model of Coping with Bereavement. In R. A. Neimeyer (Ed.), *Meaning reconstruction and the experience of loss* (pp. 55-63). Washington, DC: American Psychological Association.

2

포이에시스, 찬사 그리고 애통 – 기념, 애도 그리고 표현예술치료의 '구조'

스티븐 리바인(Stephen K. Levine)

슬픔은 천사의 정원에서만 산책하리.

– 라이너 마리아 릴케(Rainer Maria Rilke)

표현예술치료 분야는 1970년대 초, 매사추세츠주 케임브리지에 위치한 레즐리 대학의 대학원(Lesley College Graduate School)을 시작으로 꾸준히 발전해 왔다(McNiff, 2009). 이론적 · 임상적 관점들이 명확해지고 정교화되었으며, 분야 자체가 단순한 치료적 영역을 넘어 확장되고 있다. 이 장에서는 그중 몇몇 관점이 성장하게 된 개요를 간략하게 살펴볼 것이다.

이론적인 측면에서 보면, 포이에시스의 기본 개념은 표현예술치료(expressive arts practice)의 더 나은 기반을 위해 심화 · 확장되었다. 본래 포이에시스(poiesis)란 '만들다(making)'라는 뜻의 고대 그리스 용어이다. 이 용어는 특히 작품 활동, 즉 예술 창작 활동을 지칭할 때 사용되었다. 이 기본적 개념에 대해 더 깊이 생각해 봤을 때, 포이에시스의 활동은 인간 실존의 근원이라는 것이 분명해졌다. 인간은 다른 동물의 종과 달리 환경에 미리 적응된 채 태어나지 않는다. 대신 인간은 자신이 처한 세계에 대응할 수 있는 여러 방안을 모색하고, 그 세계를 자신이 살 수 있는 적합한 곳으로 형성해 나간다.

이렇게 주어진 것에 적응하기 위해 무언가를 형성하는 기본적인 활동은 모든 역사, 문화를 통틀어 나타나는 인간의 특성이라고 할 수 있다. 세상 속에서 살아가는 우리 존재의 근원은 무언가를 형성(shape)하는 활동이다. 물론 이것은 우리가 언제나 좋은 방향으로만 세계를 형성한다는 것을 의미하지는 않는다. 우리는 우리 자신에게, 타인에게, 우리를 둘러싼 환경에 대해 파괴적인 방식으로 세계를 형성할 수도 있다. 이러한 이유에서, 우리는 우리에게 주어진 것에 좀 더 창조적이면서 적합한 방식으로 반응하기 위해 도움이 필요할 때가 자주 있다. 이것은 치료, 코칭, 또는 사회적·환경적 변화에서든 변화 촉진자(change agent)의 역할이다.

인간은 영혼이 이 세계에서 형상화된 존재이다. 우리는 이 세상을 이성으로 이해하기에 앞서 감각(senses)을 통해 경험한다. 이 감각은 우리에게 신체적인 느낌을 줄 뿐만 아니라 의미를 형성하고 언제 행동을 취해야 할지 알려 준다. 사람들은 대부분 철학적 학문으로서 '심미학(aesthetics)'은 예술작품에 대한 우리의 경험을 연구하는 것에 국한되어 있다고 생각한다. 그러나 그리스어 아이스테시스(aesthesis)는 본래 '감각과 연계되어 있는' 것을 의미했다. 따라서 감각은 심미적 활동이라 생각할 수 있으며, 세계를 체화된 형태로 이해할 수 있는 인간 실존의 한 가지 수단이다. 세계의 모습이 우리에게 만족스럽고 유의미한 인상을 줄 때 우리는 아름다움을 경험했다고 말한다.

그렇다면 아름다움은 우리가 살고 있는 세상을 형성하려는 우리의 모든 행동에 궁극적인 기준이 된다. 우리는 우리에게 이해가 되지 않는 '심미적'인 세상에 살기를 원하지 않는다. 그보다 우리는 아름다움을 존재하게 만들 수 있는 우리의 능력에서 행복을 느낀다. 우리는 이것을 '심미적 책임감(aesthetic responsibility)'이라고 부른다. 같이 일하고 있는 사람이나 공동체가 그들의 세상을 형성할 수 있는 그들의 능력인 포이에시스를 활용하여, 그들의 삶에 아름다움을 들일 수 있도록 만드는 것이 변화 촉진자가 짊어진 심미적 책임이다.

특별한 의미의 예술 활동 영역에서 포이에시스는 이러한 목적을 달성하기 위해 적합한 방법이다. 예술이란 그림, 시, 드라마, 음악 등과 같이 만들어지는 것뿐만 아니라 그것들이 만들어지면서 자신을 드러내는 것이다. 일상적으로 우리 주위에 있는 것들은 사용되고 있음을 드러낸다. 우리는 차를 몰고 컴퓨터에 글을 쓰는 등의 일을 할 때 그 물건들이 고장 나지 않는 이상 그 물건 자체에 대한 생각이 별로 없다(설사 고장난다 하더라도 우리는 그것들을 수리해서 다시 쓸 수 있는 물건으로 만들어야겠다는 생각밖에 없다). 하지만 예술작품은 효용성이 없다고 사라지지 않는다. 오히려 예술작품은 그 존재 자체로 받아들여지기를 요구한다. 결과적으로는 예술작품은 우리가 심미적 반응(aesthetic response)이라고 부르는 강력한 효과를 가지게 되는데, 그것은 우리가 압도되며 감정이 동요되고 감동을 받는 경험을 지칭한다. 따라서 변화 촉진자의 심미적 책임감은 그들이 함께 작업하고 있는 사람들을 도와 그들이 자신의 심미적 반응을 찾을 수 있게 하는 것이다.

심미적 반응의 이런 놀라운 능력은 그 사람 자신이 한 행동의 결과물일 때 더 강력해진다. 이러한 경우에 그것은 예술작품의 효력뿐만 아니라 주어진 재료를 빚어내는 작품활동 자체가 효력적이다. 이 과정은 포이에시스가 본질적인 인간으로서 진정한 실존으로 회복할 수 있도록 한다. 만약 사람들이 치료나 다른 특수한 상황에서 예술을 통해 아름다움을 형성하고 이끌어 낼 수 있는 경험을 할 수 있다면, 그들은 깨어난 능력을 취하고 그것을 그들의 일상 경험에 되가지고 올 수 있을 것이다. 이와 같이 예술활동은 생활과 연관되어 있다. 표현예술 회기에 참가한 사람들은 동시에 다른 사람들, 즉 남편, 아내, 노동자, 시민 등과 함께 살고 있기 때문이다. 그들이 생활하는 가정, 직장, 나라는 그것이 자기 자신의 것이든 타인의 것이든 인간 활동에 의해 형성되었고, 따라서 더 적절한 방식으로 재형성될 수 있다.

예술 활동의 어떤 요소가 이렇게 강력한 효과를 가지게 하는 것일까? 새로운 형체(form)를 찾을 수 있으려면 우리는 일상적인 관심사를 벗어나 상상의 세계로 들어가야 한다. 이것은 상상의 세계로 진입하기 위해 일상적인 삶의 세계에서 탈중심화(decentering)하는 경험이다. 표현예술 분야가 더 심화되고 그 기반이 명확해지면서, 탈중심화가 포이에시스의 과정에서 본질적인 순간이라는 점이 분명해졌다(Knill et al., 2005). 그렇다면 표현예술 회기는 개인이나 단체의 일상적 염려를 명확히 하는 것으로 시작할 수 있겠다. 하지만 그러면서도 후에는 이러한 염려로부터 탈중심화해야 상상의 나래를 펼칠 여유를 찾을 수 있다. 오로지 이렇게 예술 활동을 통해 상상의 세계로 탈중심화하는 과정을 거쳐야만 일상적 삶의 세계로 돌아와 우리가 무엇을 깨우쳤는지 성찰할 수 있다.

하지만 이러한 성찰의 과정은 다른 많은 예술치료처럼 이미 확립된 심리적 체계에서 착수된 것이 아니다. 그보다 우리는 작품과 그것을 형성하는 활동들이 스스로 드러낼 수 있게 내버려둔다. 이미 일어난 것들에 대해 세심한 주의를 기울이는 현상학적인 태도를 취함으로써, 우리는 그 작품과 그 형성 과정이 그 자신을 드러내게 하는데, 이를 통해 우리는 미처 알지 못했던 사실을 깨닫게 된다. 그래야만 우리는 회기를 '수확(harvest)'할 수 있는데, 이는 곧 일어난 일이 우리의 일상 삶과 어떻게든 연관될 수 있는 점들을 되돌아보고 행동을 취할 수 있는 새로운 방향을 제시할 수 있는 것을 뜻한다.

이러한 표현예술 과정에 대한 이해를 기반으로 우리는 '회기의 구조(architecture of the session)'를 만들어 내는데, 이 기본적인 틀은 그 일이 어떠한 환경에서 이루어지든 우리가 하고 있는 일을 이해하는 데 쓰일 수 있다. 첫 번째 단계는 '채우기(filling in)'로, 내담자가 자신이 처한 기본적인 상황을 명확히 설명하는 것이다. 우리는 문제가 무엇인지, 사람들이 과거에는 이러한 것들을 어떻게 다루어 왔는지, 그리고 회기를 통해 그들이 얻고자 하는 결과는 무엇인지를 알아야 한다. 단, 주의해야 할 점은 우리가 그들의 어려움이나 걱정을 알아야 하긴 하지만, 포이에시스를 위한 우리의 역할에 준거하여 우리는 그 고통이나 병리에 초점을 두지 않고, 내담자가 가지고 있을 수 있지만 어떠한 압도적인 상황 때문에 활용할 수 없었던 창조적인 자원을 발굴해 내는 데에 집중해야 한다는 것이다. 이러한 의미에서 표현예술 접근 방식은 '자원 지향적(resource oriented)'이고 '해법 중심적(solution focused)'이라 할 수 있다.

하지만 놀이와 작품 활동을 통해 상상의 세계로 진입하기 위해서는 이 시점에서 일상의 걱정들을 채우는(filling in), 내담자가 빠져 있는 '궁지(tight spot)'로부터 '탈중심화', 즉 한 발짝 물러나야 할 필요가 있다. 앞서 우리가 명시한 것과 같이 치료사나 변화 촉진자는 심미적 책임감을 가지고 있는데, 이는 내담자가 그들이 작업하고 있는 재료를 형성할 수 있는 능력으로 아름다움을 경험하게 함으로써 그들이 심미적 반응을 가질 수 있게 회기를 구성해야 하는 책임감이다. 여기에는 치료사에게 주어진 특별한 개입 방법이 있지 않다. 대신 치료사는 자신의 세심함을 활용해 어떤 방법이 그 특정한 사람에게 효과적인지, 즉 어떤 방법이 그 사람의 '효율적 현실(effective reality)'에 접근하는지 봐야 한다.

이러한 작업이 이루어지면, 탈중심화에서 물러나 그것을 현상학적 관점에서 분석할 수 있게 되며, 이 단계에서 그 과정과 생겨난 작품 모두에 대해 세심한 주의를 기울이고 각각이 그 자체가 가질 수 있는 메시지를 전달할 수 있게 내버려둔다. 탈중심화가 변화 촉진자 앞에서 일어났기 때문에 치료사는 내담자에게 이러한 심미적 분석(aesthetic analysis)에 대한 세심한 설명을 할 수 있다.

탈중심화에 관한 충분한 분석이 이루어진 후에는, 내담자가 회기에 가지고 온 관심사로 되돌아가는 것이 필요하다. 심미적 분석이 완전히 이루어졌다면 탈중심화와 내담자의 삶 사이의 연관성이 명백할 것이다. 혹은 이렇게 질문하는 것도 도움이 될 것이다. '탈중심화 가운데 생긴 일이 당신이 앞서 걱정했던 것들과 연관되어 있다면 어떤 점에서 그러할까?' 이러한 방식으로, 일반적인 현실을 되돌아보는 과정에서도 상상력이 개입하게 된다.

이와 같이 회기의 '구조(architecture)'의 주요 특징은 채우기(filling in), 탈중심화(decentering), 심미적 분석(aesthetic analysis) 그리고 수확(harvesting)에 있다고 볼 수 있다. 이 단계들은 꼭 순차적이지는 않을 수 있다. 때로는 내담자가 예술작품을 만들 준비가 되어 오기도 하고, 나중에야 자신의 걱정거리를 털어놓을 수도 있다. 게다가 어떠한 회기에서든 이 중 몇몇 단계가 생략되기도 한다. 경우에 따라서는 채우기와 연장된 탈중심화가 이뤄진 후에 심미적 분석이나 수확을 위한 시간이 부족할 수도 있다. 이 경우에는 남겨진 단계가 다음 회기의 주제가 될 수 있다.

더 나아가서 특정한 부류의 내담자와의 작업에서는 이러한 채우기와 수확을 다른 이들과 함께 해야 할 수도 있다. 특히 아동이나 무기력한 성인과의 작업에서 이러한 일이 일어날 수 있다. 이런 경우에는 채우기와 수확하기를 회기 전 혹은 후에 부모님, 선생님, 또는 다른 보호자가 할 수 있다. 물론 심미적 분석은 성찰할 능력이 있는 사람과만 이루어질 수 있다. 내담자가 성찰할 능력이 없다면, 치료사는 탈중심화가 시사하는 점을 더 잘 이해하기 위해 심미적 분석을 혼자 진행해도 된다.

'회기의 구조'는 방법 자체라기보다는 지도에 더 가깝다. 이는 치료사나 다른 변화 촉진자가 어느 특정한 시점에서 자신의 위치와 적절한 개입 방법을 찾을 수 있게 하기 때문이다. 명심해야 할 점은 표현예술에서의 작업이 포이에시스를 근거로 삼는다는 것이다. 그것은 인간 존재가 상상 세계에 진입하여 예술 활동이란 과정에 관여함으로써 세계와 자신에 대한 그 사람의 의식에 유의미한 변화를 가져오는 심미적 반응을 이끌어 내는 것이다. 포이에시스는 우리의 원초적 능력이다. 다른 모든 것은 이로부터 파생된다.

이러한 포이에틱(poietic)한 능력 면에서 이 장의 서두에 인용되었던 릴케의 말이 우리에게 의의가 있다. 포이에시스는 인간 존재와 그들을 둘러싼 세상 사이의 심미적 유사성을 전제로 한다. 우리의 상황이 어떻건, 우리는 언제나 존재에 아름다움을 가져올 수 있다. 즉, 우리는 주어진 것에 반응하고 심미적 반응을 경험할 수 있게 그것을 형성한다. 우리가 만들어 내는 아름다움은 즐거움만을 주지는 않는다. 심지어는 (고야의 그림이나 피카소의 〈게르니카〉와 같은) 우리가 '추미(terrible beauty)'라고 부르는 것이 나올 수도 있다. 그럼에도 불구하고 우리는 그것의 본질적인 진실을 고통에 대한 우리의 반응으로 느낄 수 있다(Levine, 2009).

포이에시스는 언제나 가능하다(Levine, 1999). 이러한 가능성은 니체가 실존에 대한 '무한긍정(yea-saying)'이라고 말했던 수용 능력에 달려 있다. 세상의 현재 모습이 왜곡되고 고통스럽게 보일지라도, 우리는 그 세상을 아름답게 바꿀 수 있는 가능성을 가지고 있다. 예수회 시인 제럴드 맨리 홉킨스(Gerard Manley Hopkins)는 인간이 훼손을 가한 세상에서, "아름다움이 불변하신 그분께서 이 모든 것을 창조하셨도다. 그분을 찬양할지어다"라는 시를 썼다. 이와 유사하게, 망자를 위한 유대교 기도인 카디시(Kaddish)에서도 죽음이나 슬픔 대신 하나님의 선량함을 찬미하는 단어들만이 언급된다.

선함과 아름다움의 존재에 대한 근원적인 믿음이 없었다면 과연 우리가 이렇게 슬픔과 상실을 받아들이는 법을 배울 수 있었을까? 치료를 지향하는 심리학은 고통과 병리학에 초점을 맞추는 경향이 있다. 하지만 오로지 고통밖에 없다면, 우리는 어디서 그것을 대면할 수 있는 자원을 발견할 수 있을까? 치료사로서, 모든 종류의 변화 촉진자로서, 우리는 내담자가 죽음을 받아들이는 방법을 배우는 험난한 여정을 지지할 수 있도록 믿음과 희망을 지니고 있어야 한다.

그러한 믿음은 부정에 그 기반을 두고 있지 않다. 실로 우리는 상실의 현실을 극복해야 할 것이 아니라 삶에 근본적인 것으로 받아들여야 한다. 애도(mourning)는 우리가 '극복(over it)'하는 것이 아니라, 삶과 죽음을 함께 붙들고 있으면서 현실에도 불구하고 우리의 존재를 인정하는 것을 뜻한다. 어쩌면 치료사가 자기 자신의 고통을 제거하지 않으면서 내담자와 함께 있기 위해서는 이런 경험을 이미 겪었어야 할지도 모르겠다. 어떠한 경우에도, 인간은 죽음이란 피할 수 없는 운명을 받아들이는 방법을 배우고픈 기본적인 욕구가 있다. 오직 그러할 때만이 우리는 '인간답다(authentic)'고 할 수 있으며, 즉 유한한 존재에 걸맞는 방식으로 살 수 있는 것이다.

2장의 제명에서 부분적으로 인용된 릴케의 시 '오르페우스에게 바치는 소네트(Sonnets to Orpheus)'는 한창 어릴 나이에 요절한 아름다운 댄서의 죽음을 이해하려는 노력에서 쓰인 것이다. 그 끝에서 그는 '신만이 할 수 있다.'고 결론지었다. 오로지 불멸의 존재만이 죽음이 삶에 귀속된다는 것을 완전히 이해할 수 있다는 것이다. 그럼에도 불구하고 그의 시는 우리가 예술을 통해 그러한 신의 능력에 가장 가까워질 수 있음을 보여 준다. 릴케는 삶과 죽음 사이의 불가피한 긴장감에 대해 말하면서도, 그의 단어들은 그 둘을 아름다움으로 엮어 냈다. 그의 시에 대한 우리의 심미적 반응은 우리가 그의 작품에서 실제로 위안을 느낀다는 것을 보여 준다. 비록 그것이 슬픔을 최종적으로 극복하는 것이 아닐지라도 말이다.

슬픔과 상실로 인해 고통받고 있는 내담자와의 작업에서, 우리는 항상 내담자의 포이에시스 능력과 모두에게 해당되는 죽음의 필연성을 염두에 두고 있어야 한다. 표현예술치료사는 시인과 유사한 방법으로 세심함(sensitivity)과 기량(skill)을 사용하는데, 이는 내담자가 심미적 반응을 통해 상실을 수용할 수 있도록 하기 위함이다. 이 외의 모든 것은 우리 소명의 본질을 저버리는 것인데, 그 소명은 죽음의 한가운데서 삶을 찬양하기 위해 예술을 찾는 것이다. 실로, 애도는 오로지 찬사의 정원에서만 이루어져야 하기 때문이다.

참고문헌

Knill, P. J., Levine, E. G., & Levine, S. K. (2005). *Principles and practice of expressive arts therapy: Toward a therapeutic aesthetics*. London: Jessica Kingsley.

Levine, S. K. (1999). Poiesis and post-modernism: The search for a foundation in expressive arts therapy. In S. Levine & E. Levine (Eds.), *Foundations of Expressive Arts Therapy: Theoretical and Clinical Perspectives*. London: Jessica Kingsley.

Levine, S. K. (2009). *Trauma, tragedy, therapy: The arts and human suffering*. London: Jessica Kingsley.

McNiff, S. (2009). *Integrating the arts in therapy: History, theory, and practice*. Springfield, IL: Charles C. Thomas.

3

아동의 트라우마적 상실과 애도의 과정을 돕는 예술치료

엘리아나 길(Eliana Gil)

세상에서의 안정감이 압도되고, 혼돈되고, 절충되는 트라우마적 사건을 경험한 아동들에게 예술치료는 표현할 수 있는 기회를 준다. 특히 관계적 복합 트라우마는 발달상의 위기를 가져올 수 있는데, 매우 중요한 발달 시기에 발생하면 더 악화되어 일차 양육자와의 애착에 균열을 가져오고 일반적 기능에 악영향을 미칠 수 있다(Gil, 2012a).

관계치료(relational therapy)는 극심한 트라우마적 상실을 경험한 어린 아동의 치료에서 핵심적인 역할을 해 왔고, 예술치료는 그 특유한 방식으로 정서적 유대감과 안정감을 증진시킨다. 내 경험에 비추어 볼 때, 아동은 그들의 생활에서 놀이를 활용하듯 예술을 자유롭게 활용한다. 예술 활동이 외부 평가와 재현예술의 강요로 인해 퇴색되지 않았다고 상정한다면, 아동은 예술 활동에 참여할 때 즉각적으로 안정감과 자유로움을 느낀다. 설사 그들이 한 번도 예술 재료로 작업을 할 기회가 없었기 때문에 초기에는 창의적 시각 표현에 매력을 느끼지 않더라도, 여러 가지 색과 모양으로 종이의 빈 공간을 채워 나가면서 금방 그것이 자기 자신을 표현해 낼 수 있는 선호하는 수단이 된다. 또한 그들은 자신과 타인에게 즐거움을 주는, 그리고 유언과 무언의 메시지를 지니고 있는 예술을 만들어 낼 수 있다는 것에 대해 무언가를 통제할 수 있다는 느낌을 받는다. 나는 무조건적인 목격자로서, 예술적 은유를 탐색하고 증폭하는 데 있어 과묵하지만 활동적인 관찰이나 성찰적 과정에서 전달되는 아동의 자기주도성(self-direction)과 표현을 인정하고 소중하게 생각한다. 우리가 옆에 앉아 그들의 표현이 형체를 갖춰 나가는 모습을 지켜보면, 그들은 우리의 존재를 인지하고 우리가 그들을 소중하게 생각한다는 것을 느낀다. 또한 그러한 행동은 불안과 긴장 그리고 심지어 두려움에 떨고 있는 아동들이 중심을 잡을 수 있도록 차분한 행동을 할 수 있는 기회가 된다. 대인관계 트라우마의 경우에는 아이들이 타인과 관계의 본질에 위태로움을 겪어 왔을 때 자신의 작품을 소중하게 생각하는 목격자의 존재하에 예술과 같이 자유로움을 안겨 주는 활동을 제공하는 것만으로도 분명히 긍정적인 애착을 촉진할 수 있다.

사례 연구

루시아는 7세의 히스패닉계 소녀로, 우리가 처음 만났을 당시 위탁 가족에게 입양된 것에 어려움을 호소하고 있었다. 루시아는 약물 과용으로 부모로서의 역할을 제대로 수행할 수 없었던 어머니로부터 방임되어 왔다. 어머니가 너무 이른 시기에 재활 프로그램에 참여했다가 탈퇴하는 패턴을 시작할 때부터, 루시아는 다수의 위탁 가정에서 엄마의 불규칙적인 방문을 기다리기만 했다.

루시아가 내 사무실을 처음 방문했을 때, 나는 그녀의 왜소한 체격, 눈 맞춤의 어려움 그리고 상당히 제한된 감정 스펙트럼(constricted affect)에 놀라움을 금치 못했다. 그녀는 작은 보폭으로 걸었으며, 몸은 구부정했고, 움직이고 말하고 보는 행동 모두를 주저하는 듯해 보였다. 그때가 그녀의 첫 치료 회기였고, 처음 보는 그 지역 운전사와 함께 도착한 상태였다. 그때쯤 그녀는 낯선 사람들이 자신을 새로운 장소에 데려가는 일에 익숙한 상태였고, 이러한 그녀의 일방적인 순응이 나는 너무나 안타깝게 느껴졌다. 그녀는 어떠한 것에도 저항할 힘이 없었고, 흥미롭고 다양한 장난감으로 넘쳐나는 방에 들어가도 호기심을 보이지 않았다.

나는 내 소개를 마친 후, 내 방에 구경할 거리가 많으니 방을 구경시켜 주겠다고 말했다. 나는 그녀에게 모래 상자와 미니어처, 이젤과 페인트, 인형, 인형 집과 인형 옷, 꼭두각시 인형, 보드게임 그리고 맞추는 장난감 몇 개를 보여 주었다. 하지만 그녀는 어떠한 것에도 반응을 보이지 않았다. 대다수의 아동이 사랑하는 이러한 장난감에 이렇게 무관심한 아동을 보는 것도 극히 드문 일이었다. 나는 그녀에게 이곳에서는 그녀가 원하는 방식대로 시간을 보낼 수 있다고 말해 주었다. 그녀가 놀이를 하고 싶을 때는 놀이를, 대화를 하고 싶을 때는 대화를 할 수 있고, 어떻게 말하거나 보여 줄지는 그녀에게 선택권이 있다고 말했다. 그녀는 우두커니 서서 멀뚱멀뚱하게 쳐다보았다. 나는 잠시 기다렸지만, 그녀는 여전히 불편하고 어색해했다. 그래서 나는 그녀에게 '한 가지를 더' 보여 줘야겠다고 생각했는데, 내가 선택한 것은 내 방에 있던 비눗방울이었다. 비눗방울은 불면서 놀건, 잡으면서 놀건, 대다수의 아동에게는 흥미로운 대상이다. 나는 루시아 또한 비눗방울을 불며 호흡을 깊게 들이쉬고 내쉬는 과정을 통해 좀 더 편안하게 만들어 주고 싶었다. 내가 먼저 비눗방울을 불자 대략 20개의 작은 비눗방울이 우리 주변을 에워쌌다. 그녀의 눈은 움직임은 없었지만 잠시 동안 확장되어 있었다. 나는 이 행동을 몇 번 반복했고, 내가 몇몇 비눗방울을 잡으려고 허둥거릴 때 마침내 그녀의 얼굴에 약간의 미소가 번지는 것을 볼 수 있었다. 하지만 그 와중에도 그녀는 여전히 부동의 자세를 보였다.

이러한 처음 대여섯 번의 회기 동안 나의 목표는 어떻게든 그녀를 병행 놀이(parallel play)에 동참시키는 것이었다. 나는 우리가 나란히 앉아 할 수 있는 무언가를 준비했다. 어떨 때는 주고받을 수 있는 공을 가져오기도 하였고, 다른 때는 우리가 조형할 수 있는 점토나 쌓을 수 있는 판지 상자, 혹은 컬러링북을 준비하기도 하였다. 그녀는 마침내 그녀의 자그마한 손에 비해 엄청 큰 새 크레용 박스에 약간의 흥미를 보였다. 그녀는 꽃이 있는 페이지를 펴놓고, 색이 간신히 보일 정도의 작은 압력으로 조심스럽게 채색을 하기 시작하였다. 그녀는 컬러 간의 선을 넘지 않도록 특별히 주의를 기울였고, 나는 그녀가 채색하기 시작할 때 배경에 잔잔한 명상 음악이 흐르도록 했다(비눗방울을 가지고 놀았을 때는 좀 더 빠른 비트의 신나는 피아노 음악을 틀었다). 그녀가 나에게 구체적으로 무언가를 할 수 있냐고 물어보기까지는 거의 네 달이 걸렸으며, 그다음 해에는 우리는 매주 만나 신뢰와 안정감의 관계, 라포 형성을 조심스럽게 시작하였다.

그녀는 분명하게 미술 활동을 선호했으며, 그녀의 참여도는 점진적으로 증가했다. 처음에는 빈 하얀 종이를 거부했지만, 이후에는 이젤에 다가가 페인트 용기에 붓을 넣고 이리저리 움직여 보았다. 그러고 나서야 마침내 그녀는 종이 중앙에 여러 가지 색을 혼합하면서 페인트를 사용하기 시작했다. 그녀는 한 번도 이젤 크기의 종이를 꽉 채운 적이 없었다. 그저 페이지 중앙에 원을 그리며 여러 가지 색을 마구잡이로 섞는 행동을 했으며, 이런 경험을 그 자체로 충분히 즐기면서 그녀는 속박감에서 약간 자유로워지는 것 같았다. 그녀가 자신의 그림 위에 페인트를 흩뿌리면서 천진난만한 경험을 하며 행복해하는 마음과 페인트가 카펫에 묻을까 봐 걱정하는 마음이 번갈아 들 때, 나는 복잡한 심정이 들었다. 그래서 나는 이젤 아래 더 큰 비닐을 깔아 그녀가 페인트를 더 자유롭게 가지고 놀 수 있게 했다. (항상 집에 가져가고 싶지 않아 했던) 여러 가지 색이 뒤죽박죽 섞여 탁했던 그녀의 그림은, 비로소 섞이지 않고 본연의 색채를 지니며 나란히 조화를 이루는 색의 향연으로 바뀌었다. 이러한 새로운 방식의 그림을 그리자, 그녀는 각 용기 안에 있는 붓 하나하나를 신경 쓰기 시작했고, 흩뿌리는 행위가 조심스럽게 칠해진 여러 개의 얼룩으로 이루어진 그림으로 완성되었다. 이러한 회기를 진행하면서 그녀는 미소를 짓기 시작했고, 때로는 나와 소통하며 나의 도움을 요청하고 받기도 했으며, 가장 중요하게는 회기에 걷거나 깡충깡충 뛰어들어 왔으며 시간에 맞춰 떠났다. 그녀의 시간 관념은 한 번도 흔들리지 않았고, 치료사가 원래 그러하듯이 최종적으로 그녀는 내면 시계(internal clock)에 의존하여 항상 언제가 떠나야 할 타이밍인지 알았다. 그녀는 치료실에서 확립된 일상생활 방식에서 안정감을 찾는 것 같았다.

치료 회기를 통해 그녀의 예술은 계속 발전해 갔고, 외적인 변화가 눈에 띄게 많아졌다. 루시아의 어머니는 법원의 요구를 지속적으로 충족시키지 못했고, 사회복지사와 루시아와의 면담 약속에 나타나지 않았다. 결국 가정복지기관(Department of Family Services)은 어머니가 그들의 요구 조건을 이행할 능력이나 의지가 없다고 판단해 루시아에 대한 계획을 바꿨다. 어머니의 친권이 박탈당했고, 루시아는 입양되기로 결정되었다. 현재 위탁부모는 루시아의 입양에 관심을 보였고, 루시아의 행복에 진정으로 관여하고 싶어 하는 것 같아 보였다.

이별을 위한 예술치료

치료가 진행되면서 루시아는 그녀의 작품과 나와의 의사소통에서 더 많은 표현을 하기 시작했다. 그녀는 사실주의적 작품을 더 많이 만들기 시작했고(특히 꽃을 묘사하는), 다른 미술 재료를 탐구했다(연필, 크레용, 마커, 파스텔 그리고 수채화와 같은). 새로운 미술 활동 하나하나에 집중하여 즐거움을 이끌어 냈고, 그녀가 떠날 준비가 되어 있을 때 말하고 떠나기 전 10분 동안 대화할 시간을 위해 미리 시간을 재는 습관이 형성되었다. 그녀는 학업, 가장 친한 친구 모나, 그녀의 고양이 스모키와 같은 다양한 대화거리를 늘어놓았다. 내가 생각하기로는 이 치료가 예측할 수 있는 행동을 제공해 왔고, 그녀는 강요하지 않는 친숙한 사람과 함께 예술을 통해 자신을 표현하는 방법을 배우게 되었다. 더 나아가 헌신적이고 지속적이며 상냥하고 차분하며 신앙심이 깊은 위탁부모의 안정감 있는 환경 안에서 루시아는 중심을 더 잡아 갔다. 뿐만 아니라 그녀는 예술 활동에서 친어머니에 대한 의문점과 우려를 표현했다. 그녀가 첫 번째로 이를 표현했을 때, 그녀의 작품에는 두 개의 형체가 있었다. 하나는 다리가 달린 머리로 시작해서 결국에는 그녀가 친숙하게 그려 왔던 희미한 원으로 마무리되었다. 그 옆의 다른 하나는 머리, 몸체, 다리 그리고 손이 있는 형체였다. 얼굴은 한 개의 일직선으로 표현된 입과 두 개의 검은 점으로 표현된 눈을 가지고 있었다. "이건 나고, 이건 내 엄마예요." "아, 그게 너랑 네 어머니구나."라고 내가 말했다. "맞아요, 오늘 나를 데리러 오는 내 엄마 브렌다가 아니라 나를 잘 돌봐 주지 못했던 내 예전 엄마 마르타예요." "어, 그럼 이 꼬마 아이(그림을 가리키며)가 잘 돌봐 주지 못하는 엄마를 어떻게 생각하고 있니?" 하고 내가 물어봤다. 그녀는 부드러운 목소리로 대답했다. "그 아이는 엄마가 자기를 사랑한다는 걸 알아요. 하지만 엄마는 나쁜 약을 먹고, 그 약들이 엄마를 아프고 졸리게 만들어요. 그래서 엄마는 아무것도 돌보지 못하는 거예요." 나는 되물었다. "그러면 그 아이는 그것 때문에 어떤 기분이니?" "그 아이는 슬퍼요. 하지만 이제는 엄마가 그 약을 먹지 않아야 하고 그렇지 않으면 엄마가 나아지지 않을 거라는 걸 알아요." "맞아, 엄마가 슬픈 걸 이해해요." 떠날 시간이다. 또 다른 때에 루시아는 말했다. "그 아이는 가끔 가슴이 아파요." 나는 그 말을 되풀이했다. "그렇구나, 그 아이는 지금 가슴이 아프구나." 떠날 시간이다.

나는 이 은유가 유의미하다고 생각했고, 마치 우연히 발견했는데 그녀가 했던 말을 상기시킨 것 마냥 하트 모양의 퍼즐을 찾아서 루시아에게 보여 줬다. 그녀가 말했다. "아, 산산조각 부서진 마음이네." 내가 말했다. "맞아. 이 퍼즐을 봤을 때 그때 네가 그린 그림의 꼬마 아이와, 그 아이가 산산조각 난 마음을 가지고 있다고 했던 네 말이 생각났어." "빨간색으로 칠해요!"라고 루시아는 말했고, 곧 그것을 빨갛게 칠하고 마르도록 옆으로 치워 두었다. 다음 방문 때 그녀는 문을 들어서자마자 물었다. "그때 그 퍼즐 다 말랐나요?" 나는 그렇다고 했고, 그녀는 말했다. "오, 좋아, 퍼즐을 흩트려서 다시 붙여요." "이 하트는 산산조각 날 수도 있지만 다시 붙일 수 있는 하트란다." "맞아요." 그녀가 말했다. "완전 좋은 생각이에요!" 우리는 퍼즐을 산산조각 내서 다시 하트 모양으로 이어 붙였다. 그녀는 하트 중심에 해를 넣기를 원해서 노란 원을 페인트로 그렸다. "햇살은 모두를 기분 좋게 만들어요." 내가 맞장구쳤다. "맞아. 햇살은 모두를 기분 좋게 만들어."

그녀가 그리는 가족과 애완동물의 그림에는 항상 거대한 햇살이 그들을 비추고 있었다. 그녀는 어머니를 그릴 때 항상 구름과 어두운 색상의 페인트를 빼먹지 않았다. 그녀가 위탁 가족 경험을 통해 열악한 환경과 양육적(nurturing) 환경의 차이를 감지할 수 있다는 것은 분명했다. 햇빛과 함께 하트를 다 그리고 난 후 반짝이 풀과 스티커를 덧붙이며 보완 작업을 끝냈을 때, 그녀는 나를 보고 말했다. "이걸 마르타가 간직할 수 있게 주고 싶어요. 이걸 보면 마르타가 좀 더 나아질 수 있을지도 모르잖아요."([그림 3-1] 참조) 나는 그녀에게 좋은 생각이라고 말했고, 그 아이는 '루시아가 마르타에게'라고 단어를 추

[그림 3-1] 루시아가 마르타에게

가했다.

마르타는 루시아에게 그녀가 줄 수 있는 최고의 선물을 주었다. 루시아를 만나 왜 그녀가 루시아를 포기하는지 설명했고, 나와 사전에 협의된 작은 선물을 주었으며, 애정 어린 손길로 직접 루시아를 새 가족의 품에 안겨 주었다. 다음은 내가 기억하는, 마르타가 루시아에게 말한 내용과 루시아의 반응이다.

"루시아, 너도 알겠지만 나는 음주와 약물 문제가 있고 그 때문에 내 자신조차 돌보지 못해. 하지만 계속 노력할 거야. 너는 아직 꼬마 아가씨여서, 너를 항상 지켜보고, 하루 종일 너를 사랑하고 아껴 주고, 저녁에 책을 읽어 주고 잠자리를 돌봐 주고, 항상 집에서 자고 너를 떠나지 않는 그런 엄마 아빠가 필요해. 네가 이제 그런 엄마 아빠를 가지게 돼서 나는 너무나도 기뻐. 나는 네가 그들을 진심으로 사랑하고, 그들도 너를 사랑할 수 있게 마음을 열었으면 좋겠어. 너는 이제 최고의 집에서 행복하고 건강하게 자라날 거야. 내가 너한테 해 줄 수 있는 최선의 선택은 행복을 기원하며 너를 새 가족에게 보내는 거야(그녀는 허공에 손으로 십자가를 그려 보였다). 너에게 한때 너를 너무 사랑해서 너에게 딱 맞고 너를 잘 돌봐 줄 수 있는 엄마 아빠를 찾아 준 엄마가 있었다는 것을 기억하도록 이걸 줄게." 그러고서 그녀는 루시아의 목에 작은 하트 목걸이를 걸어 주었다.

루시아는 마르타에게 녹색 뒤판으로 보강된 자신이 만든 하트 퍼즐을 주며 말했다. "우리는 하트를 주고받았어, 엄마. 이건 부서졌지만 우리가 다시 붙인 하트인데, 이젠 다 고쳐졌고 태양까지 있어!" 마르타가 말했다. "너무 마음에 든다. 영원히 간직할게!" 그녀는 루시아를 한 번 끌어안고서는 말했다. "자 이제 네 부모님께 가렴. 그리고 나 역시 너를 사랑한다는 걸 기억하렴." 어머니가 떠날 때, 루시아는 부모님의 품에 안겨 작게 흐느꼈다. 그녀의 슬픔의 깊이를 이해하며 부모님이 그녀를 진정시킬 수 있도록, 우리는 잠깐 그렇게 앉아 있었다. 시간이 조금 흐른 후 루시아는 이제 가야 할 시간이라며 자리에서 일어섰고, 나에게 내일 보자고 인사했다. 우리는 그녀가 다른 주로 이사하기 전까지 네다섯 달 동안 더 만남을 지속했다. 루시아는 나에게도 빨간 도화지를 오려 만든 하트를 하나 주었다. 그녀는 하트를 반으로 접어서 반쪽에는 '감사합니다.'라고 쓰고 다른 한쪽에는 '나도 사랑해요.'라고 썼다.

청소년과 성인들에게

전문가들은 놀이와 예술이 청소년과 성인들보다는 아동들에게 더 대중적으로 잘 맞을 수 있다는 편견을 가질 수 있다. 내 경험에 비추어 보면, 청소년과 성인들 또한 미술 재료를 사용함으로써 자기 자신을 표현하고, 탐색하고, 명료화할 수 있는 좋은 방안을 찾을 수 있다고 생각한다. 어린 아동에게 크레용과 마커를 건네준다면, 청소년이나 성인들에게는 페인트와 수채화 물감을 건네줄 수 있다. 동시에 적지 않은 청소년들이 숫자로는 나이가 들었을지 모르지만 미성숙한 감정이나 세계관을 지닌 상태에 머물러 있어서 크레용이나 마커에 더 관심을 보일지도 모르겠다. 좀 더 나이가 있는 아동에게 예술 활동을 제안할 때 유용할 수 있는 몇몇 응용 방법이 있지만, 나는 예술작품은 개개인마다 너무 달라 그들이 직접 선택할 수 있게 하는 방안이 최선이라 생각한다. 이후 이어지는 장(章)들에서 제시되는 다수의 매체에서 예시되었듯이, 창조적인 표현을 이끌어내고 인생의 어려움을 이겨 낼 수 있는 대안을 제시하기 위해서는 재료, 종이 크기, 미술 용품, 미술매체의 다양한 선택지를 구비해 두는 것이 가장 좋은 접근 방식이다.

맺는말

미술치료는 루시아가 아픔을 표현하고 처리하는 주된 수단이 되었다. 많은 아동이 그러하듯이, 그녀는 치료 과정에서 자신이 방향을 찾아갔으며, 자신의 문제를 드러냈다. 루시아가 초기에 주저했고 치료에 대한 불신을 가진 것에 대해 충분히 이해하면서, 나는 루시아가 자신의 내면 시계에 맞춰 자신의 속도대로 나아가도록 내버려두고 격려했다. 그녀에게 있어서 예측 가능한 환경을 조성하는 것(정확한 시작 및 마침 시간, 활동의 반복, 허용적인 환경이라는 인식과 함께)은 매우 중요했다. 나는 이 꼬마 아가씨와의 회기를 최대한 빠지지 않았고, 심지어 한번은 출장 떠나기 전에 그녀를 보려고 스케줄을 조정하기도 했다. 이렇게 조심스럽게 공들여진 관계는 루시아가 자기 자신이 될 수 있게 하고 마음을 터놓을 수 있게 하여서 많은 도움이 되었다. 초반에 루시아의 위축된 예술작품은 점점 자유로워졌고, 꽃에서부터 자화상까지 사실적인 표현의 수준이 그 나이에 맞게 더 적합해졌다. 루시아가 자신의 가정생활에서 더 중심을 잡아감에 따라 엄마가 멀어져 가도 덜 혼란스러워지는 병행 과정(parallel process)이 일어나는 것을 보며, 나와 그녀의 부모님은 매우 흐뭇해했다. 루시아의 깨진 하트라는 은유는 그녀가 자신의 감정을 드러내고, 잡고, 만들고, 붙이고, 그림을 그리고, 최종적으로는 엄마와의 유대에 관한 자신만의 메시지를 제안하는 것을 가능케 했다. 내가 이 작업을 이해하기로는, 루시아는 자신의 인생에 햇빛(모든 것이 생성할 수 있도록 도와주는 따뜻한 활력)이 들 수 있음을 알고, 언젠가 그 햇빛이 엄마에게 가득히 비춰지기를 바라며, 엄마와 자신의 산산조각 난 하트를 이어 맞추고 있었던 것이다(Gil, 2012b).

참고문헌

Gil, E. (2010). *Working with children to heal interpersonal trauma: The power of play*. New York: Guilford.

Gil, E. (2012a). Art and play therapy with sexually abused children. In C. A. Malchiodi, *Handbook of art therapy* (2nd ed., pp. 175–191). New York: Guilford.

Gil, E. (2012b). Trauma-focused integrated play therapy. In P. G. Brown (Ed.), *Handbook of child sexual abuse: Identification, assessment, and treatment* (pp. 151–178). New York: John Wiley & Sons.

4

신들의 침묵 - 회복의 영과 치유의 혼

마이클 컨포티(Michael Conforti)

이 장에서는 심각한 상실과 트라우마가 정신(psyche)에 미치는 영향을 다룰 것이다. 그리고 더 나아가 어떠한 형태의 치유와 은총이 일어나기 전까지 사람들이 일생동안 트라우마적 사건과 감정을 반복할 수밖에 없게 되는 기이하고 이상한 현상들을 살펴볼 것이다. 프로이트는 우리가 '기억하고 싶지 않은 일들을 반복한다'는 것을 알았다. 이러한 복제와 반복의 과정은 특히 트라우마를 겪은 사람들의 삶에 더 만연하다. 태생적이고 자기조직적인 체계 또는 '트라우마 영역(trauma fields)'은 자율적으로 기능한다. 나는 이 개념과 '동조 현상(entrainment)'의 개념을 논하겠다. 여기서 동조란 개인적 · 직업적 그리고 사회적 삶에서 이러한 자기유사적(self-similar)이거나 트라우마와 관련된 재발을 유발하는 정신의 핵심적 원리이다. 신화나 전설 속의 구원과 비슷하게, 치유(healing)는 이러한 강박적이고 반복하는 주술을 깨뜨리는 것을 지칭하는데, 이는 비극적 운명의 굴레로부터 개인의 자유를 가능케 한다.

트라우마는 세상이 작동하는 원리에 대한 전제들을 완전히 산산조각 내어 버리고, 우리를 자신만의 세상에 갇히도록 한다. 태고부터 비탄과 상실, 전쟁, 학대가 존재해 왔고, 이러한 사건들은 끊임없이 반복되는 불행한 일들로 보이는 듯하다. 개개인의 삶에서 일어나는 트라우마는 더 큰 트라우마 영역(trauma field)의 한 부분이거나 집합체이다. 생물학적 형체의 형태학적 전개와 유사하게, 원래의 사건과 무서울 정도로 유사한 트라우마 경험의 지속적인 반복에서 우리는 미리 형성된 트라우마 영역의 존재와 윤곽을 볼 수 있다. 미리 경험되어 있고, 역동적인 트라우마 영역 내에서 작동하는 이러한 지속적으로 끄는 힘으로 인해 사람들의 행동과 심지어는 그들의 삶까지 고정된 궤도 안에 잡힐 수 있다. 트라우마 영역은 트라우마의 기억, 신체적 반응, 행동뿐만 아니라 생존자들조차도 이러한 역학에 의해 지배되는 미래로 끌고 들어간다.

영역(field)으로 인해 발생된 현상들에 대해 얘기하는 것이 불가능해 보일지도 모르겠으나, 그저 자연계를 보는 것만으로도 고도의 자기조직화(self-organization)의 흔적을 찾아볼 수 있다. 공간 곡률이 중력의 영향 때문이라는 것을 발견한 사람은 바로 아인슈타인(Einstein)이었고, 스티븐 호킹(Stephen Hawking)을 비롯한 다른 이들은 '블랙홀(Black Holes)'이 주변에 있는 그 어떠한 모든 것을 삼켜 버리는 응집된 중력장 때문이라는 사실을 발견했다. 트라우마는 조용하지만 역동적이면서 강력하게 이끄는 자기유사적인 경험을 개인의 삶 전반에 걸쳐 만들어 내는 경향이 있다.

개인의 삶뿐만 아니라 자연계에서도 조용하지만 역동적인 역할을 하는 동조(entrainment)는 전에 존재하지 않았던 공간에서도 반향을 일으키고 이전에 존재하지 않았던 곳에서 동시에 발생하는(synchronization) 영향력을 발휘한다. 같이 일을 하면서 신기하게도 서로 동시화(synchronization)되는 여성의 월경 주기와 유사하게, 트라우마를 겪은 사람들의 정신은 핵심적인 트라우마적 경험에 동조되어 일련의 자기유사적 경험을 만들어 낸다. 이런 방식으로, 고통스러운 과거는 현재를 지배하게 되며 불길한 미래를 암시한다. 여기서 우리는 시공간 기능의 붕괴를 볼 수 있는데, 과거, 현재 그리고 미래가 하나의 트라우마 영역의 작용으로 인해 고도로 정형화된 경험의 연속선상에 놓이게 되는 것이다.

우리가 예술에서 트라우마를 비롯한 인간 경험의 이야기를 접할 때 가장 가슴 아프고 강렬하게 느끼는 것은, 아마 예술의 비언어적 측면과 예술이 초월적인 것을 경험하는 현실과 연결되기 때문일 것이다. 홀로코스트(Holocaust) 사건을 기반으로 한 문학이 강렬할 뿐만 아니라 감정적으로 비통하게 느껴지는 것은 그것이 600만 이상이 되는 남성, 여성, 아동의 완전한 말살을 담고 있기 때문이다. 엘리 위젤(Elie Wiesel)은 홀로코스트에서의 경험을 분명히 잘 표현하여 '들려주는' 사람 중 한 명이다. 위젤은 아우슈비츠(Auschwitz)에서 세 명의 유대인 학자가 자기들끼리 하나님을 재판하고 인류에 대한 범죄로 유죄 판결을 내리는 것을 보았는데, 그러한 경험을 기반으로 지어낸 허구적 스토리를 풀어낸 것이 『하나님에 대한 재판(The Trial of God)』(Wiesel & Wiesel, 1979)이다. 작가들이 집필하기 힘들어했던 이 희곡은 그러한 경험을 묘사한 것으로서 비극적 소극으로 구성되었다. 이 희곡은 1649년 우크라이나의 어느 한 마을에서, 부림절 전날 여관 주인과 그 딸만이 유일하게 살아남은 집단 학살 후를 배경으로 시작한다. 이러한 유대인 마을 사람들의 집단 학살을 인지하지 못한 채, 세 명의 음유시인이 부림절 축일을 기념하려 여관에 들어선다. 여관 주인인 베리쉬는 그 방랑자들에게 고대 페르시아의 집단 학살로부터 구제된 유대인들을 축하하는 전형적인 부림절 연극보다는 좀 더 진지한 연극을 상연하기를 제안했다. 대신 베리쉬는 마을 사람들의 무분별한 살해와 고통에 대한 피고로서 하나님이 재판에 회부당하는 연극을 제안한 것이다. 재판 내내 하나님은 침묵하고, 심지어 자신에게 기소된 혐의에 답하기 위해 법정에 서지도 않았다. 하나님이 침묵하고 부재하는 세상에서 의미와 믿음, 정의는 어디에 있단 말인가?

트라우마적 상실의 환영이 뇌리에서 떠나지 않는 사람은 그것의 끈질긴 존재와 그 영향을 알고 있다. 그 환영은 계속 모습을 바꾸고, 모든 '타인'이 살고 있는 세계와 현저히 다른 세계에 대한 경험과 지식을 가지고 살아간다. 그리고 베리쉬와 그 마을 사람들처럼 자비심의 종말을 마주한 것일지도 모르겠다고 생각한다.

사건(들)을 기점으로 이 영역과 저 영역을 구분하는 전과 후의 세계로 나뉜다. 이제 그들은 어느 사람들과 마찬가지로 밖을 보아야 하는 삶의 기술에 다시 착수한다. 하지만 그럼에도 불구하고 그들의 눈에는 갑작스러운 반응을 가져오는 무감각함과 공포심 그리고 항상 절망과 뒤섞인 희망이 여전히 남아 있다.

아무에게도 말하지 않는 것 같지만 모두에게 말하는 것처럼, 베리쉬는 하나님의 부재를 애탄하며 울부짖는다.

> 맞아요, 한나…… 내 딸 한나. 나는 그녀를 대신해서 재판을 열고 싶어요. 당신은 그녀를 보았죠. 그 아이는 간신히 살아 있어요. 그걸 살아 있다고 말할 수 있다면 말이죠. 그녀는 잠자고, 한숨 쉬고, 먹고, 듣고, 웃어요. 그녀는 침묵하고 있어요. 그녀 안의 무언가가 침묵하고 있어요. 그녀는 침묵으로 이야기하고, 침묵으로 눈물을 흘려요. 침묵으로 기억하고, 침묵으로 비명을 질러요. 가끔 그녀를 볼 때면 내 주변의 모든 것을 부숴 버리고 싶은 광기어린 욕망에 사로잡혀요. 그럴 때 그녀를 다시 한번 더 주의 깊게 보면, 이상한 부드러움이 나를 감싸 안아요. 마치 내가 모든 세상을 구할 수 있을 것만 같아요(Wiesel & Wiesel, 1979, p. 104).

연민, 정의, 자비심 그리고 보호로 생각되었던 하나님의 이미지는 산산조각이 났다.

그렇다면 어떻게 이 세상에서 삶을 지속할 수 있을까? 베리쉬는 "자유롭다는 것은 선택할 수 있다는 것이다."라고 말했고, 선택하는 것은 창의적인 행위이다. 공정한 하나님이라는 관념에 대해서 베리쉬는 도덕적 격분에 싸여 외친다. "그는 우리에게 무슨 일이 일어나고 있는지 알고 있거나, 그렇지 않다면 그저 알고 싶지 않은 것이다! 어떤 경우건 그는…… 유죄이다!"(p. 125). 이 목소리는 수동적인 피해자의 것이 아니다. 이 연극을 번역한 브라운(Brown)은 도입부에서 말했다. "인간의 도덕적 책임에 대한 위젤의 가장 대담한 성명에서, 그는 '신의 부당함을 인간의 정의와 연민으로 변환하는 것은 인류에게 주어진 과제'라고 상기시켰다."(p. xviii) 1993년 워싱턴 DC의 US 홀로코스트 기념 박물관의 헌사에서 위젤은 "죽은 자와 산 자를 위해서 우리는 반드시 증인이 되어야 한다."라고 발언했다.

30년 이상의 융(Jung) 학파 심리학 정신분석가로서 임상 실무를 하며 트라우마 과거를 가진 내담자들을 만나 와 본 나는 이제 깨달았다. 내담자들의 정신적 버거움은 오로지 트라우마 자체로 인한 것이 아니라, 그 트라우마적 사건이나 상황이 환자를 트라우마 영역이라는 경험의 영역으로 끌어들여, 그 영역이 환자의 핵심 사건의 지속적인 동조와 반복을 생성하기 때문이라는 것을 알았다. 그들에게 새로운 경험, 새로운 친구, 새로운 연인, 새로운 기회는 사전 경험에 의해 형성된 프로크루스테스의 침대(Procrustean's bed)에서 고통받을 운명이 정해진 것으로 보인다. 이렇게 시간의 제약을 받지 않으며 비물질적인 영역이 물질적 영역에서 영향을 미치고 있으며, 많은 사람이 저주로 운명 지어진 삶에 갇힌 느낌을 갖게 만든다.

기억(memories)은 우리가 동시간에 다수의 세계에 살고 있다는 것을 상기시켜 주는 자연의 방법이다. 일요일 아침 코를 스치는 미트볼 굽는 냄새와 같이 향수를 불러일으키는 기억이든, 사고의 현장을 지나갈 때 문득 돌아오는 잊힌 기억이든, 현재뿐만 아니라 미래의 삶까지도 형성하는 기억의 놀라운 영향력을 알 수 있다. 복잡한 트라우마로부터 고통받고 있는 개인과 함께 일을 하고 있는 사람들은 이런 이미지와 기억의 해로운 영향력에 부딪히게 된다. 개인적으로 또는 치료상으로 아무리 많은 노력을 해도, 우리는 이러한 기억을 우리의 삶에서 분리시킬 수 없다. 트라우마 기억에 관한 우리의 태도는 때때로 마치 연극 〈지붕 위의 바이올린(Fiddler on the Roof)〉에서의 멋진 한 장면과도 같다. 그 장면에서 도시 주민들이 그들의 추방에 책임이 있는 독재자를 위한 기도문이 있냐고 랍비에게 묻는다. 그 물음에 랍비는 "네." 하고 큰 소리로 기도를 하기 시작한다. "하나님께서 부디 독재자에게 축복을 내려주시고, 그가 우리 곁으로 오지 못하게 하옵소서." 그러나 내담자의 삶에 존재하는 시간의 침투성을 보다 잘 이해하려면, 이제는 기억의 본질에 관한 우리의 인식 체계에서의 대대적인 전환이 필요한 시점이다.

폴타브스카(Poltawska, 1964)는 경험을 형성할 수 있는 기억의 현실성뿐만 아니라, 개인의 행동을 사전적 경험에 제한되게 하는 기억의 영향력에 관한 흥미로운 이야기를 했다. 그녀는 여성 수용소인 라벤스브뤼크(Ravensbruck)에서부터 자유를 찾은 몇 년 뒤 그곳에서 열리는 과거 수용자를 위한 기념 행사에 참석했던 일을 회상했다. 캠프의 경계선 안에서 다시 한번 그녀는 직원들이 "차렷! 차렷!(Achtung, Achtung!)" 하고 외치며 관객의 주의를 사로잡는 것을 들었다. 이 단어로 불 지펴진 감정들로 인해 공포에 휩싸이며 그녀는 다음과 같이 기록했다.

> 연병장은 그대로였다. 벙커도 그대로였다. 과거와 현재의 경계가 사라지면서 진실과 진실이 아닌 것을 분별하는 일이 어려워졌다. 시간의 한계를 거슬러서, 금방이라도 현재가 꿈으로 밝혀지고 과거의 악몽이 유일한 현실이 될 것이라는 말도 안 되고 비이성적인 공포에 휩싸였다(p. 180).

이러한 개인들의 정신 속에 존재하는 지속적인 공포를 조금이라도 이해하길 원한다면, 폴타브스카의 개인적인 경험에서 무언가 깨달을 수 있을 것이다. 그 개인적인 경험은 폴타브스카에게 다음과 같은 가르침을 주었다.

> 어떠한 기억들은 처음에 갖고 있던 본래의 강렬함을 영원히 유지할 것이다. 이러한 기억은 일종의 '최면에서 공격적인 기억들을 쏟아내는 것처럼(aggressive hypermenesia)' 외부의 도화선이 기억 속에 고착된 연속적인 이미지를 재생시키는데, 이는 마치 상영되기를 기다리는 영화와 비슷하다(p. 190).

이와 같이 트라우마를 지니고 살아가는 개인의 눈을 들여다보는 것은, 본성에 상처를 입은 자의 마음을 들여다보는 것과 같다. 그들의 눈은 생지옥의 한 장면을 목격한 눈이다.

융(Jung, 2009)의 『빨간 책(Red Book)』은 삶에서 경험한 두려움의 현실에 대한 그의 경험과 이해를 담고 있다. 그는 오랜 세월 정신세계를 탐험하며 기록하고, 나치 반란 동안 내담자들을 만나는 경험을 하며, 다음과 같은 사실을 깨달았다.

> 지옥으로 탐험을 떠난 사람은 그 자체가 지옥이 된다. 그러므로 자기 자신이 어디로부터 왔는지 항상 기억하라. 그 지옥의 깊이는 우리보다 더 강하다. …… 부디 명심하고 괜히 영웅짓한다고 섣불리 행동하지 말라(2009, p. 244).

태초부터 인류는 예술, 춤, 노래 그리고 다른 창의적인 미디어를 통해 그들이 느끼는 사랑과 공포의 경험을 나타내려고 노력해 왔다. 홀로코스트에서 살아남은 108세의 앨리스 하츠-솜(Alice Herz-Somme)은 정신세계 속 창작열이 수용소에서 살아남을 수 있도록 용기와 초월성을 불러일으켰다고 한다(Muller & Piechocki, 2007). 그녀는 창작열에 대한 존경이 없다면 그것의 생명력이 약해진다는 것을 안다. 적지 않은 나이에도 불구하고 그녀는 현재 하루에 적어도 네 시간씩 피아노를 연주하며 그때 가졌던 그 창작열의 열정을 존경한다. 그녀의 이러한 태도는 투기디테스(Thucydides, 400 BC-471 BCE)가 깨달은 말을 떠오르게 한다. '행복의 열쇠는 자유에 있고, 그 자유의 열쇠는 용기에 있다.'

지금 우리는 트라우마의 이해와 치료에 관한 새로운 윤리적 기준의 기로에 서 있다고 할 수 있다. 가장 중요한 것은 우리가 이토록 고통이 깊은 사람의 내적 현실과 감정을 절대 온전히 이해하지 못할 수 있다는 사실을 인지하는 것이다. 내담자들이 우리가 상상하지 못하는 고통을 겪었다는 것과 그 고통의 깊이가 인간의 이해를 넘어선다는 것을 인정하는 행위야말로 치유 과정의 첫걸음이라 할 수 있다. 이 인정을 초석으로, 우리는 이제 치유를 내담자가 자신의 삶을 그들 고유의 것이라고 인정하는 과정으로 볼 수 있다. 비록 그 삶이 그들을 지옥의 여정으로 이끌었을지도 모르지만, 또 반대쪽 문으로 이끌어 더 나은 삶을 보여 줄 수 있는 것으로 말이다.

예전에 엘리 위젤과 함께 트라우마의 심오한 현실을 다룰 수 없는 심리치료의 무능함에 대한 불만을 이야기하고 있을 때, 그는 이 주제가 치료적 이슈보다는 윤리적 이슈라는 의견에 동의를 표했다. 이때 말하는 윤리는 그토록 심한 고통을 겪은 이들이 과거가 아니라 오로지 그들의 고통에 충분히 함께 있어 주어야 할 도덕적 의무감이 있다는 의미이다. 그는 명백히 홀로코스트의 극도로 비참한 공포를 겪은 사람으로서 말을 했다. 그는 지옥을 엿보았고, 그 지옥의 장면이 누군가에게는 영원히 완전히 잊히지 않는다는 것을 안다. 아마 이러한 이해를 바탕으로 우리는 그들에게 증언을 할 기회를 제공하는 것일지도 모르겠다. 이 증언을 통해 내담자의 평생 고립된 고통에 막을 내리고 그들이 지옥을 들어

갔다 나오는 고통의 여정에서 옆에 있어 줄 수 있는 용기를 얻을 수 있다.

창작열의 근원은 시공간을 초월하며, 영혼이 우리의 삶과 치료에 들어오도록 허용하는 공간을 내어 줄 때에야, 예를 들어 표현예술매체를 통해 우리는 자신을 경험의 포로로 잡고 있던 지속적인 트라우마 영역에 개입해 변형시켜 그로부터 자유로워질 수 있다. 그렇다면 이제 이 트라우마 경험은 개인의 삶 자체가 되기보다는 그들의 삶 안에서 작은 공간을 차지할 수 있다. 이제 귀를 기울이면 곧 다른 사람들 속에 섞인 개인의 발자국 소리를 들을 수 있을 것이다. 애도에서 조심스러운 희망으로 도약하는 발자국 소리 말이다.

참고문헌

Jung, C. G. (2009). *The red book*. New York: Norton.

Muller, M., & Piechocki, R. (2007). *A garden of Eden in hell: The life of Alice Herz-Sommer*. London: Macmillan.

Poltawska, W. (1964). *And I am afraid of my dreams*. New York: Hippocrene.

Wiesel, E., & Wiesel, M. (1979). *The trial of God (as it was held on February 25, 1649, in Shamgorod)*. New York: Schocken.

5

사별을 위한 표현예술치료 – 예술의 도시

조던 포태시(Jordan S. Potash) & 레인보 호(Rainbow T. H. Ho)

많은 전문가가 사별의 고통을 다루는 치료에서 예술을 하나의 방법으로 활용한다. 하지만 창조적 표현예술치료사들은 다른 치료 분야의 전문가들과 달리 치료만큼 예술에도 큰 비중을 둔다. 이처럼 이 분야의 전문가들은 치료적 효과를 거두기 위해 예술 활동의 기본적인 요소에 시간을 할애한다. 창조적 예술치료는 (시각적) 예술치료, 춤/동작 치료, 음악치료, 시치료, 드라마치료 또는 심리극과 같은 전문 분야들을 모두 아우른다. 표현예술치료는 매우 다양한 창조적 표현 형식을 활용한다. 이 장에서 우리는 사별 돌봄에서 창조적 표현예술치료가 이론적 · 실용적으로 기여하는 바를 살펴볼 것이다.

과정과 이론에 대한 공헌

예술은 전환기에 자연스러운 자원으로 기능할 수 있다. 창조적 표현예술치료는 창조적인 과정을 온전히 받아들이기 위해 폭넓게 슬픔의 감정을 수용할 수 있도록 돕는다. 더불어 은유적인 대화를 촉진하고, 사랑하던 사람과의 관계와 애도 경험을 기념할 수 있는 기회가 된다.

창조적 과정

애도에 대해 즉흥적인 방식으로 예술을 활용하는 것은 변증법적 과정으로 설명될 수 있다. 변증법적 과정을 통해서 "성숙한 창조성이 한 개인 안에 상충된 힘을 통합해서 완전함과 충만함을 가져올 수 있다"(Levine, 1992, p. 77). 레빈(Levine)은 창조성과 관련된 클라인(Klein)과 위니컷(Winnicott)의 이론과 비교하며 윌리엄 블레이크(William Blake)의 시를 읽으면서 창조성은 회복적(restorative)이며 적극적인(assertive) 활동이라는 결론을 내린다. 회복적이라는 것은 이전과 같은 상황으로의 회귀를 뜻하지 않는다. 그보다는 창조성이 회복과 확인을 통해 상실과 즐거움이란 삶의 경험을 포함한 새로운 현실을 만든다는 의미이다. 예술 활동은 "살아 있다는 감각을 회복하는 것과 함께 경험의 통합을 위해 상징적 매체를 제공해 줄 수 있는" 능력이 있다(p. 81).

치유되어서 삶을 지속하고 싶은 충동은 인간이 그렇게 하지 않으면 마지막이라고 생각할 수 있는 시기를 초월할 수 있게 만든다. 물론 이러한 과정을 중단하거나 반대로 전환하려는 시도들이 있을 수 있지만, 삶을 지속하고 싶은 충동은 예술 활동을 통해 강화될 수 있다. 창조적 과정을 존중하며 의지를 가지고 있을 것이라는 기대를 가지고 창조적 표현예술치료사는 자연스러운 창조적 과정과 나란히 애도 과정을 비선형적으로 전개시키도록 지지한다(Lister et al., 2008). 그림을 완성하지 못한 사별 청소년이나 춤을 추지만 다음 동작을 확신하지 못하는 성인들은 "창조적으로 접근-회피의 진자운동(oscillation)에 참여"하는 것이 허용된다(p. 248). 예술작품의 결과를 뛰어넘어, 창조적 과정을 충분히 수용해 내는 것은 개인이 상실 후에 의미를 만들어 낼 수 있는 새로운 방식을 제공해 준다(Neimeyer & Sands, 2011). 창조적 주기의 단계들은 의미를 창출할 수 있는 충분한 기회를 준다. 그래서 치료나 삶의 중간중간에 의미가 자신을 드러내는 순간들을 계속해서 경험할 수 있다.

은유적 대화

창조적 표현예술치료의 능력 중 하나는 바로 이중 대화(dual communication)를 이끌어 낼 수 있다는 것이다. 즉, 내담자 안에서 이루어지는 심리내적인(intrapersonal) 대화와 치료자, 집단 구성원, 가족, 대중이 될 수 있는 관찰자에 대해 이루어지는 대인관계적(interpersonal) 대화이다. 이러한 대화는 수용(듣고, 읽고, 보는)하고 표현(개인적으로 또는 작은 집단 안에서 하는 창조적 활동)하는 예술 활동의 특성을 통해 이뤄진다. 스테파코프(Stepakoff, 2009)는 시치료 작업에 대한 글을 쓰면서 수용하는 활동이 어떻게 애도하는 사람들을 위해 구조와 경험을 타당화(validation)하는 기회를 제공하는지, 그리고 표현하는 활동이 어떻게 개인적 표현을 위한 기회를 제공하는지 설명하였다. 치료사가 제공한 글을 읽거나 직접 나만의 시를 써 보면서 시를 찾는 과정은, 그 시가 직접적으로 죽음이나 애도에 관련되지 않아도 중요한 감정과 은유를 전달한다. 그리고 이 감정과 은유는 내담자가 감정을 표출하고, 이해하고, 변화시킬 수 있게 한다. 예술은 내담자가 자신의 슬픔을 관찰하고, 필요하다면 그 생각들을 적절한 시기에 말로 표현해 볼 수 있도록 도와준다. 예술이 시적 형태든, 바르도(Bardot)의 내담자가 반복했던 개인적 상징들의 기록이든, 그 형태는 상관없다.

대화가 개인에게 강력한 영향을 줄 수 있듯이, 깊은 감정들을 기반으로 한 예술도 타인에게 매우 중요한 메시지를 전달해 준다. 힐투넨(Hiltunen, 2003)은 다양한 문화에서 발견되는 애가(lamentation)의 역사와 음악과 시의 조합을 예로 들며, 상실의 슬픔을 예술로 표현하는 것은 이미 과거부터 통용된 방법이라고 설명했다. 그 예시들을 보면, 사랑하는 사람을 여읜 사람들은 개인적 은유와 서술적 설명에 즉흥적인 표현을 함께 곁들인다. 그들은 동작, 눈물, 단어, 소리를 활용해서 떠난 사람, 공동체 그리고 인간의 보편적인 경험과 연결한다. 이러한 전통을 창조적 표현예술치료의 현장으로 불러들여, 내담자가 자신의 감정, 심지어 매우 고통스러운 감정도 끌어들여 예술 활동의 영감으로 쓰도록 장려한다. 이것은 감정의 표현, 자기(self)를 비롯한 타인과의 대화, 담아 주기를 동시에 달성하기 위함이다.

기념하기

상실의 아픔을 표현하는 데 있어 예술이 특별한 한 가지 이유는 그것이 시간을 초월하기 때문이다. 예술은 사건이 일어나고 오랜 시간이 지나도 당사자에게 그 사건을 상기시키며, 그 사건에 지속성과 불멸성을 불어넣는다. 이 마지막 요점은 예술이 단순히 개인적으로 의미 있는 대상을 넘어서 세대를 초월하는 상징물을 아우르기까지 그 의미가 확장된다(Oremland, 1997). 즉흥적인 예술 창작 활동, 시, 연극은 떠난 사람과의 관계에서뿐 아니라 애도 경험 모두를 기념할 수 있는 방법을 제공해 준다. 포태시와 헨델(Potash & Handel, 2012)은 의미 있는 순간들(mementos)을 담아둘 수 있는 기억 박스(memory boxes) 만들기를 제시하였다. 프린 캘리건, 맥킨타이어와 샌즈-골드스타인(Freen-Calligan, McIntyre, & Sands-Goldstein, 2009)은 어떻게 인형이 의식적으로 보호, 상징물, 회복의 기능을 할 수 있는지를 보여 주었다. 뿐만 아니라 인형이 일상생활에서의 동반자, 애착의 상징물, 대화를 시작하는 물건으로 활용될 수 있음을 보여 주었다. 애도의 과정을 기념하고 떠난 사람과의 관계를 기록하기 위해서 위에 제시한 방식들의 세부 사항이나 특징을 개인에 맞게 변형해서 사용할 수도 있다.

표현예술치료사들은 치료적 과정 중에 자신이 정해 준 활동들 외에 즉흥적으로 일어나는 예술 활동들을 가치 있게 여긴다. 하나의 기록물을 만들기 위해, 애도 과정의 순간순간을 기록한 예술을 하나의 포트폴리오로 제작해서 치료적 여정을 나타내는 상징물로 만들 수 있다. 이렇게 모아진 예술, 시, 기록들은 죽은 사람과의 관계나 애도의 과정이 잊히지 않을 것임을 보장한다. 내담자와 치료사 모두 치료 과정 중에 이 점을 계속 상기하게 된다.

임상과 연구에 대한 공헌

지금까지 창조적 표현예술치료가 애도 과정을 촉진하는 핵심 방법들을 알아봤다면, 우리는 이제 앞에서 설명한 이론적 공헌과 관련된 임상 사례들을 살펴볼 것이다.

창조적 과정: 음악치료에서의 아동

힐리어드(Hilliard, 2007)는 8주간 오르프 기반의 음악치료[2] 집단을 예술과 놀이치료 사회복지 집단 혹은 통제집단과 비교 연구하였다. 음악치료는 음악, 작사, 악기, 스토리텔링으로 구성되었다. 그 결과, 음악치료와 사회복지 집단에 속해 있는 아동 모두 통제집단에 비해 향상된 애도 반응을 보여 주었다. 각각의 집단 속에서 전후 비교를 실시해 본 결과, 음악치료 집단에 속해 있는 아동의 애도 증상이 확연히 완화됨을 보여 주었다. 연구자는 이와 같은 결과가 "즉흥적인 표현과 창조성뿐만 아니라 조직력과 구성력을 제공하는 음악의 특성에 기인한" 것이라 설명했다(p. 136).

---

2) 역자 주: '오르프 기반의 음악치료(Orff-based music therapy)'는 '학교 공부'라는 의미의 독일어 'Orff Schulwerk'에서 유래된 것으로, 작곡가 카를 오르프(Carl Orff)가 1920년도에 개발한 음악 교육 방법이다.

이 연구 결과에서는 창조적 표현예술치료가 예술과 놀이를 접목한 활동보다 유익한 것으로 나타났다. 이 연구에서 과정에 관한 묘사가 명확하지 않았지만, 아마 음악치료 집단에서 예술 활동보다는 창조적 과정 자체로 연결하는 것을 더 촉진했을 것으로 보인다. 촉진자가 학생들이 창조적 과정에 참여하도록 유도함으로써, 그들이 적극적 예술 활동을 하면서 성찰할 기회를 가진 것이 치유의 요소로 작용할 수 있었다.

은유적 대화: 춤과 동작 치료에 참여한 부모

캘러헌(Callahan, 2011)은 아동의 상실을 경험한 부모들을 위해 호흡, 심상 작업, 연기 활동을 접목한 춤/동작 치료를 활용했다. 참여자들은 상실과 관련된 특정 순간들을 떠올렸다. 예를 들어, 죽음의 소식을 처음 듣고, 장례식에 참석했던 순간들을 회상했다. 그리고 그들은 집단 내에서 다른 구성원들의 반응을 살펴볼 수도 있었다. 캘러헌은 집단을 통해 죽음을 인식하게 되고, 내면의 작업을 위한 결단력을 갖게 되는 것이 유익하다는 점을 설명해 주었다. 그녀는 더 나아가 더 큰 공동체 속에서 내담자들이 경험을 나누고 그 효과를 볼 수 있게 했다. 집단 활동에서 창작한 동작들을 기반으로 해서, 내담자들은 〈묻혀진 보물(Buried Treasure)〉이라는 원작을 제작하고 공연을 직접 선보였다. 캘러헌은 집단이 안무를 짜고 리허설을 하는 동안에 치료적 과정의 깊이가 더해져 갔다고 말했다. 리허설 때 초창기 집단 구성원들이 그 과정을 되돌아보고, 관객에게 그 과정을 보여 주면서 치료적 과정에 더 많은 진전이 있었던 것이다. 이 연구의 질적 연구 방식을 통해 그는 몸동작과 표현의 유익함을 서술했다. 이외에도 그는 초기 자발적 집단의 활동에서부터 저널, 리허설, 연극에 이르기까지 다양하고 통제된 방식으로 과거의 슬픔을 다시 상기함으로써 얻을 수 있는 효과를 서술했다.

대화의 몇 가지 단계를 살펴보면, 창조적 표현예술치료가 애도를 돕는 특별한 방식임을 알 수 있다. 심리내적인 수준의 대화에서, 참여자들은 몸의 긴장과 불안을 말로 표현하지 못하고 인식하지 못한 슬픔과 연결한다. 그럼으로써 그들은 신체에 대한 자각(bodily awareness)을 습득하게 된다. 심리내적인 수준의 대화에서는 참여자들이 개인적 · 집단적 작품 활동에 모두 참여함으로써 자신의 경험을 타당화하는 경험의 공유로 강화된 연결감을 느낄 수 있다. 그들이 만든 예술을 대중에게 보여 주면서, 그들은 자신이 치료 중에 깨닫거나 인식한 점들을 동작과 움직임을 통해 타인에게 전달했다.

기념하기: 예술치료에 참여한 가족

코헛(Kohut, 2011)은 스크랩북을 활용한 다가구 예술치료 집단의 과정을 그려 냈다. 이 집단들은 한 가족으로 이뤄지거나 여러 가족에서 온 다양한 연령대의 구성원들로 이루어졌다. 아동, 청소년, 성인을 비롯해 노인들 모두 모여 그들의 죽은 친척을 기리기 위한 개인 스크랩북 작업에 동참하였다. 스크랩북은 집단 구성원이 필요할 때마다 다시 볼 수 있는 물건이 되어 그들이 애도할 수 있도록 도와주었다. 또한 스크랩북은 구석에 치워 둘 수 있기 때문에 구성원의 필요에 따라 애도로부터 잠시 숨을 고를 수 있는 시간을 가질 수 있었다. 그 책은 집단 밖에 있는 사람들과 함께 슬픔과 기억들을 공유할 수 있는 기록물이 되었다. 치료의 종결과 그로부터 세 달 이후에 진행된 추수 평가는 슬픔에 잠긴 타인과 함께하고 자신의 애도와 작품 활동을 공유하는 것의 중요성을 일깨워 준다. 참여자는 이렇게 죽은 이를 기념하며 그에게 새로운 형태의 삶을 부여해 줄 수 있다.

사진과 함께 기억될 만한 기록들을 활용해 예술작품을 만드는 것은 곧 책 안에 있는 여러 상징에 뿌리를 내린 개인의 작품으로 남는다. 이와 같은 활동은 수집물을 만들고 그 안에 기억을 봉인하면서 예술이 어떻게 죽은 자와의 관계와 애도 과정을 기념하는지 보여 준다. 집단은 죽은 자와의 다양한 추억을 한 곳에 정리할 수 있는 방법을 제안해 주며, 슬픔의 순간들을 과거에 잃어버리지 말고 함께 떠올릴 수 있는 담아 주는 용기(container)로서의 기능을 한다.

결론

사랑하는 사람을 여읜 사람들은 창조적 과정, 은유적 대화와 기념(memorialization)을 통해 힘을 얻는다. 창조적 표현예술치료사들은 예술 활동의 탄탄한 기반 자체가 애도 과정을 도울 수 있다고 상기시켜 준다. 창조적 표현예술치료가 끝났다고 해도 예술 활동을 멈춰야 하는 건 아니기 때문에 치료적 표현은 회기가 끝나면 일상적인 건강을 증진하기 위한 예술 활동으로 대체될 수 있다.

참고문헌

Bardot, H. (2008). Expressing the inexpressible: The resilient healing of client and art therapist. *Art Therapy*, *25*(4), 183-186.

Callahan, A. B. (2011). The parent should go first: A dance/movement therapy exploration in child loss. *American Journal of Dance Therapy*, *33*, 182-195.

Feen-Calligan, H., McIntyre, B., & Sands-Goldstein, M. (2009). Art therapy applications of dolls in grief recovery, identity, and community service. *Art Therapy*, *26*(4), 167-173.

Hilliard, R. E. (2007). The effects of Orff-based music therapy and social work group on childhood grief symptoms and behaviors. *Journal of Music Therapy, 44*(2), 123-138.

Hiltunen, S. M. S. (2003). Bereavement, lamenting and the prism of consciousness: Some practical considerations. *The Arts in Psychotherapy*, *30*, 217-228.

Kohut, M. (2011). Making art from memories: Honoring deceased loved ones through a scrapbooking bereavement group. *Art Therapy*, *28*(3), 123-131.

Levine, S. K. (1992). *Poiesis: The language of psychology and the speech of the soul* (reprinted 1995). Toronto: Palmerston Press.

Lister, S., Pushkar, D., & Connolly, K. (2008). Current bereavement theory: Implications for art therapy practice. *The Arts in Psychotherapy*, *35*, 245-250.

Neimeyer, R. A., & Sands, D. C. (2011). Meaning reconstruction in bereavement: From principles to practice. In R. A. Neimeyer, H. Winokuer, D. Harris, & G. Thornton (Eds.), *Grief and bereavement in contemporary society: Bridging research and practice* (pp. 9-12). New York: Routledge.

Oremland, J. D. (1997). *The origins and psychodynamics of creativity*. Madison, CT: International Universities Press.

Potash, J. S., & Handel, S. (2012). Memory boxes. In R. A. Neimeyer (Ed.), *Techniques of Grief Therapy: Creative Practices for Counseling the Bereaved* (pp. 243-246). New York: Routledge.

Stepakoff, S. (2009). From destruction to creation, from silence to speech: Poetry therapy principles and practices for working with suicide grief. *The Arts in Psychotherapy*, *36*, 105-113.

PART 2
실제로 작업하기

6

음악: 이별을 노래하기

다이앤 오스틴(Diane Austin)

들어가기

노래는 매우 강력한 표현 방법이다. 노래를 부르는 행동은 몸, 마음 그리고 영혼을 하나로 묶어 줄 뿐만 아니라 자신과 타인을 연결시켜 주기 때문이다. 노래할 때, 우리의 목소리와 몸은 악기가 된다. 우리는 소리와 진동의 근원에 밀접하게 연결된다. 우리는 음악을 만든다. 음악에 몰두한다. 그리고 비로소 음악과 하나가 된다. 노래하는 행동은 내담자가 미처 표현할 수 없었던 것을 표현할 수 있는, 자신이 지니고 있는 넓은 범위의 감정에 하나의 목소리를 부여할 수 있는 기회를 준다.

노래하는 행위는 많은 성공적인 치료 방법 중에서 빠지지 않는 부분이다. 하지만 이 장에서는 내가 발견하여 명명한 자유연상으로 노래하기(free associative singing)라는 방법에 초점을 맞추고자 한다. 이 방법은 내담자가 그들의 머릿속에 떠오르는 무엇이건 자유롭게 노래하도록 격려한다. 그럼으로써 그들은 억압되고 여러 조각으로 분리되었던 이미지, 기억 그리고 감정과 마주하게 된다(Austin, 2008). 치료사 또한 능동적인 음악적 개입을 통해 노래를 부르고 의식의 음악적 흐름에 기여한다. 피아노 반주, 이중 화음을 유지하는 양식 그리고 치료사의 노래하는 행위가 내담자의 과정을 담아 줄 뿐만 아니라 더 나아가 음악과 가사를 통해 즉흥연주와 치료 과정을 더 촉진시키는 계기를 만들어 준다. 자유연상으로 노래하기에서는, 내담자가 한 구절을 노래하면 치료사가 그 단어와 멜로디를 그대로 따라 해서 내담자에게 불러 주거나, 아니면 함께 노래하거나 또는 화음을 맞춰서 같이 부르기도 한다. 이러한 즉흥연주 내내 치료사는 언제, 어떻게, 무엇을 내담자와 노래해야 하는지에 대한 중요한 의사결정을 한다. 이 방법이 효과를 나타내기 위해 사용해야 하는 결정적인 것이 있는데, 그것은 바로 '화음을 덧붙이는 이중주(double)'이다(Moreno, 1994). 치료사는 이중 음성, 즉 내담자의 내면의 소리가 되어서 일인칭으로 노래하는데, 이는 지지와 공감을 표하고 음악적 개입을 하기 위해서이다.

이중주(doubling)는 단어에 감정을 불어넣고 감정을 설명하는 단어를 찾기 쉽게 해 준다. 다음 사례는 어떤 젊은 여성에게 자유연상으로 노래하기가 효과적이었다는 것을 보여 준다. 이 여성은 아버지의 죽음과 관련해서 해결되지 않은 자신의 슬픔을 다루고자 했다.

사례 연구

크리스틴은 26세의 상담학을 공부하는 학생이다. 그녀는 때때로 일상생활이 불가능할 정도의, 그리고 심지어 자살사고를 유도하는 우울증을 치료하기 위해 상담실을 찾아왔다. 그녀의 아버지는 5년 전 돌아가셨고, 현재는 그녀에 의하면 '통제하려고 하며 간섭하기를 좋아하는' 어머니와 함께 살고 있었다. 크리스틴이 내게 말했다. "왠지 저는 제가 진정으로 누구인지 숨겨야 한다는 느낌이 들어요. …… 그래서 얌전하고 조용하게 굴어요. 그게 내가 안전하다고 느낄 수 있는 방법이죠." 그녀는 몇 년 동안 말로 하는 심리치료를 받아 왔는데, 그녀의 지능적 방어가 자신의 핵심 문제들을 둘러싸고 있는 감정에 접근하는 것을 어렵게 만든다고 느꼈다. 그녀는 음악과 관련된 훈련을 전혀 받지 않았지만, 음악을 듣거나 노래할 때 자주 감동을 받고는 했다. 그래서 음악을 활용한 이와 같은 새로운 방법이 자신의 진정한 자아와 연결시켜 줄 수 있다는 희망을 갖게 되었다.

음악을 통한 심리치료가 진행되던 첫해 동안, 우리는 주로 그녀가 자신의 어머니와 떨어지지 못하는 것과 자신의 어머니를 돌보는 역할에서 벗어나지 못하는 것을 다루었다. 아래의 회기는 우리가 치료를 시작한 후 두 번째 해에 실행되었다. 우리는 그녀의 아버지의 죽음, 그 죽음이 그녀에게 미친 영향 그리고 그녀가 그 상실의 아픔을 충분히 애도하지 못했다는 사실에 대해 이야기하고 있었다. 우리는 음악을 활용하기로 결정했고, 그녀는 두 개의 단조 화음을 반주로 선택하였다. 우리가 언제나 그러했듯이, 나는 깊은 호흡과 함께 피아노를 치기 시작하며 크리스틴이 노래할 수 있도록 놔뒀다.

내담자(C): 나는 기억하네. (그녀가 부드러운 음성으로 노래를 부른다.)
치료사(T): 나는 기억하네. (나는 그녀의 음질에 맞추어 멜로디와 가사를 반복한다.)
C: 당신은 침대에 누워 있었죠. (그녀는 부드럽고 느리게, 단조로운 목소리로 노래한다.)
T: 당신은 침대에 누워 있었죠. (나는 그녀의 음질, 박자, 에너지에 맞춘다.)
C: 엄마는 의자에 앉아 있었네.
T: 엄마는 의자에 앉아 있었네.
C: 그녀는 울고 있었지.
T: 그녀는 울고 있었지.
C: 하지만 나는 울 수 없었어. (그녀는 감정을 더 실어서 더 크게 노래한다.)
C&T: 하지만 나는 울 수 없었어. (나는 화음을 넣어 노래하고 그녀의 목소리는 더 커진다.)
C: 나는 더 강했어야 해.
T: 나는 더 강했어야 해. (나는 그녀의 분노를 감지한다.)
C&T: 나는 더 강했어야 해! (우리는 함께 큰 소리로 노래한다.)
T: 그녀는 기댈 수 있는 내가 필요했지. (나는 그녀가 그녀의 어머니를 지칭한다는 것을 안다.)
C: 기댈 수 있는.
T: 기댈 수 있는. (그녀의 어머니는 언제나 그녀가 엄마 역할을 해 주길 기대했다.)
C: 나는 내 자신을 가두었어. (더 부드럽고 스타카토로)
T: 나는 내 자신을 가두었어. (나는 그녀의 음량과 말투에 맞춘다.)
C: 내 감정을 담아 둘 곳이 없어.
T: (이 부분에서 같이 부른다.) 내 감정을 담아 둘.
T: 그래서 감정을 한 번도 느끼지 못했네. (나는 그녀의 노래에 개입한다.)
C: 그래서 감정을 한 번도 느끼지 못했네. (나는 슬픔을 느끼기 시작한다.)
T: 그리고 한 번도 울어 볼 수 없었네. (나는 이 부분에서 개입하기 위해 역전이를 사용한다.)
C: 그리고 한 번도 울어 볼 수 없었네. (그녀는 조용히 흐느끼기 시작한다.)
C: (계속 울다가 노래한다.) 그는 내게 말했지, "내일 봐."
T: (나는 가담하며, 그녀와 한 목소리로 노래 부른다.) 내일 봐.
C: 하지만 그건 그의 거짓말.

C&T: 하지만 그건 그의 거짓말! (우리는 큰 소리로 분노에 찬 음성으로 노래를 한다.)

C: 그리고 나는 한번도 "당신을 사랑해요."라고 말할 수 없었지.

T: 사랑해요. (나는 그녀의 슬픔을 느낀다.)

C: 사랑해요. (그녀의 얼굴에 눈물이 흐르고, 그녀는 부드럽게 노래한다.)

C&T 함께: 사랑해요. (나는 화음을 넣으면서 감성이입이 되는 것을 느낀다.)

C: 이제는 내 감정이 놓여 있던 작은 빈 공간만 남아 있네.

T: 오오오오오오오, 음음음음. (그녀가 눈물 흘릴 때, 나는 이 후렴구를 몇 번 반복한다. 이 멜로디는 자장가를 연상시킨다.)

C: 이제 당신을 보낼 시간이에요. (그녀와 함께 나도 노래한다.)

C: 이제 안녕이라고 말할 시간이에요. (그녀는 부드럽고 천천히 노래한다.)

T: 이제 안녕이라고 말할 시간이에요. (나는 그녀의 에너지와 박자에 맞춘다.)

C: 안녕.

T: 안녕. (나는 슬픔을 느낀다.)

C: 안녕. (조용히 눈물을 흘리며)

C&T 함께: 안녕. (우리는 음이 서서히 사라질 때까지 화음을 넣으며 노래를 부른다.)

우리가 노래를 마치자 크리스틴은 해방감, 편안함, 마음이 가벼워지는 기분을 느꼈다고 말했다. 나는 그녀가 이 슬픔을 오랫동안 가슴속에 품어 왔다는 것을 느낄 수 있었다. 또한 바로 이것이 그녀의 우울증에 한몫했다고 생각했다. 자유연상으로 노래하기는 아버지의 죽음에 대한 그녀의 감정을 표현 및 소화하고, 이 상실에 조금이라도 마침표를 찍기 용이한 환경을 만들어 주었다.

변형과 적용

자유연상으로 노래하기는 다양한 사람이 다양한 형태의 상실을 이겨 내기 위해 성공적으로 활용될 수 있다. 내담자는 사람에게 노래하는 것이 아니라 어떤 상황에 대해서 노래를 부를 수 있다. 과거 노래 경험은 없어도 되지만, 내담자가 노래하는 것에 대한 거부감이 있다면 음악 반주에 맞춰 말을 할 수도 있다. 그리고 치료사는 그 대답으로 노래하거나 말을 할 수도 있다.

맺는말

내담자에 대한 지식뿐만 아니라 발생된 역전이, 공감 그리고 직관에 근거해서 치료사는 내담자가 자신이 경험하고 있지만 노래하지 못하는 감정과 생각을 말로 표현할 수 있게 한다. 아마도 그 감정과 생각이 불편하거나, 그것을 인식하지 못하거나, 아니면 내담자가 적합한 단어를 찾지 못하거나, 그 경험을 개념화할 수 있는 능력이 없어서 그럴 수도 있다. 이중주가 정확하지 않더라도, 내담자가 그 진실에 맞춰 단어를 바꿔 나갈 수 있으므로 이중주는 여전히 치료 과정을 진행시킨다. 이중주가 내담자의 상황에 정확하게 들어맞을 때, 내담자는 자신의 상황을 진정으로 바라보고 이해받고 있다는 경험을 하게 된다. 이는 내담자/치료사의 관계를 한층 강화시켜 주고, 시간의 경과와 함께 내담자의 자기감은 더욱더 강해진다.

참고문헌

Austin, D. (2008). *The theory and practice of vocal psychotherapy*. London: Jessica Kingsley.

Moreno, L. (1994). *Psychodrama*. McLean, VA: ASGPP.

7

음악: 여기에서 듣기 – 기억의 음악 불러들이기

조이 버거(Joy S. Berger)

만약 당신이 가 보고 싶은 시간, 사람, 장소가 있다면, 어떤 음악이 당신을 그곳으로 데려가 줄까?

독자에게 이 질문을 던진다. 당신 자신을 상실과 애도의 그때 그 순간으로 데려가 보라. 언제, 누구를, 또는 어떤 장소를 재방문하고 싶은가? 그 순간에 당신은 무엇을 갈망하고 어떤 이와 접촉하고 싶은가? 어떤 음악이 당신을 그곳으로 '데려가' 주는가? 곡명을 말하라. 흥얼거려 보라. 노래해 보라. 연주해 보라. 당신의 머리, 손, 발을 움직이며 감정을 표현해 보라. 바로 지금 여기서 당신의 음악을 들으라. (악보나 녹음된 음악은 필요 없다.) 그저 그곳으로 가 보라. 그곳에 존재해 보고 여기에서 들어 보라(hear-here).

들어가기

'여기에서 듣다(Hear Here)'라는 치료 방법은 자기 자신에게 귀를 기울일 수 있도록 하고, 과거에 음악과 관련된 기억의 뇌파를 재작동시키며, 오늘의 슬픔과 의미로 그것을 새롭게 한다. 배우자나 부모와의 관계, 중요한 의식(결혼식, 장례식 등), 또는 문화/신앙 공동체는 거의 대부분 자신의 기억 속에서 음악과 연결되어 있다. 신경과학 연구는 뇌가 언어를 음악과 통합시키려 한다는 것을 입증하였다(Patel, 2010). '여기서 듣다'라는 이 간단한 질문은 다양한 애도자에게 수많은 멜로디를 상기시킨다. 자장가부터 가스펠, 록, 오페라, 민요, 클래식, 영화 주제가, 민속음악, 브로드웨이 음악, 랩 등 그 종류는 다양하다. 이러한 음악과 관련된 기억이 되살아날 때, 그 개인의 상실과 연관된 매우 개인적이고 관련 있는 감정, 이야기 그리고 의미를 불러일으킨다.

이와 같은 음악 지향적인 개입에서는 정해진 관행이나 규범이 없다. 마치 어떤 개인에게 위로와 치료가 되는 음악이 다른 개인에게도 똑같이 '적용'될 것이라고 보장할 수 없는 것처럼 말이다. 오히려 이 질문은 서술적인 특성을 지니고 있다. 왜냐하면 이 질문은 음악을 활용하여 다음과 같이 요청하기 때문이다. "당신이 사랑했으나 상실했던 사람 그리고 오늘날 당신이 갈망하는 것을 말해 보시오." 혹은 "당신이 사랑했던 이에 대해 느끼는, 현재에도 지속되고 있는 유대감에 대해 말해 보시오." 음악을 떠올리게 되면, 그 유대감에 대한 갈망과 지속이 공존할 것이다. 바로 여기에서(here), 음악을 듣고(hear), 그 사람의 현재의 슬픔에 공감하라. 음악을 들으며 그것이 다른 이에게 어떤 의미를 지니는지 경험함으로써 음악과 관련된 새로운 기억을 만들라. 그 사람이 앞으로 다가올 미래에 다시 회상할 수 있는 새로운 기억 말이다.

슬퍼하는 사람의 음악을 (비판하는 것이 아니라) 긍정하며, (섣부른 추측이 아니라) 열려 있는 자세로, (동정하는 것이 아니라) 공감하며 듣는 것은, 그 사람의 연약한 감정과 풍부한 삶의 이야기들이 드러날 수 있는 안전한 통로를 만들어 준다. 그 음악을 되돌아보는 행동은 개인이 비탄 속에 있으며 그것을 극복하는 과정에 새로운 통찰을 유발할 수 있다. 작은 선물들이 풍부해진다. 현대의 사별 이론과 치료 과정은 다음과 같은 반향을 불러일으킨다. 상실감을 떨쳐 버리고 환경에 적응하기, 의미의 재구성, 사별에 대처하기 위한 이중 과정 모델, 삶의 이야기들, 유대감 지속하기, 그리고 필자의 모토인 '상실을 포용하며 새로운 삶 만들기'.

나는 '여기에서 듣다' 방법을 개인, 가족 그리고 사별 지원 집단의 호스피스/사별 상담 과정에 활용했다. 그리고 그 방법이 직접 사별의 슬픔을 겪고 있는 음악치료사들, 호스피스와 완화치료 전문가들, 죽음학(thanatology) 전문가들, 목회자, 간병인 그리고 전문 의료진을 위한 연장교육 같은 교육적 맥락에서도 그만큼 유용하다는 것을 알게 되었다.

사례 연구

최근에 삶의 끝자락을 돌보는 여러 학문 분야의 전문가들과 함께 슬픔, 상실, 애도라는 주제를 중심으로 워크숍이 개최되었다. 나는 참석자들에게 질문을 던졌다. "여러분이 다시 돌아가고 싶은 시간 또는 다시 방문하고 싶은 사람이나 장소가 있다면, 어떤 음악이 여러분을 그곳으로 데려가 줄 수 있을까요?" 나는 이와 같은 질문을 직접적이지만 부드럽게 그리고 목적을 가지고 물어보았다. 그리고 그들이 상징적으로 그들의 음악을 '붙잡을' 수 있도록 하기 위해 눈 맞춤을 하고 두 손을 뻗어서 그들의 주의를 사로잡았다. 많은 개인의 표정뿐만 아니라 다른 비언어적인 반응은 한 개인의 의미로 가득한 감정들을 반영한다.

나는 참여자(학습자)들이 서로 짝을 이루어 자신의 음악을 공유하도록 권면한다. "흥얼거려 보세요, 노래를 불러 보세요, 휴대폰으로 노래의 일부분을 재생시켜 보세요. 지금 여기서 그 음악이 여러분 안에 일으키는 그 무언가에, 여러분의 상실과 관련된 그 무언가에 주의를 기울여 보세요." 구성원들은 자발적으로 서로 짝을 이루고, 의자를 옮겨 앉아 서로에게 이야기-노래(story-song) 순간을 들려주기 시작했다. 짝을 이룬 사람들 사이에서 노래하는 듯한 소리가 나타나기 시작했다. 많은 경우 참여자들은 눈에 눈물이 고이고, 눈이 밝게 빛나기도 하고, 서로 부드러운 눈길을 주고받는다. 무언가를 회상할 때, 많은 참여자의 머리와 손은 음악에 따라 움직인다. 총괄적으로, 초기에 아다지오와 같이 느린 템포의 회상과 연결이 점점 커지고, 중간중간의 노래하기, 웃음, 눈물 그리고 깊게 심취한 서로와의 비언어적 존재에 따라 그것은 가속화된다. 중간에 나는 두 파트너가 모두 자신의 이야기를 공유할 수 있는 공평한 기회를 갖도록 '역할을 바꾸어' 해 보라고 신호한다.

몇 분이 지난 후, 나는 모두 모일 수 있는 공간으로 모이고 집중하도록 종소리를 울렸다. 우리 집단의 역학은 교훈적인 학습에서 상호적인 지지로 바뀐 상태였다. 아무 걱정이나 생각 없이 현재에 완전히 충실한(in-the-moment) 집단 의식(ritual)을 위해 나는 참여자들이 그들의 음악을 한 구절 노래하도록 권한다. 다른 이들도 함께 참여하도록 권한다. (하지만 '수행하도록' 미리 규정된 어떤 지시 사항이나 강요는 전혀 없었다.) 어떤 사람이 먼저 노래하기 시작하면, 다른 사람들도 서서히 자연스럽게 노래에 참여한다. "You are my sunshine." "Take me out to the ballgame." "The itsy bitsy spider."

"Let it be." "Amazing grace." "Bye, bye Miss American Pie." "You ain't nothing but a hound dog." "I will remember you." "I was born this way." "Would you know my name." "I'll be loving you-always." 등.

어떤 이들은 다소 생소한 음악을 부르기도 하였다. 이 경우에 '여기에서 듣다' 집단은 그 생소한 노래에 대한 존경을 표해서 애도자를 인정하고, 각 구성원의 문화에 공감할 수 있는 능력을 확장하게 된다. 예를 들어, 어떤 구성원이 친숙한 유대인의 자장가를 노래하면, 다른 이들은 그들이 사랑하는 인도의 전통 음악의 한 종류인 라가, 가톨릭 교회 성가, 일본의 사쿠라, 애팔래치아 민요, 또는 다른 지극히 개인적인 음악을 부른다. 종종 그러하듯이, '여기서 듣다'에서 즉흥적으로 만들어진 메들리와 의미가 가득한 여러 가지 모습은 참여자 각자의 상실, 슬픔, 치유에 연관되어 실시간으로 민감하게 반응하면서 그들의 삶에 큰 변화를 가져오는 집단적 경험을 만들어 낸다.

변형과 적용

이 과정은 간단한 적용과 각색을 통해서 상담자(전문가)와 내담자의 일대일 상황, 역동적인 관계 그리고 대화의 흐름에 보다 적합하게 만들 수 있다(Berger, 2012). 예를 들어, 상담자는 다음과 같이 질문할 수 있다.

- 당신은 요즘 어떤 음악을 듣고 있나요? 더 이야기해 주세요.
- 당신이 슬픔에 젖어 있을 때, 어떤 음악이 위안을 주나요? 언제 마지막으로 그 음악을 재생했나요?
- 어떤 음악이 당신의 ______(분노, 죄책감, 안도감, 슬픔, 희망 등)에 친구가 되어 주나요?
- ______(콘서트, 지역 행사 등)에서 들은 음악을 통해 어떤 기억들이 떠올랐나요?
- 오늘 당신에게 맞도록 이 음악의 가사를 바꾸려고 한다면, 어떤 가사를 바꾸실 건가요? 이 노래의 음악 스타일이 오늘 당신에게 잘 맞나요, 아니면 지금 당신의 경험에 어울리도록 (더 느리게, 빠르게, 강하게, 잔잔하게 등으로) 바꾸고 싶나요? 이것은 마치 TV프로그램 〈아메리칸 아이돌(American Idol)〉과 〈더 보이스(The Voice)〉에서 심사위원들이 "노래를 본인 것으로 만드세요(Make it your own)."라고 조언하

는 것과 같다.

- 오늘 당신의 휴대폰 음악 재생 목록에서 오로지 한 노래만 들을 수 있다면 어떤 노래를 선택하실 건가요? 왜 그 노래를 선택하셨나요?

다음과 같은 질문들은 미래에 당신의 기억을 재구성해 내는 데에 자극을 줄 수 있을 것이다.

- 앞으로 나아가면서도 계속 가질 수 있는(즉, 유대감을 이어 갈 수 있는) 음악은 어떤 것인가요?
- 반대로 당신의 음악 중 어떤 가사가 당신을 계속해서 과거에 붙들어 두어 앞으로 나아가지 못하게 하나요? 당신을 위해서 어떻게 그 가사를 고쳐 쓸 수 있을까요?

보다 직접적이며 깊이 있는 질문들로는 다음과 같은 질문들이 있는데, 이는 신중하게 사용해야 한다.

- 현재 당신이 듣기에 너무 고통스러운 음악은 무엇인가요? 이 시점에서 당신이 듣기에 너무 생생한 음악은?
- 당신의 장례식에 어떤 음악을 틀었으면 좋겠나요? 그 이유는 무엇인가요? 그 음악이 당신에 대해 무엇을 말해 주나요? 다른 사람이 당신에 대해서 어떻게 느끼고 기억해 주었으면 좋겠나요?

이러한 질문들은 항상 신중을 가하여 제기해야 한다. 한때의 즐거움이란 감정을 일으켰던 음악이 지금은 심한 고통을 안겨 줄 수도 있기 때문이다. 핵심 원칙과 치유 기술(CORE Principles and HEALing Techniques; Berger, 2006)이 당신을 안내해 줄 수 있다. 슬픔에 잠긴 사람들에 있어서 음악을 불러들이거나 음악을 활용할 때에는 다음과 같은 핵심 원칙(CORE Principles)에 기초해야 한다. 보살핌(Care), 소유(Ownership), 존중(Respect) 그리고 권한 부여(Empowerment). 전문가는 다른 이의 음악에 대한 반응으로 권한 부여 태도(empowering attitudes)를 취할 것이 요구되는데, 그 태도는 슬픔에 잠긴 사람들에게 귀를 기울이고(Hear), 함께 탐색하고(Explore with), 인정하고(Affirm) 그리고 그들로부터 배우는(Learn from) 자세를 말한다.

맺는말

상실, 슬픔 그리고 치유를 겪고 있는 사람들에게 음악이 사용되는 사례들은 거의 모든 문명, 문화, 신앙 공동체 및 인간의 발달 단계(유아기에서부터 청소년기, 성년기, 치매 노인에 이르기까지)에서 입증되고 있다. 이 책이 출간된 오늘날에는 범세계적이고 웹에 기반을 둔 음악의 이용이 과거의 LP, 카세트, CD를 능가한 지 오래이다. 그와 같이 오늘날의 음악 자원들도 앞으로도 상상할 수 없는 창의적인 방식으로 늘어날 것임에 틀림없다. 오늘날의 음악 스타일 또한 언젠가 '옛날 노래들'이 될 것이다. 오늘날 그리고 앞으로 일어날 이와 같은 변화들을 통해서, 우리는 계속 주의를 기울이고 들을 것이다.

참고문헌

Berger, J. S. (2012). Playing with playlists. In R. A. Neimeyer (Ed.), *Techniques in grief therapy* (pp. 211-214). New York: Routledge.

Berger, J. S. (2006). *Music of the soul: Composing life out of loss*. New York: Routledge.

Patel, A. D. (2010). *Music, language, and the brain*. New York: Oxford University Press.

8

음악: 새로운 삶의 노래

셀마 더피(Thelma Duffey)

들어가기

스토리텔링(storytelling)은 애도 경험을 다루는 치료 과정에서 빼놓을 수 없는 중요한 부분을 차지한다. 스토리텔링은 우리가 상실에 어떻게 의미를 부여하는지 뿐만 아니라 우리 자신과 타인을 어떻게 인지하는지, 그리고 어떻게 미래를 바라보게 되는지에 대해서도 영향을 미친다. 음악은 우리가 어떻게 다루느냐에 따라 유용한 자원이 될 수 있다. 나는 음악적 연대기와 새로운 삶의 노래(musical chronology and the emerging life song)라는 상담 방법을 고안해 냈다. 이 방법은 사별을 겪은 내담자들이 그들의 삶의 이야기와 연결되고 그것을 소화해 내고, 그들의 현재 정서 상태를 확인하고, 자신들의 미래를 그려 보는 과정을 도와주려고 고안해 낸 방법이다. 나는 내담자들이 자신의 생각을 정리하고, 감정에 목소리를 싣고, 상실과 연관된 신념을 탐색하고, 다시 삶을 가꾸어 나가며 '재투자'하면서 상실이 설 자리를 만드는 것을 도와주기 위한 목적에서 음악적 연대기를 사용한다. 음악적 연대기는 음악 스크랩북이나 자신만의 사운드 트랙을 만드는 것과 비슷하다. 서술적 관점에서 구성된 이 방법은 도전적인 삶의 사건들을 다시 경험하고, 공유하며, 통합해 나가기 위한 구조와 과정을 제공해 준다. 내가 깨달은 바로는 이러한 연대기적인 방법은 자신의 경험과 시간차가 있을 때 가장 유용하다. 특히 이 방법은 만성적인 슬픔 경험을 겪고 있는 내담자와의 작업에 적합하다. 음악적 연대기의 간략한 개요는 다음과 같다.

1단계: 스토리텔링을 위한 음악 편집

상담자는 과거의 사건들을 다시 경험하기 위해 음악을 활용할 수 있다는 개념을 소개한다. 이러한 방법이 과거의 사건들을 상기시키면, 내담자는 그 사건에 있어서 의미 있는 음악을 식별하고 수집해서 편집한다. 내담자들은 CD, 오디오테이프, 아이팟 또는 플래시 드라이브를 활용해서 그들의 음악을 연대순으로 편곡한다. 그들의 연대기에는 가사가 포함되어 있어도 된다.

2단계: 성찰

첫 번째 노래를 시작으로 내담자는 음악을 배경 삼아 자신의 이야기를 말한다. 많은 이야기는 복잡하며, 상충되는 감정을 불러일으킨다. 음악은 내담자가 그러한 감정에 귀를 기울이고 묘사할 수 있도록, 중요한 경험을 떠올릴 수 있도록, 그리고 그 경험을 인지하는 새로운 방향을 고려할 수 있도록 도와준다. 오래된 슬픔은 대개 다차원적이고 복잡하다는 것을 이해한 후에서야 상담자는 내담자의 경험을 지지하고 정상화할 수 있다.

3단계: 지금의 노래

내담자들은 이러한 연대기 과정을 시작했을 때 초반에 선택했던 노래 하나를 재생한다. 이 노래는 그들이 처음 상담을 받고자 결심했을 때 느꼈던 감정, 사고, 신념을 나타낸다. 내담자는 자신의 사고, 감정 그리고 관점을 되돌아보고, 그들이 이 과정 초반에 지녔던 그것들과 비교해 본다. 그럼으로써 그들은 이 치료 과정의 진행 상태를 판단할 수 있다.

4단계: 미래의 노래

내담자들은 '미래의 노래'나 이 과정을 시작할 때 골랐던 노래를 틀어본다. 이 노래들은 그들의 상담 목표와 미래의 희망을 은유적으로 나타낸다.

사례 연구

브랜던은 21세의 대학생이다. 그는 그 스스로를 총명하고 친절한 사람이라고 묘사하지만 사회적으로 고립되어 있다고 느낀다. 그는 현재 자신의 고향이라고 부르는 작은 대학가 도시에서 몇 백 마일 떨어져 살고 있는 가족, 누나와 엄마를 그리워한다.

첫 번째 회기가 진행되는 동안, 브랜던은 누나와 어머니에 대한 강한 유대감을 간략하게 설명한다. 하지만 10년 전에 돌아가신 아버지에 대해 이야기할 때면 그의 표정은 어두워진다. 브랜던은 아버지를 위협적이고 혼란스러운 존재라고 알고 있었고, 그러한 아버지를 향한 자신의 감정을 혼란스러워하는 상황이다. 브랜던이 말했다. "어떤 때 아버지는 나와 함께 있을 때에 너무 행복해했고, 저도 그러면 기분이 매우 좋았어요. 하지만 그것도 잠시일 뿐, 아버지는 바로 돌변해서 저를 조롱하곤 했어요. 아니면 저를 무시하거나 아버지의 관심을 끌려고 행동하면 매우 화를 냈어요. 그래서 시작이 어땠든지 간에 저는 항상 마지막에는 기분이 상했죠." 그런데 어느 목요일 오후, 브랜던이 학교에 있었을 때 그의 아버지는 갑작스럽게 비극적인 죽음을 맞이하게 되었다. 아버지와 좋은 관계를 갖고자 했던 브랜던의 바람도 아버지의 죽음과 함께 그날 사라져 버렸다.

브랜던은 자신의 삶의 많은 부분에 대해서는 잘 이야기할 수 있었다. 하지만 자신의 아버지에 대한 경험이나 그가 없는 자신의 삶에 대한 감정을 묘사할 때는 적절한 단어를 찾는 것을 다소 어려워했다. 브랜던과 아버지 사이의 관계는 상당히 복잡했다. 아버지는 자신의 외아들인 브랜던에게 상당한 기대감을 갖고 있다는 사실을 숨기지 않았다. 그리고 브랜던은 그 기대를 충족시키기에는 자신이 부족하다고 느꼈다. 그의 아버지가 죽은 지 10년이 흘렀지만 브랜던은 여전히 아버지의 기대에 부적합하다고 느끼고 있다. 나는 그와 함께 그의 슬픔에 얼마나 많은 층이 있는지 논의했고, 그러자 그는 이 문제를 적극적으로 다루고 싶어 했다.

브랜던이 이 작업을 몹시 하고 싶어 하면서도 동시에 불편해한다는 것을 감지한 나는, 음악적 연대기가 훌륭한 자원이 될 수 있지 않을까 생각하였다. 내가 브랜던에게 음악을 좋아하냐고 묻자, 그는 미소를 띠며 "물론이죠!"라고 답한다. 그리고 그는 평상시 아이폰을 넣어 두는 주머니를 가볍게 두드리며 가리킨다. 나는 브랜던에게 음악적 연대기의 과정을 설명해 주고, 그는 다음 회기에 그의 곡 목록과 음악을 가져오기로 한다. 브랜던은 희망감을 느끼며 이번 회기를 마치고 나가는 것으로 보인다. 다음 회기에서, 브랜던은 CD와 함께 그의 연대기, 손수 적은 곡 목록 그리고 휴대폰의 재생 목록을 가져온다. 그는 첫 곡으로 벡(Beck)의 〈이게 어디일까(Where It's At)〉를 선택하고, 노래와 함께 그의 이야기를 하기 시작한다(Beck, 1996, 트랙 8).

브랜던(B): 처음부터 시작할게요. 제가 생각하기엔 그게 앞뒤가 맞는 것 같아요.

치료사(T): 좋아요, 브랜던. 그럼 처음부터 시작하죠.

B: 부모님이 옆방에서 싸우는 소리를 들으며 내 방 바닥에 앉아 있을 때 난 작은 소년이었어요. 이 노래가 배경에서 들리고 있었죠. 부모님은 음악 소리보다 더 크게 고함을 질러댔어요. 어머니 목소리도 조금 들렸지만 대부분은 아버지 목소리였죠. 저는 그 방에 들어갈 수 없었어요. 만약에 그런다면 아버지가 매우 화가 나실 게 분명했거든요. 그때 제가 아마 네 살쯤이었을 거예요.

T: 정말 작은 소년이었네요.

B: 네, 맞아요. 나는 몹시 울었지만 울음을 삼켜야 했어요. 그리고 누나도 울고 있었어요.

T: 그 방에 들어가기도 두렵고, 어쩌면 무력함을 느끼고 있었겠지요.

B: 네, 너무나도 무력하게 느껴졌어요. 참 이상해요. 이 노래는 무해한 노래예요. 별로 전달하고자 하는 말도 없죠. 그런데 듣는 것 자체만으로도 기분이 나쁘네요.

그 노래를 배경으로, 브랜던은 아버지의 감정 폭발이 그를 얼마나 무섭게 했는지 설명해 주었다. 그의 마음은 복잡했다. "나에게 아버지는 너무나 큰 존재였어요. 나는 아버지를 기쁘게 해 주고 싶었죠. 저는 부모님 모두를 기쁘게 해 주고 싶었어요. 아버지를 정말로 사랑했거든요." 이 주제는 브랜던의 두 번째 노래 〈아름다운 날(Beautiful Day)〉(U2, 2000, 트랙 1)에 표현되어 있다.

브랜던은 계속해서 말했다. "아버지가 나를 데리고 친가에 갔던 때가 떠올라서 이 노래를 골랐어요. 우리 둘만 갔죠. 할아버지와 할머니가 나를 보고 착한 아이라고 말했을 때 아버지가 흡족해한다는 것을 알 수 있었죠." 그의 이야기를 들으면서 내 얼굴에도 미소가 번졌다. 브래던이 말했다. "아버지는 내 머리를 헝클어뜨리며 웃었고, '가끔요.'라고 대답했어요. 그가 저를 자랑스러워한다는 것을 느낄 수 있었어요. 그 느낌이 좋았어요." 나와 함께 음악을 공유하며 서서히 전개되는 브랜던의 스토리를 듣는 일은 치료사인 나에게 매우 강렬한 순간이다. 이 노래는 브랜던의 그날의 기억처럼 매우 활기차고 감정이 풍부하다. 또한 그 노래는 브랜던의 복합적인 슬픔을 달콤하면서도 씁쓸하게 상기시키는 역할을 한다. 그는 아버지를 기쁘게 하기를 원했고, 친밀감을 쌓기를 원했다. 그날 브랜던은 이 두 가지 모두를 이룬 것이다. 하지만 그의 이런 기쁨은 오래 지속되지 못했다.

브랜던의 이와 같은 어렸을 적 갈망, 그의 음악과 이야기를 들으면서 나는 문득 이런 생각이 들었다. 혹시 시간이 지나면서 브랜던은 투명인간이 되는 법을 배운 것은 아닐까? 우호적이지만 상대적으로 원하는 바가 없는 내성적인 아이가 된 것은 아닐까? 이 질문을 받자 브랜던은 잠시 생각을 하는 듯하더니, 다소 흥분된 목소리로 말하며 동의했다. "이제까지 나는 무감각했던 것 같아요. 그렇지 않으면, 그 외의 시간에 나는 우울해져요. 근데 저는 우울해지는 것은 싫거든요." 브랜던의 슬픔에는 그가 자신만의 진정성을 희생시키면서까지 다른 사람을 기쁘게 하고자 하는 욕구가 밀접하게 연관되어 있다. 실제로 그의 경험에서 자기 자신은 배제되었고, 그가 전하는 이야기는 자기 자신의 이야기가 아니라 자신이 느끼는 무능함과 수치심의 이야기다. 그의 이야기는 자기 자신을 포기하도록 만들었다. "나는 무언가를 요구하거나 원할 수 없어요. 그러면 사람들이 저를 내버려두고 떠날 수도 있거든요." 놀랄 것도 없이, 브랜던의 슬픔은 사람들이 자신을 내버려두고 떠났다고 느껴질 때 악화되었는데, 아이러니하게도 특히 사람들과의 관계를 유지하기 위해 그의 가장 기본적인 욕구를 희생했는데도 그러한 느낌이 들 때 가장 심했다. 브랜던이 선택한 음악을 통해 그의 이야기를 듣고, 또한 그가 어린 시절의 슬픔과 바로 뒤를 이은 아버지의 죽음으로 인한 슬픔을 극복하고자 할 때, 우리의 작업에는 다음과 같은 도움의 역할이 있다. 곧, 브랜던이 자신에게 필요한 것들을 파악하고, 그것들을 가질 권리가 있다는 것을 그에게 납득시키고, 나아가 그가 상호성과 자존감을 바탕으로 타인과 친밀한 관계를 유지할 수 있는 능력을 키워 나가도록 도와준다.

변형과 적용

나는 음악을 좋아하며 다양한 형태의 상실을 극복하기 위해 고군분투하는 개인, 커플, 청소년 및 성인과의 치료 과정에서 이 방법을 활용했다. 뿐만 아니라 중독과 관련된 슬픔, 이혼 및 친밀감 발달과 같은 경우에도 이 방법을 변형시켜 사용하기도 했다.

맺는말

슬픔은 단계적으로 발달되는 특성을 지니고 있으며, 우리의 이야기도 그에 따라 점진적으로 전개된다. 대중적이거나 연관성이 높은 음악은 내담자가 자신의 경험을 다시 떠올리며, 이야기를 공유할 수 있고, 유용하고 적절한 상황에서는 편집해서 치유할 때 사용할 수 있는 소중한 자원이 된다. 바로 이것이 음악적 연대기가 이루고자 하는 목표이다.

참고문헌

Bono. (2000). Beautiful day [Recorded by U2]. On *All that you can't leave behind* [CD]. Santa Monica, CA: Interscope Records.

Duffey, T. (2005). *Creative interventions in grief and loss therapy: When the music stops, a dream dies*. Philadelphia, PA: Haworth.

Hansen, B., King, J., & Simon, M. (1996). Where it's at [Recorded by Beck]. On *Odelay* [CD]. Santa Monica, CA: DGC Records.

9

음악: 악기 연주로 감정 이끌어 내기

카트리나 스큐스 맥퍼런(Katrina Skewes McFerran)

들어가기

상실의 경험은 흔히 그 당사자의 말문을 막히게 한다. 슬프다고 말할 수 있을 것이다. 혹은 옆에서 지지해 줘서 고맙다며 감사함을 표할 수 있을 것이다. 하지만 슬픔과 관련된 많은 감정은 말로 표현하기가 어려운 것이 사실이다. 젊은 사람들의 경우에 특히 그러한데, 이는 그들의 언어가 아직 미묘하고 심오한 영역까지 확장되지 못했고, 인도받을 만한 슬픔의 경험을 이전에 겪어 보지 못했을 수 있기 때문이다. 또한 그들은 상실과 회복이라는 두 개의 스트레스 요인을 계속 번갈아 느끼고 있기 때문에 대화를 할 때 자신의 감정을 들여다보기 힘들 수도 있다(Stroebe & Schut, 2008).

슬픔을 단어로 표현하는 것 또한 어렵기 때문에, 음악을 만들어 내는 작업은 슬픔을 표현하는 적절한 방식이 될 수 있다. 음악을 만드는 경험을 회상하기 위한 목적에서든, 아니면 심지어 연구를 위해 그 경험을 설명할 목적에서든, 흔히 음악치료사들은 음악을 같이 만드는 작업이 갖는 큰 의미를 말로 다 표현하지 못해 안쓰러워한다. 다행히도 음악을 함께 만드는 행동에서의 의사소통은 슬픔의 경험을 확실하게 전달할 수 있도록 타인과 의미 있게 통할 수 있는 기회를 제공해 주는데, 그래서 그러한 행동은 단어로 말할 필요를 무색하게 만든다.

따라서 음악을 함께 만드는 작업은 슬픔을 다루는 자연스러운 방식이고, 특히 집단으로 진행할 때 그 영향력이 커진다. 이 작업의 한 부분은 타인에게 이해받고 그들과 연결된 느낌을 경험하는 것이다. 슬픔에 잠긴 젊은 사람들에 대한 연구에 따르면, 악기로 감정을 연주하는 행동은 정서적 위안(emotional relief)을 가져오고, 그들은 "마음이 가벼워졌어요."라거나 "실제로 감정을 분출하게 도와주네요."라는 표현을 사용한다(McFerran, Roberts, & O'Grady, 2010, p. 555). 이는 자신의 감정을 악기로 연주할 기회를 가졌던 많은 젊은 사람이 공통적으로 말하는 바인데, 그 기회를 통해 이들은 타인과 통하는 강한 느낌을 받고, 결과적으로 고립감이 경감되어 앞으로 나아갈 수 있다고 느낀다.

사례 연구

11~13세의 청소년 집단이 사별의 슬픔을 겪고 있는 집단을 지원하는 프로그램에 참여하기 위해 어느 한 방 안으로 들어왔다. 그들은 잡담을 나누며 원으로 둘러져 있는 의자에 자리를 잡았다. 그 원의 중앙은 다양한 종류의 많은 타악기로 꽉 차 있다. 메탈로폰, 아프리카 드럼(젬베), 차임바(chime bars), 세이커(shaker), 레인스틱(rain stick), 탬버린, 벨, 톤 블록, 나무토막, 그리고 다른 손에 잡히는 크기의 악기들이 놓여 있다. 참여자들과 잠시 가벼운 대화를 나눈 뒤, 음악치료사는 참여자들의 관심을 끌어 악기에 집중시킨다. "자, 여러분, 각자 마음에 드는 악기를 고르세요. 다 같이 소리 한 번 내볼까요?" 참여자들이 망설이자, 음악치료사는 바닥에 놓인 다양한 악기 중 아무거나 집어 들고, 흔들어 보기도 하고 부딪혀 보기도 하며 어떤 소리가 나는지 참여자들이 볼 수 있게 한다. 치료사는 메탈로폰과 탬버린을 두드리고 나서, 드럼을 집어 들고 자신 있게 두드리더니 한 소년에게 건네준다. "이거 한번 해 볼래요?"라고 묻자, 그는 "네."라고 대답한다. 다른 소년이 재빨리 남아 있는 드럼을 집어 들자, 세 번째 소년이 그에게 남겨진 드럼이 없다고 불평한다. "각자 다른 몇 개의 악기를 연주해 볼 거예요. 지금은 그냥 아무거나 악기 하나를 선택하세요. 나중에 악기는 바꿀 거예요."

치료사가 제안한 바와 같이, 첫 번째 즉흥연주는 순전히 함께 소리를 만들어 낸다는 것에 의의를 둔다. 그다음, 치료사는 "자, 이제 각자 다른 악기를 선택하세요. 이번에는 '행복한' 음악을 연주할 거예요."라고 지시한다. 그러자 참여자들은 약간씩 주저하며, 자신이 원하는 악기를 차지하려고 서로 밀친다. 상황이 정리되고 각자 자리에 앉자 음악치료사는 “자, 이제 연주해 봅시다.”라고 짧게 말하고, 시범적으로 자신의 악기를 두드리며 자신의 몸을 정열적으로 움직여서, 누가 봐도 행복이라는 주제로 작업하고 있음을 알 수 있게끔 연주한다. 이 즉흥연주는 거의 3분 동안 지속된다. 크고 열광적인 연주가 소리를 장악하며, 그 강력한 소리는 거의 즉흥연주 내내 지속된다. 약 2분이 지나자 몇몇의 참여자가 연주를 멈춘다. 하지만 굳이 이러한 첫 번째 변화의 지점에서 연주가 다 같이 끝나지 않아도 된다는 것을 보여 주기 위해, 치료사는 미소를 짓고 주위를 둘러보며 연주를 계속하고, 연주의 구성을 위해 안정된 박자를 두드리기 시작한다. 적은 악기로 이루어진, 따라서 볼륨이 더 적은 이 평화로운 연주가 1분 정도 지나자, 치료사는 이 연주의 마침부분(coda)을 만들기 위해 속도와 볼륨을 고조시키고 강력한 음으로 마무리를 한다.

참여자들은 실제로 행복해 보인다. 음악치료사는 다음 주제로 넘어가고자 한다. “자, 지금까지의 소리가 행복을 나타냈다면, 슬픔은 어떤 소리로 나타날까요? 각자 ‘슬픔’을 표현하는 데 적합하다고 생각하는 악기를 선택해 보세요.” 악기를 고르는 동안, 참여자들은 이전보다 좀 더 차분한 모습을 보인다. 몇몇 참여자는 자신이 이미 손에 쥐고 있던 악기를 선택했고, 음악치료사는 그렇게 해도 된다는 표시로 고개를 짧게 끄덕인다. 치료사는 “자, 이제 연주를 하면서 서로의 소리에 귀를 기울여 봅시다.”라고 말하며, 이번에도 연주를 시작하는 역할을 수행한다. 그 소리는 부드럽고 느리다. 차임바 연주자는 하나하나의 은색 바를 시간차를 두고 느리게 쓸어내리며 즉흥연주의 음색을 만든다. 규칙적으로 후드득거리는 소리를 내는 지속적인 드럼 소리가 들린다. 볼륨을 더 높여도 된다는 의미로, 음악치료사는 간간이 우드스틱을 탁 때리며 큰 소리를 낸다. 하지만 음악치료사의 이번 제안은 받아들여지지 않고, 음악은 서서히 더 은은해지며 마침내 모든 악기가 연주를 멈추었다.

“여러분, 모두 감사합니다. 매우 강렬한 연주였어요. 잘 아시다시피, 감정을 말로 표현하는 것은 너무나 어렵습니다. 그런데 이렇게 감정을 말이 아닌 악기로 표현하는 것이 너무 쉽다는 게 매우 놀랍군요. 자, 그럼 이제 화를 연주해 봅시다.” 참여자들이 다음 악기를 고르는 과정에서 침묵이 흐른다. 이번에는 음악치료사가 말로 연주의 시작을 알리지 않고, 말 대신 연주로 침묵을 깬다. 그녀는 단호하게 메탈로폰으로 세 개의 음을 두드리고 잠시 멈춘다. 그러자 많은 참여자가 곧바로 연주에 동참하는데, 그들이 연주하는 소리의 불협화음은 혼동스럽다. 그중 두 명의 젊은 사람은 전혀 연주를 하지 않아서, 음악치료사는 그들이 소리의 강렬함을 잘 감당하고 있는지 확인하기 위해 그들을 조심스럽게 지켜본다. 보통 그러하듯이, 화를 표현하는 연주는 오래 지속되지 않는데, 약 1분 후에 연주자들은 에너지를 다 소모하여 지쳐서 더 이상 연주를 이어 나갈 수 없게 된다. 음악치료사는 혹시라도 마지막을 장식하는 역할을 맡고 싶은 참여자가 있을지도 모르니, 그가 나서도록 기회를 주기 위해 마지막까지 혼자 연주한다. 연주를 끝낸 후 약 10초간 침묵이 흐른다. 좀 더 책임을 맡는 참여자들을 예상할 수 있는 일반 심리치료 집단과 달리, 지금은 사별의 슬픔을 해결하자고자 하는 집단이라는 점을 다시 깨닫고, 음악치료사는 자신이 나서서 개입한다. "여러분이 슬퍼하는 시간만큼 분노를 유지하지 못한다는 점이 흥미롭군요. 그렇지 않나요?" 몇몇 구성원은 이 질문에 고개를 끄덕인다. "그렇다면 여러분은 분노의 소리를 어떻게 묘사할 수 있을까요?" 라고 그녀는 대답을 유도한다. "너무 시끄러워요." 화를 표현하는 연주에 참여하지 않은 젊은이 중 한 명이 대답한다. "맞아요, 매우 시끄러운 소리였죠. 그때 괜찮았어요?" 치료사가 물어본다. "나는 단지 분노를 느끼는 것이 싫었을 뿐이에요."라고 대답한다. "아하, 어쨌든 좋아요. 아마도 언젠가 분노를 표현할 준비가 될 때가 올 거예요. 하지만 지금 나는 다른 사람들이 '화'를 연주했을 때 나는 소리를 당신이 감당할 수 있었는지 걱정하는 거예요." 치료사의 걱정에 그 젊은 여성은 "네, 저는 괜찮았어요."라고 답한다. 음악치료사는 참여자들이 방금 했던 연주를 처리하고 정리할 수 있도록 이와 같은 대화를 좀 더 진행했다. 그러고 나서 음악치료사는 그들에게 앞으로 나아갈 수 있는 기회를 제공한다. "그럼 이제 어떤 감정을 연주해 볼까요?" "신이 난 감정이요." 참여자 중 한 명이 외쳤다. "저도 좋아요!" 다른 참여자가 맞장구친다. "그래요, 한번 해보죠." 음악치료사가 대답한다. 그러고 이 집단은 회기의 다음 단계로 넘어간다.

변형과 적용

다양한 예술적 표현 형식을 활용하는 현상학적인 과정의 일환으로 음악을 활용하는 것은 슬픔과 관련된 다양한 감정을 표현하는 힘든 일에서 강력한 해결책이 될 수 있다. 감정을 악기로 연주하고 나서, 집단 참여자들은 그들이 연주한 음악이 어땠는지 소리를 그림으로 나타낸다. 이렇게 공동 작업에서 개인 작업으로, 음악이라는 예술 형식에서 그림이라는 다른 예술 형식으로 바뀌게 되면 참여자 개개인이 이전 과정을 정리하여 처리할 수 있는 시간을 준다. 그리고 집단 참여자들에게 자신이 그린 그림을 보여 주고 무엇을 그렸는지 설명할 수 있는 기회를 준다. 그다음 참여자들은 자신의 그림에 대해 시나 짧은 이야기를 짓게 된다. 그러고 나서 자신의 이야기에 제목을 붙이고, 이번에도 자신의 창작물을 공유할 기회를 갖는다. 이러한 처리 및 정리 과정은 시간이 좀 더 걸리지만, 특정한 감정 경험을 좀 더 깊이 탐색할 수 있게 해 준다. 경험으로 보건대, '낙심'이나 '격렬함'과 같은 복잡한 감정은 이 작업에서 혼란을 빚어낼 수 있다. 그래서 행복감, 분노, 슬픔과 같은 단일 감정에 중점을 두면, 참여자들이 스스로 복합성이나 뉘앙스를 더할 수 있게 돼서 더 효과적인 접근법이 된다.

맺는말

젊은 사람들은 더 좋은 기분을 느끼길 열망하고 있고, 자신의 감정을 표현하는 것이 하나의 방법이라는 일반적인 생각을 인지하고 있다. 익숙하지 않은 것을 처음 시작할 때 다소 주저할 수도 있지만, 자신의 감정을 연주할 수 있는 기회에 열정으로 반응하고, 그 결과로 실질적인 이득을 본다. 하지만 이러한 방법으로 감정 경험에 접근할 때, 어떤 이들은 이로 유발된 감정의 강도에 놀랄 수 있으니 항상 적절한 주의가 필요하다. 그렇지만 적절한 처리/정리와 관리만 받쳐 준다면 이는 통제 가능하고, 음악을 함께 만드는 재미와 표현을 통해 실질적인 이득을 볼 수 있다.

참고문헌

Ansdell, G. (1995). *Music for life: Aspects of creative music therapy with adult clients*. London: Jessica Kingsley.

McFerran, K. S., Roberts, M., & O'Grady, L. (2010). Music therapy with bereaved teenagers: A mixed methods perspective. *Death Studies*, *34*(6), 541-565.

Stroebe, M., & Schut, H. (2008). The Dual Process Model of coping with bereavement: Overview and update. *Grief Matters: The Australian Journal of Grief and Bereavement*, *11*(1), 4-10.

10

음악: 가사 분석

나탈리 브워다르치크(Natalie Wlodarczyk)

들어가기

내담자가 선호하는 노래의 가사를 분석하는 일은 사별상담 과정에서 음악치료사들이 흔히 활용하는 개입 방법 중 하나이다(Dalton & Krout, 2006). 이러한 개입 방법으로 작업할 때, 감정적 표현을 위한 간단한 작사를 용이하게 하기 위해 보통 빈칸을 채워 가는 워크시트를 활용하기도 한다. 노래들은 슬픔과 관련된 가사 내용을 포함해야 할 뿐만 아니라 내담자의 나이와 음악적 선호에 근거해서 선별된다. 한 연구 결과에 의하면 대다수의 내담자는 자신의 20대 시절 때 유행했던 노래를 선호한다(Wlodarczyk, 출판 중). 적절한 노래를 선별한 다음, 음악치료사는 회기에서 활용하기 위해 양면으로 된 워크시트를 준비한다. 워크시트 앞면에는 노래 제목, 작곡가/가수를 쓰고, 원곡의 가사를 싣는다. 뒷면에는 원래 가사의 한 부분, 예를 들면 한 절을 써 넣는다. 이때 그 가사 중에서 음악치료사가 신중하게 고려하여 선택한 단어를 지우고 그 자리를 빈칸으로 남겨 두어, 나중에 집단 참여자들이 그들 자신만의 단어나 구절로 빈칸을 채울 수 있게 한다.

음악치료사는 회기에서 라이브 음악을 활용한다. 처음에는 기타나 피아노 반주와 함께 선별된 음악을 노래하는 것으로 시작한다. 음악을 잘하지 못하는 치료사들은 내담자를 위해 녹음된 노래를 틀어 주는 방법을 선택해서 상황에 맞게 개입 방법을 변형시킬 수 있다. 음악을 노래하거나 들은 다음, 치료사는 참여자를 이끌어 함께 가사를 분석하며 논의한다. 이 논의에서 치료사는 다음과 같은 질문들을 던질 수 있다. 이 노래에서 당신이 좋아하는 점이나 싫어하는 점은 어떤 것인가요? 이 노래는 현재 당신의 삶에서 일어나는 일들과 어떤 연관이 있나요? 이 노래는 슬픔과 어떤 관련이 있나요? 구체적으로 어떤 가사에서 동질감을 느끼나요? 이 음악을 설명할 수 있는 뚜렷한 분위기가 있나요? 이 노래의 가사 중에서 당신이 바꾸고 싶은 부분이 있나요? 만약 당신이 이 노래를 작곡한 사람에게 편지를 쓸 수 있다면, 어떤 말을 하고 싶은가요? 모든 참여자가 이 논의의 흐름을 쉽게 따라갈 수 있도록 하기 위해 치료사는 내담자가 특정한 가사를 언급할 때 몇 행인지 말하도록 권장해야 한다.

이 논의가 마무리되었다고 판단되면, 치료사는 참여자들이 자신들이 받은 워크시트를 뒷면으로 돌려서 워크시트의 빈칸을 활용할 수 있도록 한다. 그러고 나서 치료사는 내담자들이 자신의 생각과 감정을 투영한 단어나 구절로 빈칸을 채울 수 있게 시간을 준다. 십여 분 정도 지난 후, 치료사는 다시 참여자들을 모두 불러 모아 새로운 워크시트의 빈칸에 참여자들이 제시한 의견을 채워 넣어 집단 버전의 가사 절을 완성시킨다. 참여자들이 반복되는 후렴구를 같이 따라 부를 것을 권장하면서, 음악치료사는 함께 작업한 새로운 가사를 라이브로 부르며 개입을 마무리한다. 역시 이번에도, 음악에 자신이 없는 치료사는 새롭게 쓰인 가사를 구호처럼 읽어도 되고, 참여자들은 후렴구를 무반주로 노래하면 된다.

나는 이렇게 빈칸을 채워 작사하며 노래 가사를 분석하는 작업을 다양한 집단과 모든 연령의 참여자들에게 활용해 왔는데, 가장 최근의 활용 사례로는 부모나 형제를 잃은 청소년 사별 집단이 있었다. 다음에 소개하는 사례는 이 청소년 사별 집단과 함께 진행한 한 회기의 내용이다.

사례 연구

이 회기를 시작하기 앞서, 나는 이 청소년 사별 집단의 구성원들이 대다수 암이나 심각한 차량사고로 사랑하는 사람을 잃었다는 사실을 알게 되었다. 나는 이 특정한 집단을 위해 리한나(Rihanna)가 피처링(featuring)한 니키 미나즈(Nicki Minaj)의 〈플라이(Fly)〉(Hissink, Jordan, Minaj, Rishad, & Rotem, 2011)라는 곡을 활용하기로 결정하는데,

이는 이 노래가 이 나이대의 청소년들에게 호소력 있을 뿐만 아니라 슬픔이라는 감정과 연관될 수 있는 가사 내용을 포함하고 있기 때문이었다. 집단을 위해 나는 기타를 치며 라이브로 노래를 하고, 청소년들은 가사가 적힌 종이를 보며 따라온다. 그들이 노래를 들으면서 각자 동질감을 느끼는 부분을 동그라미로 표시하거나 밑줄을 긋게 한다.

나는 앞서 소개했던 유도 질문을 던지며 가사 분석 논의를 시작한다. 집단 참여자들은 노래에서 자신에게 의미 있었던 많은 특정 단어를 자진해서 말하고, 특히 '나를 버린 너를 용서하려 해(trying to forgive you for abandoning me)'(Hissink et al., 2011)라는 구절에 많은 관심을 기울인다. 몇몇의 집단 참여자는 그들이 사랑했던 사람이 자살을 한 것이 자신들을 버린 것이 아니라는 사실을 잘 알고 있지만, 자신들이 버림받았다는 느낌은 아직 떨쳐내기 힘들다고 말한다. 이 노래의 두 번째 절은 이렇게 시작한다. '모두가 나를 상자 안에 가두려 하지. 상자가 나를 가둘 때마다 숨이 막혀 죽을 것 같아. 모두들 자신이 그린 큰 그림에 나를 오려서 끼워 맞추려 해(Everybody wanna try to box me in, suffocating every time it locks me in, paint their own pictures then they crop me me).'(Hissink et al., 2011). 이 가사는 청소년들의 열띤 토론으로 이어지며, 어떻게 그들의 삶에 있는 주변 사람들이 그들의 슬픔을 이해하지 못하고 지금쯤이면 '극복했어야' 한다고 말하는지에 대해 모두들 동의한다. 또한 청소년들은 다른 사람들이 그들의 그 어떠한 슬픔의 표현도 불편하게 느껴서, 아예 그들을 자기 자신이 아닌 다른 사람으로 만들려고 하는 것 같다고 말한다. 회기의 이 시점이 되면, 청소년들은 자신들이 받은 가사가 적혀 있는 종이의 뒷면에 있는 워크시트에 자신의 단어로 빈칸을 채우고 싶어 한다(〈표 10-1〉 참조). 참여자들의 답은 다양했고, 그들은 노래에 대해 각기 다른 해석을 가진 것도 서로 지지해 준다. 회기의 마지막에 내가 그들이 개사한 가사로 노래했을 때 그들은 노래를 들으며 스스로 자랑스러워했다.

표 10-1 〈플라이(Fly)〉

1 나는 이기려고, 싸우려고, 극복하려고, 번창하려고 온 거야.
2 나는 이기려고, 살아남으려고, 번영하려고, 일어서려고 온 거야.
3 날아오르려고, 날아오르려고.
4 오늘 나는 __________을(를) 바라지.

5 그건 아마도 __________할 거야.
6 나를 버린 너를 용서하려 해.
7 나는 기도하지만, 천사는 저 멀리 있는 것 같아.
8 천사는 멀리 있어, 그래 어떤 면에선 이상하지.
9 아마 그래서 내가 __________하는 걸 거야.
10 그들은 __________을(를) 갖고 있어.
11 하지만 상황이 어려워지면 나는 __________해.
12 나는, 나는, 나는 __________와(과) 맞서지.
13 __________와(과) 맞서지, __________와(과) 맞서지.
14 왜 그런지 모르겠지만, 나는 내가 강할 수 있다는 것을 기억해.
15 __________이(가) 나를 도와줄 거야.
16 나는 무언가 느끼기 시작하고, 나는 __________을(를) 시작해.
17 정말 놀라울 거야, 나는 그저 살아남으려고 하는 것일 뿐이야.
18 난 이기고, 번창하고, 위로 날아올라, 더 높이, 높이, 높이, 그리고 더 열정적으로.

변형과 적용

빈칸 채우기 작사를 이용한 가사 분석은 약간의 변형을 통해서 다양한 상황과 내담자 집단에게 적절하게 활용될 수 있다. 음악은 어디에나 있으며, 유연하고, 우리의 경험을 강화할 수 있기 때문에 애도상담에 효과적인 구조를 제공한다(Wlodarczyk, 출판 중). 가사, 장르, 악기, 속도, 분위기에 특별한 주의를 기울인다면, 모든 연령대와 상실 유형의 사별 감정을 반영하는 음악을 고를 수 있을 것이다. 앞서 언급했듯이, 이 방법은 주로 인증을 받은 음악치료사들이 주로 활용하지만, 녹음된 음악을 사용하거나 음악적 요소가 아닌 가사 내용에 집중하는 것과 같은 변형을 통해 다른 치료사와 상담자도 활용 가능하다.

맺는말

가사 분석과 빈칸 채우기 워크시트를 통한 간단한 작사는 많은 음악치료사에 의해 연구되고 활용된 방법이다(Dalton & Krout, 2006; Wlodarczyk, 출판 중). 이러한 개입은 내담자들이 친숙하고 위협적이지 않은 도구를 사용해 동질감을 느끼고 슬픔이란 감정을 정리할 수 있도록 구조를 마련해 준다. 이러한 간단한 작사는 그들이 자기표현을 하고 슬픔 과정을 들여다볼 수 있는 기회를 제공하고, 그 작업의 결과물은 사랑했던 이와의 연대를 유지하면서도 앞으로 나아갈 때 내담자가 지닐 수 있는 기념품이 된다.

참고문헌

Dalton, T. A., & Krout, R. E. (2006). The grief song-writing process with bereaved adolescents: An integrated grief model and music therapy protocol. *Music Therapy Perspectives*, *24*(2), 94-103.

Hissink, K., Jordan, W., Minaj, O., Rishad, C., & Rotem, J. (2011). Fly [Recorded by Nicki Minaj]. On *Pink Friday* [Record]. New Orleans, LA: Young Money.

Wlodarczyk, N. (2013). The effect of a group music intervention for grief resolution on disenfranchised grief of hospice workers. *Progress in Palliative Care*, *21*(2), 97-106.

11

음악: 치료적 작곡에서 활용되는 아크로스틱

밥 히스(Bob Heath)

들어가기

작곡이란 행위는 슬픔을 겪으며 느끼게 되는 감정들의 일부를 표현하기 위해 오랜 시간 동안 활용된 방법이다. 우리가 죽음이나 상실을 기리는 많은 의식에서 음악은 항상 자연스러운 동반자였다. 노래는 우리의 슬픔을 표현하고, 기리고, 기억하기 위해 언어를 사용하고자 하는 욕구와 함께 우리의 숭고한 감정적 반응을 멜로디에 덧입힐 수 있는 능력을 갖고 있다. 이런 면에서, 노래는 특별하고 중요한 역할을 하는 것이다. 노래는 우리가 삶에 기념이 될 만한 사건을 축하하고, 사랑하는 사람과의 사별을 애도하며, 삶의 과거를 보존할 수 있는 기회를 준다(Wigram & Baker, 2005). 이뿐만 아니라 노래는 그 과정에서 발생하는 다양한 감정을 표현하고 이해하기 위한 새로운 방식을 제공한다.

비록 작곡하는 과정이 흥미로운 사실을 드러내 줄 수 있고 도움이 될 수 있다는 점은 많은 음악치료사가 널리 인정하고 있지만, 많은 내담자의 경우 그것이 가능하다는 것을 믿도록 하는 것이 아주 어렵다. 치료사가 내담자에게 작곡을 해 보자고 제안할 때 내담자는 종종 "어디서부터 시작하죠?"라는 반응을 보이고는 한다. 많은 경우, 이전에 소개했던 즉흥연주 후 생각을 정리하는 논의 시간 동안 작곡 활동에 대한 계획이 세워진다. 자신의 음악적 소질이나 경험을 어떻게 생각하든, 많은 내담자에게 즉흥연주는 생각과 감정을 깊이 연결시키고 그것들을 안전하게 담아 주는 방식으로 표출할 수 있는 기회를 제공해 준다. 음악치료사 레슬리 번트(Leslie Bunt)와 사라 호스킨(Sarah Hoskyns)는 즉흥연주가 각기 다른 두 세상 사이의 빈 공간을 방문할 수 있는 기회라고 표현하며 "내면과 외면, 의식과 무의식 사이의 문턱"이라고 묘사했다(Bunt & Hoskyns, 2002, p. 3). 임상 실습과 교육을 하면서, 나는 '음악(즉흥연주)'에서 의식과 무의식을 잇는 연결 고리가 유동적이고 안전하며 여러 사실을 드러낼 수 있게 유지될 수 있다는 생각을 발전시키게 되었다. 하지만 즉흥연주에서 작사로 넘어가면, 내담자들이 흔히 표현하듯이 어디서부터 시작해야 할지 몰라 빈 종이를 뚫어지게 쳐다보며 말문이 막히는 위험을 감수할 수 있다. 바로 이 지점에서 아크로스틱의 활용이 그 과정을 매끄럽고 음악적인 요소를 충분히 활용할 수 있게 유지할 수 있다.

아크로스틱

아크로스틱(acrostic)이란 특정 단어의 글자를 각 줄이나 문장의 첫 글자로 설정하여 완성한 시나 다른 형태의 글이다. 예를 들어, 내가 음악(music)이라는 단어로 아크로스틱을 완성해 본다면, 〈표 11-1〉과 같이 해 볼 수 있다.

이 아크로스틱을 완성하는 동안 나는 이 과정에 박자와 움직임(음악)을 불어넣기 위해 내가 발로 박자를 맞추고 있었다는 사실을 깨달았다. 박자나 운율이 맞지 않을 거란 걱정은 하지 않았다. 오히려 내 자신이 머릿속에서 떠오른 생각이 자유롭게 종이에 옮겨질 수 있도록 내버려두었다. 완성된 아크로스틱을 처음으로 큰 소리로 읽으며, 나는 내 생각이 의식(인식)과 무의식(감정) 사이를 자유롭게 넘나들었다는 것을 알아챌 수 있었다. 그럼으로써 그 고유의 방식으로 내 현재 생각과 감정 상태의 일부분을 드러내 주는 간단한 표현이 결과물로 생성된 것이다. 아크로스틱은 수 세기 동안 이렇게 사용되어 왔는데,

표 11-1 Music 아크로스틱

Music helps me to (음악은 나를 돕는다)
Understand things that I (이해할 수 있도록)
Sometimes find difficult to explain (때때로 표현하기 어려운 것들을)
It is mysterious, wonderful, and (음악은 신비롭고, 놀라우며)
Constantly changing (끊임없이 변화한다)

표 11-2 Voice 아크로스틱

Vexed, used to love eating, supper parties, talking (화 내는 것, 식사, 저녁 만찬 파티, 이야기하는 것을 즐겼지)
Out the way now (이제는 그러지 않아)
In my head (내 머릿속에서는)
Come back never (결코 돌아오지 않을 거야)
Everyone must think I'm a pain (모두가 나를 골칫거리라고 생각하겠지)

대부분은 노래를 만드는 과정을 돕기 위한 목적에서였다. 실제로 〈애도의 책(The Book of Lamentations)〉의 첫 노래들은 이런 방식으로 만들어졌고, 많은 현대 가사와 산문도 아직까지 이와 유사한 기법을 사용하고 있다. 치료적 작사에서, 아크로스틱을 하기 위한 단어를 식별하는 과정은 바로 그 전에 진행한 즉흥연주 과정과 깊이 연관되어 있다. 치료사는 몇 가지 개방형 질문을 해 볼 수 있다. "그 음악을 연주할 때 어떤 느낌이 들었나요?" 또는 "연주하는 동안 떠오르는 이미지가 있었나요?" 물론 이전 유형의 개방형 질문에는 다양한 접근 방식이 있고, 상담자마다 자신만이 고수하는 특정한 상담 방식이 있을 것이다. 여기서 핵심은 이 과정이 우리가 좀 더 깊이 탐색할 만한 가치가 있는 생각, 감정, 단어 혹은 구절을 식별하는 데 도움이 될 것이라는 믿음이다. 예를 들어, 최근에 한 치료 회기에서 사별의 아픔을 겪고 있고 과거에 노래하기를 즐기던 내담자가 있었는데, 이 내담자는 그 회기에 몰입하기를 매우 어려워했다. 그녀는 "나는 목소리를 잃어버렸어요."라고 말했다. 그래서 나는 '목소리(voice)'로 아크로스틱 하기를 제안했고, 그녀는 〈표 11-2〉와 같이 아크로스틱을 완성했다.

그녀가 아크로스틱을 완성한 후, 나는 그녀의 동의를 얻어 완성된 아크로스틱을 큰 소리로 그녀에게 읽어 주었다. 바로 이때가 이 활동의 모든 과정 중에서 그녀의 내면에 있는 것들을 가장 많이 드러내 주는 순간들 가운데 하나였을 것이다. 내담자들은 가장 내밀한 감정에 이름이 생기고 그것이 인식되고 받아들여지는 바로 이 순간이 종종 무언가 변화하기 시작한 순간이라고 말한다. 이 특정한 내담자에게 이 과정은 상실의 아픔이 자신에게 어떤 영향을 미치고 있는지 되돌아볼 수 있도록 했다. 이 과정을 통해 깊은 슬픔뿐만 아니라 고립감과 외로움까지도 성찰해 볼 수 있는 기회를 갖게 된 것이다.

사례 연구

마거릿은 제임스와 결혼한 지 40년이 넘었다. 그 세월 동안 제임스는 큰 성공을 거두었고, 마거릿은 그를 포함한 가족 전체를 헌신적으로 돌보았다. 이건 바로 그녀가 남편의 계획과 야망을 위해 자기 자신의 계획과 야망을 포기했다는 것을 뜻하기도 한다. 가족 위계질서가 생겨났고, 그것은 가족 관계에 너무 깊이 뿌리박혀, 제임스가 죽자 마거릿은 살아가야 할 이유가 없다고 느낄 정도로 심각해졌다. 마거릿에 따르면, 그녀는 제임스 없이는 어떠한 삶의 목적도 없다고 느끼고 있었다. 초반의 회기는 대개 피아노에서 진행되었으며, 마거릿은 간단한 멜로디를 즉흥적으로 연주했는데 주로 슬픔과 회환의 시간으로 이어졌다. 이러한 즉흥연주에서 보통 그녀에게 떠오르는 이미지는 공허함과 절망감이 가득 찬 자신의 모습이었다.

오늘 회기에서 마거릿은 나에게 "제임스가 죽었을 때, 저도 함께 죽었어요."라고 말한다. 그들의 삶에 대해 이야기를 나누면서, 나는 그녀에게 그들이 함께했던 추억을 간직한 특별한 장소가 있는지, 그 장소를 재방문할 의향이 있는지 물어본다. 그녀는 캐나다의 나이아가라 온 더 레이크라는 도시에 대해 이야기하기 시작한다. 그녀가 행복했던 시절의 추억을 이야기할 때, 그녀의 태도가 변하는 것을 알아챌 수 있다. 나는 그녀에게 아크로스틱을 완성하기를 제안하고, 그녀는 마음을 가다듬은 후에 다음과 같은 단어를 써 나간다(〈표 11-3〉 참조). 나는 앞의 피아노 즉흥연주에서 마거릿이 들려주었던 노래의 주제 부분을 즉흥연주하여, 그녀가 '음악에 빠져 있을' 수 있도록 도와준다.

표 11-3 나이아가라 온 더 레이크(Niagara-on-the-Lake) 아크로스틱

Never in my thoughts was (이런 생각은 한 번도 해 본 적이 없어요)
I ever going to lose you (제가 당신을 잃게 될 거란 생각을요)
Always in my dreams (언제나 제 꿈속에서는)
Giving hope and trust (희망과 믿음이 있죠)
Among those treasured moments (그러한 소중한 순간들 가운데)
Rang the words so true (진실을 담은 말들이 울려 넘쳤죠)
And on which we built our story. (그리고 그 말들 위에 우리의 이야기를 만들었죠)
Our life was often hard (우리의 삶은 때때로 힘들었죠)
No one would deny that (그 누구도 이것만은 부인할 수 없을 거예요)
The happy times won through to (행복했던 시간들이 스며들어)

Heal the pain and sorrow (고통과 슬픔을 치유했죠)
Even when your door was closed (당신의 문이 닫혀 있었을 때도)
Love joined us together (사랑이 우리를 하나가 되게 했고)
And tied the knot so strong (당신과 나를 이어 주는 유대감도 강화시켰죠)
Keeping the pages turning till the (우리의 이야기가 쓰인 책장을 계속해서 넘겼죠)
End of our story was told (우리 이야기가 끝날 때까지)

표 11-4 〈우리만의 이야기를 만들었죠(We Built Our Story)〉의 노래 가사

Never in my thoughts was I ever going to lose you, always in my dreams,
(제가 당신을 잃게 될거란 생각은 한 번도 해 본 적이 없어요, 언제나 제 꿈속에서는)
Giving hope and trust
(희망과 믿음이 있죠)
Among those treasured moments rang the words so true, we built our story,
(그러한 소중한 순간들 가운데 진실을 담은 말들이 울려 넘쳤고, 우리만의 이야기를 만들었죠)
We built our story.
(우리만의 이야기를 만들었죠)

Our life was often hard, no one would deny that.
(우리의 삶은 때때로 힘들었죠, 그 누구도 이것만은 부인할 수 없을 거예요)
But the happy times won through to heal the sorrow and pain
(하지만 행복했던 시간들이 스며들어 고통과 슬픔을 치유했죠)
Even when your door was closed love joined us together, to build our story,
(당신의 문이 닫혀 있었을 때도 사랑이 우리를 하나가 되게 했고, 우리만의 이야기를 만들게 했죠)
We built our story.
(우리만의 이야기를 만들었죠)

We tied the knots so strong, and kept the pages turning,
(우리는 당신과 나를 이어 주는 유대감을 강화시키고, 우리의 이야기가 쓰인 책장을 계속해서 넘겼죠)
Till the end of our story was told.
(우리 이야기가 끝날 때까지)

Never in my thoughts was I ever going to lose you, always in my dreams,
(제가 당신을 잃게 될 거란 생각은 한 번도 해 본 적이 없어요, 언제나 제 꿈속에서는)
Giving hope and trust
(희망과 믿음이 있죠)
We built our story, we built our story.
(우리만의 이야기를 만들었죠, 우리만의 이야기를 만들었죠)

마거릿에게 그녀가 쓴 단어들을 다시 읽어 주는 시간을 가진 후, 나는 그녀가 그 단어들을 즉흥연주에서 나왔던 멜로디에 붙여 보도록 요청한다. 이 과정을 돕기 위해 나는 그녀가 즉흥연주에서 불렀던 멜로디를 활용해 처음 몇 소절을 불러 본다. 이러한 나의 행동은 그녀가 어떻게 자신의 생각을 발전시켜 나갈 수 있는지 보여 줄 뿐만 아니라, 이 멜로디가 실제로 하나의 완성된 노래가 될 수 있다는 느낌을 심어 준다. 곧 '우리만의 이야기를 만들었죠'가 마거릿에게 중요한 구절이 되고, 우리가 이 부분을 반복해 부르면서 후렴구와 노래 제목이 된다. 마거릿이 이 과정에 익숙해짐에 따라 우리는 이 노래의 리듬과 흐름을 유지할 수 있게 작은 변화를 주며 이것저것 실험해 본다. 또한 형식과 연속성을 갖추기 위해 후렴구를 약간씩 바꿔 보기도 한다. 그녀가 완성한 노래 가사는 〈표 11-4〉에 제시되어 있다.

최근 마거릿은 제임스가 죽은 이후에 겪었던 자신의 몇 가지 경험을 글로 썼다. 아크로스틱을 활용해 작곡하는 활동을 되돌아보면서 그녀는 다음과 같이 표현하였다.

> "저는 노래도 만들고 시도 짓기 시작했어요. 내면의 자아를 해방시키고, 삶과 제가 수년 동안 사랑했던 사람에 대한 감정과 생각을 표현하기 위해 단어와 음도 사용하기 시작했죠. 이러한 방법 하나만으로도 매우 강력하고, 그것은 제가 여태까지 발견한 것 중에 가장 대단해요. 뿐만 아니라 이 방법은 생애 처음으로 나 자신을 발견할 수 있게 도와줬어요."

변형과 적용

아크로스틱은 다양한 상황에 사용되어 감정을 창의적인 방법으로 탐색하게 도와줄 수 있다. 치료사인 나 자신의 경우에도, 아크로스틱은 내 개인적인 일기에 필수적인 부분이 되었고, 이는 내가 생각과 감정을 인식하고 명확히 하는 데에 도움을 주고 그 과정을 기록할 수 있게 한다. 이러한 아크로스틱이 치료 상황에서 그 진가를 발휘하기 위해서는 더 탐색될 수 있는 적절한 단어나 구절을 인식하는 것이 중요하다. 앞서 소개한 사례 연구에서는 그 구절이 즉흥연주를 하는 동안에 나타났다. 하지만 사별한 사람을 상담할 때, 그 내담자에게 큰 의미를 지닌 사람의 이름을 활용해 아크로스틱을 완성할 것을 제안해 보는 것도 유용한 방법이 될 수 있다. 그 어떤 경우에도 그저 단어만 바꿔 같은 의미를 표현하거나 확대 해석하는 것은 피해서, 단어 하나하나가 내담자를 대변하고 내담자도 주체의식을 가지고 활동에 참여할 수 있도록 해야 한다.

맺는말

사별의 아픔을 겪고 있는 사람들을 상담하는 상황에서, 우리는 종종 자신을 표현하고 자신의 이야기를 들려줘야 할 필요가 있는 사람들이 자신의 상황을 '말로는 표현할 수 없는' 것으로 단정 짓는 경우를 자주 본다. 나는 특히 이러한 어려운 상황에서 아크로스틱이 그 효과를 발휘하는 것을 보았다. 이런 단순하지만 내면에 있는 것을 드러내 줄 수 있는 기법이 작곡과 만났을 때, 우리는 내담자가 우리 인간 모두가 가지고 있는 창의적인 음악적 공간을 활용하도록 도와줄 수 있다. 그리고 이러한 음악적 공간에서야말로 우리는 새로운 통찰력을 얻고, 위로를 받으며, 상처가 치유되고, 평안함을 되찾을 수 있을 것이다.

참고문헌

Bunt, L., & Hoskyns, S. (2002). Introduction. In L. Bunt & S. Hoskyns (Eds.), *The handbook of music therapy*. Hove: Brunner-Routledge.

Wigram, T., & Baker, F. (2005). Songwriting as therapy. In F. Baker & T. Wigram (Eds.), *Songwriting: Methods, techniques and clinical applications for music therapy clinicians, educators and students*. London: Jessica Kingsley.

12

음악: 템플릿을 활용한 집단 작곡

제인 링스(Jane Lings)

들어가기

작곡가가 그들의 슬픔을 표현하고 상실의 의미를 발견하고자 한 노래는 오랫동안 끊임없이 만들어져 왔다. 노래는 감정을 표현하고 말로 설명할 수 있는 강렬한 능력을 갖고 있다. 그리고 작곡가와 청중 모두에게 대개 단순히 단어로는 얻을 수 없는 통찰력을 가져다준다. 작곡은 개인이나 집단과의 사별상담에 모두 활용 가능한 가장 알맞은 방법이며, 아동, 청소년, 성인을 대상으로 할 때는 적합한 방식으로 변형해 활용할 수 있다. 이 방법의 근본적인 목적은 슬픔과 연관된 감정이 표현되고, 이해되고, 정상화되는 과정을 용이하게 하는 것이다.

작곡 활동은 다양한 방식으로 활용될 수 있다. 여기에는 상당히 유연한 방식인 즉흥적으로 '그 순간 속에서(in the moment)' 노래를 만드는 방법에서부터 좀 더 체계화된 접근 방식에 이르기까지 다양한 방법이 있다. 이 장에서 설명하게 될 방법은 유연함과 체계성을 모두 갖추고 있고, 노래의 뼈대 역할을 하게 될 템플릿을 만드는 과정을 포함한다. 이 템플릿은 집단이 이미 만든 음악적 그리고/혹은 언어적 자료에 바탕을 두는데, 그 후 집단 참여자들이 각자 수정하고 덧붙일 수 있다. 이 활동의 목적은 참여자들의 생각과 감정이 표현되어 있는 집단의 노래를 만드는 데에 있다.

집단 작곡의 이런 접근 방식에 영향을 준 두 명의 음악치료 작곡가가 있는데, 바로 크라우트(Krout, 2005)와 라이언(Ryan, 1995)이다. 크라우트는 임상 목표를 다루기 위해 청소년 사별 집단을 위한 작곡을 서술한다. 라이언은 존 레넌의 〈이매진(Imagine)〉과 같은 잘 알려진 노래를 템플릿으로 이용하는 것에 대해 이야기한다. 'Imagine…'이라는 단어는 작사할 때 좋은 기억을 떠올리게 유도하고, 이미 짜여 있는 노래의 체계는 참여자들이 이 일을 좀 더 감당하기 쉽게 해 준다.

이 장에서 설명하게 될 노래 템플릿은 집단 활동 중에 이미 이야기되거나 기록된 것들을 활용해서 만들어진 단어 그리고/혹은 구절을 기반으로 하지만, 촉진자가 기록한 단어들을 포함하기도 한다. 집단의 표현과 발언 형식에서 발췌해서 운문 형태의 템플릿을 만듦으로써, 집단은 이 노래가 강요된 것이 아니라, '이것이 바로 우리 노래'라는 느낌을 갖는다. 개인들은 자신만의 표현을 알아볼 수 있고, 그들의 단어나 구절이 노래에 인용됐다는 것을 알 수 있다. 노래의 후렴구는 구체적인 임상 목적을 갖는다. 소위 미래를 위한 희망이라는 긍정적 메시지를 포함한다. 하지만 가능한 한 집단에 참여한 사람들이 언급했던 단어나 생각을 활용하게 된다.

음악 템플릿은 조력자가 작곡을 하거나, 아니면 첫 번째 집단 모임의 음악 활동들에서 생겨난 멜로디나 리듬 아이디어에 기초해도 된다. 하지만 몇몇 음악적 특징은 중요하다. 멜로디는 빨리 습득할 수 있을 만큼 간단해야 하며, 화음은 절과 후렴구 사이의 변환을 반영하고 지지할 수 있어야 하고, 스타일과 장르는 집단의 문화와 특성을 잘 드러낼 수 있어야 한다.

작곡 활동의 마지막 과정은 노래를 녹음하는 것이다. 집단 구성원이 노래에 대한 소유의식을 가지기 위해서는 노래에 대한 그들의 적극적인 참여와 타악기 및 다른 음악적 요소들의 가미가 필수적이다.

사례 연구

이 활동은 아동 사별 집단을 대상으로 하여, 음악치료사인 나를 포함한 호스피스 멀티프로페셔널 팀을 중심으로 진행된다. 이 집단은 6주 기간에 걸쳐 3일 동안 진행된다. 5~11세로 구성된 6명의 아동이 참여하며, 이들 모두 최소 세 달 전에 자신에게 소중했던 어른(부모 혹은 조부모)을 상실한 아픔을 겪고 있다. 음악과 다양한 표현 매개체를 활용한 활동이 계획되었다. 이러한 활동의 목적은 아동들이 궁금증을 풀고, 자신의 이야기를 들려주고, 어려운 감정을 표현하고 인정할 수 있는 공간을 만들어 주는 것이었다. 이외에도 그들이 자신감을 키우고, 낮은 자존감을 다루고, 혹은 기분이 좋지 않은 날에 도움이 될 만한 생각을 제시해 주는 다른 활동들도 계획되어 있었다.

아동들은 처음 발을 들일 때 다소 불안해하지만 금세 적응하고, 우리는 이들을 환영하면서 집단을 위한 앞으로의 계획에 대해 설명한다. 우리는 그들에게 애도여행(grief journey)이라는 은유적 표현을 소개하고, 앞으로 노래를 만들고 녹음을 하게 될 거라고 알려 준다. 날마다 우리는 목적지가 표시된 지도를 보고 호스피스의 각기 다른 방으로 출발한다. 각 공간은 저마다 외로움, 분노, 후회와 같은 슬픔의 다른 양상에 집중되어 있고, 활용할 수 있는 매체도 모두 다르다. 이 활동에 참여한 아동들은 이야기하고, 악기를 연주하고, 음악을 듣고, 연기하고, 인형극 놀이를 하고, 그림을 그리며 매우 높은 몰입도를 보여 준다. 호스피스 멀티프로페셔널 팀 모두가 아동이 표현하고 있는 중요한 감정이나 생각을 포착해서 큰 종이에 쓸 수 있도록 도와주었다.

첫날이 끝나고, 나는 그 큰 종이에서 템플릿의 절에 쓰일 만한 단어와 구절이 없는지 찾아본다. 또한 희망을 전달할 수 있는 후렴구에 쓰일 만한 구절도 찾아본다. 예를 들자면, 〈표 12-1〉은 첫 번째 집단 모임에 참여한 아동들이 쓰거나 말로 한 질문, 구절, 단어들을 보여 준다.

이러한 질문, 구절, 단어들을 활용해 이후의 노래 가사를 위한 템플릿이 만들어진다.

외로워하는 한 사람
속상해하는 한 사람

표 12-1 집단에서 나온 단어들의 예

그는 어디로 갔을까 흐릿한 정신…… 소리가 들렸어…… 믿기 어려워.
그는 왜 죽어야만 했을까?…… 속상해…… 추워…… 슬퍼…… 혼란스러워…… 충격적이야…… 걱정돼.
외로워하는 한 사람…… 속상해하는 한 사람…… 눈물이 흘러…… 어디에도 속하지 못해…… 이 땅에서 튕겨져 나가 저 먼 천국에…… 아름다운 푸른빛 하늘을 올려다보는
얼어 버린…… 떨리는…… 심장이 빠르게 뛰어…… 무서워…… 유령
악몽…… 길을 잃은…… 엄마가 죽을 거라는 것을 몰랐기 때문에 화난…… 무력감
더 이상 행복할 수 없다고 느껴져…… 분노로 달아올라.

허락하에 재인쇄함.

그 사람은 바로 나야.
두려워하는 한 사람
길을 잃은 한 사람
당신이 떠났다는 걸 믿기가 어려워.
__________하는 한 사람
__________하는 한 사람
그 사람은 바로 나야 __________
__________하는 한 사람
__________하는 한 사람

____

후렴구는 참여 아동이 사용한 구절 가운데 하나를 포함한다.

하지만 난 괜찮을 거야.
왜나면 난 볼 수 있으니까.
저 아름답고 푸르디푸른 하늘을
그리고 난 당신의 사랑을 기억하면서 행복할 수 있어.
그리고 흘러내리던 눈물이 멈출 거야.

호스피스 멀티프로페셔널 팀의 조언을 받아 단어 템플릿을 완성하고 나서, 나는 이 단어들의 자연스러운 리듬에 따라 간단하고 쉽게 외울 수 있는 멜로디를 만든다. 후렴구의 멜로디는 점점 고조되며, 마지막 구절에서는 장조로 끝나 문제의 해결을 암시한다.

두 번째 회기에서는 아동들에게 노래 템플릿을 들려주고, 그 노래의 체계가 어떠한지, 몇 개의 단어를 써넣을 수 있을지(가능한 음절 수를 늘릴 만한 공간은 충분하다) 살펴볼 수 있도록 한다. 그런 다음, 그들이 자신만의 노래 가사 구절에 들어갈 적절한 단어들을 생각해 보도록 한다. 모든 아동은 자신만의 가사 구절을 만들기 위해 빈칸을 채워 넣느라 몰두했고, 아직 글쓰기가 어려운 아동들은 주변의 도움을 받는다. 더 나아가 이 과정이 서로 공유되고 논의되도록 유도한다. 각자의 노래 구절이 완성되었을 때 각각의 아동들이 너무나도 다른 상황에 있다는 것을 볼 수 있다. 이미 사랑하는 사람을 위한 자리를 꿈속에 남겨 둔 자존감 높은 아이도 있고, 아직 어려움을 극복하지 못한 다른 아이도 있다. 이러한 기분을 표현하는 것은 아이들에게 소통하고, 귀 기울여지고, 이해받을 수 있는 기회를 준다.

행복해하는 한 사람
자랑스러워하는 한 사람
그 사람은 바로 나야.
뛰고 있는 한 사람
열심히 찾고 있는 한 사람
꿈속에서 당신을 만날 거야.

울고 있는 한 사람
슬퍼하고 있는 한 사람
그 사람은 바로 나야.
두려워하는 한 사람
걱정하고 있는 한 사람
난 어디에도 속하지 못한 것 같아.

세 번째 회기에서는 연습하고 녹음할 수 있도록 모든 아이에게 완성된 노래 가사를 프린트하여 나누어 준다. 녹음 과정은 아이들의 흥분과 열정 그리고 처음의 기대를 담은 소곤거리는 소리로 가득 찬다. 마이크 앞에 서서 헤드폰을 끼고 녹음된 자신의 목소리를 다시 들어 보는 것이 분위기를 한층 더 고양시킨다. 그들이 자신이 만든 노래에 자부심을 느낀다는 것은 분명하다. 구비된 시설로 트랙을 믹스하고, 아이들 한명한 명을 위해 CD를 굽는다. 그 CD는 아이들이 활동이 끝난 후 집에 가져갈 수 있고, 단체 사진이나 모든 아동이 그려져 있는 그림이 커버 사진으로 붙어 있다.

이 활동이 마무리된 후에 아동의 가족에게 받은 피드백에 의하면, 아동들은 이 노래를 통해 자기 자신뿐만 아니라 다른 아이들의 경험에서 받은 기분을 잠깐이라도 느껴 볼 수 있었다. 어떤 아동들은 그 음악 CD를 추억 상자에 넣었다고 말했으며, 그 CD를 소중히 간직할 것 같다고 귀띔을 해 주었다.

변형과 적용

이미 완성된 노래를 사용하는 것(Ryan, 1995)부터 집단과 함께 직접 음악과 단어 템플릿을 만드는 것까지, 템플릿을 만들고 사용하는 방법은 매우 다양하다. 이 방법은 집단의 활동을 도와주는 조력자의 음악적 기량 및 경험 그리고 집단의 나이에 따라 적절하게 변형될 수 있다. 녹음은 한 회기 동안에 단순하게 하거나, 아니면 복수의 트랙을 활용해서 좀 더 정교한 방식으로 진행할 수 있다. 마지막 믹싱 작업에서는 솔로 부분이나 즉흥적인 타악기 부분을 포함시킬 수도 있다.

맺는말

그 집단 특유의 단어와 음악을 기반으로 한 템플릿을 사용함으로써 집단은 그 노래를 자신의 것으로 느낀다. 그래서 물론 다른 집단을 위해 같은 노래를 재사용하는 일은 없을 것이다. 또한 작곡이 프로그램의 유일한 활동이 아닐 경우, 템플릿을 활용하는 것은 작곡이 짧은 시간 안에 끝날 수 있도록 보장한다. 노래를 창작하는 활동의 모든 측면은 중요하고 임상 목적에 기여한다. 그것이 템플릿을 위한 단어 그리고/혹은 음악의 사용이건, 가사를 완성시키는 과정이건, 노래 습득이건, 노래하고 녹음하던 작업이건 간에 말이다. 마지막으로, 녹음된 노래는 다른 사람들과 함께 나눌 수 있다. CD는 아이들에게 자신만이 그런 감정을 느끼는 것이 아니라는 것과 힘든 시기에 그들을 지탱해 줄 무언가가 있다는 것을 상기시켜 준다. 궁극적으로, 이 활동은 아동들이 아픔을 겪을 당시에 느꼈던 기분이 더 이상 그만큼 강렬하지 않다는 것을 깨닫게 도와준다. 그리고 이 활동을 통해 참여한 아동들이 지나간 과거에 있었던 아픔을 새롭게 이해하여 미래를 향해 나아갈 희망을 갖도록 해 준다.

참고문헌

Krout, R. E. (2005). The music therapist as singer-song writer: Applications with bereaved teenagers. In F. Baker & T. Wigram (Eds.), *Songwriting: Methods, techniques and clinical applications for music therapy clinicians, educators and students*. London: Jessica Kingsley.

Ryan, K. (1995). Access to music in paediatric bereavement support groups. In C. A. Lee (Ed.), *Lonely Waters: Proceedings of the International Conference, Music Therapy in Palliative Care*. Oxford: Sobell.

13

음악: 상실을 노래하기

도리트 아미르(Dorit Amir)

들어가기

사랑하는 사람과 사별한 여성 집단과 함께 작업하는 것은 음악치료사인 내 직업에 매우 중요한 부분을 차지한다. 내가 진행했던 여성 집단들은 30~65세의 다양한 문화적 배경을 가진 여성들로 구성되었다.[1] 참여 여성들 모두가 전쟁, 테러, 자동차 사고와 같은 끔찍한 사건들로 사랑하는 사람을 잃었다.

내 상담의 중요한 목표는 그들을 더 강인하게 만드는(empowerment) 것이다. 내 목적은 집단에 참여한 여성들이 자신의 상실과 그로 인한 슬픔을 충분히 다룰 수 있는 안전한 환경을 제공해 주고, 이를 통해 그들이 자신의 창조적 자아를 끌어낼 수 있도록 돕는 것이었다. '상실을 노래하기(Singing our loss)'는 내가 만든 특별한 방법으로, 참여한 사람들에게 힘을 실어 주는 데에 상당히 유용하다는 것을 알 수 있었다. 집단에 참여한 사람들은 스스로 노래 목록을 정하고, 나는 그들이 집단에 가져온 노래가 어떻든 그 노래를 활용한다. 참여자들이 선택한 노래 목록은 주로 러시아 노래, 이디시(Yiddish)어로 쓰인 노래, 성경 안에 소개된 노래, 하시디즘(Hasidism) 노래로 구성되곤 하고, 노래는 대개 히브리어로 불린다. 집단에 참여한 사람들이 고른 노래는 주로 이스라엘의 역사와 연관되어 있고, 고통, 슬픔, 무력감, 상실, 죽음뿐만 아니라 즐거움, 평화, 낙천성의 감정도 나타낸다(Amir, 1998).

'상실을 노래하기'는 다섯 단계를 통해 진행된다. (1) 시작을 알리는 의식(儀式), (2) 구두로 노래 소개하기, (3) 음악 작업, (4) 말로 소감 나누기, (5) 종결.

시작을 알리는 의식

각 회기는 참여자 중 한 명이 고른 노래를 집단이 함께 부르는 것으로 시작한다. 첫 번째 회기에서는 이제부터 참여자들에게 각각 자신에게 중요한 의미를 지닌 노래를 선별해서 그 가사와 멜로디를 공유할 것이라고 말한다. 각 회기마다 오롯이 한 참여자의 노래에만 모든 관심과 집중을 기울인다. 우리는 참여자가 가져온 노래를 한두 번 정도 함께 부른다. 이 의식은 참여한 사람들이 함께하고 있다는 분위기를 조성하여 집단 내에 친밀감을 조성한다. 자신이 선택한 노래를 집단이 함께 부르는 활동은 그 노래를 고른 참여자에게 일종의 보호막 같은 역할을 한다. 그리고 이로 인해 그 참여자는 안정감 속에서 자신의 고통스러운 개인적 경험을 마주할 수 있게 된다.

구두로 노래 소개하기

각 회기의 주인공이 된 사람은 자신이 집단에 이 노래를 가져온 이유와 그 노래가 자신에게 주는 의미를 말해 준다. 그러면 다른 참여자들도 그 노래를 부르는 것이 어떠했는지를 함께 나눈다.

음악 작업

우리는 각 회기 주인공의 요구를 반영하여 다양한 방법을 통해 노래 작업을 한다. 다음과 같은 다양한 방식으로 작업할 수 있다. (1) 주인공은 집단에 참여한 사람들이 노래를 불러주는 동안 의자에 조용히 앉아 눈을 감고 그 노래를 들을 수 있다. 이를 통해 자신이 직접 참여하지 않더라도 집단의 노래 소리가 자신을 감싸는 느낌을 받는다. (2) 주인공은 특별한 방식으로(예를 들면, 크게, 조용히, 기도하듯이) 자신이 선택한 노래를 혼자 부를 수 있다. 이때 다른 참여자들은 그것을 가만히 들어주거나 조용히 노래를 흥얼거려서, 주인공이 노래를 부르면서 자신의 느낌을 충분히 표현할 수 있도록 용기를 북돋아 준다. (3) 주인공은 집단이 원으로 둘러싼 중앙에 앉아 다른 참여자들이 흥얼거리는 멜로디를 들을 수 있다. 그리고 멜로디에 맞추어 자신의 몸을 좌우로 부드럽게 흔든다. 이를 통해 주인공은 자신이 신체적으로, 음악적으로 집단 안에 깊숙이 안겨 수용받는 느낌을 받을 수 있다. (4) 주인공이 노래를 부르는 동안 치료사인 나는 주인공이 자신의 느낌을 표현할 수 있도록 적절한 타이밍에 개입하며 피아노 반주를 넣는다.

말로 소감 나누기

각 회기에 주인공이었던 사람은 작업을 하는 동안에 가졌던 자신의 생각과 감정을 집단과 나눈다. 다른 참여자들도 그 경험이 자신에게 어떠했는지를 나눈다.

종결

집단의 모든 참여자는 앞에서 부른 노래를 다시 부르거나, 그 회기의 주인공 또는 내가 선택한 다른 노래를 부른다. 모든 참여자는 일어나서 또는 움직이거나 춤을 추면서 노래할 수 있다. 경우에 따라서 노래하는 동안 악기 연주도 병행할 수 있다.

사례 연구

이 특정한 음악치료 집단은 30~60세의 여성 8명으로 구성되었다. 모든 참여자는 수년 동안 이스라엘에서 살아왔다. 다섯 명의 여성은 전쟁으로 남편을 잃었고, 두 명의 여성은 홀로코스트로 부모를 잃었으며, 세 명의 여성은 자녀를 잃었다. 그중 한 아이는 자동차 사고로 죽었고, 두 아이는 암으로 죽었다. 이 다섯 명의 여성은 다른 나라에서 태어나 자신의 가족과 함께 이스라엘로 이민을 왔다. 2년의 시간에 걸쳐 이 집단은 일주일에 한 번, 두 시간씩 모임을 가진다. 모든 회기는 매우 다양한 악기[2]가 구비되어 있는 음악치료실에서 진행된다. 집단에 참여한 우리 모두는 원으로 둘러앉는다.

다음은 이 집단 회기 중 두 회기를 예시로 가져온 것이다. 첫 번째 회기에서는 이릿이 주인공이었고, 두 번째 회기에서는 리나가 주인공이었다.

이릿 이릿은 48세 여성으로 결혼 후 세 자녀를 두었다. 그녀의 부모님은 독일에서 태어났고, 제2차 세계대전이 일어나기 전에 만나 결혼한 후 두 자녀를 낳았다. 세계대전이 일어났을 당시, 나치군은 그녀의 부모님과 대다수의 친척을 살해했다. 이릿과 그녀의 오빠는 전쟁에서 살아남았고, 이스라엘로 넘어와 살게 되었다.

초반의 인터뷰에서, 이릿은 지난 몇 년간 상당한 우울감에 시달려 왔다고 말한다. 아이들은 현재 성인이 되었고, 그녀 자신은 공허함을 느끼고 있다고 한다. 결혼생활 또한 순탄치 않아 그녀는 이혼을 생각하고 있다. 그녀는 단 한 번도 아이들에게 홀로코스트에 대해 이야기를 해 본 적이 없다고 한다. 이릿은 지금보다 좀 더 나은 삶을 살기 위해 집단에 참여하게 되었다고 한다.

집단에서 이릿은 대체로 말이 없다. 그녀는 매우 작은 목소리로 몇몇 노래를 부르고, 참여자들이 서로 이야기를 나누는 동안에도 아주 가끔씩 말을 꺼낼 뿐이었다.

시작을 알리는 의식 단계 이릿이 주인공이었던 회기에서 그녀는 〈시세리아로 가다(Halicha Le'caesaria, Going to Caesarea)〉[3]라는 노래를 가져온다. 가단조로 쓰인 이 노래는 하나님께 드리는 기도의 형태를 갖고 있다. 이 노래는 모래, 바다, 거센 파도, 하늘의 굉음, 인간의 기도가 영원히 지속되기를 바라는 마음을 담고 있다. 그녀는 집단 참여자 모두에게 그 노래를 나눠 주고, 나의 피아노 반주에 맞춰 모두 노래한다. 첫 번째 노래할 때는 조용히 부른다. 두 번째 노래할 때, 나는 참여자들이 좀 더 큰 소리로 노래하도록 요청한다.

구두로 노래 소개하기 단계 이릿은 이 노래를 너무나 좋아해서 가져왔다고 말한다. 그리고 이 노래는 자신의 부모님과 잃어버린 유년 시절을 상기시킨다고 한다. 홀로코스트를 추모하는 날이면 그녀는 초를 켜 놓고 이 노래를 자기 자신에게 불러 주곤 한다고 말한다. 이 말에 몇몇 참여자가 공감하며, 홀로코스트 동안 자신들이 경험한 이야기들을 들려준다.

음악 작업 단계 나는 이릿에게 혼자 노래할 것을 부탁했다. 특히 부모님을 잃어버린 것에 대한 고통, 자신의 유년기를 잃은 슬픔, 부모님 없이 성장해야만 했던 아픔을 떠올리면서 노래하도록 부탁한다. 이릿은 떨리는 목소리로 노래하면서 눈물을 흘리기 시작한다. 다른 참여자들은 노래를 흥얼거리며 마치 이릿을 위로하듯이 좌우로 몸을 흔든다.

말로 소감 나누기 단계 이릿은 노래를 마친 후, 눈물을 흘리며 자신의 잃어버린 유년 시절에 대한 이야기를 한다. 그녀는 다른 참여자들과 자신의 부모님 및 유년 시절에 대한 기억을 나눈다. 이것은 애도의 기나긴 여정의 시작에 불과했다.

종결 단계 한 참여자가 이번에는 이릿과 함께 모두가 그 노래를 다시 한번 부르기를 제안한다. 하지만 이번에는 부모님을 여읜 아픔을 수용하고 새로운 의미를 발견할 수 있게 용기를 달라는 염원을 담아 기도의 형태로 노래하기를 제안한다. 이릿이 첫 소절을 부르자 모든 참여자가 일어나 손에 손을 맞잡고 큰 목소리로 함께 노래하기 시작한다. 이것은 모두에게 너무나도 색다른 경험이다. 그것이 불린 방식으로 인해, 그 노래는 곧 희망의 노래가 된다.

리나 리나는 50세의 화가로서 이스라엘에서 태어났다. 그녀의 아버지는 러시아 태생으로 어린 나이에 이스라엘로 이민을 왔고, 독립전쟁 당시 1948년도에 세상을 떠났다. 그녀의 어머니는 러시아 태생의 부모님 아래서 이스라엘에 태어난 이스라엘 토착민이었다.

초반 인터뷰에서 리나는 그녀의 첫딸이 5년 전 자동차 사고로 죽었다고 말한다. 이러한 비극이 일어난 지 얼마 되지 않아 그녀는 이혼했다. 이러한 일들을 겪은 후부터 리나는 우울증에 시달리고 있다. 그녀는 아직도 일을 하면서 두 자녀를 돌볼 수 있었지만, 다시금 즐거움에 무감각했고 그림을 그리지 못했다. 그녀는 불면증에 시달렸고, 지속적인 피로감을 느꼈다. 그녀는 매주 죽은 아이의 무덤에 찾아가 꽃을 놓고 죽은 아이와 이야기를 나눈다고 말했다. 리나에게 집단에 참여하면서 무엇을 기대하는지 묻자, 그녀는 잃어버렸다고 생각했던 창조성을 되찾아 자신이 치유되기를 바란다고 한다. 리나는 이스라엘 민속 노래를 부르는 것을 좋아한다. 그녀는 아이들이 어렸을 때 종종 그 노래를 불러 주곤 했다. 하지만 딸이 죽은 이후로 그녀가 노래하는 경우는 거의 없다.

시작을 알리는 의식 단계 리나의 차례가 왔을 때, 그녀는 집단에 참여한 사람들에게 〈라케페트(Rakefet)〉(겨울 부케로 주로 활용되는 달맞이꽃과의 꽃 시크라멘)[4]를 불러 줄 것을 부탁한다. 우리는 함께 노래하면서 좌우로 몸을 흔든다. 리나 역시도 노래하며 눈물을 흘리고, 몸을 흔들면서 또 눈물을 흘린다.

구두로 노래 소개하기 단계 리나는 이 노래가 겨울에 자주 떠났던 자연으로의 여행에서 죽은 딸아이에게 종종 불러 주었던 노래라고 소개한다. 이 여행에서 엄마와 딸은 시크라멘 꽃을 볼 수 있었다.

음악 작업 단계 나는 참여자들이 멜로디를 흥얼거리며 몸을 좌우로 흔드는 동안, 리나가 눈을 감고 이 노래가 마치 시라고 생각하면서 낭송할 것을 제안한다. 또한 딸을 떠올리며 딸에게 마음을 담아 노래를 낭송하라고 한다. 그녀는 떨리는 목소리로 노래를 낭송하고, 눈물이 얼굴을 따라 흘러내린다. 리나는 집단에 참여한 모든 사람과 함께 죽은 딸의 죽음을 애도한다.

말로 소감 나누기 단계 리나는 노래를 낭송할 때 새롭게 깨닫게 된 것을 다른 참여자들과 나눈다. 시크라멘은 상징적인 의미에서 그녀의 딸이 되었다는 것이다. 노래의 첫 번째 소절은 바위 밑에 아름다운 시크라멘이 태양의 충만한 돌봄을 받으며 자라고 있었다는 것을 말해 준다. 두 번째 소절에서 시크라멘은 잠시 자기 자신의 모습을 드러내 줄 것을 요청받는다. 하지만 아름다운 시크라멘은 바위 밑에 숨어 어느 누구에게도 자신의 모습을 드러내지 않는다. 리나의 딸 또한 이렇게 아름답고 생기 넘치는 꽃으로 자라났지만, 지금은 바위 밑에 가려져 누구도 그녀를 볼 수 없게 되었다. 이러한 고백은 리나에게 애도의 과정을 다시금 시작할 수 있게 하였고, 그녀의 딸과 건강한 분리를 시작할 수 있도록 도와주었다.

집단에 참여했던 다른 여성들도 자신이 사랑하던 자식을 잃게 된 사연을 나눈다. 리나는 여기서 혼자가 아니라는 느낌을 받는다. 그녀를 비롯해 집단에 참여했던 다른 여성들도 처음으로 남들의 시선을 의식하지 않은 채 열린 마음으로 자신들의 이야기를 털어놓을 수 있었다고 말한다.

종결 단계 회기를 마무리하면서 나는 리나에게 그 노래를 다시 부를 것을 요청한다. 그녀는 원의 중앙에 앉아 무반주로 노래하기로 결정한다. 다른 여성들은 그녀를 원으로 둘러싸고 앉아 마치 돌봄과 따뜻함이 가득한 자궁(womb) 속에 있는 듯한 느낌을 갖게 해 준다. 그녀는 노래를 부르면서 눈물을 흘리지만, 그녀의 목소리는 이전보다 크고 목소리의 떨림도 줄어든다.

이릿의 경우와 마찬가지로, 이것은 애도의 기나긴 과정과 새로운 삶의 시작이다. 다음 회기에서 우리는 언제나 이전 회기의 주인공에게 더 나누고 싶은 것들이 있는지를 묻는다. 만약 그녀가 더 나눌 것이 있으면 우리는 그녀를 주인공으로 몇 번의 회기를 더 진행하게 된다.

변형과 적용

이 모델은 트라우마를 경험한 또 다른 집단(사람들, 즉 남성, 여성, 아동, 청소년)에서도 적절하게 변화를 주어 활용해 볼 수 있다. 음악치료사는 참여자들의 노래 목록에 친숙해져야 한다. 예술, 동작, 시, 드라마와 같은 다른 방법들도 음악 작업에서 활용해 볼 수 있다. 예를 들어, 노래를 하는 대신 예술작품을 만들거나 동작을 해 보는 것, 시를 짓거나 드라마를 만들어 보는 것 등의 활동을 해 볼 수 있고, 노래 부르기에 이러한 활동들을 덧붙여 볼 수도 있다. 노래 부르기는 내담자가 자신의 아픔을 표현할 수 있는 다양한 방법 중 하나일 뿐이다. 어떤 내담자는 주로 다양한 악기를 연주하거나 즉흥연주를 하면서, 노래는 전혀 부르지 않기도 한다.

맺는말

'상실을 노래하기'는 집단에 참여한 여성들에게 자신의 이야기를 꺼내 놓아도 괜찮다는 신뢰감과 안정감을 느끼도록 해 주었다. 앞서 소개한 이릿과 리나뿐만 아니라 집단에 참여한 다른 여성들 또한 참여자들의 상실을 함께 애도할 수 있도록 해 주었다. 노래를 선택하고 그것을 집단에 가져와서 참여자들이 함께 노래하는 과정은, 이릿과 리나가 집단의 중심이 되어 이제까지 자신들에게 필요했던 많은 관심과 지지를 받을 수 있게 해 주었다. '상실을 노래하기'는 집단에 참여한 사람들이 고통스러운 느낌, 슬픔과 상실의 아픔을 표현해 볼 수 있도록 도와주었다. 그러면서 동시에 노래 활동 자체가 내면의 자유를 강화시켰다. 이릿의 노래 〈시세리아로 가다〉는 그녀가 원가족에서의 기억과 추억들을 되살릴 수 있게 했다. 이 노래는 이릿뿐만 아니라 다른 참여자들도 유대인 역사상 가장 비극적인 사건 가운데 하나인 홀로코스트와 관련된 문제를 다룰 수 있도록 도와주었다. 리나의 노래 〈시크라멘(Cyclamen)〉은 그녀가 딸의 죽음을 애도하고, 고통을 표현하고, 딸을 기억하면서도 딸이 없는 삶에 적응하고, 그녀의 그림에 그 추억들을 포함할 수 있도록 도와주었다. 리나는 다시 그림을 그리기 시작했고, 그것을 집단에 가져오기도 했다. 그녀가 가져온 그림들은 대부분 화려한 색감의 꽃들이 끝없이 펼쳐진 드넓은 초원을 그린 것이었다.

'상실을 노래하기'는 여성들로 이뤄진 집단이 강한 자매애(sisterhood)를 느끼게 해 준다. 그리고 노래를 가져온 회기의 주인공뿐만 아니라 함께 참여한 다른 사람들에게도 강렬한 경험이 된다. 함께 노래를 부르는 것은 친밀하고 지지적인 분위기를 조성해 준다. 이러한 분위기 속에서 참여자들은 자신의 깊은 고통을 드러내어 함께 나누고, 울며 서로 위로하고, 내면의 깊은 자유를 느끼며, 자신의 창조성을 회복하게 된다.

미주

1. 이스라엘에 이주한 유럽계 유대인, 유대인 대학살 생존자, 동양계 유대인, 미국계 유대인들과 이스라엘에서 태어난 유대인들(전통 이스라엘인).
2. 피아노, 기타, 타악기, 현악기 그리고 아프리카 드럼, 티베트 및 중국의 종과 같은 몇몇 전통 악기.
3. 이 노래는 세네시(C. Senesh)와 제하비(D. Zehavi)가 만든 것이다. 세네시는 유대인 병사로 제2차 세계대전 때 나치에게 학살당했다.
4. 이것은 레빈 킵니스(Levin Kipnis)가 쓴 민속 민요로서 이디시어로 〈Margaritkes〉라고도 알려져 있다. 멜로디는 A 마이너로 구성되어 있으며, 6/8 리듬을 이루고 있다.

참고문헌

Amir, D. (1998). The use of Israeli folksongs in dealing with women's bereavement and loss in music therapy. In D. Dokter (Ed.), *Arts therapies, refugees and migrants: Reaching across borders* (pp. 217-235). London: Jessica Kingsley.

14

창조적 글쓰기: 가상의 꿈 이야기

로버트 니마이어(Robert A. Neimeyer) & 폴리 영-아이젠드래스(Polly Young-Eisendrath)

들어가기

어떤 이야기들은 현실성을 최소화할 때 가장 '사실적인' 이야기가 된다. 가상의 꿈 이야기라는 활동은 수면 중에 꾸는 꿈에 출현하는 풍부한 이야기들로부터 영감을 받았다. 이 활동은 사전 숙고나 계획 없이, 내담자가 한 회기의 8~10분 동안 투사적 이야기를 써 보도록 하는 것이다. 이 이야기는 우리가 다루고자 하는 상실이라는 주제를 좀 더 심도 깊게 반영하게 해 준다. 이 활동의 뼈대를 위해 치료사 또는 워크숍의 지도자들은 그들이 어떤 방식을 선택하는지와 상관없이 공통적으로 다음과 같은 여섯 가지의 정해진 요소 목록을 포함시킬 것을 제안한다. 이 목록 가운데 두 가지 요소는 이야기의 배경(setting)을 나타낸다(예: 등산로, 비극적 상실). 다른 두 가지는 '목소리(voice)'를 가진 인물을 나타낸다(예: 울고 있는 아이, 말하는 동물). 마지막 두 가지는 잠재적으로 상징적인 물건 또는 사건(symbolic objects or event)을 나타낸다(예: 빈 집, 녹슨 심장). 이 요소들은 내담자 또는 내담자 집단이 겪은 상실과 상응되게 선택될 수 있지만, 다양한 해석의 여지를 남기기 위해 충분히 보편적인 요소여야 한다. 예를 들면, 자식과 사별한 부모를 지원하는 집단에서는 각 참여자에게 다음과 같은 요소들을 포함하여 가상의 꿈 이야기를 써 보게 할 수 있다. (1) 격렬한 폭풍, (2) 텅 빈 놀이터, (3) 외로운 방랑자, (4) 살랑거리는 바람, (5) 양초, (6) 보름달. (더 많은 요소의 예시를 원한다면 〈표 14-1〉을 보라. 요소는 이외에도 내담자의 재량에 따라 제시됐거나 선호하는 시와 같은 다른 자료에서 가져와도 된다.) 완성된 이야기는 치료사나 집단의 다른 구성원들과 나누게 되는데, 글쓴이의 선택에 따라 자신이나 다른 사람이 이야기를 크게 읽는다. 줄거리가 실제와 얼마나 유사하느냐와 상관없이, 이러한 이야기들은 거의 언제나 글쓴이가 상실을 다뤄 온 방식에 있어서 중요한 주제들을 보여 준다. 감정적 경험을 글로 쓰고 특히 그 꿈 같은 이야기를 읽는 과정에서, 글을 쓴 참여자는 보통 자신이 고통받던 상실과 결부 짓는다. 다른 참여자들의 경청은 글쓴이에게 지지받는다는 기분이 들게 하고 통찰을 제공한다. 그리고 이후에도 보겠지만 몇 가지 다양한 방법을 통해 치유 과정이 강화될 수 있다 .

표 14-1 가상의 꿈 요소의 예

상황/배경	인물/목소리	상징적 물체
소모성 질환	지혜로운 여성	빨간 장미
강렬한 폭풍	정체 모를 낯선 사람	타오르는 불
격정의 바다	울리는 목소리	고대 지표
초기 상실	숨 막히는 흐느낌	구급차
기나긴 여정	빛나는 천사	이상한 마스크
비밀의 방	흰 비둘기	빈 침대
차가운 개울	속삭이는 뱀	닫힌 문
기이한 불빛	주름이 많은 노인	나무 관
가파른 벼랑	언뜻 들은 노래	나체 조각품
어두운 동굴	강한 남자	보물상자

사례 연구

겨자씨 프로젝트(The Mustard Seed Project)는 주말을 활용해 집중적으로 진행되는 워크숍으로, 이 장의 두 번째 저자인 폴리 영-아이젠드래스가 설계했다. 그는 이 프로젝트를 통해 참여자들이 '달갑지 않은 변화(unwelcome change)'를 가져오곤 하는 고통을 수용할 수 있도록 돕는다. 이 워크숍의 독특한 특징은 시와 창조적인 글쓰기를 고통과 회복에 관한 불교의 가르침과 결합한다는 것이다. 워크숍의 지도자는 덧없음(impermanence), 마음챙김(mindfulness), 그리고 자신과 타인에 대한 연민(compassion)에 대한 의식을 심화시킬 수 있는 분위기를 조성한다. 최근 뉴욕에서 열린 이틀간의 워크숍에서는 필자들과 선불교(Zen) 스승 그리고 18명의 다른 참여자들이 함께했다. 참여자들은 성, 인종, 성적 취향, 나이 그리고 종교까지 다양했다. 그리고 이들은 배우자, 아이, 직업, 건강, 삶의 동력이 되어 주었던 다른 사람들, 소유물 혹은 가능성 등의 다양한 대상을 상실한 것에 대해 슬픔을 느끼고 있었다. 집단 활동에 대해 간단히 소개를 한 후, 참여한 사람들은 각기 짝을 이루어 몇 분 동안 자신의 삶에 대해 이야기를 나누고 상실의 아픔에 대해서도 이야기했다. 이후 워크숍이 열리던 주말 내내 몇 차례에 걸쳐 집단에 참여한 다양한 참여자가 돌아가며 자신의 대화 상대였던 파트너의 이야기를 집단 전체에 소개하였다.

글쓰기 작업을 시작하면서, 참여자들은 카타 폴리트(Katha Pollit)의 '두 마리 고양이(Two Cats)'라는 시를 큰 소리로 읽었다(http://writersalmanac.publicradio.org/index.php?date=2009/10/06). 이것은 인간의 본성과 비인간적인 의식에 대한 논의에 불을 지폈다. 이어서 각 참여자들은 그 시에서 마음에 드는 여섯 개의 단어 또는 구문을 선택했고, 그것과 '문이 닫히다(a door closes)'라는 구문이 포함된 가상의 꿈 이야기를 만들었다. 그런 다음, 몇몇 참여자는 그들이 완성한 이야기를 집단의 참여자들에게 읽어 주었다. 그 이야기를 들으면서 논의의 주제는 자연스럽게 흘러갔는데, 그들은 변화와 덧없음을 온 마음으로 수용하는 행동을 함으로써 '상실'로 여겨지는 것이 어떻게 변형되는지에 대한 대화를 나누었다. 질 로트라는 67세 여성은 시에서 중요하다고 생각했던 단어들을 골라 다음과 같은 이야기를 완성해 주었다.

따뜻한 파자마를 걸치고

1월의 추운 어느 날, 언니와 나는 햇살이 비치는 현관 앞에 앉아 있었다. 이 이상한 조합은 청명하게 맑은 푸른 하늘 위로 강렬하고 따뜻하게 비치는 태양의 열기를 통해 가능했다. 집 주변의 나무에 그 어떤 잎도 남기지 않던 거센 폭풍이 몰아친 날들이 지난 후라서, 이 고요한 날은 더더욱 아름답게 느껴졌다. 새롭게 돋아난 가지는 하늘을 향해 높게 치솟았고, 잠자는 나무들은 앞으로 다가올 봄을 알릴 기미가 전혀 없어 보였다.

우리는 그 따뜻한 봄기운을 만끽하며 웃고, 초콜릿과 곡식 창고에 남아 있는 그 무언가라도 먹으며, 그다음에 일어날 일들을 그저 기다리고 있을 뿐이었다. 곧 전화 서비스가 정상화되고, 눈 더미를 뚫고 제설기가 오고, 강제적인 고독의 시간이 끝나고 죽음과의 스침으로 변화된 각자의 생활로 돌아갈 것이다. 그리고 그 전에 불을 지속시키지 못하거나 난로를 땔 나무가 떨어지면 얼어죽을 수도 있다는 두려움의 시간도 있을 것이다.

우리의 영혼들이 나누었던 공포감 그리고 추위에 굴복하여 잠들지 않기 위해 서로에게 말하곤 했던 마음의 진실들, 이것들이 우리를 바꾸었다. 앞으로 우리의 꿈들은 바로 이날들의 기억을 또렷이 담고 있을 것이 분명했다.

제설기가 도착하였다. 우리는 짐을 꾸리고 작별인사를 했다. 차에 짐을 싣고는 엄마 집의 문을 닫았는데(closed the door), 이후에 다시는 엄마 집의 문을 닫을 수 없었다.

집단에서 이 꿈 이야기를 나눈 후, 글쓴이는 그 이야기의 플롯과 배경이 허구일지라도, 엄마의 장례식 동안에 자매애를 재확인했듯이 이야기가 그런 감정적 진실을 지니고 있다고 인정했다. 지금-현재의 자각 그리고 덧없음과 무아(無我)에 대한 부처의 가르침을 받아들임으로써 고무되어, 그다음 날의 워크숍은 나짐 히크메트(Nazim Hikmet)의 '살아가기(On Living)'라는 시를 중심으로 가상의 꿈을 다시 한번 활용해서 마무리했다(http://www.poemhunter.com/poem/on-living). 이번에는 자신이 이 시에서 고른 여섯 개의 단어에 '문이 열린다(a door opens)'라는 구절을 더해 자신의 꿈 이야기를 완성해야 했다. 이렇게 완성한 질의 가상의 꿈 이야기는 다음과 같다.

버킷 리스트(죽기 전에 해 보고 싶은 일을 적은 목록)

"도대체 뭘 하고 싶다고?!" 너무 웃어서 눈물을 흘리면서 그녀는 말했다. "너는 걸을 수조차 없어. 그런데⋯⋯ 도대체 뭘 하고 싶다고?" 그녀가 내 버킷 리스트의 마지막 항목을 받아들일 수도 있고 그렇지 않을지도 모르겠다. 내뱉은 웃음은 이상하게도 분노가 가득 차 있었다. 나는 "할 수 있어."라고 강하게 말했다. 그리고 말을 이어 나갔다. "난 할 수 있어. 난 아직 살아 있고, 앞으로도 살아갈 거야. 내 삶이 끝나는 순간 직전까지 나는 모든 순간을 하나하나 만끽하며 살 거야. 어느 누구도 내가 죽어 가는 삶을 살았다고 말할 수 없을 거야. 난 할 수 있고, 당신이 날 도와줘야만 해."

"아니야. 난 못해. 하지 않을 거야. 네가 이렇게 터무니없는 것 따위를 하게 도와줄 수 없어. 네가 네 마지막 남은 날들을 낭비하는 데에 도움을 줄 수는 없어⋯⋯." "이게 바로 내가 살아 있다고 느낄 수 있는 삶인데도?" 내가 끼어들었다. 그녀는 한숨을 내쉬더니 전화를 돌리기 시작했다. 나는 내가 그나마 가진 작은 힘을 비축했다.

몇 주가 걸렸다. 우주 왕복선의 공기잠금 장치 안에서 빈 공간에서 내딛는 나의 걸음을 고대하며—아니, 빈 공간이 아니라 수많은 별들을 기대하며—내 가슴은 기쁨으로 벅차올랐다. 그리고 마침내 문이 열렸다(the door opened).

이야기의 뜻밖의 결말에 놀라며 모두가 웃음을 터트렸다. 그리고 이는 대화로 이어졌는데, 이 논의를 통해 참여자들 각자의 경험이 가진 중요한 가르침들을 확인할 수 있었다. 그리고 인생의 덧없음이라는 관점에서 삶이 가져다주는 아름다움과 비참함을 모두 환영하고 깊이 이해하며 희망을 고취시킬 수 있었다.

변형과 적용

가상의 꿈 이야기 활동은 다양한 상실의 아픔을 이겨 내기 위해 고군분투하는 청소년과 성인들에게 활용될 수 있다. 또한 이 활동은 몇 가지 확장을 통해 직관적으로 혹은 체계적인 방식으로 전달될 수 있다. 예를 들어, 내담자들은 특정한 요소들과 관련해 '느껴지는 단어들'을 써 보고, 이 단어들을 활용해 개인적인 목표를 만들어 낼 수 있다. 질의 경우에는 첫 번째 가상의 꿈 이야기와 관련해 "햇볕이 내리쬐는 현관은 어땠나요?"라고 질문받을 수 있다. 그러면 그녀는 "따뜻해요."라고 답할 수도 있고, 뒤이어 그 따뜻함이 그녀가 삶에 좀 더 추가되었으면 하는 것이었냐고 질문받을 수 있다. 그녀가 삶에 좀 더 추가되길 원하는 것을 발견하면, 그녀가 그 느낌과 관련된, 워크숍이 끝난 후에도 가능한 개인적인 목표를 세우도록 격려해 볼 수 있다. 그녀는 워크숍이 끝난 후에 야외에서 여름의 나날을 보내거나 신뢰하는 친구와 차를 마시며 깊은 사적인 이야기를 하면서 그 목표를 향해 달려갈 수 있다. 가상의 꿈 활동을 정리하는 또 다른 방법은 이야기에 등장하는 두 명의 인물 사이에 대화를 연장해 보는 것이다. 내담자는 상담의 '빈 의자' 기법이나 과제로 일기를 쓰는 방식으로, 각 인물들의 목소리를 대신해 번갈아 연기해 볼 수 있다. 이 활동의 추가적인 변형 방법들은 참고문헌에서 찾아볼 수 있다.

맺는말

가상의 꿈 활동에 관한 많은 연구는 참여자들이 일반적으로 어떻게 자신의 이야기를 완성해 나가는지를 보여 준다. 예를 들어, 니마이어, 토레스와 스미스(Neimeyer, Torres, & Smith, 2011)는 반 이상의 글쓴이가 자기 자신을 이야기의 주인공으로 삼았다는 사실을 발견했다. 그리고 60%에 가까운 글쓴이는 조역이 자애로운 지지자 역할을 담당하게 했다. 10% 미만의 글쓴이는 자기 자신을 악당 또는 중립적인 인물로 설정하였다. 가상의 꿈 활동은 다양한 종류의 상실과 관련된 이야기들을 불러일으키며, 절망적(30% 이하)이기보다는 낙관적(40% 이상)인 결론으로 마무리되는 경향이 있었다. 60%에 가까운 이야기들은 진보적이어서, 주인공이 퇴행하거나 애매모호한 이야기를 써 나가기보다 자신이 선호하는 결론을 향해 나아가는 모습을 보여 줬다. 니마이어와 동료들(2011)은 다양한 예를 들어 가상의 꿈 이야기에 관해 좀 더 폭넓은 논의들을 전개한다. 그리고 가상의 꿈 이야기가 가진 구조와 내용뿐만 아니라 치료적인 활용 방안에 대해서도 자료를 제시해 준다. 애도상담에서 감정, 의미, 가능성을 탐색하기 위한 이야기 기법의 일부로서(Neimeyer, 2012), 이 가상의 꿈 이야기 활동은 현실에서의 반갑지 않은 변화를 받아들이려는 우리의 노력에 참신하고 창의적인 기여를 할 수 있다.

참고문헌

Neimeyer, R. A. (Ed.). (2012). *Techniques of grief therapy: Creative practices for counseling the bereaved*. New York: Routledge.

Neimeyer, R. A., Torres, C., & Smith, D. (2011). The virtual dream: Rewriting stories of loss and grief. *Death Studies, 35*, 646-672.

15

창조적 글쓰기: 시와 관련된 글쓰기 과정

섀니 스테파코프(Shanee Stepakoff)

들어가기

시(詩)는 다른 형태의 문학작품과 예술작품에 비해 특별한 힘을 갖고 있기에 사별한 사람들이 위로를 받고 살아갈 힘을 가질 수 있도록 돕는 강력한 매체가 된다. 이러한 시의 속성은 기억력을 향상시키고, 저항을 감소시키며, 독자나 청자의 내면 깊은 곳에 영향을 줄 수 있도록 도와준다. 또한 시가 집단 내에서 공유되고 처리될 때에는 참여자들이 서로 같은 아픔을 나누고 있다는 유대감을 증대시킬 수 있다. 뿐만 아니라 참여자들이 자신의 아픔을 드러낼 수 있는 자기노출의 기회를 더 많이 가질 수 있고, 서로에 대한 공감적 반응을 심화할 수 있다. 결론적으로, 시를 치료적으로 활용하는 것은 흔히 자기인식 능력을 향상시키고, 상실의 아픔에 대해 새로운 관점을 부여하며, 심리적인 고통을 완화시킨다(Chavis, 2011). 점토를 활용해 예술작품을 만들고 그것을 강한 불에 구워 도자기로 만들어 내듯이, 시 또한 집중된 강렬함과 정제 과정을 통해 무형(無形)의 경험에 형태를 부여한다. 이렇게 만들어진 시는 상실의 아픔으로 흘러넘치는 감정들을 잘 담아 줄 수 있는 그릇이 된다.

이 장에서 소개하게 될 기법은 내가 '시 기반 글쓰기(graphopoetic process)'라고 이름 붙인 것이다. 이와 같은 이름을 붙인 데에는 두 가지 이유가 있다. 첫째, 수용적/규범적인 방법들은 표현적 글쓰기와 병행되었을 때 가장 효과적이라는 나의 견해를 말하기 위해서이다(Mazza, 2003). 둘째, 이 접근 방식이 공식적인 심리치료 현장에서뿐만 아니라 학교, 종교기관, 지역문화센터와 같은 비임상 현장에서도—기본적으로 개인이 상실과 슬픔을 극복하며 힘과 활력을 찾는 그 어떠한 환경에서든—활용 가능하다는 것을 강조하기 위해서이다.

시와 관련된 글쓰기 과정의 기본 단계는 집단 활동에서 필요한 활용 지침과 함께 〈표 15-1〉에 요약해 놓았다.

표 15-1 집단 활동에서 시와 관련된 글쓰기 과정(graphopoetic process)

Preexisting poem is chosen by the facilitator, and distributed to participants. (집단 활동의 촉진자는 기존의 출간된 시 가운데 하나를 선택해 참여자들에게 나눠 준다.)
Read the poem aloud. Wait a few moments for it to sink in. (큰 소리로 시를 읽는다. 참여자가 마음속 깊이 시를 감상할 수 있도록 잠시 침묵한다.)
Open a discussion about the poem, and the memories/emotions it stirs in the participants. (시 자체나 시를 읽으면서 떠올랐던 기억/감정들에 대해 논의한다.)
Commonalities and differences among the participants' experiences are explored. (참여자들이 나눈 경험에서 공통점과 차이점을 찾는다.)
Exercise, usually consisting of expressive writing in response to the poem and discussion. (시나 서로가 나눴던 대화에 대한 표현적 글쓰기와 같은 활동을 해 본다.)
Sharing, by those who wish to, from the material that has just been written. (원하는 사람들은 활동을 통해 쓴 글을 다른 참여자들과 나눈다.)
Summarize, briefly, some key insights that emerged in the session, and close the session. (회기에서 나온 몇 가지 주요 깨달음을 간략하게 요약하고 회기를 마무리한다.)

먼저, 집단의 촉진자는 참여자들이 이제까지 힘겹게 다뤄 왔던 특정 문제들이나 주제들을 고려해 적절한 시를 선택한다. 이를 위해 촉진자는 여러 자료를 참고할 수 있는데, 여러 작가가 쓴 선집이나 슬픔에 관해 쓴 시인의 시집, 문학 저널에서 찾아볼 수 있다. 또한 시치료국립협회(National Association for Poetry Therapy)의 학회에 참석하거나, 주제나 테마로 시를 검색할 수 있는 인터넷 사이트를 통해 적절한 시를 찾아볼 수도 있다[예: 미국시인학술원(Academy of American Poets) 웹 사이트, 문학, 예술, 의학 저널 데이터베이스(Literature, Arts, and Medicine Data Base)].

회기를 시작할 때, 먼저 신중히 선택된 시를 복사하여 모든 참여자에게 나눠 준다. 다만, 이 복사물을 준비할 때에도 신중을 가해야 한다. 복사물의 가장 이상적인 형태는 시가 종이 중앙에 위치해서 균형감과 완전한 느낌을 주는 것이다. 글씨체는 가독성이 좋아야 하며, 종이는 깨끗하고 질감 또한 만족스러워야 한다. 집단의 촉진자가 시를 큰 소리로 읽고, 때때로 참여자 중 몇 명이 중간중간 읽는다. 다양한 목소리로 시 낭송을 듣는 것은 내면에 더 깊은 파장을 일으킬 수 있기 때문이다.

시 낭송을 들은 후, 집단의 촉진자와 참여자들은 모두 자리에 앉아 시의 단어들이 마음속 깊이 스며들 수 있도록 잠시 침묵의 시간을 갖는다. 선택된 시가 적절했다면 이때 참여자들의 마음속에 의미 있는 무언가가 떠오를 수 있다. 그런 다음, 집단의 촉진자는 시를 촉매제로 삼아 참여자들이 이 활동을 하면서 느끼게 된 것을 나눠 보도록 살며시 유도할 수 있다. 예를 들어, 촉진자는 다음과 같은 질문을 할 수 있다. "이 시를 들을 때 과거의 어떤 경험이 떠오르지 않았나요?" 또는 "이 시를 들을 때 어떤 느낌이 들었나요?" 참여자들이 이와 같은 질문에 대답하기 시작하면서 토론은 활발하게 이어진다. 대화가 이어지는 가운데, 치료사는 일반적인 질문 내용을 조금 더 구체적으로 좁혀 나갈 수 있다. 예를 들어, "시에서 어떤 절/구문/이미지가 가장 많이 마음에 와 닿았나요?" "이 시의 무엇이 당신의 마음을 움직였나요?" "시의 어떤 측면이 당신의 경험과 다른가요?"라고 물을 수 있다.

이 논의의 목적은 시를 '비평'하기 위한 것이 아니다. 시의 '본래' 의도나 '참된' 의미를 '발견하기' 위한 것도 아니다. 그보다는 이 시가 자기 자신의 상황과 어떤 연관이 있는지, 그리고 자신의 상실과 치유의 어떤 특정한 측면을 분명하게 보여 주는지 탐색하고자 하는 것이다. 이 탐색의 과정이 능숙하게 수행된다면, 참여자들은 상실에 대해 새로운 관점을 갖게 된다. 그리고 자신의 경험과 다른 사람의 경험이 어떤 점에서 같고, 어떤 점에서 다른지를 이해할 수 있게 된다. 보통 몇몇 참여자는 카타르시스를 경험하기도 한다(다른 말로는, 일반적으로 흐느낌이나 눈물의 형태로 나타나는, 감정이 분출되는 순간을 경험할 수 있다).

활발한 집단 논의에 할애되는 시간은 다음과 같은 요소들에 따라 달라진다. 회기의 참여자 수, 자기노출을 편안해하는 정도, 참여자들이 안전한 곳이라는 느낌을 받을 수 있도록 만드는 집단 촉진자의 능력, 선택된 시의 적절성, 집단의 응집성, 회기에서 이루려고 하는 다른 과업들. 일반적으로, 시를 큰 소리로 읽고 그에 대한 논의를 하는 데는 한 시간 정도가 적당하다.

논의를 한 후, 집단 촉진자는 일정 시간 동안 집단 구성원들이 자기 혼자 조용히 글을 써 보는 특별한 '활동'을 제시할 수 있다(참여자는 이를 위해 원으로 둘러앉아 있던 자리에 그대로 앉아 있을 수도 있고, 방 안에서 좀 더 독립적인 공간을 찾아볼 수도 있다). 이 단계는 매우 중요한데, 많은 집단 경험이 지속적인 활동들로 이루어져 있어 조용히 성찰하거나 새롭게 깨달은 것들을 흡수할 겨를이 없는 경우가 많기 때문이다. 뿐만 아니라 조용히 글을 쓰는 경험 자체에 상당히 강력한 힘이 있다. 흔히, 참여자들은 말로는 드러낼 수 없었던 것들을 글쓰기 활동을 통해 표현한다.

이러한 글쓰기 활동의 구조화 정도는 집단의 특성과 현재 집단 참여자들이 다뤄야 할 심리적 문제에 따라 다양하게 변화한다. 가장 낮은 구조 단계는 '자유롭게 글쓰기'를 하는 것이다. 여기서 참여자들은 시를 듣고 대화하면서 마음에 떠오르는 어떤 것이든 자유롭게 표현하며, 자신의 생각을 검열하지 않고 펜을 종이에서 떼지 않으며 지면을 채워 나간다. 좀 더 구조화된 활동은 참여자들에게 세상을 떠난 사랑하던 사람에게 그리고/또는 자기 자신에게 편지를 써 보게 하는 것이다. 가장 많이 구조화된 단계는 이미 만들어진 행(line)의 어간을 제시해 주는 것이다. 여기서 촉진자는 각 참여자들에게 시의 많은 구문을 비워 놓은 종이를 나눠 준 후 남은 행을 채워 보도록 할 수 있다. 최종 결과물은 원래 시로 구성될 것인데, 참여자 모두 동일한 어간 조합을 가지게 된다.

중간 단계의 구조화는 집단의 촉진자가 특정한 단어, 구절 또는 행을 선택하는 것으로 이루어지는데, 이때 참여자들이 이전에 나눴던 논의를 참고한다. 그리고 참여자들이 선택된 것을 새 종이의 맨 위에 쓰고는 그것으로 자신의 시의 첫 행을 시작할 수 있도록 한다. 이렇게 하면, 참여자들은 서로 비슷하게 시작하지만 각기 다른 방향으로 뻗어 나가는 시를 쓰게 된다. 이는 참여자들 경험의 특성을 반영하는데, 이는 그들이 공통적인 핵심 경험을 가지고 있지만(사랑하는 사람의 죽음) 각 참여자에게 그 상실의 의미는 지극히 개인적이고 심지어 고유한 측면을 가지고 있다는 것이다.

어떠한 참여자들에게는 시의 특정한 형식을 제공해 주는 것이 도움이 된다. 예를 들어, 일본의 전통 단시인 하이쿠(haiku)처럼 다섯 행의 시를 써 보게 하거나, 목록 형태의 시(list poem) 또는 일정한 운율로 이어지는 열네 행의 시인 소네트(sonnet)를 써 보게 할 수 있다. 시의 형식은 기존의 시를 기반으로 만들어질 수 있지만, 이것 또한 선택적이다. 시의 형식을 규정하는 것은 참여자들이 압도적이고 견디기 힘들었던 자신의 다양한 감정을 '수용(contain)'할 수 있도록 도와준다.

참여자들이 글쓰기 시간을 가진 후, 집단 촉진자는 자신의 글을 나누기 원하는 사람이 그 글을 큰 소리로 읽어 보게 할 수 있다. 대부분의 경우, 이 단계에서 각 참여자들은 존중하는 마음으로 상대방이 완성한 글을 경청하며 비평은 생략하는 것이 좋다. 일반적으로, 공유하기 원했던 참여자가 자신의 시를 큰 소리로 읽은 후에는 집단 촉진자와 참여자들 모두 그것을 충분히 음미해 보는 시간을 잠시 갖는다. 그런 다음, 다음 참여자의 글을 공유하는 시간을 갖는다. 때때로 집단 촉진자는 내가 존중의 마음을 담은 메아리(respectful echo)라고 부르는 방법을 제안할 수 있다. "시 낭송을 듣는 동안 당신 마음속에 공명을 일으킨 특별한 구문이 있다면, 시 낭송이 끝난 후 그 구문을 소리 내어 몇 번 조용히 반복해도 됩니다."

마지막으로, 집단 촉진자는 회기를 진행하는 동안에 새롭게 깨달은 것들을 요약하면서 회기를 종결하기 위한 최적의 방식을 찾는다. 시간적 여유가 있다면, 촉진자는 참여자들이 마스킹 테이프에 각자 자신의 시 중 한 행을 적어 보게 한 다음, 종이 한 장에 그것을 모두 붙여 집단의 시를 완성해 볼 수 있다. 이 '집단의 시(group poem)'는 회기를 마무리하는 의미에서 큰 소리로 함께 읽어 볼 수 있다.

사례 연구

나의 동료 잭 조던(Jack Jordan) 박사와 나는 공동 촉진자로 자살 유가족 지지 집단(SGSG)을 격주로 10회기 진행하였다(Stepakoff, 2009). 각 회기는 자살이라는 상실의 트라우마로부터 회복하는 것과 관련된 지정된 주제로 구성되었다. 우리는 더 깊이 대화를 나누고 주제를 탐색하기 위해 각 회기에서 시를 활용했다. 회기가 진행된 지 중간쯤 되었을 때, 우리는 폴 로렌스 던바(Paul Laurence Dunbar)의 열다섯 행 시 '우리는 가면을 쓴다(We Wear the Mask)'를 활용했다(http://www.poemhunter.com).

> 우리는 미소와 거짓말의 가면을 쓴다.
> 이 가면은 우리의 볼을 가려 주고 우리 눈에 그늘막이 되어 준다……
> 왜 세상이 우리의 모든 눈물과 한숨을 헤아리는 데에만
> 그렇게 똑똑할까?
> 아니야, 그냥 우리가 가면을 쓰고 있는 동안에만
> 그들이 우리를 볼 수 있도록 하자.

이 시를 들은 후, 생존자들은 슬픔이 여전히 너무나 강렬할 때조차도 그들이 곧 일상 속에서 정상적인 사람으로 잘 기능하며 살아가는 모습을 보여 주기 위해 자신의 고

통의 현실을 숨겨야만 한다고 느꼈다고 말했다. 몇몇 참가자는 자신이 죽음을 '극복해' 낸 것처럼 행동해 주길 바라는 친구들이 있다고 했는데, 이는 그들이 철저한 자기검열을 하도록 했고 진실된 감정을 숨기기에 급급하도록 만들었다고 한다. 이 시는 바로 이러한 근심걱정에 관한 대화의 발판이 되었다.

이 회기의 글쓰기 활동에서, 참여자들이 깊은 내면의 진실을 깨달을 수 있도록 돕기 위해 자기 자신에게 편지를 써 보도록 했는데, 이를 통해 자신의 진실된 생각과 느낌들이 표현될 수 있도록 했다. 몇 달 전 자신의 아내 '낸시'를 잃은 '로버트'라는 참여자는 이 활동에서 자기 자신에게 다음과 같은 편지를 썼다.

> 로버트에게,
>
> 로버트, 너는 네가 지금 느끼고 있는 분노를 조금이라도 덜어 내려고 노력해야 해. 너는 지금 그 분노에 너무 많은 에너지를 소모하고 있어. 그 에너지를 분노에 쏟아내는 대신, 네 아이들을 돌보고 몸 건강을 챙기기 위해 쓰는 것이 더 도움이 될 거야. 낸시는 너무나 아픈 사람이었고, 그녀의 행동은 자신의 고통을 끝내기 위한 처절한 몸부림이었어. 그녀는 너와 아이들을 사랑했지만 자기 안의 악마를 통제할 수는 없었어. 그녀의 죽음이 네 목숨마저 빼앗아 가도록 내버려두지 마.

변형과 적용

시가 지니는 특별한 속성은 그것이 치유에 도움이 될 수 있는 잠재력을 높인다. 하지만 시적 언어의 특성을 조금이라도 지니고 있는 한, 다른 언어적 예술 형태들도 유사한 힘을 발휘할 수 있다. 더 나아가 글을 읽거나 쓰지 못하는 사람들에게도 시와 관련된 글쓰기 과정을 변형하여 활용할 수 있다. 예를 들어, 라이베리아와 시에라리온 피난민과의 작업에서는 글로 된 시를 읽는 것이 어려웠기 때문에 그 대신 나와 공동 촉진자들은 우화나 노래와 같은 구두 예술작품을 활용했다. 이와 유사하게, 문화적으로 일치하는 자료를 활용해서 다양한 인종과 국적을 가진 내담자들에게 맞춰 기본적인 방법들을 변형해 볼 수 있다. 동료들과 나는 이라크 고문과 전쟁의 생존자 집단을 위해 요르단 치료센터에서 이 방법을 활용했다. 그 당시 우리는 아랍의 전통 속담을 활용하여 대단히 긍정적인 결과를 얻었다.

또한 일대일 개인상담에서도 시와 관련된 글쓰기 과정을 활용해 볼 수 있다. 이때 치료사 또는 애도 과정의 촉진자는 특정한 내담자가 직면한 문제를 드러내는 시를 선택한다. 일대일 상담 회기에서는 내담자가 유사한 고통을 경험하고 있는 다른 사람과 상호작용을 하지는 못하지만, 시인과 연결되는 느낌이 내담자가 덜 외롭게 느끼도록 도와줄 수 있다.

더불어 지금 소개한 과정은 광범위한 자료를 알고 있는 훈련된 조력자가 기존의 시들을 선택했을 때 최상의 효과를 발휘할 수 있긴 하다. 하지만 경우에 따라서 참여자(들)가 직접 관련된 적절한 시를 찾아보고 회기에 가져오는 것도 도움이 될 수 있는데, 이는 상실 뒤에 치유되고 성장할 수 있는 우리 모두가 지닌 선천적인 잠재력을 통해 적절한 자료 선택이 이루어질 것이라는 믿음 아래 행해진다.

맺는말

> 나는 하고 싶었던 말을 잊어버렸다. 그리고 미처 표현되지 못한 생각은 다시 앞이 보이지 않는 암흑의 세계로 회귀한다.

이 시행은 러시아 시인 오시프 만델스탐(Osip Mandelstam)이 쓴 것으로, 시와 관련된 글쓰기 과정의 개념을 간결하게 잘 나타낸다. 깊이 감춰진 마음의 진실을 표현해 줄 수 있는 적절한 단어를 찾아내기란 참으로 어려운 일이다. 그리고 이러한 진실이 정확히 표현되지 않으면 치유의 과정은 정체되기 마련이다.

그와 반대로, 기존의 시, 촉진자가 유도한 대화, 표현적인 글쓰기를 여기서 설명된 방법으로 창조적으로 조합해서 활용하면, 참여자들은 그들의 슬픔이 암흑의 세계에 갇혀 있지 않아도 된다는 느낌을 받게 된다. 오히려 그들이 지금 고심하고 있는 생각과 느낌들을 구체적으로 표현할 수 있고, 또 다른 누군가와 그것을 나눌 수 있다. 사별한 참여자들이 이러한 사실을 깨달으면, 형태가 없었던 고통으로부터 벗어나 자기 자신, 타인 그리고 삶과의 재연결에 한 발짝씩 다가가기 시작한다.

참고문헌

Chavis, G. (2011). *Poetry and story therapy: The healing power of creative expression*. Philadelphia, PA: Jessica Kingsley.

Mazza, N. (2003). *Poetry therapy: Theory and practice*. New York: Brunner-Routledge.

Stepakoff, S. (2009). From destruction to creation, from silence to speech: Poetry therapy principles and practices for working with suicide grief. *The Arts in Psychotherapy (Special Issue on Creative Arts Therapies in the Treatment of Trauma)*, *36*, 105-113.

16

창조적 글쓰기: 가구 게임

제인 모스(Jane Moss)

들어가기

사랑하던 사람을 잃은 아픔 때문에 좋은 의도의 질문들이 때로는 상당히 직설적이거나 폐쇄적으로 들릴 수 있다. 예를 들어, "지금 느낌이 어때요?" "~에 대해 무엇을 하고 있나요?"라는 질문을 받을 때 그런 느낌을 받을 수 있다. 슬픔에 가득 잠겨 있거나 단순히 피로를 느끼는 사람들의 경우, 그리고 다른 대안을 생각해 볼 여력이 없는 사람들의 경우에는 "모르겠어요."라는 실망스러운 답변을 할 수 있다. 그리고 많은 경우 그들은 이 답변과 함께 어깨를 으쓱해 보이며 조금 먼 곳을 응시할 수도 있다. 폐쇄적인 답변은 내담자뿐 아니라 치료사에게도 그다음 어떤 대화를 이어 나가야 할지 모르겠는 막막함을 안겨 준다.

할 말을 잃었을 때, 은유적 대화는 자기표현의 또 다른 방법이 될 수 있다. 비유적인 방식으로 자신의 생각과 느낌 혹은 기분을 묘사하는 것은 내담자가 (의식적이든 그렇지 않든) 자신이 표현한 것을 다각도로 비교해 볼 수 있도록 해 준다. 이를 통해 글뿐만 아니라 치료적인 대화에서도 자신이 표현한 것을 좀 더 깊이 있게 성찰해 볼 수 있다.

가구 게임(the furniture game)이라는 활동은 시에서 은유를 만들어 내기 위해 샌섬(Sansom, 2007)이 개발한 활동을 변형하여 적용한 것이다. 이 게임은 일상 속에서 쉽게 볼 수 있고 마음에 안정을 주는 단어들의 목록을 사용한다. 이는 참여자들이 그들의 통찰을 글로 나누기를 더 편안해하는 집단 환경에서 혹은 사별의 감정과 생각을 말로 설명하기 어려워하는 개인들에게 활용될 수 있다(Moss, 2012).

회기는 내담자나 집단 참여자들에게 자기 자신을 다음과 같이 표현해 보라고 제안하면서 시작할 수 있다.

> 오늘 당신의 느낌이 어떤지 고려할 때, 만약 당신이 다음 단어와 같다면 그중 무엇일까요?
> 가구
> 동물
> 꽃
> 하루의 시간
> 계절
> 옷
> 노래?

참여자에게 각 단어마다 30초 정도를 주고, 이 단어들을 들었을 때 바로 생각나는 것을 빨리 적어 보게 한다. 이 활동에서는 속도가 가장 중요하다. 머릿속에 본능적으로 제일 먼저 들었던 생각은 자기 자신을 가장 잘 드러낸다. 이 활동을 통해 단어 목록이 만들어진다.

그다음으로, 참여자에게 자신의 단어 목록에서 한 가지를 선택해 5분 동안 그것에 관한 글을 써 보게 한다. 여기서 참여자는 자신의 마음을 움직이거나 자신을 놀라게 한 단어를 선택할 수 있다. 당신은 참여자에게 이 은유적인 표현을 좀 더 구체적으로 설명하고 그 의미와 중요성을 생각해 보며, 그 단어를 선택하게 된 이유를 탐색해 보라고 제안할 수 있다. 이때 끝나기 1분 전에 남은 시간을 말해 주어서 참여자들이 글쓰기를 마무리하거나 잠시 멈출 수 있는 지점에 도달하도록 여유를 주는 것이 좋다. 그럼에도 불구하고 참여자가 지속적으로 무언가를 쓰고 있다면, 조금 지나 글쓰기를 다시 이어 가며 그 은유적 표현을 좀 더 탐색해 보아도 좋다고 제안하면 된다. 이렇게 부드러운 방식으로 시간에 제한을 두면, 참여자는 집중력을 높여 빠르게 글을 써 내려가며 주어진 시간 안에 가능한 많은 생각을 글로 옮길 수 있게 된다.

글쓰기가 완성되면 내담자나 참여자들에게 자신이 쓴 것을 공유하도록 한다. 하지만 참여자들이 집단에서 자신의 글을 나누고 싶어 하지 않는다면 은유적인 표현으로 글을 쓰며 깨달은 것들을 간단히 언급해 보도록 할 수도 있다. 이 활동은 내담자가 원하는 방식에 따라 집단으로 진행하거나 일대일 개인상담으로 진행할 수 있다.

사례 연구

로웨나는 사별한 사람들을 위한 글쓰기 집단에 참여한 젊은 여성이다. 치료사가 그녀 자신을 꽃에 비유해 생각해 볼 것을 제안하자, 그녀는 데이지(daisy)를 선택한다. 로웨나는 어려운 환경 속에서 사랑하던 사람을 잃은 슬픔을 충분히 표현하지 못하고 있다. 집단에서 데이지라는 은유적 표현에 대한 자신의 생각을 나눌 때, 그녀는 데이지가 땅에 근접해서 자라는 너무나 작고 연약한 꽃이지만, 하늘을 향해 고개를 들고 있다고 말한다(다른 참여자들도 그녀와 함께 데이지에 주시한다). 이 은유적인 표현에 힘입어 그녀는 “보세요. 저기 제가 있어요. 아직 여기 있다고요. 위를 쳐다보면서 말이죠.” 라고 말한다. 다른 집단 참여자들은 그녀의 말에 동감하면서, 로웨나가 그 꽃의 소박함 덕분에 더욱 빛나는, 강렬하고 가슴을 뭉클하게 하는 은유를 발견한 것 같다고 소감을 얘기했다(Moss, 2010).

또 다른 사례를 들어 보자. 엄마를 잃은 사라는 자신을 낡은 사다리에 비유한다.

> 낡은 사다리가 된 것만 같아요.
>
> 이 사다리는 자신의 소명을 다하죠.
>
> 이 사다리는 매우 강인하고 믿음직해요. 사람들이 자신의 목표를 이룰 수 있도록 도와주죠.
>
> 이 사다리 없이는 일이 진척되지 못하죠. 목표를 이룰 수 없을 거예요.
>
> 이 사다리가 약해진 지 이제 조금 됐어요. 하지만 어느 누구도 관심을 가져 주지 않죠.
>
> 그들이 사용하는 데에 문제만 없다면 사다리가 약해져 있든 말든 상관없겠죠.
>
> 사다리는 단단하니까 금이 갔더라도 이번 마지막 과제는 할 수 있겠죠, 그렇지 않나요?
>
> 시험해 볼 필요가 있겠어요. 문제없이 사용할 수 있다면 굳이 보강할 필요는 없겠죠? 굳이 나서서 고칠 필요는 없잖아요?
>
> 이런 방식으로 언제까지 버틸 수 있는지 한번 보죠.
>
> “언젠가 이 사다리도 부서지겠지. 내가 사용할 때 부서지지만 않으면 돼.” 그들은 이렇게 말할 테지요.

어떤 경우든, 그것이 부서지더라도 임시방편으로 고쳐서 묶어 놓으면 다시 쓸 수 있다. 다음에 또 부서지기 전까지는.

사다리 은유를 통해 사라는 자신이 지고 있는 버거운 짐, 다른 사람들이 그녀가 지고 있는 것을 당연하게 여기는 그 짐을 표현할 수 있다. 그녀는 일과 가족 모두에서 수많은 책임을 떠안고 있는 젊은 여성이었다. 그녀는 자신을 둘러싼 어느 누구도 그녀가 짊어지고 있는 짐이 얼마나 과중한지를 알아채지 못하고 있다고 말한다. 사다리와 같이 그녀는 강인해 보이지만, 다른 사람들이 그녀에게 더 많은 시간과 에너지를 요구하면 할수록 사다리는 점점 더 금이 가고 갈라지고 있다는 것을 알고 있다. 사라가 이 글을 집단에서 읽자, 다른 참여자들이 그녀를 지지하며 인정의 의미로 고개를 끄덕여 보였다. 그녀의 은유 표현은 탁자를 둘러싸고 앉은 다른 참여자들의 마음에도 공명을 일으켰다. 이어서 다른 참여자들도 지침과 짐 같은 사별의 아픔을 둘러싼 고충을 나누면서 토론이 전개된다(Moss, 2012).

변형과 적용

이처럼 간단한 목록을 기반으로 한 활동은 일대일 개인상담이나 집단에서 시작(check-in)과 종결(check-out)을 의미하는 형식으로 진행될 수 있다. 하나의 개입(예: "오늘 당신의 날씨는 어떤가요?")이 집단을 하나로 모으거나 개인 내담자가 집중할 수 있도록 하고, 자연스럽게 치료적 대화로 나아갈 수 있게 해 준다. 만약 상담 회기 초기에 '짙은 먹구름'과 같은 느낌이라고 한 사람이 있다면, 이는 그 사람이 선택한 은유적인 표현 뒤에 감춰져 있는 생각과 사건 및 느낌들을 탐색해 볼 수 있는 단서가 된다. 그 사람은 화를 비롯한 다른 기분을 표현해 볼 수 있다. 대화를 마무리할 때 그 은유적 표현을 다시 떠올려 보는 것은 더 많은 깨달음을 줄 수 있고, 때로는 그러한 기분으로부터 벗어나는 신호가 될 수도 있다. 짙은 먹구름과 같은 느낌으로 회기를 시작한 사람은 비가 온 후 빛이 비추기 시작한 느낌으로 회기를 마무리할 수 있다(Moss, 2012).

집단의 촉진자로서 당신은 한 내담자나 집단에 어울리게 단어 목록을 변형해 볼 수 있다. 혹은 그 단어들이 하나의 주제하에 은유적인 표현이 될 수 있도록 구성해 볼 수도 있다. 예를 들어, 음악이란 주제를 중심으로 다음과 같은 단어들을 제시해 볼 수 있다.

악기
춤
박자
코드(장조 또는 단조)
화음(또는 불협화음)

당신이 내담자 또는 집단에 친숙해지면 주제가 적절한지 판별할 수 있을 것이고, 또는 참여자들이 직접 주제를 정해 보도록 할 수 있다.

저널이나 일기를 쓰는 사람들에게 '가구 게임'이라는 활동은 매일 자신의 생각을 표현할 수 있는 촉진제 혹은 자신의 생각과 기분을 들여다보는 수단이 되는 새로운 글쓰기 방법이 될 수 있다. 내담자에게 때때로(예: 매달) 자신의 저널을 읽어 보게 하라. 이를 통해 어떻게 그들의 은유적인 표현들이 변화해 가는지를 확인할 수 있을 것이다. 저널이라는 개인적인 공간 안에서 사람들은 좀 더 깊이 있는 자기 탐색을 해 볼 수 있다. 예를 들어, 자신의 현재 상태를 표현하기 위해 선택된 가구를 세밀히 탐색해 볼 수 있다. 안락의자가 오래되어 헤어졌는지, 충전재가 삐져나오고 있지는 않은지, 다리가 흔들리지는 않는지, 편안하고 안전하게 앉아서 쉴 수 있는지 물을 수 있다. 그들이 원한다면 이러한 은유적 표현의 의미를 집단에서 또는 개인상담에서 생각해 볼 수 있다.

맺는말

가구 게임이라는 활동은 손쉽게 활용할 수 있는 장점이 있다. ("저는 시를 쓸 수 없어요."라고 말할 것 같은) 가장 많이 망설이는 사람조차도 일상에서 목록을 작성하고 있다는 사실은 부인하기 어려울 것이다. 그래서 이렇게 단어 목록을 작성해 보는 것은 그들에게도 친숙한 방법이고, 탐색할 수 있는 주제도 무궁무진하다. 참여자들이 스스로 선택한 은유적 표현들은 이제까지 어려워했던 생각이나 감정을 좀 더 자유롭게 표현할 수 있도록 해준다. 또한 집단 촉진자가 탐색해 보고자 제안했던 은유적 표현들도 마찬가지로 그러한 생각과 감정을 드러내게 할 수 있다.

이 방법은 자신의 기분과 생각, 사별의 슬픔을 잘 설명해 줄 수 있는 적절한 단어들을 선택하는 데에 어려움을 갖고 있는 사람들에게 특히 유용하다. 이렇게 익숙하지 않은 느낌과 마음의 상태를 표현할 수 있는 대안적인 방법을 제시하는 것은 내담자가 자기 자신을 드러내고, 위로받고, 카타르시스를 경험할 수 있는 자기표현의 수단을 제공해 준다(앞선 로웨나의 데이지 예에서와 같이). 이러한 단어 목록을 마주했을 때, 어떤 이들은 이 간단한 글쓰기 형식에 영감을 받아 시나 짧은 산문과 같은 다른 글쓰기를 할 수도 있다. 이러한 창조적 글쓰기는 이 활동을 하는 것만으로도 상당한 보람을 느끼게 해 준다(Bolton, 1999).

참고문헌

Bolton, G. (1999). *The therapeutic potential of creative writing*. London: Jessica Kingsley.

Moss, J. (2010). Sunflowers on the road to NASA. *Bereavement Care*, *29*, 24.

Moss, J. (2012). *Writing in bereavement: A creative handbook*. London: Jessica Kingsley.

Sansom, P. (2007). *Writing poems*. Tarset, Northumberland: Bloodaxe Books.

17

창조적 글쓰기: '나는……' 시

샐리 앳킨스(Sally S. Atkins)

들어가기

이 장에서는 이미지와 단어들을 조합해서 짧은 4행시를 만드는 활동을 소개하겠다. 그리고 이 활동을 통해 어떻게 내담자가 사랑하던 사람을 여읜 아픔과 슬픔 속에서 위로를 받고, 자신의 강점과 자원들을 다시금 확고히 다져 나갈 수 있는지 살펴보도록 하겠다. 이 활동은 집단 구성원들이 함께 원으로 둘러앉아 시작한다. 집단의 지도자는 참여자들에게 깊은 호흡을 한 다음 현재에 충실하기 위해서 자신의 몸에 주의를 기울여 보라고 한다. 그런 다음, 한 사람씩 돌아가면서 자신을 소개하는 시간을 갖는다. 이때 집단 참여자들과 지도자는 모두 간략히 자신이 경험한 상실의 아픔을 나눈다. 그리고 우리가 이 집단 회기를 통해 무엇을 얻기 원하는지도 점검한다. 그다음, 우리는 앞으로 공유할 것에 대한 비밀 유지 및 그것을 받아들이는 배려와 연민의 공간을 조성하는 것에 대해 논의한다.

그런 다음, 우리는 앞으로의 활동을 설명한다. 이 활동은 이완과 심상 작업 그리고 글쓰기 작업으로 이뤄져 있다. 집단 구성원들은 매트에 눕거나 의자에 그대로 앉아 이완/심상 작업을 해 보는 기회를 갖는다. 원하지 않는 경우에는 이러한 활동을 하지 않을 수 있다. 나는 몸의 여러 부분에 주의를 기울였다가 다시 이완시키고, 깊은 심호흡을 하고, 머릿속에 거슬리는 생각들을 알아차리고 다시 떠나보내는 것과 같은 이완 활동을 제안하는 것으로 시작한다. 보조 지도자는 참여자들이 보일 수 있는 불편한 기색이나 원할 수 있는 특별한 요구 사항에 주의를 기울인다. 참여자들이 충분히 이완된 것 같으면, 나는 그들에게 안전함과 편안함을 주는 자신만의 장소를 떠올려 보도록 제안한다. 문을 열고 어디론가 들어가거나, 길을 따라 걸어 보거나, 자신이 그려 낸 가상의 장소로 계단을 내려가는 상상이 될 수도 있겠다. 그 장소는 기억 속에 남아 있는 실제 장소일 수도 있고 그 순간 만들어 낸 가상의 공간일 수도 있다. 나는 각각의 참여자가 이 장소를 천천히 살펴보면서, 자신의 오감을 활용해 그곳의 모든 것에 주목해 보도록 격려한다. 상상 속에서 편안함을 주는 장소를 느껴 본 후에는 집단이 현재의 시간과 장소로 천천히 되돌아오도록 한다. 그런 다음, 참여자들에게 눈을 뜬 후 손가락이나 발가락을 움직여 가며 스트레칭을 하고 천천히 몸을 세워 앉아 보게 한다. 그러고 나서 종이와 펜을 나눠 주며, '나의 안락한 장소는……' 또는 '내게 안전한 장소는……'으로 시작하는 문장을 최소한 다섯 개 완성해 보라고 말한다. 우리는 참여자들이 기억할 수 있는 한 최대한 자세히, 그리고 오감을 활용하여 최대한 그 당시 느꼈던 것들이 되살아날 수 있게 이 문장들을 완성하기를 권장한다. 각 참여자들이 이 문장을 완성하면 그중 네 개의 문장을 '나는……'으로 시작하도록 바꿀 것을 요청한다. 이렇게 완성된 문장들은 곧 나는 시(I am Poem)가 된다. 우리는 집단 참여자들이 이 시를 자신의 파트너와 나눠 보도록 한다. 그러면서 이 시에서 드러내는 어떤 특정한 성격이 어떤 특정한 자질이 현재 사별한 상황에 처한 자신에게 가장 도움이 될 수 있는지 논의해 본다. 이렇게 2인 1조로 서로의 경험을 나눠 본 후에는 집단이 글을 쓰고, 읽고, 서로 각자가 완성한 시의 증인이 되는 이 경험을 정리하며 소화할 수 있도록 이끈다.

사례 연구

사별한 사람들을 지원하는 집단은 지역 호스피스의 후원을 받아 매주 회기를 진행하고 있었는데, 필자는 이 중 한 회기에서 치료적 글쓰기 활동을 진행해 달라는 부탁을 받았다. 매주 저녁마다 7~12명가량의 사람들이 참여했고, 대개 한 시간에서 한 시간 반 정도의 시간을 가졌는데, 초반 15분 동안에는 커피를 마시며 일상적인 대화를 나눈다. 이 특정 회기에는 이십 대부터 칠십 대의 아홉 명의 참여자가 있었는데, 세 명의 남성, 여섯 명의 여성으로 구성되어 있다. 호스피스의 지도자는 필자를 표현예술치료사이자 관련 치료 분야 저서들의 저자이며 교수로 인근 대학에서 치료적 글쓰기를 가르치고 있다고 소개한다. 이어서 필자는 표현예술치료학과의 대학원생인 자신의 보조자를 소개한다.

집단은 평소와 같이 시작된다. 집단 참여자들은 각자 자신에 대해 소개한 다음, 자신의 사별 상황을 간략히 나눈다. 이들은 사랑하는 사람, 가족 그리고 가까운 친구를 잃은 아픔을 갖고 있다. 이렇게 자기소개가 끝난 후, 나는 집단 구성원들에게 글쓰기를 활용해 사별의 슬픔을 다룬 경험이 있다면 그에 대해 말해 보도록 요청한다. 몇몇의 참여자는 글쓰기 작업이 곤욕스러웠다고 말한다. 다른 몇몇 참여자는 시와 편지를 쓰는 활동을 상실의 아픔을 다루는 작업의 한 과정으로 생각한다. 나는 회기에서 이뤄질 모든 글쓰기 작업에서 서로의 글을 판단하지 않는 태도를 유지하는 것이 중요하다는 것을 거듭 강조한다. 더불어 참여자들은 어떤 활동이든지 참여하지 않을 수 있는 권리를 가지고 있다고 말해 준다. 이어서 나는 내가 경험한 상실의 아픔과 글쓰기의 가치에 대해 간략히 말한다. 그러면서 친한 친구를 사별하고 지은 다음의 시를 함께 나누었다.

〈잔물결〉

우리에게 주어진 삶에서 반드시 해야 할 일은
오직 아이들을 돌보고
알 수 없는 미지의 세계에 발을 들여 놓는 것뿐이다.

그리고 우리에게 정말로 필요한 것은
오직 이타적인 행동과 사랑
그리고 음악, 언제나 음악일 뿐이다.

우리에게 주어진 삶에서 우리가 가진 것은
오직 수많은 순간, 그리고 이 순간들 속에서
언제나 춤이 있을 뿐이다.

마지막 날 아침의 즐거움

바다를 가르는 수영
차갑고 짜다.

단 한 번의 삶
깨끗하고 동그란 돌이
잔잔한 물속에 퐁당

잔잔한 파장이 모든 것을 스치며 널리 퍼져 나간다.

샐리 앳킨스
2005년 12월

이 시를 소개한 다음, 나의 보조 지도자는 계획된 활동들을 설명한다. 이 활동들에는 이완 활동, 심상 작업, 간단한 글쓰기 활동이 포함된다. 나는 참여자들에게 다시 한 번 불편한 마음이 든다면 활동에 참여하지 않아도 된다고 말해 준다. 우리는 참여자들에게 제공된 매트에 편안한 자세로 앉거나 누워 볼 수 있다고 한다. 그리고 나는 참여자들과 함께 이완 활동을 시작한다. 이를 위해 몸의 각 부분을 살펴보면서 근육을 이완시키고 긴장을 풀어 주면서 깊게 호흡해 보도록 한다. 그런 다음, 그들이 상상 속에서 길과 출입구를 따라 들어가거나, 다리를 지나 혹은 계단을 내려가 편안함과 안전함을 주는 장소에 들어가 보도록 한다. 그 장소는 참여자들의 기억에 남아 있는 실존하는 장소든 상상을 통해 만들어진 가상의 장소든 상관없다. 그리고 참여자들이 자신의 모든 감각을 활용해 그 장소를 세밀하게 탐색해 보도록 한다. 청각과 후각을 곤두세우고, 물건을 만지면서 촉각을 사용하는 등 눈에 보이는 모든 것을 탐색해 보도록 한다. 그러는 동안 나의 보조자는 혹시 모를 참여자들의 불안하거나 불편한 증상에 주의를 기울인다. 이런 증상을 보이는 참여자에게는 개인적인 관심과 주의를 기울여야 할 필요가 있다. 상상의 장소에서 탐색을 마친 후, 나는 참여자들이 천천히 점차적으로 현재의 시간과 장소로 되돌아오도록 한다. 나는 참여자들에게 눈을 뜨고, 발가락과 손가락을 움직여 보며 현실로 돌아와 천천히 몸을 일으켜 앉도록 요청한다. 그다음, 종이와 펜을 나눠 주며 '나의 안락한 장소는……'이라는 문구로 시작하는 문장을 최소 다섯 개 이상 완성하도록 한다. 이때 이 특별한 장소를 최대한 생생하게 자세히 설명해 보도록 한다. 모든 참여자가 이 활동을 마친 후, 우리는 참여자들이 다섯 문장 가운데 네 문장을 골라서 각 행이 '나는……'으로 시작하는 4행시(quatrain)를 완성해 보도록 한다. 그래서 예를 들어 "나의 안락한 장소는 따뜻한 햇살이 비치는 해변이다. 나의 안락한 장소는 바다와 모래가 만나는 지점이다."라고 썼던 문장은 다음과 같이 바뀌는 것이다. "나는 햇살이 따뜻하게 비치는 해변이다. 나는 바다와 모래가 만나는 지점이다." 행은 좀 더 추가되거나 변형될 수 있고, 그 어떠한 '규칙'도 깨질 수 있다. 그 와중에 진행자는 참여자들에게 일방적인 판단을 자제하고 개방적인 자세를 유지하도록 요구한다. 그 후에 참여자들은 짝을 이뤄 자신이 만든 시를 나눈다. 각 참여자는 시를 읽으며 그 시의 특별한 은유적 표현들이 자신의 강점 및 자원과 어떻게 잘 연결되어 나타났는지를 이야기해 볼 수 있다. 그런 다음, 집단 전체가 원으로 둘러 모인 자리에서 원하는 참여자는 자신의 시를 나누게 한다. 이렇게 모든 참여자는 시를 나누면서 글쓰기가 가진 아름다운 표현의 능력과 치유의 힘을 깊이 실감하게 된다.

변형과 적용

이 활동은 다양한 연령, 인종, 문화 등에 속해 있는 사람들에게 적합하게 변형시킬 수 있다. 자신은 시를 전혀 쓸 수 없을 것이라 생각했던 사람들조차도 이 활동에서는 시를 쓰고 있는 자신을 발견할 수 있다. 하지만 이완 작업과 심상 작업을 할 때는 주의해야 할 점이 있다. 이와 같이 의도적으로 의식의 변화를 주고자 하는 활동은 반드시 조심성을 가지고 신중하게 접근해야 할 필요가 있다. 이를 위해 지도자는 이 방법을 사용하는 데 있어 충분한 훈련과 경험이 있어야 하고, 보조자가 동참하는 것이 바람직하다. 참여자들은 언제나 원하지 않을 경우에 하던 활동을 멈출 수 있는 권한을 갖고 있어야만 한다. 또한 이와 같은 방법은 현실 검증 능력이 부족한 사람들에게 추천하지 않는다. 그리고 활동을 종결하면서 참여자들이 상상의 세계에서 현실로 되돌아오는 순간에도 특별한 주의를 기울여야만 한다.

맺는말

삶의 경험을 이해하고 표현하는 데 있어 글쓰기의 가치는 많은 문서에 기록되어 있다(Lepore & Smyth, 2002). 특히 시적 언어는 상당히 효과적인데, 이는 시가 은유적 표현을 활용하고 경험의 본질을 정제할 수 있도록 도와주기 때문이다(Levine, 1992; Thompson, 2011). 이 활동에서 제안하는 시의 구조는 단순하기 때문에 복잡하거나 어려운 활동에서와 같이 위협적이지 않다. 그리고 이 단순한 구조에서 자연스럽게 도출된 은유적 표현들은 참여자들이 자신도 미처 알지 못했던 자원들에 대해 통찰하는 순간을 제공해 준다.

참고문헌

Lepore, S. J., & Smyth, J. M. (Eds.). (2002). *The writing cure: How expressive writing promotes health and emotional wellbeing*. Washington, DC: American Psychological Association.

Levine, S. K. (1992). *Poiesis: The language of psychology and the speech of the soul*. London: Jessica Kingsley.

Thompson, K. (2011). *Therapeutic journal writing: An introduction for professionals*. London: Jessica Kingsley.

18

창조적 글쓰기: 아크로스틱 추도

해럴드 이반 스미스(Harold Ivan Smith)

들어가기

라틴어 표현에 De mortuis nihil nisi bonum—"죽은 사람에 대해서는 좋은 말만 할 뿐"—이라는 말이 있다. 즉, 명령조이건 그저 현실을 반영하는 어조이건, '죽은 이에 대해서는 나쁘게 말할 수 없다.'는 것이다. 이 일련의 여섯 단어는 떠난 사람을 기억하고, 애도하며, 그가 생전에 해 왔던 일들을 기리며 추모하는 것에 제한을 줄 수 있다. 사랑하던 사람을 여읜 몇몇 사람은 이 일련의 단어를 '경고 사격'의 의미로 받아들여 "선을 넘으면 안 되지."라고 해석하곤 한다. 몇몇 사람은 죽은 사람은 자기 자신을 '변호'할 수 없기 때문에 "감히 죽은 사람을 욕하다니!"라는 의미로 받아들인다.

로파타(Lopata, 1993)는 죽은 사람을 신성화하는 경향에 대해 경고했다. 로파타의 연구는 과부와 홀아비에게 초점이 맞춰져 있지만, 이 문제는 이들뿐만 아니라 모든 관계에 내재되어 있다. 사랑하던 사람을 잃은 사람들은 가끔 죽은 사람과의 관계 속에서 맺어진 이야기를 재구성하고 편집하여 말할 수 있는 그들만의 권한을 가진다. 따라서 문제가 많았던 관계도 '38년 동안 함께했던 우리의 아름다운 시간들'로 포장되는 것이다. 누군가는 기차의 화물칸과 같은 부가적인 말, 예를 들어 "그리고 그들은 마지막까지 신혼부부처럼 살았다." 또는 "서로 너무나도 사랑했던 커플이야."와 같은 말들을 덧붙이기도 한다. 떠난 사람과의 관계 이야기를 각색하는 과정은 그 사람의 죽음 후에 시작되는데, 추도연설을 준비할 때나 조문객과의 대화 또는 추도식에서 이루어진다.

사별을 당한 사람들 중 종교를 가진 몇몇 이는 다섯 번째 계명인 "네 부모를 공경하라."를 잘못 이해하고 있다. 이슬람, 유대교, 기독교에서 알려진 이 계명을 잘못 이해한 이들은, 떠난 사람과의 관계나 그 사람 자체에 대해 완전하고 진실된 애도를 하는 데에 어려움을 겪는다. 하지만 유대 신앙을 따르는 많은 사람은 hesped라는 것에 대한 필요성을 받아들이는데, 브래너(Brener, 1993)는 이것을 '균형 잡힌 추도'라고 부른다. 어떤 유대교 환경에서는 애도하는 사람들에게 "거짓된 추도에 '아멘'이라고 답한 사람에게는 저주가 임할 것이다."라고 충고한다. 간단히 말해, 거짓되거나 과장된 찬사는 그렇게 한 동기와 상관없이 어느 정도의 인지적 부조화를 가져온다는 것이다. 곧, '내가 기억하기로는 그게 아닌데.'라는 부조화를 만들어 낸다. 결과적으로, 개인은 떠난 사람과의 관계를 살펴보거나 각색된 개인의 삶과 인간관계 이야기를 재평가할 수 있는 환경이 필요하다. 이런 점에서 상담자는 안전한 환경을 제공하여 내담자가 떠난 사람에 대한 추도의 말들을 평가해 볼 수 있도록 한다. 이를 통해 깊이 있는 성찰을 하고, 그 말들을 명료하게 하며, 사실을 수용하는 과정을 해 나갈 수 있도록 도와주는 것이다.

미주리의 캔자스시티에 있는 세인트 루크 병원(St. Luke's Hospital)에서 사별한 사람들을 위한 모임이 진행되었다. 우리는 떠난 사람을 추모하는 과정이 사별한 사람에게 어떤 영향을 끼치는지 살펴보고자 간단한 활동을 한다. 먼저 참여자들에게 왼쪽 끝에 세로로 A부터 Z까지 써 있는 종이를 나눠 준다. 각 알파벳으로 시작하는 빈칸이 두 개씩 있다. 일주일 동안 참여자들은 받은 종이에 자신이 사랑하던 사람을 기리며 떠오른 긍정적·부정적 단어나 문장을 채워 본다. 예를 들어, 알파벳 A의 빈칸 두 개는 '언제나(Always) 나를 위해 그곳에 있는' (긍정적) 또는 '오만한(Arrogant)'(부정적)으로 채울 수 있겠다. 집단의 진행자는 참여자들이 긍정적인 단어만을 공유하거나 특정 알파벳은 '생략'할 수 있는 권리를 보장한다. 특히 다른 가족 구성원이 그 집단에 함께 참여하고 있는 경우, 부정적인 서술어를 집단과 나누기 꺼릴 수 있기 때문이다.

그다음 회기에서 집단 진행자는 자발적으로 알파벳 하나를 골라 자신의 긍정적·부정적 단어를 공유해 볼 사람이 있는지 지도한다. 자원한 참여자의 말이 끝나면, 오른쪽으로 돌아가며 모든 참여자가 자신의 이야기를 나눠 볼 기회를 가진다. 이렇게 한 바퀴 돌고 난 다음에는 첫 번째 자원자의 오른쪽 사람이 다음 알파벳을 선택한 후 같은 과정을 반복한다. 나는 이 활동을 수십 년 해 왔지만, 집단이 26개의 알파벳을 모두 다룬 적은 극히 드물다.

처음에 참여자들은 그저 자신이 써 온 알파벳에 해당하는 단어를 읽기만 할 것이다. 그러나 단어들을 공유하다 보면, 긍정적 단어와 부정적 단어가 서로 모순돼서 견해나 부연설명을 요할 수도 있다. 참여자 한 명이 단어의 부연설명을 하기 위해 '이야기 조각'을 덧붙이면, 결국에는 다른 이들도 자신의 단어를 설명하려고 이야기를 하는 분위기가 형성될 것이다.

당신은 이런 말을 들을 수도 있다. "이 알파벳으로 시작하는 적절한 단어가 떠오르질 않아요." 이때 특정 알파벳에 대한 다른 사람의 서술어를 들어 보면 갑자기 적절한 말이 생각날 수도 있다. 당신은 독특한 철자를 허용해 줄 필요도 있다. 특히 X의 경우에 그러한데, 원래는 X로 시작하는 단어를 쓰는 것이 원칙이지만 [e]xceptional과 같은 단어까지는 허용하는 융통성이 필요하다.[3] 어떤 참여자는 부정적인 단어를 단 하나도 떠올리지 못하겠다고 말하기도 한다. 이것은 워든(Worden, 2009)이 말한 "선택적 망각(selective forgetting)"을 보여 준다(p. 41).

참여자들의 의향과 남은 시간을 고려해, 진행자는 "이 활동에서 느낀 점을 나누고 싶은 분이 있을까요?"와 같은 질문으로 회기를 마무리할 수 있다. 내가 오랫동안 있어 왔던 상담 현장에서는 이 질문에 대해 다음과 같은 답변이 나오곤 했다. "저는 제 생애 처음으로 우리 엄마가 얼마나 심란한 심정이었는지 알게 됐어요." "좀 더 홀가분해진 것 같네요." "이걸 좀 더 깊게 탐색해 보고 싶네요."

참여자들이 자신이 완성한 아크로스틱 단어들 윗부분에 날짜를 적게 한다. 그리고 생일이나 휴일, 혹은 떠난 사람을 추모하는 날에 그 종이를 다시 '재검토'해 보라고 요청한다.

다음 사례는 아크로스틱 추도(acrostic eulogy)라는 이 방법을 통해 어떻게 사별한 참여자가 떠난 사람과의 관계를 다시 점검하고, 현재 살아 있는 사람들과의 관계에서 재구성된 이야기를 전개해 나갈 수 있었는지를 잘 보여 준다.

---

3) 역자 주: 우리나라에서 끝말잇기를 할 때 '오이'라는 단어 다음에 '이'로 시작하는 단어가 와야 하는데 '리어카'도 인정하듯이, 원래 X로 시작해야 하는 단어인데 exceptional이라는 단어도 인정해 줘야 한다는 의미이다.

사례 연구

존은 최근 어머니가 돌아가시면서 자신의 슬픔을 다루기 위해 애도 집단에 참여한다. 첫 번째 회기에서부터 그는 자신의 어머니가 아버지와 이혼한 이후에도 네 명 자녀를 홀로 키워 낸 '특출나게 훌륭한 분'이었다고 주장한다. 존은 네 명 형제 중 맏이다. 그는 자신의 어머니를 '자녀와 함께 모든 고난과 역경을 잘 이겨 낸 성인(聖人)'이라고 표현한다. 그래서 그는 어머니에 대해 어떠한 '부정적'인 생각도 할 수 없다고 말한다. 하지만 다른 참여자들이 자신의 떠난 가족에 대해 긍정적 · 부정적 이야기를 나누자, 그중 몇 가지 이야기가 그의 주의를 끈다. 이어지는 다음 회기에서 존은 다른 사람들의 이야기를 경청함으로써 그도 어머니의 부정적인 점을 조금씩 인정하기 시작할 수 있었다고 말한다. 특히 그의 어머니는 그가 '우리 집의 가장'이 되어야 한다는 기대감을 갖고 있었다고 한다. 그는 자신이 처음에 아크로스틱 활동을 하면서 쓴 단어들을 살펴본다. 그리고 부정적인 서술어를 위한 빈칸에 몇 가지 단어를 채워 넣는다. 나중에 존은 두 형제와 함께 이 경험을 나누면서 새로운 사실을 발견하게 되었다. 그들도 그와 마찬가지로 '어머니가 자신들을 위해 희생한 모든 것은 감사하고 인정하지만 어머니가 내린 몇몇 결정은 그들에게 분개심을 안겨 줬다."고 생각한다는 것이었다. 존은 함께 겪은 가족 경험에 대해 그들도 그렇게 생각한다는 점에 놀랐다. 이러한 아크로스틱 추도 활동에 대한 대화를 시작으로 그는 형제들과 많은 대화를 나눴고, 이를 통해 그들은 좀 더 균형 잡힌 시각으로 어머니를 추모할 수 있었다.

변형과 적용

내가 계속해서 집단 상황에서 이야기하긴 했지만, 이 접근 방식은 일대일 개인상담에서도 효과적으로 활용할 수 있다. 실제로 몇몇 내담자는 집단보다 개인상담에서 더 솔직하게 이야기할 수 있다. 장기상담 과정 중 신뢰 관계가 형성된 이후에는 상담자가 내담자에게 옛날에 했던 첫 번째 아크로스틱을 '재검토'해 보는 방안을 제안할 수 있다. 그러면서 상담자는 "이제는 인정하게 된 점을 고려한다면, 이 아크로스틱을 어떻게 다르게 써 볼 수 있을까요?"라고 질문할 수 있다.

맺는말

사별한 내담자들을 돕는 상담자는 그들에게 특별한 경험을 선물한다. 즉, 내담자에게 고인과 자신의 관계에 대한 실제 현실을 직면하고, 미래에 고인을 기릴 수 있는 방법들을 탐색할 기회를 제공하는 것이다. 종교를 가지고 있는 몇몇 내담자는 아홉 번째 계명인 "거짓 증언을 하지 말라."가 고인을 추모하는 데에도 해당된다는 폭넓은 의미를 간과했을지도 모른다. 이와 같이 그들은 찬사만 가득한 부정확한 추모를 해야만 할 것 같은 심리적인 압박을 '견디며' 살아왔던 것이다. 나는 샐리 라이더 브래디(Sally Ryder Brady)의 『어둠을 뚫고(Out of Darkness)』라는 추도 회고록에서 굉장한 질문을 발견했다. "지금까지 내가 알고 있음을 알지 못했지만 이제는 아는 것에는 무엇이 있을까?"(p. 6) 어떤 이들은 이에 대한 답을 찾기 위해 누군가의 허락(그래도 된다는 안심)과 지원이 있어야 한다.

참고문헌

Brady, S. R. (2011). *A box of darkness: The story of a marriage*. New York: St. Martin's Press.

Brener, A. (1993). *Mourning & mitzvah: A guided journal for walking the mourner's path through grief to healing*. Woodstock, VT: Jewish Lights.

Lopata, H. Z. (1981). Widowhood and husband sanctification. *Journal of Marriage and the Family*, *43*, 439-450.

Worden, J. W. (2009). *Grief counseling and grief therapy* (4th ed.). New York: Springer.

19

창조적 글쓰기: 우리 삶의 챕터

로버트 니마이어(Robert A. Neimeyer)

들어가기

그 대상이 건강이든, 꿈이든, 사랑하는 사람이든 간에, 중대한 상실의 경험은 우리 자신의 자기(自己) 이야기에의 도전을 요구하고, 이 도전으로 인해 우리는 각자 고유의 삶의 이야기를 갖게 된다. 따라서 이렇게 원치 않게 겪게 되는 삶의 전환기에서 새로운 삶의 의미를 만들어 나가기 위해서는 창조적 이야기 형식이 유용하게 활용될 수 있다. 이것은 우리가 경험한 상실이 우리 자신의 삶 전체인 전기(傳記)에서 자기 위치를 찾아 잘 통합되도록 도와준다. 그중 한 가지 방법은 내담자가 마치 자서전을 보는 것과 같이 자신의 삶의 이야기를 스스로 성찰해 보도록 하는 것이다. 말로만 들으면 막막하지만, 내담자에게 자신의 삶의 이야기의 '목차'에만 집중하라고 하면 작업이 좀 더 수월해진다. 이렇게 목차를 작성해 봄으로써 내담자들은 그들에게 의미 있는 삶의 전환기를 쭉 정리할 수 있게 된다. 나는 이러한 우리 삶의 챕터(Chapters of our lives) 활동을 상담에서 내담자들에게 과제로 내준다. 그 후 다양한 촉진적 질문들을 통해 그 결과물을 탐색해 보도록 한다. 그 질문들은 우리 삶의 챕터의 배경, 자신과 타인의 성격 묘사, 구성, 주제 그리고 내포된 삶의 목표들(〈표 19-1〉 참조)과 관련되어 있다. 이러한 질문들은 내담자와 상담자가 대화 중에 해 볼 수 있고, 일기를 쓰기 수월하게 하기 위해 활용해 볼 수도 있다.

표 19-1 '우리 삶의 챕터'를 쓰기 위한 지침

자기 자신을 탐색해 보는 방법으로서 자서전의 '챕터 제목'을 쓰는 행동은 자신의 삶의 이야기가 가진 복잡한 특성을 이해하게 되는 계기가 된다. 몇 분을 할애해 당신이 무심코 지나쳐 온 삶의 흐름에 점을 찍어 몇 개의 다른 챕터로 나누고, 각 챕터에 제목을 붙이고, 그 제목을 종이 위에 써 보라. 그다음, (일기와 같은) 글쓰기를 할 때나 (파트너와 함께) 대화를 할 때, 다음 중 흥미롭게 여겨지는 질문에 대해 성찰해 보라.
조직(Organization) • 당신은 자기(自己) 이야기의 흐름을 어떻게 정리했는가? 연대적으로 구성했는가, 아니면 다른 방식으로 구성했는가? • 언제 하나의 챕터를 끝내고, 언제 새로운 챕터를 시작할지 어떻게 결정했는가? 주요한 상실의 경험(죽음, 관계의 단절, 지리적 변화, 자신이나 중요한 대상의 심각한 질병, 실직)이 이러한 전환기를 특징짓고 상징적으로 나타내는 데 어떤 역할을 했는가?
예상(Projection) • 당신의 자기 이야기는 삶의 어느 시기부터 시작하는가? 출생이나 초기 아동기부터 시작을 한다면, 당신이 등장하기 전까지의 가족이나 부모님의 관계를 설명하기 위해 '서문'을 어떻게 전개할 것인가? • 당신의 자기 이야기는 삶의 어느 시기에 끝나는가? 현재에서 죽음 전까지 혹은 죽음을 넘어서까지 당신의 미래 삶을 예상해 본다면 어떤 모습이고 그 챕터들의 제목은 어떠할까?
전개(Evolution) • 당신의 이야기가 시간의 흐름에 따라 전개되는 모습을 되돌아봤을 때, 삶의 변화는 점진적이고 서서히 일어났는가, 아니면 급진적이고 갑작스러웠는가? • 당신이 지금 방식대로 계속 변화한다면, 5~15년 후에 당신의 모습은 어떠할까?
저작권(Authorship) • 자기 이야기의 원저자를 누구로 보는가? 이 이야기의 전개 과정에서 공을 돌릴 만한(혹은 비난할 만한) 중요한 공저자가 있는가? • 당신의 어머니가 당신의 삶의 이야기를 쓴다면 어떻게 다르게 보일 것 같은가? 또는 이혼한 배우자가 또는 당신의 청소년 시기의 자기가 당신의 삶의 이야기를 써 본다면 어떻게 다르게 보일까?
청중(Audience) • 당신의 자기 이야기에 가장 많이 연관된 청중은 누구인가? 당신이 쓴 글의 방식을 좋아할 사람은 누구인가? 그리고 그 방식을 '교정'하길 원하는 사람은 누구인가? • 아직 드러나지 않았거나 (관련된) 사람이 듣지 못한 '내막'이 있는가? 개인적인 차원 또는 관계적인 차원에서 이 내막을 숨기기 위해 치러야 했던 대가가 있는가? 이 이야기가 공식적으로 드러나서 당신의 삶의 이야기에 통합된다면, 당신의 자기 이야기와 관계는 어떻게 바뀔까?

관점(Perspective)

- 당신의 자기 이야기에 제목을 붙인다면, 무엇이라고 붙일 것인가? 몇 가지 삽화를 그려 넣어서 요지가 더 잘 드러난다면, 그 삽화들은 어떻게 생겼을까?
- 당신의 이야기를 보았을 때, 전체를 관통하는 주요한 주제들은 무엇인가? 그와 다른 방향을 가진 소주제들도 발견했는가? 그러한 소주제들이 이야기에서 좀 더 강하게 드러난다면, 이야기는 어떻게 달라질까?
- 자기 이야기가 책으로 출간된다면 어떤 장르에 속할까? 예를 들어, 코미디, 비극, 역사, 다큐멘터리, 추리 소설, 모험 이야기, 영웅 전설, 또는 로맨스? 혹은 각각의 챕터들이 각기 다른 장르의 '짧은 이야기들'인가? 그렇다면 그중 무엇을 더 확장해 보고 싶은가?

사례 연구

다음에 소개할 다니엘의 이야기는 상실의 아픔 속에서 어떻게 삶의 이야기가 붕괴되고 재구성되는지를 잘 보여 준다. 다니엘은 심각한 자동차 사고로 다리에 부상을 입고 삶의 이야기마저 산산조각 난 인턴 의사이다. 어렸을 때부터 달리기 주자와 스타 육상 선수였던 다니엘은 다방면에서 '성공 가도'를 달리고 있었다. 수많은 학문적 업적을 이루었을 뿐만 아니라 운동선수로서도 많은 상을 받으며 그는 창창한 앞날을 향해 빠르게 전진해 나가고 있었다. 이민 가족에서는 떠오르는 태양과 같은 존재였으며, 대학 때 만난 사랑하는 사람과 결혼하기로 약속된 상태였다. 또한 물리학자나 아마 의학 연구자로도 많은 활약을 이뤄 낼 예정이었다. 그러나 이 모든 것은 픽업 트럭이 빨간불을 무시하고 그가 타고 있던 차의 옆면을 들이박았을 때 그의 다리와 함께 산산조각 나 버렸다. 대형 수술과 장기 입원으로 다리 절단만은 가까스로 피할 수 있었을 뿐이다.

나와 면담했던 시점에, 그는 낙담하여 자신의 미래에 대한 모든 환상이 무너져 내린 것을 느끼고 있었다. 그 사건과 그로 인해 잃어버린 모든 것(속도감, 민첩함, 1년 늦어진 교육과정, 한마디로 오래도록 지속될 것만 같았던 빠르게 전진한 자기 이야기)은 그의 뇌리를 떠나지 않았다. 그는 애인과 거리를 두기 시작했고, 살이 상당히 찌기 시작했으며, 한때 부모님과 함께 나눴던 종교적 대화에 의문을 갖기 시작하였다. 그러면서 그의 강인함, 인생의 방향 그리고 '특별함'이 없어지는 무형의 상실도 만만치 않았다. 그는 의학 전문 훈련을 마무리하고 있었지만, 그의 슈퍼바이저조차 인지할 정도로 어떠한 목적이나 열정도 없이 기계적으로만 움직이는 듯해 보였다. 이런 증상으로 미루어 보았을 때, 다니엘은 타인의 죽음으로 인해 슬퍼하는 것이 아니라 자아의 핵심 부분을 잃은 것을 애도하고 있다고 볼 수 있다.

첫 번째 회기가 마무리되어 갈 즈음, 나는 다니엘에게 그의 삶의 이야기를 책으로 생각해 보는 활동이 있다고 얘기했다. 그러면서 회기와 회기 사이에 시간을 내서 자동차 사고와 그 후 이어진 그의 적응 생활을 포함한 주요 사건을 잘 나타내도록 그의 삶의 이야기에 '목차'를 써 보는 과제를 해 보겠는지 물었다. 다니엘은 흥미로운 듯 나의 제안을 기꺼이 받아들였다. 그리고 그는 그다음 주 회기에 다음과 같은 꽤 방대한 목차를 가져왔다.

챕터 1. 영원히 변하지 않던 10년: 쾌활하고 매료된 아동
챕터 2. 어디에도 어울리지 못한: 별 볼 일 없었던 청소년
챕터 3. 떠돌이에서 왕이 되기까지: 10대 운동선수
챕터 4. 낯선 땅에서 내 자신을 잃음: 대학 새내기의 삶
챕터 5. 잃어버렸던 것을 찾기 위한 탐색: 더 좁은 분야에서의 경쟁
챕터 6. 돌아갈 길이 없음: 상처, 모욕 그리고 모호한 상태로의 회귀
챕터 7. 어둠의 시간: 한낮에도 지속되는 악의 세력
챕터 8. 고통스러운 마비: 병약함에서 얻은 확고한 교훈
챕터 9. 되찾음: 불확실한 미래를 위한 몸과 마음의 재정비
챕터 10. 목적의 비대한 힘: 위대한 운명을 위한 준비
챕터 11. 다시 한번의 왕좌: 화려한 도약을 위한 준비
챕터 12. 운명에 쓰러지다: 운명의 파괴
챕터 13. 미지의 구렁텅이: 입원, 몸져누움, 충격
챕터 14. 단단히 붙들기: 림보(limbo)[4] 상태
챕터 15. 시간이 멈춤: 삶과 사랑이 흘러가는 대로 살아남기

내가 호기심을 가지고 각 챕터의 요지에 대해 질문을 하자, 다니엘은 적극적으로 답해 주었다. 그 대화를 통해 나는 그가 네 형제 가운데 막내로 평온하고 사랑이 넘치는 가정에서 자랐으며, 어려서부터 자신의 작은 마을을 둘러싼 자연 세계에 매료되어 있었다는 사실을 알게 되었다. 그러나 머지않아 평화로웠던 다니엘의 세계에 문제가 생

4) 역자 주: 다음 단계로 나아가지 못하고 그 사이의 불명확한 단계에 갇혀 앞으로 어떤 일이 일어날지 모르는 상태.

기고 말았다. 약간 통통하고 책을 좋아하며 유행에 뒤처진 옷을 입고 다니던 이민 소년에게 외적 기준이 곧 또래 집단에 소속되기 위한 기준이 되는 청소년기가 찾아온 것이다. 그는 고등학교 운동부에서야 마침내 사회적인 인정과 환호를 받게 되었다. 하지만 안타깝게도 그가 거대한 주립 대학에 진학해서 익명성의 베일에 싸이면서 이 '꿈의 세계'는 다시 한번 사라졌다. 후에 그가 더 작은 전문대학으로 전학을 가서 운동을 통해 다시 성취감과 존재감을 되찾았을 때, 이 익명성의 베일은 벗겨졌다. 그러나 이 또한 척추 부상 전까지만 가능했던 일이었는데, 그 부상은 그를 '죽이고' 마치 우울증이라는 '한낮의 악마'에게 자신을 내어 준 것만 같이 느끼게 했다. 다니엘은 서서히 육체적 노력을 지적 노력으로 전환하고, 명문대에 입학해 의학 분야에서 훌륭한 직업을 준비하면서 점차 나아지기 시작했다. 가족의 자부심, 여자친구의 헌신적인 사랑, 그리고 그의 작은 고향 마을에서의 존경을 받던 이 순조로운 순간에 다니엘은 잘못된 타이밍에 잘못된 교차로를 지나갔던 것이다. 다시 한번, 그는 '운명의 장난에 쓰러지는' 경험을 했다. 그리고 그는 남은 의대 생활을 또다시 어둠의 악마의 손에서 실의에 빠진 채로 힘겹게 마무리하고, 마침내 내 사무실을 찾아오게 되었다.

다니엘은 삶의 챕터들을 정리하는 활동 외에 좀 더 '해체적인 질문들'을 다뤄 보자는 나의 제안을 받아들였다. 이 해체적인 질문들은 그의 삶의 챕터가 가진 구성, 패턴, 주제론적 구조 그리고 대안적 읽기에 대해 새로운 방식으로 성찰해 보기를 유도한다. 예를 들어, 나는 그에게 자기(自己) 이야기가 어디서 끝나는지, 그 이야기를 미래에 투영해 본다면 어떻게 전개될지 물었다. 이 질문에 다니엘은 다음과 같이 답했다. "제 이야기는 지금 현재 상태에서 끝났어요. 앞으로 나아갈 방향을 찾지 못해서 정체되어 있는 이 현재 상태에서 말이죠. ……아마 결혼은 하겠죠. 아이도 낳고 35년 정도는 일을 할 테고, 그리고는 죽겠죠. 시간이 지나면 지날수록 제 삶의 흔적들은 모두 잊힐 거예요." 그러고는 자신의 미래 챕터 제목을 '결혼과 아이' '일' '은퇴' '죽음' 그리고 '영원히 잊힘'으로 인색하게 붙였다. 또 다른 질문으로, 다니엘에게 어떻게 챕터의 시작과 끝을 정했는지 물어보았다. 이 물음에 대한 답을 다니엘은 빠르게 파악했다. "제 인생에서 각 챕터들은 타인에게 칭송받는 긍정적인 정체성의 성취와 상실로 인해 구분돼요. …… 한때 그러한 정체성은 이룰 수 있는 것처럼 보였지만, 지금 보면 좀 유치한 생각 같아요." 또 다른 질문에서는 모든 챕터를 하나로 엮는 주요한 주제들을 성찰해 보도록 했다. 다니엘은 이 질문을 통해 '항상 세상에서 내 자리를 찾으면 곧 다시 잃게 되는' 중요한 모티브(leitmotif)를 발견할 수 있었다. 자신이 발견한 또 다른 중요한 모티브에 대해 그는 “정체성의 획득과 상실에 관한 것이에요. 제 관점에서는 저에게 성장과 발전이란 없어요. 지금보다 점점 더 악화되어 갈 뿐이죠.”라고 말했다. 심지어 그의 삶의 이야기 책의 삽화를 상상해 보라는 제안에도 제약, 상실, 슬픔이라는 주제를 더 두드러지게 보여 줬다. 그가 상상한 삽화는 ‘병원 침실 위에 누워 아무것도 하지 못하고 고통 속에 있는 자신의 모습’이었다.

그의 삶의 이야기가 어떤 문학 장르에 속하게 될지 묻자, 다니엘은 비록 몇몇 부분은 ‘선뜻 비극, 코미디, 혹은 심지어 진부한 로맨스로 보이기도 하지만 확실히 놓친 부분은 모험 이야기인 것 같다.’고 말했다. 그러면서 “저는 제 삶에서 모험이 차지하는 부분을 더 확장하고 싶어요. 다시 한번 제 자신이 마치 탐험가가 된 것처럼 좀 더 중요한 존재라는 느낌을 가져 보고 싶어요.”라고 말했다. 다음 회기들에서 우리는 바로 그 작업을 했는데, 핵심적인 주제를 탐색해 보면서 그의 유년기 기억, 롤모델, 좋아하는 책, 영화, 좌우명, 관심사를 알 수 있었다(Savickas, 2012). 이 작업을 통해 그의 삶의 이야기에는 처음부터 끝까지 관통하는 주제(through line)가 있다는 것을 알게 됐다. 그 주제는 바로 삶이라는 숭고한 탐구의 여정에서 그 여정을 헤쳐 나가야 한다는 영웅 의식, 그 여정을 수행하기 위한 용기와 연민 그리고 역경에서 피어나는 지혜로움에 대한 수용성이다. 그다음 우리는 현재 그가 멈춰 있는 교착 상태에서 이제까지 살아온 삶의 모습과 앞으로의 삶의 모습 모두를 살펴보며 여러 가지 시도를 했는데, 그의 삶에서 핵심적인 과제들과 여러 인간관계 속에서 이러한 주제들을 분별해 보고 그것을 더 이상적인 방향으로 확장시켜 나갔다. 그러자 다니엘은 곧 다시 한번 탄력을 받아 운동하고, 다이어트를 하고, 체중을 줄이고, 여자친구를 포함한 타인과의 관계를 발전시켜 나가고, 인턴십에서 역량을 발휘하기 시작했다. 그뿐 아니라 그가 몇몇 측면에서 외상 후 스트레스를 극복하고 점차 외상후 성장의 단계로 나아감에 따라, 철학적 사고가 깊이를 더해 갔고 타인의 고통에 대한 공감력이 상승했다. 그는 몇 가지 측면에서 외상 후 스트레스를 넘어 점차 외상 후 성장의 단계로 나아갔다. 은유뿐만 아니라 이야기를 활용하는 방법을 통해, 다니엘은 상실로 인해 파괴된 자신의 삶의 이야기에서 추진력을 회복하여 앞을 향해 나아갈 수 있었다.

변형과 적용

사별한 사람들을 지원하는 집단에서 후반 단계를 진행할 때 이 방법을 변형해서 활용할 수 있다. 이를 위해 집단 참여자들이 약 10분 정도 각자 조용하게 챕터의 윤곽을 그려 보도록 한다. 그런 다음, 두세 명 정도의 사람들로 구성된 하위 집단을 만들어 추가로 15~20분 동안 각자 그린 챕터의 윤곽을 나눠 볼 수 있도록 한다. 이때 상담자는 방을 돌아다니며 참여자들의 이야기들을 주의 깊게 듣고 공통된 주제와 특징적인 주제를 알아낸다. 이 주제들은 참여자 모두가 함께 참여하는 다음 단계에서 공유하고 더 충분히 다루도록 한다. 이와 같은 간단한 형식을 통해 삶의 이야기를 나누는 방법은 상담을 급속도로 깊이 있게 만들 수 있다. 또한 집단 참여자들이 자신의 상실과 전환기를 삶의 일부로 받아들이려고 다 같이 노력하기 때문에 연민 어린 참여를 유도할 수 있다. 좀 더 장기간에 걸친 집단상담의 부가적인 회기에서는 추가적인 소집단 토론을 인도함으로써 일관성 있는 구조를 유지할 수 있다. 이 구조는 집단 모임 사이사이에 추가적인 성찰적 일기를 쓰게 함으로써 더 강화될 수 있다.

맺는말

우리 삶의 챕터라는 활동은 창조적 글쓰기의 다양한 형식 가운데 하나이다. 이 활동은 참여자들이 상실의 고통 가운데 삶의 의미를 새롭게 찾아 나가며, 자신의 이야기를 새롭게 구성해 갈 수 있도록 돕는다(Neimeyer, 2012). 이와 관련된 연구에서는 이 활동의 효과를 밝혀 주었는데, 이러한 종류의 '3인칭 관점에서 바라보기(self-distancing)'를 활용한 글쓰기는 자신의 어려운 감정을 조절하고 힘든 삶의 경험들을 자신의 삶에 통합하며 트라우마와 전환적 삶의 경험을 대처해 가는 데 좀 더 유연한 방식을 발견할 수 있도록 도와준다는 것이다(Kross & Ayduk, 2011). 이러한 방법을 활용하는 상담자는 창조적 글쓰기를 다양하게 접목해 볼 수 있다. 곧, 상담자는 상실의 아픔으로 인해 변화된 자기 이야기를 새롭게 써 나가기 위해 애쓰고 있는 다양한 내담자의 필요에 맞추어 이 방법을 변형해 활용할 수 있다.

참고문헌

Kross, E., & Ayduk, O. (2011). Making meaning out of negative experiences by self-distancing. *Current Directions in Psychological Science*, *20*, 187-191.

Neimeyer, R. A. (Ed.). (2012). *Techniques of grief therapy: Creative practices for counseling the bereaved*. New York: Routledge.

Savickas, M. L. (2012). *Career counseling*. Washington, DC: American Psychological Association.

20

영화와 연극: 인터플레이

게일 노프-브랜든(Gail Noppe-Brandon)

들어가기

상담자이자 '담론학자(narratologist)'인 나는 내담자의 이야기를 이끌어 내고 그것을 수정하도록 도와주기 위해 수많은 텍스트 기반의 활동을 활용하는데, 이 활동들은 서면으로 된 텍스트와 구두로 된 텍스트 모두를 아우른다. 이 장에서는 인터플레이(interplaying)라고 부르는 기술을 활용해 음성(spoken) 텍스트가 가진 효과를 중점적으로 살펴볼 것이다. 나는 본래 극작가로 훈련을 받았다. 자연스레 내담자의 소재를 대화체로 확장하고 재구성하기 쉬운 방법으로 이 인터플레이라는 방법을 창안하게 되었다. 이 방법을 통해서 (내담자와 상담자의) 두 목소리는 미처 보지 못한 사실을 조명하는 '단어의 유희'를 흘러가듯이 안정적으로 창작할 수 있게 된다. 빈 의자 기법(chair work)을 활용해 본 상담자는 내담자가 이처럼 자연스럽고 편안하게 자신의 경험에 기반을 둔 독백에 몰입하기가 얼마나 어려운지 알 것이다. 빈 의자 기법에서 내담자는 지금 자신의 슬픔의 원인이 된 인물이 방 안의 빈 의자에 앉아 있다고 상상하고, 보이지 않는 존재에게 때론 고통스럽고 미처 말하지 못한 사실을 털어놓는다(Perls, 1969). 나는 편안하게 자신의 경험을 독백하는 것이 사별한 사람들에게 특히나 어렵다는 사실을 알게 되었다. 왜냐하면 사랑하던 사람을 잃은 사람들은 자신이 사랑하던 사람이 항시 앉아 있던 의자를 이제는 매일 비어 있는 상태로 봐야만 하기 때문이다. 상담자는 연극 만들기(playmaking)에 참여하여 내담자를 이끌어 주거나 따라가며 조율을 해 나간다. 이때 인터플레이를 활용함으로써 내담자는 이 활동을 하는 동안에 상담자가 함께 있어 준다는 느낌을 받는데, 이는 내담자가 이 과정을 탐색해 볼 수 있는 적합한 환경을 만들어 준다.

나는 이 활동을 위해 특별한 훈련을 받았지만, 창조적인 상담자라면 누구라도 이 인터플레이를 활용하는 방법을 배울 수 있을 것이다. 그리고 이 인터플레이를 통해 회기 내에서 내담자의 소재를 예술적으로 더 깊이 탐색해 보거나, 서로 주고받고, 때로는 아예 다르게 변형해 볼 수 있다. 이 방법은 심지어 자신의 감정을 말하기를 거부하는 내담자에게도 충분히 안정감을 줄 수 있는 공간을 제공해 줄 수 있다. 나에게 훈련받은 상담자들은 이 방법이 수많은 다른 접근 방식과 같이 부가적으로 사용하기에도 꽤 유용하다고 한다. 예를 들면, 게슈탈트 치료(Gestalt therapy), 일관성 치료(Coherence Therapy), 내면가족치료체계(Internal Family Systems: IFS) 등과 함께 추가적인 방법으로 활용될 수 있다. '극작술(dramaturgy)'[5]을 활용하는 방법을 습득하면서 상담자는 내담자의 내면에 있는 것들을 봉인 해제하고 재구성하기 위해 어떤 질문들을 해야 하는지 배우게 된다. 어떤 상담자들은 텍스트에서 벗어난 활동이 주는 영향에 많은 관심을 기울이는가 하면, 어떤 상담자들은 텍스트를 활용하긴 하지만 그 텍스트로 어떻게 활동을 전개해 나갈 수 있을지 확신을 갖지 못한다. 하지만 시간이 흐르면서 이 '극작법의 청중'은 인터플레이에 전적으로 참여하려면 무엇을 해야 하는지 깨닫는다. 역할극에서 그들이 할 수 있는 전적인 참여는 단지 내담자가 의미심장하게 표현한 것들을 소리 내어 다시 말하는(re-voicing) 데에 전념하는 것이다. 나의 특유의 과제 지향적인 집단 활동은 강력하고, 또 강력하게 효과적인 수정 과정으로 특징지어지는데, 이 과정에서 내담자는 실제로 상상 속의 대화를 써 보고 몇 번을 다시 수정해서 써 본다. 하지만 이 즉흥적인 연극 만들기는 이러한 수정 과정을 수반하지 않는다(Noppe-Brandon, 2012). 인터플레이의 수정 작업에서는 대화를 얼마나 잘 '집필'했는가가 그다지 중요하지 않다. 그보다는 내담자가 그 대화를 '이해하고(hold)' 구현하는 방식을 수정하는 것이 더 중요하다. 흔히 가상의 대화를 설정하여 진행하게 되는 역할극(role play)과는 달리, 인터플레이가 갖는 표현적인 목표는 내담자가 자기 자신이나 타인을 향해 흔히 무의식적으로 가지고 있던 것들을 공공연하게 표현해 볼 수 있도록 돕는 것이다. 인터플레이를 통해서 이전

5) 역자 주: 드라마투르기는 극작술 연구를 뜻한다. 희곡이나 연극의 창작 과정에서부터 프로그램의 제작, 캐스팅, 리허설, 공연 후 평가에 이르기까지 공연의 전 과정에 관여하는 연출 방법 및 기술을 뜻한다.

에 과도하게 이성적으로 처리됐거나 잊힌 것들이 완전히 구체화되어 다가올 수 있다. 좀 더 대화적인 이 형식은 내담자가 자유롭게 '노닐' 수 있는 수준의 편안함을 제공하는데, 이는 내담자가 극심하게 혼자라고 느끼거나 자의식이 강한 상태에서는 억제될 것이다.

이러한 접근 방식은 삶의 전반에 걸쳐 각양각색의 문제를 지니고 있는 내담자들에게 다양하게 적용할 수 있고, 실제로도 꽤 유용하게 활용되어 왔다. 하지만 이 장의 목적에 맞게, 나는 사랑하는 사람의 죽음이 임박한 한 중년의 내담자와 함께 즉흥적으로 창작한 대화를 나누고자 한다. 다음은 우리가 이제까지 행해 왔던 수많은 인터플레이 중 하나의 짧은 예이다.

사례 연구

이사벨라(가명)라는 내담자는 두 아이를 가진 44세의 중남미 여성이다. 그녀는 홀어머니 밑에서 자랐는데, 아버지는 그녀와 남동생이 어렸을 때 집을 떠나 재혼하였다. 그녀는 '부모화'된 아이, 말하자면 '성인아이'가 되어 버렸다. 즉, 그녀가 만성적인 질환에 시달리는 어머니와 어린 남동생을 돌보는 역할을 도맡았고, 집을 떠난 아버지를 만날 기회는 거의 없었다. 그 후에 이사벨라는 어머니의 남자친구들 중 한 명에게 성적으로 학대를 당했으나, 어머니와의 대화에서 그 사실이 거론된 적은 한 번도 없었다. 10대 후반의 이사벨라는 아들을 둔 미혼모가 되었다. 뒤이어 그녀와 10년 넘게 동거했던 남자와의 사이에서 딸이 태어났다. 본래 이사벨라는 자녀들과 어머니를 향한 자신의 높은 불안과 경계심이 자신의 인생을 가로막고 있다고 느꼈고, 그에 대해 치료를 받고 있었다. 그 와중에 그녀의 어머니가 갑작스럽게 말기 암 판정을 받게 되면서 그녀가 받아야 할 치료는 범위를 넓혀 극심한 예기 애도(anticipatory grief)까지 포함해야 했다. 이제 그녀는 자신에게 하나뿐인 부모의 죽음을 마주하게 됐을 뿐만 아니라(생전에도 몸이 성했던 적이 없지만), 단 한 번도 그녀에게 안전한 울타리가 되지 못했던 어머니를 잃게 될 운명에 처하게 되었다. 이 시점에서 우리는 이미 1년 동안 치료를 진행하고 있었고, 그녀의 경계심 많은 자세를 낮추고 아직도 불가결한 존재인 어머니에 대한 분노를 생애 처음으로 말로 표현하는 데에 많은 진전을 보이고 있었다. 이사벨라는 고등교육을 받지도 않았고 연극 만들기를 경험해 본 적도 없지만, 회기 동안 인터플레이에 몰입하는 데 익숙해진 상태였다. 내가 깨달은 바로는, 문학적이지 않거나 천성적으로 '유희적'이지 않은 사람들조차도 이렇게 단어를 가지고 연극을 만드는 작업을 하게 되면 비범한 표현 능력을 가질 수 있다. 특히 이번 회기에서 이사벨라는 죽음을 앞둔 어머니에 대한 두려움에 휩싸여 몸부림치고 있었다. 하지만 한편으로는 곧 끝이 오고 이제 바짝 경계심을 유지하기 위해 사용했던 에너지를 이제 자기 자신에게 쓸 수 있을 것이라는 안도감 때문에 죄책감을 느끼고 있었다. 더구나 그녀는 어린 시절에 안전하다는 느낌을 단 한 번도 가져 보지 못했을 뿐만 아니라, 어머니가 자신을 방임적으로 돌봐 온 것 때문에 분노를 느끼고 있었다. 이러한 분노를 표현하기 위해 자신의 죄책감을 딛고 올라서며, 그녀는 자신이 받은 어머니의 보살핌이 마음에 들지 않았다는 말도 했다. 이렇게 중대한 진실을 말하는/깨닫는 작업은 사랑하는 사람을 여읜 사람에게는 끊임없는 죄책감을 이끌어 내어 역효과를 낳을 수 있다. 그러하기에 나는 그녀가 어머니와의 관계의 역동 속에서 어머니의 입장을 예시화해 볼 것을 원했다(이것은 인터플레이의 전략으로 깊이 있는 공감을 할 수 있게 도와준다). 나는 그녀가 이를 통해 아직 자신이 알고 있음을 인지하지 못했지만 자신도 모르게 이미 알고 있었던 사실을 다시금 깨달을 수 있기를 바랐다. 내가 이사벨라와 그녀의 언어적 표현 스타일을 꽤 파악한 상태였기 때문에, 내가 그녀를 대변하고(앞의 이유로 대부분의 경우 상담자가 내담자를 대변하는 것이 선호된다), 그녀가 자신의 엄마가 되어 인터플레이를 해 볼 것을 제안했다. 이때 나는 앞으로 진행될 대화 속에서 그녀를 치유할 만한 무언가가 나올 수 있을 것이라는 느낌을 받았다. 나는 먼저 그녀가 자신의 어머니에게 원했던 것을 자신이 아닌 어머니의 입장에서 말해 보도록 요구했다. 우리는 눈을 맞추며 그녀는 자신의 어머니가 되고, 나는 이사벨라가 되어 주고받는 말을 녹음하였다.

어머니(내담자): 너를 더 잘 알 수 있었으면 좋았을 텐데. (그녀가 원하는 것을 처음으로 표현함)

이사벨라(상담자): 저도요. (침묵) 엄마는 그게 왜 그렇게 힘들었죠?

어머니: 사실 나는 어떻게 해야 할지를 몰랐어. (새롭게 등장한 공감적 관점)

이사벨라: 방법을 바꿔서 시도해 봤을 수도 있었잖아요. (내담자의 말을 인용함)

어머니: 그걸 어떻게 보여 줘야 할지 몰랐어.

이사벨라: 내가 뭘 원하는지, 어딜 가고 싶어 하는지 물어봐 줄 수 있었잖아요, 안 그래요?

어머니: 그런 건 생각도 못해 봤어.

이사벨라: 그럼 무슨 생각을 해 봤어요?

어머니: 우리에겐 살 수 있는 집이 있고, 나는 혼자가 아니라는 느낌을 갖고 싶었어. 남자친구가 필요했지.

이사벨라: 그게 나보다 더 중요했어요? (극작법에서의 핵심적 질문/깊은 상처)

어머니: 나는 남자 없이 혼자가 되고 싶지 않았어.

이사벨라: 왜요? (극작술을 심화시키며)

어머니: 나는 누군가 나와 함께한다는 느낌을 받고 싶었어.

이사벨라: 엄마에게는 내가 있었잖아요, 안 그래요? (계속해서 심화시키며)

어머니: 너는 아직 아기였잖니.

이사벨라: 나, 동생 두 명이나 있었어요.

어머니: 애들 둘이 있는 것과는 달라. 나는 어렸을 때 아버지를 잃었어. 한 번도 아버지라는 존재를 가져 본 적이 없었지. 그래서 아직까지도 남자가 필요해. (급작스러운 깨달음의 순간)

이사벨라: 그 사이에서 조금만 균형을 맞춰 줬으면 좋았을 것 같아요. (내담자의 말을 인용해서)

어머니: 나도 그랬어야 했다고 생각해. (새롭고 깊이 느껴진 통합)

짧지만 핵심적인 이슈를 다루었던 5분 동안의 대화를 통해, 이사벨라는 그녀의 죽어 가는 어머니에 대해 오랫동안 잊어 왔던 진실을 마주하게 되었다. 그리하여 이사벨라는 어렸을 때 경험했던 외로움을 회기 중에는 다시 느끼지 않으면서, 그녀 안에 내재되어 있던 회복의 문을 열 수 있었다. 대화가 끝나고 나서 이사벨라는 흐느껴 울었다. 그녀는 자신의 어머니가 어렸을 때 아버지를 잃어버렸다는 사실을 성인이 되어 이번에 처음으로 상기했다고 말했다. "그렇다고 그 사실 때문에 엄마가 한 행동이나 엄마로서 외면했던 것들이 정당화됐다고 생각하지 않아요. 하지만 그 사실이 엄마를 동등한 인격체로서 이해할 수 있도록 도와줬어요." 나는 그녀에게 우리가 함께 구성한 극에 제목을 붙여 볼 것을 제안했다. 그녀는 한 치의 망설임 없이 잃어버린 어린 시절이라고 답했다. 이후 6개월이 흘러 어머니가 돌아가셨을 때, 이사벨라는 이렇게 인터플레이에서 자신의 솔직한 마음을 고백함으로써 장례식장에서 어머니의 현재 남자친구를 마주할 수 있는 용기를 갖게 되었다고 하였다. 또한 어머니의 빈자리에서도 그녀 자신에게 필요한 것들을 잘 채워 나갈 수 있게 되었다고 하였다.

변형과 적용

인터플레이는 일상적으로 내담자들이 자신의 사건이나 기억을 전달하면서 사용하는 표현 방식 외의 다른 표현 방식이나 심지어 감정을 말로 표현하는 방법들과 잘 어우러져 활용될 수 있다. 같이 활용될 수 있는 방법 중 한 가지로, 내담자가 가상의 제3자에게 직접적으로 말을 건네는 빈 의자 기법을 들 수 있겠다. 빈 의자 기법과 인터플레이를 함께 활용한다면, 두 번째 의자는 비지 않게 된다. 본래 내면가족체계(Early, 2009)에서는 보통 상담자가 내담자 내면의 한 '부분'과 대화를 나누게 된다. 하지만 인터플레이를 함께 활용하면, 서로 상반되는 두 부분(parts) 사이에서 대화가 가능해져 더 많은 도움이 된다(예를 들어, 한 부분은 사랑하던 사람에 대해 분노하는 부분이고 다른 한 부분은 그에 대해 존경과 사랑을 표현하고 싶은 부분일 수 있겠다). 이렇게 상담자는 내담자 내면 깊이 자리 잡은 한 인격의 목소리가 되어 주고, 내담자는 또 다른 인격의 목소리가 되어 자기(自己)와 자기가 역할을 바꿔 가며 대화한다. 이 활동을 통해 내담자는 자유롭게 자기 자신을 드러내는 동시에 내면의 상반된 부분을 통합할 수 있다.

맺는말

인터플레이는 상담자가 내담자의 대변자로서 또는 내담자의 갈등하는 내면의 두 인격 사이의 중재자로서 대화의 현장 속으로 들어갈 수 있게 한다. 이 활동을 효과적으로 수행하는 데는 다섯 가지 사항이 필수적이다. (1) 상담자는 내담자와 함께 목소리로 표현한 내용에 전적으로 깊은 관심을 가져야 한다. (2) 대화의 내용은 내담자가 직접 한 말들이나 그들의 내면 속 깊은 감정과 같이 실존하는 것들로 이루어져야 한다(이 작업은 즉흥성에 접촉하는 것이 아니라 각본을 만드는 것이다. 내담자의 자료들로부터 무엇을 이끌어내야 할지 감지하는 것이 이 방법의 묘미이다). (3) 이 방법을 시도하기 전에 내담자를 충분히 파악하고 있어야 한다. 그렇지 않으면 내담자의 어휘로 그를 대변할 수 없기 때문이다. 따라서 이 방법은 초기의 탐색 작업에서 사용하면 안 되며, '심화된 탐색' 작업에서 그 진가를 발휘한다. (4) 대사는 짧게 유지해야 한다. 이는 내담자가 의식적으로 알고 있지 않았던 사실을 마주치기 전까지는, 내담자가 이미 알고 있는 것들에 한해서 대화를 전개할 수 있도록 보장한다. (5) 내담자의 반응과 상위 인지 기능을 더 심화시킬 수 있는 질문들을 해야 한다.

참고문헌

Early, J. (2009). *Self-therapy*. Larkspur, CA: Pattern System Books.

Noppe-Brandon, G. (2012). Find your voice: Creating healing dialogues. In R. A. Neimeyer (Ed.), *Techniques of grief therapy* (pp. 190-192). New York: Routledge.

Perls, F. S. (1969). *Gestalt therapy verbatim*. Lafayette, CA: Real People Press. www.gailnoppebrandon.com

21

영화와 연극: 플레이백 시어터[6)]

버지니아 리드 머피(Virginia Reed Murphy) & 로버트 니마이어(Robert A. Neimeyer)

들어가기

플레이백 멤피스(Playback Memphis)는 참여자들이 직접 이야기를 만들고 말하게 하는 활동을 통해 사랑을 느끼고 용서를 하며 치유를 경험할 수 있도록 돕는다. 우리는 멤피스 매터스(Memphis Matters)라는 대중 공연 시리즈를 통해 멤피스 지역사회의 다양한 구성원이 모여 멤피스에서 살면서 겪은 고유한 경험을 함께 표현할 수 있었다. 그 공연은 멤피스에서 삶을 공유하면서 느낀 풍족하고 훌륭한 경험뿐만 아니라 고통스러웠고 도전적인 경험들조차도 인정하고 기념하는 차원에서 이루어졌다. 이 활동은 시민 정신을 고양시킬 뿐만 아니라 서로 다름에 대한 이해와 수용을 이끌어 내기도 하고, 우리가 지향하는 도시의 이상향을 함께 그려 볼 수 있도록 도와준다. 멤피스 매터스는 지역사회 공동체와 협력하는 파트너십을 자주 맺어 왔는데, 이는 위기 청소년, 성인 노숙자 그리고 겸상 적혈구 빈혈증(SCD), 심각한 정신 질환, 암, 살인으로 가족을 잃은 슬픔에 고통받는 가족들을 돕기 위한 것이었다. 이 협력 파트너십에서도 플레이백 멤피스는 이들의 고통과 슬픔을 입증하고 이들의 변화를 이끌어 내는 강력한 도구가 되

6) 역자 주: 플레이백 시어터(Playback Theatre)는 관객이 자기 이야기를 하고, 그 이야기가 바로 그 자리에서 무대화되는 즉흥 연극이다.

었다.

세계적인 모범 사례로 꼽히는 플레이백 시어터(Playback Theatre)는 1972년도 뉴욕에서 조나선 폭스(Jonathan Fox)와 조 살라스(Jo Salas)에 의해 고안되었다. 플레이백 멤피스는 플레이백 시어터의 지사 중 하나로, 2008년도에 설립되어 국내(미국)에서 가장 주도적인 역할을 하는 지사로 알려져 있다. 이 극단은 매우 다양한 연령, 인종 그리고 성별로 이루어진 뮤지션과 12명의 배우로 이루어진 팀으로 구성되었다. 이들은 '삶을 이야기로 승화시키고, 그 삶을 공동체와 나누는' 것을 목적으로 삼으며, 독특하게도 즉흥 연기, 내레이션 그리고 청중과의 대화를 조합해서 연기한다. 각 공연은 보통 4단계의 시퀀스(sequence)로 진행되며 배우를 소개하는 도입부로 시작된다. 그러고 나서 청중과 관련된 이야기를 간략한 형태들에서부터 좀 더 정교한 형태로 발전시켜 나간다. 종결은 연극으로 표현된 이야기들을 관통하는 핵심적인 주제들을 한 번 더 요약하는 것으로 마무리된다. 이후 소개할 사례에서와 같이 특히나 힘든 공연 스케줄이 잡히면, 원래 진행했던 정기적인 훈련 회기 외에도 청중의 특유한 경험과 요구에 대한 더 자세한 안내를 받는다. 이어서 플레이백 공연의 단계들을 더 자세히 살펴보겠다.

소개

공연은 영혼을 일깨우는 음악 의식(儀式)으로 시작된다. 그다음 배우들는 교대로 '거울에 비춰진 동작(mirrored movement)'을 통해 자기 자신을 소개하는데, 이렇게 함으로써 플레이백(Playback)이 초대하는 일종의 개인적 공유를 모델링해 준다([그림 21-1]).

배우가 공유하는 자신의 삶의 이야기는 가볍고 코믹한 것에서 깊은 고통과 혼란을 드러내는 것까지 다양하다.

[그림 21-1] 이 공연단은 저녁 공연의 주제와 관련된 짧은 개인적인 소개와
'거울에 비춰진 동작'으로 무대의 막을 연다.

간단한 형식

소위 무대 위의 '지휘자(conductor)'라고 불리는 공연단의 감독은 관객에게 플레이백이 무엇인지, 어떻게 하는지, 왜 효과적인지와 같은 중요한 정보를 전달한다. 그다음, 감독은 관객들이 개입해서 자신의 삶 속에서 받은 느낌, 관찰하여 깨달은 것, 혹은 특정한 순간을 말할 수 있도록 한다. 그러면 무대 위의 네 명의 배우가 팀을 이루어 관객들이 말한 것들을 공연으로 풀어낸다. 유동적인 몸 조각(fluid sculptures), 둘이 짝을 이뤄 표현하는 동작(pairs), 합창(chorus) 등과 같은 간단하면서도 다양한 형식을 통해, 배우들은 반복적인 소리나 단어들, 움직임, 음악 그리고 은유를 통해 관객이 공유한 삶의 핵심을 표현한다([그림 21-2]).

저녁 공연 내내, 감독은 배우들에게 표현 동작을 바꾸라고 하거나 필요에 따라 배우들을 교체하며 지시를 내린다. 관객과 배우 사이를 연결해 주는 역할을 맡은 감독은 관객이 자신의 이야기를 마친 뒤에 그 이야기의 틀을 잡는 시작 멘트를 하고, 이어서 "자, 그럼 이제 보도록 합시다(Let's watch)."라는 말로 배우들이 하는 공연의 시작을 알린다.

[그림 21-2] 배우는 유동적인 몸 조각으로 자신의 삶을 공유한 관객의 복잡하고 모순되는 감정들을 표현한다.

이야기꾼의 의자

공연은 이 흐름을 타고 가다가 결국에는 감독이 관객 가운데 한 사람을 무대 위로 초청해 '이야기꾼의 의자'에 앉게 한다. 그런 다음, 자신의 이야기를 충분히 쏟아내고 그것이 좀 더 발전된 형태로 공연되는 것을 지켜보도록 한다. 감독은 공연의 맥락을 고려해서 어떤 종류의 이야기를 발전시켜 공연할지 세심한 주의를 기울여야 한다. 예를 들어, 살인 생존자들이 객석에 앉아 있을 경우 감독은 이야기꾼의 회복탄력성(resilience)을 이끌어 내는 이야기들을 추려내는 것이 좋을 것이다. 이렇게 좀 더 심화된 스토리텔링의 단계로 나아가기 위해서, 감독은 우선 관객들이 서로 짝을 이루어 각자 자발적으로 무대에 올라설 경우 말할 이야기의 제목에 대해 대화를 나눠 보게 한다. 관객 중에 자신의 이야기를 나눌 지원자가 나오면, 그 사람을 무대 위로 초청해 감독에게 이야기를 해 보게 한다. 이때 감독은 이야기꾼에게 적절한 질문을 던져 이야기의 의미를 명료하게 만들어 나간다. 감독은 이야기꾼과 관객 그리고 배우들에 대해 지속적인 관심을 기울인다. 앞으로 전개될 이야기와 그것이 이야기꾼, 관객 및 배우들에게 미칠 영향을 유념해서 의식하는 것이다. 그 후 이야기꾼은 자신의 역할을 맡을 배우를 지목한다. 그리고 자신의 이야기에 등장한 또 다른 중요한 인물을 연기할 배우들도 선택한다. 그런 다음, 배우들은 이야기꾼의 생각과 느낌을 표현해 줄 수 있는 즉흥연기에 돌입한다. 이때 배우들은 이야기의 표면적인 사실들을 바탕으로 연기할 뿐만 아니라, 상징적인 의미 또한 표현하기 위해 노력을 기울인다. 최소한의 소품으로는 흔히 스카프나 간단한 나무 의자를 사용하는데, 이는 이야기 안에서 무형의 무언가를 표현하거나 역동적인 동작의 지지대로 사용하기 위함이다.

마무리 성찰

마무리 의식(儀式)을 치르기 위해 원형으로 선 배우들은 그날 공연의 이야기들을 상기시키기 위해 자신의 차례 전의 배우가 했던 반복적인 동작을 따라(mirror) 한다(예: "한때 도망갈 생각을 품었던 엄마가 있었지…….").이렇게 요점을 정리하는 과정을 통해 관객은 각 이야기꾼의 핵심 주제를 다시금 떠올리게 되고, 그날 저녁 공연에서 발견되는 보편적인 진실이 드러나게 된다. 그리고 그 진실은 우리 인류를 하나로 묶어 준다.

공연은 이내 종결되고, 배우들은 관객들을 무대 위로 초대해 함께 자유로운 대화를 나눈다. 이러한 초대는 거의 언제나 대환영을 받는다. 이야기꾼을 포함한 관객들은 공연에서 소개된 이야기들이 자신의 마음에 와 닿았다고 감사의 마음을 표현하고 싶어 하기 때문이다. 또한 그들은 공연에서 특별히 마음이 움직여지거나 자극이 되었던 부분들에 대한 자신의 견해를 나누고 싶어 한다.

사례 연구

'피해자들을 승리로 이끌다(Victims to Victory)'라는 지역사회 기반 단체는 살인으로 사랑하는 사람을 잃게 된 유가족들을 지원한다. 플레이백 멤피스는 이 단체와 협력하여 생존자들의 이야기를 공연하기 위해 지역 댄스 스튜디오에서 평소보다 긴 예비 교육과 리허설을 하며 준비한다. 회기는 심리학자의 강연으로 시작된다. 생존자들은 상실의 아픔에서 새로운 삶의 의미를 찾으려 하고, 떠나 버린 사람과의 유대 관계를 지속하려 한다. 심리학자는 이 과정에서 겪는 감정적인 투쟁을 중점으로 강연한다. 슬라이드 쇼를 통해 사전 지식을 채워 주는데, 이 슬라이드 쇼는 임상적 발견을 요약하고 콜비츠(Kollwitz)나 바로(Varo)와 같은 예술가들의 그림을 통해 핵심적인 주제를 보여 준다. 심리학자가 말하는 동안, 공연단의 감독은 포스터 종이에 큰 글씨로 주요 핵심 사항들을 적어 넣는다. 그런 다음, 스튜디오의 유리벽에 그 종이를 붙여 배우들이 준비운동 전에 몇 분 동안 그 내용에 대해 조용히 생각해 볼 수 있게 한다.

배우들은 감독의 지시에 따라 일어선 후 스트레칭을 하면서 다음에 이어질 활동을 위해 몸과 목소리를 풀어 준다. 그들은 자신이 정한 동선을 따라 반복적으로 배회하면서, 옆에 지나가는 다른 배우에게 머리에 떠오르는 단어를 '선물'한다. 이 단어는 다음 단계에 사용될 것으로, '상상' '연민' '용기'와 같은 단어가 될 수 있다. 배우들은 잠깐 동안 서로 어깨를 마사지해 준 후, 흥겨운 아프리카 음악에 맞춰 창조적으로 집단 춤을 추기 시작한다. 그러면서 감독의 유도에 따라 점차적으로 서로의 동작을 거울에 비춘 듯 따라 한다. 이후에도 활동은 계속되는데, 배우들은 일제히 앞서 심리학자의 강연에서 들었던 핵심 용어들과 연관시켜 각자 자유롭게 연상되는 동작이나 대사를 즉흥적으로 만들어 낸다. 핵심 용어에는 분노, 우울, 불안, 허무함이 있다. 한 핵심 용어당 몇 분씩 할당되는데, 이 시간 동안 스튜디오는 애통의 울부짖음, 신음 소리, 숨이 막힐 듯한 소리들과 형언할 수 없는 음절들로 가득 채워진다. 그러는 동안, 배우는 무언가를 후려갈기려 드는가 하면, 지쳐 쓰러지고, 힘껏 웅크렸다가, 곧 표류하는 듯한 몸 동작을 해 보인다. 그런 다음, 배우들은 원으로 둘러앉아 지난 1시간을 다 같이 정리하며, 그 시간 동안 느낀 경험들을 솔직하게 자기노출(self-disclosure)하여 표현한다. 감독이 먼저 말문을 연다. "정말 말 그대로 울음이 터져 쏟아져 나올 것만 같았습니다." 공연단 중에 암으로 남편을 여읜 한 중년 여성이 덧붙여 말한다. "제 마음에 와 닿는 무언가가 있었어요. ……왜냐하면 저는 이제까지 이런 걸 많이 느껴 왔거든요. 그런데 오늘만큼은 이전과는 다르게 감정들을 더욱 뚜렷하게 느껴 볼 수 있었어요." 이제는 누군가를 상실한다는 것이 새로운 일이 아닌 회사의 최고 연장자가 말한다. "이런 느낌들을 예전에 경험한 적이 있다면, 다시금 그 느낌들을 가져 보는 것이 얼마나 어려운 일인지를 알 수 있어요." 이와 반대로, 가장 젊은 두 배우는 이제까지 가슴 아픈 상실을 경험해 보지 못했기 때문에 막상 그러한 상실을 마주하면 자신이 어떻게 반응할지 모르겠다고 말한다. 이제 연습 회기는 마무리 단계에 들어선다. 배우들은 자신의 상실을 닮은 짤막한 이야기를 하고, 공연단의 다른 멤버들이 앞으로 나서서 그 이야기를 간단한 형식으로 즉흥적으로 각색한다. 각색된 내용에는 조부모의 장례식에 참석한 한 젊은 배우의 혼란스러움, 그리고 어린 시절부터 보호시설에서 지내는 자폐 남동생에 대한 한 배우의 안타까움과 회피하고 싶은 죄책감이라는 상반된 감정이 있다. 이렇게 다양한 상실을 각색해 보고 정리해 보면서, 공연단은 앞으로 다가올 공연을 준비한다.

2주가 흐르고, 검은 옷을 입은 맨발의 배우들이 아프리카 드럼 연주자의 비트에 맞추어 노래를 부르며 무대 위로 줄줄이 입장한다. 그들은 드럼 연주자를 따라 60명의 살인 생존자와 몇몇 일반인으로 이루어진 관객들 사이를 행진한다. 그들은 유동적으로 무대 바깥으로 원을 그리며 둘러쌌다. 그러고는 모두가 앞으로 회전하여 마치 무거운 짐을 들어 올리듯 접은 팔을 재빨리 앞으로 펼치면서 매우 천천히 웅크려 앉았다가 일어서는, 눈을 뗄 수 없는 동작을 반복한다. 이 동작은 그들이 자신의 삶에서의 사랑, 상실, 슬픔과 관련된 1분간의 짤막한 장면(vignette)을 관객에게 이야기하는 동안에 계속된다. 그러면 한 발짝 뒤에 떨어져 있던 다음 배우는 조용히 그들의 동작을 거울에 비친 듯 따라 한다. 곧이어 감독의 요청에 따라 관객이 자신의 이야기를 하기 시작한다. 살해당한 사랑하는 사람과의 기억을 제촉하듯 떠올리고, 몇 명의 자녀가 있냐는 물음에 불확실성으로 인해 침묵하는 순간이 흐른다. 4명의 배우는 때때로 짝을 이루어, 짤막한 장면들을 상징적인 동작으로 표현한다. 전문적인 지지 집단의 멤버인 마이크는 아들이 살해당한 아픔을 갖고 있다. 이 이야기를 듣고서, 한 명의 배우가 앞으로 나아가 고르지 못하고 쇳소리처럼 날카로운 타악기의 연주에 맞춰 마치 이제 나는 법을 배우려는 어린 새와 같이 등 뒤로 팔을 펼쳐 파닥인다. 그리고 몸을 높였다가 낮췄다가 하며 반복적으로 더듬거리며 말한다. "저는 마침내…… 진실을 발견했어요. …… 이제 다른 사람에게도 그 진실을 보여 줄 수 있어요." 그녀의 연기에 합류하며, 힘이 쎄 보이는 한 남성이 의자에 올라타 상상 속에서 배의 키를 잡고는 "나는 선장 마이크다! 다들 승선하라!"라고 외친다. 그러자 관객들 사이에서 환호하는 웃음이 터져 나온다. 이 두 대사가 반복되어 서로 뒤엉킨 가운데, 두 번째 여성이 연기에 동참한다. 그녀는 비틀거리는 와중에, 반복해서 자신의 배에서 둥근 모양의 무언가를 꺼내 관객에게 보여 준다. 그녀의 낯빛은 점차 슬픔에서 희망으로 변해 간다. 마지막으로, 두 번째 남자 배우가 마이크 선장에게 다가선다. 그는 마이크 앞에서 쓰러져 보이더니 그의 어깨를 향해 손을 뻗어 도움을 청한다. 그리고 다른 손으로는 보이지 않는 누군가를 향해 뻗으며, "괜찮아. 이리 와요."라고 하며 오라고 손짓한다. 이 네 명의 배우의 목소리와 동작은 조화를 이루며 잠시 지속되다가 갑자기 모든 것이 멈춰 버리며 얼어 버린다. 그러자 관객은 박수를 보내고 몇몇은 조용히 눈물을 훔친다. 배우들과 관객 사이의 신뢰가 점점 쌓이자 이러한 간단한 형식의 연기가 뒤를 잇는다.

마침내 긴 이야기 단계로 넘어갈 때가 되었다. 감독은 관객들에게 5분 동안 자신이 경험한 상실의 이야기를 옆 사람과 나눠 보라고 요청한다. 그런 다음, 감독은 베티라는 이름의 여성 자원자를 불러 '이야기꾼의 의자'에 앉게 한다. 그녀는 자신의 아들 브룩의 이야기를 시작한다. 그녀의 아들은 6년 전 총기 난사 사건으로 목숨을 잃었다. 독실한 아프리카계 미국 여성인 베티는 아들을 회상하면서 마음속에 떠오른, 반만 기억하고 있는 노래 가사를 읊는다. "사랑스러운 작은 예수님, 우리는 당신이 누구인지 몰랐어요……." "제 아들을 생각하면 떠오르는 거예요." 그녀는 설명한다. "제게 그 아이는 언제나 아기예요. 살해당한 22세의 청년이 아니라. 그리고 그 아이를 죽인 사람은 자기 자신이 인간으로서 무슨 짓을 했는지 모른다고 생각해요." 감독은 베티에게 연극에서 자신의 역할을 맡을 사람을 무대 위 4명의 배우 중에 선택하라고 한다. 베티는 아프리카계 미국 여성이 아닌 바로 그 옆에 앉은 백인 남성 밥을 선택해 관객을 놀라게 한다. 그녀의 선택에 공연장은 환호의 웃음이 가득찬다. 감독은 베티에게 '자신을 표현할 수 있는 몇 가지 단어'를 말해 달라고 한다. 베티는 "나를 표현할 수 있는 단어요?"라고 말한 후, 감정이입을 하며 말한다. "저는 강렬한 색깔이에요. 저는 빨갛고, 파랗고, 햇빛이고, 빛이에요. 저는 베이지가 아니에요! 저는 무채색(neutral)도 아니에요! 흰색(white)[7]도 아니죠!" 베티의 이러한 대답에 관객은 다시 한 번 더 크게 웃음을 터트린다. "너무나 강렬해서 제 존재는 눈에 띄지 않을 수 없죠!" 베티는 이렇게 마무리하며 마치 당연한 것을 얘기했다는 듯이 손뼉을 친다. 베티가 아들의 죽음을 애도하는 과정이 복잡하다는 것을 인정하며, 감독은 아들의 죽음에 대해 그녀가 어떻게 느끼는지 좀 더 말해 줄 것을 부탁한다. 이에 베티는 브룩의 죽음에 속은(cheated) 것만 같다고 답한다. 그리고 장난기 가득한 미소를 지어 보이며 "브룩을 잘 모르는 사람들에게 말하건대, 그는 꽤나 여자들의 마음을 잘 훔쳤죠."라고 말한다. 다시 한 번 관객은 그녀의 유머[8]에 웃음을 터트린다. 감독은 어떻게 베티가 '현재 그 아이를 이해하고 있

---

7) 역자 주: 다른 의미로 백인을 지칭한다.

8) 역자 주: 베티는 앞서 '속은(cheated)' 것만 같다고 했는데, 이때 'cheated'란 단어는 '바람 맞다'라는 뜻도 있다. 이런 뜻을 고려해서 자신의 아들 브룩은 여자 또한 많았다고 농담을 한 것이다.

는지' 물어본다. 이에 베티는 처음에는 그녀의 슬픔이 '검은색'이었지만 이제 그녀는 그것을 점점 '놓아서 떠나보내고 있다.'고 말한다. 감독은 "자, 그럼 이제 보도록 합시다."라고 말하며 무대로 몸을 돌린다.

공연이 시작되자, 밥은 자기가 놓은 검정색 실크 재질의 정사각형 상자 앞에 무릎을 꿇는다. 그는 저항하는 듯이 강렬한 목소리로, 눈을 감고 팔을 바깥으로 쭉 뻗은 채로 외쳤다. "흰색……은 색 자체가 없는 거야! 넌 날 위협할 수 없어. 검정색……이야말로 모든 색을 포괄하지! 빨간색 그리고 파란색 그리고 보라색 그리고 녹색 그리고 노란색……." 마치 이때를 기다렸다는 듯이, 다른 배우들은 무대 뒤에 준비되어 있던 옷걸이에서 이러한 색감을 갖고 있는 실크 스카프들을 모아 온다. 그리고 조용히 그의 뒤편으로 다가가 부드럽게 그 스카프들로 몸을 감싸 맨다. 그러면서 한 사람은 "사랑스러운 작은 예수님……." 하며 노래를 부른다. 밥은 몸에 걸친 천을 더 가까이 붙들어 맨다. 그리고 "브룩, 브룩."이라고 거의 속삭이듯이 이름을 부르며 그의 얼굴에 미소가 퍼진다. 그의 팔은 마치 아기를 안고 있는 것 같은 자세를 취한다. 여전히 무릎을 꿇은 상태에서 그는 악사의 플룻 연주에 몸을 맡겨 좌우로 흔든다. 여자 배우 중 한 명이 마치 아기를 재우듯이 그를 안고 리듬에 따라 같이 몸을 흔든다. 그러자 다른 남자 배우도 일어나, 자기 옆에 있던 여자 배우의 어깨를 팔로 감싸고 함께 원을 그리며 밥의 주변을 걷는다. 그 남자 배우는 걸으면서 자랑스러운 몸짓과 함께 "잊지 마세요, 저는 여자들의 마음을 꽤나 잘 훔쳤죠!"라고 선언한다. 조용했던 관객들이 다시 한 번 놀라움의 환호성을 지른다. 사랑의 유대를 보여 주는 동작이 지속되며 발전된다. 마무리로, 밥은 반투명한 골드 스카프로 얼굴을 가린 채 무대 한편의 의자 위에 서 있는 '브룩'을 염탐하다가 대면하게 된다. 밥은 '브룩'에게 다가가 흥분하며 말한다. "당신이에요? 정말 당신이에요? 그거 알아요? 이건 단지 기억일 뿐이에요." 그리고 '브룩'이 위안을 받았다는 것을 알고 자신이 덮고 있던 색색의 스카프를 벗어던지며 말한다. "이리로 와, 우리 키 크고, 까맣고, 잘생긴 아들!" 밥은 '브룩'을 연기하는 다른 배우를 훌쩍 들어 올리고 의자에 앉아서는 그를 팔로 감싸 안으며 좌우로 흔든다. 그와 동시에 두 사람은 노래하기 시작한다. "사랑스러운 작은 예수님……" 관객은 울부짖고, 웃고, 울고, 환호한다. 마지막은 공연장에 모인 참여자들이 떠난 사람의 이름을 불러보는 의식(儀式)으로 진행되었다. 가족은 은쟁반 위에 그들의 이름이 적혀 있는 종잇조각을 올려 놓으며 떠난 사람의 이름을 불러 본다. "타이샤 브룩스…… 토머스 잭슨(Thomas Jackson)." 그리고 한 명의 이름이 불릴 때마다 집단에 참여한 모든 사람은 그 이름을 따라 부른다.

이런 의식이 진행되면서 그들은 점차 함께 모여 무대 위를 가득 메웠다. 그리고 그들은 서로를 어떻게 사랑해야 하는지를 깨달은 상처 입은 치유 공동체의 일부로서 손에 손을 맞잡았다.

맺는말

'피해자들을 승리로 이끌다' 단체의 상임 이사인 캐서린 로슨(Katherine Lawson) 박사는 그날의 저녁 공연을 떠올리며 말했다. "플레이백은 사실상 우리 목소리의 연장선이라고 느꼈어요. 그 공연은 관객에게 때때로 자신이 인지하지 못했던 감정까지도 느낄 수 있는 기회를 제공해 줬어요. 감춰져 있지만 드러나야 할 필요가 있었던 것들이 공연장에서 드러난 것이죠. 믿기지 않는 일들이 일어났어요. 매우 치료적이었다는 피드백들이 압도적이었죠." 이와 비슷한 평가들이 셀 수 없이 쏟아져 나왔다. 이러한 평가는 사랑과 상실이라는 이야기가 각색되고, 또 그것을 지켜보면서 경험하게 되는 변화의 힘이 얼마나 대단한 것인지를 입증해 주었다. 좀 더 형식적인 프로그램 평가도 이와 같은 결과를 보여 주었다. 그 평가에 의하면 95%의 관객이 이 플레이백이 다른 사람들의 고통에 대해 더 큰 '연민'의 감정을 불러일으켰고, 100%의 관객은 이 공연이 비슷한 문제로 씨름하고 있는 그들 자신의 감정들을 '소중히 여기며 존중할 수 있도록 도와주었다.'고 답하였다. 치료적 경험으로서의 플레이백에 대한 좀 더 철저하고 자세한 평가는 현재 아직 고안 중에 있다.

지역사회에서 플레이백을 활용하기를 원하는 치료사들은 플레이백 고유의 체계를 사용해서 사별한 사람들을 지원하는 상황에서 생존자들 사이에 유대감을 증폭시킬 수 있다. 혹은 이야기를 나누는 소집단 사이에서 이 공연을 활용해 회기를 좀 더 진전시켜 나갈 수도 있다. 이러한 맥락에서는 이야기꾼과 관객들 모두의 관찰이나 경험을 다뤄 볼 수 있으며, 다음과 같은 질문들에 대한 답을 다룰 수도 있다.

당신 자신의 상실의 경험에 가장 와 닿았던 이야기는 무엇인가?

공연에서 어떤 감정이 가장 지켜보기 힘들었는가? 어떤 감정이 가장 치료적이었는가?

다양한 공연 중에 어느 부분을 가장 연기하고 싶은가/연기하기 싫은가? 그 이유는 무엇인가?

하나의 이야기를 골라서 다시 써 본다면, 어떻게 다른 결론을 내려 보겠는가?

이보다 좀 더 심화된 워크숍에서는 참여자들이 기초적인 플레이백 방법들을 습득해서 각자가 꺼내 놓은 이야기를 가지고 워크숍 지도자의 지시에 따라 간단한 형태의 공연을 해 볼 수도 있다. 요약하자면, 상실의 이야기에 치유적인 방법으로 삶을 불어넣는 즉흥연기의 잠재적인 영향력이 오늘날에 이르러서야 알려지기 시작했다. 더불어 각 유가족 집단의 독특성을 고려하는 혁신적인 방법들이 이제 막 형성되고 있다.

참고문헌

Fox, J. (1994). *Acts of service: Spontaneity, commitment and tradition in the nonscripted theatre*. New Paltz, NY: Tusitala.

Performing Playback Theatre. (2006). Training DVD co-produced by the School of Playback Theatre and Hudson River Playback Theatre. New Paltz, NY.

Salas, J. (2007). *Do my story, sing my song: Music therapy and Playback Theatre with troubled children*. New Paltz, NY: Tusitala.

22

영화와 연극: 감정 재연하기

예브게니아 밀만(Evgenia Milman)

들어가기

보통 애도의 과정은 상실의 아픔을 이겨 내고자 하는 사람들에게 떠난 사람에 대한 무거운 감정들을 떠올릴 것을 요구한다. 이 장에서는 유명한 연출가이자 연기 지도자로 알려진 콘스탄틴 스타니슬라프스키(Constantin Stanislavski, 1989)와 리 스트라스버그(Lee Strasberg, 1987)의 작업에서 영감을 받은 접근 방식을 통해 이러한 감정 중심적인 활동을 더 용이하게 할 수 있는 방법을 소개하겠다. 특히 배우들은 자신의 캐릭터를 그려 내기 위해 무거운 감정들을 이해해야 하는데, 이 방법은 그러한 감정들을 찾아 나서는 경험에 단서가 된다. 애도상담에서 이 기술을 접목해 활용할 때는 크게 5단계의 과정을 거치게 된다. 여기서 이 과정을 자세히 소개할 것이다. 이 과정을 진행하기에 앞서, 상담자는 내담자가 상담 현장에서 강렬한 감정을 느낄 수 있도록 안정감을 확보해 주어야 한다.

이 과정은 무대 설정(setting the stage)을 하는 것으로 시작한다. 상담자는 먼저 근육 이완과 호흡법을 통해 내담자가 자신의 내면에 귀 기울이고 산만한 생각들을 떨쳐 낼 수 있도록 돕는다. 자세히 말하자면, 내담자가 자신의 사지와 상반신을 편안히 위치시킬 수 있도록 눈을 감은 채로(혹은 바닥을 응시하며) 앉게 한다(즉, 바닥에 발을 위치시키고, 의자에 팔을

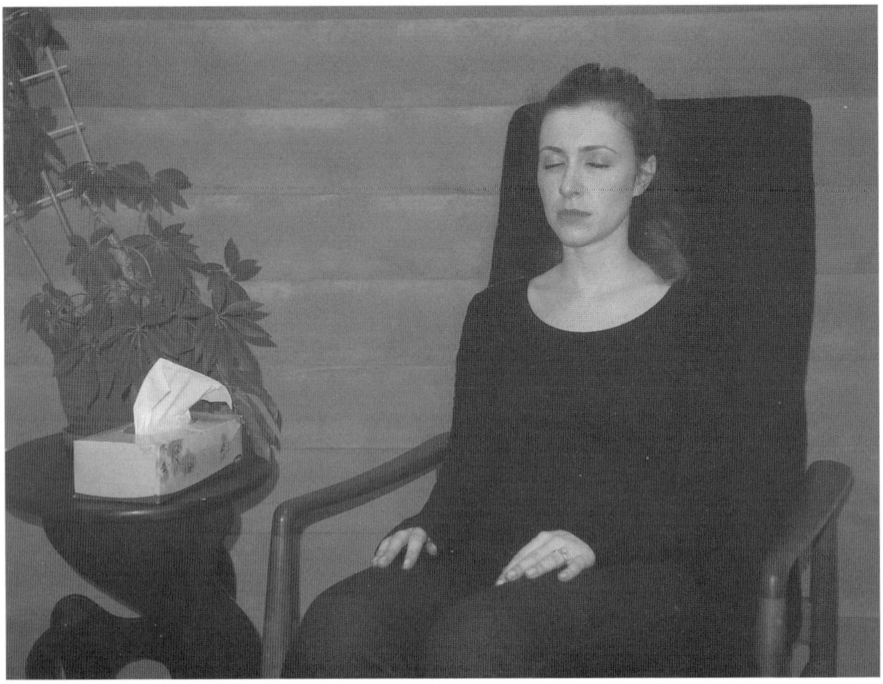

[그림 22-1] 무대 설정

편히 놓으며, 등받이에 등을 기대고 앉는 자세이다; [그림 22-1] 참조).

그런 다음, 내담자는 자신의 몸을 천천히 느껴 보게 된다. 얼굴부터 발까지, 몸의 근육 하나하나를 짚어 가며 각 부분의 긴장을 풀어 준다. 그다음에는 상담자가 내담자에게 자신의 호흡에 집중해 볼 것을 제안한다. 각 호흡의 간격과 깊이에 주의를 기울이며, 그에 따라 몸이 어떻게 움직이는지 살펴보도록 한다.

내담자가 자신의 몸에 집중하게 되면, 상담자는 감정적 회상(emotional recall)을 시작한다. 이 단계의 명칭과 과정은 스트라스버그의 메소드 연기(method acting) 접근법에서 빌려 온 것이며, 스타니슬라프스키의 감정적 기억이라는 개념에 기초한다(Stanislavski, 1989; Strasberg, 1987). 애도상담에서 이 방법을 활용하면, 내담자는 감정적 회상을 통해 죽은 이가 어떠한 상황 속에 있는 장면을 시각화하게 되는데, 이 상황은 현재 내담자 자신이 힘겹게 느끼는 감정과 연관되어 있다. 구체적으로, 상담자는 내담자에게 자신이 힘겨워하는 감정을 불러일으키는 상황(예: 다투는 상황)에서 죽은 사람의 얼굴을 떠올려 보라는 요청을 한다([그림 22-2] 참조).

그러면 상담자는 내담자가 기억하는 그 상황 속 죽은 이의 얼굴과 목소리를 자세하게 표현하

[그림 22-2] 감정적 회상

는 데 더 세심한 주의를 기울여 보도록 요구한다. 그러면 그 상황 당시에는 간과했던 것들(예: 얼굴 표정에 드러난 아픔의 조각)을 알아차릴 수도 있다. 기억나는 사건의 본질 및 내담자가 죽은 이를 어떻게 경험하고 있는지에 따라 상담자는 내담자에게 이제는 죽은 이의 얼굴을 넘어 그 사람의 신체 언어(예: 웅크려 있거나 내담자를 내려다보는)를 상상해 볼 것을 요청할 수도 있다. 또한 그 장면과 관련된 냄새(예: 향수, 담배 연기, 술)를 떠올려 보게 할 수도 있다. 이 단계부터는 내담자가 감정에 압도당하지 않도록 하기 위해 상담자가 내담자의 상태를 지속적으로 가늠해 보며 3, 4단계로 이어 갈지, 아니면 마지막 단계로 건너뛸지 결정해야 한다.

이러한 심상 작업 활동은 이제 감정적 체화(emotional embodiment) 단계로 전환된다. 상담자는 내담자에게 감정을 몸으로 표현하고 죽은 이의 시각화된 이미지에 대사를 입혀서 목소리로 표현하도록 요구한다. 이 단계의 목표는 내담자가 경험한 감정을 신체적으로 느끼는 자각을 높여 주기 위한 것이다([그림 22-3] 참조).

감정적 체화를 촉진시키는 상담자의 말들은 지시적일 수 있고 그렇지 않을 수도 있는데, 이는 내담자가 어떤 쪽에 더 잘 반응하느냐에 따라 달렸다. 예를 들어, “지금 어

[그림 22-3] 감정적 체화

떻게 느끼고 있는지 말씀해 주세요." 또는 "당신의 몸에서 느껴지는 감정을 표현해 보세요."와 같은 좀 더 개방형의 제안을 할 수 있다. 반대로, 상담자는 좀 더 주도적인 방식으로 이야기할 수 있다. "당신이 얼마나 절망적으로 느끼고 있는지 그녀에게 말해 보세요." 또는 "당신이 화가 날 때처럼 주먹을 최대한 꽉 쥐어 보세요."

감정적 체화에 이어, 상담자는 감정적 증폭(emotional amplification) 단계로 넘어간다. 상담자는 내담자가 목소리로 표현한 대사를 더 고조된 감정을 담아서 내담자의 말투로 반복한다. 만약 앞의 감정적 체화 단계에서 내담자가 죽은 이에게 짜증이 나려는 말투로 "당신은 전혀 내 말을 듣지 않고 있군요."라고 말했다면, 이번에 상담자는 이 대사를 좀 더 날카롭고 화난 어투로 반복한다. 이 단계의 목적은 내담자가 내면에 느껴지는 감정을 날것 그대로, 강렬하게 드러내어 표현할 수 있도록 하는 것이다([그림 22-4] 참조).

마지막으로, 감정을 놓아주기(exiting the emotion)로 이 과정을 종결하게 된다. 상담자는 내담자가 다시 한번 근육 이완과 호흡법을 통해 힘겨운 감정을 떠나보낼 수 있도록 이끌어 준다. 더불어 상담자는 내담자가 점차적으로 주변 환경을 더 인식하도록 촉진함으로써 감정적으로 짐이 실린 기억으로부터 벗어날 수 있게 도와준다. 예를 들어, 상담자

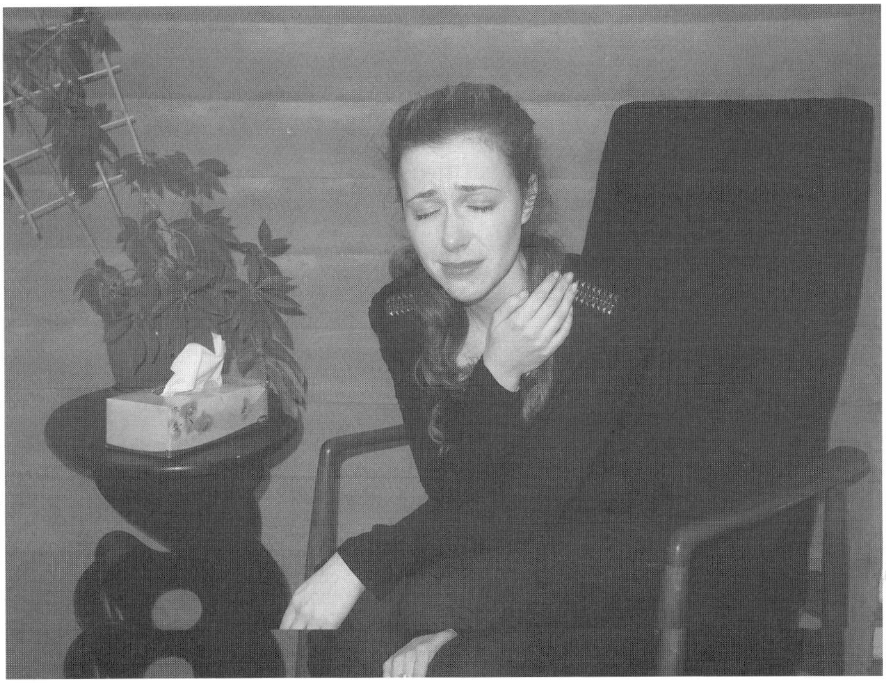

[그림 22-4] 감정적 증폭

는 내담자에게 방의 온도가 어떤지, 의자의 촉감은 어떤지 등에 관심을 가질 수 있도록 질문할 수 있다. 이 활동에 대한 최소한의 마무리를 하기 위해서, 이 마지막 단계에서는 내담자가 감정을 놓아줄 수 있도록 충분한 시간을 할애하는 것이 중요하다.

사례 연구

앤 앤은 28세 기혼의 로스쿨 학생으로 심리치료를 받기 위해 나를 만나기 13개월 전 심근경색으로 아버지를 잃었다. 회기 초반에, 앤은 아버지 삶의 마지막 몇 년간 부재중 전화도 다시 걸지 않고 얼굴도 가끔씩만 만나 보면서 아버지와 거리를 두었다고 말한다. 이렇게 사이가 멀어지게 된 것은 아버지가 그녀에게 로스쿨에 들어가라고 강요했을 때부터 시작되었다. 그리고 현재 자신이 결혼한 사람과의 만남을 아버지가 극구 반대하면서 사이가 더 멀어졌다. 앤은 아버지의 갑작스러운 사망 소식을 들은 후로부터 아버지에 대해 참을 수 없는 분노의 감정을 느끼게 되었고 그 이외의 다른 감정은 느낄 수 없었다고 말한다. 앤이 아버지를 떠올릴 때 느끼게 되는 다른 감정들을 폭넓게 탐색하고 느껴 보는 것을 목표로, 그녀와 나는 한 회기를 오로지 '감정 재연하기(enacting the emotion)'라는 활동에 쓰기로 한다. 먼저 '무대 설정'을 한 뒤, 나는 앤에게 아버지로부터 상처받았을 때 기억나는 아버지의 얼굴을 떠올려 보라고 한다.

감정적 회상(Emotional recall) 천천히, 자주 멈추며, 차분한 목소리로 나는 앤에게 지시한다. "그의 눈 안에 무엇이 보이는지 알려 주세요. …… 그가 당신을 보고 있나요? …… 그가 얼마나 큰 소리로 얘기하고 있나요? …… 그의 얼굴 표정이 어떤가요? …… 그의 얼굴 근육은 편안해 보이나요, 아니면 긴장되어 보이나요? …… 그가 얼마나 빠르게 이야기하고 있나요?" 앤은 호흡이 미세하게 가빠지면서 얼굴을 움찔움찔해 보인다. 나는 다시 한번 앤에게 부탁한다. "그의 목소리 톤이나 눈빛과 같이 당신이 그 순간에 놓친 것들을 다시 한번 살펴보도록 합시다." 그녀는 몇 초 동안 숨을 참는 듯하더니 이내 눈물을 흘리기 시작한다.

감정적 체화(Emotional embodiment) 이번에는 앤에게 "당신이 지금 느끼고 있는 것을 목소리로 표현해 줄 수 있나요?"라고 부탁한다. 앤은 작은 소리로 속삭인다. "아버지는 상처받았어요." 나는 또 다른 질문으로 앤의 대답을 유도한다. "당신의 감정이 그에게 무엇을 말하라고 하나요?" 앤은 절망적인 듯 답한다. "죄송해요. 제가 아버지를 아프게 해서 죄송해요." 나는 다시 묻는다. "지금 느끼는 감정이 당신 몸에게 어떻게 하라고 시키나요?" 앤이 움직임 없이 가만히 있자, 나는 그에 맞춰 진행한다. "당신이 미안해하고 있다는 걸 그에게 보여 주세요." 이 말을 듣자마자 앤은 마치 가슴에 고통이 있는 듯이 주먹을 불끈 쥐고 가슴에 가져다 댄다. 그리고 앞으로 구부린 채로 얼굴을 찌푸린다. 그런 다음, 그녀는 거의 자기만 들릴 법한 작은 목소리로 속삭인다. "아버지를 아프게 해서 죄송해요. 아버지가 날 그리워했던 만큼 나도 아버지가 그리웠어요."

감정적 증폭(Emotional amplification) 나는 앤의 마지막 말을 반복하는데, 그 속의 감정을 증폭시켜서 속삭이는 목소리가 아닌 절망적인 톤으로 말한다. "아버지를 아프게 해서 죄송해요!" 그러자 앤은 즉시 나를 따라 격양된 목소리로 말한다. "아버지도 날 아프게 했잖아요. 그래서 나도 그랬어요. 그리고 아버지는 내가 보고 싶다고 한 번도 말해 본 적이 없잖아요." 앤은 더 격렬히 울기 시작한다. 나는 그녀가 새롭게 표현한 감정적 톤에 맞추어 반복해 말한다. "아버지는 내가 보고 싶다고 한 번도 말해 본

적이 없잖아요." 이 말이 끝나자마자 앤이 말을 이어 간다. "저에게 상처를 줬던 아버지에게 너무 화가 났어요. 그래서 그러고 싶지 않았어요. …… 죄송해요. …… 제가 아버지 마음을 아주 심하게 아프게 했다는 사실을 마주하고 싶지 않았어요." 앤은 계속해서 눈물을 흘린다. 그러고는 울먹이는 사이사이에 "아버지가 날 아프게 했어요. 나도 아버지를 아프게 했고요."라고 말한다.

감정을 놓아주기(Exiting the emotion) 나는 앤에게 팔을 옆에 편하게 놓고 의자에 기대어 앉아 보라고 말한다. 그러고는 팔의 피부를 통해 느껴지는 의자의 촉감이 어떤지, 그녀의 등과 맞닿은 의자가 부드러운지 또는 딱딱한지 느껴 보라고 한다. 나는 그녀에게 방의 온도와 소리에 대해서도 느껴 보라고 한다. 그런 다음, 앤이 자신의 얼굴에서부터 몸 전체 근육들에 긴장을 풀고 호흡에 집중해 보도록 한다. 마지막으로, 나는 그녀에게 눈을 뜨고 1분 동안 조용히 있어 보게 한 후 이 활동이 어땠는지 물어본다. 이번 회기 이후부터 앤은 더 이상 화난 상태로만 있지 않고, 자신의 상처받은 마음과 죄책감을 탐색해 볼 수 있었다.

변형과 적용

'감정 재연하기' 활동은 후속적인 치료 과정이 자연스럽게 따라오면서 애도상담에서 단독으로 활용될 수 있다. 하지만 이 활동은 상담자가 판단한 내담자의 필요와 자원에 따라 다른 애도상담의 특별한 기법들과 효과적으로 결합될 수 있다. 예를 들어, 감정적 회상, 감정적 체화, 감정적 증폭은 빈 의자 기법(chair work)을 좀 더 심화시킬 수 있다(Neimeyer, 2012a). 빈 의자 기법에서는 죽은 이가 상징적으로 빈 의자에 앉아 있다고 상상하면서 내담자가 대화를 하는데, 조금 더 솔직하고 미묘한 대화를 통해 회복에 한 발 더 가까워질 수 있다. 또한 감정 재연하기 활동을 마친 후 안내된 저널링(directed journaling; Lichtenthal & Neimeyer, 2012)의 다양한 형식을 사용해서 경험을 정리해 볼 수도 있다. 이를 통해 그 경험이 지닐 수 있는 의미나 삶의 교훈을 찾아볼 수 있다. 주로 회기와 회기 사이에 진행되는 죽은 이에게 보내는 편지(correspondence with the deceased; Neimeyer, 2012b)를 회기 중에 감정 재연하기를 끝낸 후 사용할 수도 있다. 이는 상담자와 함께 관련된 주제들을 되짚어 보며 성찰적으로 마무리할 수 있는 기회를 제공한다.

맺는말

감정을 재연하는 것이 사랑하는 사람을 여윈 사람들과의 상담 현장에서 어떠한 역할을 하는지를 탐색한 연구들은 없었다. 그러나 감정 중심의 상담을 탐구한 관련 연구들은 안정감 있는 환경과 충분한 작업 과정이 주어진다면 상담에서 강렬한 감정을 불러일으키고 그 감정을 가지고 작업하는 것이 긍정적인 치료 효과를 보일 수 있다는 결과들을 제시해 주었다(Greenberg, 2010).

더불어 기초적인 연구들도 감정을 이끌어 내기 위해 감정을 재연하는 과정에서 다양한 단계가 가진 역량을 입증하고 있다(Banich, 2004). 예를 들어, 많은 연구 결과에 의하면 감정을 담당하는 뇌의 부분[대표적으로 유명한 편도체(amygdala)]을 활성화하는 요소 중에는 얼굴 표정이 가장 신뢰할 만하다. 감정과 얼굴 표정 사이가 신경회로망으로 연결되었다는 사실은 감정적 회상의 단계에서 얼굴 표정이 얼마나 중요한지를 입증해 준다. 더 나아가 감정을 연구하는 학자들은 몸의 반응이 감정으로 이어지거나 감정을 증폭시킬 수 있다고 주장한다(예: Damasio, 2001; Prinz, 2004). 이는 감정적 체화 단계가 실제로 당시 느끼고 있는 감정을 더 부각시킬 수 있다는 것을 말한다. 마지막으로, 거울신경(mirror neuron)에 관한 신경학적 연구는 감정적 증폭 단계를 뒷받침한다. 거울신경은 어떠한 동작을 할 때와 다른 사람이 그 동작을 따라 하는 것을 볼 때 활성화되는데, 감정적 증폭 단계에서는 상담자가 내담자의 감정을 반복하며 증폭시키는 장면이 내담자의 감정을 촉진시킬 수 있기 때문이다. 이와 같은 연구들은 임상적 경험과 함께 같은 결론을 내린다. 감정을 재연하는 것이 애도하는 내담자들의 슬픔과 관련된 감정에 접근하고, 탐색하고, 최종적으로는 변화시킬 수 있도록 도와준다는 것이다.

참고문헌

Banich, M. T. (2004). *Cognitive neuroscience and neuropsychology* (2nd ed.). Boston, MA: Houghton-Mifflin.

Damasio, A. R. (2001). Fundamental feelings. *Nature*, *413*, 781.

Greenberg, L. (2010). *Emotion focused psychotherapy*. Washington, DC: American Psychological Association.

Lichtenthal, W. G., & Neimeyer, R. A. (2012). Directed journaling to facilitate meaning making. In R. A. Neimeyer (Ed.), *Techniques of grief therapy* (pp. 161-164). New York: Routledge.

Neimeyer, R. A. (2012a). Chair work. In R. A. Neimeyer (Ed.), *Techniques of grief therapy* (pp. 266-273). New York: Routledge.

Neimeyer, R. A. (2012b). Correspondence with the deceased. In R. A. Neimeyer (Ed.), *Techniques of grief therapy* (pp. 259-261). New York: Routledge.

Prinz, J. J. (2004). Embodied emotions. In R. C. Solomon (Ed.), *Thinking about feeling: Contemporary philosophers on emotions* (pp. 44-48). New York: Oxford University Press.

Stanislavski, C. (1989). *An actor prepares*. New York: Routledge.

Strasberg, L. (1987). *A dream of passion: The development of the method* (pp. 123-175). New York: Penguin.

23

영화와 연극: 그림자 속에서 춤추기

로럴리 엠 스코트-컨포티(Loralee M. Scott-Conforti)

분석심리학적인 관점에서 연극이란, 예술적 가치를 차치하더라도 집단 콤플렉스를 치료하기 위한 제도로 간주할 수 있다.

– Jung(1949)

들어가기

마사 그레이엄(Martha Graham)은 자신의 대표작인 〈애통(Lamentation)〉이라는 공연이 끝난 후 무대 뒤에 있는 자신을 찾아온 한 여성에 대한 이야기를 들려준 적이 있다. 그녀는 그 여성이 매우 창백해 보였고, 누가 봐도 울다가 온 얼굴을 하며 짧게 말했다고 한다. "고맙습니다. 당신의 공연이 제게 얼마나 큰 의미가 됐는지 당신은 모를 거예요."(de Mille, 1991) 그녀는 이렇게 말하고서는 자리를 떠났고 그레이엄은 다시 그녀를 만나 보지 못했다. 그래서 그레이엄은 그 공연에 참여했던 다른 사람에게 그녀가 어떤 사람인지 물어보았다. 그때 그레이엄은 그 여성에 대해 다음의 사실을 알게 되었다. 그녀는 아이를 자동차 사고로 잃었는데, 눈앞에서 자동차가 자신의 아이를 덮치는 것을 목격했다. 그녀는 심리치료사 및 많은 의사와 함께 수개월을 치료에 전념했지만 한 방울의 눈물도 흘릴 수 없었다. 그러나 공연에 관객으로 앉아 있으면서 그레이엄이 '애통'을 추는 것을 보고 갑자기 눈물이 쏟아져 나왔다. 자신의 아이의 죽음을 직접 목격하면서 갖게 된 두려움과 트라우마로 얼어붙어 있었던 그녀의 슬픔이 마침내 터져 나왔던 것이다. 그제야 그녀의 영혼이 내면에 깊이 억압되어 있었던 고통을 놓아줄 수 있게 되었다.

춤을 춘다는 것은 몸속에 억압되면 안 되는, 그래서 춤을 통해 승화시켜야만 하는 것들을 신체로 표현하는 것이다. 춤은 언어의 한계를 뛰어넘는다. 춤은 상징과 언어 사이의 공간에 존재한다. 상징과 언어 사이의 미묘한 경계에서 의미(意味)는 머리로 이해되기보다는 가슴으로 느껴진다. 그 경계에서 현실은 말로 설명되기보다는 온몸으로 경험된다. 영감을 불러일으키는 신비의 베일 속에서 우리를 감히 그리고 아마도 변화시킬 수 있는 공간에 춤은 존재한다. 춤이라는 매개체에 내재되어 있는 이런 독특한 특성과 능력은 특히 트라우마적 상실을 겪고 있는 사람들이 자신의 슬픔과 상실에 대한 경험을 즉각적이고 강렬하게 전달할 수 있게 한다.

무용수는 언어나 의식적 사고로 형용할 수 없고, 마치 바람처럼 보이지 않으나 움직이는 다른 대상을 통해 그 존재가 입증되는 것들을 운반하는 배 같은 존재이다. 춤은 단순히 무용수가 보여 주는 몸의 움직임일 뿐이라고 생각하기 쉽지만, 사실 춤은 좀 더 깊고 폭넓은 차원에서 이루어지는 움직임이라고 할 수 있다. 춤은 심적 에너지의 이동이다. 춤은 우리 존재의 깊은 차원에서 우리를 움직이고 예술가와 관객 모두의 무의식상의 '지각판'을 이동시킬 수 있는 힘이 있다.

심층심리학의 관점에서 춤 공연을 바라보면, 그것의 역량을 발견할 수 있다. 춤 공연은 무의식의 차원에서 심적 에너지를 이동해서 공연자와 관객 모두에게서 변화를 이끌어 낼 수 있다. 이러한 지혜는 아마도 세계 도처의 우리 조상들도 본능적으로 알았던 사실일지도 모른다. 역사적으로 춤은 통과의례(通過依例)로 활용되어 왔다. 춤을 통해 전사들을 전장에 보낼 준비를 하고, 귀향하는 길을 축하해 주었다. 춤은 집단적인 축제에서뿐만 아니라 집단적인 애도에서도 전형적으로 활용되어 왔다. 포스트모던, 예술에 대한 해체주의적 관점, 공연 예술의 상업적 이용으로 특징지어지는 현대 문화에서 우리는 반드시 다음과 같은 질문을 제기해야 한다. 우리는 춤에서 상실의 아픔과 트라우마의 어두운 암흑 속에서 영감과 생기를 불어넣어 줄 수 있는 영혼을 제거해 버린 것이 아닐까?

하버드 대학교 의과대학(Harvard Medical School) 교수인 주디스 허먼(Judith Herman)

은 자신의 책 『트라우마와 회복(Trauma and Recovery)』에서 다음과 같이 말한다.

> 심리적인 트라우마에 관한 연구에서는 반드시 희생자를 폄하하거나 그들을 투명인간 취급하려는 경향에 계속 저항해야 한다. …… 의식적으로 트라우마적인 현실을 이해하기 위해서는 희생자를 지지하고 보호하며 그의 입장에 서서 협력적인 유대감 속에서 그 현실을 함께 바라볼 수 있는 사회적인 환경이 필요하다(1992, p. 9).

허먼은 여기서 트라우마의 희생자들이 지지받고 보호를 받으며 희생당한 사람들이 겪는 불의에 관심을 집중시키는 데 공헌할 수 있는 사회적인 구조를 제공하기 위해 정치적인 움직임을 지지한다. 이러한 역할을 위해서 정치적인 움직임은 타당하고 필요한 일이다. 하지만 예술적 활동들도 더하면 더했지 이에 못지 않은 효력을 발휘할 수 있다. 희생자들을 지지하고, 심각한 트라우마와 흔히 동반되는 현실 부정과 같은 집단적 방화벽을 뚫는 데 있어 예술은 유용한 수단이 된다. 그렇게 하면, 트라우마적인 상실과 연관된 억압된 슬픔을 드러낼 수 있고, 수용적이고 공감적인 청중과의 교감을 통해 슬픔을 받아들일 수 있게 된다.

비록 예술의 치유적인 측면들은 최근 들어서야 심리치료 분야에 알려지고 글로 쓰이고 있지만, 공연 예술의 현상학적 유익함은 처음부터 인정되어 왔다. 그리스어로 치료는 '테라페이아(therapeia)'라고 하는데 이것은 '주의를 기울이다.'라는 뜻을 갖고 있다. 폭넓게 보면, 예술가들의 역할은 그들의 창조적인 영감을 일깨워 주는 내면의 힘에 집중하고, 이를 통해 주변 세계도 그러한 내면의 힘에 귀를 기울일 수 있도록 하는 것이다. 여기서 영감은 아름다운 장소에서 올 수도 있고 비극적인 장소에서 올 수도 있다.

사례 연구

〈영혼의 외침!(SoulCry!)〉은 독창적이고 여러 학문 분야를 넘나드는 무용 공연 작품으로 성매매 이야기를 다룬다. 『뉴욕 타임즈(New York Times)』에서 니콜라스 크리스토프(Nicholas Kristoff)에 의해 처음 소개되었고, 이후에 그의 퓰리처 수상작인 『절망 너머 희망으로(Half the Sky)』에서 소개된 이 이야기는 끔찍한 사창가를 뒤로한 채 마침내 도망치고, 또 자식들을 구하려고 노력하는 한 여성의 실화를 담고 있다. 이 이야기는 성매매와 결부되는 트라우마, 공포, 슬픔 그리고 상실의 전형적인 예이기도 하지만, 다른 한편으로는 인간의 영혼이 가진 회복탄력성을 보여 준다(Kristoff, 2010).

9세에서 50세에 이르는 30명 이상의 댄서, 보컬리스트, 배우가 참여한 가운데 〈영혼의 외침!〉은 1년에 320억 달러에 달하는 경악스러운 인신매매의 범죄 산업을 하나의 이야기 속에 담아낸다. 이 하나의 상징적인 이야기의 힘은 춤과 음악을 통한 신랄함에 더해져 성매매라는 전 세계에서 유행병처럼 퍼지고 있는 골칫거리에 대한 현실 부정의 방화벽을 뚫어 버린다. 춤과 음악을 통해 전달되는 이 한 여성의 이야기는 2,700만의 성매매 노예라는 다소 건조하고 진부할 수 있는 통계 수치를 잘 활용한다. 이 공연은 관객들이 성매매의 극악무도한 현실을 머리로 이해하는 동시에, 어린 피해자들과 상상조차 할 수 없는 고통 속에서 그들이 보여 주는 회복탄력성을 기억하고 지지할 수 있는 매개체가 된다.

눈물을 흘리며 춤추기: 댄스 스튜디오에서 트라우마 다루기

나는 안무가와 예술감독으로서 성매매 문제를 다루기로 결정함과 동시에, 무용수와 배우 그리고 궁극적으로는 관객에게 트라우마를 초래하지 않는 방법으로 이 이야기를 풀어 나가야 할 무거운 책임을 짊어지게 되었다. 하지만 그들에게 엄청난 충격을 주지 않으면서도, 이 강렬한 이야기의 사실적 측면이 희석되어 그저 낭만적으로 표현된 감상주의에 그치지 않도록 해야 했다. 이 공연에서 그 실화를 기리기 위한 나의 예술적 의도는 그 실화의 공포뿐만 아니라 아름다움 그리고 환희가 공연자들 몸 전체에 울려 퍼지며, 바라건대 그 공연자들을 보는 관객까지도 그 전율을 느끼게 하는 것이다.

나는 성매매 산업에 관한 자료 조사를 하는 2년 동안 희생자들의 끔찍한 이야기에 둘러싸여 살았는데, 이는 개인적으로 꽤나 힘든 작업이었다. 나는 안무가로서 발언할 기회가 없었던 이러한 희생자들이 자신의 목소리를 높일 수 있도록 도와주고 싶었다. 그 희생자들의 이야기로 인해 나는 악몽에 시달렸고, 나는 그 이야기를 좀 더 넓은 세상으로 분출해야 할 필요성을 느꼈다. 미국을 포함한 전 세계에서 일어나고 있는 성매매라는 현실을 무의식적으로 부정하고 있는 그 넓은 세상으로 말이다.

전문 무용단(악센도 댄스 단체, Accendo Dance Company)뿐만 아니라 내 학생 무용단도 같이 이 공연을 준비했기 때문에, 무용수들이 이 소재를 다루기까지 준비하는 과정

[그림 23-1] 유괴

❖ 사진: 키로 미디어(Kyro Media)

에서는 많은 시간들 들여 대화를 해야만 했다. 심지어 학생 무용단에는 9세의 아주 어린 무용수도 있었기 때문에 이러한 소재를 다루려면 먼저 그들의 어머니와 특히나 여자아이들과 많은 대화를 나눠야 했기 때문이다([그림 23-1] 참조).

놀랍게도, 많은 10대와 청소년 무용수는 이미 성매매에 대한 문제의식이 형성되어 있던 상태였고 비정부 기구(NGO)의 온라인 활동에도 참여하고 있었다. 이 젊은 여성 무용수들은 범죄 산업으로 인해 희생당하고 있는 자기 또래의 여성들을 춤을 통해 대변할 수 있다는 생각에 들떠 있었다. 최근에 그중 한 학생 무용수가 자신이 〈영혼의 외침!〉 리허설과 공연에서 경험했던 내용을 이메일로 보내왔다.

> 작년에 우리가 한 인신매매에 관한 작품은 제게 상당한 도전 정신을 요하는 과제였습니다. 왜냐하면 저 또한 과거에 일어난 일로 인해 고통을 받은 사람이었기 때문이죠. 그래서 저는 더더욱 당신에게 춤의 위력을 말하고 싶었습니다. 그 안무를 출 때마다 저는 잃어버렸던 제 용기와 힘을 조금씩 되찾는 기분이었고 불의에 대항하고 있는 것 같았어요.

진정한 의미에서, 예술가는 상처 입은 치유자(wounded healer)이다. 우리 예술가들은 자신의 영혼이 가지고 있는 어두움과 맞서 싸우며 예술을 통해 그러한 어두움에 관심을 가질 수 있는 용기를 가져야 한다. 그럼으로써 우리는 우리 자신을 치유할 뿐만 아니라 우리를 둘러싼 공동체 또한 치유할 수 있다. 노이만(Neumann, 1959)은 이것을 다음과 같이 매우 유창하게 표현하였다.

> 모든 창조적인 인간의 개인적인 과거는 아픔의 구렁텅이다. …… 그 아픔의 상처는 아직 아물지 않았다. 하지만 상처로 인한 괴로움은 구렁 깊이 존재하며, 그 깊은 곳에서는 또 다른 치유의 힘이 샘솟는다. 이러한 치유의 힘은 창조적인 과정 속에서 솟아난다. …… 왜냐하면 창조적인 인간은 자기 자신의 고통을 느끼고 있는 가운데 자신을 둘러싼 동시대의 공동체가 지닌 깊은 상처들을 함께 고통스러워하기 때문이다. 그래서 그는 자신뿐만 아니라 공동체를 치유할 수 있는 소생의 힘을 내면 깊이 가지고 있다(p. 186).

무용수들과 나는 눈물을 닦아가며 리허설을 했던 적도 많다. 자세히 말하자면, 우리는 성매매라는 암흑 세계에 갇혀 버린 젊은 여성의 트라우마를 함께 경험했다고 할 수 있다. 우리의 춤은 상실의 슬픔을 나타냈는데, 때때로 그 감정들이 너무나 강력할 때도 있었다. 그러나 이러한 슬픔을 표현하고 놓아줄 수 있도록 만들어 준 것은 바로 우리의 춤이었다. 그리고 우리가 바라던 대로, 이 춤은 이러한 아픔을 가진 젊은 여성들을 기릴 뿐만 아니라, 현실을 묵인해 왔던 침묵을 깨트리고 성매매라는 현대판 노예제도를 타파하는 데 실질적인 도움이 됐다([그림 23-2] 참조).

안무가로서 나는 리허설의 내용과 그것이 무용수들에게 끼치는 영향에 대해 세심한 주의를 기울여야만 한다는 것을 알아차렸다. 그래서 리허설 때마다 나는 좀 더 트라우마적인 아픔을 표현하는 동작들과 회복탄력성 및 아름다움을 이야기하는 동작들을 고루 섞어서 그 사이에 적절한 균형을 찾아야 했다.

리허설을 통해 상실의 아픔과 트라우마가 나 자신과 무용수들에게 미치는 강렬한 힘을 발견하게 되면서, 나는 공연의 마무리에서 공연자와 관객 모두가 현실의 세계로 되돌아올 수 있도록 전환하는 방법을 찾아야 한다는 것을 깨달았다. 그저 공연을 마무리하고 공연장의 불을 켜는 것만으로는 부족해 보였다. 그러한 방법은 너무 부자연스럽고, 우리가 공연에서 보여 준 것들의 심오함에 대한 예의가 아닌 것 같았다. 그래서 나는 좀 더 현대적인 춤으로 마무리를 지어야겠다고 생각했고, 무용수들은 캐주얼한 평상복 차림으로 테크노 팝 댄스를 췄다. 그리고 뒤이어 관객이 방금 본 이야기에서

[그림 23-2] 노예

❖ 사진: 키로 미디어

우리 일상의 현실 세계로 돌아올 수 있도록 마무리 짓는 대사를 넣었다. 이 테크노 팝 댄스는 사회정의라는 일관된 주제 아래서 무용수들이 좀 더 가볍고 덜 트라우마적인 분위기로 넘어갈 수 있게 해 주었다. 사실, 우리가 〈영혼의 외침!〉의 마무리로 이 춤 동작을 선보일 때마다 심지어 무대 매니저조차도 무대 뒤에서 같이 춤을 '추며' 상실과 트라우마의 분위기로부터 벗어나려고 했다.

이렇게 트라우마와 관련된 주제를 작품으로 선보일 때 가장 핵심적이었던 것은 공연단을 매우 긴밀하고 지지적인 공동체로 만드는 것이었다. 공연 연습을 마무리할 때마다 무용수들과 나는 바닥에 원으로 둘러앉아 우리의 이야기를 나누며 함께 울고, 웃고, 기도했다. 우리는 자신들의 삶을 나누고, 마음을 나누고, 상처를 나눴다. 그리고 모든 무용수는 자신들이 가치 있고 사랑받을 만하며 지지를 받을 수 있는 존재라는 인식을 갖게 되었다. 성매매라는 끔찍한 학대 속에서 침묵을 강요당한 어린이들과 여성들의 목소리가 되어 춤을 추자는 꿈 하나로 우리는 하나가 되었다.

트라우마와 상실을 공연하기

20년 넘게 안무를 구상하고 무용과 무용 공연을 만들고 기획해 왔지만, 나는 이때만큼 완성한 작품이 관객에게 어떻게 다가올지 확신이 서지 않은 적이 없었다. 참 많은 생각이 들었다. 우리의 진정성이 이 공연을 통해 잘 전달될 수 있을까? 이 공연의 기술적인 측면들(조명, 홍보, 공연 장소 그 자체)이 우리가 전달하고자 하는 바를 퇴색시키지는 않을까? 완성된 작품이 희석된 감성주의로 보이지 않으면서 관객을 트라우마에 빠트리지 않고 실제 이야기에서 이루어진 극복과 승리를 진실되게 잘 전달할 수 있을까?

우리가 이 공연을 처음 선보였을 때 관객들은 처음에는 침묵하더니 나중에는 기립박수를 보내 주었다. 나중에 공연을 관람한 관객들과의 대화를 통해 알게 된 사실이지만, 그들이 침묵했던 것은 많은 이가 눈물을 흘리고 있었기 때문이었다. 우리는 이 공연을 수많은 다른 장소의 매우 다양한 관객 앞에서 선보였다. 그러면서 나는 공연을 본 사람들의 반응들이 놀랍도록 유사하다는 것을 발견하게 되었다. 한 관객의 다음 후기는 〈영혼의 외침!〉에 대한 가장 보편적인 반응이다.

> 이제까지 묵인되어 왔던 사회적인 문제를 상징적인 몸의 언어로 풀어낸 당신의 작품은 사람들의 무의식의 세계와 마음을 움직였다. 지난밤 우리가 관객으로 그 공연을 관람하면서 깨달은 것은 매우 심오했다. 나는 눈물을 멈출 수 없었다. 다른 사람들도 마찬가지였다. 우리는 그 어떠한 강연의 연설이나 슬라이드 쇼로도 깨달을 수 없는 것들을 느꼈다.

우리가 했던 가장 최근의 공연에서, 무대가 끝난 뒤 한 젊은 여성이 눈물을 흘리며 내게 다가왔다. 그러고는 나에게 자신의 이야기를 들려주었다. 그녀는 16세의 젊은 나이에 자신보다 2배나 나이가 많은 남성과 강제로 성관계를 맺었다고 하였다. 그래서 그녀의 가족들은 지참금을 받을 수 있었다. 그녀는 다행히 미국으로 대륙을 넘어와 자신의 언니와 함께 살고 있었다. 그녀는 자기 자신뿐만 아니라 비슷한 처지에 놓여 있는 다른 여성들을 춤을 통해 대변해 준 것에 대해 나에게 감사를 표했다. 우리는 함께 껴안고 울며 세계 도처에서 일어나고 있는 아동, 젊은 여성 그리고 남성을 겨냥한 착취의 쓰나미에 헌신적으로 저항하겠다고 다짐했다. 우리가 부둥켜안고 이와 같은 결의를 다질 때 치유되는 느낌이 있었다. 그녀와 나는 비록 다른 삶의 궤도를 따라 살아왔지만, 트라우마와 상실의 아픔을 느꼈으며 같은 심장 박동수를 가지고 있었기 때문에 이러한 치유를 받을 수 있었다. 용기와 서로에 대한 연민으로 똘똘 뭉친 우리는 함께 암흑을 헤치고 참된 의미가 존재하는 완전한 곳으로 나아가자고 다짐했다.

참고문헌

Herman, J. L. (1992). *Trauma and recovery*. New York: Basic Books.

Jung, C. G. (1949). *Psychology of the unconscious*. Mineola, NY: Dover Publications.

Neumann, E. (1959). *Art and the creative unconscious; Four essays*. New York: Pantheon.

24

영화와 연극: 사회극에서의 실용적 뮤즈

데이비드 베커(David Baecker)

들어가기

보통 작품 하나를 연출하려면 굉장히 많은 조사를 해야 한다. 특히나 그 작품의 내용이 신체적 · 감정적 혹은 심리적인 충격이 담긴 실제 삶의 문제를 다루면 감독은 구체적인 무대 연출이나 분위기에 세심한 주의를 기울여야 한다. 특히 사회극(social drama)인 경우 더욱 그러하다. 사회극은 사회의 치료적인 효과를 일으키기 위한 목적을 갖고 있는 공연으로 알려져 있다. 이를 위해 죽음과 상실 그리고 사랑하는 사람을 여읜 슬픔과 관련된 문제들에 경각심을 불러일으켜 사회적인 인식을 확장하고자 한다. 그리고 사회극은 한 개인이 이 문제를 성찰하도록 할 뿐만 아니라 활발한 사회적 논의를 이끌어 내고자 하는 목적을 가지고 있다. 이 장에서는 이러한 공연들의 신빙성과 궁극적으로는 영향력을 높일 수 있는 구체적인 연습 활동을 공유하고자 한다.

몇몇 관객은 무대 위에서 펼쳐지는 모든 세밀한 요소들을 받아들이지 못하지만, 그것을 모두 받아들이는 관객들 또한 있을 것이다. 따라서 이 점을 항상 염두에 두고 그들의 지식을 겨냥해서 작품을 구상해야 할 필요가 있다. 이를 위해 대본에 소개된 사회적인 문제들과 관련된 글을 많이 읽어 보는 것이 도움이 된다. 하지만 작품이 진정성을 갖기 위해서는 감독이 중심인물의 현실판인 뮤즈(muse)를 찾아야 한다. 이보다도 더 좋은 결과물을 얻기 위해서 나는 내가 '실용적 뮤즈(practical muse)'라고 이름 붙인 것을 찾아 나선다. 실용적 뮤즈는 직접 출연자들과 말을 하며, 대본에 대한 질문에 답하고, 작품의 인도자가 될 수 있는 사람이어야 한다.

이 뮤즈를 찾기 위한 마술적인 공식은 없다. 대신에 감독은 믿을 만한 친구 혹은 동료에게 뮤즈 역할에 추천해 줄 수 있는 사람이 있는지 물어볼 수 있다. 당신의 연극 내용에 들어맞는 경험이 많은 '뮤즈'는 많을 수도 있고 매우 적을 수도 있다. 그렇다고 경험 많은 뮤즈가 많다고 해서 그와의 파트너십이 반드시 좋은 결실을 맺는 것도 아니다. 연극에서 좋은 결과를 얻기 위해 기술적인 안내를 해 주기 위해서는 특별한 성격이 필요하다. 아무리 세부적인 요소에 신경을 쓴다 해도 그것이 공연의 신빙성을 보장해 주지 않는다. 공연은 하나의 예술작품이다. 그래서 한 개인의 삶의 경험이나 조사들을 지시할 수 없다.

이러한 이유에서, 감독이 자신에게 맞는 뮤즈를 만나는 것은 대개 행복한 우연이며, 혹은 앞서 준비하고 미리 생각해 둔 이에게 찾아온 행운이다.

사례 연구

2010년 초, 나는 셜리 라우로(Shirley Lauro)의 〈내 마음의 한 조각(A Piece of My Heart)〉이라는 극의 연출을 제안받았다. 이 연극은 뉴욕 트로이의 세이지 대학(Sage Colleges)에서 참전 용사들의 주간(Veterans' Week)을 기념해 기획된 것이었다. 〈내 마음의 한 조각〉은 '베트남 전쟁을 다룬, 국가적으로 가장 오래된 연극 작품'으로 알려져 있다. 이 작품은 6명의 여성이 베트남에 보내졌다가 전쟁 이후에 어렵게 미국으로 귀환하게 된 경험을 다루고 있다. 이 작품은 대본이 복잡하고, 여러 장면의 조각들로 이루어져 있으며, 관객에게 직접 말을 건넨다. 그리고 베트남 전쟁 기념비 앞에서 촛불 시위를 하며 막을 내린다.

이 작품에 참여한 우리 뮤즈는 러셀 세이지 대학(Russell Sage College)의 여자 졸업생인 헬렌 바티건(Helen Vartigan) 소령이었다. 바티건은 보건교사 교육을 전공했으며, 1966년 5월에 자원 입대하여 제12후송병원에 배정되었다. 이 병동은 우연치 않게도 〈내 마음의 한 조각〉의 배경인 쿠치에 위치해 있었다. 그녀는 1년 동안 일하면서 8,000명이 넘는 환자들을 치료했다. 그 환자들 가운데는 사지가 잘리거나 심한 화상, 여러 조각

[그림 24-1] 쿠치

❖ 사진: 타마라 핸슨(Tamara Hansen)

난 상처들, 복부 상처, 흉부 부상, 심지어 말라리아와 뎅기열과 같은 전염병에 걸린 사람들이 있었다([그림 24-1] 참조).

그녀는 자신의 여정을 마치고 미국 집으로 돌아온 이후, 새해 전야제 파티를 회상했다. "누군가 이것에 관해 물었어요. 나는 그들에게 설명하기 시작했지만, 그들은 내 이야기를 들으려 하지 않았죠. 내가 그 이야기를 누군가에게 다시 하기까지는 그때로부터 20년 혹은 그 이상의 시간이 흘렀을 수도 있어요."([그림 24-2] 참조)

바티건은 그 후 13년 동안 군 복무를 지속했으며, 다음과 같은 활동들을 하면서 꽤 오래전에 세상에 목소리를 내기 시작했다. 그녀는 지역사회의 베트남 참전 용사들을 위한 트라이카운티 의회(Tri-County Council of Vietnam Era Veterans)에서 활동을 시작하면서 학교를 방문했고, 그녀의 이야기를 하기 시작했다. 또한 그녀는 참전 용사들뿐만 아니라 그들의 자녀들을 위해 세 군데의 지역 전문대학에 장학기금 기관을 신설하고, 간호, 물리치료 그리고 그와 관련된 전공을 공부하는 세이지 대학 학생들을 위한 특별 장학금 제도를 마련했다.

[그림 24-2] 내 마음의 한 조각

❖ 사진: 타마라 핸슨

헬렌은 경례와 행진과 같은 현실적인 순간들을 연출할 수 있도록 연극배우들을 도와주었다. 또한 그녀는 베이스캠프 병원의 상태를 설명하고 슬라이드 쇼와 음악을 가져와서 연극의 무대 배경을 설정하는 데 도움을 주었다. 하지만 이러한 너무 현실적인 정보 속에서 학생인 배우들은 무언가를 발견하고, 상상하고, 대사를 자신의 것으로 만들기 위해 그 사이에서 균형을 잡을 수 있어야만 했다. 준비 과정에서 헬렌은 열정의 원동력이었지만, 그녀의 경험과 직접적으로 관련이 없는 장면을 '창작(create)'할 때는 그것을 존중하는 마음으로 한 발짝 물러서 있었다.

근본적으로 보자면, 공연을 위해 누군가를 가르치는 입장에서 그 연극을 실제 삶으로 경험한 사람을 리허설 공간에 들일 수 있는 것은 더할 나위 없이 좋은 경험이다. 다음에 언급한 학생들도 이러한 생각에 동의했다.

케이틀린 스튜어트. 베트남 전쟁에 대해 잘 몰랐던 사람으로서, 베트남 전쟁을 직접 겪은 사람과 이야기할 수 있다는 점은 나에게 매우 도움이 되었다. 그녀가 겪어 온 삶이 담긴 비디오를 우리에게 보여 주고, 간호사로서 자신이 어떻게 지내왔는지 설명해 준 것들이 아직도 내 머릿속에 남아 있다. 그 비디오를 보는 것만으로도 그녀의 입장에서 생각해 볼 수 있었다. 그로 인해 나는 그녀뿐만 아니라 다른 간호사들과 군인들이 어떠한 삶을 살아왔을지 이해해 볼 수 있었다. 나는 베트남 전쟁에서 보여 준 그녀의 용감함과 〈내 마음의 한 조각〉이라는 작품을 구상하는 데 도움을 준 것에 대해 감사와 존경의 마음을 갖게 되었다.

메리언 레이븐우드. 이렇게 누군가를 통해 개인적으로 그 당시 일을 전해 듣지 않았다면, 베트남에서 간호사들이 겪었던 실제 스트레스와 위험을 인식하지 못했을 것이다. 헬렌은 모든 배우가 원하는 이해의 문을 열어 주었다. 그녀는 많은 사람이 잊어버리기 위해 노력했던 그 세계 속으로 우리를 안내해 줬다. 나는 특히 그녀가 가지고 왔던 잡지 하나를 보고 깨달은 것을 잊지 못한다. 그 잡지에는 내가 연기했던 시시라는 인물의 이야기가 실려 있었다. 그 잡지를 보고 나서야 내가 무대 위에서 표현하는 한 인물의 이야기가 실화라는 것을 알게 되었다.

레이첼 켐프. 나는 레이븐우드와 똑같이 생각한다. 곧, 우리가 무대 위에서 그려 내는 것들은 실제로 누군가의 이야기였던 것이다. 그 실재하는 이야기가 공연으로 각색된 것이었다(그렇다고 과도하게 극적이라는 의미는 아니다). 나는 베트남 사건, 특히 그곳에서의 간호 생활에 대해서는 전무한 상태였다. 그런 무지한 나를 헬렌이 일깨워 주었다. 그녀가 우리에게 보여 준 슬라이드 쇼를 나는 아직까지도 뚜렷이 기억하고 있다.

그 슬라이드 쇼를 보면서 '내가 만약 그 일들을 겪는다면 어떤 기분일까?' 하던 생각도 아직 기억난다. 그래서 나는 고통스러운 기억들을 차단시켜 버리기보다는 〈내 마음의 한 조각〉이라는 작품의 제작 과정에 적극적으로 참여하면서 그 이야기들을 나눈 그녀를 존경한다. 나는 이 공연이 그녀의 노력에 합당한 작품이 되기를 바랐고, 공연이 끝난 후 그녀의 평가를 듣고 안도감을 느꼈던 것을 기억한다.

변형과 적용

때때로 작품 속에서 뮤즈는 존재하지 않거나 심지어 살아 있지도 않은, 최근 사건이 될 수도 있다. 연출을 할 때 얻게 되는 뜻밖의 재미 가운데 하나는, 당신이 선택한 프로젝트가 한 달 만에 엄청난 시사 문제가 될 수 있다는 것이다. 〈내 인생은 나의 것(Whose Life is it Anyway?)〉이라는 연극의 극적인 내용을 마치 복사한 듯한 일이 2009년도에 호주인 크리스천 로시터(Christian Rossiter)의 삶에 일어났다.

〈내 인생은 나의 것〉은 조각가 클레어 해리슨이 자신의 삶을 스스로 끝내기로 결정한 내용을 다룬다. 자동차 사고로 사지가 마비된 클레어는 그 고통이 너무나 컸기 때문에 자신이 머물고 있는 병원에서 자신에게 음식과 물을 제공해 주는 것을 중단하길 바랐다. 그녀는 병원 관계자와 오랜 사투를 벌였지만, 그녀의 바람을 이루기 위해서는 법원의 판결이 필요했다. 법원은 끝내 그녀의 편을 들어주었다. 이 마지막 장면에서 관객들은 이 인물의 최후에 대해 궁금해한다.

클레어의 현실판이라 할 수 있는 크리스천 로시터는 금융업자이자 세계여행탐험가였다. 그는 빌딩에서 추락해 온몸의 뼈가 으스러지고 척추가 부서지는 사고를 당했다. 그는 거의 생의 마지막 6년 동안 퍼스(Perth) 요양소에서 생활했으며 손가락 하나만을 간신히 까딱할 수 있는 처지에 놓여 있었다. 그의 말에 의하면, 그는 자신의 눈에서 흐르는 눈물조차도 스스로 닦아 낼 수 없었다.

2009년 8월, 로시터는 대법원에 치료를 중단하고 스스로 목숨을 끊을 수 있도록 허락해 줄 것을 요청했다. 이에 승소하여 그의 요청은 받아들여졌고, 그는 스스로 죽을 수 있는 권리를 갖게 되었다. 이제 그에게 필요한 것은 조력자살이 허용된 스위스의 여권을 획득하는 것이었다. 이러한 새로운 시도를 힘겹게 해 나가던 중, 로시터는 호흡기 감염에 걸리고 만다. 그러나 그는 치료받기를 거부했다. 그리고 2009년 9월 21일 우리의 배우들이 작품의 리허설을 막 시작할 때, 그는 세상을 떠났다.

죽음을 향한 로시터의 열망은 의료계의 생명 윤리 전문가들, 복음주의 기독교인, 정치인, 그리고 그와 비슷한 처지에 있는 척추 부상자들 사이에 활발한 논의를 이끌어 냈다. 재판이 진행되던 동안과 그 이후에도 수많은 블로그에서 로시터와 그의 승리를 둘러싼 이야기가 거론됐다.

로시터와 친분이 있던 사람들은 그가 다친 이래로 그의 마지막 날들이 가장 행복해 보였다고 말했다(WAToday, 2009). 그는 의미 있게 사회에 재편입되었고, 그로 인해 그가 생을 포기하지 않을 것이라는 이야기도 있었다. 나는 매일 로시터의 현황을 찾아봤는데, 그래서인지 그의 죽음을 듣고 적잖이 슬퍼했다. 리허설 과정 동안, 나는 호주에 있는 그의 가족과 그가 있던 요양원에 연락을 취해 우리의 작품과 그에 대한 로시터의 자신도 모르는 공로를 설명해 주었다. 나는 이 연극을 대표하는 실존 인물이 되어 준 그에게 감사를 표하고, 그의 삶이 이 사회에서 한 역할을 존경한다. 그의 선택의 옳고 그름은 내가 판단할 몫이 아니다. 그러나 분명한 것은 그가 자신의 실존을 부정함으로써 우리도 우리의 실존에 대해 생각해 볼 수 있는 기회를 주었다는 것이다. 우리가 삶을 어떻게 살고, 어떻게 끝낼지 결정하는 데에는 많은 요소가 작용한다. 우리가 삶을 결정하고 있을 때 클레어 해리슨과 크리스천 로시터는 우리에게 끊임없이 무언가를 외치고 있다. 그들은 현재 상황에 물음을 던지고 우리의 실존을 넘어선 삶의 의미를 탐색해 나가라고 말한다.

맺는말

실용적 뮤즈는 특별히 교육적인 환경에서 그 어떠한 감독에게도 교육 자료로, 연구 보조로, 그리고 경험자로서 도움을 줄 수 있다. 감독과 실용적 뮤즈는 각자의 역할에 대한 상호 존중 안에서 파트너십을 꽃피울 수 있다. 그리고 서로의 역할은 아마 제작 감독이 초반에 명확히 정해서 설명할 것이다. 그들이 작품의 소재에 불어넣는 신빙성과 연결성은 배우들과 관객들 모두에게 값비싼 결과물을 안겨 준다.

참고문헌

Clark, B. (1980). *Whose life is it anyway?* New York: Dramatic Publishing.

Lauro, S. (2011). *A piece of my heart*. New York: Samuel French.

WAToday. (2009). www.watoday.com/au/wa-news/quadriplegic-who-won-the-right-to-refuse-treatment-dies-20090921-fx3x.html.

25

영화와 연극: 6단계 스토리메이킹

브레프니 맥기니스(Breffni McGuiness)

들어가기

사별과 같은 어려운 주제를 다룰 때, 이야기(story)는 그 주제를 풀어 나가는 미묘하지만 강력한 방법이 될 수 있다(Gersie, 2000). 이야기는 우리의 상상력을 자극하고 몰입하게 하면서도 그 주제와 일정 거리를 유지하는 데 도움을 준다. 그러한 일정 거리는 우리가 경험과 현실을 직접적으로 탐색할 때는 쉽게 접근하지 못한 색다른 방향에서 그것을 탐색해 볼 수 있게 한다.

연극도 이와 유사하게 작용한다. 연극을 통해 관객들은 현실에서의 생각을 잠시 제쳐두고, 그 연극의 세계 속으로 발을 들이게 된다. 예를 들어, 셰익스피어(Shakespeare)는 〈맥베스(Macbeth)〉에서 살인과 배신의 현장 가운데서 우리가 어떻게 이토록 잔인한 슬픔을 이겨 내야만 하는지를 성찰해 볼 수 있도록 한다. 맥더프가 자신의 아내와 아이들이 살해당했다는 것을 들었을 때, 스코틀랜드의 미래의 왕인 말콤은 그에게 간청했다. "슬픔을 말로 표현하십시오. 표출되지 않은 비탄은 마음이 갈기갈기 찢어질 때까지 계속 속삭일 것입니다."(*Macbeth*, 4막, 3장). 맥더프를 통해 셰익스피어가 하고 싶었던 말은, 끔찍한 슬픔을 표출하고 말로 표현하는 것만이 그 슬픔에 대처하는 용감하고 남자다운 방법이라는 것이다. 셰익스피어가 강조하는 이러한 방식의 애도에는 그의 아들 햄

넷(Hamnet)의 죽음이 미친 영향이 있을 것이다. 분명한 것은 이야기를 구성하는 것과 그것을 연기하는 과정은 슬픔을 표현하는 기회가 된다는 것이다.

6단계 스토리 메이킹 방법(six-part storymaking method: 6PSM)은 간단한 투사 기법으로 드라마치료사들에게는 평가 도구로 활용된다. 이 기법은 사랑하는 사람을 여읜 내담자와 치료적인 활동을 할 때 응용될 수 있다. 6PSM은 본래 심리학자 물리 라하드(Mooli Lahad)와 오프라 아얄론(Ofra Ayalon)이 외상 후 여러 대처 방법에 따른 결과를 평가하기 위해 개발하였다. 6PSM은 내담자가 새롭고 고유한 허구적인 이야기를 만들 수 있도록 따라 하기 쉬운 단계로 이루어진다. 그런 다음 이러한 이야기들은 치료를 위해 다른 방법으로 활용되어, 내담자들이 그들의 상실을 탐색하고 충분히 느끼며 적응해 나갈 수 있도록 돕는다. 나는 이 방법을 개인 및 집단 상담에서 활용해 왔으며, 자폐스펙트럼장애(ASD)를 가진 청소년들이나 학습장애를 가진 특정 집단의 상담에서도 변형해서 활용해 왔다.

방법

이 방법은 다음과 같이 진행된다. 먼저 빈 종이를 여섯 부분으로 나눈다. 당신은 이제부터 6단계의 완전히 새로운 이야기를 만들어 나가게 될 것이다. 이를 통해 이전에 한 번도 말로 표현된 적이 없는 고유한 이야기가 만들어질 것이다. 당신의 삶과는 아주 상반된 이야기 배경을 설정해 보라(예를 들어, 만약 당신이 교사라면, 학교와는 전혀 다른 곳을 배경으로 설정해 보라). 그 이야기 속에는 핵심 인물(영웅)이 있다. 이 인물을 당신으로 설정하지 않는 것이 더 좋다. 이제 당신은 이야기를 그리게 될 것이다. 그림을 잘 그리는 것은 중요하지 않다. 당신이 원한다면 막대사람과 같은 간단한 형태로 그려 볼 수도 있다. 그림이 도저히 그려지지 않는다면, 글로 대신할 수도 있다.

1. 첫 번째 상자에는 주인공을 그려 보라(사람/동물/물고기 등이 될 수 있다). 이야기의 배경을 설정해 보라(당신이 좋아하는 무엇이든 가능하다. 동화, 연속극, 공상 과학, 선사시대 등).
2. 두 번째 상자에는 주인공이 완수해야만 하는 일을 그려 보라. 예를 들어, 하늘을 날아 보고 싶은 물고기를 그려 볼 수도 있다.

3. 주인공이 이 일을 완수할 수 있도록 돕는 요소들이 등장한다. 예를 들어, 친구들이 물고기에게 자신의 꿈을 이루기 위해 최선을 다하라고 용기를 줄 수 있다. 이것을 세 번째 상자에 그려 보라.
4. 몇 가지 요소가 주인공이 이 일을 완수하는 데 방해를 한다. 예를 들어, 물고기는 날 수가 없다. 이것을 네 번째 상자에 그려 보라.
5. 이제 당신은 이야기에서 가장 중요한 행동을 실천하는 지점에 도달했다. 다섯 번째 상자에 당신의 이야기 가운데서 가장 핵심이 되는 사건을 그려 보라. 예를 들어, 물고기가 갈매기에게 자신을 데리고 날아 달라고 부탁을 한다.
6. 이야기의 마지막 부분에 도달했다. 당신의 이야기가 어떻게 끝날지를 생각해 보라. 여섯 번째 박스에는 이야기의 엔딩을 그려 보다. 예를 들어, 물고기가 다른 해양 생물들에게도 각자의 꿈을 향해 나아가라고 격려하는 새로운 일을 시작한다.

이렇게 여섯 단계에 걸쳐 이야기를 완성한 후에는 그것을 구연해 보는데, 이때 가능한 한 많은 세부 사항을 추가해서 자세하게 말한다. "옛날 옛적에……"라고 시작하는 것이 도움이 된다. 이야기를 말할 때 충분한 시간을 갖는 것도 도움이 된다. 너무 빨리 다음 단계로 넘어가지 않으면서 이야기가 자연스럽게 전개되어야 하기 때문이다.

내담자에게 이 방법을 적용하기에 앞서, 당신의 가까운 친구나 동료들과 함께 여러 번 이것을 연습해 볼 것을 권한다. 당신 자신의 이야기를 만들어 봄으로써 이 방법을 활용하는 감각을 키울 수 있고, 당신 자신의 반응을 체크해 볼 수도 있다.

다음은 최근 사별의 아픔을 호소하고 있는 한 성인 내담자와의 작업에서 발췌한 이야기 예시이다. 이야기의 제목은 '보물찾기(Digging for Treasure)'이다([그림 25-1] 참조).

사례 연구

옛날 옛적에 매우 바쁘고 결연한 의지를 가진 사람이 있었는데, 그는 바로 굴착기 운전사 데이비드였다. 어느 추운 겨울날, 데이비드는 강가를 따라 하루 종일 땅을 파던 중이었다. 그는 뭔가 특별한 것을 찾고 있었다. 그는 분명히 어딘가에 숨겨져 있는 보물상자가 있을 것이라고 믿고 있었다. 데이비드는 점점 피곤이 몰려왔고, 해가 져가

[그림 25-1] 보물찾기

고 있었다. 많은 사람들은 보물이 숨겨진 장소를 추측해 말해 주었지만 번번이 실패한 데이비드는 좌절을 느끼고 있었다. 그는 그들도 보물이 어디에 숨겨져 있는지 알지 못하다는 것을 알아차렸다. 그러던 중 데이비드는 집에 금속 탐지기가 생각났다. 그는 자신을 정말로 걱정해 주는 몇몇 친구들에게 그것을 말했다. 그는 자신의 친구들에게 보물을 찾는 것을 도와줄 수 있는지 물었고, 그들은 그를 돕는 데 협력하기로 동의했다. 시간이 좀 걸리긴 했지만, 금속 탐지기와 친구들의 도움을 받아 그는 마침내 보물을 찾게 되었다. 그는 너무나도 기뻤다. 그래서 그는 자신을 도와준 친구들과 그 보물을 함께 나눠 가졌다.

변형과 적용

6PSM은 다양한 방식으로 내담자의 치료 과정에서 활용될 수 있다. 가장 간단한 방식은 내담자가 자신의 이야기를 만드는 것을 상담자가 도와주고, 내담자가 상담자에게 그 이야기를 들려주는 것이다. 무언가를 창작하고, 다른 누군가가 그 결과물을 지켜보는 것 그 자체만으로도 상당히 강력한 효과를 발휘한다. 특히 애도 과정 중에 있는 사람들은 자신이 새로운 무언가를 할 수 있다고 생각하지 않기 때문에 이 방식이 더욱더 효과적이다.

이 활동의 다음 단계에서는 상담자와 내담자가 그 이야기 속에 등장하는 인물과 은유를 하나씩 살펴본다. 이 방법은 상담자와 내담자 모두에게 풍부한 대화의 소재를 제공한다. 예를 들어, 사례 연구에 소개된 이야기를 활용해 상담자는 다음과 같이 물을 수 있다. 데이비드가 찾고자 했던 보물은 무엇이었나요? 그것이 그의 삶을 어떻게 바꾸어 놓을 것이라고 생각할까요? 데이비드가 가장 큰 좌절감을 안긴 것은 무엇이었나요? 데이비드는 그 좌절감을 어떻게 극복했나요? 데이비드는 어떻게 그의 관심사를 진심으로 공유할 수 있는 사람이 있다는 것을 알았을까요? 그가 도움을 요청할 때 어떠했나요?

상담자는 내담자에게 그들 자신의 이야기가 아닌 허구적인 이야기를 만들어 내도록 제안하지만, 그 이야기는 필연적으로 내담자의 내면을 여실히 드러낸다. 하지만 그것을 직접적으로 언급하지 않고 이야기의 인물과 은유들을 통해 살펴볼 때, 좀 더 많은 간접적인 치료 효과를 얻을 수 있다.

심화된 형식으로, 내담자의 이야기 전부, 혹은 일부분을 연기해 볼 수 있다. 특히 집단상담에서 다른 사람이 이야기의 특정 인물이 되어 주고, 내담자는 상담자와 함께 연기를 지시해 볼 수 있다. 이를 통해 내담자는 그 이야기를 색다른 관점에서 보게 된다. 내담자는 이야기의 구성을 바꿔 볼 수 있으며, 원한다면 등장인물 중에 다른 역할을 직접 연기해 볼 수도 있다. 이처럼 이야기를 재연하면서 표현해 보는 것은 내담자가 신체적 · 감정적으로 상상력을 가지고 인지적인 요소들을 다 사용할 수 있도록 해 준다. 그리고 내담자에게 자신의 내면과 딜레마를 고유한 시각에서 볼 수 있도록 도와준다.

마지막으로, 6PSM은 내담자가 선호하는 대처 방식을 평가하는 데 유용한 도구로 활용될 수 있다(Lahad, 1992 참조). 따라서 상담자가 각 내담자에게 가장 적합한 개입 방법을 선택할 수 있도록 도움을 준다.

학습장애 및 자폐스펙트럼장애를 지니고 있는 내담자에게는 이 6단계 스토리메이킹이 너무 복잡할 수 있다. 그래서 나는 이 단계를 축약해 서론, 본론, 결론 형식의 짧은 3단계 스토리메이킹 방식을 응용했는데, 성인과 아동 내담자 모두에게 유용했다. 한 가지 예를 들어 보겠다. 학습장애를 가지고 있는 성인을 위한 애도 지원 집단에 다운증후군을 가진 메리라는 50세 미혼 여성이 있었다. 그녀의 (주 양육자였던) 어머니가 치매로 요양병원에 옮겨지게 되었는데, 메리는 이 사실을 받아들이는 데 힘들어하고 있었다. 메리는 가족들과 함께 크리스마스에 요양병원에 계신 어머니를 방문하는 이야기를 만들었다. 서론은 방문을 계획하는 내용이었고, 본론은 실제 방문 내용이었으며, 결론은 어머니를 뵈러 갔다 온 것에 대한 가족들의 대화로 이뤄졌다. 메리는 이야기를 만들 당시 감정적이었지만, 그것을 집단의 다른 참여자들에게 들려주고 연기할 때에는 상당히 열정적인 모습을 보여 주었다. 상담자의 도움을 받아 그녀는 다른 참여자들에게 자신의 어머니를 포함한 다른 역할들을 부탁했다. 다른 참여자들이 역할을 맡은 가족 구성원이 그녀의 어머니에게 어떻게 인사하고 소통하는지에 대해 메리는 매우 구체적인 지시를 내렸다.

재연된 이야기는 상당히 가슴 아팠고, 비슷한 상황에 놓여 있는 양육자를 가진 참여자들의 심금을 울렸다. 어머니가 현재 요양원에 있다는 사실은 슬펐지만, 메리는 다른 가족 구성원들과 요양원에 계신 어머니를 뵈러 갔을 때 할 수 있는 여러 가지 활동을 즐겁게 지켜볼 수 있었다. 그리고 다른 참여자들에게 가족 구성원 역할에 대한 지시를 하며 더 큰 즐거움을 느낄 수 있었다.

이후에 이 과정을 성찰해 보면서, 메리는 주제가 어려움에도 불구하고 이야기를 만들고 다양한 역할을 지시한 자신에게 큰 자부심을 느끼게 되었다고 말했다. 집단의 다른 참여자들도 그 주제에 흠뻑 젖어 각기 다른 역할을 맡아 연기해 본 것에 대해 상당한 즐거움을 느꼈다. 역할을 맡아서 직접 이야기를 연기하는 행동 자체가 많은 참여자에게 해당되는 공통된 현실을 바라보는 새로운 시각을 제시해 주었다.

맺는말

6PSM과 그것의 변형을 통한 창조적인 이야기 만들기는 내담자가 자신의 내면을 들여다볼 수 있는 효과적인 방법을 제시해 준다. 그와 동시에 강렬한 감정에 휩싸이지 않고 그것을 안전한 거리에서 탐색해 볼 수 있도록 해 준다. 이 방법은 많은 사람에게 유용한 방식으로 활용될 수 있지만, 모든 사람에게 적합한 것은 아니다. 누군가는 이 과정이 너무나 유치하다고 느끼거나 왜 이 활동을 해야 하는지 이해하지 못할 수도 있다. 같은 맥락으로, 이 활동이 매우 즐겁고, 자유로우며, 강렬하다고 느끼는 사람들도 많다. 누군가에게는 초반에 저항을 극복해 낼 수 있는 지지와 격려가 필요할 수도 있다. 이 중 상당수는 그림을 잘 그리지 못하는 것에 대해 두려움을 가지거나, 무언가를 창조하고 수행해 내는 데 상당한 압박감을 느끼는 사람들이다. 하지만 이러한 문제들이 세심하게 다뤄질 수만 있다면, 이러한 저항이 있는 사람들이야말로 6PSM을 최대한 활용할 수 있다. 더욱이 중요한 것은 상담자가 스토리메이킹과 그것을 재연하는 과정에서 편안함을 느끼는 것이다. 바로 이런 이유에서 상담자는 스토리메이킹과 그것의 재연에 익숙해야 하고, 내담자에게 이 방법을 소개하기에 앞서 다른 사람들과 함께 연습해 봐야 하는 것이다. 6PSM은 내담자가 가진 창조성과 상상력 그리고 이해력을 새롭게 발견할 수 있도록 도와주는 즐거운 활동이다. 이 활동은 단순하면서도 강렬하며 다양한 방식으로 활용될 수 있다. 그리고 사랑하는 사람을 여읜 사람들과 함께 작업하는 상담자에게 상당히 많은 도움이 된다.

참고문헌

Gersie, A. (2000). *Storymaking in bereavement*. London: Jessica Kingsley.

Lahad, M. (1992). Story-making in assessment method for coping with stress. In S. Jennings (Ed.), *Dramatherapy: theory and practice* (pp. 150-163). London: Routledge.

26

춤과 동작: 근감각적 상상

일렌 설린(Ilene A. Serlin)

들어가기

근감각적 상상은 실존적/심층적인 형식의 춤 동작 치료이다. 이 치료에서 신체를 기반으로 한 이미지들은 비언어적인 이야기나 글을 만드는데, 이는 은유적이고 상직적이며 변혁적인 의미 수준을 갖는다(Serlin, 1996, 2010). 이 용어는 '동작의 느낌'을 뜻하는 그리스어 'kinesthesia'로 구성된다(그리스어: kinae-동작; +aesthesia-느낌). '상상(imagining)'은 이미지를 떠올려 만들어 내는 능동적인 과정이다. 따라서 이 두 단어를 합한 근감각적 상상(kinaesthetic imagining)은 근육을 움직이면서 지각한 것들이 의식의 선명한 상상력 구조를 만들어 내는 과정이다. 이야기의 구현 또는 행동 포이에시스(poiesis)로서 근감각적 상상은 사람들이 자신의 감정을 정리해 보며 삶의 모습을 만들어 나가는 역동적인 과정이라고 할 수 있다. 상실의 슬픔은 표출되지 못하고 억압되어 있는 경우가 많다. 그래서 이미지를 통해 몸을 움직이고 몸 안에서 솟구치는 감정을 느껴 보는 것이 치유를 위해 매우 중요하다고 할 수 있다(Serlin, 2013).

근감각적 상상은 다음과 같이 단순한 세 가지 구조로 구성되어 있다. (1) 도입과 몸 풀기(check-in and warm-up), (2) 증폭(amplification), (3) 이해하기[making sense, 행동해석학(action hermeneutics)].

1. 도입과 몸 풀기: 호흡, 소리, 스트레칭, 원을 그리며 춤을 추는 동작을 적절하게 활용하며 몸을 풀어 준다. 이런 활동은 신체의 자각을 일깨워 주고, 자기(自己)와 다른 사람을 의식할 수 있도록 해 준다. 더불어 치유의 에너지를 이끌어 내서 담을 수 있는 빈 그릇을 준비하게 한다.
2. 증폭: 드러난 주제를 반복하고 심화시키는 작업은 이미지와 감정을 탐색해 볼 수 있도록 한다. 이 이미지와 감정들은 개인적으로나 두 사람이 함께 작업하는 가운데 혹은 집단 활동에서 드러날 수 있다. 참여자들은 자기 자신을 치유하는 자신만의 이미지, 이야기, 신화들을 만들 수 있는 기회를 갖게 된다.
3. 이해하기(행동해석학): 이 시간에는 긴장을 풀고 이미지를 내면화하면서 그 이미지의 의미를 성찰해 본다. 이어서 내면화한 것들을 떠나보내면서, 현실의 세계로 되돌아온다.

사례 연구

마르타 마르타는 35세의 이스라엘 학생으로 자신의 석사 학위 과정 중 하나로 동작을 활용한 집단 과정에 참여한다. 이 수업은 2006년 레바논 전쟁 당시에 개설되었던 것으로, 참여자들은 아들과 남편이 징병되는 과정에서 큰 상실과 두려움을 느끼고 있었다. 어느 날 아침 활동의 도입 과정에서, 마르타는 전날 밤 너무나도 선명하고 강렬한 꿈을 꿨다고 말하면서 그것을 집단에서 나누길 원한다. 나는 먼저 참여자들에게 그녀의 꿈을 활용해 그 속에 드러난 이미지를 증폭시킬 수 있는 동작과 이미지 작업을 해 보겠는지에 대한 동의를 구한다.

도입과 몸 풀기 모두가 동의하자, 나는 참여자들에게 먼저 바닥에 놓인 매트에 옆으로 눕거나 위를 보고 누워서 자신에게 편한 자세를 취하라고 제안한다. 나는 빛의 밝기를 낮춘다. 그리고 바닥에 몇 가지 소도구를 늘어놓는다. 그 소품에는 마치 꿈과 같이 굽이치는 실크 스카프와 신축성 있는 큰 분홍색 시폰(chiffon) 조각 같은 것들이 있다. 그리고 나는 일본 플루트 연주곡과 같이 참여자들이 몸을 이완할 수 있는 평온한 음악을 틀고, 참여자들은 고요함에 빠져든다. 참여자들이 바닥에 누워 적응이 되고 있을 때, 나는 그들에게 긴장을 이완시켜서 오로지 바닥이 자신의 몸을 지탱하게 놔두고, 그 받쳐지는 자신의 몸의 무게를 느껴 보라고 제안한다. 가라앉는 느낌과 함께 날숨을 쉬면서 근육의 긴장을 풀고, 점점 더 깊게 빠져드는 느낌은 수용적인 이완 상태로 이끌어 준다.

이러한 몸을 푸는 단계에서 가장 핵심은 말 그대로 몸과 의식에 빠져들어서 몸이 느끼는 감각들을 일깨우는 것이다. 이는 참여자들이 외부의 환경이 아니라 온전히 자신의 내면에 집중을 하고 귀를 기울일 수 있도록 한다.

몸을 푸는 것은 언제나 천천히 명상을 하면서 이뤄지는 것은 아니다. 때로는 굉장히 활동적일 수도 있다. 예를 들어, 몸의 부분들을 각각 움직여 보며 풀어 줄 수도 있다. 리듬이나 무게를 활용해서 호흡이나 공간을 느껴 보게 할 수도 있다. 하지만 이번 집단 활동의 분위기는 몽환적이었기 때문에, 음악과 속도감은 그 분위기에 맞춰 활동적이지 않게 진행했다.

증폭 몸을 푸는 데 있어 중점적이고 창조적인 부분은 앞으로의 여정을 내면화할 수 있는 최적의 환경을 만드는 것이다. 그래서 나는 불빛을 어둡게 하고 편안한 자세를 취할 수 있도록 익숙한 환경을 조성한다. 이로써 이야기가 풀어져 나올 수 있는 준비를 한다.

나는 언제나 손바닥 크기만 한 작은 소도구 세트를 들고 다니면서 언제든지 창조적인 환경을 만들 수 있도록 준비를 한다. 이러한 다목적 도구들은 여러 가지가 있는데, 잔잔한 명상 음악에서부터 에너지가 넘치는 드럼이나 리듬감 있는 음악들도 포함된다. 또한 간단한 타악기, 중앙부 장식을 위한 (가짜) 양초 그리고/혹은 천, 그림 도구들, 갖가지 천 및 다용도 도구들도 있다.

집단이 모두 활동에 적응이 되자 마르타는 자신의 꿈을 읽어 내려가기 시작한다.

> 꿈을 꿀 당시 이스라엘 북쪽에서 전쟁이 일어났어요. 꿈에서 저는 제 주변에 있는 모든 것을 잃어버렸어요. 아랍인들은 제 집을 포위하고서는 자기들이 통제를 했죠. 제 동생의 유치원에는 한 낯선 남자가 불쑥 난입해서 아이들의 물건을 모두 박스 안에 넣기 시작했어요. 그중 한 박스는 아이들이 만든 나비 작품들로 가득 채워 넣었어요.

이어서 마르타는 이 꿈의 이미지를 설명하기 위해 쓴 아래의 시를 낭송하기 시작한다. 나는 그녀의 마음에서 무언가 움직이고 있다는 사실을 발견하고는 그녀에게 그 시를 반복해 보라고 한다. 내가 요청한 대로 그녀는 시를 다시 한 번 낭송하는데, 목소리

톤은 점점 더 깊어지고 힘이 생긴다. 나는 그녀에게 이 시를 두 번 반복해서 낭송해 볼 것을 제안하고, 그녀는 내 제안에 따라 시를 반복해 읽는다.

그녀는 자리에서 일어나 자신의 몸에 천을 둘러싸고는 방을 천천히 걸으면서 그 시를 외우기 시작한다. 이 시는 점점 더 크게 울려 퍼지면서 마침내 만트라(mantra)가 된다. 그녀가 내뱉는 말들이 자신의 몸과 호흡에 맞춰 같이 숨을 쉰다. 그녀는 천천히 혼령이 된 것과 같이 원을 돌면서 찬가를 부르듯 시를 읊조린다.

> 한 작은 방 안에,
> 무수한 상자
> 한 상자 안에,
> 무수한 나비
> 한 남자가 그 상자를 닫는다.
> 한 여자가 그 상자를 열려고 한다.
> 상자 안의 나비들이 상자에서 나와 날아가기 위해 날갯짓을 해댄다……
> 한 작은 방 안에…… 무수한 상자들……

그녀는 원을 돌면서 마치 바람이 불어 다른 참여자들을 끌어들이는 것 같은 동작을 해 보인다. 다른 사람들도 천천히 그녀를 따라 바닥에서 일어나서 그 동작을 따라 하기 시작한다. 곧이어, 방 안은 천을 둘러싼 형상들이 몽환적으로 바닥 위를 떠다니는 모습들로 가득 채워진다. 나는 원을 그리며 돌고 있는 그 형상들 사이에 큰 분홍색 천 한 장을 던진다. 몇몇 형상이 그것을 집어 들기 시작하고, 이내 그 천은 그 형상들을 위에서 둘러싸 덮으며 파도처럼 출렁인다. 우리는 마치 태초의 바다 속에서 출렁이는 것만 같다.

증폭 단계의 초반에 우리는 새로운 환경을 조성하고 근감각적 인식을 높인다. 이제 우리는 이미지를 '불러낼' 준비가 된 것이다. 꿈 이미지를 증폭시킬 수 있는 많은 창조적인 방법이 있다. 그중 근감각적 상상에서는 이미지를 몸으로 불러들여 호흡과 강렬함으로 힘을 싣고 음악, 소품, 또는 색감으로 증폭시킨다.

이해하기(행동해석학) 집단의 움직임이 이미지와 감정적 표현을 심화시키며 절정으로 치닫는다. 이 시점에서는 한 명의 지도자와 참여자가 아닌 모두가 같은 꿈 안에 사로잡혀 있는 것만 같다. 방 안에는 생동감이 넘치며, 참여자들은 시 외에는 어떤 말도 하지 않는다. 시를 외치는 것을 중단하자 움직임이 서서히 줄어든다. 사람들은 다시 한 번 바닥에 깊숙이 가라앉는 느낌을 갖기 시작한다.

나는 참여자들에게 동작을 조금 더 천천히 하라고 하면서, 우리가 방금 했던 동작을 떠올리며 근육이 기억하고 있는 느낌을 다시금 느껴 보라고 제안한다. 이제는 자신의 몸 안에서 그 리듬과 색감의 울림을 느껴 보는 것이다. 우리는 다시 한번 내면의 조용한 공간으로 들어간다. 거기서 각 참여자들은 자신이 경험한 것들을 느껴 보고 성찰해 보는 시간을 갖는다. 이 경험이 당신의 삶에 어떠한 의미를 줬나요? 누군가를 떠올리게 했나요? 유사한 느낌을 받았던 때가 있었나요?

참여자들이 자신들의 경험을 충분히 정리해 본 후에는 다시 원형을 갖추어 중심으로 모인다. 몇 분 후, 그들이 자기 자신 또는 다른 사람을 보면서 깨달은 것들을 나눠 보는 시간을 갖는다.

행동해석학이란 과정을 통해, 앞의 동작은 꿈의 이미지를 선명하게 하고 활기를 불어넣는다. 마르타는 참여자들이 둘러앉은 원 안에서 자신의 경험을 나누기도 했지만, 저널을 쓰면서 자신의 경험을 성찰해 보았다. 그 저널에서 마르타는 다음과 같은 결론을 내렸다.

> 움직임을 활용한 치료 과정에 참여해서 몸을 움직여 보았다. 이 활동을 통해 내 몸의 중심에 무엇이 있는지를 찾게 되었고, 평정심도 찾게 되었다. 이 활동을 통해 다양한 감정을 느껴 보고, 동작을 해 보며, 많은 생각을 떠올려 보면서 내 마음의 중심에 무엇이 있는지를 깨닫게 되었다. 바로 내 동작이 발생되는 그곳, 내가 이야기한 것의 근원지인 그곳에서 말이다. 나는 마치 언어와 동작이 하나가 되는 것만 같은 느낌을 받았다. 때로는 내가 무엇을 하고 있는지, 다른 사람은 어떠한지를 이해하기 위해 말이 필요하지 않았다. …… 우리는 서로에게 주의를 기울일 수 있었다. 또한 서로를 '느끼고', 우리가 다른 사람의 마음을 그리고 그 사람이 우리의 마음을 감정적 · 영적 · 신체적인 방법으로 움직일 수 있었다. 개인의 꿈과 집단의 꿈 사이에 놀라운 유대감이 있었는데, 집단 구성원 모두는 자신의 선택에 따라 이 둘 사이를 넘나들 수 있었다. …… 집단 구성원들은 놀랍도록 서로를 지지하고 격려했다. 그들은 말없이 서로 함께했고, 나는 배경에서 만트라와 같은 단어들을 반복하며 집단의 신체적인 움직임을 강화했다.
>
> 집단과 나 자신을 위해 만들었던 만트라를 외칠 때, 나는 둥둥 떠다니는 기분이었다. 마침내 나도 내 주변의 벽을 깨고 탈출한 것이다. …… 나에게는 이 꿈이 집단 전체의 작은 영혼들에 관한 이야기를 들려주는 것처럼 다가왔다. 그리고 박스 안에서 자유로운 날갯짓을

그리워했던 나비들은 집단 참여자들의 상처받은 영혼 하나하나를 나타내 주는 은유적인 표현으로 여겨졌다. 자유로워지기를 희망하는 상처 입은 영혼들은 가슴에 지고 있는 무거운 짐을 내려놓고, 삶의 행복감과 즐거움을 다시금 느낄 수 있게 되기를 바라는 것 같았다. 나는 꿈과 동작을 가지고 함께 그리고 따로 활동을 하면서 우리가 행복이라는 공동의 목표 지점에 작은 한 걸음 다가갔다고 느꼈다.

이러한 유대감은 아마도 홀로코스트와 관련된 나의 무의식적 생각에서 비롯되었다고 생각했고 최근에 경험한 전쟁 중에 나를 휩쌌던 두려움을 상기했다. 하지만 왜 하필 나비였을까?

로카메 하게토 기념박물관(Lochamei HaGettaot Memorial Museum)에는 홀로코스트로 목숨을 잃은 150만 명의 아이를 기리는 특별한 빌딩이 세워져 있다. 금속 바닥에는 '게토(Ghetto)에는 나비가 없다.'라는 말이 새겨져 있다. …… 이 박물관에서 눈을 들어 보면 햇빛이 내리쬐는 거대한 스테인드글라스 창문을 보게 된다. 그 스테인드글라스 창문은 꽃으로 둘러싸인 화려한 색의 나비를 담고 있다. 이것은 홀로코스트로 잃은 150만 명의 작은 영혼들을 기억하겠다는 의미이다. 이 박물관을 방문했을 당시에 이 그림은 내 뇌리에 강하게 각인되었다. 그래서 그 후부터 나는 항상 나비를 자유로워지고 싶은 상처 입은 영혼과 연관시킨다. 집단의 활동을 통해서 나는 홀로코스트로 인해 죽은 작은 아이들과 그들의 영혼에 관한 환영들을 편안하게 놓아줄 수 있었다. 학생들과 함께 폴란드에 갈 일이 있는데, 이 활동이 그 어려운 여정을 헤쳐 나갈 수 있도록 도와줄 것이다. 나는 집단 참여자들 모두가 이 활동을 통해 우리 몸과 영혼에 내재되어 있는 위대한 치유의 힘을 알게 되었다는 것을 느꼈다.

상상 속에서 나비는 갇혀 있었지만, 태양이 나비에게 희망의 빛을 비춰 주었다. 이 희망의 빛은 바로 내가 전쟁 중에 동작치료를 통해 꿈을 현실화하는 경험을 하면서 발견한 것이다.

변형과 적용

이러한 활동은 본래 즉흥적이어서, 집단의 필요에 따라 다양한 상황에서 응용될 수 있다. 그리고 집단의 필요에 따라 변형적으로 적용해서 활용해 볼 수도 있다. 집단에서 변형적으로 활용할 때, 내용과 구조 모두를 각색하는 것이 가능하다. 내용적 측면에서 보면 이 특정한 꿈은 아침에 한 도입부에서 소개됐다. 도입부에서는 이와 다른 종류의 경험들을 나눠 볼 수도 있다. 예를 들어, 특정한 감정이나 내면에서 맞닥뜨린 무언가와 같은 색다른 경험들을 나눠 볼 수 있다. 이 집단은 이미 창조적인 협력 작업이 가능한 상태에서 이뤄진 것이기 때문에 다른 집단은 충분한 준비 회기가 필요할지도 모른다. 나는 이 꿈 작업을 다른 집단에서 활용한 적이 있는데, 참여자들은 어느 누구도 스카프를 집어 올리지 않았고 가만히 각자 따로 있었다. 이때의 집단 경험은 이스라엘 집단에서의 경험과는 상당히 달랐다. 이처럼 활동 내용은 각각의 집단이 가진 독특성에 따라 그 깊이가 더해질 수 있다.

몇몇 집단은 좀 더 체계적인 구조가 필요할 수도 있다. 예를 들어, 활기가 넘치는 아동 집단은 빠른 전개와 짧은 문구/지시들, 좀 더 탄탄한 구조와 담아 주는 용기가 필요하다. 다시 한 번 강조하지만, 이러한 변형은 입력 값을 넣으면 결과 값이 나오는 식으로 정형화되지 않는다. 비유를 덧대서 말하자면, 이 작업은 상담자가 실시간으로 계속해서 참여자들이 지닌 '색실'을 가져와서 자연스럽고 의미 있는 '태피스트리(tapestry)'를 만드는 예술의 형태를 취하기 때문이다. 이러한 예술의 형태는 상담자의 성격, 집단의 경험적 수준, 집단이 함께한 시간, 연관된 임상적 여건에 따라 어느 정도 달라진다. 궁극적으로 상담자는 집단의 창조적이고 감정적인 표현을 지지하고 격려하기 위해서 예술적인 판단력과 임상적인 판단력을 함께 활용하게 된다.

맺는말

근감각적 상상은 상실의 아픔과 트라우마를 경험한 사람들이 강렬한 감정을 충분히 느껴 보고, 그것을 표현하며, 대화하고, 변화시킬 수 있도록 동작을 활용해 도와주는 강력한 과정이다. 이 과정을 통해 강력한 감정들이 떠오를 수 있는 신체적 용기(container)를 만들 수 있다. 예를 들어, 죽음이라는 궁극적인 실존적 위협에 직면했을 때 느끼는 강력한 감정이 떠오를 수 있는 공간을 마련하는 것이다. 이스라엘에서는 상당수의 인구가 실존적으로 위협을 받고 있기 때문에, 집단 과정을 실존적 관점에서 받아들이는 것은 자연스러운 현상이다.

더불어 예술과 상징, 의식(儀式)을 활용해 창조적 작업을 해 나가는 과정은 사람들이 강렬하고 두려운 감정들을 표현할 수 있게 한다. 상징화할 수 있는 능력은 강렬하고 때로는 비언어적인 감정들을 표면화해서 느낄 수 있도록 돕는다(Serlin & Cannon, 2004). 2006년 레바논 전쟁 당시에 이스라엘에서 온 학생은 근감각적 상상이라는 활동을 통해 슬픔과 상실의 아픔을 꿈의 이미지를 가지고 재연해 볼 수 있었다. 뿐만 아니라 그녀는 집단의 지지와 격려를 통해 이 주제들과 감정들을 깊이 들여다보고 발전시킬 수 있었으며, 상실과 아픔이 그녀의 인생에서 갖는 의미를 발견할 수 있었다.

참고문헌

Serlin, I. A. (1996). Kinaesthetic imagining. *Journal of Humanistic Psychology*, *2*, 25-33.

Serlin, I. A. (2010). Dance/movement therapy. In I. B. Weiner & W. E. Craighead (Eds.), *Corsini encyclopedia of psychology* (4th ed., pp. 459-460). Hoboken, NJ: John Wiley & Sons.

Serlin, I. A. (2013). Ayala: Journey toward resiliency [Video file]. Retrieved from ileneserlin.com

Serlin, I. A. & Cannon, J. (2004). A humanistic approach to the psychology of trauma. In D. Knafo (Ed.), *Living with terror, working with trauma: A clinician's handbook* (pp. 313-331). Northvale, NJ: Jason Aronson.

[춤 동작 치료를 통한 회복탄력성을 발견해 보고자 한다면 다음의 웹 사이트를 참조하시오: ileneserlin.com/trauma-video]

27

춤과 동작: 과도기의 춤

크리스 에릭 라슨(Kris Eric Larsen)

들어가기

변화를 향한 모든 움직임은 과도기를 동반한다. 즉, 우리는 오래된 삶의 방식을 고수할 것인지, 알지 못하는 세계 속으로 뛰어들 것인지를 결정해야 하는 기로에 놓일 때가 있다. 두 세계는 때때로 조화를 이루고 있는 듯 보이지만, 보통은 혼란스럽게 뒤엉켜 있다. 이와 같이 오래된 행동 양식은 사라지고 그 결과 새로운 삶의 양식을 갖게 되는 것이 바로 애도의 과정과도 같다. 이러한 과도기에는 우리가 움직임으로 이루어진 소위 말하는 '춤'을 어떻게 만들 것이냐에 관한 대인/심리내적 관계가 포함되어 있다. 이 움직임은 우리 몸에 패턴화된 것으로, 오래된 것을 고수하거나 놓아 버릴 수 있도록 한다. 바로 그 움직임은 우리 안에 이미 입력된 과거의 경험, 감정 그리고 기억을 담고 있는 춤이 된다.

무용치료(dance therapy)는 의식의 암묵적인 세계와 명시적인 세계에 존재하는 춤의 패턴을 관찰해 볼 수 있는 장을 마련해 준다. 춤은 행동의 전달자이자 내적 과정의 전달자이다. 그래서 춤이라는 예술을 활용해 암묵적/명시적으로 입력된 패턴을 표현하는 것은 치유의 과정을 방해하는 무의식적인 세계를 이해하는 데 도움이 된다.

우리는 어째서 우리의 삶 내내 춤을 추고 있는 것일까? 이러한 무의식적 춤에는 어떠한 패턴이 있을까? 어떻게 해야 우리가 춤을 인식하고 그 무용수를 일깨워 줄 수 있을까? '어떻게' '왜' '무엇을'이라는 질문에 답하면서 이 과정의 안무가가 되려면 어떻게 해야 할까? 어떻게 해야 궁극적으로 우리를 기다리고 있는 것을 향해 나아가는 데 필요한 것을 더 잘 이해할 수 있을까?

첫 번째 단계는 정해진 형식 없이 즉흥적으로 움직이는 것이다. 여기서 각 개인은 자기 자신의 몸을 자연스럽게 움직여 보도록 격려받는다. 카를 융(Carl Jung)이 의식적 사고를 뛰어넘는 과정으로서 적극적 상상력(active imagination)을 활용한 것과 같이, 댄스치료 또한 같은 방식으로 진실된 움직임(authentic movement)이라고 일컫는 것을 활용한다(Levy, 1992). 움직이고 싶은 내적 충동을 표현적인 춤으로 승화시키는 것은 자의식으로부터 벗어나게 하고 흔히 전의식 속에 잠겨 있는 이미지와 상징성을 일깨워 준다. 춤을 추는 개인이 자신의 움직임에 있는 일정한 패턴을 알아보도록 지도해 주는 것만으로도 안무에 대한 감각을 일깨워 줄 수 있고 현재 몸과 마음의 상태를 나타내 주는 상징적 이미지를 통제하도록 할 수 있다.

참여자가 첫 번째 단계의 즉흥 무용에서 편안함을 느끼게 되면 두 번째 단계로 넘어간다. 두 번째 단계에서 참여자는 자신이 현재 살고 있는 세계에서 인지한 것들을 춤이나 동작으로 표현한다. 그 세계나 상황은 자신의 기억들, 감정들, 자기(self)와 타인 사이의 관계들로 이뤄져 있고, 무언가를 창작할 수 있는 풍부한 잠재력을 지니고 있다. 그러나 많은 내담자는 그들의 현재 상태에 고착되어 있는 느낌을 받곤 한다. 따라서 몸이 자유 의지를 갖고 움직일 수 있도록 허락해 주는 것만으로도 고착되어 있는 느낌을 주는 부정적 에너지(생각, 행동들)를 놓아줄 수 있다. 내면의 안정감이 허용된 환경을 구축하면 그 부정적인 에너지를 놓아주는 것에 대한 두려움과 저항감이 감소하며, 더 깊은 내면의 감정을 만날 수 있는 용기가 생긴다.

세 번째 단계는 내담자가 상상으로 그려 본 미래의 삶의 세계를 춤과 동작으로 표현해 보도록 격려하는 것이다. 앞선 단계에서와 같이, 내담자는 춤의 형식을 즉흥적으로 하는데, 이번에는 그 춤을 만들기 위해 상상력에 더 의존한다. 앞으로 전개될 수 있는 삶의 이미지가 머릿속에 떠오르고, 이는 춤을 위한 원동력이 된다. 다시 한번, 내담자는 몸과 마음이 오래된 양식으로부터 자유로워진 삶의 이미지 속에서 많은 생각, 느낌, 감각을 갖게 된다.

그런 다음 내담자는 춤을 멈추고 현재 세계와 과거 세계를 상상하며 췄던 춤의 동작들을 되돌아본다. 내담자는 마치 각 세계의 춤이 눈앞에 보인다고 생각해 보며, 두 세계의 춤들 사이의 유사점과 차이점을 생각해 본다. 이로써 내담자의 상상은 암묵적이었던 것들과 춤을 통해 이제는 분명해진 것들 사이에 연결 고리가 된다.

네 번째 단계는 내담자에게 첫 번째 세계, 즉 현재 살고 있는 세계에서 췄던 춤으로 다시 돌아가 몸을 움직여 보도록 제안하는 것이다. 그러나 이번에는 즉흥적으로 몸을 움직이는 것이 아니라 움직임을 안무로 만든다. 앞선 단계들에서 했던 즉흥적인 움직임은 소위 동작 언어라고 부르는 것을 창작하기 위한 도구로 활용된다. 안무는 이 동작 언어를 좀 더 구체적이고 명확하게 만든다. 내담자는 두 세계에 대한 안무를 짜며, 각 세계의 삶에 있던 많은 생각, 느낌, 감각, 기억에 형태를 부여한다.

다섯 번째 단계는 과도기의 춤이다. 이때 내담자는 오래된 양식과 새로운 양식 사이에 잃어버렸던 순간을 탐색하고 발견하게 된다. 상담자는 참여자가 첫 번째 세계(현실)의 춤을 시작하도록 한다. 내담자가 현실의 춤을 추고 있으면, 상담자는 내담자에게 천천히 두 번째 세계(미래)의 춤으로 넘어가는 상상을 시작해 보라고 제안한다. 내담자는 다른 세계(미래)로 들어가는 상상을 충분히 인식하기 위해 충분한 시간을 갖는다. 이 순간은 두 세계를 연결하는 다리 역할을 하고, 그 움직임은 앞으로 나아갈 수 있도록 돕는 많은 생각과 느낌, 감각을 불러일으킨다. 내담자가 과도기를 겪을 때, 상담자는 내담자에게 그 순간을 큰 소리로 말하고, 그 순간에 자신이 해 보인 동작을 정지 상태로 유지하라고 한다. 바로 이 순간에서야 오래된 양식을 놓고 새로운 삶의 양식으로 전환하는 과정을 목격하게 된다. 바로 이 순간에서야 내담자는 자신의 과도기를 돕는 동작을 의식하게 된다. 그야말로 내담자가 완전히 일깨워지는 순간이다.

마지막 단계에서는 내담자가 보인 그 과도기의 동작을 좀 더 발전시킨다. 새롭게 발견한 동작이 새로운 춤이 되게 하고, 이 과도기를 춤출 수 있도록 격려해 주어야 한다. 메리 스타크스 화이트하우스(Mary Starks Whitehouse)는 '움직이느냐 움직여지느냐'라는 문구를 만들어 냈다. 이 문구는 의식적으로 우리의 몸을 움직이는 것과 우리의 몸이 자연스럽게 움직여지는 것 사이의 차이를 말해 준다. 과도기의 춤에서는 몸이 움직이는 것이 아니라 그 춤을 이끄는 영혼이 몸을 움직여지게 만든다. 그리고 이것이 새로운 삶을 일깨워 주고 변화를 위한 새로운 관점을 제시해 준다.

사례 연구

이 사례는 입원 병동에서 주요우울장애 진단을 받은 메리라는 한 여성 내담자에 관한 이야기를 근거로 한 것이다. 메리는 많은 상실(어머니, 결혼)의 아픔을 겪었다. 그리고 그녀는 자신의 슬픔을 달래기 위해 몇 가지 약을 복용하기 시작한 상태였다. 그녀는 몸을 직접적으로 활용해 자신의 삶에 대한 태도와 부정적인 시각들이 변화되기를 희망하며 춤/동작 치료에 참여하게 되었다. 내가 메리에게 춤/동작 치료에 오게 된 이유를 묻자 그녀는 "잃어버린 저의 즐거움을 어떻게 되찾을 수 있을지 알고 싶어서요." 라고 답한다.

먼저 처음 세 회기에서, 우리는 그녀가 몸을 움직이고 다른 사람들에게 보이는 것이 편안해질 수 있도록 하는 데 초점을 맞췄다. 그녀의 우울은 낮은 자존감으로 이어졌으며, 그녀는 상실의 아픔을 느끼지 않기 위해 약물을 사용해서 자신의 신체로부터 정신을 분리시켰다. 우리는 메리가 자신의 몸에서 편안함을 찾고 이 과정을 신뢰할 수 있도록 했는데, 이는 그녀가 자신의 신체와 고통을 새로운 시각으로 바라볼 수 있도록 격려했다. 메리의 동작은 아직도 무거움이 느껴지기는 했지만, 첫 회기 때보다는 훨씬 더 자유롭고 덜 조심스러워졌다.

네 번째 회기에서 메리는 이 동작을 하는 과정이 이제 좀 편안해졌다고 말한다. 그래서 우리는 두 개의 세계를 춤춰 보는 과정을 시작했다. 그녀의 첫 번째 춤은 제한된 동작 패턴을 보여 줬다. 메리는 얕은 호흡으로 눈 마주침도 없이 가끔씩 발끝 및 손끝과 같은 몸의 말단 부위를 움직여 줄 뿐, 대부분의 시간을 바닥에 몸을 웅크린 채 있었다. 이것은 내면 중심과의 연결이 부족한 것을 뜻한다. 몸에서 먼 말단 부분들은 중심에서 멀리 떨어진 것으로, 결과적으로 감정이 담긴 심장과는 거리가 먼 것을 말한다. 메리는 이 '춤'이 너무나 익숙해져서, 이제는 그녀가 춤을 추고 있는 것이 아니라 그 춤이 그녀의 인생 전부가 되어 버렸다고 말한다. 그녀는 우울이라는 꽁꽁 얼어붙은 상태에 고착되어 버린 것이다. 우리는 그녀가 그 상태로부터 벗어나기를 바라면서도 이런 상태를 존중해 주었다. 그러한 상태의 존재를 존중해야만 우리가 그것이 무엇인지를 인지할 수 있기 때문이다.

나는 메리에게 그녀가 즐거움을 느꼈던 삶의 순간을 떠올려 보라고 한다. 첫 회기 때 그녀가 즐거움을 되찾고 싶다고 말했기 때문에 나는 그녀가 즐거움을 느껴 보았을 것이라고 추측한 것이다. 메리는 즐거웠던 시간들을 기억한다고 말한다. 그래서 나는 그녀에게 그 상상의, 기억의 세계를 춤춰 볼 것을 격려했다. 이 새로운 세계는 방 안의 모든 공간을 충분히 활용하는 동작들로 가득 차 있었다. 그녀의 동작은 비록 망설임이 있어 보였지만 좀 더 가벼워 보였다. 그녀는 자신이 마치 이 춤을 '작위적으로 꾸며내고(faking)' 있는 것처럼 느낀다고 말한다. 나는 그녀에게 어떠한 변형이나 판단 없이 자유롭게 춤이 흘러가는 대로 놔두라고 격려했다. 이 춤은 이러한 방식으로 계속되었고, 마지막은 그녀의 패턴화된 우울한 자세로 마무리됐다. 그녀는 패배감을 느낀다고 말했다.

다섯 번째 회기에서 메리는 이 두 세계의 안무를 짜 볼 준비가 되었다고 하였다. 우리는 처음부터 시작해 이 방법의 마지막 단계를 향해 천천히 나아갔다. 그녀는 바닥에 누워 과도기의 동작으로 자신의 몸이 움직여지기를 기다렸다. 메리의 왼손이 하늘을 향해 올라가며, 그녀의 몸은 첫 번째 세계의 우울한 상태로부터 두 번째의 밝은 세계를 향해 끌어당겨진다. 그녀의 왼손이 계속 위로 올라감에 따라 그녀는 숨을 크게 한번 들이쉬며 가슴을 펴고 두 발로 선다. 나는 그녀에게 이 끌어당겨지는 동작의 처음으로 다시 돌아가 반복하며, 이 동작을 하며 피어오른 감정들을 충분히 느껴 보라고 했다. 메리는 다시 처음 자세로 돌아가 바닥에 웅크린 채로 나를 보고 말했다. "저는 제 영혼을 잃어버렸어요. 하나님도 잃어버렸어요." 메리는 하늘을 향해 손을 활짝 펼치고 흐느껴 울었다. 나는 그녀가 이 첫 부분에 춤을 이어 갈 수 있도록 살며시 격려했다. 메리는 자유롭게 몸을 움직이고 호흡하면서 공간 안을 움직였다. 그러면서 그녀는 자신의 영혼을 잃고 하나님과의 연결감을 상실해서 느끼고 있었던 슬픔을 충분히 느껴 보면서 슬퍼하였다.

회기가 마무리되어 갈 즈음, 나는 메리에게 하늘을 향해 손을 활짝 펼친 동작을 기억하며 하나님과의 연결과 그녀의 영혼을 상기하라고 권했다. 그녀는 이제 새로운 세계로 넘어갈 수 있는 다리를 갖게 되었다. 치료를 시작했을 때 그녀는 한 세계의 춤만 알았지만, 이제는 두 세계를 이어 주는 다리의 도입 부분이자 핵심인 춤을 가지고 치료를 종결하게 되었다. 오랫동안 유지해 왔던 세계를 존중하면서도 새롭게 맞이하게 될 세계에서 춤을 추기 시작하면서, 이 두 세계를 이어 줄 수 있는 다리를 갖게 된 것이다.

변형과 적용

이 방법은 집단에서 활용될 수도 있다. 그리고 한 회기에서만이라도 촉진적으로 활용될 수 있다. 한 번의 회기로 큰 효과를 거둘 수는 없지만, 여전히 과도기의 순간을 밝혀 줄 수는 있다. 많은 참여자는 이 과정에서 편안함을 느낄 수 있는 시간이 필요하다. 이를 위해 심상 작업 또는 명상과 같은 다른 방법들이 몸과 마음을 좀 더 즉각적으로 느껴 보도록 도와줄 수 있다.

맺는말

인간인 우리는 우리 자신을 자각할 수 있는 능력(노에시스, noesis)을 갖고 있다. 성숙해지면서, 우리는 우리 자신의 과거를 시공간에서 추적해 나갈 수 있는 능력(오토노에시스, autonoesis)을 갖게 된다. 그리고 이 능력은 과거, 현재, 미래의 자신(self)을 알 수 있는 능력과 더 높은 인지 기능을 성장시킨다. 이 발달 과정에서, 우리는 개개인이 어떻게 주어진 환경과 관계를 맺는지를 성찰해 보게 된다. 그리고 어떻게 사랑하는 사람을 여읜 슬픔과 같은 해결되지 않은 트라우마가 대인/심리내적 관계 속에서 비효과적인 패턴을 만들어 내는지 성찰해 보게 된다. 신체와 동작의 관계에서 보았듯이, 외부 환경과의 반복된 경험으로부터 이런 행동들이 출현하게 된다. 또한 암묵적으로 처리되든 명시적으로 처리되든, 이러한 행동들은 신경회로에 반복적인 패턴으로 입력된다. 또한 미래에 어떤 행동을 하게 될지와 현재 어떤 행동을 하고 있는지를 결정하는 암묵적이고 명시적인 과정 모두에서 신경회로에 반복적인 패턴을 각인시킬 수 있다. 명시적인 경험은 전두엽 활동과 관련되어 있고 몸과 마음에서 심화된 처리가 요구되기 때문에 높은 수준의 의식이 필요하다. 이에 비해 암묵적인 경험은 대부분의 경우 의식의 수면으로 떠오르지 못하고 오해되는 경우가 많아서, 인지 과정을 거의 거치지 않고 몸 안에 본능적인 기억으로 남아 있게 된다(Ogden, Minton, & Pain, 2006; Siegel, 1999). 그렇기 때문에 우리에게 주어진 임무는 우리가 과거의 양식을 버리고 앞으로 나아가지 못하게 방해하는 행동을 발견하는 방법을 찾는 것이다.

참고문헌

Levy, F. (1992). *Dance movement therapy: A healing art*. Reston, VA: American Alliance for Health, Physical Education, Recreation and Dance.

Ogden, P., Minton, K., & Pain, C. (2006). *Trauma and the body*. New York: Norton.

Siegel, D. (1999). *The developing mind*. New York: Guilford.

28

춤과 동작: 신체와의 연결

알렉산드리아 캘러헌(Alexandria B. Callahan)

들어가기

신체와의 연결(body connections)이라 이름 붙인 이 방법을 처음 개발할 당시, 나는 자녀의 상실로 인해 애도 과정 중에 있는 부모들을 상담하고 있었다. 이 장에서 설명할 것과 같이, 나는 그들이 자신의 신체와의 연결을 각자 탐색해 보기 시작할 때 더 나아가 부모들 간에 연결 고리를 만들어 볼 수 있는 기회를 준다. 인간의 동작(몸의 자세, 호흡 등)을 묘사하고, 해석하고, 기록하기 위한 방법으로 라반(Laban)의 동작 분석이 있다. 나는 이 방법으로 아이디어를 얻어 코딩 용지를 개발했다. 예를 들면, 나는 몇몇 참여자가 슬픔/상실에 대해 이야기할 때 하반신이 경직되어 있고 횡격막이 받쳐 주지 못해 호흡이 얕아지는 것을 발견했다. 그들 사이에서 공통적으로 발견한 사실은 머리와 다른 신체들 사이에 연결이 끊겨서 신체는 어떠한 반응도 하지 않고 무감각하게 있다는 것이었다. 춤/동작 치료가 이처럼 끊어진 연결을 강화하는 데 도움이 될 것이라는 느낌이 왔다. 끊어진 연결이 강화되면, 참여자들은 신체가 이전의 상태(얕은 호흡을 보이며 자신의 머리와 신체가 연결되지 않았던)를 통해 무엇을 말하려 했는지 느끼고, 경험하고, 관찰할 수 있다.

7주 동안의 사별 지지 프로그램은 다양한 활동으로 이뤄진다. 이 프로그램은 참여자들이 다채롭게 자신을 표현하고 내면에 있는 것들을 표출할 수 있도록 도와준다. 동작을 하는 회기에서는 항상 집단이 함께 호흡을 하는 것으로 시작과 마무리를 장식했는데, 이는 참여자들이 자신뿐만 아니라 집단 전체가 연결감, 하나됨을 느끼도록 하기 위한 것이다. 호흡하는 방법과 동작을 하는 구체적 방법은 뒤의 사례에 제시되어 있다. 그런 다음, 나는 참여자들이 그들의 삶을 변화시킨 사건(좋은 것이든 나쁜 것이든)을 말하고 그것을 움직임으로 표현해 보도록 한다. 그러면서 자신이 표현한 말들에 자신의 몸이 어떻게 반응하는지를 자각하게 한다. 모든 부모는 자신의 아이를 상실한 것에 대해 이야기했다. 나는 코딩 용지를 활용해 각각의 부모들이 말하면서 보여 준 몸의 자세, 움직임의 단절 그리고 눈에 띄는 고유한 움직임을 관찰해서 기록하였다.

자기발견(self-discovery)의 시간을 마친 다음, 나는 오센틱 무브먼트[9]를 활용해 공연 하나를 만들었다. 이것은 사랑하는 아이들을 잃은 부모들이 털어놓았던 이야기와 그들이 보인 동작을 기반으로 한 것이었다. 나는 부모들에게 이 공연에 동참해 줄 것을 부탁했지만, 모두 거절하였다. 하지만 그들은 훈련된 배우들이 자신들의 이야기를 바탕으로 연기하는 공연을 지켜보았다. 나는 앞서 리허설 공연 때 배우들을 만나 필요한 사항들을 전달하였다. 코딩 용지를 보면서 배우들은 부모들의 상실의 아픔을 가슴 깊이 느낄 수 있었을 뿐만 아니라 그들의 동작을 이해할 수 있게 되었다. 그리하여 배우들은 부모들의 상실의 아픔을 표현하고 그들의 이야기를 다시 말할 수 있는 동작을 만들어 냈다. 그들의 이야기를 보는 것만으로도 부모들은 또 다른 치료적인 회복의 시간을 가질 수 있었다. 그들은 자신들이 스스로 무대 위에 올라가야 한다는 자의식과 부담감을 내려놓고 상실의 아픔과 슬픔을 표현할 수 있었다.

최근에 나는 이 기법을 암 진단을 받은 환자들과 그들의 가족을 위해 사용하고 있다. 슬프게도, 많은 경우에 암 치료를 위한 긴 여정은 이 장에서 말한 단절의 가장 전형적인 예가 된다. 대다수의 암 환자는 머릿속에 '갇혀' 있고, 나머지 신체 부분은 무감각하게 아무것도 느끼지 못한다고 말한다. 그들은 감정적인 느낌 대신 신체 감각을 활용해 우선적으로 머리와 신체 사이에 기본적인 연결을 만들 수 있다. 내담자와의 대화에서 특히 불안이나 공황발작에 대해 얘기하는 경우, 나는 그들에게 그러한 사건을 경험할 때 어떻게 '느끼는지'가 아니라 그들의 몸에서 무엇이 느껴지는지를 물어본다. 그러면 내담자들은 가슴이 조여 오고, 손이 떨리며, 호흡이 얕아지고, 가슴이 쿵쾅거린다고 몸의 반응을 설명

9) 역자 주: 오센틱 무브먼트(authentic movement, 고유한 동작)는 능동적으로 상상하기의 한 형태로 움직임과 신체를 활용하는 기법이다. 집단 안에서 무의식적인 움직임을 통해 개인의 자아성찰과 내적 경험의 기회를 제공한다.

한다. 그러면 이제부터 우리는 그들의 몸이 특정한 상황에서 어떻게 반응하는지를 알아볼 수 있다. 그리고 내담자가 이러한 몸의 반응이 시작할 때 그것을 인지하고 오히려 그 반응을 강화시켜 보면서 그 반응에 대한 통제력을 얻을 수 있다. 예를 들어, 내담자의 손이 떨리기 시작하면 온몸이 흔들릴 정도로 손을 더 심하게 흔들어 본 후 천천히 강도를 다시 줄여 멈추도록 했다. 복식 호흡을 깊게 하는 것을 훈련하면 몸이 신체의 감각 느낌(felt sense)에 연결되는 것에 도움이 된다. 느리고 리드미컬한 호흡은 불안을 줄이고 스트레스를 완화시켜 줄 수 있는 자기통제 수단이다. 또한 이러한 호흡은 내담자가 자아감(sense of self)에 다시 연결될 수 있는 방법이 된다. 이 작업은 개인 회기에서 또는 집단으로도 활용할 수 있다. 개인 회기에서 상담자는 내담자의 몸 동작을 관찰한 것을 말로 표현해 주는데, "어깨에 긴장을 풀어 보세요." 또는 "가슴에 힘을 빼세요." 등과 같이 말한다. 때때로 내담자의 동작을 거울에 비춘 듯이 따라 해서 내담자가 자신의 몸의 반응을 스스로 관찰해 보도록 한다. 집단 세팅에서는 일반적인 관찰이 이뤄지며, 집단 전체가 자기인식(self-knowledge)을 하기 위해 일반적인 관찰을 좀 더 할 수 있도록 한다. 암센터는 다양한 도시의 환자들이 모여 있기 때문에, 이러한 상황에서는 공연을 위해 관객들을 초정하는 일이 사실상 불가능해 보였다. 그러나 내담자 개개인은 그들의 마음과 신체 사이에 균형을 찾을 수 있게 되었고, 그들 자신만을 위한 '공연'도 만들어 볼 수 있었다.

사례 연구

에바는 난소암 진단을 받은 54세 여성 내담자이다. 우리가 함께 작업하는 동안, 그녀는 9세 때 엄마를 잃어버린 트라우마를 가슴 한편에 품고 성장했다고 얘기했다. 어머니가 돌아가신 후, 그녀는 장녀로서 엄마/아내의 역할을 도맡아 왔으며, 남동생과 여동생을 기르고 아버지까지 돌봐 왔다. 에바는 가족과 이웃들에게 성적 학대를 당했으며, 10대 초반에 강간을 당했다. 그녀는 그런 자신의 비참한 현실에서 도망치고자 16세에 결혼하였다. 이러한 사건들을 이야기할 때 에바는 어떠한 감정도 표현하지 않았다. 그녀의 얼굴 표정은 무미건조했고, 약간 구부리는 듯한 자세를 보였는데 그 모습이 마치 더 이상의 위험으로부터 자신을 보호하려는 것만 같았다. 에바는 자신에게는 어린 시절이 없었다고 말하면서 손자들이 같이 놀아 달라고 할 때마다 어떻게 해야 할지 몰라 하는 자신의 모습이 슬프다고 하였다. 그녀는 양육자라면 응당 해야 할 역할로서 아이들과 놀아 주어야 함에도 불구하고, 그것을 어떻게 해야 할지 모르겠다고 말했다. 그녀의 암 진단은 양육에 관한 수많은 기억을 떠올리게 했으며, 그녀를 둘러싼 사람들을 지속적으로 돌봐야 한다는 강한 책임감을 불러일으켰다.

이러한 사실을 잘 숙지한 나는 에바에게 오리 연못으로 나와 그저 그 주변을 둘러보라고 했다. 우리는 함께 걷는 동안에 거위를 쫓던 한 어린아이를 스쳐 지나가게 되었다. 그녀는 다시 한번 자신의 손자를 떠올리며 그들이 뛰어노는 상상을 한다고 얘기한다. 나는 그녀에게 옆에 지나갔던 아이와 함께 거위를 쫓아 보라고 했다. 하지만 그녀는 망설였다. 에바는 심장이 조여 오고 숨이 막히는 것 같다고 말한다. 그리고 자유로워지는 생각을 할 때면 몸이 굳는 것만 같다고 한다. 나는 그녀가 복식 호흡을 할 수 있도록 도와준다. 그러면서 내 몸 동작에 자유로움을 주듯이 온몸을 흔들어 보이고는 에바에게 따라 해 보게 한다. 에바는 내 동작을 마지못해 따라 하고서는 이미 기분이 좀 나아졌다고 말한다. 내가 그녀에게 내 동작을 계속 따라 해 볼 수 있는지 묻자, 그녀는 그러겠다고 한다. 나는 팔과 다리를 아무렇게나 흔들며 거위를 쫓기 시작했고, 그녀도 나를 따라 거위를 쫓는다. 이내 그녀는 자신의 온몸이 가는 대로 자유롭게 움직이며 나를 앞질러 달려 나간다. 이후에 그녀는 이때 가졌던 자유로운 느낌에 관해 말한다. 이전에 느꼈던 가슴이 꽉 조여지는 느낌은 더 이상 존재하지 않았고, 온몸으로 자유를 느꼈다고 한다. 호흡은 차분해지고, 몸도 편안해졌다. 그다음 회기에서, 그녀는 처음으로 손자와 함께 달렸고, 인생의 어느 때보다 더 살아 있음을 느꼈다고 말한다.

또 다른 사례 하나를 소개하겠다. 나는 줄기세포 이식을 받은 31세 호지킨 림프종(Hodgkin's lymphoma) 환자와 작업을 했다. 마크라는 이름의 이 남성은 매우 활동적이고 무술 훈련을 받은 사람이었다. 이식 수술을 받은 이후에 회복하기 위해서 환자들은 완전히 격리된 상태에 있어야만 했다. 그를 만났을 때 나는 그가 자신의 신체에 얼마나 연결되어 있는지를 탐색해 보면서 복식 호흡을 통해 신체에 연결되는 느낌을 다시 가져 보도록 도와주었다. 이러한 호흡과의 연결은 마크가 회복 기간 동안 자신의 신체 동작을 되찾는 데 도움이 되었다. 그는 자신의 몸이 이식된 세포를 잘 받아들이기를 침착하게 기다렸지만, 두 번째 수술을 받아야만 했다. 그의 몸은 수술로 인해 쇠약해졌지만, 그는 자신의 몸에 평화와 안정감을 찾기 위해 우리가 함께하는 동안에 자신의 호흡에 연결하려고 했다. 그의 상태가 점점 더 악화되면서, 그의 호흡은 더 얕고 가

빠져 갔다. 그를 만날 때마다, 우리는 호흡을 가라앉히고 몸의 긴장을 풀어 주는 작업을 했다. 몸은 점점 반응하지 않았지만, 그는 계속해서 호흡을 통해 몸을 진정시키고 긴장과 고통을 조절해 나갔다. 그는 호흡을 하면서 자신의 몸에 연결되는 느낌이 그에게 편안함을 주었다고 하였다. 그는 호흡을 차분하게 하는 데 계속해서 집중하면서 자신의 몸이 이완된 호흡을 활용하도록 훈련시킬 수 있었다. 그리고 이것이 잠재의식 속에서도 계속 유지되어 나갈 수 있도록 하였다. 그의 몸이 완전히 반응을 할 수 없게 된 상태에서도 그의 호흡만큼은 평정심을 유지할 수 있었다. 그래서 그가 세상을 떠나는 순간까지도 그의 몸은 긴장감 없이 이완된 상태였다.

변형과 적용

내담자의 동작을 관찰하는 것은 이 기법의 가장 기본적인 형식이다. 관찰하는 이 형식은 라반 동작 분석을 활용한 기술적인 관찰보다는 일반적인 관찰(자세, 호흡, 꼼지락거림, 몸의 흔들림 등)을 할 때 변형해서 활용해 볼 수 있다. 집단이나 개인적 작업 모두에서 공연을 어떻게 구상할지 또한 조정이 가능하다. 관객이 반드시 필요한 것은 아니다. 집단은 그저 표출의 도구로서 다 같이 또는 작은 소집단으로 공연을 기획해 볼 수 있다. 동작을 만들고 재연해 보는 단순한 개입만으로도 자기(self)와의 연결을 강화하고 집단의 연합을 이끌어 낼 수 있다. 더불어 이러한 활동은 내담자에게 힘을 실어 주는 권한부여(empowering)를 촉진한다. 또 다른 방안으로, 다른 사람 중에 배역을 선정하여 동작을 하는 사람(연기자)이 되게 하고, 내담자는 그 배우들의 동작을 지켜보는 증인의 역할(관찰자)을 맡아 볼 수도 있다. 이러한 시도는 내담자가 자의식에 빠져들지 않고 자기인식을 심화시킬 수 있는 보상적 기능을 할 수 있다. 이것은 내담자와 상담자의 일대일 상담에서 이뤄질 수도 있고, 파트너와 함께 또는 소집단에서 활용될 수도 있다. 다른 사람의 이야기를 듣고 관찰한 것(표정, 자세, 특유한 움직임 등의 변화)들을 피드백해 주는 이러한 기술은 그 어느 누구도 활용할 수 있다. 감정적 느낌보다는 신체 감각에 초점을 유지하는 것이 내담자로 하여금 자신의 자아감(sense of self)을 형성하는 데 도움이 될 수 있다.

맺는말

자녀를 잃은 부모들에게 신체와의 연결을 활용한 연구는『미국 댄스치료 저널(American Journal of Dance Therapy)』(Callahan, 2011)에서 찾아볼 수 있다. 베이컨(Bacon, 2007)은 내담자의 자아감을 발달시키고 강화하기 위해서 심리치료에 동작을 활용한 연구를 진행하였다. 베이컨의 연구는 동작을 활용해 의식과 무의식을 연결함으로써 무의식 속의 다양한 감정을 창조적으로 표출할 수 있음을 밝혀내는 데 초점을 맞췄다. 그러면서 사별을 겪은 사람들을 위한 정신 역동적이고 감정 중심적인 치료를 완전하게 하려면 이 방법을 사용하여 보완해야 한다고 제안했다.

참고문헌

Bacon, J. (2007). Psyche moving: "Active imagination" and "focusing" in movement-based performance and psychotherapy. *Body, Movement and Dance in Psychotherapy*, *2*, 17-28.

Callahan, A. (2011). The parent should go first: A movement exploration in child loss. *American Journal of Dance Therapy*, *33*, 182-195.

29

춤과 동작: 몸으로 표현하는 연민과 공감

크리스 에릭 라슨(Kris Eric Larsen) & 제시카 영(Jessica Young)

들어가기

공감과 연민의 상호작용은 협력적인 치료적 관계의 핵심이라 할 수 있다. 그리고 협력적인 치료적 관계는 내담자가 변화를 위한 의식(儀式)에 적극적으로 참여해서 상실의 아픔을 표현하고 고통으로부터 벗어날 수 있게 한다. 이 과정은 지지적인 환경을 촉진하는 집단 경험으로 구성된다. 이러한 구성은 연민을 장려하는 선불교(Zen) 사상에 기초를 두고 있다. 이 활동은 자기(自己)에게 공감을 느끼는 것으로 시작한다. 이를 위해 집단의 촉진자는 참여자들이 원으로 둘러앉아 선불교 사상의 글을 명상할 것을 제안한다. 그리고 이 인지적인 과정을 신체적 자각으로 이어지게 하는데, 참여자들은 자기주도적으로 혹은 촉진자의 주도하에 천천히 몸을 푼다. 몸을 풀기 위해서는 현재 순간의 근감각에 집중하거나 혹은 어떻게 자신의 몸이 움직이며 자기(自己)에 대한 감각을 형성하게 되는지 알아볼 수 있겠다.

이러한 활동을 토대로, 참여자들에게 고통 중에 있는 누군가를 마음속에 떠올려 보라고 제안한다. 그러면서 그가 느끼고 있는 고통을 상징적으로 표현해 줄 수 있는 동작을 만들어서 함께 나눠 보도록 한다. 이 과정을 통해 그 고통을 몸으로 깊이 느끼면서 표현해 볼 수 있다. 그 다음에는 집단이 각 참여자가 표현한 동작을 거울에 비춘 듯이 따라 하고, 그 참여자는 자신의 동작을 따라 하는 집단의 모습을 지켜본다. 이로써 집단은 그 참여자가 고통 속에 있는 모습을 목격하고, 그 고통을 같이 느껴 볼 수 있다. 참여자의 동작을 집단이 다 같이 따라 한 후에는 다른 한 사람이 원의 중앙으로 나아가 그 참여자의 처음 동작을 하고는 그것을 변화시켜 다르게 표현해 보도록 한다. 이 단계에서는 집단 참여자들이 공감을 넘어서 더 깊이 있는 연민으로 나아가게 된다. 왜냐하면 동작의 변화는 고통의 완화를 보거나 느끼려는, 내재되어 있는 열망에 호소하기 때문이다. 또한 이것은 사랑하는 사람을 상실한 것에 대한 고통을 가득 끌어안고 살고 있는 양육자들로부터 무거운 짐을 덜어 내는 방법이 될 수 있다. 그리고 그들이 자신의 신체와 동작에 비춰진 무거운 짐을 내려놓고 안도의 한숨을 내쉴 수 있는 기회가 된다.

이 단계가 진행된 이후에 참여자들은 앞서 봤던 동작 중 자신들의 마음을 움직였던 동작을 만든 사람끼리 모여 최소 4명으로 구성된 소집단을 만들게 된다. 이 소집단은 공동의 슬픔을 함께 깊이 나눠 보는 단계의 활동을 시작한다. 참여자들은 한 사람씩 몸을 움직이면서 자신의 고통스러운 이야기를 말로 나누며, 반복적인 연속 동작을 만들기 시작한다. 이야기를 말로 나누는 행동은 다른 참여자들이 그 고통을 더 잘 이해할 수 있도록 하고, 앞서 처음에 했던 동작 뒤의 숨겨진 의미를 드러낸다. 그런 다음, 집단은 협력적인 활동을 통해 동작과 이야기를 함께 만들어 보게 된다. 이는 그들이 공통적인 슬픔으로부터 벗어나기 위해 변화와 자기돌봄을 위한 의식(儀式)을 만드는 활동이다. 그러고 나서 각 소집단은 협력적으로 만든 동작과 이야기를 전체 집단 앞에서 선보인다. 이제 협력적인 활동이 변화를 위한 의식으로서 어떤 역할을 했는지 논의해 볼 수 있다. 이렇게 우리는 공동체 안에 함께 모여 서로의 고통을 보고 들으면서 공감하고, 다른 이들의 연민 속에서 그 고통을 함께 바꾸었다. 이로써 우리는 우리 신체에서 고통이 어떻게 자리 잡고 있는지 깨달을 수 있었는데, 이는 고통을 떠나보내고 치유의 과정으로 넘어갈 수 있도록 한다.

사례 연구

3시간으로 구성된 워크숍은 참여자들이 변화를 위한 의식(儀式)을 만들도록 돕기 위해서 개최되었다. 이 워크숍은 참여자들이 자기 자신의 상실의 아픔에서 벗어나 건강을 회복하고, 치유를 경험하며, 자기 자신과 타인에 대한 연민의 마음을 가질 수 있도록 돕기 위한 목적을 갖고 있다. 집단은 다양한 인구 구성을 보이는 12명의 여성으로 구성되었는데, 그들 모두 사랑하는 사람의 상실로 인해 고통을 경험하고 있었다. 환영 인사와 자기소개를 한 후, 이 장의 제2저자는 큰 소리로 「7가지 선불교 사상 실천: 연민의 마음을 함양하기 위한 지침서(7 Zen Practices: A Guide to Cultivating Compassion)」(http://zenhabits.net/a-guide-to-cultivating-compassion-in-your-life-with-7-practices/)에서 발췌한 '아침 의식(Morning ritual)'을 마음을 모아 큰 소리로 읽는다. 그리고 참여자들이 이 글에 대해 성찰해 보도록 한다. 이는 짧은 토론으로 이어졌다. 인간 생명의 소중함과 가치 그리고 무조건적인 사랑을 할 수 있는 인간의 특성에 관한 묵상이 얼마나 손쉽게 한 사람의 하루 기분이나 의도를 바꿀 수 있는지에 관한 논의였다. 그런 다음, 이 장의 제1저자는 집단 참여자들이 마음을 집중해서 근감각(kinesthesia) 활동을 해 보도록 이끌었다. 그리고 참여자들이 자신의 호흡, 몸의 각 부분과 그 부분들의 긴장감, 전반적인 자세 그리고 신체의 무게에 대한 감각을 하나하나 의식하도록 초청한다. 몸에 대한 자각이 어느 정도 생긴 이후에 나는 그들에게 자신들의 긴장을 풀 수 있는 동작을 해 보도록 하였고, 내가 관찰한 동작에 대해서 언어적이면서도 비언어적인 피드백을 해 주었다. 나는 또한 참여자들이 다양한 그라운딩 기법을 활용해 그들의 무게감(sense of weight)을 느껴 볼 수 있도록 도왔다. 예를 들면, 참여자들은 바닥 위에 두 발로 서서 무릎을 살짝 굽힌 상태에서 몸의 무게를 좌우로 옮겨 보고, 무게의 이동에 따라 바닥이 발바닥을 지지하고 있는 무게, 신체의 무게를 느껴 본다.

이처럼 좀 더 이완되고 또렷이 자각된 신체에 대한 인식이 자리 잡으면, 각 참여자는 동작을 통해 사랑하던 사람의 고통을 나누게 된다. 집단은 각 참여자가 보여 준 동작을 따라 하고, 집단 중 다른 한 참여자가 앞으로 나와서 그 동작을 변형해 본다. 설명을 위해 마이라의 사례를 예로 들어 보겠다. 마이라의 여동생은 갑작스러운 심장마비로 남편을 잃고 3명의 어린 자녀와 함께 남겨졌는데, 그녀는 그 여동생의 고통을 동작으로 표현한다. 마이라는 웅크리고 앉아 팔꿈치는 자신의 무릎 위에 놓고 이마를 주먹을 불끈 쥔 손 위에 기댄다. 이 동작을 집단 앞에서 보이자, 집단은 그녀의 자세와 근육의 긴장감을 똑같이 따라 한다. 그러고 나서 집단의 다른 한 참여자가 원 중앙으로 한 발짝 나와 마이라의 동작을 똑같이 따라 한 후에 들릴 정도로 크게 숨을 들이쉬고 내쉰다. 이에 손과 팔 그리고 머리에 긴장이 풀리면서 팔꿈치는 아직 무릎에 댄 채로 팔을 앞으로 쭉 뻗어 떨어트린다. 머리는 살짝 들어 올리며 앞을 응시한다. 우리는 이 과정의 촉진자로서 마이라가 이 변형된 동작에 어떻게 반응하는지 유심히 살펴본다. 마이라는 다른 참여자가 변형한 동작과 같이 좀 더 깊게 호흡한다. 마이라의 반응은 연민이 가득 담긴 지지를 보내 주는 집단의 힘을 입증해 준다.

이렇게 집단 구성원 모두가 사랑하는 사람의 고통을 몸으로 표현해 보고 그 동작을 변형해 보는 기회를 가진 후에는 4명씩 3개의 소집단을 만든다. 그들은 언어적/비언어적 방식으로 이야기를 나누고 협력적으로 창조 작업을 한다. 소집단은 앞선 과정에서 이미 형성된 관계를 바탕으로 만들어진다. 앞의 과정에서 한발 나서서 동작을 변형시킨 사람은 그 동작을 처음 만들었던 사람과 같은 협력적 소집단이 된다. 각 집단이 겪는 독특한 과정은 물론 동작의 언어와 순간적인 특성을 이해하기는 어렵지만, 다음의 예시가 한 집단의 절정에 다다른 춤을 잘 보여 준다.

이 집단은 구성원들이 모두 동시에 자신의 고통의 이야기를 각자 말이나 동작으로 표현하며 춤을 시작한다. 자신의 이야기를 마치면, 자신을 제외한 나머지 3명의 구성원의 동작을 각자 다른 순서로 따라 한다. 즉, 4명의 구성원이 동시에 각자 4개의 동작을 겹치지 않게 하는 것이다. 결과적으로 무대는 누가 어떤 동작을 하건 4개의 동작으로 채워진다. 집단은 이 '고통(suffering)'의 구절 전체를 세 번 반복하면서, 사이사이에 그 구절의 역동적인 면, 타이밍 그리고 순서에 변화를 주는 동작들을 끼워 넣었다. 순서에 변화를 주며 구절을 몇 번 반복한 후에, 춤은 촉각을 활용하는 아예 새로운 춤 구절로 탈바꿈한다. 이 새로운 구절의 마무리 장면에서는 구성원들이 동작을 맞추어 같이 춤을 춘다. 마지막 포즈를 취할 때, 구성원들은 모두 서로가 연결되어 있다는 느낌을 갖기 위해서 체중을 실은 터치와 싣지 않는 터치법을 활용한다. 이들의 동작의 변화를 전체적으로 보자면, 처음에는 긴장감, 철수된 자세, 시선 회피, 무거움으로 특징지을 수 있는 개인적인 동작으로 시작하였다. 나중에는 편안함, 열린 마음, 상호작용, 가벼움으로 이루어진 동작으로 변화하면서 정체되어 있기보다는 앞을 향해 나아갈 수 있는 느낌을 주었다.

변형과 적용

내담자에게 동작의 변화를 설명해 보라고 요청할 수 있다. 동작을 변형하면서 어떤 느낌이 들었는지, 다른 사람이 동작을 해 보일 때는 어땠는지 성찰하게 한다. 예를 들면, 그때의 느낌, 감각, 생각을 나타내는 말들, 자극을 받거나 차분해진 신체 부분, 동작의 역동적인 특성들, 동작이 행해진 공간에 대해 설명해 볼 수 있다. 이러한 신체, 노력, 모양 그리고 '공간'이라는 동작의 수식 어구들은 루돌프 라반(Rudolph Laban)이 그의 동작분류 체계(1950/1980)에서 소개한 것으로 춤/동작 치료사들이 동작으로 평가하고 개입할 수 있는 방법을 제시해 준다. 동작과 감정 상태의 변화를 기반으로 해서 행동 목표를 정해 볼 수도 있다. 예를 들면, "나는 앞만 보고 새로운 가능성을 위해 열린 자세를 계속 유지하면 희망에 더 가까이 다가갈 수 있을 거야."라고 목표를 세워 보는 것이다.

집단에서 촉진자는 내담자가 신체로 표현한 고통스러운 동작들을 성찰해 볼 수 있는 다른 예술적 방법들을 소개할 수도 있다. 다른 방법들을 통해 창작의 과정을 확장해 나가면서 고통스러운 느낌을 변화시킬 수 있다. 예를 들자면, 앞선 활동에서 웅크려 앉아 고통을 표현했던 참여자는 그 동작을 성찰하기 위해 주위를 둘러보지 못하고 자신의 생각과 감정에만 사로잡힌 사람을 묘사하는 시를 써 볼 수 있다. 또 다른 집단의 참여자는 검정색 원으로 끝나는 빨간색과 오렌지색의 나선을 그림으로 표현할 수 있다. 내담자는 이러한 이미지와 말을 활용해 자신의 동작을 변화시키는 데 도움을 받을 수 있다. 예를 들어, 웅크린 자세에서 자신의 머리, 손, 팔로 작게 무언가를 조각하는 듯한 동작을 해 보이다가 점차 큰 동작으로, 이후에는 일어서는 동작으로 변화를 줄 수 있다. 그런 후, 내담자는 다른 방법 속에서 자신의 동작이 어떻게 반응하는지를 보며 어떤 기분이었는지, 그리고 그 방법을 통해 어떻게 자신의 동작에 변화를 일으킬 수 있었는지를 논의해 볼 수 있다. 예를 들어, 활동을 한 이후에 한 내담자에게 위와 같은 질문들을 해 보았을 때, 그는 다른 사람들로부터 철수되고 싶지 않았다고 말할 수 있다. 그리고 마치 블랙홀에서 빠져나온 나선이 위를 향해 움직이는 동작에 영감을 받게 되었다고 말할 수 있다.

다른 사람의 고통을 몸으로 표현해 보는 것처럼 내담자는 자기 자신의 고통을 동작으로 표현해 볼 수 있다. 그리고 같은 방법으로 마음의 안정을 되찾을 수도 있다. 더 나아가 이 방법은 슈퍼비전에서도 꽤 유용한 방법이 될 수 있다. 슈퍼바이지는 몸 동작을 통해 내담자의 고통을 이해함으로써 내담자를 공감할 수 있다. 또한 내담자가 고통에서 벗어나도록 돕기 위해 회기를 어떻게 진행하면 좋을지 알 수 있다.

맺는말

진실한 연민을 느끼려면, 인간은 누구나 행복을 찾기 원하는 공통된 열망을 갖고 있다는 사실을 인식해야만 한다. 그리고 이러한 행복으로의 여정 속에서 서로가 존경과 신뢰를 가지고 도움을 주는 인간 고유의 능력을 인식해야 한다(Gyatso, 1984). 치료적인 관계 안에서 협력적인 치유의 과정을 제공하는 것은 바로 집단적인 열망이다. 상대방의 동작을 그대로 따라 하는 '미러링'이라는 춤/동작 치료 기법을 활용해 공감을 형성하는 것은 또 다른 사람의 고통을 듣기 위한 소통의 길을 열어 줄 수 있는 방법이 된다(Sandel, Chaiklin, & Lohn, 1993). 내담자가 자신의 몸속에서 느껴진 고통을 다른 사람이 몸으로 표현해 내는 '미러링'을 보면, 내담자는 혼자 감내하고 있었던 고통에서 벗어나 서서히 자유로움을 얻게 된다. 소집단에서 자신의 고통을 보여 주고 들려주는 협력적인 창조적 작업의 과정을 통해 변화를 위한 의식(儀式)을 만들어 낼 수 있다. 연민은 고통으로부터 벗어나 행복으로 갈 수 있는 길인데, 변화를 위한 의식은 공감으로부터 이러한 연민으로 갈 수 있는 현재에 충실한 방법이다.

참고문헌

Gyatso, T. (1984). Religious values and human society. In J. Hopkins (Trans. & Ed.) & E. Napper (Co-Ed.), *Kindness, clarity, and insight: The fourteenth Dalai Lama, his holiness Tenzin Gyatso* (pp. 9-17). Retrieved from http://www.snowlionpub.com/samples/KICLIN_Ch1.pdf

Laban, R. (1980). *The mastery of movement*, L. Ullmann (4th rev. & enl. ed.). Plymouth, MA: Northcote House.

Sandel, L. S. (1993). The process of empathic reflection in dance therapy. In S. L. Sandel, S. Chaiklin, & A. Lohn (Eds.), *Foundations of dance/movement therapy: The life and work of Marian Chace* (pp. 98-111). Columbia, MD: American Dance Therapy Association.

30

춤과 동작: 내면의 이끌림으로 몸을 움직이기

토니 스미스(Toni Smith)

들어가기

보디 마인드 센터링(Body-Mind Centering®, 이하 BMC)은 동작을 만들기 위해 신체를 활용하는 접근 방법이다. 이를 위해 동작의 재패턴화, 신체 접촉, 목소리, 이미지를 종합적으로 사용한다. 그리고 근육과 같은 신체 체계 및 기어가기와 같은 발달적 패턴에 환경적 변화를 주기도 한다. 이 활동은 신체해부학과 과학을 기반으로 인간 발달의 원리와 소매틱 사이콜로지[10]를 활용한다. 이 활동의 과정은 기존의 패턴들을 풀어 그것들의 한계와 제약을 드러내고, 그 범위를 감정적·신체적으로 넓혀 주고자 한다. 몇몇 BMC 회기에서, 실무자(practitioner)는 내담자에게 직접촉진(palpation)을 활용한다. 이를 통해 상실과 같은 압도적인 경험으로 인해 경직된 오랜 패턴들(신체의 부동화)을 풀어 줄 수 있는 가능성이 열린다. 상실의 아픔과 슬픔은 신체에 축적되고, 동작 패턴과 자세를 통해 드러난다. 그 증상은 무감각, 신체 감각으로부터의 해리, 고통, 건강 쇠약, 감정적 억압 그리고 표현 등으로 나타난다(Haseltine, 2012).

BMC 기법 가운데 하나로 '자동적인 움직임(automatic movement)'이 있다. 이것은 무비

10) 역자 주: 소매틱 사이콜로지(somatic psychology)란 신체심리학이라고도 불리며, '몸과 마음의 상호작용'으로 몸의 구조와 우리의 생각 및 행동 사이에 상호 연관이 있다는 원리를 근거로 한다.

관적인 인식 또는 실제 '활동자'의 대뇌피질의 지시에 따라 신체 안에서부터 느껴지는 욕구에 반응해서 표현되는 동작이다. 이 동작의 재패턴화를 위해 BMC 실무자는 가벼운 신체 접촉이나 심상을 활용하거나 밀기(push), 당기기(pull), 맡기기(yield), 뻗기(reach)와 같은 기본적인 패턴의 표현을 격려한다. 예를 들어, 사랑을 갈구하기 위해서는 누군가에게 손을 뻗어(reach) 잡아당겨야(pull)만 한다. 이것은 유아기의 애착(bonding) 과정에서 학습된 패턴이다. 부동화(frozen) 및 정지된(shut down) 상태에서 벗어날 수 있도록 도와주기 위해서는 중력의 작용에 몸을 내맡기고(yield) 신체를 관할하는 뇌(body brain)가 손을 뻗어(reach) 밀거나(push) 당기기(pull)를 기다리는 것으로 시작할 수 있다(Cohen, 2008).

사례 연구

노라는 12세 딸과 유아기 아들을 키우는 싱글맘이다. 그녀는 전화로 내게 자신을 처음 소개하면서 울먹였다. 흐느껴 우는 사이사이, 그녀는 자신의 불안정한 삶이 무너져 내리고 있다고 말했다. 남자친구는 그녀를 통제하려 들었고, 그녀는 친구가 없었으며, 재정과 교육 자원이 부족했고, 숙면을 취할 수 없었으며, 주택관리를 유지하기 어려웠고, 학대받았던 때의 플래시백에 시달리고 있었다.

그녀가 처음 우리 센터를 방문했을 때, 튼튼하고 쾌활해 보이는 아들을 데리고 왔다. 그녀 또한 자신감 있고 단정해 보였다. 하지만 그녀가 자신의 이야기를 시작하면서 겉모습에 비친 단정함은 이내 곧 무너져 내렸다. 그녀는 자신의 과거나 현재의 대인관계를 받아들이기 힘들다고 호소했다. 그녀는 경제적으로 가족의 지원과 정부 보조금을 받고 있었다. 그녀의 일상적인 하루는 폭발적인 분노와 절제할 수 없는 울음으로 점철되어 있었다. 그녀는 스스로 고립된 채, 아이 아빠의 권위에 저항했지만 그로부터 완전히 분리되어 독립할 수는 없었다. 노라는 과거에 근친상간으로부터 간신히 벗어난 이야기, 그리고 과거의 연인으로부터 폭력적인 학대를 당한 이야기를 들려주었다.

일반적으로 이뤄지는 초기 접수 면접 후에, 노라는 잠시 뜸을 들이고 말했다. "그들이 죽어서 정말 기뻐요." 나는 물었다. "누가 죽었죠?" 그러자 노라가 답했다. "제 딸의 아빠가 저를 강간했고, 제 할아버지는 제 어린 시절을 앗아갔어요."

나는 노라에게 바닥에 누워 보라고 한 후, "당신의 몸속의 어느 부분에서 눈물이 흐르고 있나요?"라고 물었다. 그녀는 자신의 오른쪽 팔을 지목했다. 그녀의 팔에 손을 얹어 보니 피부 밑으로 강렬하게 윙윙거리는 움직임이 느껴졌다. 노라는 울면서 재빨리 팔을 웅크리고 몸부림쳤다. 그러면서 그녀는 과거에 사랑했던 사람이 칼로 위협하며 강간했던 사건을 말해 주었다. 그 당시 그녀는 오른쪽 팔뚝을 사용해 가해자를 멀리 떨어뜨리려고 했다. 그녀는 웅크려진 오른팔을 풀어 방의 넓은 공간을 향해 뻗으려는 듯이 힘을 주었다. 팔을 뻗으려는 그녀의 힘은 견갑대와 목으로 고스란히 전해졌다. 나는 그녀의 갑작스러운 팔 동작에 흐름을 맞추기 위해, 그녀가 나의 손을 밀쳐 낼 수 있도록 적당한 저항을 했다. 그녀는 강간당했을 당시에는 하지 못했던 것을 이제는 할 수 있었다. 신체적으로든 감정적으로든 저항을 하고, 불의한 행동을 밀쳐 낼 수 있는 능력을 발견한 것이다. 노라의 동작 범위가 넓어지고 힘이 점점 강해지면서 그녀의 울음과 고함소리도 잦아들었다. 노라는 편안하게 호흡하기 시작했다. "기분이 훨씬 나아진 것 같아요." 그녀는 일어나 아이를 향해 걸으며 말했다. 잠시 동안 그녀는 자신의 팔로 아이를 끌어안고서는 아이와 자신을 달래듯이 흔들어 주었다.

노라의 할아버지가 돌아가신 지는 몇 년이 지났지만, 그로부터 받았던 학대의 기억은 여전히 노라의 몸속에 남아 있었다. 특히 그녀의 목과 어깨는 마치 '바위'같이 딱딱했다. 온몸의 높은 긴장감(고혈압)에 따른 고통은 그녀의 일상을 지배하고 있었다. 그녀는 자신이 가장 좋아하던 활동들인 춤과 예술에도 참여할 수 없었다. 노라는 예술적 표현이 할아버지로부터 성적 학대를 받은 어린 시절을 견뎌 낼 수 있도록 도와줬다고 말했다. 그러나 이제 춤을 추거나 자신을 예술적으로 표현할 수 없게 되어 버린 노라는 놀랍도록 밝고 건강하며 사랑받기에 충분해 보이는 자신의 아이들을 돌보는 데 집중했다.

노라는 해결되지 않은 어린 시절의 트라우마가 할아버지의 죽음을 '정리(settle)'하는 데 방해가 되는 것 같다고 말했다. 그녀의 증상은 감정 조절에 실패하거나 아들의 아빠 앞에서 자기주장을 하지 못하는 모습으로 드러났다. 아들의 아빠는 가끔씩 아이들을 돌보기 위해 지원을 해 주었는데, 이마저도 노라의 양육 방식을 비난하며 지적하고 마지못해 하기 일쑤였다. 그녀는 이것을 인지적인 차원에서는 이해하고 있었지만, 그와의 만남들이 통제 불가능한 상황이 되면 여전히 분노가 치밀어 올라 소리를 지르며 물건을 집어 던졌다. 노라는 이러한 행동을 변화시키고 싶어 했다. 그녀는 감정들을 분출할 안전한 방법을 찾을 준비가 된 것이다. 또한 그녀를 학대했던 가해자들의 죽음에서 평화를 되찾고, 아들의 아빠와의 관계에서 희생자 역할을 해 왔던 것을 내려놓을 수 있는 준비가 되었다.

BMC 회기들에서 노라는 어떠한 평가 없이 신체에서 느껴지는 감각을 살펴보고, 신체에서 느껴지는 움직임에 대한 갈망에 주의를 기울여 보았다. 연습과 격려를 통해 노라는 자동적인 움직임을 해 볼 수 있게 되었고, 풍부한 표현의 동작으로 공간을 채워나가는 자신을 발견할 수 있었다. 그녀는 BMC 회기들 이후에 아들의 아빠와의 갈등을 조율해 나갈 수 있는 편안함, 신뢰, 자신감을 가질 수 있게 되었다고 말했다. 그와의 상호작용도 좀 더 구체적으로 변해 갔으며, 자신의 내면에 있는 힘을 더 많이 느낄 수 있게 되었다.

몇몇 회기에서 노라는 할아버지와 관련된 플래시백의 경험과 함께 분노를 느꼈다고 말했다. 나는 그 플래시백에서 그녀의 몸이 어떠한 '밀치는' 동작도 취하지 않았다는 것을 알아차렸다. 그녀는 소위 자기 자신을 보호하거나, 거절하기, 묵살하기, 분리하기와 경계를 짓는 그 어떠한 동작도 취하지 않은 것이다. 우리는 바닥을 미는 동작, 서로 맞대어 밀치는 동작, 베개를 세게 밀치는 동작을 연습했다. 꽤 오랜 시간 동안 뒤로 물러섬으로써, 노라는 누군가를 멀리 내동댕이칠 수 있을 정도로 강력한 밀치는 동작으로부터 도망갔다. 할아버지의 영향 아래 있는 어린아이는 밀치는 동작을 하기 어려웠을 것이다. 노라는 마침내 할아버지의 부적절한 애정 행각을 떨쳐 낼 수 없었던 내면의 그 어린아이를 만나게 되었다. 어린 시절에 그녀는 자기 자신을 지켜 낼 수 없었기 때문에 수치심, 당혹감, 죄책감을 느꼈다. 노라는 그 당시 자신이 어린아이였기 때문에 그저 자신의 할아버지를 기쁘게 해 드리길 원했다는 사실을 깨닫게 되었다. 아이였기에, 할아버지의 무릎 위에 앉아 기쁨을 드리기 위해서 할 수 있던 것을 했던 것이었다. 이제 노라는 그녀의 기억에서 그를 지워 버릴 수 없게 되었다. 그녀는 자신이 할아버지를 유혹했다는 사실에 사로잡혀 강한 죄책감과 책임감을 느꼈다.

그녀가 자동적인 움직임(automatic movement)과 '밀쳐 내는' 패턴으로 이루어진 동작을 연습하면서, '밀쳐 내는 춤'이 만들어졌다. 이때 노라는 다시 한번 할아버지에 대한 기억을 떠올리게 되었다. 이번에는 그를 밀쳐 내면서 강인한 힘을 가지고 그녀 자신을 보호할 수 있었다. 노라는 할아버지와의 관계와 자신을 재정립해 본 내용을 이 '밀쳐 내는 춤'으로 표현할 수 있었다. 그녀는 할아버지와의 유대감을 지속시키고 싶지 않았다. 그를 밀쳐 냄으로써 자신만의 안전한 공간을 확보하고 싶어 했다. 밀쳐 내는 춤을 추자, 노라의 몸은 이완됐고 호흡은 깊고 차분해졌다. 그녀는 할아버지에 대한 기억에서 서서히 멀어질 수 있게 되었다. 우리는 함께 이 과정을 되짚어 보면서 그녀의 경험을 말로 표현해 보았다.

몇 달이 지난 후, 노라는 자신의 딸과 함께 댄스 교실에 등록했다는 소식을 전해 주었다. 그녀는 확신에 차 말했다. "제가 이 교실에서 나이가 가장 많고 사람들이 제가 이상하다고 생각해도 아무 상관없어요. 그것조차도 기분 좋아요."

변형과 적용

보디 마인드 센터링이라는 활동은 집단에서 변형하여 활용할 수 있다. 그리고 다양한 연령층과 다양한 능력을 가진 사람들에게도 변형해서 접목이 가능하다. BMC는 내담자의 필요에 따라 동작이나 예술을 기반으로 한 다른 접근법들과 함께 사용될 수 있다. 예를 들어, 목소리로 소리내기, 자기접촉(self-touch), 요가나 명상과 같은 신체 활동 그리고 심리치료와 함께 활용될 수 있다. BMC 회기 동안에 풀어져 나온 감정들을 표현하기 위해 시각 예술과 저널링을 사용할 수도 있다. BMC는 흔히 작업치료(occupational therapy) 및 신체치료와 함께 병행해서 활용된다. 이는 어린 유아에서부터 성인에 이르는 장애인, 부상자, 트라우마를 가진 사람들이 동작이나 춤을 통해 자유로워질 수 있게 하기 위해서이다(Miller, 2011).

보디 마인드 센터링 활동은 신경계(nervous system)가 신체의 모든 세포 속에 각인되어 있고, 정상적인 반응의 사이클은 느끼고(sensing), 인지하고(perception), 행동(action)을 취하는 것이라는 사실에 근거를 둔다. 만약 내담자가 느낌에 대한 행동이라는 일련의 과정을 완성하지 못하면, 그 감각들은 신체 뇌에 저장되어서 세상을 바라보는 모든 관점과 해석에 역동적으로 영향을 미친다. 이러한 작업은 내담자가 신체 시스템과 발달 과정을 탐색하여 자신의 기억, 경험, 행동, 감각을 '신체적으로 표현'할 수 있도록 하는 매우 다양한 방법으로 이뤄질 수 있다. 차 사고에서부터 시민운동에 이르기까지 다양한 과거의 경험이 세포 속에 저장되어 있다면, BMC는 다양한 접근 방식으로 심신의 긴장을 풀어 줄 수 있다. 또한 동작, 접촉, 목소리, 각양각색의 감각 지각과 같은 안전한 활동들을 통해 자유로워질 수 있도록 한다.

맺는말

BMC와 같은 신체 중심의 접근법들은 트라우마적인 상실의 아픔과 슬픔 가운데 있는 사람들이 신체 안에 축적된 다양한 감정을 다룰 수 있도록 해 준다. BMC는 과거에 무슨 일이 일어났으며 현재 자신의 상태는 어떤지를 말로 표현할 수 없을 때 활용할 수 있는 접근법들을 통합한다. 심화된 훈련에 관심이 있는 사람들을 위해 보디 마인드 센터링 학교(The Body-Mind Centering School)는 미국, 프랑스, 영국, 독일, 슬로바키아, 이탈리아, 브라질에서 종합적인 훈련을 제공한다.

참고문헌

Cohen, B. B. (2008). *Sensing feeling and action: The experiential anatomy of Body-Mind Centering* (2nd ed.). North Hampton, MA: Contact Editions.

Haseltine, R. (2012). Holding the whole: BMC concepts and principles. *Currents: A Journal of the Body-Mind Centering Association*, 4-7.

Miller, G. W., Ethridge, P., & Morgan, K. T. (2011). *Exploring Body-Mind Centering*. Berkeley, CA: North Atlantic Books.

[보디 마인드 센터링 학교에서 진행 예정에 있는 과정을 보기 원한다면 다음의 웹 사이트를 참조하시오: http://www.bodymindcentering.com/upcoming-courses]

31

시각 예술: 이야기 스크랩북 만들기

엘리자베스 마이어 처노(Elizabeth Maier Chernow)

들어가기

(슬픔에 관해 생각하거나 말해야 할 때) 어디서부터 시작해야 하지? 그리고 이 슬픔은 어디서 끝날까? 이러한 공통적인 질문에서 아이디어를 얻은 '이야기 스크랩북 만들기(narrative scrapbooking: NS)'라는 활동은 사별을 당한 내담자들의 애도 과정에 사용될 수 있다. 6주간에 걸친 3시간의 집단상담에서 NS는 사별한 내담자들을 다음과 같이 도울 수 있다. (1) 그들이 누구인가에 대한 탐색에서 목적을 명료하게 한다. (2) 내적 대화를 촉진시킨다. (3) 심상 작업을 통해 사랑했던 사람에 대한 기억을 떠올리고, 궁극적으로는 새롭게 발견한 의미를 상징적으로 표현하게 한다. NS는 끝이 정해져 있지 않은 개방형 과정이며, 내담자가 슬픔과 흔히 동반되는 모호함을 견디고 슬픔의 여정을 개척하며 앞으로 나아갈 수 있는 힘을 준다. NS의 전반적인 과정은 내담자가 상기될 기억/관계/사건을 생각하며 미리 예상한 구조들을 헐겁게 만들고, 새로운 목표 또는 관점(종종 성장 또는 치유)을 향해 방향을 전환하거나 새로운 길을 열어 주는 것 같다. 이야기 스크랩북을 소개하기 전에, 상담자들은 집단을 위해 일관된 환경을 조성하게 된다. 상담자는 깊이 공감해 주는 것과 같은 태도를 활용해서 감정적 공간을 유지한다(Hart, 2000). 반면, 물리적 공간은 상담자가 도구들(과자, 음료, 음악, 촛불, 종이, 풀과 가위, 옷감, 매거진, 책, 이

미지 등)을 지정된 공간에 어떻게 배치하느냐에 따라 달라진다. 계속해서 차분하고 부드러운 분위기를 조성하기 위해, 가사 없이 소리로만 이루어진 배경 음악을 작게 튼다. 좋은 기억을 떠올리게 하는 기프트 카드(http://www.vitagenics.ca)와 작은 양초를 출입문 가까이에 두어서 내담자가 언제든지 사랑했던 사람을 떠올리며 양초를 켜거나 들어 올릴 수 있도록 한다. 내면의 대화를 촉진시키기 위해 상담자(또는 보조 상담자)는 내담자와 함께 '뷰티 박스(beauty box)'라는 활동으로 시작해 볼 수 있다. 이 활동은 존 퍼먼과 앤 길라(John Firman & Ann Gila, 2010)에 의해 개발되었다. 뷰티 박스는 200개에서 300개에 달하는 이미지들을 담아 놓은 큰 박스인데, 그것을 몇몇 테이블 위에 펼쳐 놓는다. 그 이미지는 폭넓은 범위의 장면들을 표현하고 있다. 다양한 자연 풍경, 무리 지어 있는 사람들, 동물, 물건, 공간 등을 나타내는 이미지들이 있고, 대부분 감정을 유발하는 내용이다. 활동에 참여한 내담자들에게 30분의 시간을 주어 10개에서 15개 정도의 이미지를 모아 오게 한다. 내담자들이 선택한 이미지는 '나는 누구인가?'에 대한 답이다. 그들은 자신이 옳다고 생각하는 순서대로 그 이미지들을 나열해 본다. 나열된 이미지는 그대로 풀로 붙여 고정하는 것이 아니다. 하지만 (내담자가 원하는 경우에 한해서) 나중에 이미지를 복사해서 이야기 스크랩북에 붙일 수도 있다. 하나의 패턴이 완성된 후에는 15분 동안 다음의 질문에 대한 답을 적는다. (1) 이 이미지 속에서 당신의 어떤 모습을 발견할 수 있는가? (2) 각 부분에 필요한 것은 무엇인가? (3) 이 이미지 속에서 당신 자신의 긍정적인 요소나 관계를 인식하거나 명시해 볼 수 있다면, 그것은 무엇이라고 생각하는가? 마지막으로, 내담자는 두세 명씩 짝을 지어 그들의 경험을 함께 나눠 본다. 이때 서로의 이미지를 분석하지 말고 그저 현재 상대방이 하는 이야기를 잘 듣고 질문이 있으면 물어보는 것을 권장한다(Maier, 2007). 이어지는 회기들에서는 참여자들이 실제로 물리적인 이야기 스크랩북을 만들어 본다. 이 스크랩북은 집단 속에서 그들이 발견하고 탐색한 기억의 시금석이 된다. 요컨대, 스크랩북이 사랑하던 사람과의 관계에 로드맵이 되어 준다는 것이다. 또한 그들이 집단 활동을 마치고 나서도 치유로 향하는 한 발짝 한 발짝에 로드맵이 된다. 스크랩북은 무형의 것을 유형의 것으로 구체화시킨다. 책을 만들기 위해서 내담자는 먼저 직감적으로 떠오른 이미지, 단어, 자료를 모은다. 그것은 사진, 인용구, 색깔, 모양, 서류 등과 같은 물건일 수 있다. 그리고 아코디언 같이 접은 스크랩북(이 형태와 기능이 중요하다) 위에 그것들을 마음이 가는 대로 배열한다. 아코디언 스크랩북은 15×40인치의 종이를 앞뒤로 번갈아 접어 가며 8×15인치의 면으로 나눈 것이다. 전통적으로는 30×40인치의 BFK(Blanchet Frères & Kléber) 한 장이 사용된다. 아코디언 모양의 구조는 끊임없는 발전 과정으로 이어지고, 내담자가 전통적인 선형적 구조의 책 또는 이야기 담화를 뛰어넘어 자신의 사고를 확장시켜 나갈 수 있도록 돕는다. 예를 들어, 내담자는 책을 왼쪽에서 오른쪽으로가 아닌 위에서 아래로 펼쳐 보는 방식을 택할 수 있다. 또 다른 내담자는 종이의 방향을 달리 접어서 마치 옷장 문과 같이 밖으로 펼쳤을 때 안의 내용물들을 볼 수 있게 만들 수 있다. 이어진 회기들에서 나는 퍼먼과 길라(2010)의 방식에서 차용한 심상 작업을 소개하였다. 먼저, 내담자가 햇살이 비치는 목초지와 같은 안전한 공간을 마음속으로 떠올려 보도록 한다. 그러고는 그들이 사랑하던 사람들을 그곳으로 초청해 보도록 한다. 여기서부터 내담자는 그들의 곁을 떠난 사랑하던 사람에게 질문을 하게 된다(이 또한 반드시 그들이 원하는 경우에 한해서 진행된다). 그리고/혹은 가이드를 제시해 줄 수 있으며 모든 것을 알고 있는, 또는 지혜로운 현자를 목초지로 불러서 상의한다. 그리고 다음과 같은 질문들을 할 수 있다. (1) 당신이 원하는 것은 무엇인가요? (2) 당신이 필요한 것은 무엇인가요? (3) 이 사람, 존재, 또는 관계가 당신의 삶에 긍정적인 영향을 준다면, 그것은 무엇인가요? 마지막에는 편지쓰기 활동이 있다. 여기서 집단 구성원들은 심상 작업과 이야기 스크랩북 경험을 미래에 상기하기 위해 이 편지를 자신에게 우편으로 부칠 수도 있다(Maier, 2007). 뷰티 박스와 심상 작업 모두를 활용하는 것은 내담자들의 치료 활동에 분위기를 조성한다. 또한 사랑하던 사람과의 유대 관계를 지속하는 가운데 긍정적인 환경을 조성하는 데 도움이 된다.

사례 연구

제인은 40대의 유색인종 여성이다. 그녀는 군복무 중에 죽은 남자 형제를 기리기 위해 집단에 참여했다. 집단 참여에 관해 그녀와 나눴던 초반의 대화에서, 그녀는 자신은 행복한 사람이고, 슬픔에 대해 생각하거나 이야기하고 싶지 않으며 삶의 긍정적인 측면만 보고 싶은 사람이라고 언급했다. 그래서 그녀는 집단에 참여하게 되었을 때에도, 자신은 삶의 축복에 대해서만 나누길 원한다는 바람을 나타내었다. 집단의 촉진자 역할을 해야 하는 나는 내 속에 일어난 편견을 점검해 보면서 그녀의 탐색에 대해 개방적이고 공감적인 태도를 유지했다. 그녀의 현재 관점은 옳지 않고 바뀌어야만 한다는 당위적인 생각이나 판단을 없애려고 노력했다. 그녀가 걸어 들어올 때 나는 인사하면서 '~할 수 있는 능력' 카드가 놓여 있는 서명란을 보여 주었다. 그러자 그녀는 즉시

[그림 31-1] 제인의 이야기 스크랩북의 처음 4면의 내용

'통제주의(controloholism)를 극복할 수 있는 능력'이라는 카드를 집었다. 그녀는 참을 수 없다는 듯이 웃음을 터트렸다(아마도 이것이 그녀로 하여금 마음을 열 수 있도록 도와주었을 것이다). 이 카드는 나 또한 계속 상기해야 하는 말인 것 같아 속으로 슬며시 웃었다.

도입부와 뷰티 박스 활동을 마친 뒤, 제인은 다른 여성과 함께 짝을 이뤄 그들의 이미지에 관해 논의했다. 그녀의 파트너 또한 남자 형제의 죽음으로 인해 슬퍼하고 있다는 사실을 알고, 각자의 형제에 대한 이야기를 나눴다. 하나의 상실 이야기는 또 다른 상실 이야기로 이어져, 제인은 아이를 유산하고 결국 암으로 엄마를 잃게 된 사건까지 얘기하게 되었다. 제인과 그의 파트너는 누가 봐도 대화에 몰입하고 있었다. 그들은 마치 오래된 친구처럼 함께 앉아 울고 웃었다. 추후에 제인은 '그 순간만큼은 영원히 기억할 것 같다.'고 표현했다.

모두가 각자 자신의 스크랩북 작업을 하면서 몇 주가 흘렀다. 몇몇 사람은 집단에서만 이 작업을 하려고 했고, 다른 사람들은 집에서도 스크랩북 작업을 이어 나갔다. 마지막 회기에서 나는 참여자들에게 원한다면 현재 어떤 일이 일어나고 있는지 말해 볼 것을 제안했다. 제인은 첫 번째로 일어나 설명했다. "첫 번째 페이지에는 북극곰이 있는데, 제가 제일 먼저 골랐던 그림이에요([그림 31-1] 참조). 그들을 보자마자, 마치 엄마와 아이가 서로 바짝 달라붙어 떨어지지 않으려고 하는 것처럼 느껴졌어요. 이 그림을 보니까 엄마와 제가 함께 시간을 보냈던 마지막 주가 떠올랐어요. 우리는 소파에 함께 부둥켜 앉아 오후의 따뜻한 햇살을 맞고 있었죠. 그 순간을 까맣게 잊어버리고

[그림 31-2] 제인의 이야기 스크랩북의 마지막 4면의 내용

있었네요. 근데 이 그림을 보니까 그때 기억이 떠올랐어요. 그리고 엄마에게 안기는 느낌이 어떠했는지 다시 기억났어요." 그러고 나서 그녀는 자신의 스크랩북의 각 이미지와 책의 모든 부분을 자세히 설명했다. 그것이 그녀에게 어떤 의미가 있는지, 왜 그녀가 그 그림들을 선택하게 되었는지, 이 활동을 통해 무엇을 깨닫게 되었는지를 이야기했다.

이후 이루어진 일대일 인터뷰에서 제인은 이 스크랩북을 매개체로 자신이 엄마, 남자 형제, 태어나지 않은 아이에 대한 그녀의 사랑을 가까운 친구 및 가족들과 나눌 수 있었다고 말했다. 이러한 이야기를 나누면서 주변 사람들과의 관계가 얼마나 발전되었는지도 말해 주었다. 그리고 이야기 스크랩북을 만드는 활동을 하면서 자신의 이야기를 나누는 것이 훨씬 더 편안해졌다고 했다. 그녀는 사진을 사용할 수 있었으나, 일부러 사진을 사용하지 않았다고 했다. 그녀는 태어나지 못한 아이의 사진이 한 장도 없었기 때문이다. 제인이 말했다. "저는 제 작은 소녀를 천사라고 생각해요. 그래서 온통 작은 천사들로 채워진 달력을 봤을 때는 그 천사들을 오려서 이 단어들 옆에 붙여 주고 싶었어요."([그림 31-2] 참조) 그녀는 이 이야기를 하면서 '특별한 한 토끼'와 '이 땅에 평화를'이라는 단어들을 가리켰다. 그러고는 그녀가 어떻게 꽃들을 그리게 되었는지, 그것에 색감을 덧입히는 과정이 얼마나 중요했는지에 관해 말해 주었다([그림 31-1]과 [그림 31-2] 모두 흑백이지만 원본 스크랩북은 분홍색과 녹색 계열로 이루어져 있었다).

이 인터뷰는 약 1시간가량 진행되었다. 마지막에 제인은 나에게 감사의 말을 전했다. 특히 그녀는 스크랩북 활동도 너무나 즐거웠지만, 그보다 집단의 참여자들이 함께 모인 공간에서 마술과 같은 힘을 느낄 수 있었다고 말해 주었다. 그녀는 이 과정을 통해 연결되어 있다는 느낌을 받게 된 것에 깊이 감사하고 있었다. 자신의 슬픔과 기억에 연결되는 내면의 연결이 이루어졌을 뿐만 아니라, 공동체 안에서 애도의 과정에 대해 이야기하고 함께 나누면서 서로 간의 연결도 이루어졌다고 한다.

변형과 적용

이야기 스크랩북은 비언어적인 참여와 내적 과정을 통해 이뤄지기 때문에, 이 경험은 결국에는 참여자 개인이 만들어 나가는 고유한 여정이다. 이런 맥락에서, NS는 개인 회기에서 변형하여 활용할 수 있다. 커플 또는 친구들이 NS 집단에 함께 참여하여 각자의 스크랩북을 나란히 만들어 볼 수도 있다. 가족 단위에도 자연스럽게 접목될 수 있으며, 아동에게도 변형해서 사용해 볼 수 있다(발달적 이해를 위해 인도된 심상 작업 활동을 변형해 볼 수 있다).

아직 연구가 필요하긴 하지만, 미래의 이야기 스크랩북에서는 심상 작업을 위해 태블릿 컴퓨터로 인터넷을 사용해서 이미지를 디지털로 조작할 수도 있을 것이다. 픽콜라주(PicCollage) 또는 인스타콜라주(InstaCollage)와 같은 애플리케이션은 사용자에게 이미 만들어진 소프트웨어에 담겨진 이미지를 업로드하여 보여 줄 수 있다. 하지만 이렇게 디지털을 이용한 활동들에서는 종이를 찢거나 직물을 만져 보며 느낄 수 있는 깊이감과 여러 가지 변형을 볼 수 없으며, 과정을 구체화하는 결과를 만들어 내지 못한다. 이와 유사하게, 아코디언 모양의 스크랩북은 2차원의 표면에서 볼 수 없는 3차원의 요소를 보여 줄 수 있다. 그래서 아마 어플과 메모판은 내담자가 이미지를 수집할 수 있는 쉽고 깔끔한 브레인스토밍 공간으로 활용되고, 실제적인 작업은 이것들을 인쇄하여 스크랩북에서 이루어지게 될 것이다.

맺는말

NS는 나의 논문 프로젝트의 일환으로 모아진 자료들을 분석하여 개발한 것이다(Maier, 2007). 23명의 성인이 이 연구에 참여했다. 희망을 상실한 참여자들은 다양한 슬픔의 문제들을 다루었다. 배우자, 자녀, 부모, 형제, 애완동물의 상실, 이혼으로 인한 결혼 생활의 상실, 자기 또는 아이의 신체적 · 정신적 건강의 상실, 생물학적 유산(유전), 유산을 통한 임신의 상실 등 다양한 문제를 호소했다. 6주간에 걸친 인터뷰를 통해 모아진 자료들은 통합적 질적 연구 방법을 통해 분석되었다. 여기에 주제별 내용 분석, 이야기 분석 그리고 창의적 응답 방식이 활용되었다. 데이터의 주제별 내용 분석은 NS의 23가지 다른 주요한 측면과 몇몇의 하위 주제에 해당하는 항목들을 나타내주었다. 이 중 많은 것이 이 장에서 강조되었다. 100%에 달하는 응답자가 NS를 의미 형성의 상징적인 표현이라고 답했다. 이야기 분석의 결과는, 참여자들은 지금까지 해온 선형적인 이야기 구성의 부담 없이 목적론적 이야기(telenomic narratives)의 도움을 받아 과거, 현재, 미래의 통시적 사건을 구성한다는 것이다.

참고문헌

Firman, J., & Gila, A. (2010). *A psychotherapy of love: Psychosynthesis in practice*. Albany, NY: State University of New York Press.

Hart, T. (2000). Deep empathy. In T. Hart, P. Nelson, & K. Puhakka (Eds.), *Transpersonal knowing: Exploring the horizon of consciousness* (pp. 253-270). Albany, NY: State University of New York Press.

Maier, E. H. (2007). *Narrative scrapbooking: Empathic facilitation of cocreated stories for bereaved and nonspecific adults in supplemental therapeutic support groups* (Doctoral dissertation). Retrieved from ProQuest Dissertations and Theses Database. (TX 6641222).

32

시각 예술: 이야기를 스케치하기

바버라 톰슨(Barbara E. Thompson)

들어가기

트라우마에 대한 생리학적 이해도가 높아짐에 따라, 심리치료에 있어 표현예술, 안구운동 민감소실 재처리과정(Eye Movement Desensitization and Reprocessing: EMDR), 소매틱(somatic) 접근법이 좀 더 폭넓게 수용되고 있다(Parnell, 2007). 예를 들어, 그림을 그리고 채색하는 과정은 말로 표현되기 전 상태의 트라우마 기억을 식별할 수 있는 형태로 변환한다. 더불어 유희적 공간을 만들어 많은 이미지가 보이고, 만져지며, 성찰되고, 재구성될 수 있도록 해 준다(Thompson & Berger, 2011). 이야기를 스케치하기(Sketching out the story) 활동은 표현적 그림 그리기와 내적인 자원들을 형성하기 위하여 수정된 EMDR 절차를 조합한 것이다. 이를 통해 트라우마 기억이 가지고 있는 비언어적인 핵심을 다루고, 압도적인 감정을 적정 수준으로 유지하며, 시각적 표상을 만들어서 스토리텔링으로 연결시키는 작업을 하고자 한다.

EMDR은 트라우마 기억의 회로를 '봉인 해제'해서 꿈에서의 적응적인 과정과 같이 사고, 느낌, 이미지, 신체 감각의 빠른 처리 과정을 촉진시킨다. 상담자가 기술적인 도구를 제공하고 필수적인 관계적인 조율을 하긴 하지만, 회복력의 정도는 내담자 고유의 능력에 달려 있다(Parnell, 2007).

그림 그리기(drawing)는 내담자가 트라우마 기억에 압도되지 않으면서 그 경험을 성찰하고 변형할 수 있도록 그 기억과 적정 거리를 유지하게 해 준다. 더불어 그림 그리기는 체지각(somatosensory)의 차원에서 이미지와 교감할 수 있는 기회를 제공한다. 이를 통해 '가능성에 맞닿고' '다른 시각에서 이해하며' 자기, 타인, 더 나아가 세계에 대한 새로운 이상을 '그려 볼 수 있게(sketch out)' 된다. 시각적 묘사는 상징적 표상을 통해 좀 더 일관성 있는 언어적 묘사를 명료하게 표현할 수 있도록 하면서 의미를 재구성해 나가는 데 도움을 줄 수 있다.

수정된 EMDR 회기의 절차적 단계는 다음과 같다. (1) 문제나 특별한 기억을 명료화한다. (2) 최악의 상황을 대표할 수 있는 장면을 떠올려 설명해 본다. (3) 그 장면과 관련된 감정, 신체 감각, 자기 자신에 대한 부정적인 생각을 발견한다. (4) 주관적 고통 지수(Subjective Units of Distress: SUD)를 0~10의 범위에서 측정해 본다. 만약 기억 회로가 활성화된다면 운동 감각, 시각, 청각 자극을 활용해 상호자극(bilateral stimulation: BLS)을 시작한다(Parnell, 2007).

그림 그리기는 다양한 방식으로 접목될 수 있다. 예를 들어, 내담자에게 작업하기 원하는 문제, 그것에 대한 느낌, 고통스러운 장면 등을 그림으로 그려 보도록 할 수 있다. 만약 내담자가 말로 표현하는 데 있어 특별히 어려움을 호소하는 경우에는 "문제를 그림으로 그려 보세요."라는 제안을 받을 수 있다. 이미지를 그린 이후에는 수정된 EMDR 절차를 따른다. 상담자가 지시하면 내담자는 대상이 되는 기억의 남은 부분으로 되돌아온다. 만약 그들이 SUD를 0으로 측정했다면 그들은 자신에 대한 진실되고 긍정적인 생각이 완전히 성립되었고 신체에 어떠한 긴장감도 남겨져 있지 않다고 판단하여 회기를 종결할 수 있다(Parnell, 2007). 이제 내담자가 그림을 그리고 있거나 변화를 상징하는 마지막의 이미지를 응시하고 있을 때, BLS를 사용해서 긍정적 신념과 그것이 신체에 주는 감각을 '설치(install)'할 수 있다. 이후 회기는 피드백으로 마무리된다.

사례 연구

앤은 52세의 기혼 여성으로 성인이 된 아이들과 지지적인 가족들과 함께 살고 있다. 상담실에 방문할 당시, 그녀는 직장에서 겪고 있었던 대인관계의 문제를 다루고 싶어 했다. 이 문제는 '오래된 과거를 불러일으켰다.' 그녀는 자신의 삶에 완전히 '갇힌(being stuck)' 느낌을 받고 있었다. 그녀는 부모와의 관계에서 '슬픔, 상실, 버거움'을 느끼고 있었고, 특히 골반과 경추의 극심한 고통을 호소하고 있었다. 그녀는 초반에 성적 트라우마와 관련된 과거 경험을 털어놓지 않았지만, 결국 5세 때 사촌오빠로부터 성추행을 당했다고 말해 주었다. 10세 때는 이웃 오빠들로부터 성추행을 당하고, 대학 때는 동기에게 강간을 당했다고 하였다. 앤은 삼촌의 장례식장에서 지금은 존경받는 목사가 된 그 사촌오빠가 추도사를 낭독하는 모습을 지켜보면서 트라우마 기억들을 떠올리게 되었다. 앤은 가족들과 함께 앉아 있는 자리에서 두려움과 신체적 고통에 휩싸여 '얼어붙어(frozen)' 버렸다. 그녀는 "마치 어깨 위에 멍에를 지고 있는 것만 같아요."라고 말했다.

실례 #1: "저는 혼돈 속 또는 과도기에 있어요. 하지만 괜찮아요."

회기를 시작할 무렵, 앤은 "저는 성추행으로 인해 오랜 슬픔을 겪고 있어요."라고 말했다. 우리는 수정된 EMDR 절차와 함께 그림 그리기를 사용해 보기로 했다. 그녀는 안락의자에 앉았다. 앞에는 가로 2피트 세로 3피트의 화판이 테이블에 비스듬하게 기대어져 있었다. 그 옆에는 오일 파스텔과 테이프가 담긴 두 개의 박스와 도화지 한 묶음이 함께 놓여 있었다. 앤은 목에서 분노, 두려움, 고통이 느껴진다고 하였다. 그녀의 부정적인 인식은 "난 희망이 없어."라는 것이었고, 그녀의 SUD는 8로 측정됐다. 그녀는 허벅지 아래 특수한 'EMDR 신호기(tapper)'들을 놓고 촉감을 활용한 BLS의 강도와 속도를 선택하였다. 그리고 그녀는 그림을 그리기 시작했다. 앤은 도화지의 아래 부분 중앙에 검정색 마크를 찍고, 힘을 주어 꾹 누르며 그 마크를 중심으로 원을 계속해서 그려 나갔다. 그런 후, 이렇게 빽빽한 검정색 마크로부터 뻗어 나가는 검정색, 빨간색, 오렌지색의 선들을 휘갈겼다. 그러고는 양손을 사용해 검정색 선을 바깥으로 짓눌러서 번지게 하였다. 이 작업을 마친 후, 앤은 깊게 숨을 내쉬면서 새로운 도화지로 바꿨다. 두 번째 그림을 다 그려 갈 무렵, 그녀는 "이건 앞으로 다가올 일들을 받쳐 주는 에너지예요."라고 말했다. 세 번째 그림은 중앙의 자주색 마크로 시작되었다. 앤은 울기 시작하면서 그 마크를 맴돌며 계속해서 원을 그렸다. 그 원들은 이내 물결을 그리며 중앙의 마크로부터 서서히 멀어지기 시작하고 계속해서 도화지를 채워 나갔다. 처음에는 부드러운 목소리로 시작하더니 점점 더 큰 목소리로 앤이 말했다. "안 돼, 안 돼, 안 돼…… 앤이 안 된다고 말하잖아!" 그녀는 종이에 밝은 녹색, 빨간색, 오렌지색으로 '안 돼'를 크게 써 넣고는 '앤이 안 된다고 말하잖아!'라는 제목의 이 그림을 인쇄하였다([그림 32-1] 참조).

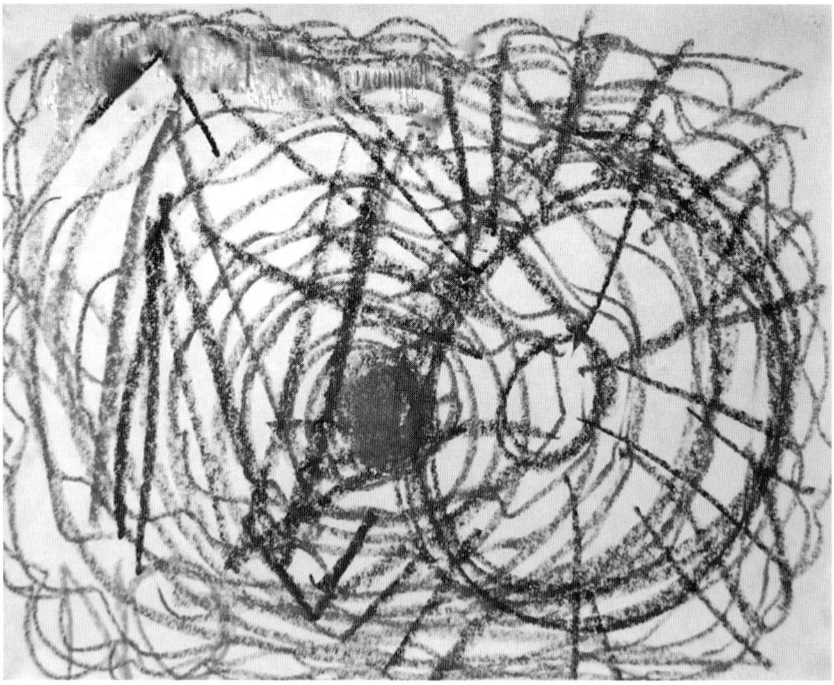

[그림 32-1] 앤이 안 된다고 말하잖아!

격정적인 감정의 파도가 가라앉자, 그녀는 또 다른 도화지를 꺼냈다. 네 번째 그림에는 보라색 음영 바탕에 녹색과 청록색의 소녀를 그려 넣었다. 앤은 또다시 울면서 아이와 같은 목소리로 부드럽게 말했다. "그들은 제 후광을 빼앗아 가서는 더 이상 네가 생각해 왔던 존재가 될 수 없다고 말했어요." 앤은 깊게 흐느껴 울었다. 그녀는 온몸을 떨면서 도화지에 그려진 소녀 형상 위로 노란색 후광을 그리고, 그 후광이 소녀의 중앙을 지나 도화지의 아래 부분까지 닿도록 선을 연장했다. 떨림이 잦아들자 그녀는 말했다. "나는 내가 누구인지 기억해요." 앤은 소녀의 몸통을 가득 채우는 노란색 심장을 그려 넣고는 양손의 손가락으로 그 심장의 윤곽을 따라 그려 보며 말했다. "그들은 이것을 결코 내게서 빼앗아 갈 수 없어요." 이어서 새로운 색인 연두색(chartreuse)을 가져와 '나는 모든 것을 사라지게 내버려둘 수 있어요.'라고 썼다([그림 32-2] 참조).

앤은 그 후에도 다섯 개의 그림을 더 그렸다. 일곱 번째 그림에서 앤은 보라색으로 '나는'이라고 쓴 다음에 '온전한, 치유된, 순수한, 자유로운, 영혼'이라고 덧붙였다. 배경색을 덧칠한 후, 앤은 눈을 감고는 양손으로 색을 섞어 보았다. 그녀가 동작을 멈추

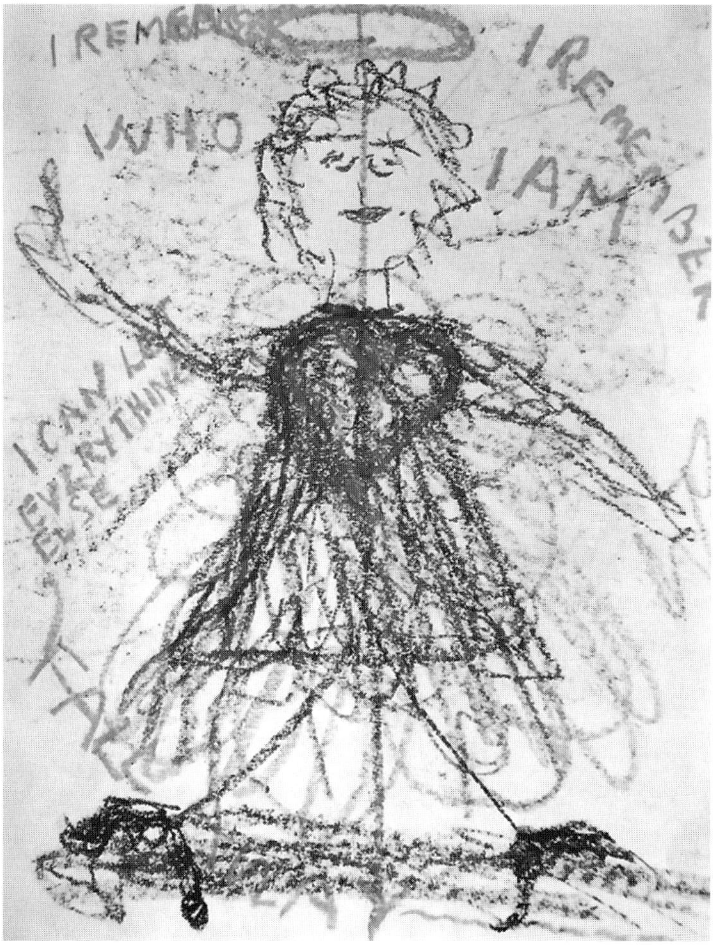

[그림 32-2] 나는 내가 누구인지 기억해요

자, 나는 대상이 되는 기억을 알아보고, 그녀의 SUD가 2까지 떨어진 것을 확인했다. 나는 앤에게 물었다. "왜 0까지 떨어지지 않은 것 같나요?" 그러자 앤이 답했다. "아직 사라져야 할 것이 조금 남았거든요." 다음 그림에서 앤은 왼편에 갈색의 직사각형 상자를 그려 넣고 그 주위를 파란색으로 둘러쌌다. 그리고 '지지, 고요, 휴식, 아무 일도 하지 않음'이라는 단어를 덧붙였다. 노란색 마크는 바깥으로 뿜어져 나왔다. 그녀는 큰 한숨을 내쉬었다. 내가 그녀의 SUD를 체크해 보니 여전히 2에 머물러 있었다. 앤은 그녀의 내적 자원 가운데 하나인 영적인 존재를 불러들여 마지막 그림을 그렸다. 중앙의 밝은 핵심을 둘러싸며 밖으로 뻗어 나가는 수많은 밝은 색의 원을 그려 넣었다. 그녀는 이 그림의 제목을 '스피로그래프'[11]로 붙이고는 말했다. "나의 지금 모습은 완벽해." 그녀의 SUD는 0으로 떨어졌다. 그녀는 더 이상 몸 안의 긴장을 느끼지 않게 되었고, 긍정적 인식이 머릿속에 자리 잡았다. 나는 앤에게 자신이 그린 일련의 그림들에 제목을 붙여 보라고 했다. 그녀는 "저는 혼돈 속 또는 과도기에 있어요. 하지만 괜찮아요."라고 말했다. 나는 느낌상 아직 이 과정이 끝나지 않았고, 앤이 오늘은 여기까지만 하려고 나머지 과정은 여덟 번째 그림의 '상자 안에 우선 넣어둔' 것이라고 보았다. 나는 그녀에게 다음 주에 그림일기를 쓰자고 제안했다.

실례 #2: "나는 용감해."

한 주 후, 앤은 말했다. "앞으로 경험할 일들이 두려워요." 그녀는 EMDR을 하는 동안 '헤매지' 않기 위해 다시 한번 그림을 활용하길 바랐다. 수정된 프로토콜을 사용할 때 앤은 '분노, 증오, 걱정'의 느낌을 나타냈고, 신체적으로는 '턱의 긴장과 목의 긴장감이 느껴진다.'고 하였다. 인지적 생각은 '내 감정을 표현하는 건 안전하지 않아.'였고, SUD는 8이었다. 그녀의 네 번째 그림은 죽은 쥐의 이미지로 시작되었다([그림 32-3] 참조).

쥐는 빨간 눈을 갖고 있었고, 골반 주변에 빨간색 마크가 있었다. 쥐 주변으로 녹색 하트 모양이 둘러싸고 있었고, 17개의 작은 녹색의 물음표와 24개의 큰 주황색의 물음표가 종이를 가득 메우고 있었다. 그녀는 오른쪽 아래 모서리에 '나'라는 글씨를 쓰고, 그 위에 강한 필압을 주어 갈색으로 휘갈겼다. 앤은 울며 말했다. "너무 슬퍼요." 그러고는 "이 분노를 어떻게 다루면 좋을까요?"라고 물었다. 그녀는 내적 자원인 자신의 '현자(wise figure)'를 불러와 죽은 쥐와 함께 부동의 자세로 함께 앉아 있었다. 깊은 한숨과 함께 그녀는 종이를 덮어 버렸다. 다음 그림에서는 구불거리는 주황색 선으로 같은 중심을 가진 크기가 다른 원들을 그려 지면을 채웠다. 놀랍게도 앤은 거의 완벽한 리듬과 라임(rhyme)으로 랩을 하기 시작했다. 그 랩은 다음과 같은 내용이었다. "사자가 문을 향해 다가온다. 으르렁 소리를 내려 한다. 이 사자는 아름답고 아주 커다래." 랩 이야기는 계속되었고, 사자는 곧 '용감하고 밝으며 반짝반짝 빛나는' 여성이 되었다. "그녀가 이제까지 알아왔던 존재 가운데 가장 위대한 여성이고, 완전히 성숙한 여성이 되어 가고 있어요." 몇 분 동안 노래가 계속되었고, 그녀는 세 장의 그림을 더 그렸다. 여덟 번째 그림은 정성을 들여 그려진 것으로 제목은 '앤의 안전한 집'이었다([그림 32-4] 참조).

---

11) 역자 주: 스피로그래프(Spirograph)란 1965년 영국 엔지니어 데니스 피셔(Denys Fisher)가 고안한 교재 완구로, 여러 가지 모양의 톱니 도구를 이용해 반복적인 움직임으로 기하학적인 도형을 그리는 놀이다.

[그림 32-3] 죽은 쥐

앤은 빨간색 '사과 드레스'를 입은 소녀를 그리고 골반에 파란색 하트를 그려 넣었다. 그녀는 말했다. "여기 문에 서 있는 사람이 저예요. 제 자신이 집으로 되돌아오기를 기다리고 있지요." 소녀는 나이든 여성과 함께 손을 잡고 서 있었다. 그 여성은 오래전에 돌아가셨지만 그녀를 많이 사랑해 주셨던 할머니였다. 그 할머니는 말했다. "사실대로 말해도 괜찮아. …… 내가 언제나 네 곁에 있어 줄게." 두 사람 모두에게 후광이 그려져 있다. 앤은 종이 오른편에 분홍색 하트들로 둘러싸인 침대를 그리고는 말했다. "이제 소녀는 잠을 자러 갈 수 있어요. 이제 그녀는 안전해요." 또 다른 그림을 뒤이어 그리면서 앤의 온몸이 흔들리기 시작했다. 그녀는 "가게 놔둬."라고 말하면서 중앙으로부터 여러 색깔이 뿜어져 나오는 검게 얼룩진 부분과 그것을 밟고 있는 두 개의 파란색 발을 그려 넣었다. 앤은 손가락으로 색을 바깥으로 밀어내면서 말했다. "아직 조금씩 헤쳐 나가고 있긴 하네요." 그녀의 SUD 수치는 3이었다. 그녀는 조용히 앉아 말했다. "그냥 가게 놔둬. …… 나는 더 이상 도망칠 필요가 없어." 앤은 애써 말했다. "앞으로 닥칠 일들을 견뎌 낼 수 있을 거야. 그것이 비록 불편하고 기분 나쁜 것이라 할지라도 괜찮아. 그걸 박스 안에 넣어 두고 싶지 않아. 수많은 세월을 그렇게 보

[그림 32-4] 앤의 안전한 집

내 왔잖아." 앤은 깊게 숨을 내쉰 후, 다음 종이를 펼쳤다. 마지막 열 번째 그림에서 앤은 파란색 파스텔을 사용해 자신의 손을 높이 들어 올렸다. 그리고 종이 중앙에 강한 하나의 마크를 그려 넣었다. "이게 다예요." 그녀의 종결 당시 자신에 대한 믿음은 "나는 용감해."라는 것이었다. SUD는 0으로 떨어졌다. 앤은 몸 안의 어떠한 긴장감도 남아 있지 않다고 말해 주었다. 긍정적인 인식이 주입되었다. 나는 앤에게 물었다. "어떻게 미래에도 이것을 계속해서 유지할 수 있을까요?" 잠시 침묵하더니 그녀가 말했다. "제 목소리를 내는 게 중요해요. …… 이제는 제 진실에 대해 말할 수 있어요. …… 제가 필요할 때 지원이 있을 거예요. …… 이제 저는 움직일 필요가 있는 것을 움직일 수 있어요." 앤은 이젤을 치우고는 즉흥 댄스를 추기 시작했다.

후기: "예술은 나를 지탱해 줄 수 있다."

이어지는 회기에서 앤과 나는 그림을 함께 보았고, 그녀는 이 과정을 성찰해 보면서 자신이 배운 것들을 이야기해 주었다. 전통적인 방식의 EMDR에 대해서 그녀는 "저는 이 이야기에 휩쓸려 있었어요. …… 감정의 배출구가 너무 많이 한꺼번에 열려 버렸죠."라고 말했다. 그림 그리기에 대해서는 "종이의 색감, 감각, 느낌은 저를 지탱해 주는 것 같아요."라고 말했다. 그녀는 '언제 새로운 도화지로 바꿀지, 어떤 색깔을 사용할지'를 결정할 때 '더 많은 통제력'을 갖게 된 것 같다고 하였다. "이야기를 해도 그 경험에서 벗어난다는 느낌이 아니었어요. 그냥 경험 속에서 자연스럽게 이야기하게 된 거죠." 그녀는 배운 것을 성찰해 보면서 말했다. "이제 저는 제 자신을 희생자라고 생각하지 않아요. 저는 더 이상 똑같은 삶의 이야기를 반복하는 희생자가 아니에요. 물론 가슴 아픈 사건이 있었지만 그것이 제가 누구인지를 나타내 주는 건 아니죠. …… 저는 강하고 용감해요. …… 그래서 이제 저는 겉으로 보기에도 자기주도적인 사람이 될 수 있을 거예요." 나는 물었다. "겉으로 보기에도 자기주도적인 건 어떠한 건가요?" 앤이 답했다. "이건 사람과의 관계나 활동들에서 제가 좀 더 나은 선택을 할 수 있다는 걸 뜻하죠. …… 이제는 제 몸을 느낄 수가 있어요. …… 제 발을 땅에 딛고 서서 앞으로 나아갈 수 있고, 많은 것을 경험해 볼 수도 있어요. 가장 큰 건 이전과 달리 그저 제가 제 몸 안에 온전히 존재할 수 있다는 거예요." 앤은 마지막으로 자신이 성찰한 것에 대해 말해 주었다. "그림 그리기는 제가 경험하고 있는 활동의 순간에 집중할 수 있도록 도와주었어요. …… 예술은 제가 경험한 것들 속에서 저를 지탱해 줬어요. …… 특히 그 경험들을 말로 표현해 낼 수 없었을 때 말이죠."

변형과 적용

사실이건 상상이건 보호, 돌봄, 지혜의 가치들을 담고 있는 이미지를 그리는 것은 내적 자원을 활성화하고 치유의 잠재력을 일깨우기 위해 단독으로 '활용(tapped in)'될 수 있다(Parnell, 2007). 또한 '소재를 가져오길 원하는지' 물어보며 앞서 그려진 소재가 될 만한 인물들을 EMDR 회기로 끌어들일 수 있다. 예를 들면, 치료 과정 중에 한 여성이 몇 년 전 잃은 갓난아기에 관한 강렬한 꿈을 꿨던 적이 있다. 그 꿈을 정리하려고 그 여성은 몇 회기 전에 그렸던 상상 속의 보호하는 인물에 대한 이미지와 느낌을 떠올렸다. 이런 인물을 활용함으로써, 그녀는 압도되지 않고 그 꿈을 정리해 보고, 그녀 자신과 아이의 죽음에 대한 새로운 시각을 가질 수 있었다.

회기 사이에 저널 쓰기의 일환으로 그림을 그리게 하고(글과 같이 혹은 글 없이) 그것을 나중에 상담에서 활용할 수 있다(Thompson & Berger, 2011). 더불어 앞선 EMDR 회기에서 그렸던 그림들은 변화의 과정을 시각화된 내러티브로 말해 준다. 각자 그린 그림을 다 같이 되돌아보는 것은 트라우마적 상실을 통합하고 창조적 잠재력을 깨워서 자전적 이야기를 발달시키는 기회가 된다.

내담자의 성향과 필요에 따라 더 적합한 형태로 다른 많은 절차적 변화를 줄 수도 있다. 예를 들어, 다른 그림 그리기 재료들을 활용하거나 종이의 크기를 늘려 볼 수도 있다. 공간이 허락한다면 동작을 촉진시키기 위해 재료들을 여러 곳에 흩어 놓아 볼 수도 있다. 그림 그리기 활동이 EMDR과 혼합되는 방식 또한 수정해 볼 수 있다.

맺는말

그림 그리기를 활용한 EMDR에 관한 연구는 극히 드물다. 디젤만(Diegelmann: Parnell, 2007, p. 339에서 재인용)은 각기 다른 트라우마 집중 개입 방법들의 효과를 비교 연구하였다. 외상후 스트레스 장애(PTSD)와 우울증 증상을 보이는 39명의 유방암 환자에 대한 예비연구(pilot study)를 실시했다. 참여자들은 세 개의 치료 집단, 즉 EMDR, 그림과 함께하는 EMDR, 인지행동치료(CBT) 집단으로 무작위 배정되었다. 모든 집단은 사전 · 사후 효과를 보여 주었다. EMDR만 활용했던 집단과 그림을 함께 활용했던 EMDR 집단은 모두 CBT 집단보다 PTSD와 우울증 증상이 더 많이 줄어들었다. 우울증 증상은 그림과 함께하는 EMDR 집단에서 가장 많이 줄어들었다. 하지만 앞으로 트라우마적 상실의 후유증에서 벗어나 건강을 증진하고, 행복을 되찾고, 치유를 경험하기 위해서는 그림과 함께하는 EMDR의 다양한 효과를 이해할 수 있도록 더 많은 연구가 필요하다.

참고문헌

Parnell, L. (2007). *A therapist's guide to EMDR: Tools and techniques for successful treatment*. New York: Norton.

Thompson, B., & Berger, J. (2011). Expressive arts therapy and grief. In, R. A. Neimeyer, H.

D. Winokeur, D. Harris, & G. Thornton (Eds.), *Grief and bereavement in contemporary society: Bridging research and practice*. New York: Routledge.

[더 많은 정보를 얻고자 한다면 다음의 웹 사이트를 참조하시오: http://www.emdria.org/]
[프랜신 사피로 도서관은 EMDR과 관련된 많은 논문과 자료를 소장하고 있다.]

33

시각 예술: 은유적 표현으로 그림 그리기

리 데이비스(Leigh Davies)

들어가기

사별의 슬픔을 충분히 느껴 보면서도 그로부터 해방되어야 한다는 사실은 역설적이지 않을 수 없다. 우리는 이 슬픔을 떠나보내야만 하는가? 그리고 과연 그렇게 하는 것이 어떤 의미가 있을까? 은유적 이미지를 통해 우리는 슬픔을 충분히 느껴 보는 동시에 그로부터 해방될 수 있고, 비통해하는 동시에 무언가를 새롭게 창조할 수 있다. 은유는 현재 직접적으로 드러난 것 뒤에 숨어 있는 무언가를 제시하고, 해결책에 대한 일차원적이고 한 가지 의미의, 한 가지 경로의 접근을 뛰어넘을 수 있게 한다. 이것이 바로 은유의 힘이다. 시각적인 이미지들은 다양한 은유적 표현을 가능케 한다. 내용은 은유적 표현의 수많은 대상 중 하나이다. 은유는 선, 색, 재료와 같은 예술적 요소들에 깃들 수 있으며, 이러한 요소들을 이용해 활동을 하면서 참여자에게 변화가 일어난다.

슬픔에 빠져 있는 사람들은 압도적인 감정과 산만함으로 인해 무언가에 집중하는데 어려움이 있을 수 있다. 그들은 아주 낮은 수준의 자기통제력을 가지고 있고, 이러한 자신에게 무언가가 도움이 될 거라는 희망도 적다. 그들은 위축되어 있거나 혼돈 속에서 통제력을 완전히 상실한 듯 보일 수 있다. 참여자가 익숙한 이야기, 인물, 물건, 혹은 주제를 다루는 활동은 변화를 향한 창조적인 길을 제시해 줄 수 있다. 숫자, 색, TV 쇼, 공격적 이미지 또는 전쟁 등에 대한 반복적인 관심은 언뜻 보기에는 문제나 그것의 증상으로 보일 수 있다. 하지만 오히려 이러한 관심은 활동의 재료로 사용되어 치유 과정에 도움이 될 수 있다. 흔히 상담자들은 이러한 반복적인 관심을 '선물'로 보고 주의를 기울이는 대신 제거해야 할 문제로 여겨 이러한 기회를 놓치고 만다. 따라서 은유를 인식하고 수용하는 것이 바로 변화를 위한 첫 단계가 될 수 있다.

누군가 경직된 자기보호 체계를 갖고 있어서 행동이 매우 제한되어 있고 묶여 있다면, 그 사람은 자신의 사적인 슬픔을 건드리지 말라고 넌지시 얘기하는 것이다. 만약 그러하다면, 자기 자신에 대한 통제가 필요한 그 사람에게 그에 걸맞는 재료를 제공해야 한다. 예를 들어, 내담자가 사용 가능한 재료의 색깔에 대해 말하면서 그 재료들을 다시 정리하고 꺼냈다가 넣었다가를 반복하면서도 그 재료를 사용하지 못한다면, 상담자는 내담자가 관심을 기울이고 있는 그 색깔들에 더 많은 관심을 가질 수 있겠다. 상담자가 각 색상의 의미를 자세히 알고 색상 자체에 대한 진지한 지적 호기심이 있으면 도움이 되겠지만, 이것이 반드시 필요한 것은 아니다. 내담자가 당신을 가르쳐 줄 수도 있다. 내담자가 자신의 팔레트에 어떤 색을 갖고 있는지 탐색해 보라. 그들이 가장 좋아하는 색은? 색깔들을 비교하고 대조해 보라. 약간의 낙서가 필요할 수도 있다. 예를 들어, 새로운 색을 만들기 위해 여러 색을 혼합해 보라고 제안할 수도 있다. 그러고 나서 이미지 단계로 넘어간다. 내담자가 시각적 이미지를 만들어 봄으로써 은유가 나타날 가능성의 문이 열린다. 그 은유는 내담자의 의식적 자각 속에 이미 존재하고 있었거나 그렇지 않았을 수도 있고, 예술가인 내담자가 그 은유를 의식적으로 다룰 준비가 되었거나 그렇지 않았을 수도 있다. 중요한 것은 은유가 드러나는 것이다. 은유는 내담자의 내면에 존재하고, 적시적기에 다뤄질 수 있다. 이를 위한 첫 단계는 주의를 기울이는 것이다. 즉, 상담자는 수용력과 호기심을 가지고 현재의 행동, 관심, 재료, 주제, 심상들에 주의를 기울여야 한다.

다음 단계는 탐색하고 발견하는 것이다. 이 은유가 의미하는 것은 무엇일까? 이것이 어떻게 슬픔을 느끼게 하고 창조적으로 변화시킬 수 있을까? 예를 들어, 내담자가 이성적인 측면이 강해 감정을 직면하기를 회피하고 있다고 해 보자. 그들이 자기에게 지나치게 몰입되는 것에서 벗어나기 위해서 이야기나 TV 쇼에 흠뻑 빠진 모습을 보인다면, 그 속의 인물, 인물 간의 관계, 약점, 성공을 살펴볼 수 있다. 잠재연령기의 아이들과 초기 청소년 사이에서 매우 인기 있고 '문제들을 가진 영웅(hero with issues)'인 해리포터를 예로 들어 보자. 그의 이야기는 가족, 집, 정체성의 상실을 개척해 나가며 새로운 관계를 구축하고 어떻게 두려움, 변화, 고립을 극복하여 용기를 얻게 될 수 있는지를 여실히 보여 준다. 내담자가 관심 있는 책이나 이야기 속에 등장하는 관계에 대해 물어보라. 역경의 시기에 주인공은 누구를 찾는가? 내담자는 그이야기의 인물 중에 누가 되어 보고 싶은가? 누구를 친구로 선택할 것인가? 친구 또는 멘토의 핵심 자질을 무엇이라 생각하는가? 감성지수가 가장 높을 것 같은 사람은 누구인가? 청소년들은 자신이 당신보다 많이 알고 있다는 사실을 즐기기 때문에, 그들이 더 얘기할 수 있도록 당신은 내용을 이미 알고 있어도 잠자코 있는 것이 좋다. 그저 궁금해하고, 성찰하며, 질문을 던지라. 그 은유의 힘을 보기 위해서 내담자와 상담자는 반드시 은유에 함께 참여하고 이것저것 해 보며 확장시켜야 한다. 예를 들어, 청소년에게 슈퍼영웅과 그가 입은 의상을 그려 보라고 하고, 그가 가진 초능력이나 슈퍼영웅의 생활의 단점을 물어볼 수 있다. 이렇게 은유에 함께 참여하는 것은 새로운 탐색을 향한 길을 터 줄 수 있다. 상담자가 은유에 주의를 기울이고, 유용할 만한 깨달음이나 정보를 선별하고, 은유 속에서 대화를 지속하면 내담자는 자신의 방식대로 정보를 다룰 수 있게 된다. 즉, 내담자는 적시에 도움이 될 만한 것을 취한 후 나머지는 내버려두게 된다.

다음의 사례는 부모를 죽음으로 잃은 것이 아니라 살아 있는 부모로부터 버림을 받은 한 청소년의 이야기이다. 이 이야기는 입양 보내진 청소년의 슬픔을 은유를 통해 어떻게 해결해 나갈 수 있는지를 보여 준다. 아이들이 집밖으로 내쫓기면, 그들은 자신의 부모만을 잃는 것이 아니다. 그들은 양 부모와 함께 형제, 집, 친구들, 학교, 사실상 그가 알고 있던 모든 것을 잃게 된다. 아래 소개할 사례 연구에서 보는 바와 같이, 양육시설에서 자란 아이들은 볼비(Bowlby, 1980)가 언급했던 부모상(parental figure)과의 안전한 관계 형성의 경험 없이 상실을 다뤄야만 한다. 다른 형태의 치료가 가능하지 않을 때, 상담은 그 사건의 아픔을 담을 수 있는 의식(儀式)과 같은 기능을 하게 된다.

사례 연구

제이는 15세로 주립 병원에서 막 퇴원했다. 그의 부모는 양육권을 박탈당했다. 그는 자신의 부모를 때때로 만나 볼 수 있었지만 집으로 돌아가지는 못한다. 그는 이제까지 알고 있었던 모든 것을 잃게 되었다.

내가 그를 처음 만났을 때, 그의 팔에 담배로 인해 그을린 상처가 있었다. 주립 병원에서 거주하는 동안에 피해를 당한 듯 보였다. 그는 이상한 포즈와 미소로 경직된 방어 자세를 보여 주었다. 나는 그의 자세가 자신이 가장 좋아하는 은유중 하나인 공룡과 관련된 것이라고 생각했다. 대화 중에 제이는 자신의 공룡에 대한 지식 뒤에 그리고 치아를 다 드러내는 웃음 뒤에 숨어 있었다. 그는 구부정하게 걸었는데, 마치 거대한 공룡 가운데 하나인 디플로도쿠스(Diplodocus)의 형상을 본뜬 것만 같았다. 그 공룡은 마치 고래와 같이 머리에 분수공이 있고 물속에 숨을 수 있는 능력도 있다고 그가 내게 설명해 주었다. 그가 좋아하는 또 다른 은유들에는 지도, 태양계, 도면이 있었다. 그는 어느 한 장소에 가기 위한 지도, 길, 방법을 매우 자세하게 설명한다. 그는 특히 자신의 상황, 가족, 과거 사건과 직접적으로 관련된 이야기를 회피하고자 했다. 그가 제공한 은유를 적극적으로 활용해 우리는 결국 그의 고립감과 함께 '고통을 겪으면서까지 인간관계를 맺을 필요는 없다.'는 깊은 신념을 탐색할 수 있었다.

제이가 공룡을 좋아하는 모습은 매우 어린아이의 모습과 같았다. 반면, 신체적으로 상당히 경직되어 있는 모습이 두드러지긴 했지만, 그림 그리기를 주저하는 모습은 그 나이대에 맞는 모습이었다. 나는 그에게 연필, 색연필, 마커 등을 건네주어 통제력을 발휘해 볼 수 있도록 했다. 그는 마음에 안 들면 지울 수 있는 연필을 좋아했다. 그는 태양계를 그리기 시작하면서 각각의 행성에 대해 자신이 알고 있는 지식을 늘어놓았다. 이것은 그에게 편안한 영역이었다. 이때 나는 두 가지 행동을 취했다. 먼저, 나는 행성에 대해 많은 관심과 흥미를 보였다. 각 행성의 특징에 대해 물어보면서 그가 알고 있는 것을 우선은 색연필로 그 이후에는 마커로 표시해 달라고 하였다. 더불어 좀 더 자세한 표현과 설명도 덧붙여 달라고 하였다. 그러고 나서 나는 어떤 행성이 가장 살기 좋은지, 그의 지인들이 어디서 살게 되었으면 좋겠는지 물어보았다. 그가 자신이 살기 위한 행성으로 명왕성(지금은 행성의 지위를 잃었지만 그 당시는 행성이었다)을 지목한 것은 놀랄 만한 일이 아니었다. 그는 다른 사람에 대해서는 불명료하게 대답했다. 엄마는 아마 목성에 살면 좋을 것이라고 답했고, 아빠는 토성에 살면 좋을지 계속 고민했다. 그러면서 토성에서는 아무도 살 수 없다고 했다.

도면은 공간의 분리를 여실히 드러낸다. 누가 가장 많은 공간을 갖고 있는지, 그리고 누구의 공간이 누구의 공간 옆에 있는지 보여 준다. 너무나도 분명하게, 제이는 집에서 가장 많은 공간을 차지하고 있는 아빠와 가장 먼 거리를 유지하고 있었다. 그는 엄마와는 아주 작은 공간을 공유하며 바로 밀착되어 있었다. 그러나 이것은 그가 직접적으로 이야기한 것이 아니었다. 그는 직접적인 이야기를 회피하기 위해 책장에 몇 개의 선반이 있었는지, 각 선반당 책이 몇 권이 있었는지 물어보며 세세하게 나를 테스트했다. 제이가 이 과정에 흠뻑 빠지게 되었다는 확신이 좀 더 서자, 나는 그의 매우 더딘 속도와 경직성을 풀어 주기 위해 도면을 가지고 이것저것 약간의 놀이를 하고자 했다. 그의 전반적인 도면 디자인에 대해 코멘트하면서, 나는 그가 얼마나 이것을 빨리 완성할 수 있는지 궁금하다고 말했다. 심지어 나는 시계를 꺼내들고 시간을 측정했다. 이것은 곧 내가 그의 시각화된 심상뿐만 아니라 그가 우리의 관계에서 사용하는 도전적인 접근 방식도 수용하는 하나의 놀이가 되었다. 또한 나는 재미를 더하고 활동을 확장하기 위해 새로운 재료들을 소개했다. 그는 심지어 스프링클[12)]로 도면을 그려 보기도 했다. 그는 점점 더 현재를 충분히 느끼면서 때때로 경계 태세를 낮추고 약간의 즐거움도 느낄 수 있게 되었다. 이 일은 아주 서서히 일어났다. 그 와중에 나는 그가 나를 테스트할 때 느꼈던 내 감정을 되돌아본다. 그에게 그때 느꼈던 거리감에 대해 말해 주었고, 그것이 그를 이해하는 데 방해물이 되었다는 사실도 말해 주었다.

나는 제이가 대가족에서 가장 막내인 것을 알았다. 나는 그에게 가족 관계를 말해 주는 지도를 그려 보겠냐고 제안했다. 그 지도에서 도로의 크기는 관계의 친밀함 정도를 나타낸다. 그의 지도에는 길고 구불구불한 흙먼지 길이 있었는데 이것은 고속도로보다 더 약한 관계의 친밀도를 보여 준다. 이 지도는 구불구불했지만 꽤 방대하고 재미있어 보였다. 이어서 그는 실제 사람 형상으로 가족 관계도를 그려 나갔다. 그 형상들은 모두 비슷하게 생겼고, 안경을 쓰고 안 쓰고와 같은 아주 사소한 특징만이 달랐다. 가족에 대한 삽화였음에도 불구하고, 그의 형제들은 각자 개인으로 그려졌기보다는 하나의 군중으로 뭉뚱그려져 있었다. 그래도 그중 한 여자 형제와 한 남자 형제와는 관계가 그나마 괜찮았던 것으로 보였다. 그러고는 그는 가족을 공룡으로 표현했다. 아빠는 육식 공룡의 '왕'인 티라노사우루스로 묘사됐다. 엄마는 트리케라톱스로 묘사됐는데, 자신을 보호하기 위한 뿔을 갖고 있는 초식 동물로 티라노사우루스가 쉽게 사냥할 수 있는 존재였다. 그러고는 그는 아빠를 '독일 나치'와 같다고 말했다. 이것은 꽤 흥미로운 은유로 제이가 자주 반복했던 표현이었다. 그가 그 은유를 마치 사실에 근거한 정보인 양 말하는 것 같았다.

가족 관계를 다루는 활동을 지속하면서, 제이는 삼엄한 경비 태세를 갖춘 중세의 성

12) 역자 주: 스프링클(sprinkle)은 주로 아이스크림이나 컵케이크와 같은 디저트 위에 뿌리는 재료이다.

을 그렸다. 이 성은 악어로 가득 찬 연못으로 둘러싸여 있었다. 층층이 쌓인 이 성의 방들은 가장 깊은 내부에 있는 성소로 이어졌다. 내부의 성소는 바리케이드가 쳐져 숨겨져 있었다. 그는 어느 누구도 그곳에서 무슨 일이 일어났는지 알지 못한다고 하였다. 나는 만약 누군가가 그곳에서 무슨 일이 일어났는지 알게 된다면 어떻게 되냐고 물어보았다. 그러자 제이는 그들을 죽일 수밖에 없다고 말했다. 제이는 비밀을 더 이상 말하지 않았다. 하지만 이 대화로 인해 그가 일방적인 판단 없이 자기수용을 하고 아이들이 비난받지 않을 수 있는 어려운 시나리오를 탐색해 볼 기회가 생겼다. 나는 그에게 놀라운 사실을 말했다. 많은 사람은 자신의 비밀을 자신만이 지니고 있다고 생각하여 부끄럽게 여기는데, 실상은 꽤 많은 사람이 같은 비밀을 지니고 있다는 것이었다.

이러한 각각의 은유적 이미지들은 제이가 자신의 삶에 대해 직접적으로 말하지 않고도 중요한 정보를 전달할 수 있는 기회가 되었다. 또한 그것들은 내가 그의 감정, 문제, 대안책을 직접적으로 혹은 은유 속에 머무르며 다룰 수 있도록 해 주었다. 한 예로, 제이가 평소와 달리 그의 집을 더 자세하게 설명해 준 적이 있다. 그중 얼마만큼이 사실적이고 얼마만큼이 상징적인지는 불분명했다. 그는 집이 더럽다는 것을 묘사하면서 빈대(bedbug) 이야기로 넘어갔다. 그의 엄마와의 과도한 밀착 관계가 분명했기 때문에 나는 빈대라는 상징을 (판단하지 않고 수용하면서) 활용해 볼 수 있었다. 엄마 빈대와 그녀가 가까이 두고 싶어 하는 아이 빈대에 관한 이야기를 만들어 보았다. 아기 빈대가 성장하자, 방이 비좁아져 그의 다리가 으스러지고 말았다. 아이 빈대는 날개를 펼칠 수가 없었다(빈대가 실제로 날개를 가지고 있는지 모르지만, 내가 무슨 말을 하려는지는 모두 알 거다). 나는 이 이야기를 스토리보드 형식으로 그리면서 빈대가 엄마의 슬하에서 벗어나야만 비로소 자신의 두 발로 땅을 딛고 날개를 펼쳐 성장하기 시작할 수 있다고 결론지었다.

치료가 진전됨에 따라 제이는 지역 공립학교에 다니기 시작했고, 학업에서도 우수한 기량을 발휘할 수 있었다. 치료/거주 계획이 자립 생활 쪽으로 진행되면서 그의 심상에는 새로운 빌딩이 나타났다. 그는 좀 더 미래에 초점을 두어 많은 방이 있는 다층 빌딩을 만들었다. 그는 이 빌딩 안에서 안전하게 지켜 줄 수 있는 아이들을 갖고 싶어 했다. 그는 말했다. "이 빌딩이 그 아이들의 영원한 안식처가 될 거예요." 새로운 빌딩의 저층은 음식으로 가득 차 있었다. 그는 자신을 보호하기 위해 세부 사항을 구구절절 말하는 행동으로 되돌아가 많은 시간을 각 방의 음식들을 설명하는 데 쏟았다. 우리는 이 아이들의 필요와 두려움에 관해 대화를 나눌 수 있었다. 또한 어떻게 하면 그들이 용감하게 세상을 살아가는 법을 배울 수 있을지, 스스로를 위해 어떻게 음식을 충당할 수 있으며, 생존할 수 있게 될지에 관해 이야기를 나눴다. 또한 우리는 이 빌딩 주변, 바깥세상과 소통해서 유익함을 얻을 수 있는 안전한 방법 그리고 아버지가 제공할 수 있는 지도를 조심스럽게 탐색해 보았다.

제이가 자립 생활을 충분히 해내자 그와의 작업은 종결되었다. 그는 여전히 성공적으로 공립학교 생활을 이어 나가고 있었으며, 당시에는 아르바이트 자리를 알아보고 있었다. 나는 제이가 아이를 가졌는지 여부는 모른다. 그러나 분명한 것은 그가 비범한 용기와 창의성을 가지고 자신의 여정을 그려 나갔다는 것이다.

변형과 적용

은유와 그 의미를 탐색하는 예술 기반의 접근 방법들은 모든 연령에 활용이 가능하다. 하지만 두 명의 다른 내담자에게 완전히 똑같은 접근 방식 및 상호작용이 적용되는 경우는 극히 드물다. 은유는 하나의 사례에서 다른 사례로 단순히 적용될 수 없다. 그러나 주제의 변화는 새로운 여정의 첫걸음이 되어 줄 수 있다. 감정을 투영하기 위해서는 공룡뿐만 아니라 다른 어떤 동물을 사용해도 괜찮다. 성(城)은 아동이 가정에서의 경험을 간접적으로 탐색해 볼 수 있는 좋은 방법이 될 수 있다. 많은 잠복기 연령의 아동과 청소년은 자신만의 '문제들을 가진 영웅'을 상상하는 것을 즐거워한다. 나는 또한 다른 청소년에게 도면 그리기를 제안해 봤지만 제이만큼 풍성하게 도면을 활용해 탐색한 사람은 없었다.

한 사람의 삶의 이야기를 드러내 주는 사진이나 그 사진이 거의 없는 것 또한 중요한 은유일 수 있다. 때로는 상실의 아픔을 다루기 원하는 성인이 자신의 삶의 여러 대인관계를 보여 주는 사진들을 가져오는 경우도 있다. 우리는 흔히 사진을 과거의 산물로 여기거나 '현실'을 한 순간 포착해서 보여 준다고 생각하지만, 내담자가 그 사진에 부여한 의미는 한 번에 알아보기 어려울 수 있다. 다시 한번 말하지만, 그 이미지가 가지고 있는 잠재력에 대해 개방적인 자세를 유지하는 것이 중요하다. 한 내담자는 자신의 할머니 무릎 위에 앉아 있는 자신의 모습이 담긴 사진을 발견했다. 그는 웃고 있었다. 하지만 그는 생전에 한 번도 할머니를 만나 본 적이 없다고 알고 있었다. 그가 살아 있는 동안 할머니의 자리는 항상 비어 있었다고 들었다. 그런 그가 이 사진을 발견하고서는 마침내 자신을 아껴 주고 반대로 자신도 아껴 줬던 사람을 찾게 된 것 같다고 느꼈다. 그는 계속해서 사진 속 자신의 미소에 대해 이야기했다.

맺는말

이 방법은 내담자를 만나 애도의 여정을 밟아가기 위해 그들의 행동적 그리고 시각적인 은유들을 사용한다. 그 가운데 때로는 고통과 두려움의 수렁에 빠져 허우적거릴 수도 있고, 때로는 미래를 위한 창조적 해결책을 만나게 되기도 한다. 은유의 마력은 이 두 상황을 동시에 다룰 수 있다는 것이다. 은유는 방어 기제를 제공하기도 하고, 자유를 향한 배출구가 되기도 한다. 이러한 은유를 탐색하는 것은 상담자가 현실 속의 내담자 옆에 함께할 수 있도록 한다. 즉, 내담자가 느끼고 있는 고통, 분노, 슬픔, 상실의 아픔을 인식하고 희망이나 미래의 가능성을 엿볼 수 있는 순간을 발견하는 것이다. 음식으로 가득 차 있었던 제이의 빌딩 이미지에서와 같이, 이미지 안의 이러한 순간들을 인식하는 것은 모호함과 의심을 가지면서도 적어도 미래의 가능성을 제시하는 것이다.

참고문헌

Combs, G., & Freedman, J. (1990). *Symbol, story and ceremony; Using metaphor in individual and family therapy*. New York: Norton.

Mills, J., & Crowley, R. (1986). *Therapeutic metaphors for children and the child within*. New York: Brunner/Mazel.

U.S. Department of Health and Human Services. (2011). *The AFCARS report* [Data file]. Retrieved from http://www.acf.hhs.gov/sites/default/files/cb/afcarsreport18.pdf

34

시각 예술: '기억될 순간들' 다큐멘터리

토드 호크버그(Todd Hochberg)

들어가기

일반적으로 유산(legacy)이라는 용어는 한 사람이 가족, 공동체, 직업, 혹은 사회에 남겨 주는 것으로, 보통 업적, 가치, 혹은 자손을 말한다. 유산과 관련하여 상담하는 전문가는 대개 내담자가 인생을 회고해 볼 수 있도록 이끌어 준다. 유산을 정리하는 작업은 흔히 우리가 누구고 삶의 가치를 어디에 두는지가 은유를 통해 드러나는 구술된 과거이다. 하지만 나는 유산을 정리하는 작업이 그저 과거를 구두로 정리하는 것만이 아니라 내담자가 삶의 전환기를 앞두고 개인적・감정적・영적 탐색을 통해 자신의 위치를 되돌아보는 일이라고 생각한다. 내 작업에 함께했던 대다수의 참여자는 죽음을 앞둔 사람들이었다. 심각한 질병, 임박한 죽음 또는 상실에 의해 누군가의 세계가 무너져 내렸을 때 의미를 새롭게 구축해 나가는 것은 무엇보다 중요한 일이다. 자신의 이야기를 하는 것은 상당한 치료적 유익을 줄 수 있다(Harvey, 1996). 따라서 유산은 도덕적 의지라는 유대인의 전통에 좀 더 근접하며, 사랑하는 사람들이나 다른 이들과 감정적으로 연결된 축복과 가치를 공유하게 한다(Baines, 2002).

이러한 활동은 하나의 의식(儀式)으로 여겨질 수 있다. 이 활동은 경험 또는 관점을 재구성하거나 변화시킬 수 있고, 도전적인 상황이나 느낌을 통합할 수 있는 공간을 마

[그림 34-1] 로렌시오 #1

련해 주기도 한다.

나는 작업할 때 다큐멘터리 형식을 활용한다. 사진들은 이야기와 감정 표현에 상당한 도움을 준다. 이미지는 궁극적으로 특정 경험이나 전환의 순간과 관련된 기억과 느낌들을 위한 시금석이 되어 줄 수 있다. 즉, 이미지를 사용하면 시간이 흐름에 따라 내담자의 감정적 회복을 이끌어 낼 수 있다([그림 34-1] 참조).

추가적으로 비디오를 사용하는 것은 개인이 자신이 원하는 시기에 지지적이고 창조적인 환경 속에서 가족과 친구들에게 하고 싶었던 말을 하고, 나누며, 목소리를 낼 수 있는 기회가 된다(Hochberg, 2012). 이 비디오 작업은 자유롭게 대답할 수 있는 몇 가지 질문으로 시작해서 좀 더 심화된 논의로 이어진다. 나의 접근 방식은 생각과 감정을 그 순간에 즉시 기록하는 것이다. 하지만 몇몇 내담자는 준비할 시간이 필요하다고 말하기도 하는데, 이때 나는 우리가 만나기 전에 질문을 미리 알려 준다. 이 질문들은 개개인에게 맞춰지지만 동시에 내담자가 자신이 가고 싶은 방향으로 질문을 해석해서 답할 수 있도록 그만큼 일반적이어야 하기도 하다. 예를 들면 다음과 같다.

1. 당신에 대해 무언가 이야기해 주실 수 있을까요?
2. 지금까지 무엇에 열정을 느껴 왔나요?
3. 현재 당신에게 가장 중요한 것은 무엇인가요?
4. 당신의 가족, 그들과의 관계, 중요한 다른 대상들에 대해서 이야기해 주십시오.
5. 아프기 시작하면서 삶이 어떻게 변화됐나요? 오늘은요?
6. 아픈 동안에 당신을 가장 기분 좋게 한 것은 무엇인가요?

질문에 대한 대답은 이후 더 많은 대화로 이어지고, 그 내용은 계획된 질문에서 완전히 벗어날 수 있다. 이 대화에서는 주로 내담자의 현재 자신에 대한 생각이나 극복해야 할 어려움을 보여 주거나 알려 주는 이야기들이 수면 위로 떠오른다.

회기는 보통 한두 번의 방문에 걸쳐 2시간에서 3시간 정도로 진행된다. 회기의 결과물인 이미지 앨범과 편집된 비디오가 담긴 DVD는 내담자와 함께 활동을 되돌아보는 모임에서 그들에게 전달된다. 이러한 모임 또한 상당히 치료적이다. 자신의 모습을 보고 목소리를 듣는 것은 내면의 깊은 진실과 감정을 드러낼 수 있게 만들어 준다. 이 과정을 통해 내담자들은 이제까지 살아온 삶을 확인하게 되고, 새로운 자기물음(self-inquiry)이 생기며, 앞으로의 세월을 견뎌 낼 창작물의 탄생에 자부심과 환희를 느낀다. 이 과정을 지켜보는 가족과 다른 사람들은 자신의 삶 속에서 내담자가 차지하는 공간을 다시 생각해 보게 된다. 이로써 모두에게 중요한 이 순간에 관계를 향상시키는 대화의 문이 열린다. 이러한 과정을 겪고 있는 사람들 옆에 함께있을 수 있다는 것만으로도 내게는 상당한 영광이 아닐 수 없다.

사례 연구

로렌시오는 아내를 여읜 89세 남성으로 집에서 호스피스 케어를 받고 있다. 그는 전립선암과 대장암에 걸렸다. 극심한 고통은 적절히 관리되고 있었지만, 그는 불편함을 안고 살아야만 했다. 로렌시오는 젊었을 때 멕시코에서 미국으로 이민을 왔다. 그는 아내와 함께 5명의 아이를 키웠으며 현재는 22명의 손주가 있다. 지금은 그의 헌신적인 딸 메리가 그의 집에 함께 머물면서 그를 돌보고 있다.

약속된 날 아침에 나는 그의 집을 방문해서 그와 함께 약 90분가량 앉아서 대화를 나눴다. 로렌시오는 난청이 있었고 영어로 말하는 데 제약이 있었다. 비록 도전 정신을 요구하기는 했지만, 이러한 요인들이 로렌시오가 자신의 이야기를 풍부하고 자세하게 설명해 나가는 것을 가로막지는 못했다. 그의 집에는 가족의 과거를 담은 많은 사진이 있었고, 우리는 그것을 시금석으로 사용하였다. 나는 그가 어떻게 미국으로 건너와 직업을 구하고 아내를 만났으며, 친척들 중 고아가 된 아이들을 입양하게 되었는지에 관해 궁금했다. 이런 나의 궁금증에 대해 그는 깊이 생각하면서 영감을 받은 반응을 보였고, 수많은 굴곡진 삶의 이야기들을 들려주었다. 그는 얼굴 가득히 미소와 웃음을 짓고서는 이야기하는 데 푹 빠져들었다. 메리는 그가 말하고 싶었던 스페인 사고들을 어떻게 영어 단어로 바꿔야 할지 모를 때만 가끔씩 대화에 끼어들었다. 그는 자신의 즐거웠던 때의 추억, 일할 때 신체적으로 힘들었던 순간, 자신의 어린 가족들을 위해 아메리칸 드림을 좇아 왔던 때의 일들에 관해 말해 주었다. 그러자 메리는 찬사를 보내 주었다. "얼마나 좋은 아빠였는지 몰라요. …… 부활절마다 아빠는 우리 다섯 아이 모두에게 머리부터 발끝까지 새로운 옷을 입혀 줬죠. 그렇죠, 아빠?" 그녀는 자신이 전달하고 싶은 감정을 아버지가 잘 느낄 수 있도록 이 말을 스페인어로 한 번 더 반복했다. 장시간 앉아 있는 자세는 그의 고통을 악화시키기 때문에 중간중간 잠시 휴식을 취하였다. 메리는 아버지가 화장실을 다녀오실 수 있도록 부축해 주었다. 대화가 더 이어진 후에 나는 그가 그 오랜 세월 동안 삶을 최대한 열심히 살아온 것 같다고 수긍하며 말했다. 로렌시오는 따뜻하게 하하 웃으며 말했다. "내가 보기에는 이제 너무 오랫동안 그래왔어요." 내가 그 말의 의미를 물어보자, 그는 말했다. "너무 오래 살았어요. …… 하나님이 나를 도우셔서 이제 쉼을 좀 주셨으면 해요. …… 나는 피곤해요. …… 이렇게 삶을 사는 것은 힘든 일이에요. 일하는 것보다도 더 힘들어요." 나는 천천히 고개를 끄덕여 보이며 겉보기에 그가 임박한 죽음을 받아들이고 있다고 생각했다. 나는 그에게 가족들에게 하고 싶은 말을 비디오에 녹화해 두길 원하는지 물어보았다. 로렌시오는 잠시 침묵하더니 말했다. "저는 제 가족을 위해 언제나 최선을 다해왔어요. 지금도 그렇고요. 가족이 언제나 영순위였죠." "가족 모두에게 너희가 할 수 있는 최선을 다하고 그걸 즐기라고 말해 주고 싶어요. 옳은 삶을 살지 않는다면 지금 자리에서 한 걸음도 나아갈 수 없어요. 당신 자신을 위해 최선을 다해야만 합니다." 대화가 마무리되어 갈 즈음, 그는 자리에서 일어섰다. 메리는 종양 때문에 근육 통증이 자주 오는 아버지의 등 아래 허리 부분을 애정을 담아 마사지해 줬다. 그가 화장실을 향해 걸어가자 나는 펼쳐 놓았던 내 비디오 장치를 꾸리기 시작했다. 그가 돌아와 부

[그림 34-2] 로렌시오 #2.

억에 앉았을 때 나와 메리도 함께 앉아 그가 점심을 먹는 모습을 지켜보았다. 그 어떠한 유도도 없이 그는 또 다른 이야기를 시작했다. 그저 수프를 후루룩 먹는 소리나 빵을 베어 무는 소리만이 그의 이야기를 중간중간 끊을 뿐이었다. 로렌시오는 이 과정을 정말로 즐기게 되었다. 비록 조금 지치긴 했지만, 그는 이러한 만남을 지속하길 원했다. 우리의 시간을 함께 마무리 짓는 데 좋은 방법인 것 같았다.

그의 건강이 이어지는 두 달 동안 급속히 악화되어, 로렌시오는 호스피스 입원 병동에서 생을 마감하였다. 메리는 내게 전화해서 어머니의 죽음을 옆에서 지켜 주지 못했기 때문에 이번에 아버지의 마지막 길을 곁에서 배웅해 주고 싶었다고 말했다. 로렌시오는 진통제 부작용으로 마지막 주간을 상당히 고통스럽게 보내게 되었는데, 그때 옆에 있던 메리에게 자신의 짜증과 화를 풀었다. 그녀는 아버지가 화를 낸 것에 대해 그때도 그렇고 지금은 더 확실하게 이해할 수 있게 됐지만, 여전히 그 말들은 그녀에게 상처가 되었다. 그녀는 말했다. "특히 마지막 주간에 아빠가 (저에게) 너무 많은 화를 냈기 때문에 저는 더욱더 (아빠가 죽음을 맞이할 때 곁에 머물러 있을) 필요가 있었어요." 우연찮게도 로렌시오가 마지막 숨을 쉴 때 그의 옆에 있었던 유일한 사람은 바로 메리였다.

로렌시오가 떠난 후 몇 주 동안 메리와 가족들은 완성된 DVD와 사진 앨범을 보기

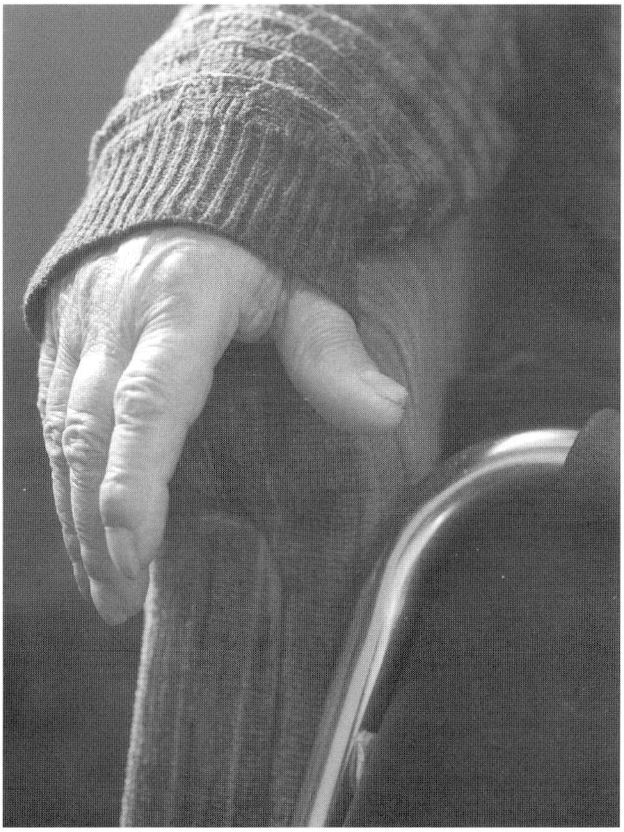

[그림 34-3] 로렌시오 #3.

위해 모였다. 이후에 그녀는 아버지가 가족에게 얼마나 많은 것을 해 주셨는지를 강조하면서 아버지의 과거 이야기를 듣는 것이 얼마나 중요했는지 설명해 주었다. 그가 살아온 삶 자체가 그의 원칙과 가치관을 여실히 드러내긴 했지만, 메리에게는 그의 입을 통해 듣는 것이 상당한 의미가 있었다. 비디오를 통해 메리는 그녀가 아버지와 함께 있는 모습을 보고 그가 그녀에게 표현해 주었던 사랑을 다시금 확인하면서 지난 몇 주간 느꼈던 감정적 고통을 경감시킬 수 있었다. "우리는 특별한 관계였어요." 메리가 따뜻하게 말했다. 그녀의 오빠 조지는 내가 찍었던 로렌시오의 접사된 사진을 문신의 도안으로 써서 아버지의 삶을 영원히 기억하겠다는 의미로 자신의 어깨 위에 새겨 넣었다. 그 사진은 세월의 흔적이 드러나지만 아직 강인해 보이는 로렌시오의 손이 팔걸이 위에 걸쳐져 있는 장면을 담고 있다([그림 34-3] 참조).

변형과 적용

가족과 함께 대화를 나누고 비디오를 찍어 보는 활동은 사랑하는 사람의 죽음을 앞뒀을 때 그리고/또는 죽음을 맞이한 이후에 모두 활용해 볼 수 있다. 예를 들어, 가족들의 개방적 성향과 관심에 따라 장례식이나 추모식의 끝에 갖게 되는 사교적인 모임에서도 사용될 수 있다.

이 기법은 젊은 층의 사람들에게도 접목될 수 있다. 죽어 가는 유아 및 아동과 함께 작업할 때, 나는 사진을 활용해 유대감과 사랑을 담은 소중한 순간을 이미지로 남겨 다큐멘터리로 만들었는데, 이는 꽤 효과적이었다. 이것은 그 아이를 잃은 가족들이 기억들을 떠올리고 감정을 돌이켜 볼 수 있도록 한다. 보통 성인들의 유산 작업에서와 같이 많은 탐색을 하지는 않지만, 죽음을 앞둔 아픈 아이들이 집에서 가족들과 함께 있는 순간을 비디오로 찍어 다큐멘터리로 만든 적도 있다. 그러면서 가족과 친구들과 같이 있으면서 가졌던 강렬한 느낌을 떠오르게 하는 삶의 순간들과 많은 관계의 단면을 찍어 놓는다.

맺는말

전통적인 치료 방법과 상호 보완적인 유산 작업은 죽음을 맞이하는 사람에게뿐만 아니라 그를 여읜 가족들에게도 유용하게 활용할 수 있다. 이 활동은 가족 프로젝트의 일환으로서 많은 유익함이 있다. 확연히 드러나지는 않지만, 많은 경우 '프로젝트'는 가족들의 죽는 과정에 동반되는 끊임없는 투쟁과 고통으로부터 눈을 돌려 다른 것을 추구하고 발견할 수 있는 대안적인 활동이 된다. 유산 작업은 사랑의 유대를 입증하고 강화시킬 수 있다. 자기 혼자 내면을 들여다보는 것이 어렵게 느껴지는 개인에게는 이와 같은 과정이 꽤 적합할 수 있다. 또 다른 내담자 밥은 이 과정을 다음과 같이 표현해 주었다. "우리 모두에게 글을 쓸 수 있는 저널이 주어졌다. …… 페이지는 비어 있다. …… 우리는 이걸 혼자 해내지 못했을 것이다." 그리고 "나는 이 활동을 너무 좋아한다. …… 이건 내 진심에서 우러난 표현이다. …… 이 활동이 아니었다면 우리는 이렇게 애들이랑 이 모든 것을 할 수 있는 시간을 갖지 못했을 것이다. 우리는 이 활동을 하면서 매우 즐거웠다.

…… 너무나 보람 있는 일이었다. …… 이제 내가 죽으면, 그들은 나에 대한 무언가를 가지고 있는 것이다. …… 이 활동을 하기 전에는 내가 그들에게 남겨 주는 것이 아무것도 없을 것이라고 생각했다."(Hochberg, 2012, pp. 284-285)

참고문헌

Baines, B. K. (2002). *Ethical wills*. Cambridge, MA: Da Capo Press.

Harvey, J. H. (1996). *Embracing their memory*. Needham Heights, MA: Allyn & Bacon.

Hochberg, T. (2012). "Moments Held" documentary. In R. A. Neimeyer (Ed.), *Techniques of grief therapy: Creative practices for counseling the bereaved* (pp. 281-285). New York: Routledge.

['기억될 순간들'의 중요한 작품을 보기 원한다면 다음의 웹사이트를 참조하시오: www.momentsheld.org]

35

시각 예술: 간단한 그림 그리기

제리 콕스(Gerry R. Cox) & 버나드 밴든 버크(Bernard J. Vanden Berk)

들어가기

'간단한 그림 그리기(Simple drawing)' 활동은 사람들이 초기에 말이나 글쓰기 기술 없이 자신의 슬픔을 표현하고 죽음과 상실의 경험을 '이해(making sense)'하기 위한 방법을 제시해 주는 예술 형식이다. 상실에 대해 이야기한다는 것은 어려운 일이다. 특히 죽음 직후에는 더더욱 그러하다. 간단한 그림 그리기 활동은 대화의 문을 열어 주며 다른 사람들의 존재하에 슬픔을 표현할 수 있도록 허락해 주는 의미가 있다.

간단한 그림 그리기 활동은 애도의 여정에서 첫 번째 단계가 될 수 있으며 죽음을 목도한 직후에, 심지어 장례식 전에도 바로 활용할 수 있다. 예를 들어, 우리는 간단한 그림 그리기 활동을 죽음을 알리는 과정으로 발달장애가 있는 사람뿐만 아니라 학령기 아동들에게도 사용해 본 적이 있다. 이 활동은 애도의 여정 후반에도 사용할 수 있다. 실례로 북미 원주민 집단의 구성원들이 한 사람이 죽은 후 훨씬 지나서 도움을 요청했을 때에도 우리는 이 간단한 그림 그리기 활동을 활용했다. 현역 장병인 부모들이 군복무를 하게 돼서 아이들이 슬픔과 상실을 다뤄야 할 때도 이 방법을 활용했다. 또한 군복무 중에 죽은 부모의 아이들을 돕기 위해서도 간단한 그림 그리기 활동을 사용했다(참전 용사의 아이들을 위해 간단한 그림 그리기 활동을 활용한 예는 Cox, Vanden Berk, Fundis, &

McGinnis, 1995 참조). 이것은 또한 죽음을 흔히 볼 수 있는 요양원 환경에서도 사용 가능하다.

간단한 그림 그리기 활동을 하려면 먼저 해당 집단의 그리기 실력을 알아야 한다. 매우 어린 아동들에게는 좀 더 직접적인 도움이 필요할 수 있다. 그들에게 질문을 읽어 줘야 하고 그들의 대답도 직접 기록해야 할 것이다. 또한 나이에 적합한 재료들을 제공해야 한다. 예를 들어, 학령기 아동들은 크레파스, 마커, 핑거 페인트, 자석그림판(Etch-a-Sketch), 색연필을 사용하는 데 익숙하다. 함께 작업을 진행했던 북미 원주민 집단은 진보된 형태의 예술적 표현들을 보여 줬다. [이것의 좋은 예시로, 칼 고어먼(Carl Goreman)이 그의 아들 키(Kee)의 죽음으로 인한 애도의 과정에서 어떻게 예술작품을 활용해 슬픔을 다뤘는지 볼 수 있다; Greenberg & Greenberg, 1996]. 함께 작업했던 참전 용사 집단은 처음에는 상실과 슬픔에 대한 간단한 그림으로 시작하고 싶어 했지만, 나중에는 저널 쓰기나 시쓰기와 같은 다른 글쓰기 형태의 표현 방법들을 선호했다. 이와 같이 한 집단의 필요와 관심, 가치 등을 고려한 조율이 중요하다. 예를 들어, 유창한 언어 구사력을 가지고 있고 애도의 과정을 말로 표현하는 것을 더 선호하는 사람에게는 그림 활동이 시작을 열어 주는 의미로만 활용될 수도 있다. 시각적인 활동을 더 선호하는 사람에게는 간단한 그림을 통해 시각적 예술을 이용한 탐색 과정에 박차를 가해 줄 수 있다. 호스피스 사별 집단은 애도 여정의 각기 다른 단계에 있고 다양한 배경을 가진 사람들이 혼성된 집단인 경우가 많기 때문에 그림 그리는 활동은 같아도 반응이 가지각색일 수 있다.

우리는 먼저 눈앞에 벌어진 상실에 대한 생각과 느낌을 말로 표현한다는 것은 상당히 어려운 일이지만 그림으로 그것을 표현하기는 훨씬 더 수월할 수 있다는 설명으로 집단 활동의 문을 연다. 그러고 나서 그림 그리기를 유도하기 위해 참여한 사람들의 연령대와 발달 능력에 맞춰서 서너 가지 질문을 던져 볼 수 있다. "(죽은 사람)에 대해 생각할 때 무엇이 떠오릅니까?" "어떤 종류의 그림이 지금 당신이 느끼고 있는 바를 잘 표현해 줄 수 있을까요?" 또는 "그/그녀가 기억에 어떻게 남으면 좋을까요?" 혹은 다른 방법으로 참여자들이 상실에 대한 생각과 느낌을 4~5개의 단어로 표현하게 할 수 있다. 그러고는 그들이 선택한 질문에 대한 답이나 단어를 그림으로 그려 보게 한다. 그림이 완성된 후에는 참여자가 자발적으로 그림에 대해 이야기 하거나 설명을 덧붙여 보도록 할 수 있다. 하지만 절대로 그것을 강요해서는 안 된다. 나이, 문화, 정신, 언어 능력에 따라 이 논의는 단순하거나 복잡할 수 있는데, 이는 치료적인 과정이 좀 더 필요하다는 것을 암시한다.

이렇게 간단한 방법의 목표는 상실의 아픔과 슬픔을 표현해서 나눌 수 있는 기회를 제공하는 것이다. 중요한 것은 예술가의 기술 수준이 아니라 예술작품이 만들어지기까지의 과정과 그 과정에 대한 민감성이다. 참여자들이 그림을 그리는 동안에 생각하고, 성찰하며, 창조하고, 슬퍼할 수 있는 공간을 마련해 주는 것이 무엇보다 중요하다. 예술작품을 지켜보는 사람으로서 집단의 지도자는 항시 존재하며 집단의 과정을 살펴야 한다. 그러면서 어떤 결과에 대해 미리 앞선 기대 없이 흥미로워하고 개방적인 자세로 대화해야 한다.

사례 연구

콜드웰 씨(가명)는 3학년 학생들의 인기를 독차지한 선생님으로 무릎 수술 후 갑작스럽게 세상을 떠났다. 이에 따라 초등학교 행정실에서 치료적 개입을 해 달라고 의뢰가 들어왔다. 그녀는 매우 특별한 선생님이었기 때문에, 행정실은 아이들의 강렬한 반응을 예상했다. 예상대로, 아이들은 엄청난 충격을 받았고, 동료 선생님들의 목격담과 직접 본 바에 의하면 복도에서 많은 아이가 눈물에 젖어 있었다. 우리의 첫 번째 단계는 콜드웰 씨에 대한 정보를 수집하는 것이었다. 교실 안팎에서 그녀가 아이들과 어떻게 관계를 맺어 왔는지를 아는 것이 우선이었다. 그녀의 동료들은 그녀가 곰 인형, 음악, 배구, 크리스마스, 라일락, 보라색을 좋아했다고 말해 주었다. 또한 그녀는 웃음소리, 학생들과의 현장 학습, 책상 의자에 앉아 앞뒤로 빙글빙글 도는 모습으로 유명했다고 알려 주었다. 스티븐슨과 스티븐슨(Stevenson & Stevenson, 1996)이 설명한 개입 방법을 활용해, 우리는 학교 체육관에서 추모식을 열기로 했다. 이 공간을 보라색 풍선, 곰 인형, 라일락으로 장식했다. 선생님들은 아이들이 학교 주변에 라일락을 심는 것을 도와주었다. 학교는 그녀의 이름으로 장학기금을 설립하였다. 아이들은 추모식에서 자신의 감정과 생각을 표현할 기회를 갖게 되었다. 그런 다음, 학생들은 교실로 되돌아왔다. 학생과 선생님 사이에 이미 맺어진 관계가 있기 때문에, 우리는 선생님들에게 아이들이 상실과 추모 활동을 정리하기 위한 그림 그리기 활동을 소개해 줄 것을 부탁하였다. 우리는 앞서 설명한 간단한 원리와 지시 사항을 이행하기 위해 선생님들을 도왔다. 시작하기에 앞서, 아이들은 재료와 지시 사항을 받고 잠시 생각에 잠길 시간을 갖는다. 자세히 말하자면, 아이들의 학년, 나이, 성별, 콜드웰 씨 수업을 들었는지 여부를 물어본다. 선생님은 아이들에게 콜드웰 씨의 죽음에 대한 생각이나 감정을 표현한 다섯 가지 단어를 가지고 그들의 나이에 따라 글이나 말로 표현해 보라고 한다. 이어서 그들의 생각과 느낌을 표현해 줄 수 있는 간단한 그림을 그려 보도록 한다. 마지막으로, 아이들은 자신의 그림에 대해 이야기하는 시간을 갖는다.

학생들이 자신의 예술작품에 대해 비판적일 수 있기 때문에, 우리는 선생님에게 각자의 그림은 모두 중요한 무언가를 드러낸다고 말해 줄 것을 부탁했고, 각 예술작품의 해석은 그것을 만든 예술가에게 맡기라고 했다. 이러한 제안에 따라, 선생님은 다음과 같은 질문으로 대화와 성찰을 촉진시켜 나갔다. "그림에서 무엇을 말하고자 했나요?" "이 활동을 하면서 어땠나요?" "이 작품이 노력할 만한 가치가 있었나요?"

일반적으로 어린아이일수록 슬픔, 외로움, 갑작스러움, 끔찍함, 나쁜, 충격적인, 불행한, 미안한, 비통함과 같은 단어를 많이 쓴 것을 볼 수 있었다. 이러한 반응들은 그림에서 그대로 나타났다. 아이들의 그림 속에는 울고 있는 곰 인형, 슬픈 학생, 부서진 하트 옆의 콜드웰 씨가 그려져 있었다. 고학년 아이들에게는 생각과 느낌들을 문장으로 표현해 보도록 했는데, 다음과 같은 문장들이 나왔다. "그녀는 멋진 사람이었다. 그녀는 사람들에게 소리를 지르지 않았다." "그녀는 좋은 선생님이셨다. 그녀는 예뻤다. 그녀가 아직도 그립다." 이러한 반응에서 선생님의 죽음을 이해해 보려는 때로는 영적인 측면에서 이해해 보려는 아이들의 노력이 보인다. 또한 그 죽음에 대한 감정, 특별한 선생님과의 유대감, 그리고 학교와 가정에서 지지적인 인물들을 재확인하려는 아이들의 노력이 보인다. 그러한 반응에는 다음과 같은 것들이 있었다. "왜 사람은 죽나요? 모르겠어요. 더 살기에는 너무 나이 들어서일까요." "콜드웰 선생님 생각이 많이 나요. 곰 인형, 음악, 보라색을 떠올리죠." "콜드웰 선생님은 쉬는 시간에도 저에게 너무나 잘해 줬어요. 선생님은 어느 누구라도 얼음 위에서 다치지 않길 바랐어요." "제 그림은 콜드웰 선생님이 살아서 건강했을 때의 모습이에요. 지금도 이랬어야 하는데……." "하나님, 제가 콜드웰 선생님의 죽음을 극복할 수 있도록 도와주세요. 제 선생님이 되어 주셔서 감사해요." "제가 선생님의 죽음을 극복할 수 있게 도와준 사람들이에요. 스미스 씨, 엄마, 아빠, 제 두 동생, 영 음악 선생님, 블레이크 미술 선생님 그리고 당신도요."

변형과 적용

우리 모두는 고통 중에 있을 때 그것에 대해 말하는 것을 원하고 또 필요로 한다. 그러나 대부분 '말하기(talking)'는 비언어적으로 행해진다. 어떤 문화에서는 좀 더 언어적이고, 어떤 문화에서는 덜 언어적이다. 아파치족과의 작업은 비언어적으로 말하기를 요구한다. 언어로 덜 '말하는(said)' 것이 더 낫다. 간단한 그림 그리기 활동은 시작하기에 훌륭한 방법이 될 수 있다. 대다수의 참전 용사 또한 말하는 것을 꺼린다. 반대로, 엔지니어링, 세일즈, 비즈니스와 같은 사람 중심 또는 논리 중심의 직업을 가진 사람들은 그림보다 말하는 것을 선호하는 경향이 있다. 그러나 이러한 사람들조차도 말로 표현하며 놓친 것들을 자신의 그림이 포착해 낸다는 사실을 발견하게 된다. 예를 들어, 엔지니어는 자신이 별 감정 없이 상실을 다룰 수 있다고 생각하고 있지만, 그의 그림은 강렬한 분노를 보여줄 수 있다. 개인 작업에서든 집단 작업에서든, 나이에 적합한 그림 활동을 평가와 개입에 활용하는 것은 이에 대한 치료적 반응에 영향을 미칠 수 있다.

맺는말

많은 상이한 집단에서 이 기법을 사용했을 때에도 우리는 평가에 있어 추수 상담이 중요하다는 것을 알 수 있었다. 한 개인 또는 집단과 오랜 기간에 걸쳐 작업할 때, 우리는 폴더를 가지고 다니면서 날짜별로 내담자의 그림을 보관한다. 시간에 따른 그림의 변화는 큰 통찰력을 준다. 앞의 사례 연구에서와 같이 간단하면서도 전 체계에 걸친 적용 방식을 통해 예술가는 상상도 하지 못했던 생각과 느낌을 표현할 수 있게 된다. 좀 더 개인적인 치료 상황에서는 상담자가 예술에 관한 대화를 심화시킬 수 있다. 더불어 예술 양식에 대해 좀 더 폭 넓고 깊은 탐색을 할 것을 권장해 볼 수도 있다. 심지어 상담자가 아닌 교육자로서도 우리는 학교, 직장, 쉼터, 보호소, 혹은 다른 대체 수용시설에서 살아가는 데 적응하며 애도의 과정을 돕기 위해 간단한 그림 그리기 활동을 통합적으로 활용해 볼 수 있다.

참고문헌

Cox, G. R., Vanden Berk, B. J., Fundis, R. J., & McGinnis, P. J. (1995). American children and Desert Storm: Impressions of the Gulf conflict. In D. W. Adams & E. J. Deveau (Eds.), *Beyond the innocence of childhood.* Amityville, NY: Baywood.

Greenberg, H., & Greenberg, G. (1996). *Power of a Navajo: Carl Goreman-The man and his life*. Santa Fe, NM: Clear Light Publishers.

Stevenson, R. G., & Stevenson, E. P. (1996). *Teaching students about death: A comprehensive resource for educators and parents*. Philadelphia, PA: Charles Press.

36

통합적 접근: 캔버스와 대화하기

바바라 톰슨(Barbara E. Thompson)

들어가기

캔버스와 대화하기(conversing with the canvas) 활동은 적극적 상상(active imagination)에 뿌리를 두고 있다. 적극적 상상은 카를 구스타프 융(Carl Gustav Jung)이 개발한 자기치유적(self-healing)인 방법이다. 융은 강렬한 감정을 담은 이미지에 압도되거나 동일시되지 않으면서 그 이미지들과 담론할 수 있는 방법을 알게 되었다. 그 방법은 바로 표현적 데생, 페인팅, 글쓰기를 활용해 자신의 경험에 상징적인 형태를 부여하는 것이었다. 이 과정은 융의 삶을 완전히 새롭게 할 수 있는 통찰과 지향을 갖게 했을 뿐만 아니라 융의 분석심리학의 기초를 이루게 했다(Chodorow, 1997).

맥니프(McNiff, 1992)는 융의 업적을 활용하는 표현예술치료사로 이미지와의 대화(dialogue with the image)라 불리는 관련된 방법을 소개한다. 융과 마찬가지로 맥니프는 이미지에 적극적으로 관계함으로써 의미가 떠오를 수 있는 환경을 조성하고자 했다. 그는 이 과정을 '시각적 물음(visual inquiry)'이라고 부른다. 이 작업은 스튜디오에서 집단으로 진행된다. 융이 그림에 답해 즉흥 댄스와 의식 실연(ritual enactment)을 한 것과 같이, 맥니프는 참여자들 사이에 상상력이 풍부한 상호작용을 촉진한다. 이때 다양한 예술 방법을 활용해서 의미의 경험을 증폭하고 심화시키고자 한다. 내가 각색한 방법에서는 예술가와 그림 사이에 이루어지는 유도된 상호작용과 즉흥적인 상호작용 모두를 격려한다. 다음의 사례 연구가 이것을 설명해 줄 수 있다.

사례 연구

세이지 대학(The Sage Colleges) 학생들은 대학원 작업치료(occupational therapy) 교과과정의 일환으로 교외 스튜디오를 기반으로 진행되는 3시간짜리 예술 워크숍에 참여해서 각자의 개인적인 상실을 탐색해 보았다. 참여자들의 연령대는 20대 초반에서 40대로 다양했지만, 대부분은 20대 중반의 여성들로 구성되어 있었다. 그들이 탐색해 보기 원했던 상실 경험은 질병, 사고, 자연재해, 자살 또는 살인으로 인한 가족이나 친구의 죽음, 후천적 장애나 질병으로 인한 과거의 자기(self) 및 기대하던 미래의 상실, 애완동물의 죽음, 사랑하는 사람의 죽음에 연이은 두 번째 상실, 수업 중 시체를 보고 직면하게 된 인간의 유한성 직면 등이었다.

워크숍의 구성을 간단히 살펴보고 초기 과정을 거친 후, 참여자들은 동작 중심의 준비 운동에 참여해서 페인팅과 글쓰기 작업에 대비한다. 환원주의적이고 비판적인 시각으로 그림에 대해 생각하는 것은 표현의 자유로운 흐름을 방해하고 예술 활동에 있어서 실험적인 시도를 가로막는다. 이러한 '내면의 비평가(inner critic)'의 출현을 막는 데에는 다양한 방법이 있다(Thompson & Berger, 2011). 참여자들에게 어떠한 일이 일어나건 그 일에 자연스럽게 '몸을 맡겨 움직여야(move with)' 하며, 일방적인 판단을 배제하고 호기심이 가득한 태도로 예술 창작 과정에 임해야 한다고 상기시킨다. 이러한 몰입된 태도를 유지하기 위해 페인팅을 하는 동안 대화는 자제하게끔 한다.

각 참여자에게는 3×4피트의 내구성이 강한 흰색 종이 '캔버스(canvas)'가 주어진다. 또한 원색과 이차색의 다양한 템페라 물감과 색다른 효과를 내기 위한 다양한 형태의 붓, 깃털로 만든 먼지떨이, 빗, 스펀지 등 마크를 표시하기 위한 다양한 재료가 제공된다. 나는 그림의 마지막 단계를 캔버스와의 대화로 구성했다. 참여자들은 둘씩 짝을 이뤄 서로의 캔버스를 번갈아 가며 자신의 그림과 대화를 하게 된다. 한 명이 자신의 캔버스와 대화할 동안 다른 한 명은 이 창작자와 예술작품 사이의 대화에서 촉진자/증인의 역할을 하게 된다. 이 역할을 맡고 있는 학생들은 추후에 있을 글쓰기 활동을 위해 파트너의 대화를 기록한다.

캔버스와 대화를 하는 동안, 참여자는 그림 그리는 작업을 탐색하고 관심을 가질 만한 가치가 있는 '미지의 타자'로서 존경하면서 접근하도록 초청받는다. 그림을 그린 예술가에게 그림을 보면서 특별히 관심이 가는 부분을 설명해 줄 것을 부탁하며 대화를 열어 볼 수 있다. 이때 마치 "여기에 숨 쉴 공간이 없을 만큼 빽빽한 선이 많이 있네요."와 같이 현상에 대한 경험에 근접한 언어를 사용해 볼 수 있다. 이렇게 '친숙해진' 후에는 대화의 깊이를 더해 간다. 이를 위해 떠오르는 질문을 사용하거나 실례 #1의 고딕체와 같이 대답을 유도하는 미완성 문장을 제시해 볼 수 있다. 어떤 방법을 사용하든 간에, 그림을 향해 질문을 던지고, 참여자들은 '마치(as if)' 그림이 대답을 하는 듯이 반응한다. 그중 몇몇 질문은 의미를 형성할 충분할 시간을 주기 위해 반복해서 하기도 한다.

워크숍에서 니콜은 우리에게 그의 친한 친구 마크가 몇 년 전에 자살을 했다고 말해 주었다. 캔버스의 중심에는 큼지막한 평화의 상징 안에 마크 이름의 이니셜이 그려져 있었다. 평화의 상징의 가장자리는 밝은 노랑색, 연두색, 주황색을 사용해서 움직임을 담은 듯한 붓놀림으로 그려졌다. 평화의 상징을 둘러싼 공간의 4사분면의 1, 2, 4사분면은 굵은 음표로 가득 차 있었다. 노란색의 리본과 청록색의 심장이 제3사분면을 채웠다. 배경에 마치 깃털로 한 것 같은 붓놀림의 밝은 색감은 움직임의 율동감을 나타내는 것만 같았다. 단순한 추임새에 대한 반응으로 부드럽게 말하고 때로는 반복을 통해 다양하게 변화시켰다. 니콜은 다음과 같은 대답을 했다.

실례 #1: 평화를 찾아서

안녕, 내 이름은 … 평화

나는 … 내 자신이다, 밝다, 끊임없이 변화한다, 흘러가고 있다.

네가 알아줬으면 좋겠어 … 삶은 계속 흘러가, 떨쳐 버리고 앞으로 나아가, 심장의 소리를 따라가

이걸 아는 게 중요해 … 행복, 함께하는 삶

네가 알아줬으면 좋겠어 … 사랑, 음악, 사람들

난 깨달았어 … 삶은 계속되고, 지속되며, 분리되는 것임을

꼭 기억해 줘 … 미소, 음악, 나 자신, 살아가는 것이란 무엇인지

네가 알아줬으면 좋겠어 … 행복, 격려, 의미, 영감

난 깨달았어 … 행복

꼭 기억해 줘 … 삶을 살아가는 것, 네 자신이 되는 것, 그냥 존재하는 것(to just be)
네가 알아줬으면 좋겠어 … 넌 할 수 있어, 괜찮아, 행복해

이 워크숍에서 자신이 경험한 것을 성찰해 보면서 니콜은 말했다. "그림을 그리면서 마크와 깊이 연결되는 느낌을 받을 수 있었어요. 제 감정을 충분히 느껴 보면서 그것을 종이 위, 그러니까 매우 큰 캔버스 위에 표현해 볼 수 있었어요." 니콜에게는 색을 칠했던 것이 그녀가 한 경험 중 가장 만족스러운 것이었다. 그녀는 말했다. "말로는 표현할 수 없는 수준에서 제 감정들을 이해할 수 있었어요." 니콜은 이 그림의 제목을 '자유(free)'라고 붙여 주었다.

실례 #2: 넓어진 시야

두 번째 대화는 그보다 적은 수의 추임새의 말들로 시작되었다. 리즈와 내가 대화에 참여하고, 증인의 역할을 맡은 사람은 우리의 대화를 받아 적었다. 그림과의 대화 가운데 심각한 질병과 그것의 여파 같은 상실의 본질이 드러났다. 내가 그림과 '친숙해지기'를 제안했을 때, 리즈는 꽤 오랜 시간 캔버스 종이 아래쪽 중앙에 있는 이미지를 응시했다. 그녀는 "이건 엉망이에요."라고 말하면서 주황색, 빨간색, 검은색으로 휘갈겨진 페인트가 층층이 엉켜 있는 것을 계속해서 쳐다봤다. "오렌지색은 보기 힘들어요, 너무 강렬해요. 패턴이 없어요. 그냥 다 같이 한군데 내던져진 것만 같아요. 어두워요." 이 이미지 아래로는 자갈과 같은 검은 얼룩들과 그것들을 마치 엮고 있는 듯한 빨간색 선들이 그려져 있었다. 리즈는 시선을 돌려 다른 것을 들여다보았다. "그림 양쪽에 밝은 파란색이 칠해져 있어요. 마치 노란색 손끝을 가진 파란색 팔이 뻗어져 있는 것처럼 보였지만, 노란색 부분이 덧칠해져 있었어요." 그러면서 그녀는 종이의 윗부분을 보았다. 거기에는 검은색 마커로 부분적으로 가려진 노란색 반원이 있었다. 리즈는 다시 '엉망'인 곳으로 눈을 돌리며 말했다. "더 깊이 갈수록 더 어두워지네요." 그리고 덧붙여 말했다. "혼돈, 분노, 더 많은 통제력과 조직력을 얻기 바라는 욕망 그리고 이것을 이해하고 싶은 필요가 느껴져요. 그림은 좀 더 노란색으로 채워지길 원하네요. …… 저는 이 그림에게 너는 엉망이라고 말해 주고 싶어요. …… 이 그림은 제게 '빨간색과 검은색이 항상 나쁜 것만은 아니야. 노란색으로 뻗어 나가는 강렬한 파란색에서는 지혜를 엿볼 수 있지.'라고 말해 주고 있어요. 그리고 그림은 제게 푸른색과 노란색이 중앙으로 스며들고자 노력하고 있다는 것을 알려 주고 싶어 해요." "저는 그림

에게 무슨 일이 일어났는지 물어보고 싶어요. 그런데 그림이 이렇게 대답해요. '나도 몰라. 너무 순식간에 일어난 일이라서…….' 빨간색과 검은색을 다루기 너무 버거웠어요." 나는 리즈에게 다시 묻는다. "그림이 당신에게 알려 주기 원하는 것은 무엇인가요?" 리즈는 답한다. "그림은 제가 파란색과 노란색을 무시하지 않고, 아무리 엉망이더라도 파란색과 노란색이 어디엔가 존재한다는 사실을 잊지 않길 바라고 있어요." "또 그림이 당신에게 알려 주고 싶어 하는 것이 있나요?" "그림은 제가 좀 더 넓은 관점, 넓은 시야를 가져서 좀 더 많은 것을 보길 바라고 있어요."

이 대화에 이어, 리즈는 시를 짓고 제목을 '어질러진 공간에 빠졌던 과거에 관한 성찰(Reflections on Falling into a Scattered Place)'이라고 붙였다. 그 시는 그녀가 우울에 빠져 결국에는 만성화된 병이란 진단을 받고 친구들과의 관계망을 상실한 과정을 강렬하게 표현했다. 그녀의 말에 따르면, 이 과거는 '내가 여섯 살 때부터 알아 왔던 모든 것의 상실, 내 정체성의 상실'이었다. 그녀의 삶은 무너져 내려 '엉망이었다. …… 그러나 기대하지도 않았던 지원의 손길이 다가왔다.' 그녀는 이 경험에 대해 덧붙여 말했다. "저를 도와주려는 손길이 꽤 있었는데 저는 그걸 보지 못했어요." 그리고 "제가 무슨 일을 겪고 있는지를 어떻게 다른 사람과 나눠야 할지 모르겠더라고요. …… 하지만 이제는 그 방법을 차츰 터득하고 있어요. …… 그냥 묵인하지 않고 다른 사람들과 나누는 방법이요. …… 저만 이런 문제를 갖고 있는 게 아니더라고요." 그녀는 그림의 더 많은 부분을 보고 시야를 넓히며 이미 존재하는 재료들을 알아차리는 법을 배우고 있다고 마무리했다. 그녀는 이제 어떻게 스스로 '어질러진 공간'에서 빠져나와 새로운 삶을 개척해 나갈 수 있게 되었는지를 알게 되었다.

실례 #3: 암흑을 통합하기

마리아는 해바라기 그림을 그리는 데 오랜 시간을 투자했다. 그 해바라기는 정면을 바라보고 있었고 캔버스 왼쪽에 기대고 있는 것만 같았다. 그리고 그림의 바닥 부분에서 갑작스럽게 끝나는 구불구불한 녹색 줄기를 가지고 있었다([그림 36-1] 참조).

그림의 배경 전체에는 하늘색이 겹겹이 칠해져 있었다. 5개의 듬성듬성한 '구름'이 '하늘'을 가득 메웠다. 하늘의 아래 반쪽에는 마치 물음표를 연상시키는 5개의 불투명한 구(球)와 두 개의 큰 마크가 그려져 있었다. 마리아가 해바라기를 응시하며 말했다. "중앙이 어두워요. 하지만 다른 색이 혼합돼서 밝아지고 있어요. …… 너무 어렵게 시작됐고, 이제는 뻗어 나갈 수 있기를 바라요." 그녀는 이제 '하늘을 향해…… 밝고, 환

[그림 36-1] 파란 하늘

하고, 바람이 살랑살랑 부는' 공간으로 시선을 옮겼다. 그녀는 해바라기의 '구불구불한 줄기를 따라 아래로(down the curves)' 시선을 옮기며 말했다. "빨간 통의 어두운 색채로 그려진 이런 기묘한 원을 여럿 보니 혼란스러워요. 그 원들이 어디서 시작하고 어디서 끝나는지 모르겠어요. 그것들이 왜 여기에 있는지도 모르겠어요. 그것들은 너무 두꺼워서 투과해 볼 수가 없어요." 마리아는 계속해서 그림의 '밝고 바람이 살랑살랑 부는' 윗부분과 '빽빽하고 어두운' 바닥 부분을 비교해 보았다. "넌 누구니?" 그녀는 그림에게 유도적인 질문을 했다. 그림이 답했다. "나는 강하고 가장자리가 거친 존재야." 그녀가 물었다. "내가 무엇을 알았으면 하니?" "난 괜찮다는 사실을 너가 알았으면 좋겠어." "그림의 밑부분에 대해서는 내가 뭘 알았으면 좋겠니?" "이건 그 살인에 관한 거야. 이유는 없어. 그러니까 여전히 혼란스럽지." 마리아는 캔버스에게 물었다. "할아버지는 어때? 할머니와 함께 계시니?" 그녀가 다시 해바라기를 바라보며 말했다. "응, 괜찮아. 그는 지금 평화로워." "그림이 뭘 알려 주고 싶어 하니?" "삶은 지속된다는 것, 때로는 굴곡진 길을 만날 수도 있다는 것. 네 주변의 있는 모든 것을 살펴보렴. 하늘 말이야. 근심걱정도 없고 굉장히 활동적이잖니. 하늘에는 정형화된 것이 없어. 전체 그림 속에 이 그림의 어두운 부분을 통합시켜 봐." "그림은 네가 무엇을 기억했으면 하니?" "할아버지는 강하고 행복한 사람이었다는 것. 그의 발자취를 따라가. 네가 모든 걸 알아야 할 필요는 없어. 그림의 어두운 부분이 대조를 이루고 있지. 그 부분은 기묘해서 우리는 그게 왜 거기에 있는지 몰라." "그림이 너에게 알려 주고 싶은 게 뭘까?" "해바라기는 가장 강하고 밝은 이미지라는 것."

캔버스 그림과 대화를 한 후, 마리아는 이처럼 할아버지에 대한 이야기를 한 것이 성인이 되고 처음이라고 말해 주었다. 그녀는 '할아버지에 관한 멋진 이야기들을 들으며 자랐고', 그렇게 그는 그녀의 '수호천사(guardian angel)'가 되었다. 하지만 그녀가 12세 때 그녀의 할머니가 돌아가신 후, 사실은 할아버지가 자택의 지하실에서 살해됐다는 끔찍한 사실을 알게 되었다. 이것은 너무나 충격적인 일이었고, 그녀의 가족은 즉시 이사했다. 이후 그녀가 할아버지의 살해에 대해 알게 된 대다수의 사실은 친척들과의 대화에서 들은 것이었다. 그녀의 직계가족 사이에서 살해에 관해 이야기 하는 것은 일종의 암묵적인 '금기'였기 때문이다.

그림 작업과 이어진 캔버스와의 대화 내내, 마리아는 할아버지가 가장 좋아하셨던 노래인 루이 암스트롱(Louis Armstrong)의 〈파란 하늘(Blue Skies)〉이 귀에 맴돌았다고 얘기했다. 그날 저녁 그녀는 집에서 〈파란 하늘〉을 틀어 놓고는 할아버지와 할머니가 함께 춤을 추고 있는 오래된 사진을 꺼내 보았다. 노래를 듣고 사진을 보며 그녀는 할아버지에게 말을 건네고 그의 존재를 느낄 수 있었다고 한다.

그녀는 자신이 깨달은 것을 말해 주었다. "그림 그리기는 밝은 해바라기 그 이상을 말해 주고 있어요. 그림에는 고통도 있었죠. …… 제 자신이 하는 말을 듣고 있으니 참 흥미로웠어요. …… 제가 얼마나 할아버지를 그리워하는지 알게 됐어요. 예전에는 삼켜 왔던 많은 감정을 만날 수 있었고, 이제는 그걸 느끼고 싶어요. 슬픔이 있었죠. 예전에는 그럴 만한 기회가 없었기에 그 슬픔을 충분히 느껴 보고 싶었어요." 그녀는 이것을 좀 더 길게 설명해 주었다. "저는 그저 말하기로 결심했을 뿐인데, 저절로 단어들이 입 밖으로 술술 나왔죠. …… 저는 항상 할아버지와 (할아버지가 살해당한 것에 대해) 말하고 싶었어요. 그리고 이번 기회를 통해 할아버지와 얘기를 나눌 수 있었죠. 자신의 감정에 대해 얘기해도 괜찮다는 것을 알았어요." 마리아는 휴일에 자신의 그림을 가져가서 가족들과 이 경험에 대해 이야기를 나눠 보겠다고 했다.

변형과 적용

캔버스와 대화하기는 개인, 가족, 집단 심리치료 모두에 접목이 가능하다. 예를 들어, 작은 사이즈의 종이, 오일 파스텔과 같은 대안적인 재료들을 가지고 임상 장면에서 활용해 볼 수 있다. 회기 밖에서 이뤄진 작품과 대화를 나눠 볼 수도 있다. 그것은 내담자가 기억하는 꿈이 될 수도 있다. 이러한 방식으로 내담자의 작품을 활용함으로써 내담자와 상담자 모두가 창조적 상상의 공간으로 들어가는 경험을 할 수 있다. 이 장에서는 '개인의 상실의 탐색'이라는 주제가 예로 제시되었지만, 다른 주제들도 가능하다. 예를 들어, 개인적 재개, 미래를 위한 비전, 자원 등 다양한 주제가 가능하다. 트라우마적 상실을 경험했을 때 쉽사리 말이 나오지 않는 것은 당연한 일이다. 앞서 설명했듯이 시각적 형상을 동작 중심의 접근 또는 심지어 극적인 연극으로 전환하는 것이 창조적 글쓰기보다 좋은 방법이 될 수 있다. 물론 내담자의 선호도를 먼저 살피는 것이 중요하다. 예를 들어, 첫 번째 사례에 소개된 예술가는 글쓰기보다는 그림 그리기를 좋아했다. 세 번째 예술가는 음악을 추가적으로 활용하는 것이 많은 도움이 됐다.

맺는말

나는 형식적인 연구를 진행하지는 않지만 학생들의 강의 평가와 10년에 한 번씩 갖게 되는 사후 표적 집단 평가의 결과를 살펴보면, 이 워크숍이 참여자에게 상당히 가치 있다는 것을 알 수 있다. 나의 임상 현장에서 이 방법은 너무 많은 이야기 속에서 죽어 버린 회기의 활기를 되찾게 해 주며, 상호작용에 창조성과 친밀성을 불어넣는다. 캔버스와 대화하기 활동은 상상의 결과로 새로운 인식과 존재의 의미를 제공하는데, 이는 참여한 모든 이에게 유익하다.

참고문헌

Chodorow, J. (1997). *Jung on active imagination*. Princeton, NJ: Princeton University Press.

McNiff, S. (1992). *Art as medicine: Creating a therapy of the imagination*. Boston, MA: Shambhala.

Thompson, B., & Berger, J. (2011). Expressive arts therapy and grief. In, R. A. Neimeyer, H. D. Winokeur, D. Harris, & G. Thornton (Eds.), *Grief and bereavement in contemporary society: Bridging research and practice*. New York: Routledge.

37

시각 예술: 영혼의 나뭇가지

샐리 앳킨스(Sally S. Atkins)

들어가며

자연의 재료를 활용하는 것은 예술 창작 활동에 더 풍성한 영감과 마술적 힘을 불러일으킨다. 이 장에서는 표현예술 사별 집단에 참여한 사람들이 자연에서 채취한 나뭇가지를 꾸며서 '영혼의 나뭇가지'를 만들어 보는 활동을 소개하겠다. 영혼의 나뭇가지는 기억을 보존하고, 사랑했던 사람을 기리며, 애도의 과정에서 편안함을 제공해 줄 수 있는 성스러운 물건이 된다. 우선, 사별 집단 참여자들은 실내에 모여 소개의 시간을 갖고 호흡을 통해 자신의 몸을 충분히 느껴 보며 현재에 머물러 몸이 활성화된 상태를 만들게 된다. 나와 보조리더는 집단 구성원들에게 비밀 유지와 서로 공감하는 것의 중요성을 상기시키고, 상실의 이야기를 나누며 서로의 고유한 이야기에 증인이 되는 과정의 성스러움을 강조한다. 우리는 모든 사람이 각자의 특별한 상실의 경험을 떠올리며 몇 분 동안 조용히 침묵의 시간을 가질 수 있도록 한다. 그런 후 함께하는 이 시간을 통해 얻고자 하는 것을 한 단어로 줄여서 돌아가며 말해 보는 시간을 갖는다.

회기의 문을 여는 나눔에 이어, 영혼의 나뭇가지 만들기를 포함한 표현예술 활동을 소개한다. 먼저, 나뭇가지를 꾸며 볼 수 있도록 준비된 색색의 실과 리본, 가죽, 와이어, 천, 비즈, 다른 장식 재료들을 살펴보게 한다. 그런 후, 집단 구성원들은 모두 야외

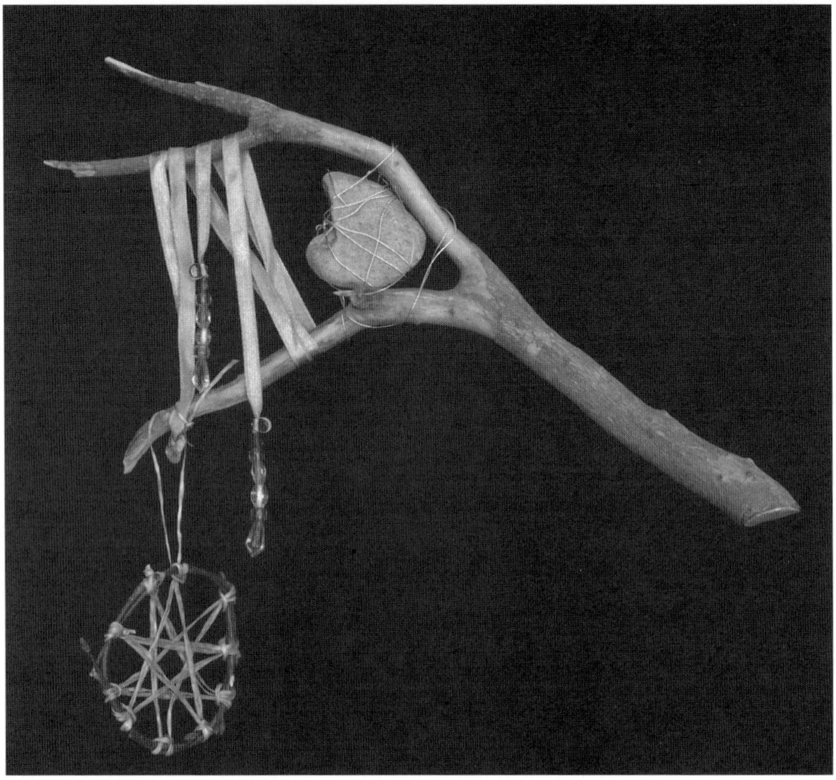

[그림 37-1] 완성된 영혼의 나뭇가지

❖ 작품: 벡 롱(Beck Long)

의 자연으로 나간다. 우리는 참여자들이 주변을 조용히 둘러보면서, 자신의 마음을 이끄는 특별한 나뭇가지가 있는지 살펴보도록 한다. 이 나뭇가지들은 제공한 다른 재료들과 함께 장식하기 위해 가져온다. 참여자들은 자신의 나뭇가지에 붙일 솔방울, 씨앗, 바위 등과 같은 다른 자연 재료들을 골라 볼 수 있다([그림 37-1] 참조). 시간이 어느 정도 지난 후에는 참여자들에게 실내로 들어오라고 알리기 위해 드럼 소리를 울린다.

참여자들은 그들의 나뭇가지를 조용히(또는 조심스럽게 선별된 음악과 함께) 꾸며 본다. 이 단계가 마무리되어 갈 즈음, 우리는 실과 함께 작은 종이를 나눠 준다. 그런 후, 위안을 줄 수 있는 메시지, 상기시키는 메모, 인용구, 혹은 시를 나눠 준 종이를 활용하여 나뭇가지에 붙여 보도록 한다. 영혼의 나뭇가지를 완성한 이후에 참여자들은 성스러운 물건인 나뭇가지 그 자체나 그것을 만들어 본 경험에 대해 말하고 싶은 것을 집단 앞에서 말해 본다. 이러한 나눔은 흔히 강렬한 감정을 불러일으킬 뿐만 아니라 자신의 강점이 되거나 위안을 주는 자원을 다시금 떠올리도록 만든다.

사례 연구

영혼의 나뭇가지(spirit stick) 활동은 표현예술치료 대학원생 또는 교수(진)가 매주 진행하는 워크숍에서 활용되어 왔다. 이 워크숍 시리즈는 지역 예술 위원회의 후원을 받아 지역센터에서 개최된다. 매주 회기에서는 다른 주제를 다룬다. 이번에 사례로 소개할 회기에서는 '표현예술과 함께 하는 애도 작업'을 다뤘다. 지역센터는 큰 나무와 오래된 관목 숲으로 둘러싸인 광활한 잔디밭에 위치한 오래된 집이기 때문에 나뭇가지를 비롯해 다른 자연 재료들을 채집할 수 있는 좋은 환경을 갖췄다.

8명의 참여자가 2명의 촉진자와 함께 참여했으며, 모두 여성이었다. 이 활동의 지도자 역할은 필자와 지역 대학의 표현예술치료 프로그램 훈련을 받은 고학기 대학원생 한 명이 맡았다. 이 중 4명의 참여자가 이전의 워크숍에 참여했는데, 한 회기는 꿈 작업과 표현예술, 다른 회기는 치료적 글쓰기로 이루어졌다. 회기를 시작하면서 지도자는 먼저 집단 구성원들에게 방 안 가장자리에 놓인 테이블들 위에 펼쳐 놓은 재료들을 살펴보라고 했다. 그런 후, 모두가 원형으로 놓인 의자에 앉도록 했다. 지도자인 우리를 소개하면서, 집단의 비밀 유지를 다시 한번 각인시키고, 활동의 대략적인 과정에 대해 설명하였다. 이후 모든 참여자가 자신을 소개하고, 왜 이 회기에 오게 됐는지 간략하게 설명하는 시간을 가졌다. 그들은 각자 최근에 있었던 가족의 죽음에 대해 이야기했다. 3명은 남편을 잃었고, 3명은 부모를, 그리고 2명은 형제자매를 잃었다. 모든 구성원은 서로의 이야기를 주의 깊게 들어주었다. 이후 또 다른 간략한 과정으로, 각각의 참여자들이 이 회기의 목적, 즉 이 회기를 통해 얻어 가고 싶은 것을 한 단어로 요약해서 함께 이야기했다. 그들이 말한 단어에는 수용, 위로, 평화, 위안, 연민, 타인과의 공유가 있었다.

도입부에 이어서, 우리는 참여자들에게 뜰로 나가 침묵 속에 천천히 거닐어 볼 것을 제안했다. 그러면서 눈에 띄는 나뭇가지와 다른 자연 재료들을 찾아보도록 했다. (잔디밭에 있는 큰 노목으로부터 많은 재료를 얻을 수 있었다.) 20분이 흐른 후에 우리는 드럼을 쳐서 모두 안으로 들어오라고 알렸다. 우리는 그들에게 자신이 고른 나뭇가지와 그것에 꾸며 보고 싶은 다른 자연 재료들을 가지고 들어오라고 했다. 실내에서 참여자들은 제공된 재료들을 가지고 조용히 자신의 나뭇가지를 꾸미기 시작했다. 영혼의 나뭇가지가 점점 만들어져 가면서 참여자들의 작품의 아름다움과 독특성이 드러났다. 한 참여자는 가죽, 구리선, 작은 돌멩이만을 활용해 큰 나뭇가지를 꾸몄다. 또 다른 참여자는 밝은 빛의 푸른색 실로 나뭇가지를 완전히 싸매 보았다. 실로 형형색색의 거미줄을 만든 참여자도 있었다. 그러는 동안에 다른 참여자는 하얀색 리본, 레이스, 깃털과 반짝이는 비즈를 활용해 나뭇가지를 꾸미고 있었다. 그런 다음, 우리는 실과 함께 손으로 만든 작은 메모지들을 나눠 주며 나뭇가지에 붙여 보라고 했다. 그들에게 위로를 주고 그들이 힘과 위안을 주는 자신의 자원을 인식하도록 도와주는 인용구, 편지, 시, 단어들로 종이를 채워서 나뭇가지에 붙여 보도록 했다. 참여자들이 원형으로 놓인 의자로 돌아와 자신이 만든 영혼의 나뭇가지나 그것을 만드는 과정에 대해 이야기하고 싶은 것들을 다 함께 말해 보도록 했다. 어떤 이들은 개인적으로 작업한 과정을 침묵 속에서 그리고 동시에 다른 사람 앞에서 이야기하였다. 다른 이들은 자신이 만든 작품에 대해 놀라움을 금치 못했다. 공통적으로 많은 사람이 환기된 기억들과 예술 창작 활동 중에 나타난 의도적이거나 뜻하지 않은 상징들에 관해 말해 주었다. 몇몇 사람은 자연으로 나가 보는 것 자체가 편안함을 주었을 뿐만 아니라 그 속에서 자연의 아름다움과 다채로움을 발견할 수 있었고, 그들이 자신보다 더 큰 세계의 일부분인 것을 깨닫게 되었다고 하였다. 이 활동은 가을에 이뤄졌기 때문에 어떤 이들에게는 이 계절이 갖는 상징적인 의미가 더 살갗에 와 닿았다. 삶의 큰 주기의 한 부분인 죽음과 변화를 상징하는 이 계절을 더 뼈저리게 느낀 것이다. 숭고한 분위기가 공간을 메웠다. 경험의 공유는 깊은 감동을 주었고, 이러한 예술 창작 활동을 통해 각 구성원들이 자신의 이야기를 확장시키고 수용할 수 있었다는 건 명백한 사실이었다.

변형과 적용

영혼의 나뭇가지를 만드는 활동은 개인이나 집단에서, 아동, 청소년, 성인 모두에게 활용이 가능하다. '영혼'이라는 단어가 오역될 수 있는 상황에서는 이러한 창작물을 힘을 주는 나뭇가지, 위안을 주는 나뭇가지와 같은 이름으로 불러도 되겠다. 자연에서 가져온 간단한 재료들을 사용하면 아주 적은 기술로도 높은 감수성을 경험할 수 있다 (Knill, Levine, & Levine, 2005). 어느 누구라도 할 수 있는 활동인 동시에 상당히 도전적이고 다채로운 의미를 만들어 낼 수 있는 활동이라고 볼 수 있다. 야외에서 자연 재료들을 채집하는 과정은 필수적이지는 않지만, 그렇게 하는 것이 훨씬 더 큰 유익을 가져다줄 수 있다. 그러나 상황상 여의치 않다면, 다양한 나뭇가지와 다른 자연 재료들을 사전에 준비해서 방으로 가져올 수도 있다. 이러한 재료들을 원형으로 놓인 의자들 중앙에 두어 집단 활동의 시작에 있어 중심물이 되게 할 수 있다. 시간이 허락한다면, 이 활동의 기본적 구조를 확장하거나 축소해 볼 수도 있다. 또한 시간이 충분하다면 중앙에 설치된 가구에 각자의 영혼의 나뭇가지를 놓는 의식(儀式)을 치르는 방식으로 공유의 과정을 거칠 수 있다.

맺는말

자연에서 얻어진 재료들을 가지고 활동하는 것은 상당히 많은 것을 환기할 수 있다. 그러한 자연의 재료들에는 출생, 성장, 쇠퇴, 죽음이라는 생애 주기가 함축되어 있다. 그리고 그것들은 인간이 삶이라는 더 큰 주기의 일부분이라는 점을 상기시켜 준다. 의식 또는 기도를 위한 성스러운 물체를 만드는 것은 인류 역사가 시작된 이래 고대 문화로부터 내려져 온 양식 중 하나였다. 뿐만 아니라 오늘날 토착 문화에 존재하는 통례 중 한 부분이기도 하다(Atkins & Williams, 2007).

상실의 아픔을 애도할 수 있도록 지원하는 집단은 교회나 호스피스 및 지역사회 기관을 통해 형성된다. 이러한 집단은 상실을 경험한 사람들이 혼자가 아니라는 사실을 깨닫게 하는 데 큰 도움을 줄 수 있다. 하지만 앞의 사례에서와 같이 일반 대중을 대상으로 하는 일회성 애도 집단에서는 지도자들이 경력이 있는 치료사를 적어도 한 명 섭외해야 하며, 후속 조치로 찾아갈 수 있는 기관을 소개하는 자료를 마련해야 한다. 이러한 일회성 회기에서 심신이 쇠약해질 정도로 장기화된 애도의 과정을 거치고 있는 참여자들이 드러날 수 있기 때문에 이에 대비해야 한다.

참고문헌

Atkins, S., & Williams, L. D. (2007). *Sourcebook in expressive arts therapy*. Boone, NC: Parkway Publishers.

Knill, P. J., Levine, E. G., & Levine, S. D. (2005). *Principles and practice of expressive arts therapy*. London: Jessica Kingsley.

38

시각 예술: '삶의 회고록' 비디오 촬영

앤디 하우 연 호(Andy Hau Yan Ho) & 세실리아 레이 완 찬(Cecilia Lai Wan Chan)

들어가기

삶을 되돌아보는 것은 회복에 이르는 성찰의 과정이다. 이 과정에서 삶의 막바지에 이른 개인은 삶의 주요한 사건들을 회상하고 그것들을 완전히 소화해서 의미를 찾거나 만들려고 노력한다. 어떤 사람들에게는 이 과정이 노화와 함께 점진적이고 평화롭게 진행될 수도 있다. 하지만 불치병을 갖고 있는 사람에게는 이 과정이 연결 고리조차 몇 개 빠져 있는 급작스럽고 가파른 길일 수도 있다. 인간은 죽어야만 할 운명을 타고났다는 사실이 안겨주는 불안과 함께 건강이 악화되어 가는 것은 심리적이고 영적인 소진으로 이어진다. 여기서 불치병 환자들이 의미 있는 자기성찰과 대화를 할 수 있는 능력은 제한될 수밖에 없다. 삶의 중요한 순간 및 갈등의 순간을 떠올리지 못하는 것은 그들이 손상된 관계를 교정하는 과정을 방해한다. 그리고 이로 인한 후회는 죽음에 가까워질수록 내면의 평화와 위안을 얻는 데 장애물이 됨을 말해 주는 자료들이 있다(Neimeyer, Currier, Coleman, Tomer, & Samuel, 2011). 가장 중요한 순간에 삶의 회복적 성찰을 방해하는 이와 같은 어려움을 해소할 수 방법으로 다큐멘터리 비디오 촬영이 있다. 이 활동을 통해 삶을 되돌아보는 성찰 여행이 풍성해질 수 있다. 또한 가족 구성원들이 함께 삶의 의미를 새롭게 만들어 나가고 존귀하게 만드는 이야기를 구축할 수 있게 된다.

삶의 회고록(Living memoirs)은 병이 들었거나 나이가 많은 사람의 삶을 기리기 위한 예술적이고 감각적인 비디오를 만들기 위해 가정생활의 과정을 그려 나가는 활동이다. 삶을 성찰하고 추억을 떠올려 보는 상담을 통해 얻어진 자료들은 짧은 다큐멘터리로 제작된다. 강점에 기반을 둔 반구조적 인터뷰로 내담자의 내적 성찰의 세계에 다가선다. 상담자의 지시와 내담자 가족들의 도움을 받아 중요한 개인의 역사와 가족의 유산이 디지털 방식으로 기록되고, 시간을 초월하는 생생하고 응집력 있는 이야기로 만들어진다. 다음은 삶의 회고록의 과정을 설명한 것이다.

- 대본: 인터뷰가 시작되기 한 주 전, 내담자의 삶의 각 발달 과정에서 중요한 사건이나 경험들을 묻는 질문 목록을 그의 가족에게 전달한다. 그들은 각 질문들을 함께 고민해 보면서 내담자의 중요한 삶의 순간을 환기시키는 사진, 가족사진, 의미 있는 기념품, 혹은 상징적 물건들을 선별한다. 이러한 질문들은 어린 시절의 기억들로 시작해 청소년기, 성인초기, 중년기, 노년기로 단계적으로 확장되어 나간다. 인상적인 사건들을 모아 보는 것은 삶의 역경과 성공, 슬픔과 행복, 고통과 지혜를 종합적으로 추억해 볼 수 있도록 도와준다.
- 촬영하기: 동영상으로 촬영되는 인터뷰 회기에서, 내담자를 포함한 가족들은 앞의 이야기를 모으는 과정에서 했던 대화를 떠올리며 상담자와 함께 이야기를 공유한다. 상담자는 의미를 지향하는 태도로 이 대화에 임하며, 이야기들의 강점과 역량을 찾아내고 그것을 증폭시킨다. 이를 통해 그 이야기에서 드러나는 깨달음, 가족의 가치관, 희망과 목표, 사랑과 감사를 확인하고, 궁극적으로는 용서와 화해를 표현하는 장으로 대화를 전환시킨다. 촬영은 병원이나 가정집에서 할 수도 있고, 소중한 기억을 만들고 의미 있는 대화를 하기 위해 가족이 다 같이 외출해서 할 수도 있다.
- 편집하기: 모든 사진과 가족 초상화 및 의미 있는 물건들은 모두 카메라에 담긴다. 내담자 이야기의 배경이 되어 줄 수 있는 장소에 대한 추가적 촬영은 편집 단계에서 이뤄진다. 촬영된 인터뷰와 모든 관련 자료는 내담자의 선호를 고려해 상담자가 선별한 음악이나 그래픽을 넣어 편집한다. 이 편집 과정의 결과물은 10~15분 정도의 비디오로 내담자의 이야기를 일관되게 설명해 준다.
- 상영하기: 내담자가 먼저 편집된 비디오 영상을 검토해 보면서 추가적인 편집이 이뤄질 수 있다. 최종 편집본이 완성되면 가족들 앞에서 상영한다. 그 후에 짧은 피드백 회기에서 서로의 의견을 나누면서 이해와 치유의 공간이 마련된다. 삶의

회고록은 의미와 내용 모두에 있어서 예술적이고 생생하며 풍성하다. 이 영상을 가족에게 전달하여 그들이 미래 세대에게 유산으로 물려주고, 애도와 추모의 시간을 견뎌 낼 수 있는 회복의 자원으로 활용할 수 있도록 한다.

사례 연구

렁 씨는 60대 후반에 말기 폐암 판정을 받았다. 일전에 심각한 만성 질환이 없었기 때문에 그와 그의 가족들은 갑작스러운 충격적 소식에 깊은 슬픔에 잠기게 되었다. 렁 씨는 죽음이 두렵진 않았지만, 그의 아내와 아들을 남겨 두고 떠나야만 한다는 사실 때문에 큰 슬픔을 느끼고 있었다. 몇 년 전 캐나다로 이민을 간 그의 아들 토미는 이 소식을 듣자마자 그의 아내와 함께 홍콩으로 돌아와 아버지 인생의 마지막 몇 달을 함께하고자 했다. 렁 씨와 토미는 상담과 지도를 받기 위해 소개를 받아 우리 센터를 방문하게 되었다. 시간이 얼마 남지 않았기 때문에 우리 상담 팀은 보통의 중국 사람들의 방식처럼 가족들이 단지 물리적 돌봄과 치료 결과에만 매달려서는 안 된다고 말해주었다. 많은 중국 사람은 사랑, 돌봄, 애정을 말로 표현하기 어려워해서 이런 물리적인 측면에 매달린다. 우리는 그와 달리 가족이 남은 시간을 좀 더 의미 있게 보내서 각자에게 소중한 추억을 만들어 볼 것을 제안했다. 우리 팀이 삶의 회고록을 제안하고 설명하자, 그의 가족은 이를 흔쾌히 받아들였다. 먼저, 우리는 가족들에게 질문 목록을 건네주면서 다음 주에 있을 인터뷰 촬영에서 렁 씨가 술술 이야기하도록 도와줄 수 있는 사진, 가족사진, 기념품을 가져오라고 했다. 또한 가족들이 원하는 인터뷰 촬영 장소가 있는지 물어봤다. 렁 씨는 이번이 가족들이 함께 기억을 나누고 새로운 추억을 만들 수 있는 특별한 기회라고 판단해서 오션파크(Ocean Park)에서 촬영을 하고 싶다고 하였다. 오션파크는 옛날에 그가 아들에게 데려가겠다고 약속했지만 그 약속을 지키지 못한 놀이공원 형태의 수족관이었다. 이 사례 연구에서 이야기할 부분은 그 작업에서의 바로 이 순간이다.

햇볕이 내리쬐는 어느 겨울 아침, 우리는 인터뷰를 하기 위해 공원 인근에 있는 레스토랑에서 렁 씨와 그의 아내, 아들 토미와 그의 아내를 만났다. 차와 딤섬을 함께 먹는 동안, 가족들은 렁 씨의 악화된 건강 때문에 이렇게 큰 공원을 와도 되는지를 걱정했다고 말했다. 하지만 가족들과의 대화를 통해 이것이 모두가 바라왔던 일이라는 확신을 갖게 되었다. 그들의 동의하에, 우리는 레스토랑에서부터 그들 사이에 사랑이 느껴지는 순간들을 촬영하기 시작했다. 이어서 공원으로 이동하여 촬영을 이어 갔다. 공원 길을 거닐던 도중, 우리는 롤러코스터를 보고 걸음을 멈췄다. 토미는 이 놀이 기구가 올라갔다 내려오는 모습이 마치 삶의 과정과 같다고 말했다. 렁 씨는 곧 자신이 자라 온 과정에 대해 이야기를 들려주었다. 어떻게 마카오에서 홍콩으로 더 좋은 직업을 찾아오게 됐는지, 어떻게 사랑하는 사람을 만나게 되었는지, 토미가 어렸을 때 그를 어떻게 기르고 돌보았는지, 그가 그렸던 가족의 꿈에 대해 이야기했다. 토미와 그의 가족들은 그의 이야기를 경청했다. 그러면서 간간이 대화에 끼어들어, 표현하기에 너무나 어려워 보였던 돌봄과 애정을 아버지에게 표현했다. 그들은 카메라의 존재를 잊고 이야기하기 시작했고, 우리 팀은 조용히 배경으로 물러나 그들의 이야기에 암시된 강점과 역량에 초점을 맞춘 유도적인 격려의 말을 가끔씩 건넬 뿐이었다. 날이 저물어 가며 아름다운 석양이 드리울 때, 그 석양 앞에서 렁 씨는 가족에게 사랑과 감사를 표현하였다. 그리고 지혜가 담긴 말들도 전해 주었다. 토미는 이 말들을 마음속에 깊이 새겼다.

그다음 주에 우리는 가족에게 편집된 비디오를 주었다. 상영 회기에서 좀 더 깊은 대화를 나누게 되었고, 모든 가족 구성원 사이에서 사랑의 표현들이 쏟아져 나왔다. 이 활동이 끝나고 몇 달 뒤 렁 씨의 추도식에서 그의 삶의 회고록은 가족과 친구들 사이에 공유되는 영원한 유산이 되었다. 영상의 제목은 '네게 감사해(Grateful for You)'였다. 렁 씨 가족들과 함께 만든 이 영상은 행동건강센터(Centre on Behavioural Health) 웹 사이트에서 몇몇 다른 자료들과 함께 확인해 볼 수 있다(http://enable.hku.hk/enable/eng/video_corner/video.aspx).

변형과 적용

삶의 회고록 방법의 주요 역할은 내담자의 삶의 유산을 기리는 것이다. 하지만 이 방법을 확장해서 사별 가족들의 애도 여정에 관한 대화도 포함시킬 수 있다. 이러한 대화도 촬영하고 편집해서 다큐멘터리 영상에 추가할 수 있다. 또는 카메라가 촬영되지 않는 상태에서 상담으로 진행할 수도 있다. 이 방법의 또 다른 이점은 바로 전 연령대의 가족 구성원이 참여할 수 있다는 것이다. 어린아이들이 사용하는 단어나 이미지들은 부모나 조부모가 더 크게 말하거나 다시 표현해 줄 수 있다. 이러한 과정을 통해 후세대에 남겨 줄 수 있는 내담자의 삶의 유산이 만들어진다.

맺는말

임종에 관한 연구는 심리-사회-영적 개입의 중요성을 강조한다. 그러한 개입의 도움으로, 죽어 가는 내담자와 그의 가족들은 죽을 수밖에 없는 인간의 운명 앞에서 의미를 찾고 존엄성을 발견할 수 있다. 많은 개입 방법은 삶을 성찰하고 회고하는 기법을 활용하지만, 단지 한 개인으로서 내담자나 가족 구성원에게만 초점을 두고 작업한다. 호(Ho)와 동료들(2013)은 이와 같은 개인 중심의 치료가 중국의 문화적 배경에서는 적절하지 않을 수 있다고 말한다. 그들의 문화에서 존엄성과 삶의 의미를 새롭게 구축해 나가는 과정은 가족들이 함께 모여 자식의 효도와 후세대의 유대감이 강조된 가운데 이뤄질 수 있다고 보기 때문이다. 따라서 이처럼 가족의 조화와 건강에 높은 가치를 두고 있는 인종 집단의 경우에는 임종을 위한 개입이 내담자와 가족들 사이에 성찰적 대화를 촉진해서 사랑, 감사, 화해의 집단적 이야기가 형성되도록 해야 한다(Chan et al., 2012). 삶의 회고록은 이것을 맞닥트릴 수 있는 기회를 제공한다. 다큐멘터리 비디오에 음악, 이미지, 이야기, 그리고 강점을 기반으로 한 의미 지향적인 인터뷰를 통합함으로써, 이 개입은 가족들이 새로운 의미를 발견하고 현실의 아픔을 초월할 수 있는 성찰의 여정에 착수할 수 있도록 한다. 그리고 가장 취약하지만 또한 가장 소중한 이 삶의 순간에서 인간의 존엄과 삶의 의미를 견고히 다져 나갈 수 있도록 한다.

참고문헌

Chan, C. L. W., Ho, A. H. Y., Leung, P. P. Y., Chochinov, H. M., Neimeyer, N. A., Pang, S. M. C. et al. (2012). The blessing and curses of filial piety on dignity at the end-of-life: Lived experience of Hong Kong Chinese adult children caregivers. *Journal of Ethnic and Cultural Diversity in Social Work*, *21*, 277-296.

Ho, A. H. Y., Leung, P. P. Y., Tse, D. M. W., Pang, S. M. C., Chochinov, H. M., Neimeyer, N. A. et al. (2013). Dignity amidst liminality: Suffering within healing among Chinese terminal cancer patients. *Death Studies*, *37*, 953-970.

Neimeyer, R. A., Currier, J. M., Coleman, R., Tomer, A., & Samuel, E. (2011). Confronting suffering and death at the end of life: The impact of religiosity, psychosocial factors, and life regret among hospice patients. *Death Studies*, *35*, 777-800.

39

시각 예술: 그리피티

리사 토이(Lysa Toye)

들어가기

표현예술치료사로 일하다 보면 이미 예술에 대한 선입견이 생긴 아동들을 흔히 만날 수 있다. 그들은 자신이 '예술적'이지 않다는 외부의 메시지를 이미 내면화해서, 예술에 대해 거부감을 가지고 방어적으로 접근하거나 아예 접근하기를 거부하기도 한다. 이것이 바로 주류 문화와 교육 시스템 전반에 흐르고 있는 예술치료의 자리이자 도전적 과제가 아닐 수 없다. 더불어 이는 아동과 청소년들이 잠재되어 있는 창조성을 자유롭게 탐색하고 발현시켜 나가는 데 방해물이 될 수 있다.

이러한 어려움을 다루기 위해 내가 추구하는 방법은 청년들의 문화에서 가치 있게 평가받고 있는 창조적 영역에 들어갈 수 있는 방안을 모색하는 것이었다. 이를 통해 그들의 문화에 걸맞으면서도 널리 통용되는 대중적인 접근을 하는 것이다. 그래피티(graffiti)는 최근 부상하고 있는 거리 미술, 즉 스트리트 아트(street art)이다. 그래피티는 다양한 양식의 예술 형식 중 하나로, 길거리의 자유로운 청년들이 자신의 정체성과 연관된 가치 있는 예술 형식으로 여기면서 그들 사이에 이미 신뢰도가 형성되어 있다. 또한 자신의 목소리를 분명하게 낼 수 있는 예술의 형식이기도 한데, 이는 스트리트 아트의 탄생 배경과 연관되어 있다. 일반 대중을 배제한 전통적인 권력의 계층 구조와 엘리트

주의적 예술의 개념을 타파하기 위해 등장한 것이 바로 현재의 스트리트 아트이다. 그래피티는 누구나 자신의 이야기와 비전을 말하고 자신의 세계관을 공공장소에서 표현할 수 있도록 한다. 그것이 가진 시각적 효과로 인한 강렬함과 자기확신도 말이다.

나는 몇 년 전 맥스와 베아트리스 울프 아동센터(Max and Beatricc Wolfe Children's Centre)의 에린 토론토 캠프(Camp Erin Toronto)에서 그래피티 워크숍을 진행해 달라는 부탁을 받았다. 이 캠프는 모이어 재단(Moyer Foundation)이 시작한 북미 연합의 주말 애도 캠프 중 하나였다. 캠프 참가자들은 토론토, 온타리오 등지에서 온 6~17세의 아동과 청년들이었다. 이들은 엄마, 아빠, 혹은 다른 양육자, 형제, 자매를 질병, 사고, 자살, 살인 등으로 잃은 아이들이었다. 캠프에서 아이들은 카누 타기, 수영, 로프코스,[13] 장기 자랑과 같은 전통적인 캠프 활동에 참여하였다. 이에 더해 애도 활동들도 있었는데, 죽은 사람을 기리기 위한 사진 의식이나 촛불 의식이 있었다. 또한 '의사에게 물어보세요.'라는 회기에서 아이들은 의사와 애도 전문 상담자에게 질병, 임종, 죽음, 슬픔 등에 대해 물어볼 수 있었다. 이 외에도 예술을 기반으로 한 다양한 애도 활동이 있었다.

나는 이 워크숍의 제목을 '애도(grief)'와 '낙서(graffiti)'의 합성어인 '그리피티(Grieffiti)'라고 지었다. 이 워크숍은 슬픔을 표현하는 것이 금기되어 왔던 문화 속에서 참여자들이 이미지와 단어들을 가지고 자신들의 경험을 말해 볼 수 있도록 힘을 실어 준다. 뿐만 아니라 이 워크숍은 접근이 용이하고 신뢰도가 있으며 일반 대중에게 쉬운 표현으로 자신의 감정과 이야기를 나눌 수 있는 시작점이 된다.

사례 연구

나는 스트리트 아트가 담긴 책과 출력해 온 이미지들을 참여자들에게 보여 주며 회기를 시작했다. 그들에게 보여 준 자료에는 가장 기본적인 태그[14]에서부터 다양한 시각적 스타일로 채운 공공장소의 벽화(mural)들이 있었다. 또한 스텐실, 정치적/사회적

---

13) 역자 주: 로프코스(high ropes)는 줄로 된 안전 장비를 착용하고 상공의 여러 장애물을 극복하는 야외 활동으로, 번지 점프, 짚라인 등을 포함한다.

14) 역자 주: 태그(tag)는 그래피티 작가들이 자신의 가명이나 필명을 스프레이 페인트나 마커를 사용해 작품처럼 그리는 행위이다.

파장을 일으키는 메시지, 그리고 조각 작품들의 이미지도 있었다. 참여자들은 다양한 이미지에 푹 빠져 보면서 자신을 사로잡은 작품들을 바라보고 심미적 감수성을 일깨웠다. 참여자들을 위해 나는 그래피티와 스트리트 아트는 그저 다양한 수단을 활용해 공공장소의 표면에 자신을 표현하는 것이라고 정의해 주었다. 이어서 그래피티의 역사에 대해 설명했다. 먼저, 나는 고대 그리스와 로마 문명의 대중이 공공장소에 비판의 목소리를 담은 글을 붙였던 전통에 대해 얘기했다('그래피티'라는 용어는 '글을 쓰다(to write)'라는 의미의 그리스어 graphein에서 유래되었다). 또한 공공미술, 공동체 미술, 치료예술의 뿌리를 찾아 인류 역사의 초기까지 거슬러 올라갔다. 하지만 우리가 말하는 그래피티 문화는 1960년대와 1970년대 미국 도심 지역에서 시작되었다. 갱(gang) 문화와 밀접한 관련이 있었던 초기 형태의 그래피티는 그 의미가 확장되어 힙합 운동, 더 나아가서는 반문화적인 가치를 지닌 도시적 사회적 참여를 포함하게 됐다. 즉, 그래피티는 중산층의 예술작품 사유화와 '엘리트주의' 예술의 관습적 전통에 반기를 든 반체제주의적 · 반기업주의(anti-corporate)적 도전이다. 그래피티가 추구하는 것은 바로 공공장소에서 자신을 표현할 수 있는 용기를 가진 사람이라면 그 누구라도 자유롭고 접근이 용이한 예술 형식이었다. 나는 이에 덧붙여 반달리즘(파괴주의)으로서의 스트리트 아트에 대한 논란과 토론토의 재산법에 대해 설명했다. 이러한 이야기들을 한 이유는 전통에 저항하는 사회적 참여의 일환으로 예술 활동을 하는 것이 계층을 막론하고 누구나 접근 가능한 행동이라는 생각을 심어 주기 위해서이다. 애도하는 사람들 또한 이와 비슷한 방식으로 사회적 관습에서 탈피해야만 자신들의 경험을 표현하고 기릴 수 있게 된다. 그래서 나는 애도 경험의 표현을 매우 용감하고 진정한 행동이라고 본다.

이러한 설명을 마친 다음, 나는 활동에 참여한 아동과 청소년들에게 자기 자신뿐 아니라 떠난 사람을 표현할 수 있는 태그나 이미지를 만들어 보라고 했다. 즉, 태그나 이미지에 그들의 마음이 어떤지, 그들이 느끼고 있는 슬픔은 어떠한지, 떠난 사람과의 관계는 어떠했는지, 떠난 사람이 가르쳐 준 것은 무엇인지, 그들이 떠난 사람에게 보내고 싶은 메시지는 무엇인지 등을 표현할 수 있도록 했다. 그다음에 참여자들은 각자의 페이스대로 큰 종이 벽화에 새로운 이미지를 만들거나, 전에 그렸던 이미지를 재구성하거나, 전에 그렸던 이미지를 벽화에 붙이고 그 주변을 새로운 이미지로 채워 나가 본다. 집단의 참여자들은 이러한 방식으로 협력하여 하나의 큰 벽화를 만들었다. 그리고 이 벽화는 캠프의 다른 사람들도 볼 수 있도록 주변의 공공장소에 게시되었다.

이 활동에서 아동들은 마커, 색연필, 파스텔, 물감과 같은 평범한 재료들을 활용할 수 있다. 그 밖에도 무대 장치 같은 요소들을 넣을 수 있는데, 나는 배경에 도회적인 음악을 틀어 주거나 스케치북에서 아무것도 그려져 있지 않은 도시의 벽이나 기차 이미지를 가져와서 아이들이 벽화 그림을 그리기 위한 캔버스로 이용하도록 했다. 나는 그래피티의 전통적인 재료인 밀가루 반죽 접착제, 스텐실, '스프레이 페인트'와 비슷한 펌프 스프레이를 사용해서 점차 스프레이 캔을 사용하는 느낌에 다가갈 수 있도록 만들었고, 페인트를 뚝뚝 흘리며 그림을 그리면서 이 작업의 심미적인 요소를 느낄 수 있게 했다.

이미지를 풍성하게 채워 보도록 충분히 격려하자, 집단 구성원들은 자신이 묘사하고자 하는 슬픔의 측면을 담아 표현하는 감동적인 예술작품을 만들어 냈다. 떠난 사람의 이름, 겹겹의 스텐실 이미지로 거칠게 표현된 인물들, 사랑/추억/열망을 담은 메시지들이 작품 속에 담겨 있었다. 그 작품의 내용도 중요한 역할을 했지만, '스트리트'적인 심미적 요소로 인해 작품의 날것 그대로의 거친 감정과 투지가 드러날 수 있었다. 만약 이와 달리 우아한 예술 형식을 차용했더라면 다루기 힘든 감정 상태를 이러게 적나라하게 표현하지 못했을 것이다.

우리는 함께 앉아 예술작품을 만드는 동안에 경험했던 것들은 물론 집단으로 만든 작품에 대한 인상 등을 나눠 보았다. 아이들은 자신이 만든 것이 '너무나 멋있다.'고 하였고, 위험을 감수하고 솔직하게 표현하는 것이 용기 있는 행동인 것 같다고 했다. 또한 아이들은 경험을 나누는 행동의 놀라운 힘을 느꼈으며, 협력적으로 만든 창조물을 통해 누군가 자신을 알아봐 준다는 느낌을 받았다고 했다. 이 아동과 청소년들이 자신의 다양한 창조적 표현 속에서 힘을 얻어가는 모습이 너무나 뿌듯하게 느껴졌다. 또한 최소한의 구조적 개입만으로 그들 내면의 창조적 목소리에 더 깊은 시적 영감을 불어넣어 줄 수 있었던 것이 내게 기쁨이었다. 이렇게 자기경험(self-experience)을 해 보고 또래 집단과 관계를 맺는 활동은 주말 동안 이루어졌는데, 이는 많은 아이가 캠프에 오기 전에 느꼈던 고립감을 해소할 수 있었다.

변형과 적용

이 방법은 성인을 대상으로 하거나 개인적인 작업에서도 변형해서 충분히 활용 가능하다. 뿐만 아니라 스트리트 아트나 도시 예술(urban art)에 대한 다양한 접근 방식을 탐색해 보거나 그것의 본래 의도대로 사회적 참여 측면에 초점을 맞춘 장기 집단 프로젝트로 발전시킬 수 있다. 또한 이 활동은 집 안에서 활용해 볼 수도 있다. 아동이나 청소년이 자신의 방문이나 벽에 벽화 종이를 붙여 놓고 변화하는 감정 상태를 표현해 보거나 양육자에게 자신의 내적 경험의 변화를 알려 줄 수도 있다.

맺는말

내 경험에 의하면, 개인의 애도 과정은 더 큰 사회적 · 문화적 맥락 속에서 다뤄질 때 상당한 힘을 발휘할 수 있다. 그러한 맥락은 나이를 불문하고 애도하는 사람들을 지지하거나 그들에게 관심을 주기도 하며, 때로는 그들을 억압하거나 무덤덤하게 대하기도 한다. 건강한 방식으로 애도를 하기 위한 정신 건강과 지원이 사회 정의의 문제라고 한다면, 그래피티와 스트리트 아트는 잠재적 가치를 제공해 줄 수 있다. 곧, 그래피티와 스트리트 아트는 개인의 목소리에 힘을 실어 주는 예술의 입문 단계로서 유연한 형식과 스타일을 제공하고, 현재의 사회상을 반영하며, 보편적이고 접근이 용이한 가치에 기반을 두고 있는 것이다.

참고문헌

Forlee, S. (2009). *Walls notebook*. New York: Quirk Books.

Graffiti. (n.d.). In *Art crimes: Graffiti definition: The dictionary of art*. Retrieved from http://www.graffiti.org/faq/graf.def.html

Street Art. (n.d.). In *Wikipedia*. Retrieved from http://en.wikipedia.org/wiki/Street_art

40

시각 예술: 돌 사이에서 춤추기

데니스 훼렌(Denis Whalen)

들어가기

이 활동은 다양한 모양, 크기, 색깔의 돌을 탐색해 보는 것을 시작으로 한다. 이러한 탐색은 참여자들이 강한 시각적·촉각적 질감을 통해 현재의 그 순간에 완전 빠져들 수 있도록 한다. 이렇게 실제적인 자연의 재료들은 어김없이 호기심의 촉매제가 되어 특히 예술에 대한 경험이 적은 사람들이 탐색적 예술 기반의 과정들에 기꺼이 참여하고 싶게 만든다. 찰스 시믹(Charles Simic, 1967)은 돌을 선택하고 다뤄 보는 행동을 그의 시 '돌(Stone)'에서 '돌 안으로 들어가는(going inside the stone)' 것이라고 표현한다(이 시는 활동의 도입부에 활용할 수 있다). 이는 돌의 구석구석을 살피고, 돌이 내는 소리에 귀를 기울이며, 그 안에 담긴 수수께끼를 풀어 보면서 친밀한 관계를 형성해 나감으로써 가능하다. 이 친밀한 관계는 다음 단계의 시와 설치물, 움직이는 조각을 만들 때 필요하다.

표현예술이 가진 신체 중심의 혼을 불어넣는 접근 방식은 중독으로 고군분투하는 사람들이 흔히 겪는 분열(fragmentation)과 깨짐(brokenness)을 표현하기 위한 안전거리를 확보하게 해 준다. 매주 진행된 표현예술 프로그램에서 만난 여성들이 언급해 준 몇몇 상실 경험은 인간관계 및 자기와 타인과의 연결감의 상실 그리고 그들 자신의 일부분을 잃어버린 것을 포함한다.

시간이 흐르면서 나는 그중 대다수의 여성이 글쓰기가 편안하다고 느끼며, 회복의 과정에서 저널 쓰기와 시적 글쓰기를 활용하고 있다는 사실을 알게 됐다. 하지만 많은 이가 그들의 몸을 움직이는 것에 관해 자의식이 강하다. 여기서 설명하고자 하는 예술 과정에 덧붙여 그 과정을 시작하기 전에 나는 간단한 신체 스캔과 마음에 집중한 호흡 운동을 소개했다. 이 준비 과정은 신체에 마음을 다해 집중할 수 있는 능력을 증진시켜 줄 뿐만 아니라, 궁극적으로 내면의 지혜에 맞닿을 수 있도록 만들어 준다.

방법

다음은 이 장에서 소개할 집단에서 활용했던 단계와 간략한 지시 사항들을 요약한 것이다.

1. 시작 의식(儀式): 하나의 돌을 선택하여 감각을 활용해 살펴본다. 그러면서 돌을 다음과 같이 소개해 본다. "만약 돌이 말을 할 수 있다면, 아마도 ~라고 말할 것이다." 돌의 표면을 유심히 들여다보면서 그것의 모양, 색, 질감과 상태를 설명해 본다.
2. 시적 글쓰기: 앞의 단계에서 사용한 단어와 구절들을 활용해서 색인 카드에 몇몇 행의 시를 적어 본다. 이때 구체적이고 묘사적인 단어를 사용한다.
3. 집단 시: 자신이 지은 시를 한 단어나 구절로 압축해서 한 명씩 일어서서 집단 앞에서 이야기한다. 그러고는 자유롭게 서로의 단어나 구절들에 대해 피드백하면서 즉흥적인 집단 시를 만들어 본다.
4. 설치: 테이프로 구분해 놓은 바닥 공간에 돌을 이용해서 설치물을 만들어 본다. 이때 참여자들은 각자 돌아가며 마음을 다해 자신의 단어/구절을 말하면서 앞서 놓인 다른 사람들의 돌들과 연결해서 자신의 돌을 놓는다.
5. 신체 조각: 완성된 설치물의 돌의 패턴에 따라 움직이며 신체 조각을 만들어 본다. 각각의 사람들은 그 공간 안으로 들어가 자신의 단어/구절을 반복해서 읊고, 다른 사람들도 같이 반복하기 시작한다. 다른 사람과의 즐거운 상호작용 속에서 움직이기 시작하고 마지막에 이를 때까지 조각 안에서 자신의 위치를 바꾼다.

사례 연구

'앞으로 한 발자국(The Next Step)'은 거주 시설이 제공되는 여성 전용 회복 프로그램이다. 이 프로그램에 속한 12~14명의 여성이 New York Expressive Arts의 스튜디오에서 진행되는 표현예술 프로그램에 참여했다. 이 프로그램은 매주 90분의 회기로 이루어졌다. 참여한 여성들은 알코올 및 다른 약물 중독의 문제로 다양한 장단기 치료 기관이나 수감 생활의 대안으로 입원치료를 제공해 주는 법원이나 기관에서 위탁되어 온 상태였다. 각 집단은 간단한 소개로 시작해서 자신의 이름을 말하고 간단히 짧은 문장이나 소리 혹은 몸짓으로 현재 자신의 상태를 표현했다. 이것은 매일의 현실적 삶에서 스튜디오의 예술적 환경으로 전환할 수 있도록 도와주었다. 참여자들은 원을 그리며 앉아 있고, 그 원 중앙에는 가지각색의 모양과 크기를 가진 한 무더기의 돌이 놓여 있다. 그들은 각자 손을 뻗어 하나의 돌을 잡아 들고, 오감을 이용해서 그 돌을 관찰했다. 그런 다음, 원으로 돌아가며 그 돌을 묘사하는 단어들을 얘기했다. '날카로움, 차가움, 부드러움, 딱딱함, 보랏빛, 빛나는, 울퉁불퉁한' 등의 표현들이 있었다. 우리는 그다음 구두로 하는 도입부로 들어서서 '만약 돌이 말을 할 수 있다면'으로 시작하는 문장을 완성하였다. 우리는 "나는 외부가 꺼칠꺼칠하고 내부는 여러 겹으로 이루어져 있다. 많은 상처와 균열, 내 자신의 잃어버린 조각들. 부서졌지만 시간의 손에 의해 서서히 아물어 가고 있다."와 같은 표현들을 들어 볼 수 있었다. 앞서 했던 활동에서 나온 단어와 구절들을 활용해 집단은 3×5인치 크기의 색인 카드에 짧은 시를 적어 넣었다. 여기서 두 가지 예를 제시해 보겠다.

밖은 꺼칠꺼칠해요.
안은 여러 겹으로 이루어져 있죠.

저는 어둡고 밝은 동그라미 자국들을 갖고 있어요.
제 영혼은 어둠과 즐거움으로
'내면이 잔뜩 꼬여(inner-twined)' 있어요.

잃어버린 내 일부

그래요, 저에겐 흠이 있죠.
흠이 있고 더럽죠.
저는 거울과 같아서 당신을 비춰 줄 수 있어요.
제가 당신을 속일 수도 있죠.

많은 상처가 천천히
시간의 손에 의해 아물어 가고 있어요.

부서져도
괜찮아요.
제 자신을 조금 잃어도
괜찮아요.

당신이 저의 무너진 심장 안을
봐 주었으면 좋겠어요.

참여자들은 자신이 지은 시에서 가장 핵심적인 단어나 구절을 골라서 반복하기 시작했다. 한 사람의 단어나 구절에 대해 다른 사람이 단어나 구절로 답을 하고, 이렇게 병렬적으로 한 단어가 다음 단어로 이어지면서 집단 시가 만들어지기 시작했다. "결점, 심장, 깨어진 심장 거울, 암흑, 상처, 그것은, 제 심장을 되찾고 싶어요, 겉은 꺼칠꺼칠하고, 당신을 속이고, 내면의 상실, 상처를 봐도 괜찮아요." 이 시점에서 촉진자는 참여자들이 자신의 돌을 만지면서 느꼈던 특별한 신체적 경험에 머물러 보면서 깊은 내면의 의미가 떠오를 수 있도록 기다리라고 하였다.

이제 조각을 만들어 볼 차례가 되었다. 참여자들은 앞의 단어와 구절들을 반복하며 차례대로 준비된 공간 안으로 들어가 자신이 선택한 돌과 가장 가까운 지점에 섰다. 모두가 자신의 자리를 찾자, 그들은 돌의 조각 사이사이로 움직이기 시작했다. 안으로, 밖으로 움직여 가며 조각을 크게도, 작게도 만들어 보았다. 다방면으로 조각을 탐색해 보면서 같이 움직이기도 하고 다른 이의 움직임에 반응하기도 했다. 또한 그들은 문구를 계속 반복하면서 때로는 크게 소리치기도 하고 때로는 작게 얘기하기도 했다. 참여자들이 다른 사람을 의식하면서 동작을 하거나 점점 소리가 작아질 수 있기 때문에, 나는 적극적으로 참여하여 동작을 시범 보이기도 하고 언어적 신호를 주기도 했다. 이는 참여자들이 이 과정을 충분한 시간 동안 경험해서 그 동작과 단어가 새롭고 때로는 놀라운 무언가로 전개될 수 있도록 하기 위함이었다. 나는 "동작이 스스로 변화될 수 있도록 해 보세요." "눈을 감아 보세요." "여러분의 몸이 즐거워하는 동작을 발견하고 그것이 변화될 때까지 반복해 보세요." "여러분의 호흡을 충분히 느껴 보세요." "옳거나 그른 방식은 없습니다." "자신을 놓으세요. …… 좀 더요." 나는 무엇이든 가능하며 즉흥적인 분위기를 만들고자 했다. 하나가 자연스럽게 다른 하나로 이어지는 현재 과정의 즉흥적인 본질을 인지하고 현재에 충실하는 것은 표현예술 방법의 핵심이며 촉진자와 참여자 모두의 신뢰와 인내를 요구한다. 앞으로 무슨 일이 일어나야만 한다는 선입견에 의해 만들어진 것은 예술이 아니다.

이 집단에 처음 온 여성인 베아트리스는 돌을 선택하고 짧은 시를 쓰는 과정에 동참했다. 그녀는 지정해 놓은 공간을 표시한 테이프에 걸쳐서 돌을 놓았다. 돌의 반은 공간 안에, 반은 공간 밖에 애매하게 걸치고 있었다. 그녀는 신체 조각에 들어가지 않고 구석에 있는 벽에 몸을 기대고 있을 뿐이었다. 신체 조각 단계의 막바지에 주변을 둘러보고 이 경험을 성찰하면서, 그녀는 마치 자신의 돌과 같이 자신도 구석에 있다는 것을 발견하고 놀랐다. 이것이 그녀에게 '아하' 하고 통찰하는 순간이었다. 그녀의 이와 같은 피드백은 내가 증인 역할의 중요성을 말할 수 있는 기회를 주었다. 그럼으로써 베아트리스가 새로운 집단 안에서 소속감을 가질 수 있게 하여 그 집단 안에서나 표현예술을 경험하면서 안전하다는 느낌을 주려고 했다. 또 다른 참여자는 돌을 '둥지'에 놓고 그 돌들의 패턴을 따라 신체 조각으로 표현하는 과정에서 마치 그 둥지에 옹기종기 모이고 싶은 충동을 느꼈다고 했다. 나는 몇몇 피드백 속에서 그들이 자신의 몸을 느끼고 있다는 것을 알 수 있었다. "제 무릎이 너무 아파요." "제 발이 따뜻해요." "그들이 제 손을 잡아 줬을 때 안전하다고 느꼈어요." 움직이는 조각 활동이 끝나갈 무렵에 참여자들은 주위를 둘러보며 다른 사람과의 관계를 되돌아본다. 한 집단 구성원은 "우리는 각자의 공간이 있으면서도 함께 있어요."라는 말로 다른 사람에 대한 느낌을 잘 표현해 주었다.

변형과 적용

집단에게 주어진 시간이 짧을 경우에는 참여자들이 시적인 반응을 쓰기보다는 말을 하는 것이 더 낫다. 대안적으로 이미 일부분이 만들어진 시가 적힌 색인 카드를 나눠 줄 수도 있다. 공간이 제한적이라면, 간단한 몸짓만을 사용하거나 테이블 위에서 미니어처로 작업해 볼 수도 있다. 이는 노인이나 몸이 불편한 이들에게 반가운 소리이다. 반대로, 공간이 넉넉하다면 방 안을 날아다니기 좋아하는 아이나 활동적인 성인에게는 더 없이 좋을 것이다. 그들을 끌어당겨 들어오게 할 준비를 하라. 만약 당신이 새로운 집단에 지도자를 맡게 됐다면, 이렇게 모두에게 낯선 활동을 하기 전에 적합한 도입부를 통해 안정감을 주고 협력적인 환경을 만들어야 한다. 시작에 앞서 간단한 준비운동으로 몸을 풀어 주는 것이 좋다. 머리 위로 손을 들어 올렸다 내렸다를 반복해 보거나 방을 둘러보며 공간을 탐색해 볼 수 있다. 참여자들의 몸속에 있는 슬픔과 상실에 대한 직접적인 언급은 그들의 상실을 명명하고 인정함으로써 진행할 수 있다. 이는 비밀로 지켜질 작은 종이에 짧은 글을 쓰거나 구두로 진행할 수 있다. 말로 성찰하거나 과거에 주목하는 일은 아동이나 인지적 한계가 있는 사람들에게는 어려울 수 있다. 이를 위한 대안으로 모두가 함께 둘러서서 손을 잡고 경험을 통해 깨닫게 된 단어들을 말해 볼 수 있다. 이것만으로도 예술 창작 활동이라는 비일상적인 시간에서 일상적인 시간으로 돌아갈 수 있는 만족스러운 마무리를 하는 것이 가능하다. 지도자는 이 예술 창작 활동을 보며 깨달은 것과 자신의 경험을 집단 앞에서 이야기해 볼 수도 있는데, 이는 필수가 아닌 선택 사항이다. 나는 이 용감한 여성 집단이 삶의 상실을 헤쳐 나가면서 보여 준 단어, 이미지, 동작으로 구성된 진실한 표현들에 감동할 때가 꽤 많았다. 그들은 내가 나 자신의 상실을 딛고 올라서서 예술을 통해 그 슬픔을 헤쳐 나갈 수 있도록 영감을 주었다.

맺는말

상실의 아픔과 슬픔은 우리 모두에게 해당될 수 있는 보편적인 경험이다. 이러한 경험을 다루는 집단은 그 누구라도 이러한 탐색적인 예술 활동으로부터 득을 볼 수 있다. 안전하고 무비판적인 환경 속에서 하는 탐색적인 예술 활동은 몸에 대한 자각을 더 깊이 일깨워 줄 뿐만 아니라 변화의 자원으로서 몸을 탐색해 볼 수 있도록 도와준다. 션 맥니프(Shaun McNiff, 2009)는 "신체의 가장 기초적인 몸짓과 즉흥적인 신체 감각에서부터 시작하라."라고 말한다. 그는 이어서 "이러한 기초적인 동작을 통해 참여자들은 자기 자신을 창조적으로 표현하고 다른 사람들과 함께 생산적으로 상호작용할 수 있게 된다." (p. 179)라고 말해 주었다. 중독과 관련된 상실을 슬퍼하는 것뿐만 아니라, '앞으로 한 발자국' 집단의 한 참여자가 말했던 것처럼 '우리 밖에는 무궁무진한 세계가 있으며, 우리는 그 세계에 연결될 수 있다.'는 것을 발견할 수 있어야 한다.

참고문헌

Levine, S. (1988). *Poiesis: The language of psychology and the speech of the soul*. London: Jessica Kingsley.

McNiff, S. (2009). *Integrating the arts in therapy*. Springfield, IL: Charles C. Thomas.

Simic, C. (1967). Stone. In *What the grass says*. New York: Harcourt.

[뉴욕표현 예술에 관한 자료는 다음의 웹사이트를 참조하시오: http://www.newyorkexpressivearts.com/; 앞으로 한 발자국(The Next Step)의 웹사이트 http://www.thenextstepalbany.org]

41

걱정 털어 내기

린다 골드먼(Linda Goldman)

들어가기

부모, 상담자, 애도 전문 상담자, 교수, 저자로서 나는 30년 이상 아동과 함께 슬픔과 애도의 문제를 다뤄 왔다. 이를 통해 나는 슬픔과 트라우마에 빠져 있는 아이들이 걱정을 감추고 있다는 사실을 알게 되었다. 어린아이들이 자신의 두려움과 불안함을 인지하고 그것을 나누며 해소할 수 있도록 돕기 위해서 우리에게는 실용적인 기술이 필요할 때가 많다. 소년소녀들은 그들의 부모, 가족, 또는 애완동물이 죽었을 때 근심에 빠진다. 그들은 질병, 이사, 괴롭힘, 혹은 TV에서 보여 주는 트라우마적인 사건에 대해서조차도 두려움을 느낄 수 있다. "젊은이들이 그들의 걱정거리에서 자유로워질 수 있도록 돕는 방법은 그들이 그러한 걱정을 해소시킬 수 있도록 중재해 주는 것이다."(Goldman, 2009, p. 61) 때로 이러한 감정은 언어로 표현되기 힘들 때도 있다. 걱정 털어 내기(letting the worry go)와 같은 창조적인 방법은 겉으로 잘 드러나지 않는 근본적인 감정을 표현할 수 있도록 도와준다.

우리는 주로 자신의 주요한 감정을 언어를 통해 표현해 왔다. 창조적인 방법들은 직접적인 대화를 통해 표현하기 어려운 불안, 두려움, 스트레스를 나눌 수 있는 하나의 오아시스가 된다. 웹(Webb, 2002)은 때때로 "입 밖으로 뱉는 언어의 복잡한 세계보다 상징이나 이미지를 사용하는 것이 더 쉽고 직접적인 치료적 대화로 이어질 수 있다.” (p. 299)라고 설명해 주었다.

걱정 털어 내기는 아동이 자신을 괴롭히는 것이 무엇인지를 깨닫고, 자신의 걱정을 예술이나 편지 쓰기와 같은 방식을 통해 표현하고 감정을 언어로 나타나는 데 힘을 실어 준다. 이를 위해 먼저 아동이 자신의 가장 큰 걱정거리 다섯 가지를 적어 보도록 한다. 이 걱정거리 목록은 대화와 창조적인 표현을 위한 기초 정보가 된다.

소년소녀는 그들의 가장 큰 걱정거리에 대해 편지를 쓰고, 꾸미고, 전달해서 답장을 기다려 볼 수도 있다. 혹은 걱정에 대한 감정을 공유하기 위해 그림을 그리거나, 점토로 무언가를 만들거나, 대화를 해 보기 위해 부모를 상담에 초청할 수 있다. 아이들에게 선택권을 주고 그들의 주도하에 활동을 진행하는 것이 효과적이다.

사례 연구

9세의 타라는 할머니의 죽음 이후 애도상담에 오게 되었다. 그녀는 다른 죽음들을 경험해 봤던 적이 있고, 슬픔에 빠져든 아이들이 공통적으로 하는 걱정들을 지니고 있었다. 타라는 자신을 비롯해 부모님과 강아지 루시의 건강에 대한 염려가 깊었다. 그녀는 죽음에 대해서도 걱정했다. 그녀는 할머니의 죽음이 자신의 잘못 때문일 수도 있다는 생각에 근심하고 있었다. 내가 그녀에게 그것이 어떻게 그녀의 잘못인 것만 같은지 묻자, 타라는 할머니가 감기에 걸렸던 것을 알고 있었으면서도 의사에게 가라고 하지 않았다고 말했다. 이것은 피아제(Piaget)의 인지발달 이론에서 설명되듯이, 보통의 어린아이들이 보일 수 있는 마술적 사고(magical thinking)를 잘 보여 준다. 또한 이렇게 트라우마의 원인이 아동 자신에게 있다는 자기중심적인 믿음은 인지 발달의 관점에서 지극히 정상적이다(Goldman, 출판 중). 우리는 할아버지의 죽음을 소재로 다루는 아동을 위한 이야기책 『아이도 슬퍼한답니다(Children Also Grieve)』를 읽어 보았다(Goldman, 2005). 타라는 이어 다음과 같은 질문을 하기 시작했다.

“제 할머니가 돌아가신 게 제 탓이에요?”

“저도 죽어요?”

“제가 아프면 죽어요?”

"엄마, 아빠도 죽게 되나요?"
"만약 그들이 죽으면 저는 어떻게 되나요?"

타라가 자신의 감정을 구체적으로 표현하기에는 어려웠지만, 그녀의 질문은 분명 깊은 근심을 드러냈다. 나는 그녀에게 가장 큰 근심거리 다섯 가지를 적어 보라고 했다. 그녀의 첫 번째 근심은 아빠가 차에서 안전벨트를 착용하지 않는다는 것이었다. "저는 아빠도 죽을까 봐 무서워요." 그녀는 이 말을 하고 흐느껴 울기 시작했다.

나는 타라에게 자신이 어떻게 느끼고 있는지를 편지에 써서 아빠에게 전달해 볼 수 있겠냐고 물었다. 그녀는 수줍게 고개를 끄덕여 보이며 "네."라고 답했다. 타라는 크레파스, 마커, 스티커, 반짝이를 가지고 그림을 그리기 시작했다([그림 41-1] 참조). 그러

[그림 41-1] 타라의 가장 큰 고민거리 그림

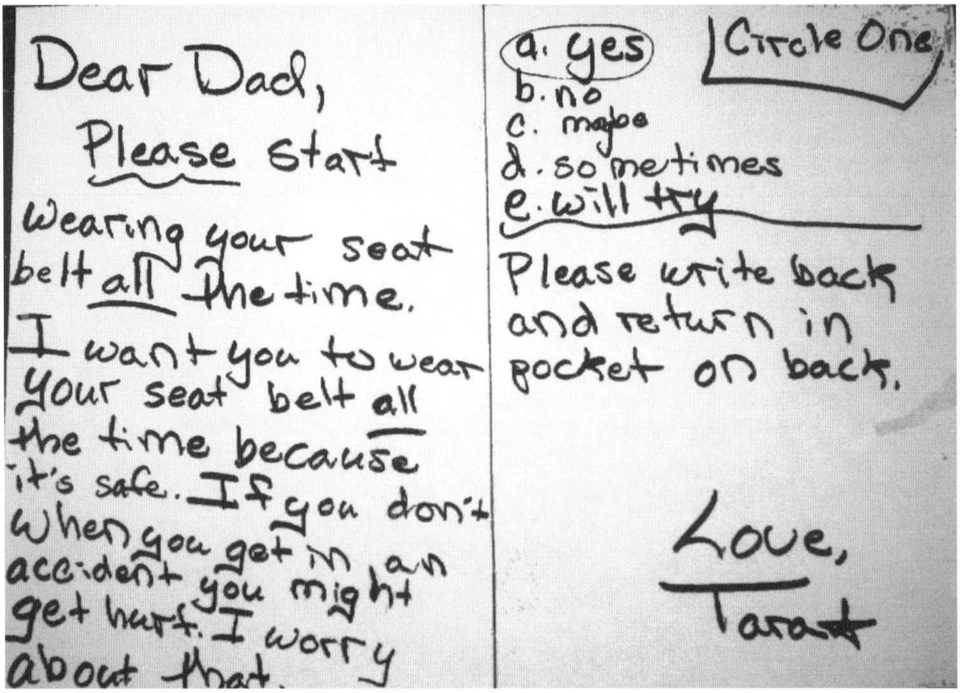
Dear Dad,
Please start
wearing your seat
belt all the time.
I want you to wear
your seat belt all
the time because
it's safe. If you don't
when you get in an
accident you might
get hurt. I worry
about that.

a. yes
b. no
c. maybe
d. sometimes
e. will try
Circle One

Please write back
and return in
pocket on back.

Love,
Tara

[그림 41-2] 아빠에 대한 타라의 근심을 표현한 편지

고는 편지를 완성했다([그림 41-2]).

그녀는 심지어 답신 편지를 담을 편지 봉투를 만들어 그것을 아빠에게 건네주기로 했다. 그녀의 아빠는 딸아이가 자신이 안전벨트를 하지 않는 것에 대해 근심하고 있었는지 알지 못하고 있었다. 그는 기꺼이 답신에 응하였다. 타라는 자신의 감정을 아빠와 함께 나눔으로써 근심을 줄일 수 있었다. 다음은 타라의 편지와 아버지의 답신이다([그림 41-3]).

아버지는 항상 안전벨트를 맬 것을 약속하고, 타라에게 고마움을 표시했다. 이것은 그녀의 기분을 훨씬 좋게 만들어 주었다. 우리는 함께 근심에 관한 아동의 책이 모아져 있는 나의 도서 목록을 살펴보았다. 타라는 『걱정 많은 녀석(Worry Busters)』(Weaver, 2011)이라는 책을 골랐다. 그리고 우리는 함께 할 수 있는 활동도 선택했다.

[그림 41-3] 타라가 만든 편지 봉투와 아버지가 그녀에게 준 편지

변형과 적용

걱정 털어 내기는 다양하게 변형이 가능한 유연한 기법이다. 이 기법은 학교, 질병, 변화된 환경에 대해 두려움을 갖고 있는 아동들에게 적용 가능하다. 5세의 조이는 학교에 가기 싫어서 매일 아침 울며 집에 있게 해 달라고 애원하곤 했다. 그는 무엇이 자신을 괴롭히는지 직접적으로 말할 수 없었다. 그러나 그에게 근심거리 다섯 가지만을 적어 보라고 하자, 가장 먼저 마르코라는 이름을 적었다. 그는 학교에서 조이를 괴롭히던 학생이었다. 그는 마르코가 지속적으로 자신을 이상한 별명으로 놀리며 위협을 가했다고 털어놓았다. 우리는 근심 박스를 만들어 그가 근심걱정들을 글로 쓰거나 그림으로 그려서 넣어 보도록 했다. 그런 후 우리는 그의 부모님과 선생님에게 학교에서 어떤 일이 일어났는지를 말하기로 결정했다. 남자아이들과 선생님은 이제야 폭력에 관해 말할 수 있었고, 이후 이런 일은 다시 일어나지 않게 되었다.

아만다는 자신의 엄마가 유방암 진단을 받았을 때 그녀의 나이 9세였다. 그녀는 자신의 엄마, 아빠, 오빠에 대한 분노로 인해 애도상담에 오게 되었다. 나는 듣고 또 들어 보았지만, 분노의 이유를 알 수 없었다. 나는 아만다에게 가장 걱정이 되는 다섯 가지를 적어 보도록 했다. 그러자 그녀는 가장 걱정이 되는 것이 아빠가 담배를 피우는 것이며, 그래서 아빠까지 암에 걸리지 않았으면 좋겠다고 썼다. 그녀는 아빠에게 담배를 끊어달라는 편지를 보냈다. 그 편지에 그녀는 "아빠가 담배를 피울 때 저는 너무너무 화가 나서 아빠 머리를 찢어 버릴 수 있을 것만 같아요."라고 썼다. 아빠는 그녀의 분노에 상당한 충격을 받았고, 그 후로 담배를 끊기 위해 많은 노력을 기울이게 되었다. 또한 아빠는 의사를 방문해 자신의 건강 상태가 실제로 어떤지 아만다에게 확인시켜 주었다. 의사는 아만다를 위해 직접 작은 쪽지를 써 주었다. "친애하는 아만다…… 당신의 아버지는 검진을 잘 받았어요. 상태가 아주 좋습니다."

스카일러는 6세의 미취학 아동이었다. 그는 자신의 학교, 친구들, 선생님을 사랑했다. 겨울 방학 동안, 스카일러의 부모는 그에게 새로운 학교로 전학을 가야 하기 때문에 익숙한 환경에서 벗어나야 한다고 말했다. 방학이었기 때문에 그는 이별의 인사를 할 기회가 없었다. 스카일러는 악몽을 꾸기 시작했고 먹는 것도 부실해졌다. 급기야 새로운 학교를 가고 싶어 하지 않게 되었다. 그는 위축되고 부주의한 행동을 보이기 시작했다. 스카일러는 걱정거리 다섯 가지를 써 내려갔다. 가장 걱정이 되는 것은 다시는 이전 학교, 선생님, 친구들을 만날 수 없을 거라는 것이었다. 그는 모래판 위에 인형 피규어를 가지고 쉬는 시간 때 그의 오랜 친구들과 함께 있는 자신의 모습을 흉내 내어 보았다. "놀이는 아이들에게 상징적 표현을 가능하게 해 준다. 그래서 그들은 종종 힘든 감정을 털어놓는 데 안정감을 느낄 수 있게 된다."(Ogawa, 2004, p. 25) 스카일러는 안정감을 느끼자 엄마에 대한 걱정을 털어놓았다. 그들은 예전 학교를 방문하고 친구들에게 전화해 함께 놀 날짜를 정하기로 하였다. 그는 새로운 학교로 전학 가는 것에 대해서 이전보다 훨씬 더 편안함을 느낄 수 있게 되었다.

맺는말

무언가를 언급할 수 있으면 곧 그것을 감당할 수 있다는 말이다. 아동과 함께 상실과 애도에 관한 작업을 할 때 이것은 상당히 유용한 양식이 된다. 소년소녀는 깊은 상실과 슬픔의 문제를 경험하곤 한다. 이들은 죽음에서부터 자연재해, 이사, 괴롭힘, 폭력에 이르기까지 다양한 문제를 안고 올 수 있다. 어떠한 아이들에게는 이러한 문제가 직접적으로 다가올 수 있고, 다른 아이들은 매체를 통해 그것을 접해 볼 수 있다. 이 두 경우 모두 아이들은 걱정, 두려움, 불안이 생길 수 있다.

이러한 어려움이 건강한 삶에 문제를 일으키기 전에, 어린아이들이 그것을 명확하게 드러내고, 줄이며, 해소해 나갈 수 있도록 돕는 실용적인 기법이 제공되어야 한다. "아동이 생각과 감정을 적극적으로 탐색하고, 억눌린 감정을 표현하며, 질문을 하고, 현실을 점검하는 행동을 통해 이러한 걱정거리들을 좀 더 안전하고 의미 있는 방식으로 해소시킬 수 있다."(Goldman, 2009, p. 61) 표현적 기법을 활용해 대화의 장을 열어 줌으로써 우리는 아동이 근심을 인지하는 어려움을 맞닥트렸을 때 애도의 과정 속에서 갖게 되는 내면의 다양한 감정을 안전하게 느껴 볼 수 있는 능력을 발휘할 수 있도록 한다.

참고문헌

Goldman, L. (2005). *Children also grieve: Talking about death and healing*. London: Jessica Kingsley.

Goldman, L. (2009). *Great answers to difficult questions about death: What children need to know*. London: Jessica Kingsley.

Goldman, L. (2014). *Life and loss: A guide to help grieving children* (3rd ed.). New York: Taylor & Francis.

Ogawa, Y. (2004). Childhood trauma and play therapy intervention for traumatized children. *Journal of Professional Counseling Practice, Theory, & Research: Education Module 3, 2* (1), 19-27.

Weaver, S. (2011). *Worry busters! Activities for kids who worry too much*. Herndon, VA:

Rainbow Reach Series.

Webb, N. B. (2002). *Helping bereaved children: A handbook for practitioners* (2nd ed.). New York: Guilford.

[아동의 상실과 애도의 문제와 관련된 자료는 다음의 웹사이트를 참조하시오:
http://www.childrensgrief.net]

PART 3
예술과 성찰

42

콜라주 - 찢어진 조각들을 하나로 만들기

샤론 스트라우스(Sharon Strouse)

들어가기

콜라주는 파피에콜레(papier collé)라는 전통에서 유래됐다. 파피에콜레는 종이 위에 종이를 덧붙이는 예술의 형태를 일컫는 프랑스 용어이다. 나의 17세 딸 크리스틴의 무참한 죽음 이후로 나는 이 과정에 거의 10년 동안 몰두했는데, 이는 내가 나 자신을 새롭게 발견할 수 있는 공간을 형성해 주었다. 내 딸은 2001년 10월 11일, 자신의 대학 기숙사 옥상에서 '떨어져' 삶을 끝내 버렸다. 그 사건 전과 후로 극명히 나뉜 내 삶에서 나는 그 전의 삶으로 돌아갈 수 없었고, 크리스틴의 자살은 내가 생각해 왔던 세상에 대한 신념을 산산조각 냈다. 내가 나 자신에 대해 어떻게 생각하고 느끼고 있는지 물어보는 의미에서 나는 '나는 누구인가?'라는 질문을 했다. 슬픔의 여정의 첫 1년 동안 이 콜라주만으로 내가 그토록 갈망하던 위로를 얻을 수 있었다. 여정이 진행될수록 이 작업은 내 혼란스러운 상태를 조금씩 정렬해 주는 과정이 되었다. 나는 안전하고 매력적이며 양육적인 공간을 만들어 냈다. 책상, 의자, 다양한 판지, 잡지, 가위, 풀 등은 항시 준비되어 있었다. 지하실로 걸어 내려가는 계단은 애도의 과정으로 내려가는 것을 상징했다. 나는 촛불을 켜고 나의 표현들에 신성함을 표해 주었다. 그러고는 회복적 의식(儀式)의 한 과정으로 음악을 틀고 작업을 시작하기 전에 잠시 동안 조용히 앉아 있었다.

나는 물었다. "지금 뭘 느끼고 있지?" 나는 생각과 내면에서 떠오르는 주제 그리고 결과물이 어떠해야 한다는 생각을 떨쳐 버린다. 나는 지금 현재에 충만히 머물러 있다. 이것이 애도의 형태가 없는 허무함으로부터 감정을 떠오르게 할 수 있도록 해 준다. 그러면 나는 아무런 판단 없이 그것을 깨닫고 느끼고 해소할 수 있게 된다. 나는 잡지에서 이미지를 잘라 색깔이 있는 종이에 붙인다. 내가 감히 입 밖으로 내놓을 수 없었던 단어들을 찢어서 종이에 붙였다. 그리고 찢어낸 모서리와 같이 트라우마로 너덜너덜해진 가장자리 옆에 내 마음을 나란히 놓아 본다. 이미지를 겹겹이 덧붙인다. 깊고 다채로운 의미가 떠오른다. 종이는 풍부한 감정과 이야기, 역설을 표현할 수 있는 안전한 용기(container)가 된다. 또 다른 콜라주를 만들기에 앞서, 나는 서서히 늘어나는 콜라주의 시리즈를 연구하고 성찰해 보았다. 시간이 흐르며 나에 대한 이미지를 재형성할수록 변화와 치유가 일어났다.

개인적 사례 연구

크리스틴이 자살하기 전에는 나는 한 사람의 아내, 엄마 그리고 예술치료사로서의 내가 누구인지 잘 알고 있었다. 하지만 딸아이가 죽은 이후로 나는 내 자신이 누구인지에 대해 어떠한 개념도 가질 수 없게 되었다. 나는 트라우마를 갖게 되었고 삶의 목적과 의미를 상실하게 되었다. 2002년 12월, 첫 번째 콜라주가 만들어지기 전까지 1년이 넘는 시간 동안 나는 텅 빈 공간 속에 존재할 뿐이었다. 첫 번째 콜라주의 제목은 '조심하시오(Caution)'이다([그림 42-1] 참조). 12×15인치의 검정색 종이에 나는 피를 줄줄 흘리는 살색의 나체 형상을 붙여 넣었다. 그리고 내 자신 옆에 높은 빌딩, 덩그러니 놓인 하이힐, 크리스틴의 부서진 몸을 붙였다. "잠시 침묵이 흐른 후, 내 머릿속의 재잘거리던 소리들이 잦아들고 신경계가 균형을 되찾아 가면서 평온함이 느껴져 왔다."(Strouse, 2013)

몇 주의 시간이 흐르는 동안에 나는 내가 어떻게 나 자신을 크리스틴의 죽음과 동일시하는지 알아냈다. 나는 내 자신을 크리스틴의 부서지고 피 묻은 몸과 구분하지 못했다. 나는 그녀가 자신의 육체에 했던 끔찍한 일 자체가 되어 버렸다. 2003년 2월 콜라주 #3가 완성되었다. 제목은 '옛날 옛적에'이다. 그 콜라주에서 나는 내 자신을 실패한 엄마이자 치료사로 부끄럽게 낙인찍었다. 그리고 내 이마에 자살이라는 단어를 붙여

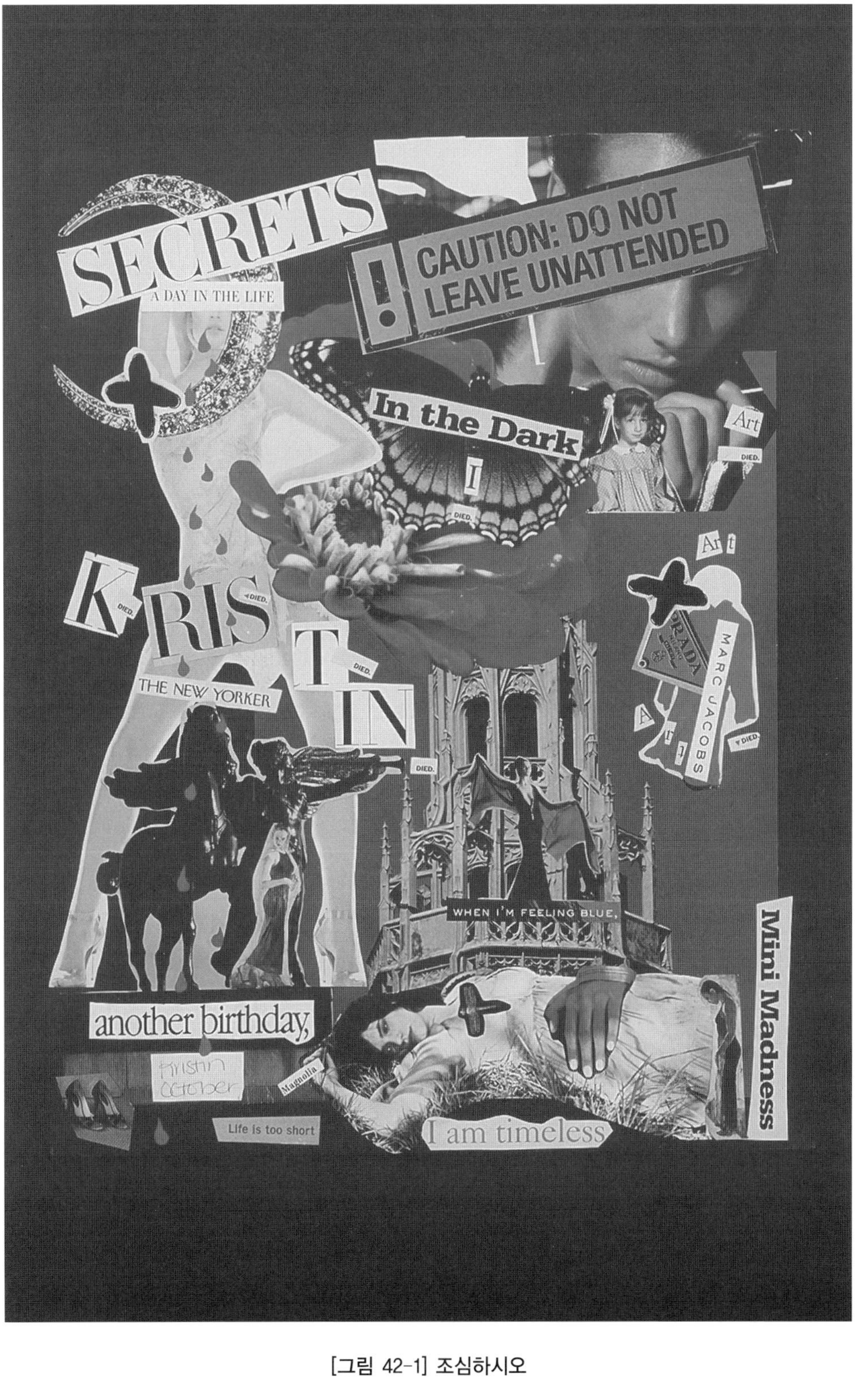
SECRETS
A DAY IN THE LIFE
CAUTION: DO NOT LEAVE UNATTENDED
In the Dark
Art
DIED.
I
K
RIS
T
IN
THE NEW YORKER
PRADA
MARC JACOBS
WHEN I'M FEELING BLUE,
Mini Madness
another birthday,
Magnolia
Life is too short
I am timeless

[그림 42-1] 조심하시오

Advanced Trauma Training
Once upon a time
TIME presents
Person of the Year
Remembrance of Things Past
I lost my daughter to
Suicide
WHO DO YOU SHARE YOUR WINTER DREAMS WITH?
Sleepless
Can you Outlast this day?
On the Verge
AFTER GREAT PAIN
Despair
"so I learned how to hide it."
"I would rather die
TERROR
When's the last time anyone
felt this way
Disconnected
What would you do if you were
shar
on
I Scream
Scream
FOR OUT-OF-BODY
Felt but not seen
THE BATTLE WITHIN
A Woman With Two Lives
A Death
Invisible
Black Holes
something below the
A light-weight armor helps shield

[그림 42-2] 옛날 옛적에

넣었다([그림 42-2] 참조). "나는 조각조각 부러졌다. 나는 눈물을 뚝뚝 흘렸다. 나는 떠돌아다녔다. 나는 두 동강이 났다. 나는 분리되었다."(Strouse, 2013)

나는 내면에 숨겨 놓았던 것을 밖으로 드러내었고, 내가 만든 창작물이 보여 주는 진실을 마주하였다. 2003년이 끝나갈 무렵, 나의 자기이미지들(self-images)은 아직 조각나 있긴 했지만 이제는 감정적인 것에 좀 더 초점을 맞추고 있었다. 11월에 콜라주 #10이 완성되었다. 제목은 '격노: 코드 레드'[15]였다. 그 콜라주에서 나는 요동치는 분노를 지닌 상징적 형상을 하고 있었다. 더불어 나는 잔혹한 예술가가 그려 낸 형상으로 심장이 밖으로 드러나 있었다. 나는 화염에 휩싸여 앉아 "왜?"라고 묻고 있었다. ([그림 42-3] 참조).

[그림 42-3] 격노: 코드 레드

15) 역자 주: 코드 레드(code red)란 병원에서 응급 상황을 알리기 위해 통용되는 의료계 용어로, 이를테면 생명에 위협이 될 정도로 심각한 상태의 환자가 오는 경우를 알리기 위해 사용될 수 있다.

[그림 42-4] 지혜

[그림 42-5] 용서

한 달이 지난 후 나는 콜라주 #11을 완성했다. 제목은 '지혜'로 붙였다. 나는 연약한 벌거숭이로 내 작품의 중앙을 차지하고 있었다. 그러면서 천사와 악마에게 붙들려 있었다([그림 42-4] 참조). 거울로 내 자신을 보았을 때 십자형으로 서 있는 수많은 모습이 보였다. 콜라주 #10과 #11을 #3 옆에 놓았을 때 나는 조금씩 체계가 잡혀가고 있다는 것을 느꼈다.

내가 2004년 9월에 만든 콜라주 #16에서는 더 발전된 모습을 볼 수 있었다. '용서'라는 제목의 콜라주 안에서 나는 우거진 숲에서 쉬고 있었다([그림 42-5] 참조). 나는 검정색 옷을 입은 완전한 하나의 형상으로 연민의 마음을 담아 서 있었다. 이 숲에서 나

[그림 42-6] 변화

는 딸아이가 죽는 순간에 내던져졌던 몸을 보살폈다. 이러한 시각적 탐색은 내가 통합과 변화를 겪고 있다는 뚜렷한 증거였다. 그 증거는 나에게 희망을 안겨 주었다.

2005년에는 콜라주 #18 '놓아줄게'를 완성했다. 나는 내 자신의 세 가지 부분, 즉 순수하고 순결한 자아(self), 노란색 드레스를 입고 있는 상처받은 자아, 그리고 이 모든 것을 지켜볼 수 있는 능력을 가진 자아를 탐색해 보았다. 이제는 형형색색의 꽃밭이 내 눈 앞에 펼쳐질 가능성이 보였다. 특히 7월의 콜라주 #19 '변화'를 보면 그러했다. 그 콜라주에서 나는 흑백의 나비들로 둘러싸여 있었다. 여기서 나는 변화를 감지했다([그림 42-6 참조).

2006년 1월에 콜라주 #23 '황금빛 창조자'가 완성됐다. 나는 후광이 빛나는 강렬한 형상으로 마치 내 검(劍)인 것처럼 페인트 붓을 휘두르고 있었다([그림 42-7] 참조). 나는 나의 창조적 에너지를 완전하게 제어하고 있었다. 이 콜라주의 탄생은 나에게 매우 결정적인 순간이었다. 이 콜라주 이후에 나 자신에 관한 언급은 파편이 아닌 하나의 온전한 형태로 존재했다. 이러한 변화와 함께 내 창작물들의 크기에도 변화가 생겼다. 이전에는 20×30인치 크기의 종이에 작업했는데, 이 변화 후에는 5×8인치의 종이에 작업하기 시작했다.

나는 그해의 마지막을 콜라주 #47 '다시 태어난'을 완성했다. 여기서 나는 문신을 새긴 내 자신을 상상했다. 내 몸이 '나'라는 예술가의 창작물 자체가 된 것이다. 그 과정에서 내 정체성이 재형성되었다. 나는 예술가로서 내 자신이 자랑스러웠다. 또한 미래의 내 자신을 새롭게 정의해 볼 수 있었다.

2007년 9월에 콜라주 #60 '책'을 완성했다. 나는 작가로서의 내 자신도 받아들이게 되었다. 예술적 영감으로 가득한 슬픔이 내게 한 쌍의 날개가 되어 주었다([그림 42-8] 참조).

나는 계속해서 성장했다. 2008년 2월의 콜라주 #71 '춤'에서 나는 다채로운 보석으로 내 자신을 휘감고 춤을 췄다. 나는 살아 있다고 느꼈다([그림 42-9]참조).

나의 파편들은 스스로 재배열되었다. 크리스틴의 자살 전 배열이 아닌 새로운 방식으로의 재배열이 이루어졌다. 나는 콜라주를 만들었다. 그리고 그것은 '상실로 인해 위협받았던 의미의 세계를 새롭게 재건하고 구축해 나가는 적극적인 노력이 애도의 과정에 수반되어야 한다는 사별에 대한 구성주의적 이론'을 시각적으로 표현하였다(Sands, Jordan, & Neimeyer, 2012). 나는 입 밖으로 표현될 수 없었던 슬픔이 나의 의식을 통해 이미지의 스토리텔링으로 옮겨 갈 수 있도록 해 주었다. 내 자신을 콜라주에 붙여 넣으면서, 나

[그림 42-7] 황금빛 창조자

[그림 42-8] 책

[그림 42-9] 춤

는 나라는 존재가 자살 생존자 이상의 의미를 갖고 있음을 깨닫게 되었다. 나는 '나는 누구인가?'라는 물음 속에서 창조적 과정을 이어 나가며 삶의 새로운 목적과 의미를 발견해 나갈 수 있었다. 이를 통해 나는 새롭게 태어났다(Strouse, 2013).

변형과 적용

나는 콜라주가 모든 사람에게 접근이 용이하고 활용 가능한 방식이라는 것을 알게 되었다. 또한 작은 소집단이나 일회성 워크숍 등과 같은 다양한 세팅에서 시도해 볼 수 있는 치유 모델이라고 생각한다.

나는 사별한 사람들을 모아 내 상담실로 초대한 적이 있다. 어떤 사람은 이제 막 애도 여행에 들어섰고, 어떤 사람은 꽤 오랫동안 이 여행을 지속해 나가고 있었다. 그들이 어느 위치에 있건 상관없이 창조적 과정은 그들이 지금 있는 자리에서부터 시작되었다. 나는 친밀한 나눔을 위해 집단을 4~5명으로 제한했다. 우리는 한 달에 한 번 4시간의 회기를 가졌다. 이 회기를 위해 우리는 양초 하나를 켜고, 음악이 흐르는 가운데 현재의 순간에 조용히 집중했다. 많은 감정이 창조성을 이끌어 냈다. 치유의 과정 가운데 하나로 우리는 각자의 창작물을 들여다보면서 마음을 움직인 점들에 대해 이야기를 나누었다. "당신이 만든 콜라주 중에 이 부분이 흥미로웠어요. 이것에 대해 좀 더 얘기해 주실 수 있을까요? 이 형상이 취하고 있는 모습이 눈에 띄네요. 그 의미가 궁금합니다." 무비판적인 유대감과 확장하는 대화는 그 이미지가 가진 의미의 깊이와 폭을 넓혔다. 치유는 서서히 다가오는 깨달음에서뿐 아니라 한순간에 이뤄지는 통찰을 통해서도 일어날 수 있다. 누군가가 우리의 이야기를 들어주며 알아봐 주고, 우리가 현재의 순간에 충실할 때 치유의 과정이 일어난다.

지역적이든 국가적이든, 90분 회기이든, 예술적 애도 스튜디오(Artful Grief Open Studio)에서 하루 종일 진행되든, 워크숍은 변화를 위한 기회를 제공해 주었다. 나는 온정의 친구 전국대회 콘퍼런스(Compassionate Friends National Conference)에 참여한 한 아버지를 기억한다. 그는 사랑하는 자녀를 잃은 60명의 부모 앞에서 포드(Ford) 트럭이 붙여져 있는 자신의 콜라주 이미지를 공유했다. 그는 잡지에 있는 시골 산 풍경에서 트럭을 찢어 큰 단풍나무 주변에 되는 대로 붙여 놓았다. 이 트럭은 그가 잡지를 펴자마자 보게 된 첫 번째 이미지였다. 그는 처음으로 누군가 앞에서 자신의 아들의 죽음에 관한 이야기를 했다. 그의 아들은 트럭을 운전하던 중 나무를 들이박아 사망하게 됐다. 그 일이 있은 지 겨우 한 달이 지났다. 그가 눈물을 흘리자 우리 눈에도 눈물이 쏟아져 나왔다. 그가 관객 앞에 나설 때와는 다른 사람이 되어 무대를 내려갔다. 그의 내면의 문이 열린 것이다. 그는 말했다. "저는 부엌에 앉아 작품을 만들 거예요. 이 과정은 저에게 이제까지 말하기 두려웠던 것을 들여다볼 수 있는 용기를 주었어요." 나는 하루 종일 진행되는 예술적 애도 스튜디오에 망설이며 들어섰던 여성을 기억한다. 국가 자살 생존자 콘퍼런스(National Suicide Survivors Conference)의 생존자를 위한 참사 지원 프로그램(Tragedy Assistance Program for Survivors)이 진행되고 있었다. 그녀는 그냥 지나치던 길에 잠시 들러 보았다고 말했다. 그녀는 눈물을 흘리며 말했다. "저는 스테인드글라스 예술가예요. 하지만 몇 달 전 제 남편이 자살한 이후로는 일이 손에 영 잡히지 않아요." 그녀는 책상 저편으로 빙 둘러 걸어가 잠시 멈추어 앉았다. 나는 그녀가 자기 앞에 종이 시트를 놓고 잡지를 뒤적이는 모습을 보았다. 몇 시간이 흘렀다. 그날 하루가 저물어 갈 때 즈음, 그녀는 상기된 얼굴로 말했다. "아직은 제가 제 직업에서 하는 것과 같이 날카롭고 부서지기 쉬운 조각을 다룰 준비는 안 되었을지도 모르겠지만, 이건 할 수 있어요. 종이를 가지고 노는 것 말이에요. …… 제가 제 생각만큼 길을 잃은 것 같지는 않네요." 그녀는 다시금 자신 안의 예술가에 맞닿을 수 있었다.

맺는말

창조성과 트라우마적인 상실을 경험한 이후에 의미 있는 자기이야기(self-narrative)를 새롭게 써 나가는 데 영향을 주는 것에 주의를 기울여야 하고 연구를 할 필요가 있다. 내가 설명한 창조적 과정은 아직 탐색되지 않은 감정들로 가는 문을 열어 준다. 나는 창조적 활동을 통해 힘을 얻게 되었다. 내가 말하기 꺼렸던 것들에 다가가서, 그것을 통제할 수 있는 힘을 갖게 되었다. 트라우마 속에서 창작하는 과정은 자살의 잔해를 헤치고 나아가는 부드러운 방법이다. 나의 시각적 일기는 서서히 발전하는 나의 여정에 대한 구체적인 증거가 되어 주었다. 창조적인 과정은 내가 지금 현재에 충분히 머물러 볼 것을 요구한다. 이것은 변혁적이며, 시간이 지날수록 나는 내 안의 자아가 모습을 드러내는 것을 볼 수 있었다. 나의 콜라주 이미지와 개인적인 생존의 이야기는 다른 사람들에게 큰 영감을 주었다. 직접 애도의 과정을 거치고 있는 전문가로서 사별한 사람들과 함께 작업하는 방식은 내가 대학원에서 배운 것과는 사뭇 달랐다. 생존자들은 내가 개인적인 경험을 갖고 있다는 사실을 알기 때문에 나에게 찾아온다. 나는 나의 창조적 여정을 그들과 함께 나눈다. 이러한 공유는 기존의 대화치료에 더해 생존자들에게 치유를 위한 강하고 안전한 환경을 제공해 준다. 이것은 바로 예술적 방식의 애도라고 할 수 있다.

참고문헌

Sands, D., Jordan, J. R., & Neimeyer, R. A. (2012). The meaning of suicide: A narrative approach to healing. In J. R. Jordan & J. L. McIntosh (Eds.), *Grief after suicide* (pp. 249-282). New York: Routledge.

Strouse, S. (2013). *Artful grief: A diary of healing*. Bloomington, IL: Balboa Press.

43

사진에 찍힌 은유

아이린 렌젠브링크(Irene Renzenbrink)

들어가기

15년 전, 심오한 변화와 향수병으로 고통스러운 시간을 보내던 중에 나는 영국 작가인 캐서린 맨스필드(Katherine Mansfield)가 일기에 쓴 문구를 우연찮게 보게 됐다. "어딘가에서 도망치는 것이 얼마나 어려운 일인가. 아무리 조심스럽게 벗어나려 해도 그 장소는 우리를 붙잡는다. 우리는 그 장소의 울타리에 우리의 흔적을 남기고야 만다. 우리 인생의 누더기나 천 쪼가리 하나하나라도."(Baker, 1922, p. 184)

이 문구를 발견한지 얼마 되지 않아 나는 철조망에 까만 비닐봉지가 찢겨진 채로 걸려 나풀거리는 것을 보고 사진을 찍었다. 이 사진은 내가 그 후 찍게 된 수많은 '울타리 위에서 펄럭이는(fluttering on fences)' 사진의 첫 번째 작품이 된다(Renzenbrink, 2010). 맨스필드의 인용구와 함께한 조각조각 찢겨진 비닐봉지 이미지는 나의 상실의 경험을 형상화한 강력한 은유로서 내 감정의 소용돌이를 담아낼 수 있는 그릇(container)이 되어 주었다. 철조망에 걸려 휘날리는 비닐봉지는 내 투쟁의 단면을 드러내 주었다. 그리고 이전까지는 그저 혼란스럽고 압도적이었던 경험을 이해해 볼 수 있도록 도와주었다([그림 43-1] 참조).

[그림 43-1] 펄럭이는 것들의 정지 상태

리바인(Levine, 1997)은 "우리는 인간이기 때문에 때때로 무너지고, 산산조각 나고, 해체되고, 온전함의 상실로 인해 절망을 느끼게 되는 것"(p. 16)이라고 생각했다. 그는 해체된 상태를 헤쳐 나가는 과정 또한 창조적이고 치료적인 과정에 핵심이 되는데, 이 과정이 시각적 은유를 통해 진전될 수 있다고 했다. 문(Moon, 2007)이 관찰한 바와 같이, "은유는 사람들로 하여금 그들의 삶의 의미를 발견하고 창조해 나갈 수 있는 잠재적 메시지를 전달해 준다."(p. 4) '은유(metaphor)'라는 단어는 그리스어 meta와 phorein에서 유래되었다. meta는 '위의(above) 또는 넘어(beyond)'라는 뜻이고, phorein은 '한 장소에서 다른 장소로 전이하다'라는 뜻을 갖고 있다. 따라서 은유는 상상력을 활용하고 치유를 증진하는 앎의 방식이라고 할 수 있다.

사진을 활용한 치료적 방식을 개발해 나가는 동안에 와이저(Weiser, 1993)는 사진이 감정과 생각을 "시각적 상징의 형태"로 포착할 수 있는 힘이 있는데, 이 중 몇몇은 "매우 사적인 은유"일 수도 있다고 했다(p. 7). 그녀는 또한 우리에게 "주어진 사진에서 의미를 발견해 내고자 하는 사람은 다른 사람이 그것을 보면서 이해한 것을 결코 발견할 수 없을 것"이라는 점을 상기시켜 주었다(p. 7). 즉, 누군가에게는 철조망에 걸린 찢긴 비닐봉지의 이미지가 인간의 부주의함과 환경 재해와 같은 걱정거리들을 떠올리게 할 것이다. 비닐봉지가 초래할 수 있는 환경 재해와 그것에 대한 근본적인 해결의 필요성을 알고 있음에도 불구하고 나는 그 이미지들의 묘한 아름다움에 사로잡혔다. 예를 들어, 내가 호주에서 따뜻한 여름날에 찍은 사진에는 마치 보라색 '붓꽃' 같은 비닐들이 철조망에 걸려 있다. 내게 이 사진은 빈센트 반 고흐(Vincent Van Gogh)가 그린 붓꽃 작품만큼 큰 의미가 있다. 그도 그럴 것이, 갈기갈기 찢긴 보라색 비닐의 꽃과 같은 형태는 그것이 흉내 내고 있는 꽃들을 묘하게 재현했다. 울타리 뒤에 있는 큰 잡초들이 마치 붓꽃의 줄기와 같아서 더 그렇게 느껴지는 것도 있다. 나는 시골 길을 따라 운전하는 도중에 이 '펄럭이는' 것을 발견했다. 이 꽃을 내 카메라에 담은 이후에는 그것의 색, 모양에 감탄했고, 내가 정원에서 직접 기르는 붓꽃과 유사했기에 더욱 반가웠었다. 보라색 비닐은 특유의 연약함 때문에 노란 민들레에 둘러싸여 여름 산들바람에 춤추는 '붓꽃'과 같았다. 이 순간 나는 좀 더 안정되고 평화로움을 느꼈으며, 내 감정의 상처가 치유되기 시작하는 것을 느꼈다. 아마도 이것은 '상상력이 또 다른 상상력에 의해 어떻게 치유될 수 있는지'를 잘 보여 준 예일 것이다.

교육 방법

나는 사진 이미지, 은유, 영감을 주는 인용구와 음악을 조합해서 사용한다. 이것은 호스피스 자원봉사자, 건강관리 전문가 그리고 삶을 위협하는 질병에 걸린 환자들이 함께 모인 집단상담에서 상실, 애도와 사별에 관한 자각을 일깨우기 위해 사용된다. 나는 워크숍의 일부분으로 각기 다른 집단의 대표들이 함께 모여 예술작품을 만들고 성찰해 보는 시간을 갖게 만든다. 이것은 그들이 공통적으로 느끼는 취약함과 창조성을 균등하게 유지하도록 만든다. 다음 사례는 바로 이와 같은 과정을 드러내 준다.

개인적 사례 연구

나의 오랜 학교 친구가 힘든 항암 치료를 마치고 나서, 우리는 특별한 생일을 축하하기 위해 같이 프랑스로 휴가를 떠났다. 우리는 에스팔리옹에 있는 12세기 로마네스크 양식의 교회인 페흐스 교회(église Romane de Pers)를 방문했다. 그곳에서 우리 둘 모두에게 은유적 의미의 공명을 일으켜 주었던 사진을 찍게 되었다. 교회 안은 어두웠지만, 밖의 태양은 반짝이고 있었다. 그리고 황금빛 태양은 고대 문틈 사이로 새어 들어왔다. 이것은 너무나 경이로운 장면이었다. 나는 즉각적으로 레너드 코헨(Leonard Cohen)의 노래 〈성가(Anthem)〉 가운데 "모든 것에는 갈라진 틈이 있다. 바로 그 틈을 통해 빛은 들어온다."라는 가사가 떠올랐다. 이 사진을 찍고 얼마 지나지 않아, 내 친구는 생을 마감했다. 암은 우리가 예상했던 것보다 훨씬 빨리 재발했다. 초기 암 치료의 성공을 축하하며 들뜬 우리는 미래에 대한 희망으로 가득 차 있었고, 그의 갑작스러운 죽음은 그 어느 누구도 예상치 못한 결과였다. 이 휴일의 즐거움은 회복의 빛을 계속 비춰 주었다. 이 빛은 그녀의 아픔과 죽음으로 인해 깨어지고 부서진 공간에 비춰 들었다.

다음 해에 나는 슬로바키아에서 호스피스 자원봉사자와 스태프들로 이루어진 집단을 위한 애도와 예술치료 워크숍을 진행해 줄 것을 부탁받았다. 한 회기에서 나는 슬라이드 쇼로 이미지들을 보여 주면서 레너드 코헨의 〈성가〉 중 한 부분을 틀었다. 그 슬라이드 쇼에는 내가 친구와 찍은, 문틈으로 들어오는 빛의 이미지도 있었다. 나는 내 친구의 죽음에 대해 이야기를 나누면서 이 사진과 그 의미에 대해 말해 주었다. 나는 슬라이드 쇼의 이미지들이 주는 효과를 더 강렬하게 하기 위해 방을 어둡게 했다. 하지만 사람들이 침울함에 갇힌 것처럼 느끼지 않도록 너무 어둡게 하지는 않았다. 그렇게 몇 분 동안 참여자들은 레너드 코헨의 노래를 들으며 그 노래 가사에 맞춰 이미지들이 매끄럽고 천천히 전환되는 것을 지켜보았다.

이어서 나는 참여자들에게 그들의 '갈라지고 무너진' 삶의 단면들을 가지고 예술작품을 만들거나 창조적 글쓰기를 해 보라고 유도했다. 나는 그들에게 어려운 순간에도 즐거움과 치유를 가져다줄 수 있는 '빛'에 대해 생각해 보라고 했다. 몇몇 참여자는 회복력(resilience)에 초점을 맞췄는데, 이내 파란 하늘, 태양, 꽃, 나비, 하트가 떠오르기 시작했다. 상실과 무너져 내린 것, 갈라진 틈들에 초점을 맞춘 참여자들은 어두운 색감을 주로 사용하면서 번개 표시나 삐뚤삐뚤한 선 혹은 눈물이 가득 찬 눈을 그렸다. 한 여성은 이혼한 뒤의 삶을 표현하기 위해서 허물어진 고대 유적 사진을 오려 내 붙였지만, 같은 페이지에 더 나은 미래를 향한 희망을 나타내는 화려한 색의 정원을 그려 넣었다. 또 다른 여성은 한쪽 면이 깨져 버린 주전자를 그려 넣었다. 갈라진 틈 사이로 물이 새어 나오고 있었고, 흘러내리는 물줄기 위로 작은 무지개가 떠올랐다.

변형과 적용

나는 뿌리가 뽑힌 나무, 구멍 난 통나무, 연못의 잔물결, 디딤돌, 폭풍이 일거나 잔잔한 바다 풍경, 다리 그리고 산의 사진들을 사용한다. 이와 같은 자연의 이미지들은 장엄함과 초월성을 동시에 느낄 수 있도록 해 준다. 그러면서 인간이 하는 애도 경험도 이와 같음을 나타내 준다. 예를 들어, 사랑하는 사람을 여읜 아픔을 느낀 이후에 삶을 재건해 나가는 일은 '산더미' 같아 보일 수 있다. 은유적으로는 에베레스트 산맥을 오르는 것과 같이 힘들 수도 있다. 동물들이 그들의 상처를 핥고 구멍 난 통나무 안으로 기어 들어가는 모습에서 구멍 난 통나무 사진은 평안한 안식처에 대한 대화를 이끌어 낼 수 있다. 뿌리가 뽑힌 나무는 고정된 장소나 집 없이 표류하는 느낌을 주는 강렬한 이미지이다. 나는 때때로 워크숍 참여자들이 포착된 이미지에 직접 '캡션(caption)'을 넣게 하기도 하지만, 대부분은 내가 이미지에 맞는 적절한 인용구를 집어넣는다. 예를 들어, 나는 프랑스의 에스팔리옹 다리 사진에 손턴 와일더(Thornton Wilder, 2004)의 문구를 집어넣었다. "살아 있는 이의 땅과 죽은 이의 땅이 있다. 그리고 그 둘 사이를 잇는 다리는 사랑이고, 유일한 생존법이고, 유일한 의미를 가진다."(p. 17)

나는 어머니를 잃은 해에 지속적으로 예술을 기반으로 한 저널을 써 왔다. 그녀는 95세에 만성 질환으로 돌아가셨지만, 나의 가슴은 여전히 아팠다. 어느 날, 나는 어머니의 얼굴을 사진으로 인쇄한 후에, 그것을 작은 조각으로 찢어 저널에 붙여 넣었던 적이 있다. 다시 한번 말하지만, 사진을 찢고 새롭게 배열해 보는 물리적인 과정을 통해 사랑하는 사람을 잃은 나의 고통스러운 경험이 형태로 표현될 수 있었다. 나는 이 과정을 보고 유대인의 장례 의식인 크리아(kriah)가 떠올랐다. 이것은 옷을 찢거나 자름으로써 조각난 마음을 상징적으로 표현하는 의식이다.

지난해 여동생과 나는 엄마가 태어난 네덜란드 인근의 연못에 엄마의 재를 뿌려 주었다. 이때 나는 물에 비친 큰 수양버들 사진을 찍었다. 이는 마치 와일더가 말한 '살아 있는 이의 땅과 죽은 이의 땅'을 상징적으로 보여 주는 것 같았다. 재를 뿌린 이후에 큰손주가 조심스럽게 뿌린 빨간색 장미꽃 잎들이 가라앉기 시작했다. 이것은 우리의 '유일한 생존법이고 (우리에게) 유일한 의미를 가지는' 사랑과 지속성을 상징한다.

맺는말

이 장에서 나는 개인적 경험을 포함한 여러 경험을 통해 사진과 은유가 사별과 상실의 여정을 탐험하는 데 상상력과 창조력을 갖게 해 줄 수 있다는 것을 보여 주고자 노력했다. 이러한 접근은 사건과 사실에 대해서 자세하게 말하게 함으로써 진이 빠지게 만드는 대화를 요구하지 않는다. 그보다는 치유와 희망을 향해 나아갈 수 있는 다리 역할을 한다.

참고문헌

Baker, I. (1971). *Katherine Mansfield: The memories of LM*. London: Michael Joseph.

Levine, S. K. (1997). *Poiesis: The language of psychology and the speech of the soul*. London: Jessica Kingsley.

Moon, B. (2007). *The role of metaphor in art therapy*. Springfield, IL: Charles Thomas.

Renzenbrink, I. (2010). *Fluttering on fences: Stories of loss and change*. Saskatoon: Houghton, Boston.

Weiser, J. (1993). *Phototherapy techniques: Exploring the secrets of personal snapshots and family albums*. Vancouver: Vancouver Phototherapy Press.

Wilder, T. (2004). *The bridge of San Luis Rey*. New York: HarperCollins.

44

추모의 문신 새기기 - 애도를 시각화하기

말린다 앤 힐(Malinda Ann Hill)

최근 들어 사람들은 상실의 아픔을 다루기 위해 새로운 방법을 사용하고 있다. 그 방법은 바로 문신(tattoo)을 새기는 것이다. 누군가는 추모의 문신(memorial tattoo)을 새기는 행동이 애도 작업에 있어 너무 극단적인 방법이라고 생각하는 반면에, 또 다른 사람들은 그것의 치유적인 효과를 부인할 수 없다고 생각한다. 나는 사랑하는 아이를 유산으로 잃은 경험이 있다. 아이를 기억하기 위해 나는 도안을 직접 디자인하고 문신을 새겼는데, 이는 내 치유의 과정에서 매우 주요한 부분이었다.

추모의 문신이 점점 대중화되고 있기 때문에 나는 사람들이 왜 이 방법을 택하는지, 그리고 이러한 경험이 어떻게 그들의 애도 과정에 도움이 되는지 탐색해 보고 싶었다. 애도의 과정과 같이, 문신을 새기는 것은 고통스럽고 개인적인 과정이다. 나를 포함한 많은 사람에게는 문신을 새기면서 느끼는 신체적 고통이 추모의 과정에서 카타르시스적인 요소로 작용한다. 애도의 감정은 몸 안에서 느껴지기 때문에 누군가는 그 고통을 감정으로뿐만 아니라 신체로도 느껴 봐야 한다고 생각한다. 또한 그들은 추모하기 위해 자신이 느낀 고통의 상징을 신체에 남겨야 한다고 생각한다. 그런 의미에서, 문신은 내면의 고통을 신체의 표면 위로 끌어올리는 작업이라 할 수 있겠다.

많은 사람에게 있어 추모의 문신은 자신의 감정을 표현하고 그것을 시각화하는 방식이 될 수 있다. 어떤 사람에게 추모의 문신은 매일매일 상실을 상기시키는 은밀한 표시가 된다.

뿐만 아니라 그들이 무엇을 상실했으며 무엇을 기억하기 원하는지를 지속적으로 생각할 수 있도록 돕는 수단이 된다. 또 다른 사람에게 추모의 문신은 타인에게 자신의 감정을 보이고 기억을 공유할 수 있는 매개체가 된다. 문신을 보면 사람들이 질문을 많이 하기 때문에, 이는 사랑과 상실의 이야기를 털어놓을 수 있는 좋은 기회를 만들어 준다.

베이츠(Bates, 2009)는 애도의 과정에서 영구적이고 섬세한 신체 미술(body art)이 가진 유익한 효과를 연구했다. 그 결과, 문신을 새기는 회기가 끝나면 참여자들이 행복하고 긍정적인 발걸음으로 문을 나서는 것을 발견할 수 있었다. 참여자들이 이미 상실의 경험을 수용했건, 아직 애도의 과정 중에 있건, 문신을 새기는 경험은 그들의 감정, 정신, 신체적 상태에 긍정적 영향을 미쳤다.

필립스(Phillips, 2012)는 문신이 결코 말로 이야기할 수 없었던 트라우마와 상실의 측면을 표현할 수 있는 방법이 된다고 말한다. 즉, 문신을 통해 내면에서 요동치고 있는 시각적 이미지, 신체적 느낌 그리고 촉감적 감각을 표출할 수 있게 된다. 트라우마 사건을 기억하기 위해 신체에 문신을 새기는 것은 강력한 개조(re-doing) 작업이다. 문신은 몸을 보호해 주는 장벽인 피부를 캔버스 삼아 트라우마와 상실로 인한 감정을 시각적으로 입증하고, 표현하며, 해소하고, 표출하게 한다.

개인적 사례 연구

최근 문신의 인기가 높아짐에 따라 문신은 더 이상 금기시되는 대상이 아니다. 이와 달리, 유산은 아직도 사람들 사이에서 입에 올리지 않는 주제로 남아 있다. 많은 여성은 일상적인 삶에 파고드는 이 조용한 상실을 애도할 수 있는 의식(儀式)이 거의 없는 실정에 놓여 있다. 나를 포함한 많은 여성은 이 숨겨진 상실을 다루기 위한 방식으로 창조적인 과정을 시작하게 되었다(Seftel, 2006).

애도의 과정은 점진적이고 고통스러운 장기간의 과정이다. 내 경우도 예외는 아니었다. 나의 애도 과정은 도안을 디자인하고, 문신을 새기고, 그것을 다른 사람과 공유하는 것이었다. 추모의 문신을 새김으로써 나는 내 상실의 아픔을 심오하고 의미 있는 방식으로 표현해 볼 수 있었다. 이 활동은 자기인식(self-awareness)을 증진시키고 감정적인 해소(emotional release)를 도우며, 다른 사람들과 연결되는 느낌을 가질 수 있도록 도와주었다.

유산을 한 이후에 말로는 이 깊은 감정을 표현해 낼 수 없었을 때 나는 이 고통의 강렬함을 포착하기 위해 예술을 활용하기 시작했다. 몇 년 동안 유산으로 인한 상실의 아픔이 내 그림 속에 메아리쳤다. 첫 번째 그림을 그린 이후 몇 년이 지나자, 나는 문신의 도안을 디자인하기 시작했다. 여전히 공허함이 내 마음을 가득 채우고 있었기 때문에 나는 말하지 못할 상실을 상기시키는 영구적인 그림이 필요했다. 또한 점점 무감각해지는 나 자신이 문신의 신체적 고통을 느껴 보길 원했다. 나는 감정적인 고통이 신체적인 고통으로 드러나길 원했고, 유산된 아이를 추모하기 위해 내 상실의 상징을 지니고 싶었다.

나는 손목 안쪽에 문신을 새기기로 결심했다. 그곳이 내 눈에 쉽게 띄는 곳이기 때문에 나의 조용한 상실을 매일 은밀히 떠올려 볼 수 있을 것 같았다. 나는 여전히 유산을 둘러싼 강한 수치심과 죄책감에 휩싸여 있었기 때문에, 다른 사람들이 쉽게 알아챌 수 없도록 추상적인 모양의 문신을 쉽게 가릴 수 있는 신체 부위에 하는 것이 중요했다.

나의 치유 과정과 함께 해가 거듭될수록, 나는 문신과 그 의미를 다른 사람들과 나누는 데 좀 더 편안함을 느낄 수 있게 되었다. 손목에 새겨진 문신은 나의 이야기를 공유하고, 유사한 상실을 경험한 다른 사람들과의 유대감을 가질 수 있도록 도와주었다.

최근에 나는 유산이라는 상실의 아픔에 형태를 부여하기 위해 추모의 문신을 포함한 다양한 창조적 표현 방식을 활용하는 많은 남녀를 보았다. 문신을 새기고 그것을 다른 사람과 공유하는 창조적인 과정은 사랑하는 사람을 여읜 아픔을 이겨 나가며, 그 어려움을 둘러싼 침묵을 깨트릴 수 있도록 도와준다.

변형과 적응

추모의 문신을 새기는 것은 상실을 경험한 이후에 감정적인 고통을 경감시켜 줄 수 있는 한 가지 방법이 될 수 있다. 이것은 사랑하는 사람을 기리며, 상실을 경험한 자기 자신과 다른 사람에게 그 상실을 상기시키는 영구적인 방식이 될 수 있다. 추모의 문신은 보통의 문신과 마찬가지로 다양한 색깔과 기술을 통해 이뤄질 수 있으며, 시술에 들어가기 전에 신중히 고민해야 한다. 인물 사진을 새기는 것은 피부에 사진을 그대로 옮겨 놓는 가장 직접적인 문신으로 매우 세심한 작업을 요한다. 중요한 날짜나 이니셜을 추가하거나, 그

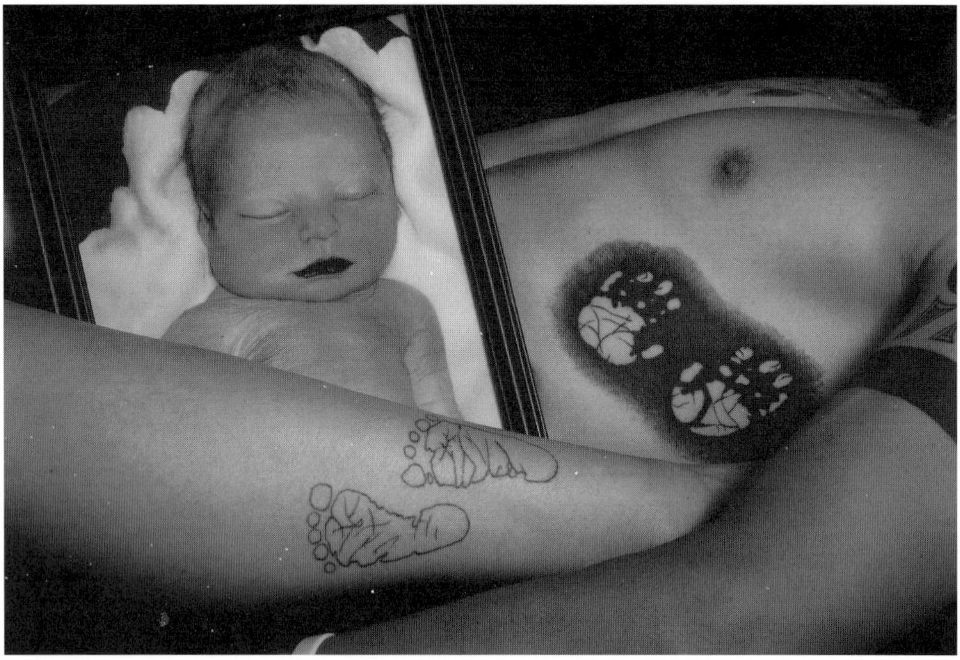

[그림 44-1] 브로나를 위해

다르지와 조슈아 사할라(Darjee and Joshua Sahala)의 허락하에 게재함.

자체로 새길 수도 있다. 상실을 대표하는 상징과 이미지들을 독특한 디자인으로 표현할 수도 있다(Carrauthers, 2011; [그림 44-1] 참조).

추모의 문신에 관심이 있는 사람은 이 문신을 새기기로 결정하기에 앞서 애도하는 시간을 충분히 가져야 할 필요가 있다. 추모 문신의 도안에 대해 충분히 생각해서 이성적인 결정을 내리는 것도 필수적이다. 추모의 문신을 전문적으로 하는 타투이스트들도 있고, 인터넷을 통해 디자인 선택에 도움을 줄 수 있는 많은 자료를 찾아볼 수도 있다.

영구적인 것을 원하지 않는 사람의 경우에는 기념일 혹은 추모식 때 일시적인 문신을 새길 수 있는데, 새겨진 것들은 며칠 후에 사라진다.

맺는말

추모의 문신은 애도를 시각화할 수 있는 영구적인 수단이다. 상실의 아픔을 다루기 위해 이러한 창조적인 방법을 택하지 않는 사람들도 많겠지만, 이것은 분명 많은 사람, 특히 유산을 하여 비밀스럽게 조용한 애도를 하며 고통받고 있는 사람들에게는 치유적일 수 있다. 나 또한 유산이라는 보이지 않는 상실의 아픔이 문신을 통해 물리적으로 표현되었다. 초반에, 내가 새긴 문신은 내가 겪은 조용한 상실의 아픔과 말하지 못할 고통을 떠올릴 수 있는 나만의 매개체가 되어 주었다. 시간이 지날수록 이 문신은 다른 사람과의 유대감을 증진시키며 내가 견뎌 왔던 숨겨진 고통을 나눌 수 있는 기회를 주었다.

참고문헌

Bates, S. (2009). *Embodying the soul's pain: A study of memorial tattoos and the grieving process* (Doctoral dissertation). Available from ProQuest Dissertations and Theses database. (UMI No. 2035977501).

Carrauthers, J. (2011). *Permanent mark* [Video File]. Retrieved from http://www.youtube.com/watch?v=2bsbgoAg8fk

Phillips, S. (2012). Tattoos after trauma—Dothey have healing potential? *Psych Central*. Retrieved from http://blogs.psychcentral.com/healingtogether/2012/12/tattoos-after-trauma-do-they-have-healing-potential

Seftel, L. (2006). *Grief unseen: Healing pregnancy loss through the arts*. London: Jessica Kingsley.

45

엔소 - 그림 저널

리사 제닝스(Lisa Jennings)

선불교 그림에서, 엔소(ensō)는 머리를 비우고 그저 신체/영혼이 가는 대로 창작하게 되는 순간을 상징한다. 이것은 완전한 깨우침, 힘, 고상함, 보편성 그리고 공(空, void)을 상징한다. 또한 일본의 미학을 상징한다. '순간의 표현'으로서의 엔소는 미니멀리스트 표현주의자(minimalist expressionist) 예술의 양식으로 간주된다.

나는 다양한 도구를 통합해서 사용하는 것을 좋아하는 예술가이다. 자연에 대한 사랑과 함께 내 그림과 조각 작품을 만드는 작업과 연관하여 해외에서 고대 예술 양식을 연구하면서 다중매체적인 과정을 이용한다. 나는 오루니마 오르(Orunima Orr)로부터 표현예술 교육자 훈련을 받았다. 그는 훌륭한 멘토로서 치유 예술에 헌신해 온 사람이다. 그는 테네시주 내슈빌에 스튜디오를 갖고 있으며, 소위 엔소 심미학을 구현한 '예술과 영혼'이라 불리는 과정을 가르치며 공유하고 있다(http://www.eartandsoul.com/ 참조).

개인적 발견의 과정

엔소 저널 방법에서 나는 물감과 핸드메이드 종이, 잘라 낸 조각, 시 등을 가지고 시각적으로 조화로운 이미지를 만든다. 전문 화가가 되고 나서 나는 다른 사람을 위한 학습의 도구로 저널을 공유하는 것을 좋아했다. 물감으로 색칠하고 다양한 도구를 통합적으로 활용해 다양한 종류의 상실과 변화의 경험을 다루는 집단에서 그것을 자기발견과 자기표현의 수단으로 삼곤 했다. 이 집단은 모로코에서부터 호주, 아일랜드, 미국에 이르기까지 다양한 곳에서 이뤄졌다. 집단에 참여한 사람들이 이전에 예술 창작 활동을 경험했는지와 상관없이, 엔소 저널링은 각 개인과 집단을 하나로 묶어 주는 방법이 될 수 있다. 그리고 그들이 새로운 방식을 통해 자신의 여정을 관찰하고 이해하고 경험해 볼 수 있도록 도와준다. 사람들은 엔소 저널링을 통해 중심을 찾고 차분해질 수 있다. 그리고 집단 구성원들 사이에 공통적인 언어가 존재하지 않을 때 엔소 저널링을 사용할 수 있다. 이 방법은 내 자신이 발전할 수 있는 안전한 그릇(container)이 되어 주었다. 분리와 질병, 죽음, 그리고 다른 종류의 반갑지 않은 삶의 전환기와 동반된 피할 수 없는 삶의 기로들을 내가 잘 지나갈 수 있도록 도와준 것이다. [그림 45-1]~[그림 45-3]은 다매체 방법을 활용한 다재다능함을 보여 주기 위하여 나의 엔소 저널의 몇몇 페이지를 제시한 것인데, 애도상담에 있어 다른 언어적 기술들에 보완적으로 접목될 수 있다(Neimeyer, 2012).

엔소 저널 집단

현재 나는 자원봉사 중 상당히 많은 시간을 암으로 투쟁하는 사람들과 함께 작업하는 데에 쏟는다. 이는 그들의 여정을 앞서서 주도하기 위한 좋은 조건을 형성한다. 물론 나의 엔소 집단은 다른 사람들에게도 열려 있다. 나는 한 달에 두 번 교육을 실시한다. 첫날 저녁에는 기술을 소개하고, 두 번째 날은 온종일 저널링을 하면서 자신의 경험적 주제에 첫날 배운 기술을 접목시킨다. 암은 나에게 친숙한 것이었다. 나의 어머니가 유방암을 치유하셨던 경험이 있었기 때문이다. 나와 어머니가 당면한 스트레스를 다루기 위한 개인적인 방법으로 예술적 저널링을 활용했다. 암이 한 개인뿐만 아니라 가족 전체에 영향을 미칠 수 있다는 사실을 직접 경험해 보았기 때문에, 나는 다른 사람들과 함께 작업할 때 진실된 공감에서 우러난 나눔과 가르침을 제공해 줄 수 있었다.

[그림 45-1] 저널 주제를 보여 주기 위한 단어 색인과 속표지

[그림 45-2] 생명력

[그림 45-3] 다양한 주제 #3을 탐색하는 엔소 저널의 몇몇 페이지

7~10명 정도로 이루어진 집단이 한 달에 두 번 나의 집 스튜디오에서 모였다. 나는 참여자들에게 대가를 받지 않은 것은 물론 음식과 모든 필요한 물품을 무료로 제공했다. 이 치유의 오아시스 속에서 참여자들은 자신의 몸과 영혼을 느껴 볼 수 있었다. 그리고 형언할 수 없는 이미지 속에서 자기 자신을 표현해 볼 수 있었다. 그들은 물감과 다양한 도구를 이용하고 엔소 저널에서 마음과 몸과 정신을 열어 탐색해 보았다. 그 과정에서 우리는 공유하거나 혼자만 간직할 기억을 포착하며 마음속에 떠오르거나 깨닫게 된 것에 형태를 부여하고자 했다. 그러면서 우리는 결코 쉽지 않았던(dis-ease) 여정 가운데 잃어버린 것이 아닌 얻게 된 것에 대한 깊은 감사와 즐거움, 슬픔, 두려움, 분노 등을 표현해 볼 수 있었다. 우리는 이러한 느낌들을 내면에 계속 가지고 있기보다는, 종이 위로 끌고 나와 색과 질감을 입혀 주었다.

기술적 단계에서 우리는 수채화 물감과 아크릴 도구를 활용해 종이에 손으로 색깔을 물들여 나갔다. 직물을 활용해 콜라주 작업을 하기도 하고 도장이나 조판(彫版) 기법도 이용했다. 영적인 단계에서도 우리는 보통 더 많은 것을 깨닫는다. 명상을 하고 시를 크게 낭송한다. 그리고 우리가 진행하고 있는 저널의 경험 과정을 지지해 주기 위해 이미지, 이야기, 고대 예술의 상징들을 활용한다. 우리는 신념, 감정, 대화, 의도, 책임감, 생명력 등과 같은 주제에 머물며, 저널을 통해 어떻게 이러한 주제들이 우리 삶의 내외적인 관계에 작용하는지를 시각화해 볼 수 있다. 이 과정은 우리의 일상적 삶의 관점에 실천적인 변화와 자각, 치유를 가져다주었다.

세계로 뻗어 나가기

이 작업의 결과는 가히 놀랄 만했다. 엔소 활동에 참여한 사람들과 친밀한 관계를 맺고 있었기 때문에 나는 힘들어하던 한 여성의 부탁을 들어줄 수 있었다. 그녀는 나에게 자신의 지역사회에서 개최하는 생존자들을 위한 큰 행사에서 상호작용적인 콜라주 프로젝트를 진행해 줄 것을 부탁했다. 그곳에는 800명의 참여자가 모였다. 그리고 그들의 기도, 희망, 감사가 적힌 작은 종이는 네 개의 캔버스에 콜라주 형태로 붙여졌다. 이 활동을 통해 완성된 작품들은 행사를 주최한 지역 병원의 암 병동에 돌아가면서 전시되었다.

이뿐 아니라 다른 임상 현장에서도 나는 아동, 청소년, 성인들이 키득거리며 두려움을 뚫고 '아하' 하는 표정을 보인 것에 큰 감동을 받았다. 이러한 엔소의 순간은 형형색색 속에서 구체화 되었고, 그들이 자신 앞에 새로운 자아로 나타나면서 내면에 깊이 묻혀 있었던 것들을 자유롭게 표현했다. 이러한 순간은 전문 예술가인 나의 관점을 지속적으로 새롭게 만들어 주었다. 나는 내 스튜디오에서 매일 작업을 하면서 엔소 집단에서 발견한 신성한 보상, 교훈, 영감을 좀 더 확고히 다져 나갈 수 있었다. 이 집단의 진심 어린 노력은 나의 창조성에도 생기를 불어넣어 주었다. 이러한 표현의 유익함을 기리는 엔소 저널을 통해 우리는 말로 표현된 영혼의 외침뿐만 아니라 울림이 있는 다중 매체 이미지와 글로 표현된 영혼의 외침을 듣는다. 이렇게 엔소 저널은 우리가 우리 자신과 타인에 대해 겸손한 증인이 될 것을 요구한다. 판단보다는 감사로, 우리의 손과 마음과 영혼을 통해 우리 자신으로부터, 우리에게, 또한 우리에 대해 좀 더 진실한 대화를 할 수 있도록 도와준다.

참고문헌

Neimeyer, R. A. (Ed.). (2012). *Techniques of grief therapy: Creative practices for counseling the bereaved*. New York: Routledge.

[나의 작품을 더 참조해 보고 싶다면 다음의 웹 사이트를 참조하시오: www.lisajenningsart.com]

46

부동의 것을 움직이기

이온 뷰챔프(Ione Beauchamp)

나는 정식 훈련을 받은 현대 무용가로, 신체를 활용하는 소매틱[16] 동작 교육을 받은 바 있다. 나는 보디 마인드 센터링(Body-Mind Centering)®[17]과 트레이거(Trager)라는 자격증을 소지하고 있는데, 이것은 몸과 마음의 통합을 강조하는 접근법이다. 나는 많은 안무가와 함께 전문적인 춤을 췄으며, 원작의 안무를 짰고, 요가도 가르쳤다. 내가 우선시하는 학습 방식은 운동 감각(kinesthetic)을 활용하는 것이다. 즉, 나는 신체에 초점을 맞추는, 직접 몸으로 해 보는 활동을 통해 학습한다는 것이다. 예를 들어, 나는 압력, 탄력, 균형, 자세의 변화뿐만 아니라 접촉을 활용한 활동을 통해 가장 잘 학습한다. 나는 동작을 통해 무언가를 탐구할 수 있는 기회를 추구한다. 강의를 듣거나, 책을 읽거나, 대화에 참여하는 것보다는 동작을 통해 배우는 것이 내게는 최선의 학습 방식이다.

나는 애도의 과정에서, 특히 나의 연인 스티브의 죽음을 '이해하기' 위해 내 학습 레퍼토리를 확장하여 다른 접근법들을 통합해야 할 필요성을 느꼈다. 스티브의 질병과

16) 역자 주: 소매틱(somatic) 접근은 신체를 활용하는 것으로 최근 신체심리학, 소매틱 사이콜로지 등에서 소개되고 있는 개념이다.

17) 역자 주: 보디 마인드 센터링(Body-Mind Centering, 이하 BMC)은 움직임에 대한 교육이자 치료 방식이다. 1973년 미국인 보니 베인브리지 코헨(Bonnie Bainbridge Cohen)이 설립한 학교 SBMC(School for Body-Mind Centering)에서부터 시작되어 현재 매사추세츠주의 애머스트에 본원을 두고 활발히 보급되고 있다.

죽음에 대한 나의 초반 반응은 몸을 매개체로 일어났고 소매틱 접근을 훈련받으면서 더 알게 되었다. 하지만 시간이 갈수록 나는 이러한 운동 감각들을 '감지하지(sensing)' 못하고 길을 잃어버리고, 이러한 고통스러운 변화 속에서 나 자신을 '보지' 못하거나 '듣지' 못한다는 것을 깨달았다. 내가 애도의 여정을 통해 배운 몇 가지 것을 함께 나누고 싶다. 이것은 당신이 나와 같이 감각 운동을 더 많이 활용하는 내담자와 작업할 때 참고할 수 있을 것이다.

다음은 스티브가 병들어 있는 동안에 '내 자신을 붙들기' 위해서 친숙한 예술적 형식을 어떻게 활용했는지를 현재형으로 기술한 것이다. 그리고 스티브가 죽은 후에도 내 자신을 새롭게 창조하기 위해 내가 어떻게 새로운 예술 형태를 학습하게 되었는지를 보여 준다.

무너져 간다: 발레

스티브는 폐암 진단을 받았다. 1년 후 우리는 갈색 돌로 지은 그의 사촌의 작은 아파트 1층 스튜디오를 호스피스로 이용했다. 이 보호치료 기간 동안, 스티브의 몸을 비롯해 모든 것이 무너져 간다. 나는 수십 년 동안 알아 왔던 선생님이 진행하는 발레 수업에 될 수 있으면 매일 간다. 발레 수업은 엄격히 정해진 프로토콜과 형식, 스타일 그리고 목적을 갖고 있다. 나는 발레를 어렸을 때부터 꾸준히 해 왔다. 이것은 나에게 필수적인 일종의 자기보호(self-preservation) 활동이었다. 나는 모든 방식을 동원해 스티브를 돕고 있지만, 오전 10시부터 정오까지 2시간 동안만은 이 수업에 꼭 참여해야 한다. 〈코러스 라인(A Chorus Line)〉이라는 뮤지컬 중에서 〈발레를 할 때 모든 것이 아름다웠다〉라는 노래가 생각난다. 발레를 하는 동안에 나는 세계가 친숙하고 예측 가능하며 다시 아름다워지는 것만 같았다.

고독 속의 애도: 스토리텔링

스티브가 세상을 떠난 지 1년 후, 나는 허드슨 강가의 숲 속에 살면서 대학에 강의를 나가게 되었다. 나는 춤 공동체 안에서 일하며 활동적으로 생활하고 있었지만, 슬픔

속에서 고독함을 느끼고 있었다.

나는 지역의 무용 전문가들이 함께하는 〈말의 입(The Horse's Mouth)〉이라는 공연 작품 제작에 참여할 것을 제안받았다. 모든 멤버들은 각자 2분 정도의 이야기를 만들어 동작으로 라이브 공연을 펼쳐야 한다. 이 작품의 구조는 순환 형식의 즉흥 무용으로 이루어진다. 한 댄서가 의자에 앉아 자신의 이야기를 하면 다른 댄서는 그에 맞는 동작을 하고, 두 명의 다른 댄서는 짝을 이루어 춤을 춘다. 나는 스티브의 좋은 벗이었던 전문 이야기꾼에게 도움을 요청해 이 겁나는 새로운 과제에 가이드를 해 줄 것을 부탁한다. 나는 단 한 번도 대중 앞에서 나의 이야기를 들려준 적이 없었다. 그 친구는 스티브와 함께한 내 경험을 기반으로 한 이야기를 만드는 것을 도와준다.

다음이 바로 내가 이 작품에서 만들고 들려준 이야기이다.

고대 유대 전통에 따라 말라와 나는 스티브의 몸을 씻겼다.

그러고는 그를 위해 특별히 주문해 두었던 보라색 꽃이 그려진 유기농 면 니트 시트로 그의 몸을 감쌌다.

열여섯 달 동안 나는 쉬는 날마다 브루클린으로 이동했다.

그를 보고, 그를 돕고, 함께 있기 위해서.

주변에는 언제나 친구들이 있었다. 두세 명의 친구가 방문한다. 그들이 떠나기도 전에 또 다른 집단이 방문하곤 한다. 네 명, 다섯 명, 때로는 열다섯 명도 더 되는 사람들이 침대를 둘러싸고 바닥에 앉아 있을 때도 많다. 우리가 호스피스의 마지막 몇 달을 보낸 그 작은 스튜디오 아파트에서 말이다.

그들은 나에게 줄곧 물었다. "괜찮아?" "뭐가 필요해?" "안아 줄까?"

"음식을 좀 줄까?" "좀 토닥여 줄까?"

나는 그냥 내 공간이 좀 필요했다. 그들이 자리를 비워 주기를 바랐다. 모든 것이 없어져 버리길 바랐다.

스티브는 그가 좋아하는 시트로 몸을 감싼 채로 소나무 관에 묻혔다. 그의 피부에는 말라와 내가 그에게 해 주었던 사랑이 담긴 목욕의 흔적만 남아 있었다.

이후 나는 앞으로 살아가게 될 동부 채텀으로 되돌아갔다.

나는 겨울 내내 집 곳곳에 그의 사진을 놓기 위해 타깃(Target) 마트에서 할인하는 액자를 구입하러 다녔다.

이내 집에 들렀던 친구들이 그리워졌다. 무엇이 필요한지 물어봐 주고 안아 주는 그 친구들이 말이다.

나는 바로 위에 있는 주에 살고 있는 친구에게 전화를 걸어 말했다. "친구가 필요해." "안아 줬으면 좋겠어."

"음식을 나눠 먹고 싶어." "몸 동작을 좀 해 볼 수 있으면 좋겠어."

"누군가 좀 들러 줬으면 좋겠어."

이렇게 부탁했지만

아무도 오지 않았다.

이 작품은 나의 이야기를 처음으로 '공개'하는 것이었다. 친구의 도움을 받아, 이 경험에 언어의 옷을 입히지 않았더라면 다르게 해 볼 수 있는 다른 방법이 없었을 것이다. 이 집단에서 보여 준 나의 동작은 반복해서 모든 관절을 구부린 채로 온몸을 구겨서 바닥에 고꾸라지는 것이다. 타인이 이 동작을 봐 주고 그것에 반응한다는 것 자체가 이 동작을 강렬하게 만든다. 스티브의 죽음에 관한 이야기를 언어로 표현해 본 것은 많은 도움이 되었지만 이것은 과거형으로 표현되었기 때문에 지금 내가 무엇을 느끼고 있는지를 전달해 주지는 못했다. 아마도 동작이라는 감정의 배출구가 진실에 더 가까이 있었을 것이다. 하지만 나는 현재의 느낌을 전달해 줄 수 있는 어떤 단어도 떠오르지 않고 그 안에서 내 자신을 되돌아볼 수조차 없다.

나 자신의 재건: 소매틱 비디오 예술

나는 너무나 외로웠기 때문에 내가 가르치고 있는 대학에서 두 개의 예술 수업을 청강했다. 하나는 고급 그림 그리기(advanced drawing)였고, 다른 하나는 비디오 예술(video art)이었다. 수업의 틀과 집단의 분위기는 나에게 중요한 담아 주기 기능을 해 주었다. 수업 활동의 일환으로, 나는 상실과 관련된 몇 가지 짧은 비디오를 만들게 된다. 초기의 비디오에서는 내가 직접 등장하지 않고, 나는 사진이나 자동 응답기에 그가 남긴 음성 메시지와 같이 스티브를 떠올리게 하는 물건이나 기념품을 비디오에 담는다. 나는 그가 자신의 이야기를 실시간으로 말하고 있는 영상을 텔레비전으로 틀고, 그 텔레비전을 촬영한다. 내가 직접 출연하지 않았기 때문에 동작은 카메라를 통해 연출된다(Beauchamp, 2008a). 나의 인식의 틀을 따라 확대하거나(zooming), 초점을 맞추거나(focusing), 이미지에 머물러 있거나(staying), 없애는(moving away) 방법들을 활용한다. 소리라고는 물체나 카메라 모터가 내는 소리가 전부이다. 학기 중간에 내가 연기자라는 것을 알게 된 선생님이 요청하여, 나는 그제야 렌즈 앞에 직접 서게 된다. 나는 내 자신을 말 그대로 영상 안에 넣어야 했을 뿐만 아니라 은유적으로도 그 영상의 애도 이야기 안에서 내가 설 곳을 탐색해야 했다.

처음에 나는 그녀의 요구에 저항한다. 나에게는 관객에게 보이거나 동작을 할 수 있는 어떠한 에너지도 남아 있지 않았기 때문이다. 나는 우아함과 자연스러움이 사라진 지 오래였다. 나는 몸이 굳고 어색하게 느껴진다. 내가 할 수 있는 것이라곤 취약성을 반쯤 드러내 보이는 것이었다. 모든 것이 너무나 높은 각성 상태를 불러일으켰다. 심지어 내가 사랑했던 발레 수업의 수많은 스텝, 형태, 리듬도 그렇게 느껴졌다. 완벽을 추구하는 것이 큰 부담을 주는 것만 같았다. 나는 신체적으로 '얼어 버리고(frozen)', 감정적으로 막힌 패턴에 갇혔다는 것을 깨닫는다. 내 모습을 비디오에 담는 것은 내 자신을 직시할 수 있는 기회를 주었다. 더불어 내가 어디에서 왔으며, 다음에는 어디를 향해 가기를 원하는지를 볼 수 있도록 도와주었다.

시작하기

내 집 주변의 땅은 나를 탐색해 볼 수 있는 완벽한 무대이다. 나는 먼저 '반쯤 드러나 보인 취약성'을 가진 내 상태를 카메라에 담으려 한다. 나는 집 밖에서 땅 위에 두 발을 딛고 정면을 향해 보고, 뒤를 향해 보기도 한다. 나의 큰 개는 촬영을 할 때마다 신기한 듯이 달려와 같이 영상에 찍힌다. 겨울이 지나고 여름이 되자 이 비디오 활동이 나의 동작의 범위를 넓혀 주고 새로운 공간을 발견할 수 있도록 도와주었다는 사실을 알게 된다. 땅의 이곳저곳을 옮겨 다니며 나는 춤을 추고 움직여 본다. 그러면서 '이 장소/움직임/몸의 자세가 맞게 느껴지는가?'라는 질문을 던지며 새로운 가능성을 가늠해 보고자 한다. 사실 그것이 바로 내가 찾고자 했던 것이었다. 어떠한 실존적 안락함도 사라져 버린 것 같은 느낌으로 말이다. 비디오 클립을 검토해 보면서 나는 내 자신이 새로운 장소를 찾으려 하는 모습을 볼 수 있었다. 내 동작은 너무나 뻣뻣하고 조심스러워 보였다. 나는 내 자신에 대한 연민의 마음을 가지고 내가 하는 동작에서 아름다움을 보기 시작했다. 편집을 하면서 나는 재배열해 보기도 하고, 어떤 부분은 더 확대하고 다른 부분은 축소해 보기도 한다. 불편한 마음과 판단하는 마음으로 주저하지 않고, 영상에서 효과적이지 않은 것들은 걸러 냈다. 그리고 내가 생각하지 못했던 많은 가능성을 드러내 보이고자 했다 (Beauchamp, 2008b).

창조하기

즉흥 동작 예술가인 나는 과정과 재료를 모두 주변에 있는 것에서 얻는다. 그리고 이것은 그 과정에 대한 신뢰를 필요로 한다. 이 비디오 프로젝트를 진행하는 동안에, 모든 것이 즉흥적으로 표현되었다. 여기에는 어떠한 스토리 보드도, 사전 계획도 없다. 나 자신도 이야기가 어떻게 흘러갈지 모른다. 이것은 내 애도 경험에 적합한 은유인 것 같았다. 형체는 바로 개연성과 스토리가 수면 위로 떠오르는 편집 과정에서 드러난다. 촬영할 당시에는 개울 위의 작은 육교에 매달려 있는 행동이 딱 맞는 운동 감각으로 느껴졌다. 하지만 시간이 흐른 후 이 이미지를 뒤돌아보면, 마치 내가 절벽에 매달려 있는 것만 같이 보인다. 내가 나 자신을 좀 더 정확하게 보기 시작한 것이다.

이 과정에서 콘텐츠를 발굴하고 신뢰를 쌓아 가는 일은 나의 소매틱 훈련, 특히 오센틱 무브먼트(authentic movement)[18]에서도 유사하게 사용된다(Olsen, 1993; Pollaro, 1999). 그저 마음 가는 대로 움직여 보라. 이후 그림과 글쓰기를 통해 그 활동을 성찰해 보라. 그리고 집단 안에서 그것을 나눠 보라. 장님과 코끼리의 비유에서와 같이, 모든 표현 양식은 그 자체가 가진 진실을 드러내 줄 것이다. 나는 움직여지지 않을 것만 같은 슬픔을 서서히 움직이기 시작했으며, 새로운 무언가를 창조하려 하고 있다.

맺는말

자기몰두(self-preoccupation)에서 벗어나 좀 더 상호적이고 창조적인 상태로 들어가도록 하기 위해 움직여지지 않는(immovable) 슬픔과 같은 감정을 무엇이 움직이게 할 수 있을까? 그중 몇 가지는 나에게 상당히 신비스럽고 어렵게 느껴진다. "이거다!(I got this)"라고 할 수 있는 것도 없다. 창조성은 미지의 것에 몸을 내맡기고 그 과정을 신뢰하는 데서부터 시작된다. 여기에는 '지도'가 있을 수 있다. 하지만 그 지도는 조수석에 보관한 지도라기보다는 숲 속에 떨어진 작은 빵 부스러기라고 할 수 있다. 스티브의 죽음은 내가 갖고 있던 소매

18) 역자 주: 오센틱 무브먼트(authentic movement)는 무용/동작 치료의 선두주자인 메리 화이트하우스(Mary Whitehouse)의 방법에 기초해 있다. 오센틱 무브먼트의 과정은 참여한 사람이 Mover가 되어 움직임을 있는 그대로 봐 주고 담아 주는 경험, 즉 내적 움직임의 경험에 대한 자기 과정(process)과 언어적 나눔(sharing)을 통해 자기이해와 통찰을 갖게 한다.

틱 기술을 새로운 형태로 바꿔 볼 것을 요구했다. 그리고 그 새로운 형태는 모두 내가 무지의 세계로 들어가 위험을 감수해 낼 것을 요구했다. 그러나 역설적이게도 각 예술 형태에 내재된 능력과 제약은 내게 억압과 자유를 동시에 주었다. 프로젝트를 진행할 때마다 나에게 중요한 피드백을 해 준 사람이 있었다(이야기꾼, 선생님, 이 장의 편집자). 그들의 지지와 함께 새롭게 발견한 '지도'를 통해 나는 자신감을 쌓고 앞으로 전진해 나아갈 수 있었으며 움직이지 않을 것이라고 생각했던 것을 움직일 수 있었다.

참고문헌

Beauchamp, I. (2008a). Steve. Retrieved from http://vimeo.com/77825160.

Beauchamp, I. (2008b). OnLand. Retrieved from http://vimeo.com/77831678.

Olsen, A. (1993). Being seen, being moved: Authentic movement and performance. *Contact Quarterly*, *18*(3), 46-53.

Pollaro, P. (1999). *Authentic movement: Essays by Mary Starks Whitehouse, Janet Adler, and Joan Chodorow*. London: Jessica Kingsley.

PART 4
프로그램

47

자살 생존자의 희망의 심장박동 되살리기

다이애나 샌즈(Diana C. Sands)

'희망의 심장박동 되살리기(Restoring the Heartbeat of Hope)'는 성인 자살 유가족들을 위한 집단 프로그램이다. 유가족들이 마음 아픈 상실을 경험한 후에 회복을 하고 삶의 의미와 목적을 새롭게 하기 위해 노력하는 동안, 이 프로그램은 비통한 심정을 달래고 힘을 줄 수 있는 안전한 피난처를 제공한다. 본질적으로 자살은 트라우마적이다. 그래서 의미를 재구성하고자 하는 노력은 종종 쉽게 무너져 내리고, 부정적이고 경직되며 반복적인 주제들에 의해서 상실의 이야기는 무색해진다(Neimeyer & Sands, 2011). 앞을 향해 나아가기 위해서는 자신의 상황에 맞는 치유적인 이야기를 써야 하는데, 이를 위해서는 감정적 · 인지적 자원이 필요하다. 하지만 보통 사별한 사람들은 지쳐 있어서 이러한 자원이 고갈된 상태라고 토로한다. 연구에 의하면, 자살이 트라우마적이고 폭력적이며 의도적인 성격을 갖고 있기 때문만이 아니라 죽은 사람에 대한 사후 애착이 증가하고 그에 따라 새로운 의미를 구성하기가 어렵기 때문에, 유가족들의 애도 기간은 장기화되고 복잡해질 위험이 증가한다(Currier, Holland, & Neimeyer, 2006; Neimeyer, Baldwin, & Gillies, 2006). 집단 프로그램은 적응적인 의미의 재구성을 촉진하기 위한 활동들로 구성된다. 또한 어려움을 다루기 위해 다양한 표현예술 방식을 활용하는데, 이때 창조성과 직관을 통해 앞으로 나아가도록 이끌어 주는 새롭게 떠오르는 의미들에 접근할 수 있다. 참여자들은 둘씩 짝을 지어서, 소집단에서, 그리고 상호작용적인 집단에서 이야기를 하며 다양한 개입 방식을 엮고, 겹치고, 배열하고, 촉진한다. 이러한 개입을 통해 적응적인 의미 구성이 발달되도록 지지한다.

이 프로그램은 지역사회와 건강 전문가들을 통해 경찰서, 장례식, 법의학부 그리고 웹 사이트 자료(http://bereavedbysuicide.com.au/)에서 폭넓게 사용된다. 프로그램 참여를 신청하면, 먼저 접수 면접이 이뤄지고 가족 및 개인 상담 그리고 다른 옵션들이 논의된다(Sands & North, 출판 중). 이때 정보 책자, 팸플릿, 『자살 유가족 어린이들을 위한 빨간 초콜릿 코끼리(Red Chocolate Elephants for Children Bereaved by Suicide)』(Sands, 2010)와 같은 자료들이 제공된다. 접수 면접 후에 집단 프로그램에 참여하기 원하는 이들은 안내를 듣는다. 집단은 보조 자원자의 도움과 함께 전문적으로 진행되며, 8~12명의 참여자가 격주로 3시간씩 총 10번을 모이게 된다. 하지만 이 구조 또한 유연하게 변경될 수 있다. 4일에 걸쳐 8번의 회기를 갖고, 후에 2번의 단독 회기를 추가할 수 있다. 복잡한 의미를 재구성하는 과정을 위해서는 폐쇄 집단 형태를 유지하여 지속성을 보장하고 참여자들 사이에 신뢰, 친밀감, 연결성을 증진시켜야 할 필요가 있다. 사랑하는 사람을 자살로 잃게 되었을 때 유가족들은 세상에 대한 신념이 흔들리고 다양한 후유증을 동반할 수 있기 때문에, 신뢰가 가장 중요한 문제가 된다.

집단 프로그램은 여러 해에 걸쳐 개발되고 있으며, 많은 참여자의 상담과 평가, 최근의 연구 업적과 최상의 임상적 표준에 대한 지속적인 검토를 통해 발전되고 있다. 특히 '자살 유가족을 위한 3중 모델(Tripartite Model of Suicide Bereavement)'(Sands, 2008, 2009; Sands, Jordan, & Neimeyer, 2011)은 이 프로그램의 구조와 발달에 지대한 영향을 미쳤다. 3중 모델은 의미의 재구성과 가족 시스템 이론을 활용해서, 자살 유가족이 가진 관계의 주제와 핵심적인 의미의 구성이라는 주제 사이의 상호작용을 발견하고 명시한다. 이 모델은 자살을 통한 사별이 애도자의 자아감(sense of self)은 물론, 죽은 이와의 관계, 그리고 관계망 안에 있는 타인들에게 다양한 방식으로 위협을 가할 수 있다는 점을 강조한다. 이 모델은 때때로 '상대방의 입장에서 생각해 보기 모델(Walking in the Shoes Model)'이라고 불리기도 한다. 왜냐하면 이 모델은 사별한 사람들이 떠난 사람의 입장에서 생각해 보는 과정을 '신발을 신어 보기(trying on the shoes)' '신발을 신고 걷기(walking in the shoes)' '신발을 벗기(taking off the shoes)'라는 은유를 통해 이야기하기 때문이다. 10번의 집단 프로그램은 이 모델 구성을 따르고, 각기 다른 주제에 초점을 맞추도록 설계된 특별한 개입 방법으로 이루어진 3개의 통합 회기로 구성된다. 모델의 첫 번째 단계는 '신발을 신어 보기'이다. 이 단계에서는 죽음의 의도를 이해해 보기 위해 노력하게 된다. 많은 사람은 사랑하는 사람의 죽음이 사고였는지, 이성적인 판단에 따른 것이었는지 비이성적인 판단에 따른 것이었는지를 궁금해한다. 이를 포함한 다양한 관심사를 '왜'라는 질문들을 통해 탐색한다. 두 번째 단계는 '신발을 신고 걷기'이다. 이 단계에서는 죽은 사람이 삶과 죽음에서 겪은 고통 중에 알고 있는 것과 상상한 것들을 통합해서 그 고통을 재구성해 본다. 또한 어떻게 이러한 노력들이 의미의 형성과 관계의 복원을 이끌어낼 수 있는지를 보게 된다. 마지막 단계는 '신발을 벗기'이다. 이 단계에서 다루는 주제는 사랑하는 사람과 자신을 분리하여 그와의 적응적인 관계를 재건하고 다시금 회복과 삶에 대한 노력을 할 수 있도록 돕는다(Neimeyer & Sands, 2011).

집단 프로그램에서 중요한 것은 애도를 관계적 과정이라고 보는 개념과, 상호적 자기돌봄의 철학과 애도자들이 모인 집단 안에서 양육된다는 개념이다. 아드리아네의 황금 실타래[19]와 같이 슬프고, 트라우마적인 애도의 소재와 함께할 수 있는 허용성과 관계적으로 연결하는 것이 중요하다. 이는 참여자들이 자살 사별의 미로 속에서 재구성된 의미를 찾아가기 위한 중요한 길잡이가 된다. 이 프로그램은 관계의 형성을 촉진해서 애도하는 참여자들이 집단을 안전한 공간이라 믿고 신뢰하고 기댈 수 있도록 한다. 사별한 사람들은 자신의 동료 참여자들을 위해서라도 주저하면서 회복의 희망을 품는다. 그러나 집단의 과정이 진행되면서 드러나는 인간 존재의 힘과 취약성이라는 역설적 모습에 존중과 감탄의 마음이 깊어진다. 참여자가 자신을 위해 회복의 희망을 붙들기에는 너무 취약할 때 다른 참여자들이 대신해서 그 희망을 붙들어 주는 것이 바로 치유의 핵심이다. 사랑하는 부모님을 여읜 한 여성이 말했다. "어떻게 이 상황을 설명해야 할지 적당한 말을 찾지 못하겠어요. …… 무언가가 저를 다음 단계로 데려가는 것 같아요. …… 마치 마술 같이요. …… 하지만 정말 도움이 되었던 건 여기 (이 집단에) 이렇게 모인 우리 모두라고 생각해요."(Sands, 2008)

집단 프로그램에서는 다양한 표현예술적 개입이 활용된다. 예를 들면, 가계도 그림, 가면과 의미, 발언 막대기를 가지고 얘기하는 것에 대해서 토론하기, 은유적 이야기, 상징물, 사랑하던 사람과의 기억이 담긴 물건들, 인형, 신체 감각 훈련, 실연, 얼굴과 몸 조각하기, 유도된 시각화, 이완 활동, 글쓰기, 저널링, 시, 시각적 심상 작업, 음악, 동작, 개인적이고 집단적인 의식(儀式) 등이 있다. 집단 프로그램의 각 단계에서 사

---

19) 역자 주: 아드리아네는 그리스 신화에 나오는 크레타의 왕 미노스의 딸이다. 미노스가 미로 궁전에 미노타우로스라는 괴물을 가두고 아테네로부터 조공받은 처녀나 총각을 바치고 있었다. 아테네의 왕자 테세우스가 아리아드네의 조언에 따라 황금 실타래를 풀고 미로로 들어가 괴물을 죽이고 나오는 데 성공한다.

용한 표현예술적 개입의 예시는 아래에서 설명할 것이다. 다음의 '사라'의 사례 속에서 이러한 개입들을 살펴볼 수 있다. 그녀는 두 명의 학령기 아이를 둔 어머니로, 두 달 전 남편 빌을 자살로 잃었다. 사라는 첫 번째 집단 모임에 참여하기 위해 상당한 노력이 필요했다. 지금 그녀는 집단과 함께 이 방에 앉아 있기는 하지만, 문 바로 옆에서 슬픔의 무게에 짓눌린 채로 있다. 많은 참여자가 그러하듯이, 사라는 언제나 슬픔에 빠져 있었다. 그 슬픔은 유기, 혼돈, 수치심, 죄책감, 분노, 상처, 절망으로 가득 찬 치명적인 복합체였다. 그녀는 일어난 일을 이해하려고 노력하고, 그 일들이 어떤 결과로 나타날지 걱정하면서 모든 에너지를 자신의 내면에 집중시켰다. 매일 늦은 밤, 사라는 자살을 해야겠다는 생각 때문에 잠을 설쳤다. 이렇게 담배의 잿빛 연기와 같은 생각들은 하루 종일 그녀를 따라다녔다. 그녀가 아이들을 학교로 데려다 줄 때는 잠시 동안 물러나 있는 듯했지만, 이내 그녀가 집에 도착했을 때 다시 찾아오곤 했다. 대다수의 참여자와 유사한 방식으로 사라는 불편함과 외로움을 느끼고 있었으며, 집단에 참여하는 것에 대해 괴로움을 느끼고 있었다.

은유적 이야기

첫 번째 회기에서 간단한 지침을 소개하고 시작 활동과 도입부를 마친 후, 참여자들이 각자의 사적인 상실의 경험을 공유하기에 앞서 집단은 이야기를 듣기 위해 한자리에 모였다. 상실, 절망, 구원이라는 보편적 주제를 담은 은유적 이야기는 집단을 하나의 공동체로 묶어 안전감을 형성하고 공감적 이해를 돕는다. '돌멩이 수프(Stone Soup)'(익명)가 바로 이와 같은 이야기이다. 이것은 내전으로 인해 황폐해진 국가의 중앙에 위치한 작고 황량한 마을에 관한 이야기이다. 이 마을의 풍경은 묘하게도 사별한 사람의 황폐한 내면세계와 닮아 있었다. 하지만 이야기가 전개되면서, 어떻게 이렇게 어둡고 척박한 곳에서 공동체가 형성돼서 자양분이 생겨나고 희망을 발견하여 치유를 경험하게 될 수 있었는지를 은유적으로 깊이 이해해 볼 수 있었다. 집단 환경에 대한 여러 가지 의미를 소개하는 이야기와 관련하여 상호 교류하며 이야기가 발전되었다. 여기서 강렬한 슬픔을 넘어 잠정적 변화로의 가능성을 직감할 수 있다(Sands & Tennant, 2010).

참여자들은 집단에 참여하는 것이 어떤 도움이 될지 생각하면서 그것이 상징하는 색깔의 천을 선택하도록 초대된다. 사라는 무지개 색의 천을 선택하고 나서 말했다.

"무지개는 희망과 연관되어 있는데…… 제 아이들을 위해서 희망을 좀 가졌으면 좋겠어요." 또한 참여자들은 집단 활동을 지속하거나 그로부터 유익함을 얻는 데 방해가 될 만한 것이 무엇인지 생각해 보고 그것을 대표하는 돌을 선택한다. 사라는 자신의 자살 충동을 지목하고, 그것을 대표할 수 있는 검정색 돌을 선택하였다. 이 검정색 돌은 어떻게 '모든 것이 어둡고 기진맥진하게 만드는지'를 나타내 주며, '그냥 포기해.'라는 유혹의 말을 보여 주는 것이었다. 참여자들은 색깔 천으로 하나의 원을 만들었고, 이 '수프 항아리'에 돌을 집어넣었다. 돌은 그 수프 항아리 안에서 집단에 자양분을 제공해 주는 것으로 변환되었다. 이 이야기는 한쪽 발을 문밖에 걸쳐 놓고 있던 참여자들마저 필연적으로 집단의 원 안으로 들어올 수 있게 한다. 그들을 집단 안으로 끌어들여, 자기 자신(self)과의 관계를 성찰하고 집단 안의 다른 사람들과의 관계를 촉진시킬 수 있도록 한다. 중요한 것은 이 개입이 참여자들의 고통과 절망을 드러내지만, 그것에 대한 정교한 작업은 요구하지 않는다는 것이다. 첫 번째 목적은 그저 집단의 소속감, 진실성, 인내력, 안정감을 강화하는 것이다. 촉진자는 참여자들이 삶의 이야기를 재구성할 수 있는 방식으로 그들의 이야기를 나눌 수 있게 최적의 기회를 만들어 내고자 노력한다. 청중의 존재도 이러한 과정에서 한몫하는데, 그들은 서로의 고통에 의해 압도되지 않으면서도 적극적으로 참여하고 다른 사람의 이야기를 잘 들어준다.

가면과 의미

이러한 관계의 주제들은 '가면과 의미'라는 제목의 세 번째 회기에서 조금 더 탐색되었다. '가면과 의미'는 슬픔이라는 가면의 장단점을 살펴보는 개입이다. 나무 가면은 상징적으로 각기 다른 슬픔의 단면들을 드러내 보일 수 있도록 만들어졌다([그림 47-1] 참조). 그리고 애도자들이 선택해서 쓰게 된 많은 가면의 의미를 탐색해 볼 수 있는 대화가 이어졌다.

참여자들은 사별한 사람들을 다른 사람들로부터 보호하고 사별한 사람들의 고통으로부터 다른 사람들을 보호하는 가면의 장점에 대해서 생각해 보았다. 그들은 다른 가면을 제안하거나 논의했다. 예를 들면, '나는 무감각해요'라는 가면, 유령 같은 가면, '난 괜찮아요'라는 가면, 분노의 가면, 바빠 보이는 가면 등 다양한 가면에 대해 이야기를 나눴다. 그들은 가면의 단점에 대해서도 생각해 보았다. 가령 지금 쓰고 있는 마스크가 자신의 원래 얼굴이라고 생각할 수 있다. 가면 뒤에서 얼마나 외로울까? 마스크

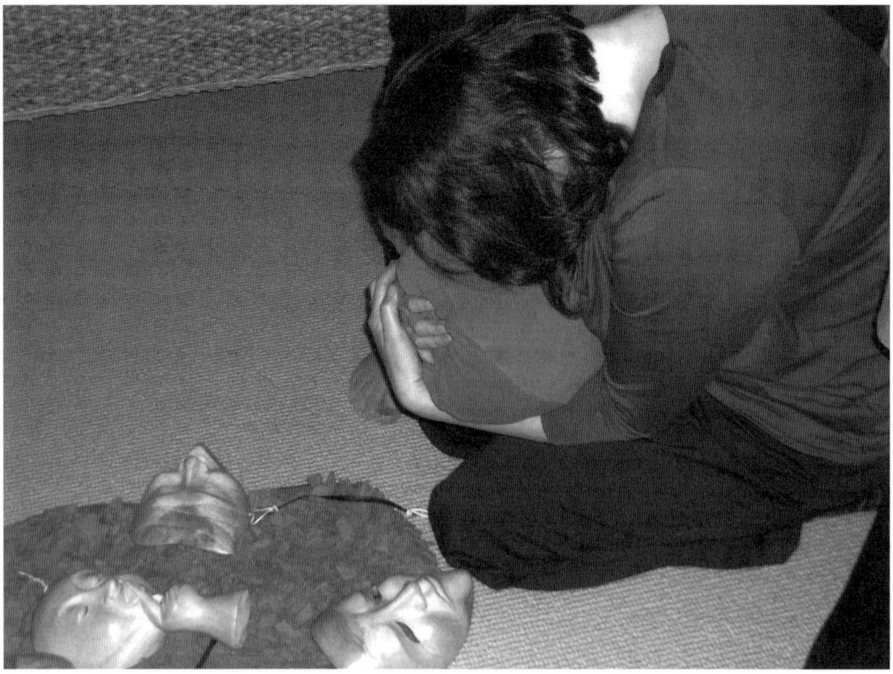

[그림 47-1] 각각 애도에 대한 다양한 반응들을 보여 주는 가면을 집단 구성원들이 직접 착용해 보고 신체 조각을 해 보는 것으로 활동이 전개된다.

를 항상 쓰기 위해서는 노력하는 것이 얼마나 힘들까?

이러한 개입은 얼굴과 신체 조각하기로 발전될 수 있다. 참여자들은 짝을 이뤄 그들이 최근에 자신을 위해 썼던 가면에 대해 이야기를 나눠 본다. 그리고 각자 돌아가며 파트너와 촉진자의 도움으로 자신의 얼굴과 신체를 조각해서 가면을 만든다. 물리적인 외적 재료를 통해서가 아닌 얼굴 표정, 몸의 매너리즘과 위치를 통해 가면을 신체에 직접적으로 조각해 본다. 그다음으로, 참여자는 가면 뒤에 내적 애도의 경험을 조각한다. 사라는 다른 엄마들과 함께 학교 문 앞에서 아이를 기다리는 동안에 '나는 괜찮아'라는 가면을 쓰고 있었다고 말했다. 신체에 직접적으로 조각했을 때, 이 가면은 사라에게 '나에게 묻지 마.'라는 거리 두는 자세를 갖게 하였다. 하지만 이러한 자세는 그녀의 내적 경험과는 유사성이 없다. 내적 경험을 조각하자, 사라는 태아의 자세와 같이 몸을 구부려, 자신의 팔로 머리를 감싸고, 손으로 입을 꽉 막고 있는 모습을 보여 주었다. 사라는 머뭇거리며 아이들의 학교에서는 빌이 어떻게 죽었는지를 말해 본 적이 없다고 집단에서 토로했다. 흐느껴 울며, 사라는 빌이 그 자신에게 무슨 짓을 했는지, 그녀 자신의 어두운 생각들은 무엇인지를 입 밖으로 꺼내 놓을 수 없다고 했다. 그녀는 다른 사람들이 그녀 자신에 대해, 아이들에 대해, 빌에 대해 판단하게 될 것이 두려웠다. 그녀는 빌을 사랑했다. 그녀의 세계에는 온통 그가 자리해 있었기 때문에 사라는 빌 없이 어떻게 세상을 살아갈 수 있을지 알지 못했다. 사라는 집단을 둘러보았고, 동료 애도자들의 눈에서 이해와 공감을 느낄 수 있었다. 그녀는 가면을 벗고 슬픔의 고요한 순간 속에서 평온함을 느낄 수 있었다. 이 경험은 사라의 자기 자신과의 관계를 미세하게 변화시키고, 집단 안에 연결되는 느낌을 강화시켜 주었다. 사라의 통찰은 빌의 비극적인 죽음을 다시 이야기하는 과정에서 중요한 관계의 교정을 이룰 수 있게 하였다. 더불어 자살이라는 그늘로 인해 감춰졌던 빌의 사랑스럽고, 좋고, 친절한 면들을 드러낼 수 있게 하였다.

가계도 그리기와 가족 스냅사진

'가계도' 그리기와 '가족 스냅사진' 개입(Neimeyer & Sands, 2011)은 보통 네 번째 회기에서 이뤄진다. 이는 가족과 함께 애도하는 다양한 방법에 대한 이해를 증진시키기 위한 것이다. 애도의 과정 속에서 가족의 대화가 중요한 역할을 한다는 것을 강조한 연구가 있다(Sands & North, 출판 중). 그리고 이러한 개입은 각기 다른 애도와 대처 방식이 가진 의미를 생각하고 재건해 볼 수 있는 기회를 준다. '가족'이라는 단어는 생물학적 관계뿐만 아니라 다른 중요한 관계를 설명하고자 할 때도 사용된다. 대가족을 가진 사람도 있고 좀 더 듬성듬성한 작은 관계망을 가진 사람도 있지만, 대체로 참여자들은 가계도에서 6~10명 정도의 중요한 대상을 선정한다. 애도자 자신은 그림의 중앙에 놓고, 중요한 타인은 막대 그림, 얼굴, 얼굴 이모티콘, 또는 이니셜과 같은 상징으로 표시된다. 심리학적 가계도(genogram)를 그리기 위해 사용하는 상징들도 사용해서 지지적·갈등적·분열적 관계들을 나타낼 수 있다(McGoldrick, 1995). 그림에서 대가족과 같은 큰 집단을 표시하기 위해 원이나 다른 상징으로 그 집단을 대표하는 것도 하나의 방법이다. 사라의 가계도에는 자신의 두 아이, 죽은 남편 빌과 함께 친정, 시댁, 친한 친구들 중에서 중요한 사람들이 표시되어 있다. 애완견도 가족에서 중요한 역할을 할 수 있기 때문에 가계도에 포함될 수 있다.

촉진자는 체계적인 가족 질문을 통해 참여자들이 성찰할 수 있도록 한다. 참여자들은 자신에게 의미 있다고 생각되는 질문에 대한 대답을 가계도에 메모하거나 상징을 그려 넣는다. 질문은 가족들 사이에 관계를 물어보는 것으로 시작한다. 죽은 사람과의 관계는 어떠했는지, 죽음 전에 고통스러운 경험을 어떻게 다뤄 왔는지, 죽음 이후에 가족에게 어떤 일들이 생겼는지를 물어본다. 자살한 사람이 어떻게 죽음에 이르게 됐는지에 대해 가족 구성원들은 각각 다른 설명을 할 수 있는데, 이에 대한 질문을 던져도 된다. 가족 중에 그들이 걱정하는 다른 사람이 있는가? 이러한 걱정을 하고 있다면, 다른 가족 구성원들이 그 걱정에 대해 뭐라고 얘기할까? 가족 중에 누구에게 애도가 허용되고 누구에게는 금기시되어 있는가? 사랑하던 사람의 삶과 죽음의 고통이 가족 안의 어느 부분에 머물러 있다고 상상되는가?

참여자들은 가계도에 제목을 붙이고 소집단에서 자신들이 깨달은 것들을 나누게 된다. 사라는 그녀의 가계도 제목을 '깨어진 가족'이라고 붙였다. 그리고 시어머니가 빌의 죽음을 사라의 탓으로 돌리는 것만 같다는 생각에 그녀의 애도는 더 무거워졌다고 설명을 덧붙였다. 이러한 생각을 갖게 된 것은 장례식장에서 다른 사람이 하는 애매모호한 말을 우연히 듣게 된 후부터였다. 빌이 죽은 후로 시어머니가 눈을 피하는 것도 한몫했다. 사라가 속한 소집단에는 아들의 죽음으로 슬픔에 빠진 한 어머니가 있었다. 그녀의 말들은 시어머니의 행동에 대한 새로운 관점을 제시했다. 이 어머니는 자신의 며느리와 손자들에게 위안을 제공하는 데 자신이 부족하다는 생각에 압도되어 있다고 말했다. 덧붙여 이 어머니는 아들의 죽음이 야기한 고통과 상처에 대해 자신이 얼마나 큰 책임감을 느끼고 있었는지에 대해 말해 주었다.

'가계도'에 함께 사용할 수 있는 요소가 바로 '가족 스냅사진'이다(Neimeyer & Sands, 2011). 참여자들은 서로에게 다양한 가족 구성원의 역할을 배정한다. 그리고 신체 자세와 의자, 베개와 같은 소품을 활용해 다른 구성원들이 어떻게 슬퍼하고 있는지를 시각적 이미지로 표현한다. 개입의 과정에서 촉진자는 어떤 참여자의 가족을 재연하고 있는지, 그리고 어떻게 이 가족 스냅사진을 바꿨으면 좋겠는지 물어본다. 또는 이제까지 일어난 일에 대해 그들의 가족이 어떻게 대처해 나가기를 원하는지를 묻는다(더 자세한 사항은 Neimeyer & Sands, 2011 참조). 사라는 특히 아이들이 할머니를 그리워했기 때문에, 자신의 시어머니가 다시 가계도에 포함되기를 바란다고 하였다. 사라는 치료사의 질문을 통해 이 생각을 더 탐색해 보았다.

신뢰의 몸

프로그램의 중반 회기에서, 참여자들은 충분한 신뢰와 안정감을 가지고 사랑하던 사람의 죽음뿐 아니라 죽음의 뒷이야기들을 나누게 된다. 죽음 이야기는 자살로 인해 사랑하는 사람을 잃은 유가족들이 그 사람과 가장 많은 시간을 보내는 활동이다. 사별한 사람은 사랑하는 사람의 삶과 죽음의 고통을 마주하며 의미를 재구성하려고 노력한다. 여기서 '신발을 신고 걷기(walking in the shoes)'라는 주제가 두드러진다. 사라에게 있어 죽음의 이야기는 계속해서 그녀와 함께하고 있었다. '신뢰의 몸'(Neimeyer & Sands, 2011; Sands, 2012; Sands & North, 출판 중)은 트라우마에 관한 한 연구에 기반을 둔다. 그 연구는 트라우마적인 사건의 통합을 위해서는 체화된 신체적 · 감각적 정보를 포함하는 것이 효과적이라는 점을 강조한다(Rothschild, 2000; Ogden, Minton, & Pain, 2006). 트라우마는 비언어적인 형식으로 각인된다. 따라서 표현예술적 개입은 이러한 체화된 감각적 정보에 접근할 수 있도록 도와준다. 그리하여 "분열된 것들을 이야기로 통합해 낼 수 있는 기회를 만들어 준다"(Neimeyer & Sands, 2011, p. 16).

죽음 이야기의 재건이 종종 자살의 관념을 내포하고 있기 때문에, 신뢰의 몸은 전문적인 촉진 작업을 요한다. 이 이야기는 애도자와 함께 있는 곳은 고통스럽고 민감한 공간이다. 하지만 무엇보다도 죽음 이야기의 반추에서 애도자가 홀로 조용히 취약하고 위험한 상태에 있지 않는 것이 중요하다. 한 아버지는 자신의 자살한 아들을 발견하자마자 CPR을 시행했다. 그는 계속해서 아들의 침실로 돌아가 그를 소생시키기 위한 시도들이 실패했던 순간을 반복적으로 경험하고 있다고 했다. 그가 묘사한 방에는 문도 창문도 없었다. 신뢰의 몸이 촉진하고자 하는 것은 이 아버지가 그 방에서 나올 수 있도록 문을 만들어 주고, 그의 아들을 새롭게 기억하며, 그와 새로운 관계를 형성할 수 있도록 도와주는 것이다.

집단 참여자들은 종이에 애도자의 몸 윤곽을 실물 사이즈 그대로 본떠 그린다. 그다음, 애도자가 말을 하는 동안에 애도 경험을 통해 느끼고 있는 핵심을 포착해서 색, 상징, 단어들로 그 안을 채워 넣는다. 물결 모양의 파란색 선을 형체 주변에 둘러서 불안을 표현해 볼 수 있고, 심장 안에 부서진 하트를 그려 볼 수도 있다. 이렇게 촉진되어 천천히 전개되는 과정은 애도자들이 안전하다고 느끼는 환경에서 다뤄져야 하며, 작업을 완전히 끝낼 수 있게 충분한 시간이 필요하다. 실연(enactment)을 통해 애도자들은 상징적으로 베개를 활용해서 사랑하던 사람을 안고 아기를 다루듯이 좌우로 흔들어볼 수 있고, 하지 못했던 말을 해 볼 수도 있다. 사랑하던 사람이 죽었던 현장에서는 충격과 트라우마로 인해, 경찰들의 개입으로 인해 하지 못했던 행동을 할 수 있는 것이다. 신뢰의 몸은 고통뿐만 아니라 분노의 다양한 면을 변화시킬 수 있는 기회가 된다. 사랑하던 사람이 고통스러워했던 부당함에 대한 분노 혹은 죽음을 막아 낼 수 없었던 자신을 향한 분노를 변화시킬 수 있다(더 자세한 사항은 Neimeyer & Sands, 2011; Sands, 2012; Sands & North, 출판 중 참조).

미로 걷기

집단의 후반부 회기들은 참여자들이 자신이 사랑하던 사람의 '신발을 벗으면(take off the shoes)' 어떠할지 탐색하는 개인 또는 집단의 의식(儀式)에 초점을 맞춘다. 이 단계는 각 참여자의 자유를 존중하며 제안된다. 즉, 참여자들이 신발을 벗을지 말지, 언제 벗을지, 어떻게 벗을지는 다 다를 수 있다는 점을 존중한다. 미로 걷기라는 집단 활동은 사랑하던 사람과의 적응적인 양육 관계를 구축할 수 있도록 돕는다. 그 과정에서 사랑하던 사람이 가지고 있던 긍정적인 좋은 요소들을 애도자의 지속되는 삶 속으로 엮어 낸다(Sands, 2009; Sands, Jordan, & Neimeyer, 2011). 이러한 의식은 사라가 자살이라는 장막에 가려진 빌을 다시 불러들여 좋은 성품의 사랑스러운 남편이자 아빠로서의 지위를 자신에게뿐 아니라 아이들에게도 되돌려 줄 수 있도록 했다. 이것이 그들의 오랜 삶의 여정을 지속할 수 있도록 도와주었다. 집단 프로그램은 실내나 야외의 바닥에 놓을 수 있는 캔버스 천으로 만든 미로를 사용했다. 미로를 걸으면서 집단의 대화 및 개인의 성찰을 촉진할 수 있다. 동작, 음악, 상징, 초, 사진, 꽃, 상징물, 돌멩이를 이용해 의식을 더 깊이 있게 만들어 줄 수 있다. 이 단계의 이름과 같이 애도자들은 자신의 신발을 벗고 미로로 들어갔다. 그리고 자신이 고통과 슬픔에서 벗어나 지나간 새로운 길을 돌멩이를 놓아가며 표시했다. 이 방법은 참여자가 최대한의 이해를 하면서 자신이 사랑하던 사람과 함께 미래를 향할 수 있도록 해 준다. 또한 미로 걷기는 참여자들이 이 여정을 함께 했으며, 한 걸음씩 어둠에서 빛으로 나아가는 데 협력했다는 사실을 인정하게 되는 중요한 집단 의식이다.

자살 유가족들을 위해 표현예술치료 방법을 사용하는 것의 이점은 바로 사람들이 슬픔을 표현할 수 있는 각양각색의 방법을 접할 수 있다는 것이다. 이를 통해 죽은 사람과의 관계에서 말로 표현할 수 없는 효과를 볼 수 있다. 희망의 심장박동을 되살리는 활동은 오랜 세월 동안 참여자들에게 긍정적인 평가를 받으면서 지속되고 있다. 더불어 이 활동의 효과를 뒷받침해 줄 수 있는 증거가 집단 참여자들의 지속적인 활동 속에서 발견되고 있다. 이들은 오랜 세월 동안 서로가 연락하고 전진해 나가며, '희망의 날개(Wings of Hope)'라는 자선단체를 설립했다. 이 단체는 과거 집단의 참여자들이 다른 자살 유가족들에게 손을 뻗고 그들을 지지하기 위해 운영하고 있다. 현재 시점에는 이 프로그램을 광범위하게 평가하기 위한 자금 계획이 진행 중에 있다. '희망의 심장박동 되살리기' 집단 프로그램은 다른 형태의 폭력이나 트라우마적 상실에도 접목이 가능하다. 또한 많은 개입 방법은 개인 또는 가족 상담의 형태로 변형이 가능하다(Sands & North, 출판 중). 이 프로그램은 이러한 사별한 사람들과의 작업을 위한 것이다. 이 프로그램을 통해 애도자들은 자신의 몸과 마음을 들여다보고, 그로부터 자신이 품고 살아갈 수 있는 혹은 누군가에게는 말 그대로 그들의 삶을 가능케 할 수 있는 이야기를 엮어 낸다.

참고문헌

Currier, J. M., Holland, J. M., & Neimeyer, R. A. (2006). Sense-making, grief, and the experience of violent loss: Toward a mediational model. *Death Studies*, *30*, 403-428.

McGoldrick, M. (1995). Helping families mourn their losses. In F. Walsh & M. McGoldrick (Eds.), *Living beyond loss: Death in the family* (pp. 50-58). New York: Norton.

Neimeyer, R. A., Baldwin, S. A., & Gillies, J. (2006). Continuing bonds and reconstructing meaning: Mitigating complications in bereavement. *Death Studies*, *30*, 715-738.

Neimeyer, R. A., & Sands, D. C. (2011). Meaning reconstruction and bereavement: From principles to practice. In R. A. Neimeyer, D. L. Harris, H. R. Winokuer, & G. F. Thornton (Eds.), *Grief and bereavement in contemporary society: Bridging research and practice*. New York: Routledge.

Ogden, P., Minton, K., & Pain, C. (2006). *Trauma and the body: A sensorimotor approach to psychotherapy*. New York: Norton.

Rothschild, B. (2000). *The body remembers: The psychophysiology of trauma and trauma treatment*. New York: Norton.

Sands, D. C. (2008). *A study of suicide grief: Meaning making and the griever's relational world* (Unpublished PhD thesis). University of Technology, Sydney, Australia.

Sands, D. C. (2009). A tripartite model of suicide grief: Meaning-making and the relationship with the deceased. *Grief Matters: The Australian Journal of Grief and Bereavement*, *12*, 10-17.

Sands, D. C. (2010). *Red chocolate elephants: For children bereaved by suicide*. Sydney: Karridale.

Sands, D. C. (2012). The body of trust. In R. A. Neimeyer (Ed.), *Grief therapy: Creative strategies for counseling the bereaved*. New York: Routledge.

Sands, D. C., Jordan, J. R., & Neimeyer, R. A. (2011). The meanings of suicide: A narrative approach to healing. In J. R. Jordan & J. L. McIntosh (Eds.), *Grief after suicide*. New York: Routledge.

Sands, D. C., & North, J. A. (2014). Family therapy following suicide. In D. W. Kissane (Ed.), *Bereavement care for families*. New York: Routledge.

Sands, D., & Tennant, M. (2010). Transformative learning in the context of suicide bereavement. *Adult Education Quarterly*, *60*, 99-121.

[희망의 심장박동 되살리기의 자료를 더 보고싶다면 다음의 웹 사이트를 참조하시오:
http://www.bereavedbysuicide.com.au/]

48

통합적 작사

토머스 돌턴(Thomas A. Dalton) & 로버트 크라우트(Robert E. Krout)

들어가기

통합적 작사(integrative songwriting)는 원곡의 형태 안에서 애도의 핵심적인 요소와 표현들을 창조적이고 통일된 형태로 조합한다. 노래는 음악적 그릇(container)이 된다. 곧, 그것은 생각, 감정, 기억, 상실의 경험들을 가사, 멜로디, 리듬에 녹여낸다. 내담자는 음악치료사, 애도 전문 상담자, 집단의 촉진자와 함께 가사와 음악의 창작에 적극적으로 참여한다. 작사의 과정은 내담자에게 자기 자신의 애도 경험에 대한 통찰과 대처 방식을 가져다준다. 원곡을 연주하는 것뿐 아니라 창작한 녹음 파일을 들어 보는 것은 심미적으로 상당한 영향력을 지닌다. 이는 개인적인 노래의 요소들을 종합한 것을 뛰어넘는 의미 있는 형태(Gestalts)가 되어 건강한 애도(healthy grieving)로 향하는 길을 밝혀 준다.

우리의 통합적 작사 모델은 7번 회기의 집단 과정 속에서 이뤄진다. 그 과정은 시작 회기, 종결 회기, 그리고 그 사이에 총 5번의 집중적인 작사 회기로 구성되어 있다. 작사 회기들에서 촉진자는 이 장의 첫 번째 저자가 이미 만든 〈내 삶은 변화 중이다(My Life Is Changing)〉라는 CD에 있는 노래를 사용한다(Dalton, 2012). 이 CD에는 〈그 일은 이렇게 일어났다(This Is How It Happened)〉 〈너무나 많은 감정(So Many Feelings)〉 〈난 기억해(I Remember)〉 〈서서히 떠나간다(Slowly Moving Away)〉 〈내 삶은 변화 중이다

(My Life Is Changing)〉라는 노래가 있다. 모든 노래는 각자 이미 완성된 후렴구가 있지만, 후렴구 외에는 가사가 없이 음악만 입혀져 있다. 각 노래의 후렴구 가사는 필자들이 개발한 애도 작사 과정에서 정의했던 애도 과정의 각 단계와 관련된 주제들을 담고 있다(Dalton & Krout, 2005, 2006; 〈표 48-1〉 참조). 노래 〈그 일은 이렇게 일어났다〉를 이용해서 내담자는 어떻게 그들이 사랑하던 사람이 죽게 되었는지를 자신의 개인적인 관점에서 말하게 된다. 〈난 기억해〉라는 노래를 이용해서 내담자는 그들이 사랑하던 사람과의 중요한 기억과 경험들을 떠올려 보게 된다. 〈서서히 떠나간다〉라는 노래를 이용해서 내담자는 자신의 상실을 애도하면서 어떻게 삶의 활동들을 이어 나가고 있는지를 나누게 된다. 〈내 삶은 변화 중이다〉라는 노래에서는 내담자가 상실의 경험을 통해 얻은 통찰, 변화, 혹은 개인적 성장을 공유하게 된다.

노래의 후렴구를 들어 본 후, 촉진자는 내담자가 후렴구의 주제와 관련된 자신의 경험을 나타내는 가사를 쓸 수 있도록 도와준다. 노래가 (라이브든 녹음된 것이든) 배경으로 흘러나오며, 집단의 참여자들은 가사에 대한 생각들을 브레인스토밍해 보며 떠오른 것들을 적게 된다. 그러고 나서 참여자들은 집단에서 자신만의 가사를 공유하고 이해하는 기회를 갖게 된다. 가사를 공유한 후, 집단은 다 같이 노래를 불러 본다. 흘러나오는 음악에 따라 각자 자

표 48-1 〈내 삶은 변화 중이다〉 CD에 들어 있는 각 노래의 후렴구

그 일은 이렇게 일어났다	너무나 많은 감정	난 기억해	서서히 떠나간다	내 삶은 변화 중이다
그 일은 이렇게 일어났다. 내가 사랑하는 사람의 죽음 말이다. 죽음과 그 죽음 뒤의 이유를 이해하려고 노력 중이다. 때때로 나는 그것을 믿을 수 없고 어떤 때는 울기도 한다. 그 일은 이렇게 일어났다, 내가 사랑하는 사람의 죽음 말이다.	너무나 많은 감정과 너무나 큰 고통. 당신의 죽음은 나에게 큰 상처야. 난 결코 이전과 같아지지 못해. 난 이것을 표현해 볼 거야. 설명하려고 해 볼 거야. 너무나 많은 감정과 너무나 큰 고통.	나는 좋았던 때를 기억해. 그리고 나빴던 때도 기억하지. 우리가 함께 나눴던 모든 것. 당신은 내 가슴속에 영원히 살아 있을 거야. 당신을 떠나보내기가 너무나 힘들어. 이 마음을 보여 주기가 두렵지 않아. 당신을 언제나 사랑할 거야. 난 기억해.	나는 이 모든 고통과 슬픔에서 떠나가고 있어. 이 모든 애도의 시간들 속에서 난 내일을 생각해. 나는 서서히 떠나가고 있지만 너를 함께 데려갈 거야. 내 심장과 영혼 안에서, 나의 기도와 기억 속에서.	(내 삶은 변화 중이다) 난 결코 이전과 같아지지 못해. 나는 수없이 다른 방법으로 당신을 이해할 거야. 난 사랑과 고통을 통해 너무나 강인해졌지. 당신의 영혼은 항상 간직하고 있을 거야.

신의 가사를 말하거나, 노래하거나, 랩을 한다. 후렴구는 다 함께 한 목소리로 부르게 된다. 집단과 함께 노래를 불러 본 다음에, 참여자들은 이러한 작사 과정에 대한 경험을 논의하게 된다.

사례 연구

VITAS 캠프는 2일간의 숙박 사별 캠프로, 사랑하는 사람을 여읜 7~17세에 이르는 아동과 청소년들을 위해 이 장의 첫 번째 저자가 설계한 것이다. 이 캠프는 플로리다 브로워드 카운티의 VITAS 혁신적 호스피스 돌봄센터(Innovative Hospice Care)의 후원을 받아 플로리다 포트 로더데일의 휴 테일러 자작나무 주립 야영장(Hugh Taylor Birch State Campgrounds)에서 개최되었다. 이 캠프는 전통적인 캠핑 활동인 하이킹, 낚시, 카누, 해변과 캠프파이어 활동으로 이뤄진다. 그리고 이에 더해 통합적 작사 집단 활동을 포함한 다양하고 집중적인 애도 활동들도 이뤄진다. 올해 캠프에는 35명의 참여자가 5개의 집단으로 나눠져 이틀 동안 다양한 활동을 돌아가면서 한다. 작사 과정은 시간적 제약과 캠프 경험에 맞춰 조정되었다.

작사 활동 집단에서 작사 과정을 소개한 이후에, 참여자들은 〈내 삶은 변화 중이다〉 CD 안에 실린 5개의 노래 중 하나를 듣고 부르면서 손바닥 크기의 타악기를 연주한다. 노래의 후렴구를 배운 후에는, 참여자들이 후렴구 주제와 관련된 자신의 상실 경험을 나타내는 생각, 아이디어들을 자유롭게 적어 본다. 그런 후, 자신들이 적은 것들을 함께 나누면서 각자의 상실 경험이 가진 유사점과 차이점들을 논의해 본다. 그다음에는 노래를 만드는 녹음 과정에 참여한다. 노래를 틀고, 마이크를 돌리며 자신의 차례에 각자 자신의 노래를 말로, 노래로 혹은 랩으로 표현한다. 후렴구 부분은 모든 이가 한 목소리로 따라 부른다. 집단의 몇몇 사람은 자발적으로 가사 내용의 흐름에 맞춰 자신의 가사를 즉흥적으로 변형시키기도 한다. 어떤 참여자들은 자신만의 멜로디로 가사를 부르기도 한다. 녹음이 끝나면 참여자들은 그들이 완성한 노래를 다시 들어보면서 작사 과정이 어떻게 자신의 애도 경험을 다룰 수 있도록 도와주었는지를 논의해 본다. 각 집단에서 녹음된 5개의 노래를 하나로 이어 붙여 집단을 종결하는 의식에 사용한다. 이때 이틀간 캠프 경험을 하고 있는 아동과 청소년들을 찍은 사진을 슬라이드 쇼로 만들어 노래와 함께 재생한다. 이 슬라이드 쇼는 또한 그들이 가져온 사랑하는 사람의 사진과 캠프에서 했던 예술 프로젝트의 사진들을 종합적으로 보여 준다. 집단 종결 의식에서는 집단에 참여한 아동 및 청소년과 그들의 부모/양육자들 앞에서 5개의 노래를 틀고 슬라이드 쇼를 함께 상영한다. 이틀 동안 참여자들과 함께했던 캠프 스태프 상담자들 역시 아동, 청소년, 가족들 옆에 앉아 의식이 진행 동안과 그 후에 지지와 격려를 보내 준다. 슬라이드 쇼를 보고 작사 집단에서 만들어진 노래를 들어 보면서 의미 있고 성찰하는 과정을 거치게 되는데, 이는 참여자들과 그들의 가족 모두에게 풍부한 감정을 일으키고 시각적으로도 감동적이다. 이미 완성된 노래 후렴구에 덧붙인 그들의 창의적인 가사와 멜로디는 가슴이 아프면서도 동시에 살아 있음을 느낄 수 있도록 해 준다. 노래 〈서서히 떠나간다〉를 이용한 다음의 예시에서, 그 가사는 아동과 청소년들이 깊은 상실감을 느껴 보는 가운데 어떻게 삶의 활동들을 지속해 나갈 수 있었는지를 보여 준다.

〈서서히 떠나간다〉

후렴구:
나는 이 모든 고통과 슬픔에서 떠나가고 있어.
이 모든 애도의 시간들 속에서 난 내일을 생각해.
나는 서서히 떠나가고 있지만 너를 함께 데려갈 거야.
내 심장과 영혼 안에서, 나의 기도와 기억 속에서.

가사:
할머니는 내가 학교가 끝난 후 야구를 치러 갈 수 있다고 말씀하셨다.
나는 여동생과 더 많이 놀러 나가고, 토요일에는 상담을 받는다.
기분이 다시 좋아지기 시작했다.
그는 더 이상 나를 데리러 오지 않지만 엄마가 늦게라도 나를 데리러 온다.
엄마는 공과금 지불하는 게 많이 힘들어졌지만 나를 잘 돌봐 주고 있다.
나는 그와 함께 있는 우리 가족을 꿈꾸고 기억한다.
우리는 서로를 믿고 어느 누구도 포기하지 않는다.
우리는 언제나 이 느낌을 간직할 것이며, 이 캠프는 나에게 희망을 안겨 주었다.
나는 회복되어 살아날 것이다. 내 목소리를 들어 봐. 나는 살아 있다고.

변형과 적용

여기서 소개한 통합적 작사 모델을 사용할 뿐만 아니라, 비전문 음악가를 비롯한 음악치료사와 애도 전문 상담자가 사용할 수 있는 변형된 활용법들이 많다. 음악에 전문성을 가진 상담자와 치료사는 기타와 키보드 같은 악기를 활용해 음악을 라이브로 연주해 볼 수도 있다. 반면, 비전문 음악가의 집단 촉진자는 5개의 노래가 들어 있는 CD 레코드를 활용해 볼 수 있다. 이 CD를 트는 동안 참여자들은 가사에 대한 생각들을 브레인스토밍해 보며, 떠오른 것들을 적고 노래하거나 녹음해 볼 수 있다. 우리의 통합적 작사 모델은 애도 캠프, 하루 동안 이뤄지는 워크숍 또는 주말 묵상(회)과 같이 짧은 시간 동안에 이뤄지는 활동들에서도 사용해 볼 수 있다. 이상적으로는 5개 회기의 집중적 작사 집단 과정이 포함된 7개 회기의 집단이 참여자들에게 작사 과정을 통해 좀 더 깊이 있는 탐색을 해 볼 수 있는 기회를 준다. 또 다른 방법으로는 집단이 아닌 개인 내담자에게 이 모델을 사용해 보는 것이다. 이것은 아마도 좀 더 복잡한 애도의 과정이 필요한 내담자들에게 유익할 수 있다. 이런 경우에는 집단 상황에서 다루기에는 무리가 있을 수 있기 때문이다. 세 번째 변형 방법은 다른 연령대의 내담자들에게 이 모델을 활용하는 것이다. 이 장에서 논의했던 VITAS의 캠프 활동들은 7~17세에 이르는 아동과 청소년들을 위한 것이었지만, 통합적 작사 모델은 죽음의 개념을 이해하는 데 적합하기만 하다면, 더 어린 아동 내담자 혹은 더 나이든 내담자에게도 접목이 가능하다.

맺는말

통합적 작사는 자연스러운 애도 과정의 일부분으로 음악을 통해 창조적으로 애도를 표현하는 촉진적인 역할을 한다. 그것은 또한 반복 가능한 프로토콜로 개별화된 내담자 중심의 경험을 제공한다는 점에서 균형적인 접근이다. 이 방식은 특히 전통적인 애도상담 접근법에 대해 저항을 보일 수 있는 아동과 청소년들에게 적합할 수 있다. 이 프로토콜은 또한 임상적 적용 및 연구를 위한 목적으로 활용할 수 있다. 이를 통해 내담자가 고유의 애도 여정 속에서 앞으로 나아가는 과정을 기록하고 그 효과를 입증해 보일 수 있을 것이다.

참고문헌

Dalton, T. A. (2012). *My life is changing* [CD]. Lake Worth, FL: MT Space Publishing. Retrieved from http://www.cdbaby.com/cd/tomdalton17

Dalton, T. A., & Krout, R. E. (2005). Development of the Grief Process Scale through music therapy songwriting with bereaved adolescents. *The Arts in Psychotherapy*, *32*, 131-143.

Dalton, T. A., & Krout, R. E. (2006). The grief song-writing process with bereaved adolescents: An integrative grief model and music therapy protocol. *Music Therapy Perspectives*, *24*, 94-107.

49

위기 청소년을 위한 폰고 창조적 글쓰기

리차드 골드(Richard Gold)

수년 전, 시애틀의 한 소년원에서 트라우마 애도 치료 집단을 위해 폰고 청소년 글쓰기 프로젝트(Pongo Teen Writing Project)가 진행되었다. 테드 라이너슨(Ted Rynearson) 박사가 주도한 이 집단(Rynearson, 2006)은 그의 회복적으로 다시 말하기(Restorative Retelling)라는 모델을 활용한다. 이 모델은 회복력, 죽은 사람의 추모, (적절한 시기에) 죽음의 이미지를 강조한다. 지도자는 최선을 다했지만, 집단의 구성원은 너무나 유동적이었다. 왜냐하면 청소년들의 예상할 수 없는 재판 결과로, 수시로 새로운 청소년이 들어오기도 하고 기존의 청소년이 나가기도 하면서 구성원이 계속 바뀌었기 때문이다.

어느 날 오후, 덩치가 큰 17세의 북미 원주민 청소년이 집단에 들어오게 된 적이 있다. 표면상으로 그는 조직 폭력으로 자신의 사촌을 살해한 혐의를 받아 소년원에 들어왔다. 이 젊은이는 조용히 앉아 집단 안에서 이뤄지는 대화와 글쓰기 준비 활동을 조심스럽게 살폈다. 그러나 단독 글쓰기 시간이 주어지자 매우 몰입해서 작업을 하기 시작했다. 펜을 꾹꾹 눌러 써서, 그의 글은 매우 어둡고 번진 듯해 보였다. 그는 손에 힘이 드는지 손목을 한 번씩 털어 내곤 했다. 다음이 바로 그가 쓴 글이다.

나의 여동생들이 납치된 이후로

내가 모텔에 있었을 때, 동생들을 다시 못 보게 될 것이란 생각 때문에 너무나 두려웠던 기억이 난다. 결국 이 두려움은 사실이 되었고, 나는 매일같이 그들을 찾기 위해 시애틀을 찾아 헤매곤 했다. 나는 여동생들을 찾기 위해 최선의 노력을 기울였고, 매일같이 어김없이 그들을 찾고 또 찾으려 했다. 나는 총을 들고 다니면서 모든 곳을 살펴보았고, 누군가 여동생이 있는 곳의 단서를 알려 주기를 기다렸다. 그러고는 나의 어린 두 여동생에게 손을 댄 인간을 죽여 버릴 계획을 하고 있었다. 나는 마음이 아팠고 화가 났다. 나는 길을 잃었고 나만의 세계 속에 갇혀 있었다. 머릿속은 엉망진창이었다. 나는 내가 아니었고, 그 어느 누구도 나에게 말을 걸지 못했다. 그 당시 상황을 나는 영원히 잊지 못할 것이다. 내가 얼마나 많은 시간을 쏟아 보살핀 동생들이었는데, 그 두 사랑스러운 아이를 데려간 사람은 제정신이 아님에 틀림없다. 나는 그 아이들의 오빠였고, 내가 어디를 가든 그들과 함께했다. 그들을 공원에 데려가서 놀아 주고 많은 것을 사 준 오빠였다. 어느 누구도 털끝 하나 건드리지 못하게 그 사랑스러운 아이들을 지켜 온 오빠였다. 나는 그 상처를 견딜 수 없어 집 밖으로 나가 술에 취해 대마초를 피우고 있었다. 나는 나도 모르게 나쁜 일에 연루되었다. 나는 이 일로 경찰에 체포되었고, 아홉 달 동안을 감옥에서 지내게 되었다. 출소해서는 더 나은 일들을 하기 위해 노력했다. 직장을 구하고, 어머니를 돕고 싶었다. 어머니를 돕길 바라며 내가 할 수 있는 최선을 다했다. 나는 꽤 오랜 세월 동안 착하게 살았다. 그런데 2월 11일 어머니는 내게 여동생들을 찾았다고 말해 주었다. 나는 울기 시작했다. 마음이 너무나 아팠기 때문에 술을 마셨다. 마약도 했다. 그리고 또 어려움에 처하게 되었다. 결국 나는 동생들의 장례식에도 갈 수 없었다. 나는 지금 여기에서, 마음이 찢겨진 채로 열세 달을 지내고 있으며, 이제는 이 사건을 극복하기 위해 더 나아지려고 많은 노력을 하고 있다.

– 나의 여동생들을 기억하면서

이 청소년이 이 글을 쓰기 전까지는, 애도 치료 집단을 운영하는 스태프를 포함한 소년원의 그 누구도 이 소년의 상황을 알지 못했다. 이 활동이 아니었다면, 이 젊은이의 삶에 닥쳤던 끔찍하고 무기력하게 만드는 상황들을 알지 못했을 것이다. 그는 선고를 받고 일주일 뒤에 소년원을 나갔다.

폰고 청소년 글쓰기 프로젝트

폰고 청소년 글쓰기 프로젝트는 18년 동안 비영리 단체에서 운영되었다. 최근에는 마이크로소프트 동창 재단(Microsoft Alumni Foundation)으로 인해 그 수고가 알려졌다. 이 프로젝트는 젊은 사람들이 자신의 인생에 대해 글을 쓸 수 있도록 소년원이나 아동을 위한 주립 정신병원, 노숙인 쉼터 및 다른 장소에 훈련받은 자원봉사자 팀을 파견한다(http://www.pongoteenwriting.org). 우리가 사용하는 주요 표현 수단은 시(poetry)이다. 폰고 프로젝트에서 개인은 주로 한 번에서 세 번의 회기만을 갖는다. 젊은이들의 글 속에서 일관된 주제는 아동기 트라우마를 비롯한 다양한 트라우마이다. 여기에는 살인, 자살, 약물 과다 복용 이후의 학대, 방치, 혼란스러운 슬픔이 포함된다. 청소년들은 이처럼 어려운 주제에 대해 글을 쓰면서도 글쓰기 경험 자체가 즐겁고, 완성된 글에 뿌듯함을 느끼며, 이후에는 편안함을 느끼게 되었다고 말한다. 청소년 상담자는 청소년들이 종종 한 번의 글쓰기 경험만으로도 슬픔의 돌파구를 찾는다고 말한다. 또한 청소년들이 글쓰기를 한 후에 자신의 삶에 대해서 좀 더 개방적으로 목적의식을 갖고 말한다고 했다. 폰고는 6,000명의 청소년과 함께했으며, 그중의 반은 개인 회기로 진행되었다.

폰고가 운영되는 방식은 주로 청소년들을 기관이나 협회 소속의 학교 수업에서 데려오는 것으로 시작된다. 우리는 절대 "오늘 시를 써 보고 싶은 사람?"이라고 묻지 않는다. 대신, "이제까지 한 번도 시를 써 보지 못한 사람이 있나요?"라고 묻는다. 폰고에 참여한 아이들 중 1/3가량이 이전에 글을 써 본 경험이 전무하거나 아주 조금 써 봤다. 우리는 청소년들이 단 한 번의 폰고 회기만으로도 변화를 경험할 수 있다는 사실을 알고 있었기 때문에 우리의 목표는 가능한 한 많은 수의 청소년을 만나는 데 있었다. 글쓰기 회기에서 5명의 청소년은 5명의 폰고 글쓰기 멘토(훈련받은 성인 자원봉사자들)와 함께 한 방에서 작업을 하게 된다. 그들은 각자 활동을 하고, 후에 방 안의 다른 참여자들과 공유한다. 또 다른 운영 방식으로 시간이 제한적인 집단(10주의 애도상담)과 현재 진행형의 치료 집단(위탁 보호시설의 소녀들을 위한 글쓰기 집단)과 함께 작업해 보았다.

소년원과 아동을 위한 주립 정신병원에서 폰고를 경험한 729명을 대상으로 설문 조사를 진행하였다. 이 조사의 결과는 이 프로그램의 유용성을 입증한다.

- 100%가 글쓰기 경험이 즐거웠다.
- 98%가 자신이 완성한 글에 뿌듯함을 느꼈다.
- 73%가 자신이 평소 하지 않았던 이야기를 주제로 삼아 글로 써 보았다.
- 86%가 글쓰기에 대해 배웠다.
- 75%가 자기 자신에 대해 배웠다.
- 83%가 글쓰기로 인해 기분이 나아졌다.
- 94%가 앞으로 더 많이 글을 써 볼 것이다.
- 92%가 어려운 일에 당면했을 때 글을 써 볼 것이다.

또한 우리는 워싱턴주와 워싱턴 대학교의 후원을 받아 폰고 프로그램에 대한 평가를 이제 막 시작했다. 우리는 아동을 위한 주립 정신병원에서 우리와 함께 작업했던 젊은이들에게 연락을 취하고 있다. 우리는 이 연구를 통해 많은 청년이 그 작업 후에 지속적으로 글을 쓰고 이로써 마음속에 안정을 되찾고 있다는 사실을 보여 줄 수 있을 것이라 믿는다. 이 평가를 막 시작할 때 즈음, 한 응답자는 폰고를 '차량 충돌사고에서 구급차와 같은 존재'라고 평가해 주었다.

아동기 트라우마 후에 시를 쓰게 된 배경

소년원, 주립 정신병원, 노숙인 쉼터에서 폰고에 참여한 사람들은 다양한 아동기 때의 끔찍한 트라우마 경험에 대해 글을 쓰게 된다. 그들은 학대와 방치뿐 아니라 혼란스러운 슬픈 감정에 대해 쓰게 될 것이다. 이런 트라우마의 결과로, 폰고에 참여한 사람들은 어김없이 혼란감, 낮은 자존감, 어떤 것도 신뢰하지 못하는 상황으로 고통스러워한다. 특히 아동기 학대의 결과인 트라우마는 더더욱 그러하다.

우리는 청소년들이 트라우마 이후의 쪼개진 경험들로 괴로워할 수 있다는 것을 안다. 그들은 그때의 경험을 기억하는 데 어려움이 있을 수 있고, 그것을 이해하거나 접근하는 데, 심지어 감정을 조절하는 데 어려움을 호소할 수 있다. 우리는 청소년들이 자신의 삶에 새겨진 트라우마에 대해 책임을 느끼고 있다는 사실 또한 알고 있다. 이러한 책임감은 그들에게 자신이 결함이 있는 존재라는 생각을 갖게 하여 수치스러움을 느끼게 할 수 있다. 우리는 그들이 학대를 당한 이후에 쉽게 사람을 믿지 못하게 된다는 것을 잘 알고 있다. 이것은 그들이 배신감을 느끼고 싶지 않기 때문만이 아니라 그들이 사랑하는 사람을 배신하고 싶지 않기 때문이기도 하다.

이러한 방식으로 고통당하는 청소년들에게 시가 가진 서술적 요소는 그들이 자연스럽게 이해의 순간으로 나아갈 수 있도록 돕는다. 또한 시는 감정에 따라 써지기 때문에, 시를 통해 놀라운 방식으로 경험과 감정을 통합해 낼 수 있다. 더불어 시는 은유와 다른 기술들을 활용해 청소년의 복잡한 감정을 나타낼 수 있다. 이를테면, 자신을 배신한 부모에 대한 사랑과 분노라는 양가감정을 시로 나타낼 수 있다. 더 나아가 시를 쓸 때는 참여자가 자신의 (통제하에) 오로지 자신의 관점만을 가지고 청중을 고려하기 때문에, 자기확신(self-validating)과 안전성(safe)을 모두 느낄 수 있다.

시는 폰고의 참여자들에게 상당한 유익함을 가져다준다. 시는 참여자의 자기이해(self-understanding)와 자존감을 고취하며 안전감을 느끼게 해 주는 글쓰기 멘토와의 관계 속에서 만들어지기 때문이다.

폰고 접근법의 개요

이제부터는 폰고 접근법에 대해 간략히 설명해 보고자 한다(Gold, 2014). 이를 통해 당신이 우리의 방법을 한번 시도해 보고, 위기 중에 있는 사람들이 그들의 복잡한 애도의 감정을 잘 다룰 수 있도록 도와주어서 성취감을 맛볼 수 있게 되기를 바란다. 이를 위해 이 장의 마지막 절에서는 이러한 각고의 노력을 뒷받침해 줄 수 있는 자료를 제시해 보고자 한다.

글쓰기 멘토의 역할

폰고 글쓰기 멘토는 이 프로그램에 참여한 이들과의 관계와 그들의 글에서 특별한 역할을 담당한다. 폰고 글쓰기 멘토는 청소년들을 위한 안전한 환경과 창조적인 분위기를 만드는 데 핵심적인 역할을 하게 된다. 첫째, 멘토는 청소년들이 자신의 언어를 사용하도록 촉진하고 격려하는 데 초점을 맞춘다. 멘토는 결코 그들의 언어에 대해 조언을 하거나 그들의 행동을 교정하려 하지 않는다. 이를 통해 청소년들은 자신의 삶을 설명하는 데 도움을 받게 되며, 그 과정에서 자신의 이야기가 누군가에게 관심의 대상이 될 수 있고 그들의 삶이 타당할 수 있다는 정당성을 부여받게 된다. 자기표현을 통해 청소년들은 대인관계에(심지어 상담받는 관계에도) 짐이 되었던 혼란감, 자기의심, 불신을 내려놓을 수 있게 된다.

둘째, 글쓰기 멘토는 청소년들과 함께 현재에 머무를 수 있어야만 한다. 이것은 멘토가 감정을 느낄 수 있는 사람이어야 하며, 청소년들의 가슴 아픈 이야기에 감정으로 반응할 수 있어야 함을 뜻한다. 글쓰기 멘토에게 주어진 도전적 과제는 개방적인 태도를 취하고 이러한 역할 속에서 느끼는 자신의 슬픔을 수용해야 한다는 것이다. 이러한 환경 속에서 성인인 멘토들도 불안을 느끼는 것은 너무나 당연하다. 그들은 슬픔에서 벗어나길 원하며, 청소년들에게 충고를 해 줌으로써 그들을 통제하고 싶을 것이다. 이것은 자연스러운 반응이긴 하지만, 이러한 태도는 결코 청소년의 시가 가진 큰 잠재력을 이끌어 내는 데 도움이 될 수 없다. 이 활동에서 중요한 것은 멘토들의 생각이 아니라 청소년의 시 자체가 효과적으로 표현하는 개인의 경험과 성장의 과정이기 때문이다.

폰고에서 우리 멘토들은 팀으로 일한다. 이들은 각 회기 후에 그날의 성과를 논의하기 위해 만나며, 과제로 각자 자신만의 시를 써 보게 된다(이것은 오직 멘토들 사이에서만 공유하게 된다). 이들은 직접 시를 쓰면서 그날 청소년에게 들었던 고통스러운 이야기를 정리하게 된다.

폰고는 '폰고 방법™'으로 멘토를 훈련한다. 이 방법에서는 먼저 듣기 기술('자기표현을 수용하기')과 가르치기 기술('창조적 흐름에 시동 걸기')을 먼저 가르친다.

폰고 방법

첫 번째 기술로 폰고는 글쓰기 멘토에게 '자기표현을 수용하기'라고 명명한 것을 가르친다. 이 기술은 다음의 것들을 포함한다. (1) 청소년들의 이야기를 깊이, 감정적으로 듣는다. (2) 청소년들이 자신의 시를 완성하는 동안에 들였던 노력과 그 결과물을 인정하고 환영해 주며 칭찬한다. (3) 청소년들의 시를 보이는 곳에 붙이거나 인쇄물로 만들어서 집단에서 공유한다. (4) 철자나 문법과 같이 시에서 실수한 부분들을 절대 비판하지 않고 언제나 더 많은 글을 써 볼 수 있도록 격려하고 이끈다.

폰고가 글쓰기 멘토에게 가르치는 두 번째 기술은 '창조적 흐름에 시동 걸기'라고 명명한 것이다. 이 기술에는 다음과 같은 것들이 뒤따른다. (1) 자기표현을 자유롭게 할 수 있도록 돕는 글쓰기 구조를 제공해 준다. (2) 관련된 주제의 내용을 개인적인 것으로 맞춘다.

(3) 이러한 주제를 드러내는 데 방해하지 않는다. (3) 창조적인 아이디어와 가능성들을 많이 제공해 준다.

두 번째 기술은 첫 번째 기술보다 덜 직관적이다. 따라서 이 장의 폰고에 대한 간략한 소개에서 하나의 예시로 시작하겠다. 폰고가 사용하는 글쓰기 구조 중 하나로 빈 하늘에 대한 물음(Questions for an Empty Sky; 〈표 49-1〉)이라는 빈칸 채우기 형식이 있다. 이 글쓰기 활동은 예상할 수 있듯이 애도에 관한 시를 쓰는 것이다. 좀 더 자세히 말하자면, 이 시는 트라우마적 상실 후에 장기간 지속될 수 있는 무력감과 개인적 후회에 관한 것이다.

한편으로는, 누군가 당신에게 빈 종이를 주고 그 위에 어떠한 주제에 대해 풍부한 표현으로 창의적인 글을 쓰라고 하면 그게 얼마나 어려울지 생각해 보라. 특히 그 주제가 트라우마적 애도의 일부분인 계속 남아 있는 후회와 같은 강렬한 주제라면 더욱 더 어려울 것이다. 하지만 이렇게 어려운 주제이더라도 빈 하늘에 대한 물음과 같이 이미 주어진 글의 구조에 빈칸을 채워 시를 쓰는 것은 쉬울 것이다. 빈칸 채우기 형식의 시는 그 형태가 간단할 뿐만 아니라 시가 가진 언어, 톤, 리듬이 감정을 불러일으키고 개방적인 자세를 촉진할 수 있기 때문이다.

중요한 것은, 빈칸 채우기 형식의 시와 같이 지지적인 글쓰기 구조는 참여자가 쓰고 싶은 개인적인 글의 본질을 제한하지 않는다는 것이다. 그보다 고통이나 다른 이유로 자기표현에 제약을 느끼고 있는 사람들은 이러한 지지적인 상황 속에서 처음으로 마음을 열어 보일 수 있다. 이 방법의 또 다른 장점은 그것이 글쓰기 멘토와 협력적으로 작업하는 가운데 이뤄질 수 있다는 것이다. 멘토들은 친절하게 대화에 참여하고, 시의 영감을 불러일으킬 수 있도록 격려와 지지를 제공해 주면서 그들이 말한 것들을 받아 적어서 시의 완성에 도움을 줄 수 있다.

표 49-1 빈 하늘에 대한 물음

이것은 죽은 사람에 대한 애도의 시(詩)이다. 혹은 또 다른 이유로 인해 자신의 삶에서 사라져 버린 사람에 관한 시이다. 이것은 대다수의 우리가 갖고 있는 "~하면 어쩌지?"와 같은 질문과 함께 누군가를 기억할 수 있는 기회를 준다.

다음의 시를 읽은 후, 그다음의 구조를 활용해 자신만의 시를 완성해 보라.

빈 하늘에 대한 물음

- 일라이(Eli)

그녀가 내게 모든 규칙서(rulebook)를 태워 버려 달라고 했다면, 나는 그러했을 것이다.
그녀가 내게 전략적으로 간과해 달라고 했다면, 나는 그러했을 것이다.

때때로 나는 죽음을 마치 쇠사슬처럼 질질 끌고 다니고 있는 것만 같다.
만약 가루를 뿌리거나[20]
부적을 흔들 수만 있다면, 나는 그러했을 것이다.

단지 매번 혼자 남겨지는 것이 마치 소문난 외톨이 같을 뿐이다.
낯선 외국 항구의 한 구석에서 게슴츠레한 눈빛을 찾기 위해, 나는 그러했을 것이다.

당신이 살아야만 하는 이유가 되는 삶들을 세는 걸 언제쯤 멈출 것인가?
내가 준 것과 받은 것을 따져 볼 생각을 했다면, 나는 그러했을 것이다.

HN을 위해

아래 시의 빈칸을 채워 보라. 제시된 단어를 사용하거나 당신만의 단어를 사용하라. 당신의 목적에 맞추어 자유롭게 행을 더해 보거나 삭제해 볼 수 있고, 단어를 바꿔 볼 수도 있다!

빈 하늘에 대한 물음

당신이 나에게 ______________________을(를) 이해해 달라고 했다면
(왜 당신은 더 치열하게 싸우지 않는지, 왜 나는 이 공허함을 느껴야만 하는지 등)
나는 그러했을 것이다.
당신이 나에게 ______________________을(를) 변화시켜 달라고 했다면
(그의 구타에 대한 당신의 두려움, 당신이 살아 있는 동안 내가 얼마나 망연자실했는지 등)
나는 그러했을 것이다.
때때로 나는 죽음을 마치 쇠사슬처럼 질질 끌고 다니고 있는 것만 같다.
내가 만약 ______________________을(를) 만들어 볼 수만 있었다면
(동굴 속 우리를 위한 아지트, 분노가 없는 세상 등)
나는 그러했을 것이다.
단지 매번 혼자 남겨지는 것이 마치 ______________________만 같을 뿐이다.
(불타는 듯한 사막 한가운데서 길을 잃은 것, 내가 항상 일을 망치는 것 등)
내 눈이 ______________________을(를) 보기에는 너무나 게슴츠레해져서
(아무도 없는 식탁, 반쯤 빈 당신의 노트 등)
나는 그러했을 것이다.
당신의 목소리가 ______________________라고 말하는 것을 상상할 수만 있다면
나는 그러했을 것이다.

---

20) 역자 주: 농구 선수 르브론 제임스(LeBron James)를 상징하는 동작이며, Chalk Toss라고 한다. 농구 선수

마지막으로, 이 활동은 개인적인 표현을 촉진하지만, 그 표현에 개입하지 않는다는 것을 알아야 한다. 폰고 방법에서 '개입하지 않다(non-intrusive)'는 것은 미묘하지만 매우 중요한 목표가 된다. 참여자는 이 활동에서 자기자신을 판단하거나 판단을 받을 것이라고 예상했을 수도 있다. 그러나 이 시는 그에게 자기비난을 명시해 달라고 요구하지 않는다. 이 예시에서, 시는 빈 하늘에 대한 물음이다. 우리의 삶에 대한 질문은 우리의 판단보다는 덜 무겁다. 빈칸 채우기 형식의 시는 감정에 초점을 맞추고 그들의 표현을 가치 있게 여긴다. 이 과정은 글쓴이인 참여자가 성장할 수 있도록 도와준다.

당신을 위한 또 다른 자원

여기서 간략하게 소개한 것과 같이 나는 당신이 폰고 방법론을 사용할 수 있도록 기꺼이 도울 것이다. 폰고 웹 사이트(www.pongoteenwriting.org)의 '자원을 가르치기' 섹션에 이 방법론이 더 자세히 설명되어 있다. 또한 이 웹 사이트에 올려져 있는 50개의 빈칸 채우기 글쓰기 활동을 무료로 사용할 수 있다. 그 가운데 여섯 개의 시 구조는 죽음 이후의 글쓰기(Writing After a Death)에 관한 것이다. 이 여섯 가지 외에도, '용기와 두려움에 대한 교훈(Lessons of Courage and Fear)'과 같이 상실 후의 개인에게 활용할 수 있는 다른 활동들도 많이 소개되어 있다. 모든 활동은 온라인으로 이뤄질 수 있으며, 회기에서 활용하기 위해 상담자가 다운로드해 갈 수도 있다. (폰고는 우리 사이트를 통해 시를 보내 준 모든 청소년에게 격려의 메시지를 담아 답신을 한다.) 빈칸 채우기 형식의 시는 폰고의 여러 기술 가운데 단지 한 가지에 불과하다는 것을 알면 좋겠다. 폰고 방법에 대한 더 완전한 설명은 책으로 읽을 수 있다(Gold, 2014).

폰고는 상담자를 위한 훈련, 콘퍼런스 프레젠테이션, 자문을 제공한다. 필요하다면 언제든지 우리에게 연락하면 된다(info@pongoteenwriting.org). 이러한 기회들은 웹 사이트에 소개되어 있다.

마지막으로, 표현예술의 광범위한 영향력을 알리기 위해 폰고는 청소년의 글쓰기에 관한 13권의 책을 출간했다. 이 책 또한 우리 웹 사이트를 통해 구입할 수 있다. 웹 사

들이 공과 손 사이의 마찰력을 높이려고 흰 가루를 묻히는데, 르브론 제임스는 NBA에서 시합 시작 전에 승리를 기리며 흰 가루(활석가루나 송진가루)를 손으로 한 뭉큼 집어 공중에 휘날리는 동작을 해 보이곤 했다.

이트와 책을 통해 소개된 청소년들의 글은 고통당하고 있는 다른 사람들에게도 격려가 된다. 폰고는 기관의 청소년들을 위해 몇 년에 걸쳐 총 1만 3,500권의 책을 기부했다. 또한 워싱턴의 예술 페스티벌에서 나가서 사람들에게 책을 소개하기도 한다. 우리는 여러 페스티벌을 통해 1만 명이 넘는 지역 사람들과 함께 트라우마를 가진 청년들의 삶과 시에 대해 이야기를 나눴다.

참고문헌

Gold, R. V. (2011). *There had to have been someone: Pongo teen writing from King County Juvenile Detention*. Seattle, WA: Pongo Publishing.

Gold, R. V. (2014). *Writing with at-risk youth: The Pongo teen writing method*. Lanham, MD: Rowman & Littlefield Education.

Rynearson, E. K. (2006). *Violent death*. New York: Routledge.

[폰고 청소년 글쓰기 웹사이트: http://www.pongoteenwriting.org/]

50

병사의 마음 - 예술을 활용하여 전쟁의 상처를 치유하기

케이트 덜스테드(Kate Dahlstedt)

예술은 영적 경험에 접근하고 머리가 이해하지 못하는 것을 이해할 수 있도록 돕는 가장 효과적인 방법이 될 수 있다. 에드워드 틱(Edward Tick) 박사의 연구와 그의 책 『전쟁과 영혼(War and the Soul)』(Tick, 2005)을 기반으로 하여 전쟁의 상처를 치유하는 '병사의 마음 모델(Soldier's Heart Model)'은 전쟁에 내재된 도덕, 윤리, 심리-영적인 문제에 초점을 맞추고 있다. 이 모델은 전쟁의 트라우마를 씻을 수 없는 영혼의 상처로 보고 있다. 영혼은 말로 형언할 수 없는 영역이고, 우리의 창조성과 의지가 살아 숨 쉬는 곳이기도 하다.

남북전쟁 이후, 셔먼(Sherman) 장군은 "전쟁은 지옥이야."라고 말했다. 전쟁은 영혼을 갈갈이 찢어 놓고 마음의 상처를 안겨 준다. 전쟁의 혼란 속에서 우리의 도덕적 감각은 뒤엎어진다. 우리는 대부분의 민간인이 알지 못하는 사실을 깨닫는다. 우리 자신도 악에 동참할 수 있다는 사실 말이다. 우리는 지극히 1인칭의 시점으로 직접 인류의 밑바닥을 보게 된다. 그러고는 우리는 전쟁의 참혹한 슬픔을 떠안게 된다.

군사 훈련은 우리가 개개인의 정체성을 포기할 것을 요구한다. 참전 용사들은 전쟁 이전의 자기(self)를 찾고 싶어 하지만, 두 눈으로 직접 악을 목격한 후에는 그러한 소망은 거의 불가능한 것임을 깨닫는다. 무고한 시민들이 잔혹하게 죽고 불구가 되는 모습 앞에서, 흔히 생각하는 이상적인 전쟁 영웅의 이미지는 산산조각 난다. 사람을 죽였다는, 그리고 다른 사람이 죽어가는 동안 자신은 살게 되었다는 죄책감을 평생 짊어지고 가야 할 깊은 슬픔이 자라게 된다.

참전 용사들은 전쟁에서 잃어버린 자신의 친구, 동지들뿐 아니라 적군 용사들의 죽음에 대해서도 슬픔을 느낀다. 특히 젊은 청년이나 여성들과 같은 시민들이 죽거나 불구가 되는 것은 치가 떨리도록 증오하게 된다. 귀향을 한 뒤에도 자살을 하는 참전 용사들 때문에 이들의 슬픔은 가중된다. 이러한 자살 시도는 생존자들을 더 깊은 슬픔의 구렁텅이로 빠트린다. 이 슬픔을 이기지 못한 적지 않은 참전 용사들은 그들과 똑같이 자살을 시도한다.

사랑과 자비의 하나님께서 어떻게 이러한 참혹상을 보고만 계신단 말인가? 많은 용사는 이와 같은 의문을 갖는다. 그러면서 많은 이가 하나님의 은혜에 대한 오랜 믿음을 포기하고 상실감, 자포자기, 허망함을 느끼게 된다. 그들은 삶의 중요한 기저를 상실하고, 허망함과 깊은 슬픔 외에는 어떤 것도 붙들려 하지 않는다. 이는 분노, 약물 남용, 무감정의 상태, 가정 폭력, 그리고 끔찍한 영혼의 상처로 나타나는 다른 증상들로 표출된다.

이 장에서 다루고자 하는 '병사의 마음 모델'은 시대를 막론하고 세계 도처의 전통 사회가 갖고 있는 참전 용사들의 귀향 의식(儀式)에 근거한다. 이 모델은 항상 광범위한 사회가 용사들의 이야기에 귀를 기울이기를 요청한다. 또한 이 모델은 용사들이 우리와 우리나라의 이름을 걸고 싸운 것이기 때문에 사회가 전장 경험에 대한 책임을 다 같이 분담해야 한다고 주장한다. 참전 용사들이 귀향하는 상황에서 그들과 그들의 가족, 성직자, 도움을 줄 전문가들, 학생들, 그들에게 관심을 가진 지역 주민들은 한자리에 모여 긴 주말을 함께 보내게 된다.

한자리에 모여서 하게 되는 활동들은 병사의 마음 모델에서 중요하게 다루고 있는 귀향 요소들에 초점을 맞추고 있다. 그 요소에는 분리와 돌봄, 운명의 수용, 정화 의식, 스토리텔링, 공동체로의 귀환, 영적 병사로서의 새로운 시작이 있다. 이러한 병사들의 치유와 귀환의 모든 단계에서 표현예술을 활용할 수 있다. 하지만 특히 스토리텔링, 공동체로의 귀환, 영적 병사로의 도약 의식에서 더욱 유용하게 활용할 수 있다. 틱(2005)은 귀향하는 병사들과 함께 표현예술을 활용하기에 앞서 다음과 같은 역사적 맥락을 알려 줬다.

> 전통 문화에서 사람들은 보통 이야기에 예술 형태의 표현을 가미했다. 전쟁 이야기들은 춤이 되고 각색되기도 했다. …… 병사들은 전쟁 무기, 공구, 성벽에 중요한 전쟁의 장면들을 그려서 표현하였다. …… 예술가적인 기교는 창조적인 배출구를 통해 전쟁의 격정을 상쇄하고, 나이들어 가는 병사들이 평화롭게 몰두할 수 있는 소일거리를 제공한다(p. 219).

고대 사무라이와 다른 세계의 용사들은 전쟁에서 무기를 사용하기에 앞서 발달된 예술적 형태를 갖고 있어야 하는 전통이 있다. 이 문화 뒤에는 참전 용사들이 전쟁의 파괴적인 행동에 맞서기 위해 우선 창조적인 능력이 필요하다는 지혜가 숨겨져 있다. 병사의 마음 모델은 치유의 여정에 표현예술을 통합해서 이러한 지혜를 구현할 수 있도록 한다.

아프리카 속담에 이러한 표현이 있다. “나의 적은 자신의 이야기를 아직 들려주지 않은 사람이다.” 공동체 안에서 이뤄지는 스토리텔링은 참전 용사들의 치유에 있어 매우 중요하다. 참전 용사들끼리 이야기를 나누는 것만으로는 충분하지 않다. 그들이 자신이 살아왔던 실제 삶의 터전으로 되돌아가기 위해서는 그들의 이야기를 듣고 이해해 줄 수 있는 시민들이 필요하다. 병사와 참전 용사들은 감정의 배낭 속에 있는 ‘바위들을 내려놓을’ 필요가 있다. 전쟁의 현실과 참여한 사람들도 인간이라는 사실을 외면하려 하지 말고, 더 큰 공동체에서 나라의 군대가 이 땅에서 벌인 일들에 대한 책임을 공유해야만 한다.

시민들은 ‘신성한 증인’으로서 이러한 짐을 함께 나눠지길 원한다. 참전 용사의 이야기가 들리게 되면, 시민과 참전 용사 서로에게뿐 아니라 우리 모두에게 이해와 용서의 기회가 찾아온다. 다른 참전 용사들은 서로의 이야기를 이해한다. 하지만 참전하지 않은 사람들도 마찬가지로 이해할 때 진정한 치유와 귀환의 가능성이 열린다.

이야기는 다양한 방식으로 전해질 수 있다. 집단에서 말로 이야기를 나눈 후, 마치 전통 문화에서와 같이 병사들과 참전 용사들은 전장에서 겪은 내적 경험을 묘사하는 춤을 만들 수 있다. 시민들은 그들을 둘러싸 드럼을 치고 딸랑이를 흔든다. 이 방법 외에도 참전 용사들은 전쟁의 경험과 관련된 슬픔과 자부심 등 자기 자신을 나타내 줄 수 있는 중요한 요소들을 방패에 직접 표현할 수 있다. 그런 다음, 집단의 다른 사람들에게 내보이고, 그 사람들은 그 작품을 받아들인다. 마지막 귀향 저녁에는 ‘장기 자랑’을 하면서, 참여자들이 각자가 창조적으로 표현한 것들을 공유한다.

귀향의 마지막 활동은 바로 전형적인 영적 병사가 되려는 여정의 시작을 서약하는 것이다. 참여자들은 폭력 없이 자신을 방어하고 지키며, 개인적인 이득이 아니라 공공의 선을 위해 정당한 행동만을 취하고, 사실만을 말하는 사람으로 거듭나기를 약속한다. 사실만을 말하려면, 우리는 표현을 위한 수단이 필요하다. 그리하여 이 서약의 일부로서 우리는 우리 자신을 표현하겠다고 약속한 것이다.

제이슨: 집으로 가는 길을 찾으려 하네

제이슨 문은 이라크에서 복무한 전투공병이었다. 그는 이라크에 파병 되었을 때 일찍부터 전쟁은 옳지 않다는 사실을 깨달았다. 그는 이라크에서 우리 군대가 저질러 놓은 폐해와 아무렇지 않은 듯 행해지는 부도덕한 행동들을 보면서 치를 떨었다. 그가 주변에서 일어나는 잔혹 행위를 막으려 나서자, 그는 문제아라는 낙인이 찍혔다. 그는 마음이 아팠다. 진정한 영적 병사가 되려고 했지만 그에게 되돌아온 건 비난과 처벌뿐이었기 때문이었다.

제이슨은 기타를 치며 작곡을 했다. 그는 자신과 동료들의 역경을 표현하는 노래들을 만들었다. 이 노래들은 부대원들의 사기를 높였다. 그는 재치 있으면서도 가슴을 저미는 무대 매너를 보여 주었다. 그의 노래 가운데 하나인 〈집으로 가는 길을 찾으려 하네(Trying to Find My Way Home)〉는 제이슨이 집으로 돌아가는 여정을 슬프게 나타내 주었다. 그는 자신에게로, 그가 속해 있던 사회로 다시 돌아가는 여정을 표현했다.

> 어떻게 그들은 사람들이 내가 한 짓과 같은 짓을 하고 전장에서 돌아와
> 전과 같기를 바랄 수 있을까?……
>
> 내 안의 어린아이는 이미 오래전 죽어 사라져
> 길을 잃고 홀로된 그 어디쯤
> 집으로 가는 길을 찾으려 하네.
>
> 하염없이 앉아 창문틀을 통해 밖을 뚫어지게 쳐다보며
> 기억의 망각을 간절히 소망하네.
> 시간이 지나면 나는 내 자신을 용서할 수도 있겠지만 역사는 반복되어
> 내 영혼에 후회라는 무거운 짐을 지어 주네.

'병사의 마음' 활동에 참여함으로써 제이슨은 삶의 목적을 찾을 수 있었다. 그는 귀환한 부대와 참전 용사들을 위해 노래하기 시작했다. 그의 노래가 주는 효과는 너무나 강렬해서 그는 전국으로 순회 콘서트를 하기 시작했다. 제이슨은 비영리적인 목적으로 전사의 노래를 만들어 CD에 담아 참전 용사들과 현직 부대 사람들에게 나눠 주었다. 치유의 여정에서 다른 많은 참전 용사가 그랬던 것과 같이, 제이슨은 지금 다른 참전 용사들을 돌보고 치유하는 것이 자신이 해야 할 일이라고 확신하였다.

브라이언: 추모일

브라이언 딜레이트는 베트남 전쟁 당시 군용 헬리콥터의 도어 거너(door gunner)[21]였다. 그는 귀향 후 갈 길을 잃고 방황하던 차에 연기 수업을 받게 되었다. 〈넌 좋은 녀석이야, 찰리 브라운(You're A Good Man Charlie Brown)〉이라는 극에서 스누피가 레드 바런과 막 싸우려고 하는 장면을 연기하면서, 그는 무의식적으로 도어 거너가 되어 기관총을 들고 싸웠던 때를 재현하기 시작하였다. 그때 이후로, 그는 배우이자 감독, 작가이자 영화 제작자가 되어 전쟁에서의 경험과 귀향하려는 노력을 담아내고자 했다. 그의 영화 〈병사의 마음(Soldier's Heart)〉 안에 그 모습들이 모두 담겨졌다. '병사의 마음'의 치유 여정에서 그는 심지어 베트남으로 돌아가 예전에 적이었던 이들 앞에서 슬픔, 자살, 외상후 스트레스 장애(PTSD), 현충일에 대한 일인극을 연기하였다. 그는 자신이 삶의 전반에 걸친 슬픔을 견뎌 낼 수 있는 것은 창조적인 삶에 의연하게 헌신했기 때문에 가능한 것이라고 말한다.

스탠: 인도적으로 되게 하는 사진

스탠은 이라크에서 복무했다. 자신의 인간성을 지켜 나가기 위해 그는 늘 사진기를 들고 다니며 이라크 시민들의 모습을 담은 수천 장의 사진을 찍었다. 전쟁에 있다 보면 시민들을 인간으로 보지 않고 그들에게 해를 가하는 경우가 많다. 이렇게 사진을

21) 역자 주: 헬기의 문간에 장착된 기관총의 사수

찍는 행동은, 간단해 보이지만 그가 시민들을 인간으로 여기는 인도적인 태도를 유지할 수 있도록 했다. 그리고 그는 산산이 무너져 내린 마음의 문도 열게 되었다. 현재 그는 자신의 작품을 대중에게 보여 주면서 이라크와 그곳 사람들에 대한 교육을 한다.

제레미: 시적 변환

제레미는 이라크 전쟁 당시 영안실 근무를 했다. 영안실 근무는 군대에서 가장 감정적으로 많이 소진되는 일로 여겨진다. 그는 너무나 큰 슬픔을 느꼈기 때문에 그러한 마음을 감추기 어려웠고, 때때로 자살 충동을 느끼곤 했다. 귀향하면서 그는 시를 쓰기 시작했다. 그에게 시는 자신의 삶을 구해 준 은인과도 같았다. 다음은 '병사의 마음'의 치유 활동 중 하나로 그가 쓴 '우리의 기념(Our Memorial)'이라는 시의 일부를 발췌한 것이다.

> 그것은 돌처럼 차디차져서 아주 깊은 후회를 하게 될까?
> 어머니 대지에서 툭 튀어나온 화강암이 될까?
> DC의 쇼핑몰의 바닥이 될 수도 있지. 그리고 심연이 될 것이다. 심연이 될 것이다.
> 너를 빨아들여 절대 떠나지 못하게 할 것이다.
> 너를 빨아들여 절대 떠나지 못하게 할 것이다.
> 밤에만 소리가 흘러나오는 스피커가 될 수도 있지.
> 밤에 비명소리가 흘러나올 것이다. 당신만이 들을 수 있는, 땅이 무너져 내리는 비명 소리가…….

전쟁의 슬픔을 이겨 내기 위해 표현예술을 활용한 예는 다양한 장소에서 볼 수 있다. 전쟁 극장(Theater of War)은 우리 부대에게 고대의 비극을 떠올리게 하고 대화를 나누는 여러 회기로 이어진다. 전쟁에 관한 영화를 보는 프로그램들에서는 참전 용사와 다른 지역 주민들이 함께 논의한 후에 그들의 개인적인 경험을 공유하게 된다. 전쟁 종이 프로젝트(Combat Paper Project)라는 활동은 이라크 자유 전쟁(Operation Iraqui Freedom: OIF)과 이라크와 아프가니스탄 평화유지 전쟁(Operation Enduring Freedom: OEF) 참전 용사들에게 자신의 군복 천으로 만든 종이를 이용해서 카타르시스를 느낄 수 있는 예술작품을 만들 기회를 제공해 주었다. 최근 전쟁에서 돌아온 수많은 참전 용사가 전장에서 겪었던 일들을 회고록이나 시로 쓰고 있다. 뉴욕 트로이 지역의 세이지 대학(The Sage Colleges)에서는 재향군인의 날(Veterans' Day)을 기념하기 위해서 기념비적 깃발 프로젝트를 도입하였다. 여기서 참여자들은 군대와 참전 용사들을 기리기 위해 천으로 된 '깃발'을 장식한다(Thompson, 2012). 그런 후 이 깃발은 지역사회 행사가 있을 때 함께 게양된다. '병사의 마음' 활동의 일환으로 참전 용사들이 베트남으로 갔을 때, 우리는 서로 적이었던 양국의 참전 용사들이 한곳에 모여서 그들의 언어로 시를 읽으면서 전쟁의 고통을 나눌 수 있도록 한다. 이렇게 모여 대화하는 강렬한 시간에서 이해와 화해의 눈물이 쏟아져 나온다.

우리 부대원과 참전 용사들의 마음속에 있는 슬픔은 측량할 수 있는 범위를 넘어섰다. 그들이 마음을 치유하고 평범한 삶으로 되돌아가기 위해서는 더 큰 공동체 안에서 슬픔을 나눌 수 있어야 한다. 창조적인 예술은 강력하면서도 효과적인 수단이 될 수 있다. "그들이 언제쯤이면 깨달을까?" 피트 시거(Pete Seeger)가 그의 유명한 전쟁 노래 〈이 모든 꽃이 어디로 사라져 버렸을까(Where Have All the Flowers Gone)〉에서 물었다. 상담실 및 회고할 수 있는 장소뿐 아니라 공동체가 전쟁의 진실을 토로할 수 있는 장소를 마련하고 그 예술적 표현의 성스러운 장소에 병사, 민간인, 참전 용사, 옛날의 적군이 다 같이 모일 때, 우리의 치유가 시작된다. 그런 후에야 우리는 깨달음을 얻을 수 있다.

참고문헌

Delate, B. (2008). *Soldier's heart*. www.soldiersheartthemovie.com

Moon, J. (2010). *Trying to find my way home*. Warrior Songs. www.warriorsong.org

Thompson, B. (2012). The commemorative flag. In R. A. Neimeyer (Ed.), *Techniques of grief therapy: Creative practices for counseling the bereaved* (pp. 234-236). New York: Routledge.

Tick, E. (2005). *War and the soul*. Wheaton, IL: Quest Books.

51

한 음표, 한 음표씩 슬픔을 헤쳐 나가기 - 사별한 아동을 위한 음악치료

러셀 힐리어드(Russell Hilliard)

이 장에서는 공립학교, 호스피스 사별 프로그램, 아동 사별 캠프, 지역센터 등과 같은 다양한 곳에서 활용되어 왔던 음악치료 사별 지원 프로그램을 소개하고자 한다. 지난 몇 세기 동안 아동을 위한 사별 프로그램이 많이 생겨났지만, 이와 같은 지원을 제공해 주는 '최선의 방법'에 대한 기준은 없었다. 1982년 비버리 채펠(Beverly Chappell)이 설립한 더기 센터(The Dougy Center)는 첫 번째 국립 아동 사별 프로그램의 하나로 오늘날에도 이 분야의 선두주자로 활동을 지속하고 있다. 더기 센터는 다음의 네 가지 운영 철학을 갖고 있다(Schuurman & Decristofaro, 2010).

1. 슬픔은 상실에 뒤따라오는 자연스러운 반응이다.
2. 모든 아동의 내면에는 자연적인 치유력이 내재해 있다.
3. 슬픔이 지속되는 기간과 강도는 각 아동에 따라 다르게 나타날 수 있다.
4. 돌봄과 수용이 치유의 과정에 도움을 준다.

이렇게 폭넓은 분야에서 음악치료 중심의 사별 프로그램은 아동의 발달 단계에 따라 달라지는 죽음, 임종, 사별에 대한 이해도를 고려한다. 아동의 이해도에 따라 폭넓은 나이대에 맞는 개입 방법을 선별할 수 있다. 마찬가지로, 커리큘럼도 지역사회의 각기 다른 필요에 맞춰 쉽게 조정될 수 있다. 예를 들어, 시간이 제한되어 있는(6, 8, 10주 동안 매주 만나는) 학교 집단에서 활용한 적도 있고, 횟수가 제한되어 있지 않은(즉, 지속적인) 호스피스 센터의 집단에서도 활용한 적이 있다. 갑작스러운 죽음으로 인한 상실이나 장기간의 투병(즉, 호스피스)으로 인한 상실과 같이, 상실의 종류가 다른 다양한 구성원을 한 집단으로 섞는 것은 이상적인 방식은 아니다. 하지만 필자는 내담자가 이 활동을 하기에 얼마나 준비되어 있는지, 이 활동에 적합한지 등을 판단하여 이들을 한 집단으로 꾸려 작업하기도 했다. 지역사회가 작으면, 상실로 인해 슬퍼하는 아동 내담자들이 몇몇 안 될 수도 있기 때문에 그들만을 위한 집단을 꾸리기는 힘들 것이다. 또한 아동을 위한 집단을 구성할 때는 아동의 발달 단계를 고려하는 것이 이상적이다. 상실의 종류, 아동의 발달 단계, 회기의 횟수 그리고 집단 구성원의 특정 필요에 따라 각양각색의 집단이 있지만, 사용되는 일반적인 지침서는 같다.

집단 활동 지침

사랑하는 사람을 잃은 아동은 이미 너무나 큰 상실을 경험했기 때문에 이 지지 집단 또한 언젠가는 끝나게 될 것이란 사실을 이해할 수 있도록 돕는 것이 중요하다. 제한된 시간 동안 함께 하는 이 지지 집단이 결국은 끝나게 될 것이라는 사실에 슬퍼하지 않도록 돕기 위해서는 상담자가 각 구성원에게 앞으로 몇 개의 회기가 남아 있는지를 상기시켜 줄 필요가 있다. 남은 횟수를 지속적으로 점검해 나가면서 회기를 진행하는 집단은 내담자에게 집단의 끝이 뭔가 흥미로운 것들로 가득 차 있다는 사실을 깨닫도록 도울 수 있다. 집단의 끝은 그들이 상실과 애도를 경험하는 동안에 얼마나 많은 일을 함께 일궈 냈는지를 축하하는 마무리이기 때문이다.

커리큘럼이 짜인 애도 지지 집단에서는 오늘 다루게 될 주제를 소개하기에 앞서 지난 회기에서 다뤘던 주제를 점검하는 것이 중요하다. 첫 번째 회기에서는 집단에서 지켜져야 할 사항들에 대한 지침을 만들어야 하며, 그 후의 회기들에서도 이를 반복해서 말해야 할 수도 있다. 집단의 참여자들이 지침을 만들고 상담자가 그것을 긍정적인 단어로 바꿔 말하는 것이 더 효과적이다. 이 지침에는 다음과 같은 사항들이 포함될 수 있다. 서로를 존중하는 마음으로 대하고, 조용히 다른 사람의 말을 경청해야 할 시간도 있으며,

대부분의 시간은 이야기를 하고 각자의 걱정을 함께 나누는 데 할애되고, 울어도 괜찮고…… 웃어도 괜찮고, 비밀보장의 원칙에 따라 집단에서 나눠진 이야기는 집단 밖에서 하지 않는다(Heegaard, 1988).

마지막 지침은 비밀 유지라는 매우 중요한 문제와 관련된다. 어린 아동들에게 비밀 유지는 어려운 개념일 수 있다. 상담자는 내담자들에게 집단에서 이뤄진 대화 가운데 무엇을 다른 집안 참여자와 공유해도 되는지, 무엇을 공유하면 안 되는지를 이해시켜야 한다. 어린 아동에게는 다음과 같은 구체적인 예를 들어 줄 필요가 있다. "톰이 집단에서 말했던 걸 우리 엄마한테 말해도 될까? 아니, 안 돼!" "내가 말했던 걸 우리 엄마한테 말해도 될까? 이건 괜찮아. 집단에서 내가 한 말을 누군가에게 말하고 싶다면 그렇게 할 수 있어. 하지만 집단에서 다른 사람이 한 말은 절대 아무에게도 말해서는 안 돼." 아이들이 '비밀 유지 랩'을 하는 것도 좋은 방법이 될 수 있다. 이 랩은 아동의 발달 단계에 맞춰 변형해서 활용해도 된다.

> 비밀 유지 랩 ('부르고 응답하는 방식'이며, 리듬은 한 단어에 한 박자이다.)
> 네가 여기서 들은 것, (귀를 가리킨다.)
> 네가 여기서 본 것, (눈을 가리킨다.)
> 네가 여기서 말한 것, (입을 가리키며)
> 네가 여기를 떠날 때, (양손의 손가락으로 저 멀리로 걸어가는 동작을 흉내 낸다.)
> 우리가 나눈 이야기들은 여기에 놔둬 (양손의 손가락으로 지면을 가리킨다.)

음악과 커리큘럼

커리큘럼이 짜인 지지 집단에서는 다양한 학습의 기회를 제공해 줌으로써 슬픔을 헤쳐 나간다. 즉, 집단에서 우리는 슬픔에 관한 다양한 감정과 반응을 겪어 보고, 그것을 어떻게 표현하고 대처해 나갈 수 있는지, 그리고 고인에 대한 추억들을 어떠한 방식으로 우리 마음에 간직해야 하는지를 배우게 된다. 음악을 활용한 치료적 개입은 다양한 기능을 한다. 회기를 시작하고 참여자들의 체계를 잡기 위해(합창, 드럼 치기, 노래 부르기), 치료적 목표와 오늘의 주제에 부합하기 위해(작사, 가사 분석, 즉흥연주, 예술과 음악 접목시키기), 회기를 마무리하기 위해(음악과 동작, 리듬 게임, 소리를 가지고 실험하기) 사용될 수 있다. 7주 동안 진행하게 되는 커리큘럼의 주제들은 '우리의 공통점을 찾아서' '변화로서의 죽음' '애도와 관련된 감정' '슬픔 다루기' '분노 다루기' '기억과 추모' '나의 슬픔을 헤쳐 나가기'이다. 예를 들기 위해, 그 뒤의 회기는 마지막 회기를 위해 음악치료 중심 애도 지원의 흐름을 간략하게 서술한다. 이전의 회기들은 집단에서 애도와 관련해 다루게 되는 전반적인 내용들을 소개하고 특정한 감정이나 기억에 초점을 맞췄기 때문에 이번 회기에서는 이 과정의 전반을 훑어보는 것이다.

나의 슬픔을 헤쳐 나가기

준비물

행복, 슬픔, 분노, 놀람의 감정이 드러난 얼굴 표정을 그린 크래프트지를 준비한다. 충분한 크래프트지를 준비해서 각 아동이 네 개의 얼굴 표정을 나눠 가질 수 있게 한다. 그리고 리듬 악기(예: 에그쉐이커), 기타, 드럼도 준비한다.

회기의 시작

참여자들 가운데 한 명을 선택해, 그 사람의 이름과 성(姓)을 골라 이름의 음절을 리듬감 있게 불러 본다. 예를 들어, 메리조 프리드먼이라는 이름을 갖고 불러 본다면 다음과 같다.

♬(메리)♪(조)♫(프리드먼)

모든 참여자가 그 이름을 합창하면서 에그쉐이커로 리듬을 맞춘다. 각 합창이 끝날 때마다 집단의 지도자는 그 이름의 참여자에게 그동안 무슨 일이 있었는지 물어본다. "우리가 마지막으로 본 날 이후로 어떻게 지내셨어요? 특별한 일은 없었나요?" 참여자들이 대답을 하면, 그것에 리듬을 덧붙여 모두가 함께 그 리듬을 연주한다. 이러한 방식으로 참여자들이 돌아가면서 한 번씩 자신의 지난 일상을 점검하게 된다.

회기에서 경험할 주제: 나의 슬픔을 헤쳐 나가기

1. 화난 감정부터 시작한다. 참여자들은 다 함께 한 줄로 선다.
2. 앞에 있는 참여자부터 시작한다. 그/그녀는 애도하는 기간에 화가 났던 때를 떠올려 말한다.
3. 에밀리 세이무어(Emily Seymour), MT-BC가 작곡한 노래 〈새롭게 시작하다(Movin' On)〉를 부르며 노래의 두 번째 반절은 (적용 가능하면) 그 참여자의 말을 인용해서 불러 본다. 참여자들이 감정을 정확히 집어내기 힘들어한다면 〈새롭게 시작하다〉를 두 번 연속해서 부르게 한다([그림 51-1] 참조).
4. 두 명의 자원자가 일어나 방 끝에서 크래프트지를 들고 있게 한 다음, 참여자가 크래프트지를 향해 달려가 종이를 찢게 한다. (자원자가 종이를 찢게 도와줘야 할 수도 있다!)
5. 남겨진 감정(놀람, 슬픔, 행복, 애도와 관련된 또 다른 감정들)을 가지고 이와 같은 활동을 반복한다.

[그림 51-1] 〈새롭게 시작하다〉의 가사

회기 종결

굿바이 송을 부른다. 대부분의 집단에서 우리는 연속성을 부여하기 위해 같은 종결 송을 부른다. 가장 많이 부르는 노래는 루디 발리(Rudy Vallee)의 〈잘 자요 내 사랑(Goodnight Sweetheart)〉을 패러디해서 부른다(원곡 가사를 재미있게 바꿔 부르며). 우리는 다음과 같이 첫 번째 소절을 몇 번 반복한 뒤 새로운 가사로 바꿔 부른다.

잘 가, 친구야, 이제는 우리가 헤어져야 할 시간이야(바 다 다 다 둠),

잘 가, 친구야, 이제는 우리가 헤어져야 할 시간이야(바 다 다 다 둠),
여기서 참 즐거웠어, 하지만 이젠 이 말을 해야만 해,
잘 가, 친구야, 잘 가.

아동을 위한 애도 캠프인 '캠프 캥거루(Camp Kangaroo)'에서 우리는 마지막 지지 집단으로 앞서 설명한 회기를 진행했다. 캠프에 참여한 아동들은 자신의 감정을 조절하고 슬픔을 다뤄 나가는 과정에서 기쁨을 느꼈다. 참여자 가운데 '샌디'라는 6세 소녀는 아버지가 돌아가신 이후로 이제까지 몽유병을 앓고 있었다. 그녀의 아버지는 우리의 호스피스 프로그램에 참여했던 분이었다. 샌디의 어머니는 캠프 캥거루를 다닌 지 반쯤 지나자 아이의 몽유병이 사라졌다고 말해 주었다. 캠프가 끝나고 3주 후에 다시 어머니에게 샌디의 상태를 물어보았더니, 아이는 매우 잘 지내고 있고 몽유병도 재발하지 않았다고 말해 주었다. 음악치료는 아동이 애도와 관련된 다양한 감정을 다시 느껴 보고, 그러한 감정을 어떻게 다뤄 나갈 수 있는지, 애도의 과정을 어떻게 헤쳐 나갈 수 있는지를 알 수 있게 해 준다. 또한 아동들은 음악을 만들면서 즐거워하는데, 이는 그들이 음악치료 중심의 사별지지 집단에 참여하는 데 동기가 된다. 애도 작업은 말 그대로 작업, 즉 일이다. 하지만 우리는 아동이 '일'을 잘해 낼 수 있도록 새로운 경험을 제공해 줄 필요가 있다. 음악치료는 바로 그들을 도울 수 있는 아름다운 방법이라고 할 수 있다.

참고문헌

Heegaard, M. (1988). *When someone very special dies: A facilitator's guide*. Minneapolis, MN: Woodland Press.

Schuurman, D. L., & Decristofaro, J. (2010). Principles and practices of peer support groups and camp-based interventions for grieving children. In C. A. Corr & D. E. Balk (Eds.), *Children's encounters with death, bereavement, and coping* (pp. 359-372). New York: Springer.

52

슬픔이 치유되는 정원

유찬 리(Yu-Chan Li) & 사이프러스 창(Cypress Chang)

애도는 지극히 개인적 과정이다. 모든 사람은 각기 자신만의 애도하는 방식을 갖고 있고, 이 전환기에서 자신만의 변화를 겪게 된다. 우리는 자신만의 고유한 치유의 여정에서 상실의 아픔을 이겨 내려고 하는 사람들을 어떻게 효과적으로 도울 수 있을까? 그들이 자신이 느끼고 있는 슬픔을 이해할 수 있게 하려면 우리가 어떻게 도와야 하며, 어떻게 해야 따뜻한 마음으로 그들의 개인적인 필요를 고려할 수 있을까? 이 질문에 대한 실질적인 답으로, 타이완의 국립 타이베이 간호보건대학(NTUNHS)의 교수팀이 '슬픔이 치유되는 정원(Grief Healing Garden)'이라는 활동을 개발했다. 이 활동은 다양한 종류의 사별을 경험한 사람들에게 활용될 수 있지만, 특히 아이를 잃은 부모들에게 더욱 유용하게 활용될 수 있다. 이 간략한 장에서 우리는 정원의 물리적인 구조와 그것이 가져다주는 치유 의식에 대해서도 설명할 것이다. 이를 설명하기 위해 '어머니의 날' 프로그램을 예로 들 것인데, 이 프로그램은 한 해 중 가장 힘든 시기에 아주 특별한 돌봄을 제공한다.

슬픔이 치유되는 정원, 그리고 작동개념

'슬픔이 치유되는 정원'은 타이완의 타이베이에 있다. 이 정원은 물리적인 공간이 실제로 존재하며, 전문적인 훈련 프로그램과 주요 국립 보건대학에서 제공하는 임상 서비스도 갖추고 있다. 정원 자체는 부메랑 형태의 공간으로, 울펠트(Wolfelt, 1996)의 애도의 정원 가꾸기 모델(Grief Gardening Model; Lin, 2004)에서 나오는 많은 주제를 반영해서 만들어진 형태이다. 울펠트(1998)에 의하면 애도는 본질적으로 영적인 과정이다. 애도는 슬픔에 젖어 있는 사람이 자신을 보살펴 주는 주변 사람들과 함께 성장해 나가는 과정이다. 그는 애도를 돕는 상담자로서, "우리는 단지 함께 있어 주고 보고 배울 뿐, 지시하거나 심지어 인도해 줄 수도 없다."라고 말한다. 그는 슬픔이 치유되는 과정이 작동하는 틀을 설명하기 위해 비유적으로 정원 가꾸기 모델이라고 표현했다. 이 모델을 실제적인 물리적인 공간으로 구현해 낸 것은 2004년 NTUNHS의 '슬픔이 치유되는 정원'이 세계 최초였다.

정원의 초입에서는 '눈물의 연못(Tear Pool)'이 우리를 마주한다. 나무가 우거진 이 연못으로부터 흐르는 수로는 정원을 관통해서 공간의 맨 끝인 '화해의 정원(Reconciliation Garden)'의 '소망의 연못(Wish Pool)'에서 끝이 난다([그림 52-1]).

애도의 과정이 그렇듯이, 물줄기는 변화하는 지형을 가로질러 나아간다. 지형을 수차례 휘감고, 방향을 틀고, 돌 위를 굴러서 지나간다. 힘없이 흘러가거나 고여 있기도 하고, 바위를 피해 지나갈 길을 찾기 전까지 막혀 있다가 다시 물길을 가르며 나아간다. 정원은 크게 세 부분으로 나뉘어 있다. 분리된 자연 속 공간에서 혼자 앉아 개인적인 명상을 할 수 있는 셀프케어 공간, 벤치에 앉아 전문가나 다른 사람들과 대화하도록 촉진하는 상담 공간, 그리고 이제까지의 여정을 되돌아보고 그 속에서 의미를 찾도록 격려하는 화해의 정원으로 나뉜다(Lin, 2004). 정원을 따라 흘러가는 개울과 마찬가지로, 여러 시설과 조각상, 자연 풍경, 그리고 성찰하게 만드는 영어와 중국어로 된 인용구는 개인이 어떻게 느끼고 생각하느냐에 따라 다른 상징적인 의미를 전달해 준다. 하지만 다양한 신체적 자극은 여러 감정을 불러일으키고, 사랑과 슬픔을 확인하게 하며, 개인의 경험을 존중하지 않고 '처방'하는, 정형화되고 미리 설계되어 있는 것이 아닌 자유감을 주는 성찰을 제공해 준다.

셀프케어 공간은 성스러운 장소로, 사별한 사람들이 명상을 하면서 자신의 슬픔에

슬픔이 치유되는 정원의 지도

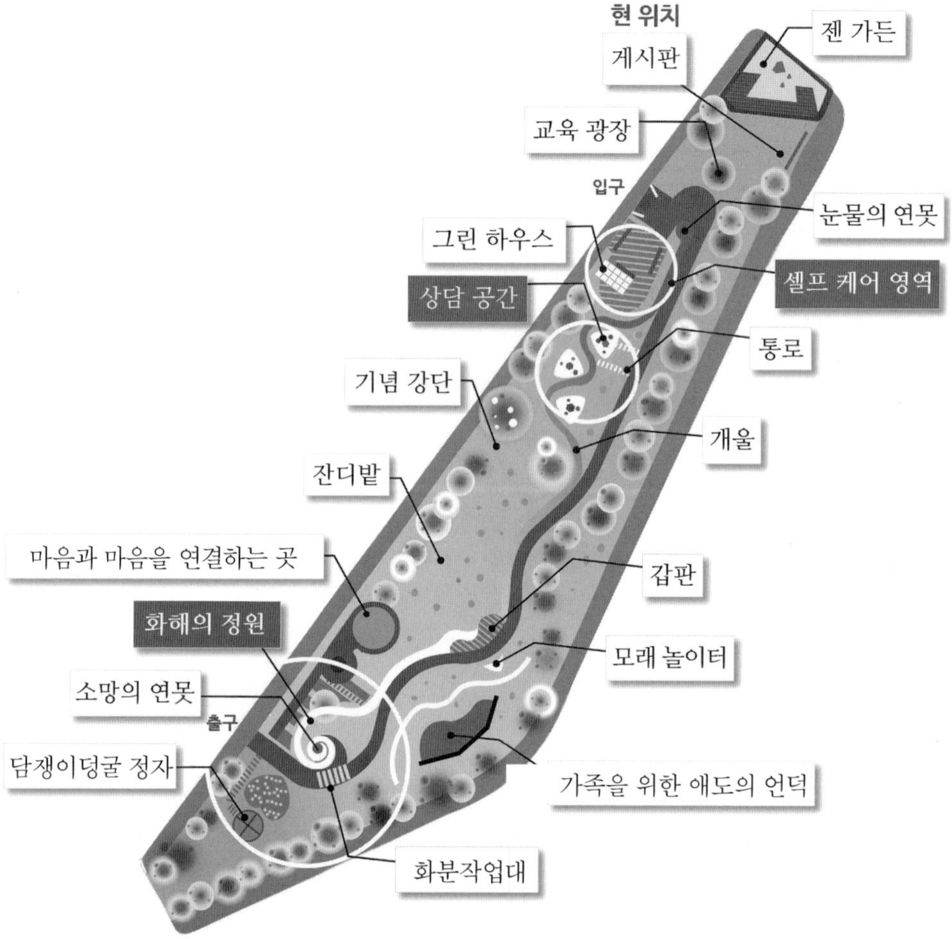

[그림 52-1] 슬픔이 치유되는 정원의 지도

❖ 그림: 치아칭 추(Chia-ching Chou)

집중하거나 긴장된 감정을 해소할 수 있도록 돕는다. 이 공간 안의 젠 가든은 깊이 생각할 수 있는 공간이 된다. 젠 가든 안에 눈물 흘리는 부처의 얼굴을 형상화한 큰 대리석 조각은 마치 명상의 세계로 안내하는 것만 같다([그림 52-2]).

[그림 52-2] 젠 가든 입구 쪽에 위치한 눈물 흘리는 부처의 조각상

❖ 사진: 로버트 니마이어(Robert A. Neimeyer)

잇따라 오는 주제는 "한 알의 모래에서 세계를 보고, 한 개의 바위에서 천국을 본다."라는 중국 전통 말에 잘 표현되어 있다. 눈과 귀는 자연스럽게 '눈물의 연못'으로 이끌린다. 넘쳐흐르는 분수에서 또르르 떨어지는 물은 슬퍼하는 사람의 얼굴을 따라 눈물이 흘러내리게 한다([그림 52-3]).

[그림 52-3] 눈물의 연못이 '눈물의 흔적(Trace of Tears)'으로 흘러들어 간다.
뒤 배경에는 온실이 보인다.

❖ 사진: 로버트 니마이어

온실과 화분을 심을 수 있는 작업대도 마련되어 있어서 원하는 사람들은 무언가를 심고 꽃을 가다듬거나 원예치료에 참여할 수 있다.

상담 공간([그림 52-4])은 나무를 울타리처럼 심어서 몇 개의 대화 장소를 나눠 놓았다. 이곳에는 추모단이 세워진 잔디밭과 '가족을 위한 애도의 언덕(Hill of Family Mourning)'(아들, 어머니, 여동생과 같이 애도자를 슬프게 만드는 관계들을 적은 베트남 스타일의 추모의 벽, [그림 52-5]), 마음과 마음을 연결하는 곳, 수로 위를 덮고 있는 갑판도 있다.

이 공간에서는 주로 다른 사람들과 만나 대화를 하게 된다. 일대일 또는 가족, 집단 단위로 소통하며 상호작용한다.

마지막으로, 슬픔에 젖어 있는 사람들은 화해의 정원에 다다르면 상당히 다른 느낌의 장소에 들어서게 된다. 다채로운 색깔과 힘이 넘치는 듯한 공간에 측면으로는 화려한 꽃들로 가득 채워져 있는 꽃 화단이 즐비해 있다. 흐르는 분수와 함께 소망의 연못([그림 52-6])도 있다. 담쟁이덩굴 정자가 있는 곳에서 많은 사람은 모국어로 나무 판에

[그림 52-4] 친밀한 대화를 유도하는 상담 공간

❖ 사진: 로버트 니마이어

[그림 52-5] 가족을 위한 애도의 언덕은 다양한 종류의 상실을 기린다.

❖ 사진: 사이프러스 창

[그림 52-6] 소망의 연못은 화해의 정원에서 가장 유명한 장소이다.

❖사진: 로버트 니마이어

[그림 52-7] 정원이 끝나는 곳에서 이제까지의 여정을 성찰하는
나무 판은 사찰에서 소원을 비는 의식을 연상시킨다.

❖ 사진: 로버트 니마이어

글을 남겨서 정자에 걸어 놓는다. 이 활동은 하나의 치료 과정의 말미를 장식하기 위해 하기도 하고, 이후에 비공식적으로 정원을 방문하여 하기도 한다. 이것은 마치 사찰에서 하는 소망을 비는 의식과 비슷하다([그림 52-7]). 화해의 정원은 슬픔을 끌어안고 상실과 화합하기 위한 화해의 마음을 상징적으로 나타낸다.

울펠트(2006)는 슬픔이 치유되는 것은 '회복'하기보다 '발견'하는 여정이라고 주장한다. 니마이어(Neimeyer, 2004)는 애도 전문가로서 우리는 '내담자들의 사별 경험이 갖는 독특한 의미를 발견하기 위해 중요한 단서를 찾으며 경청'해야만 한다고 말한다. 이는 애도를 새로운 의미를 형성하는 과정으로 보는 폭넓은 접근 방법에 따른 것이다(Neimeyer & Sands, 2011). '슬픔이 치유되는 정원'에서 상담자는 사랑하는 사람을 여읜 내담자들로부터 무언가를 배우는 '정원사'와도 같다. 상담자는 내담자들의 애도 과정을 지켜보며, 이해를 넓히게 된다. 그리고 내담자들과 함께 인내하고 지원을 해 주면서 자기 자신을 성장시켜 나가게 된다. 또한 애도하는 과정에서 내담자들이 자신만의 의미를 발견해 가는 데 동참하게 된다(Li & Chang, 2008).

사랑하는 자녀를 잃은 부모를 위한 '슬픔이 치유되는 정원'에서의 어머니의 날 프로그램

'슬픔이 치유되는 정원'에서 혼자든, 누군가와 함께하든 자기 자신을 성찰하며 산책을 하는 것은 구조화된 프로그램이 아닐 때도 상당히 치료적일 수 있다. 하지만 때로는 특정 애도자들의 필요에 상응하기 위해 특별한 프로그램을 제공한다. 이 프로그램 중 하나로 본래 어머니의 날 행사를 위해 만들어진 것이 있다. 이 프로그램은 아이를 잃은 어머니 또는 어머니를 잃은 사람들을 위한 것이었다. 대다수의 사람은 어머니의 날에 가족들이 함께 모여 축하하고 행복해한다. 하지만 다른 사람들은 찢겨진 가슴에서 흘러내리는 눈물을 조용히 훔쳐내야 할 수도 있다. 그래서 이 행사를 '엄마와 아이의 마음을 연결시키기'라고 이름 붙였다. 한 회기는 보통 두세 시간 소요되고, 애도 전문 상담자는 한 명의 내담자, 가족 또는 두 사람을 상담하게 될 수 있다. 이 행사가 진행되는 동안에는 정원의 모든 영역이 일반 사람들에게는 통제된다. 정원은 내담자들에게만 공개되고, 그들만을 위한 성스러운 공간이 된다. 여기서 이들은 상실의 경험을 말하고, 깊은 슬픔의 감정을 느껴 보며, 그 개인적인 과정에서 새로운 의미를 발견하게 된다. 그리고 그것의 의미를 상징적인 방식을 통해 좀 더 풍부하게 표현해 볼 수 있게 된다. 이 행사 때는 정원의 야외 공간뿐 아니라 정원에 인접해 있는 응접실을 사용할 수도 있다. 이 응접실에는 독서할 수 있는 공간도 있었다([그림 52-8]). 그곳을 훑어보니 상실 및 애도와 관련된 많은 자기개발서가 있었다. 실내에서 작업하길 원하는 내담자들은 이 공간

[그림 52-8] 독서 공간이 어머니의 날 프로그램에 참여한 사람들을 반기고 있다.
❖사진: 사이프러스 창

에서는 책을 훑어볼 수도 있고, 준비된 작업대에서 글을 쓰거나, 준비된 표현예술 도구로 그림을 그리고, 색을 칠하고, 콜라주를 만들어 볼 수도 있다.

눈물의 흔적

'정원사'로서 애도 전문 상담자가 활동에 참여한 사람들과 함께 할 수 있는 몇 가지 중요한 활동이 있다. 하지만 그들이 반드시 정해진 순서에 따라 활동을 진행해야 하는 것은 아니다. 이 활동은 지속적인 상담이기보다는 일회성으로 제공되는 서비스이기 때문에 첫 번째 만남에서 신뢰성 있는 관계를 형성하는 것이 매우 중요하다. 안내실에 있는 독서 공간이나 정원의 셀프케어 공간에서 첫 만남이 이뤄질 수 있다. 그리고 정원사는 주로 내담자를 데리고 정원을 간략하게 둘러보며 일반적인 안내 사항들을 전달한다. 그리고 '나의 슬퍼할 권리(My Grief Rights)'(Wolfelt, 1995)와 같이 애도 과정에서 흔히 마주할 수 있는 쟁점에 대해 이야기한다. 또는 내담자가 셀프케어 공간에 있는 '눈물의 흔적'이라는 이름의 작은 조각상을 만져 보면서 자신의 슬픔에 대해 얘기하게 할 수도 있다. 몇몇 내담자는 그 조각상에 손을 대기도 전에 눈물을 흘린다. 다른 사람들은 정원사와 함께 '슬퍼할 권리'라는 개념에 대해 서로의 생각을 나누고, 어떤 사람은 독서 공간에 있는 책들을 읽으면서 혼자만의 시간을 즐긴다. 아주 극소수의 사람은 자신은 그저 '슬픔이 치유되는 정원'을 잠시 들러 본 것뿐이라며 자신의 상실의 아픔에 대해 말하는 것을 꺼리기도 한다. 정원사는 참여자들이 보이는 어떠한 반응들도 수용적으로 이해한다. 상담자의 역할은 내담자를 '치료'하거나 '회복'시키기 위해 개입하는 것이 아니라 내담자가 스스로 자신의 길을 찾아갈 수 있도록 동행해 주는 것이다. 자신의 상실의 경험을 직접적으로 이야기하지 않는 참여자들의 경우에는, 그들이 정원에 들어서는 그 순간부터 차츰차츰 자신의 상실의 고통을 끌어안을 때까지 정원사는 그저 그들의 곁을 지켜 줄 뿐이다. 그러면 내담자는 끝내 마음을 열고 그들이 이 정원에 온 이유를 토로한다. 또는 정원을 거닐면서 무엇을 느꼈는지 이야기해 준다. 결국에는 그들이 이 과정에서 무엇을 배우게 되었는지를 확실히 깨닫게 된다.

슬픔을 머금은 거품의 여행

내담자가 자신이 사랑하던 사람에게 이야기를 건넬 준비가 되어 보이면 정원사는 종종 A4 용지에 글 또는 시를 쓰거나 그림을 그리거나 콜라주를 만들어 보도록 격려한다. 이것을 완성한 이후에 내담자는 정원에서 시나 글을 크게 읽어 볼 수 있다. 아니면 상담자와 둘이 산책을 하다가 은밀한 구석 공간에서 상실의 아픔에 대해 좀 더 깊은 이야기를 나눠 볼 수도 있다. 적절한 때가 되면 글을 쓴 종이나 직접 만든 작품을 접어서 투명한 비닐봉지에 넣고 공기를 주입해서 부풀린 다음 리본으로 묶는다. 이것은 일명 '슬픔을 머금은 거품(grief bubble)'이 된다. 정원사는 내담자가 이 슬픔을 머금은 거품을 수로에 띄우게 도와주면서 이렇게 말할 수 있다. "이게 바로 당신의 슬픔을 머금은 거품입니다. 슬픔에 젖어 있는 당신과 같이, 당신 곁의 다른 사람들도 상당한 무력감에 빠져 있을 것입니다. 왜냐하면 그들도 당신의 슬픔을 볼 수 있지만 그 슬픔의 거품에서 벗어날 수 있도록 돕기 위해 자신은 아무것도 할 수 없다고 느끼고 있기 때문입니다. 이 거품 밖의 주위 사람들을 보면 아마 당신도 똑같은 마음이 드실 겁니다. 그들에게 도움의 손길을 요청할 수도 없다고 느끼는 것이죠. 한편으로는 이러한 어려움이 있을지라도 당신의 삶은 계속됩니다. 당신은 세상 속에서 사람들과 소통하고 매일 일상적인 일들을 하면서 삶을 살아가야 합니다. 마치 수로를 따라 흘러가는 슬픔을 머금은 거품과 같이 말

[그림 52-9] 화해의 정원을 향한 여행을 시작하는 슬픔을 머금은 거품

❖ 사진: 사이프러스 창

입니다. 거품은 때때로 어딘가에 처박히거나 뒤로 흘러갈 수도 있고, 어떤 때는 유유히 흘러가는 것처럼 보일 수도 있습니다."(거품의 움직임을 말로 묘사한다) 정원사의 은유적인 표현을 들으면서 내담자는 감동을 느끼게 되고, 물에 떠내려가는 거품을 보면서 편안함을 느낀다. 이것은 막연했던 경험이 구체적인 형태를 취하게 되었기 때문이다([그림 52-9]).

축복의 병 만들기

정원을 산책하다 보면 지켜보고 있었던 슬픔을 머금은 거품이 수로를 따라 내려가던 도중에 어느 지점에 잠시 막혀 있는 순간을 마주하게 된다. 이때 정원사는 내담자에게 그 거품을 그대로 놔두고 무언가 다른 것에 몰두하라고 할 수 있다. 예를 들어, 한번은 내담자들과 가족을 위한 애도의 언덕에 있는 돌로 된 책상에서 준비된 재료들로 무언가를 만들어 보았다. 준비된 재료로는, 몇 개의 다양한 모양의 작은 유리병과 색색의 비즈, 작은 카드, 장식용 스티커, 리본이 있다. 정원사는 내담자에게 상실한 사람이 주는 진정한 축복을 담은 '축복의 병(blessing bottle)'을 만들어 보라고 할 수 있다. 이 병은 내담자와 세상을 떠난 사랑하는 사람을 연결시켜 주는 물건이 될 것이다([그림 52-10]). 병목에 묶인 작은 카드는 비즈가 의미하는 바를 설명해 주었다. 그것은 애도자가 자신이 사랑하던 사람이 보여 주었다고 생각한 충실함, 즐거움, 따뜻함을 나타낼 수 있다. 이 활동은 수로의 길을 따라 거품이 막혀 있을 때(내담자의 삶에 슬픔이 꽉 막힌 것과 같이), 이러한 상황에 대처해 나갈 수 있는 힘을 실어 줄 것이다. 그리고 거품이 다시 물길을 따라 떠내려갈 때 다시 자신의 슬픔과 화해할 준비를 할 수 있도록 도와줄 것이다. 활동이 끝난 후, 내담자와 정원사는 거품의 상태를 확인하기 위해 다시 수로로 간다. 대부분의 경우, 거품이 이미 스스로 자연스럽게 앞으로 흘러 내려가고 있는 상태를 발견한다. 하지만 수로가 화해의 정원에 있는 소망의 연못으로 흘러들기 전에 작은 댐이 있기 때문에 슬픔을 머금은 거품은 늘 이 댐이 있는 자리에 막혀 있게 된다. 정원사는 내담자에게 거품을 집어 들어 댐을 뛰어넘게 해 보라고 한다. 상징적으로 보자면, 이 행동은 내담자가 자신의 애도의 여정에서 필요한 것이 무엇인지만 발견한다면 자기치유를 할 수 있는 능력을 가질 수 있다는 것을 의미한다.

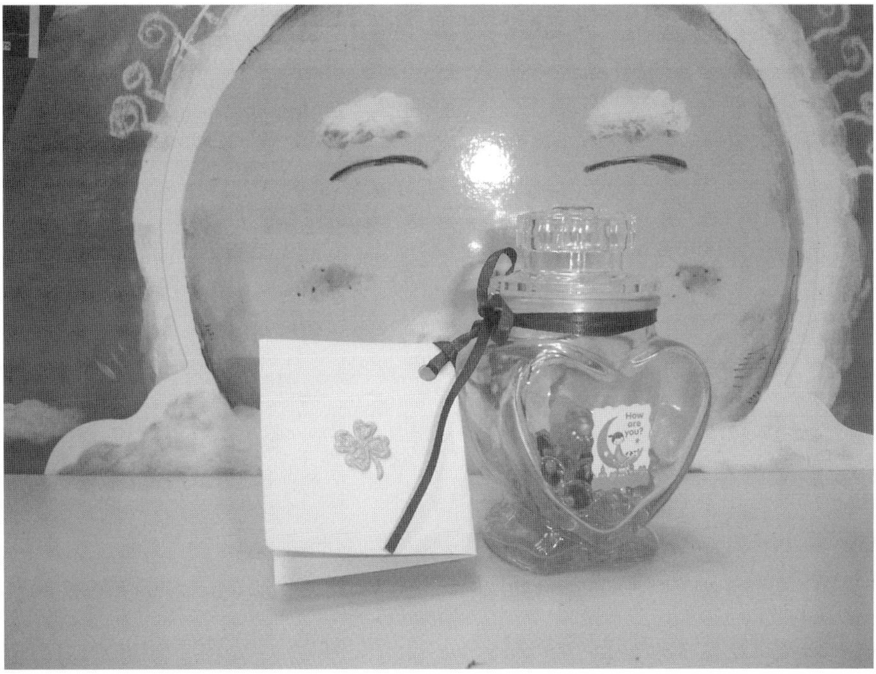

[그림 52-10] 축복의 병은 사랑하던 사람이 선물한 특별한 축복을 기억하게 해 준다.
❖ 사진: 사이프러스 창

화해된 마음

슬픔을 머금은 거품이 화해의 정원에 있는 소망의 연못에 도달할 때쯤, 내담자와 정원사도 화해의 마음을 가지고 연못에 도착하게 된다. 소망의 연못 한쪽에서 소원을 빌거나 누군가를 위해 축복을 빌어 줄 수 있다. 한번은 아들을 낳은 지 며칠이 안 되어 그 아이를 잃은 어머니가 있었다. 그 어머니도 슬픔을 머금은 거품을 수로에 띄우고 축복의 병을 만들면서 소망의 연못에 도달했다. 그리고 그녀는 떠나간 아이를 위해 간절히 기도할 수 있었다. 그녀는 이제 자신의 삶에서 앞으로 나아갈 수 있지만, 아직은 조금의 시간이 더 필요할 것이라고 말했다.

내담자는 양초에 불을 붙여 작은 뗏목에 올려놓은 다음 연못에 그것을 띄울 수 있다. 그와 동시에 연못에 있던 슬픔을 머금은 거품을 집어서 밖으로 꺼낸다. 내담자는 그 거품 안에 있던 자기가 쓴 글이나 직접 만든 작품을 집에 가져갈 수 있다. 혹은 중국의 장례식에서 흔히 볼 수 있는 것과 같이 정원에서 그것들을 불태울 수 있다. 이것은 죽은 사람에게 메시지를 전달하겠다는 상징적 의미를 지닌다. 마지막으로, 내담자는 이 프로그램이나 정원 자체에 대한 소감을 간단한 나무 판에 적으며 여정을 마무리할 수 있다. 그러고는 아시아의 사찰을 연상시키는 소박한 틀에 그 나무 판을 걸어 본다. 정원이 운영되는 수년 동안, 다양한 언어로 쓰인 수백 개의 나무 판이 축적됐다.

맺는말

이 프로그램은 본래 사랑하는 아이를 잃은 부모들을 위해 만들어진 것이었다. 하지만 우리는 다른 종류의 슬픔에 빠져 있는 사람들에게도 이 프로그램이 유용할 수 있다는 것을 알게 되었다. 이를테면, 아이를 입양 보낼 수밖에 없었던 어머니, 또는 10년도 넘게 이혼의 아픔을 씻어 내지 못한 어머니에게도 많은 도움을 줄 수 있었다. 슬픔을 머금은 거품의 여행을 지켜보면서 많은 내담자는 그들의 슬픔이 변해 가는 과정 또한 매우 개인적인 과정이라는 것을 깨닫게 된다. 가족들이 똑같은 상실의 고통을 겪고 있을지라도 각자가 느끼고 있는 슬픔과 그것을 이겨 내 가는 과정은 다를 것이다. 이것은 마치 슬픔을 머금은 거품이 수로에서 각기 다른 방향으로 흘러가는 것과도 같다. 사랑하던 사람과 연결되어 있다는 느낌을 갖게 해 주는 작품을 완성하고 이 활동을 통해 자신의 삶에 새로운 의미를 깨달아 가는 과정이 내담자가 슬픔을 이겨 나가는 데 많은 도움을 줄 수 있다. 가령, 죽은 사람에게 편지를 쓰기, 축복의 병 만들기, 티 캔들에 불 켜기, 그리고 슬픔을 이겨 내기 위해 사용되는 수많은 예술적 치료 활동이 그러하다(Neimeyer, 2012). 이 모든 활동은 상실에 대해 이야기할 수 있는 기회를 제공해 줄 뿐만 아니라 그 경험 안에서 직설적 · 상징적 의미를 찾아낼 수 있도록 도와준다.

참가 활동을 연구하는 최근의 프로그램은 예술 지향적인 원예치료가 치유의 방법으로 얼마나 효과적인지를 보여 준다. 린, 린과 리(Lin, Lin, & Li, 출판 중)는 '슬픔이 치유되는 정원'을 활용해 다양한 활동으로 구성된 워크숍을 열었다. 이 워크숍은 애도를 도와주는 19명의 전문가가 스스로 자신의 아픔을 이겨 내 볼 수 있는 활동들로 구성되어 있었다. 이들은 비디오를 보거나 강의를 듣고 창조적 글쓰기를 해 볼 수 있었다. 그리고 나무와 꽃이 삶에서 주는 상징적인 역할과 관련된 예술 활동들을 해 볼 수 있었다. 예를 들어, 이 중 두 개의 활동에서는 압착한 꽃과 드라이플라워를 이용해서 실크로 된 장식용 벽걸이를 만들고, 화해의 정원에서 '희망의 나무(Tree of Hope)'를 심었다. 설문조사와 집단 토의 결과에 의하면 이 활동은 상당한 효과가 있는 것으로 나타났다. 참여자의 75~80%는 이 활동 후에 아름다움을 감상할 줄 알게 되었고, 안전하게 보호받는 느낌을 많이 받을 수 있었다고 말해 주었다. 55~60%는 자기(self)의 소중한 가치를 깨닫게 되었고, 자신의 영혼과 연결되는 느낌과 몸의 감각이 되살아나는 느낌을 받을 수 있었다고 말해 주었다. 무엇보다 중요한 것은, 참여자 모두가 이 활동에 참여함으로써 몸과 마음, 영혼이 더 건강해졌다고 말한 것이다. 이 힘은 그들이 상실의 아픔을 마주하겠다는 더 확장된 의지에서 비롯된다.

요약하면, 은유적인 활동을 활용한 애도상담은 추상적으로 느껴졌던 슬픈 감정을 구체적인 형태로 바꿔 주는 데 이상적인 방식이다. 이 프로그램에서 우리는 몇 가지 보편적이면서도 문화적으로 고유한 은유적인 설명들을 만들어 왔다. 이를 통해 내담자들이 형태가 없는 감정들을 구체적으로 표현해 볼 수 있도록 도와주었다. 또한 내담자들의 입에서 나온 은유적인 표현들을 설명에 섞기도 하였다. 우리가 사랑하는 사람을 여읜 사람들을 위한 시설을 운영한 지 거의 10년이 다 되어 가지만, 여전히 우리는 '슬픔을 치유하는 정원'이 독특한 돌봄의 환경을 제공한다고 느낀다. 이곳에서 하게 되는 표현예술 활동들은 상실의 고통을 느끼고 있는 내담자를 지원하고 치유하는 데 창조적인 역할을 해낼 수 있다.

참고문헌

Li, Y. C., & Chang, W. C. (2008). The model of grief counseling in the Grief Healing Garden for bereaved people. *Counseling & Guidance, Monthly*, *267*, 55-60. [In Chinese.]

Lin, C. Y. (2004). *The Grief Healing Garden in National Taipei College of Nursing*—An introduction of the plan for establishing a grief healing garden*. Presented at the Workshop of Grief Therapy and Meaning Reconstruction, Taipei. [In Chinese.]

Lin, Y. J., Lin, C. Y., & Li, Y. C. (2014). Planting hope in loss and grief: Self-care applications of horticultural therapy for grief caregivers in Taiwan. *Death Studies*.

Neimeyer, R. A. (2004). *Lessons of loss*. Memphis, TN: Center for the Study of Loss and Transition.

Neimeyer, R. A. (Ed.). (2012). *Techniques of grief therapy: Creative practices for counseling the bereaved*. New York: Routledge.

Neimeyer, R. A., & Sands, D. C. (2011). Meaning reconstruction in bereavement: From principles to practice. In R. A. Neimeyer, H. Winokuer, D. Harris, & G. Thornton (Eds.), *Grief and bereavement in contemporary society: Bridging research and practice* (pp. 9-12). New York: Routledge.

Wolfelt, A. D. (1995). *My grief rights* (poster). Fort Collins, CO: Companion Press.

Wolfelt, A. D. (1996). *Grief Gardening Model of caring for bereaved children* (poster). Fort Collins, CO: Companion Press.

Wolfelt, A. D. (1998). *Companioning vs. treating: Beyond the medical model of bereavement caregiving*. Presented at the Association for Death Education and Counseling 20th Annual Conference, Chicago, IL.

Wolfelt, A. D. (2006). *Companioning the bereaved: A soulful guide for caregivers*. Fort Collins, CO: Companion Press.

53

'올바른 애도 캠프'에서 마음과 마음을 연결해 주는 표현예술

안젤라 햄블런(Angela Hamblen)

'올바른 애도 캠프(Camp Good Grief)'는 사랑하는 사람을 여읜 아픔을 갖고 있는 6~12세 아동들을 위해 1999년에 시작됐다. 2001년에는 '올바른 애도 청소년 캠프(Teen Camp Good Grief)'가 추가되어 13~17세의 청소년들을 돕기 시작했고, 2003년도에는 '성인을 위한 올바른 애도 캠프(Camp Good Grief for Adults)'가 시작되었다. 이 프로그램들은 매년 한 번씩 개최되며, 개인 및 집단 애도상담에 추가적으로 잘 활용되고 있다. 3일 동안 캠프 분위기에서 진행되는 표현예술 활동과 야외 활동 덕분에 애도와 치유 작업에서 상당한 진전이 있기 때문이다.

애도 캠프에서는 사랑하던 사람을 여읜 아픔을 갖고 있는 비슷한 연령대의 사람들을 모아 안전한 환경에서 즐거움도 느낄 수 있도록 균형을 맞추어 슬픔을 이겨 내기 위한 활동을 하게 해 준다. 이 캠프에 참여하면 자신도 삶에 균형을 이루며 살아갈 수 있다는 것을 몸소 체험하게 된다. 자신이 지니고 있는 슬픔을 미래에 대한 희망과 즐거움으로 상쇄시키는 것이다. 연령대별로 나눠진 세 개의 캠프는 모두 유사한 형태를 갖고 있는데, 대집단 애도 활동, 사회복지사나 상담자가 이끄는 애도 지원 소집단 그리고 즐거운 활동과 추모식으로 구성된다. 모든 캠프는 참여자들의 치유를 위해 표현예술을 적극적으로 활용한다. 물론 캠프에 참여한 사람들의 연령과 발달적 사항들을 고려하여 활동에 변화를 주기도 한다.

6~12세 아동을 위한 올바른 애도 캠프

아동을 위한 '올바른 애도 캠프'는 3일 동안 이뤄지는 일일 캠프이다. 이 캠프는 케먼스 윌슨 가족센터(Kemmons Wilson Family Center)에서 캠프가 열리는 시설로 버스를 타고 오는 것으로 시작된다. 케먼스 윌슨 가족센터는 '침례교도 트리니티 호스피스(Baptist Trinity Hospice)'와 관련된 기관으로 특별한 목적을 가지고 신중하게 설계해서 지어졌다. 우리는 버스를 타고 오는 것에 상징적인 의미를 부여한다. 즉, 우리는 슬픔을 이겨 나가기 위해 모두 함께 여행을 시작했다는 의미를 갖는다. 이들에게는 캠프 내내 자신들을 도와줄 동료들과 자원봉사자들이 있다. 버스에서 느끼는 유대감과 동료들의 지원은 참여한 아이들이 편안함과 안정감을 느낄 수 있도록 도와준다. 그래서 참여한 아이들은 올바른 애도의 여정을 시작할 수 있게 된다.

캠프는 대다수의 캠프에서 하는 것과 같이 어색함을 깨트리기 위한 게임과 노래로 시작한다. 이를 위해 아이들에게는 우리가 만든 주제가(theme song)를 소개한다. 이 주제가의 내용은 아이들이 솔직하게 슬픔을 마주하고, 그들 사이에 공통적인 감정을 확인하며, 그들이 혼자가 아니라는 것을 알게 해 준다. 이 활동을 한 후, 아이들은 우리가 미리 준비한 게임을 하면서 에너지와 슬픔의 일부를 발산한다. 우리는 함께 모인 이유에 대해서 열린 마음으로 서로의 의견을 나눈다. 그런 다음 캠프에 참여한 아이들은 첫 번째 애도 소집단에 가게 된다.

애도 소집단은 캠프가 시작되기 전에 미리 결정된다. 참여한 아이들은 연령과 발달단계를 고려해 각각 8명으로 구성된 다섯 집단으로 나눠진다. 캠프가 시작되기에 앞서 캠프 책임자와 집단의 지도자들이 모여 각각의 소집단에 무엇이 필요한지를 파악한다. 그리고 그에 따른 각 소집단의 활동들을 결정한다. 소집단 회기는 아동들이 다음과 같은 것들을 할 수 있도록 돕는 방식으로 구성된다. (1) 자신의 슬픔을 설명하고, 자신의 감정을 알아본다. (2) 사진을 가지고 자신의 이야기를 한다. (3) 기억들을 함께 나눈다. (4) 대처해 나가는 능력을 기른다. (5) 지속적인 힘의 원천을 찾아본다. 사랑하는 사람을 잃은 슬픔의 감정들을 탐색해 보기 위해 표현예술을 활용하는 한 가지 방식이 다음의 활동에 잘 나타나 있다.

상실로 인한 감정을 탐색해 보기

설정

방 안을 열 곳으로 나눠, 각각의 공간에 이름을 붙여 놓는다. 특별한 장면을 연출하기 위해 이 공간을 꾸며 볼 수도 있다. 예를 들어, '즐거운 항구'는 웃는 이모티콘으로 채우고, '두려움의 구멍'은 우주의 블랙홀이 떠오르도록 꾸밀 수 있다.

집단 지도자의 대본

- 이 캠프에서 우리는 함께 시간을 보내면서 사랑하던 사람을 잃어버린 슬픔에 대해 이해하는 시간을 가질 겁니다.
- 여기에 사랑하던 사람을 잃어버린 슬픔이 어떤지 아는 사람이 있나요? 나와 함께 이 슬픔의 감정을 더 탐색해 보고 싶은 사람이 있나요? (손을 앞으로 내밀어 보이며)
- 좋아요. 우리가 이것을 탐구해 보기에 앞서, 여러분에게 먼저 특별한 쌍안경이 필요할 겁니다. …… 이 쌍안경은 사랑하던 사람을 잃어버린 슬픔을 이해해 보기 위해 특별히 제작된 것입니다. 이것을 조심히 다뤄야 해요. 왜냐하면 이 쌍안경을 끼면 사랑하던 사람을 잃어버린 슬픔의 땅에서 매우 특별한 것을 발견할 수 있기 때문이에요. (여기서 캠프에 참여한 사람들이 두루마리 휴지 심을 가지고 특별한 쌍안경을 만들고 꾸민다.)
- 자, 이제 탐색을 시작하러 가야 하니 모두 우리 비행기에 올라탑시다. …… 사랑하는 사람을 잃어버린 슬픔의 땅을 돌아보면서 구석구석 살펴보도록 합시다.

집단의 지도자가 기장이 되고 집단 구성원들은 탑승객이 되어, 함께 방 안의 여러 활동 공간을 둘러보는 비행을 떠난다. 각 활동 공간들은 다음의 주제들을 탐색해 볼 수 있도록 준비되어 있다. (1) 실망한 산, (2) 지겨운 골짜기, (3) 혼란스러운 강, (4) 죄책감에 사로잡힌 도랑, (5) 외로운 섬, (6) 두려움의 구멍, (7) 즐거운 항구, (8) 안전한 라군, (9) 화난 유성, (10) 슬픈 분화구. 아이들이 각각의 공간을 돌아본 후에는 자신의 현재 느낌을 가장 잘 표현해 줄 수 있는 공간을 선택해 들어간다. 그런 다음 이 활동을 촉진하는 지도자는 아이들이 들어가 있는 공간에 대해 더 많은 것을 물어볼 수 있다. 예를 들어, "그 공간은 어떻게 생겼니? 뭐가 들려? 이곳에 있어 보니 어때? 다른 사람도 그곳에 와 있어서 좋니? 그 공간에 온 사람이 너밖에 없어서 놀랐니?"라고 물을 수 있다.

그다음으로는 집단의 지도자가 몇 가지 질문을 하겠다고 말한다. "내가 질문을 하면 너는 그 과거의 특정한 날의 기분을 나타내는 공간으로 들어가야 해." 예를 들어, "너가 사랑하는 사람이 죽었다는 소식을 들었을 때 어떤 감정이었니?"라고 지도자가 물을 수 있다. 이 질문을 받은 아이는 자신의 대답을 가장 잘 표현해 줄 수 있는 활동 공간으로 자리를 옮기게 된다. 그러면 집단의 지도자는 더 활발한 대화를 이끌어 간다. 예를 들어, 아이들은 사랑하는 사람이 죽었다는 소식을 말해 준 사람이 누구였는지, 그때 그들은 어디에 있었는지, 언제 그 이야기를 들었는지, 주변 사람들은 무엇을 하고 있었는지를 말할 수 있다. 이 대화가 이뤄지는 동안 집단의 지도자는 아이들의 대처 방식과 지속적인 힘의 원천을 평가한다. 이 외의 다른 질문들도 캠프에 참여한 아이들이 죽음과 사랑하는 사람을 잃은 경험에 대해 상세히 말할 수 있도록 도와준다. 아이들은 한 활동 공간에서 다른 공간으로 옮겨 가며 더 풍부한 스토리텔링을 할 수 있다. 다음과 같은 질문을 사용할 수 있다.

- 장례식은 어땠니?
- 그날 저녁에 자러 갈 때 기분이 어땠니?
- 죽어서 지금은 네 곁에 없는 사랑하던 사람을 떠올리면 기분이 어떠니?
- 사랑하던 사람이 학교에 있는 모습을 떠올리면 기분이 어떠니?
- 네가 울 때 누군가 안아 주면 기분이 어떠니?
- 누군가 너를 놀리면 기분이 어떠니?
- 가족 중에 한 사람이 우는 걸 보면 기분이 어떠니?
- 변화된 이 모든 걸 생각해 보면 기분이 어떠니?

이 활동은 학생의 수와 언어적 참여의 정도에 따라 15분에서 45분 정도의 시간이 소요된다. 이 활동을 통해 아이들은 자신의 감정이 다른 아이들과 어떻게 유사하고 어떻게 다른지를 확인하게 된다. 집단의 지도자는 화난 유성, 외로운 섬, 그 외 다른 장소들에서 아이들이 보여 준 대처 방식을 확인하게 된다.

내가 느낀 슬픈 감정은 마치……

아이들의 감정을 탐색하기 위해 할 수 있는 표현예술 활동의 두 번째 예는 간단한 이미지를 활용하는 것이다. 이 이미지는 사랑하는 사람을 잃어버려서 느끼는 슬픔을 신체적인 경험으로 이해할 수 있게 도와준다.

집단 지도자의 대본

- 사랑하는 사람을 잃어버린 아픔이란 무엇일까요?
- 사랑하는 사람이 죽은 이후로 어떤 감정들을 느껴 왔나요? (지도자는 폼보드에 감정 목록을 받아 적는다.)
- 우리의 몸은 이 감정들을 어떻게 느끼며, 우리 몸 안에 이 감정들을 어떻게 간직하고 있을까요? (예를 들어 가며 논의한다.)
- 우리 모두는 걱정근심을 갖고 있습니다. 하지만 자신과 친밀한 누군가가 죽게 되면 온갖 감정을 동시에 느끼게 되죠.

집단의 지도자는 이 활동에서 미리 만들어 잘라 놓은 상징들로 각 감정들을 표현할 것이라고 설명한다. 미리 정해 둔 상징들은 눈물=슬픔, 나비=걱정 또는 불안, 태양=행복, 화산=분노, Z=피곤함, 반창고=외로움, 하트=사랑, 물음표=혼란이다. 아이들이 이 외의 감정들도 써 볼 수 있도록 한다. 그런 다음 캠프에 참여한 모든 아이에게 크래프트지를 실물 크기의 신체 형상으로 미리 잘라 놓은 종이를 나눠 준다. 그리고 지도자는 아이들에게 '슬픔의 땅'을 여행하는 동안에 느낀 감정이 발생한 것 같은 신체의 특정 부위에 그 감정의 상징을 놓아 보라고 한다. 이 활동을 하는 동안에 집단의 지도자는 개개인이 이 활동을 해 나가는 과정에 함께 있어 주면서, 그들이 사랑하는 사람을 잃은 아픔 속에서 서로에 대한 동질성을 발견할 수 있도록 도와준다. 예를 들어, 몇몇 아이는 서로가 똑같이 신체 종이의 머리에 물음표를 그렸다는 것을 알아차릴 수 있다. 그러면 집단의 지도자는 아이들이 혼란스러워하는 질문을 물어볼 수 있게 한다. 지도자는 다음과 같은 질문을 받을 수 있다. "그들은 왜 죽었을까요?" "죽을 때 아픈가요?" "천국은 어디 있죠?" "엄마가 언젠가는 울지 않을 수 있겠죠?" 지도자는 아이들의 나이를 고려해서 그들이 잘 이해할 수 있도록 조심스럽게 대답을 한다.

이 활동은 좀 더 고학년 아이들에게 적합하도록 수정할 수도 있다. 지도자는 아이들에게 여러 감정을 찾아내라고 한 다음, 각각의 감정들을 상징하는 색깔을 다 같이 결정한다. 각각의 감정을 하나의 색깔로 지정하고 나면 집단의 지도자는 그들에게 다음과 같이 물을 수 있다.

- 머리를 색칠하세요. 사랑하는 사람이 죽기 직전에 무슨 생각을 했나요?
- 눈을 색칠하세요. 그 일이 일어났을 때 뭘 봤나요? 그 일이 어떻게 느껴졌나요?
- 귀를 색칠하세요. 그 일이 일어났을 때 뭘 들었나요? 그 일이 어떻게 느껴졌나요?
- 코를 색칠하세요. 그 일이 일어났을 때 무슨 냄새를 맡았나요? 그 일이 어떻게 느껴졌나요?
- 입을 색칠하세요. 그 일이 일어났을 때 뭘 맛보았나요? 그 일이 어떻게 느껴졌나요?
- 손을 색칠하세요. 그 일이 일어났을 때 뭘 만져 보았나요? 그 일이 어떻게 느껴졌나요?
- 그 일이 일어나고 있었을 때 어떻게 하고 싶었나요?
- 그때의 일이 떠올라서 다시 가 보고 싶지 않은 장소가 있나요?

이 질문들에 대답해 봄으로써 고학년 아이들은 자신의 나이에 걸맞는 방식으로 죽음에 대해 다시 이야기해 볼 수 있는 용기가 생긴다. 그리고 그 이야기들 속에서 감정적 · 인지적 차원에서 자신의 슬픔에 대한 이해의 깊이를 더해 간다. 또한 그들은 자신의 상실 경험이 사회적으로도 수용되는 경험을 할 수 있게 된다(Neimeyer, 2012).

'올바른 애도 캠프'의 대집단에서는 캠프에 참여한 사람들이 드림캐처[22]를 만들어 본다. 이 활동을 통해 수면장애나 악몽의 문제를 다룰 수 있게 된다. 캠프에 참여한 사람들은 이 드림캐처에 자신이 사랑하던 사람의 이름을 붙여 장식한다. 그리고 여기에 자신이 가장 좋아하는 색깔을 입힌다. 그러면서 자신의 두려움에 대해 말해 보며, 의미 있는 기억들도 함께 나누게 된다. 우리는 또한 캠프에 참여한 사람들이 노래를 부르고, 춤을 추며, 드럼을 치는 것과 같은 활동을 통해 자신의 슬픔을 표현해 볼 수 있도록 도와준다. 드

22) 역자 주: 미국 원주민에게서 유래한 것으로 손으로 직접 만든 물건이다. 버드나무 테에 느슨한 그물이나 망으로 짜서 만든 다음 깃털이나 구슬 등과 같은 성스러운 장신구로 끝을 장식한다. 악몽으로부터 보호해 주는 능력이 있다고 믿는 물품이다.

럼 치는 활동에 참여한 사람들은 안내된 심상 활동을 하면서 자신의 슬픈 감정을 드럼으로 해소한다. 이 활동들은 애도의 과정이 각기 다른 강도와 리듬을 가진 여행이라는 것을 보여 준다. 마치 참여자들이 보여 주는 드럼의 박자와 춤의 움직임이 모두 다 다른 것처럼 말이다. 드럼을 치는 것은 특히 분노와 충격의 느낌을 신체적으로 해소하는 데 도움을 준다. 특히 드럼 활동에서는 참여자들이 동료들의 지지 속에서 안전함을 느끼며 자신의 분노와 충격을 분출할 수 있다.

13~17세 아이를 위한 올바른 애도 청소년 캠프

올바른 애도 청소년 캠프는 3일 동안 숙박을 하면서 진행되는 주말 캠프이다. 우리는 세 시간 동안 버스를 함께 타고 오면서 이 여행을 시작한다. 아동을 위한 캠프에서와 같이 모든 참여자는 캠프 경험을 끝까지 이끌어 줄 친구들과 자원봉사자를 만나게 된다. 캠프에 도착하면 우리는 어색함을 깨는 게임으로 활동을 시작한다. 이는 캠프에 참여한 아이들이 편안함을 느끼고, 우리가 함께 둘러앉아 주말 내내 눈물로 밤을 지새우게 되지는 않을 것이라고 안심시켜 주기 위함이다. 청소년들은 흔히 캠프 내내 슬픔에 젖어 있을 것이라는 두려움을 갖고 있기 때문이다. 그런 다음 그들은 첫 번째 애도 소집단으로 나눠진다. 아동을 위한 캠프에서와 마찬가지로 캠프를 시작하기 전에 소집단을 미리 정해 놓는다. 소집단 활동의 첫 번째 회기로 우리는 다음과 같은 활동을 통해 청소년들에게 슬픔을 소개한다.

애도 101

준비물

종이, 펜, www.richdavis.freewebspace.com에서 다운받아 인쇄한 활동카드를 준비한다. 이 사이트는 [그림 53-1]에 제시된 것과 같이 추상적인 디자인의 그림들을 보여 준다.

집단의 지도자는 15장에서 20장 정도의 카드를 들어 올려 캠프에 참여한 학생들에게 보여 준다. 참여자들은 침묵하면서 자신이 본 것을 따라 그려 본다. 그 후, 집단 지

[그림 53-1] 애도 101 활동에서 사용된 것과 유사한 활동카드
(www.richdavis.freewebspace.com에서 발췌함)

도자는 다음과 같은 질문을 통해 대화를 촉진한다.

- 이 이미지에서 뭘 발견했나요?
- 다른 친구들이 그림을 그린 방식에 유사점이 있나요?
- 차이점은 뭔가요?
- 각각의 사람들이 그림을 그리는 방식은 어떻게 다른가요?
- 이미지에서 본 것과 똑같이 그림을 그린 사람이 있나요? 아니면 변형해서 그린 사람이 있나요? 변형했다면 어떤 방식으로 했나요?
- 몇 가지 이미지를 모두 사용해서 그림을 그린 사람이 있나요?

그런 다음 지도자는 집단이 이 활동과 애도 사이의 유사성을 발견하도록 돕는다. 우선 청소년들이 모두 같은 이미지를 봤다는 점을 인정하게 한다. 그리고 참여자가 같은 이미지를 보고 그렸지만, 그 결과물은 모두 다르다는 점을 몇몇 예를 들어 지적한다. 이 활동이 애도와 어떤 연관이 있는지를 설명해 주기 위해 지도자는 "우리 모두가 사랑하던 사람의 죽음을 슬퍼하고 있지만 우리가 느끼고 있는 슬픔은 각기 다를 것입니다. 우리가 이 이미지를 각기 다르게 그린 것과 같이 말이죠."라고 말할 것이다. 그런 다음 캠프에 참여한 사람들에게 "여러분의 식구들이 이 이미지를 어떻게 그렸을지 상상해 봅시다."라고 요청할 수 있다. 이 말은 한 사람의 죽음을 슬퍼하는 가족이지만, 죽은 사람을 애도하는 방식은 식구마다 다를 수 있다는 점을 강조한다. 이 활동은 참여자들 사이에 대화의 물꼬를 터 준다. 그리고 그들이 애도와 그것이 사람들에게 미치는 다양한 영향에 재빨리 초점을 맞출 수 있도록 한다.

올바른 애도 청소년 캠프의 대집단에서 우리는 사랑하는 사람을 잃은 슬픔을 다루기 위해 로프 코스(rope course)[23]를 통해 팀으로 이뤄지는 활동을 하게 된다. 이 활동을 하면서 참여자들은 슬픔을 이겨 내기 위해 함께 애쓰며 문제를 해결해 나가게 된다. 각각의 활동 끝에는 그 활동을 그들의 아픔과 연관시켜 의미를 부여하게 된다. 우리는 그들이 암벽 등반과 짚라인 활동을 더 하게 한다. 이러한 활동은 그들을 둘러싼 모든 사람이 그들을 지원하고 격려하는 가운데 그들이 내면의 힘을 사용하도록 부추긴다. 이러한 활동들도 역시 애도 여정과 연관시켜 의미를 부여한다.

성인을 위한 올바른 애도 캠프

성인을 위한 올바른 애도 캠프에는 최근 우리 애도 센터에서 상담을 받은 가족들이 참여한다. 그들은 집중적으로 애도할 수 있는 조용한 주말을 찾아서 이 캠프에 참여하게 된다. 앞서 소개한 두 캠프에서와 같이 이 캠프의 활동들도 즐거움과 치유가 균형을 이루고 있다. 하지만 앞선 캠프들과 달리 이 활동이 효과적인 이유는 바로 성인들이 그저 둘러앉아서 이야기하며 애도하는 것이 아니라 함께 모여 자신의 슬픔을 다양한 방식으로 탐색해 볼 수 있기 때문이다. 성인들은 표현예술 활동에 참여하여 익숙하고 안전한 행동 반경에서 벗어나게 된다. 이 표현예술 활동은 슬픔을 기피하는 우리 문화에서는 거의 해 볼 수 없는 것들이었다.

소집단에서는 성인 참여자들이 음악과 집중적인 활동을 활용해 사랑하는 사람을 상실한 슬픔을

23) 역자 주: 로프 코스는 팀으로 이뤄지는 활동으로 높고 낮은 위치에서 하는 활동들로 구성되어 있다. 낮은 위치에서 하는 것은 땅에서 하거나 조금 높은 위치에서 하는 활동이다. 높은 위치에서 하는 활동은 나무나 전신주에서 이뤄지며 안전을 위해 자일을 단단히 매야 하기도 한다.

탐색해 본다. 이는 그들이 자신의 이야기를 하고, 기억 속에 추억들을 나누며 대처 능력을 키울 수 있도록 한다. 이러한 활동들은 복잡한 감정을 명확하게 표현하고, 각자가 가지고 있는 약점과 강점을 발견하고 인정할 수 있도록 도와준다. 그리고 자신의 경험을 이야기할 수 있는 능력을 향상시켜 주며 그 안에서 의미를 발견할 수 있도록 도와준다. 이 장 전반에 걸쳐 설명한 활동들은 집단의 지도자들이 꺼내어 쓸 수 있는 표현예술 방식들로 꽉 차 있는 공구 상자가 된다.

디딤돌

대집단 활동의 하나로, 참여자들은 '디딤돌'을 만든다. 참여자들이 초반에는 창의적인 활동을 하기 꺼리고 활동 중에 내면에서 자기비판의 목소리가 나올 수 있기 때문에, 우선 우리는 이완 운동을 하며 걸어서 하는 애도 여정이라는 은유를 발전시킨다. 그런 다음, 참여자들은 디딤돌을 만들게 된다. 이 돌은 색유리와 타일, 조개껍질, 글자 및 자신의 취미와 관련된 물품들을 넣어서 콘크리트를 부어 만든다. 그들이 갖고 있던 두려움이 서서히 줄어들면서, 이 디딤돌은 캠프에 참여한 사람들이 사랑하던 사람과 상실의 슬픔을 떠올리게 해 주는 강력한 상징물이 되어 줄 수 있다. 그러면서 이 슬픔이 그들이 선택한 목적지를 향해 나아가는 기나긴 여정에 한 부분이었을 뿐이라는 깨달음을 준다. 이 활동의 장점은 캠프에 참여한 사람들이 이 돌을 만들 때 어떤 물품이 가장 잘 어울리는지를 찾을 수 있도록 서로 도와준다는 것이다. 그들은 서로의 물품 선택을 도와주면서 자연스레 자신의 기억들을 공유하기 시작한다. 이러한 공유는 그 다음에 이어지는 모든 캠프 활동에서도 계속된다. 한번은 사랑하는 사람을 여읜 한 남자가 이 활동을 하면서 많이 긴장된 모습을 보여 주었다. 그의 아내가 예술가였지, 그 자신은 예술가가 아니었기 때문이었다. 우리가 그에게 용기를 주자, 그는 우리가 준비한 몇 장의 타일과 유리조각에서 몇 개를 골랐다. 그리고 그는 자신의 집에서 아내가 썼던 그림 그리는 붓을 가져왔다. 그러고는 자신이 선택한 물품들과 아내의 붓을 가지고 디딤돌을 만들었다. 어떤 참여자들은 조개껍질을 골라 연휴 때의 장면이나 하와이 신혼여행에서 보았던 일몰의 기억을 연출한다. 물품 선택에 깃든 개인적인 의미는 그들이 결국 자신의 이야기를 할 수 있도록 만든다.

요약하자면, 참여자들의 연령과 발달을 고려한 애도 캠프는 참여자들 사이에 돈독한 유대감을 형성하고 표현예술을 통해 슬픔을 탐색할 수 있는 기회를 제공한다. 이를 통해 참여자들은 치유할 수 있는 순간들을 경험하게 된다.

참고문헌

Davis, R. (2012). *The big book of pick and draw activities*. Siloam Springs, AR: The Jolly Crocodile.

Neimeyer, R. A. (2012). Retelling the narrative of the death. In R. A. Neimeyer (Ed.), *Techniques of grief therapy: Creative practices for counseling the bereaved* (pp. 86-90). New York: Routledge.

[캐번스 윌슨 가족센터의 건강한 애도 프로그램에 관한 자료는 다음의 웹사이트를 참조하시오: http://www.baptistonline.org/trinity-home-care-hospice/]

PART 5
연구

54

민간인과 참전 용사의 예술적 대화

이샤나 아트라(iishana Artra)

전투 이후에 삶에 대한 의지를 다지기 위해 삶의 의미를 새롭게 정립해 나가는 것은 굉장히 어려운 일이다. 외상후 스트레스 장애(PTSD)에 따른 정신적 고통(Litz et al., 2009; MacDermott, 2010; Tick, 2005)뿐만 아니라 복잡한 애도(Neimeyer, 2004), 도덕적 상처(Litz et al., 2009)를 보더라도, 이것이 얼마나 어려운 일인지를 알 수 있다. 하루에 평균 18명의 참전 용사가 자신의 삶을 스스로 끝내 버리고 있다는 현실(Noyes, 2011) 앞에서, 이 연구는 상실의 아픔에서 성공적으로 자신의 삶의 의미를 새롭게 정립해 나간 다른 참전 용사들의 이야기를 드러내고자 했다. 이 연구는 "감상에 젖어 전쟁의 진실을 왜곡"하거나(Herman, 1997, p. 70) 트라우마적인 상실의 아픔을 삶의 이야기에 녹여내는 과정을 단순화할 생각은 없다.

이 연구에 소개된 8명의 참전 용사는 예술과 이야기를 통해 자신들이 상실에서 삶으로 나아가는 모습을 묘사한다. 그들이 아픔을 극복하기 위해 떠났던 여행은 사랑하던 사람을 떠올리고 자기에 대한 인식을 새롭게 하며 영혼의 감각을 일깨우기 위한 것이었다(Herman, 1997; Litz et al., 2009; Tick, 2005). 그들의 예술작품과 이야기는 참전 용사단체(The Warrior Connection)가 제공하는 '전사의 여정(The Warrior's Journey)'이란 표현 예술 애도 피정(避靜)에서 만들어졌다. 이 연구는 예술과 이야기 형태, 연구자뿐만 아니라 참여자도 예술을 만들어 내는 연구 방법들로 이루어진 학문적 연구와 실습을 연결한다. 그렇기 때문에 이 연구는 학문과 실습을 통합한 것이라고 볼 수 있다. 이 연구의 목표는 참여자들이 의미를 형성하는 것과 관련된 이야기의 주제와 이를 표현할 수 있는 예술작품을 발견하고, 연구자가 가진 주관적이고 이론적인 이해가 이 연구를 통해 어떻게 변화하는가를 기록하는 데 있다.

이 연구는 두 가지 이유로 참전 용사들에게 초점을 맞췄다. 첫째, 전쟁이 가진 위험과 사람을 변화시킬 수 있는 역량을 새로운 방식으로 드러내 그에 대한 이해를 증진시키기 위함이다. 이는 치료 모델에서 참전 용사에 대한 민간인들과 의료계의 편견을 줄이기 위한 것이다(Johnson, 2009; National Academy of Sciences, 2007; Nelson, 2011). 둘째, (성폭력 피해 생존자인) 내가 참여자들과의 높은 공감을 통해 오명을 뒤집어쓴 트라우마적 상실을 겪은 사람들에 대한 대화를 촉진하기 위함이다. 이 사람들은 지배적인 담론과 분열된 이야기를 통해 고통을 당하기 마련이다(Neimeyer, 2004).

4가지 연구 질문

이 연구는 네 가지 연구 질문을 갖고 있다. 자료 분석도 이 질문을 중심으로 연역적이고 귀납적인 방법을 통해 이뤄진다. 분석하는 과정에서 높은 주관성이 개입되면서, 연구자 자신뿐만 아니라 윤리적 인식론에도 변화가 일어난다(Romanyshyn, 2007).

지침이 되는 연구 질문

"상실을 헤치고 삶으로 나아가는 데 의미를 재구성할 수 있도록 도와준 주제들에는 무엇이 있나요?" 이 질문은 두 가지 의도를 갖고 있다. 첫째, 테데스키, 칼훈과 칸(Tedeschi, Calhoun, & Cann, 2007)이 말한 소위 '지진'과 같은 강렬한 삶의 사건 앞에서 어떻게 참여자들이 삶의 의미를 만들어 나가는지를 더 잘 이해하기 위함이다. 둘째, 참전 용사들의 이야기가 다른 사람들에게 주는 교훈이 무엇인지를 알기 위함이다. 이 질문은 주제 분석에서 연역적이고 귀납적인 결과를 이끌어 낼 수 있도록 초점을 맞춰 준다.

방법론에 관한 질문

'우리가 어떤 방법론을 활용해서 참전 용사들의 애도와 관련된 문제를 이해해야 그들에게 더 적합하고 효과적인 치료 방법을 획기적으로 개발할 수 있을까?' 이 질문은 연구에 있어서 편견의 문제와 데이터를 어떻게 조율하는가를 다룬다.

변화에 관한 질문

'이 연구의 결과로 연구자는 어떤 변화를 경험하게 될까?' 나는 이 연구를 통해 새로운 통찰을 얻는 것 외에도 내가 민간인으로서 왜 참전 용사들의 이야기에 깊은 공감을 느끼는지 이해함으로써 관련 연구를 수행할 수 있는 능력을 향상시키고자 한다. 또한 참전 용사들이 상실의 아픔을 자신의 삶에 통합시켜 나가는 모습을 통해 무언가를 배울 수 있기를 바란다.

타당성에 관한 질문

'앞서 언급한 질문에 대한 결과에서 참여자들의 자료에서만 도출된 것은 무엇인가? 어떤 것이 연구자의 해석만이 포함된 결과이고, 어떤 것이 참여자와 연구자 모두의 이야기가 포함된 결과인가?' 이 방법은 연구자가 흔히 마주하게 되는 복잡한 문제들을 자각함으로써 주제, 참여자, 혹은 데이터에 전이되거나 투사되는 위험을 줄일 수 있다(Eisner, 2007; Hervey, 2000; Leavey, 2008; McNiff, 1998; Romanyshyn, 2007). 무의식적인 투사를 완벽하게 없앨 수는 없지만 연구자는 연구 윤리를 지키기 위해 최대한의 노력을 기울여야 한다.

방법론

연구 과정은 예술에 근거한 직관적인 질문으로 구성되는 두 단계를 통해 이뤄진다. 이 질문은 설명하기 위해 혼합된 방법들과 주제 분석을 활용한다. 이 연구는 플라톤 철학의 실증과학에서 시작해서, 질문과 조사한 것들 사이에 관계를 성립하기 위해 아리스토텔레스의 영감에 참여하는 데까지 이른다(Eisner, 2007). 이번 경우에, 조사한 결과물은 다양한 내용과 형태로 이뤄져 있다. 참전 용사들의 의미 형성에 관한 내용이 예술, 이야기, 인터뷰와 같은 형식으로 표현된 것이다. 이 연구는 의미 형성이 가지는 다양한 구성적인 특성을 다음과 같이 잘 반영했다.

첫째, 직관적인 질문은 참여적 지식 습득에 대한 인식론과 연구자에 의한 변화를 구조화한다. 둘째, 연구 방법들은 연역적이고, 귀납적이며, 상상력을 요하고, 창조적이다. 셋째, 이 연구는 순차적으로 설계되어, 예비연구의 결과를 두 번째 데이터 분석에서 활용한다. 또한 주제론적이고 이론적인 논의를 통해 결과를 도출하기보다는 많은 질문을 유도한다(Anderson & Braud, 2011; Romanyshyn, 2007).

궁극적으로 연구 결과에는 이 주제가 가진 구성적인 본질이 반영될 것이다. 왜냐하면 예술을 활용하는 연구는 "복잡 미묘함"에 대한 질문과 인식을 불러일으키는 데에 탁월하기 때문이다(Eisner, 2007, p. 7). 그리고 이는 잠재적으로 전통적인 결론을 뒤집어 버리거나 혹은 그 결론을 더 깊이 조사할 수 있게 한다. 앤더슨과 브라우드(Anderson & Braud, 2011)는 더 나아가 직관적인 질문을 하기 위해서는 연구자가 그 주제와 관련해 개인적인 경험이 있어야 한다고 말한다. 그리고 참여적 지식 습득은 귀납적으로 새로운 통찰과 이론을 이끌어 낼 수 있게 하는데, 그것을 가능케 하기 위해서는 연구자가 충분히 자기 자신을 드러낼 수 있어야 한다. 나는 성적 트라우마를 갖고 있는 여성 시민이다. 이렇게 내 자신을 드러냄으로써 나는 참전 용사들과의 대화에 참여한다. 이를 통해 자기(self)의 측면에서뿐만 아니라 영혼의 감각에서 트라우마적인 상실을 안고 살아가는 삶에 대한 이야기를 나눌 수 있다.

나는 도덕적 상처와 그에 동반된 내 자아와 영혼에 있어서의 복잡한 슬픔 속에서 살아왔다. 허먼(Herman, 1997)은 성폭력 생존자와 참전 용사들을 그들이 가진 공통점으로 연관 짓는다. 그들은 모두 상실과 문화의 그늘이란 이해하기 힘든 곳에 첫발을 디딘 가장 젊은 집단들이고, 오명으로 인해 숨죽이며 사회로부터 분리된 채로 살고 있다는 공통점을 지니고 있다. 니마이어(Neimeyer, 2004)는 이와 같은 그늘을 서술적인 언어로 묘사했다. 사람들은 "자신에게 중요한 관계에서 트라우마적이거나 현재의 자신과 고통스러울 정도로 이질적으로 느껴지는 개인적 사건이나 이야기를 표현하지 않으려고 한다. 이는 철저한 자기검열을 야기하고, 그들은 개인적인 기억들과 이미지들로부터 자신을 분리하게 된다"(p. 56). 나는 '전사의 여정'이란 피정에서 일하는 동안 참전 용사들에게 깊은 공감을 하면서 강렬한 느낌을 받았다. 이를 통해 나는 이 주제에 대해 스스로 깊이 생각하고 다룰 수 있겠다는 사실을 깨닫게 되었다. 나는 예술적 질문을 자유자재로 사용해서 참여자들의 경험과의 공감적 공명을 불러일으켰고 그들의 경험과 내 자신의 경험을 식별할 수 있었다(Eisner, 2007; Hervey, 2000; Leavey, 2008; McNiff, 1998).

이 연구의 해석학적/구성주의적 패러다임이 요구하는 사항들은 예술에 근거한 연구 방법을 사용해서 세 가지 방식으로 충족시킬 수 있었다. (1) 분별력을 최우선시한다. (2) 데이터가 실제적이지 않으면 가공하려 하지 말고 그것 그대로 해석한다. (3) 현상의 표준화는 불가능하다는 시각으로 그 현상을 바라본다(Hervey, 2000; Leavey, 2008; McNiff, 1998). 각 참여자들의 이야기적 서술을 통해 이 맥락의 방향이 설정될 수 있다. 그리고 연구자와 연구 참여자 사이의 대화 방향도 마찬가지이다. 이 대화는 네 가지 형태를 취할 수 있다. (1) 주제와 관련되어 상상력을 활용하는 대화, (2) 각 데이터 집합에 대한 나의 반응, (3) 참여자들을 한 명씩 만나 나의 '전사의 여정'이라는 예술작품을 공유하며 진행되는 대화형 인터뷰, (4) 집단에 대한 나의 예술적 반응.

자료 수집

자료는 9명의 미국인 남성 참전 용사에게서 수집했다. 이 장에는 그중 3명의 자료를 담았다. 참여자들의 자료 세트는 각각 10개의 예술작품이 찍힌 컬러 사진들, 상실의 아픔을 삶에 통합시켜 나간 여정의 이야기를 녹음한 비디오테이프, PTSD의 징후가 어떠했는지를 알려 주기 위한 사전/사후 PTSD 군대용 체크리스트(PTSD Checklist-Military: PCL-M) 점수가 있었다. 3명의 참여자에게서는 추후 인터뷰를 통한 자료도 수집하였다. 그리고 나의 참여적 지식 습득을 보여 주는 예술작품과 보고서들도 포함되었다.

자료는 '전사의 여정'의 기록보관소에서 수집하였다. '전사의 여정'은 버몬트 지방에서 5일 동안 거주하면서 표현예술을 통해 상실의 아픔을 다뤄 나가는 피정 프로그램이다. 참여자들은 최대 8명으로 이루어진 소집단으로 모이게 된다. 여성 민간인 심리치료사와 남성 참전 용사가 함께 프로그램을 이끌어 나간다.

2010년 10월 이래로 나는 8명 모두의 피정에서 표현된 예술작품과 이야기들을 파일에 보관했다. 나는 그들의 예술작품을 사진으로 찍고, 자신의 새로운 이야기를 말하는 것을 비디오로 녹화하며, PCL-M 사전 검사를 활용했다. 나는 두 개의 피정에서 보조리더를 맡아 왔다. 그러면서 두 명의 조종사의 피정에서 비디오 모음집을 만들었고, 모범 실습 사례를 조사했다. 나는 이 연구 과정과 그 결과를 세세하게 기록하여 논문에 소개하였다(Arta, 2013, 출판 중).

혼란스러운 상실의 아픔과 도덕적 상처를 이겨 내고 삶의 의미를 만들어 나가는 것과 관련된 연구에서 피정은 적절한 정보를 제공해 준다. 피정은 다른 사람의 상실, 자아의 상실, 자신의 영혼에 대한 감각의 상실 속에서 의미를 형성하도록 도와준다. 여기서 세 가지 주요 요소가 작용한다. (1) 구조화된 자기성찰과 신체를 활용한 마음챙김, (2) 열 가지 질문(Stations) 각각에 대한 표현예술 작품과 집단에서의 나눔. 이 질문들은 상실의 아픔으로부터 삶의 의미를 재구성해 나가는 것과 관련된다. 이 의미의 재구성 과정에서 참여자는 전쟁 전에 자신의 정체성의 주요 요소부터 시작해 전쟁 중과 전쟁이 끝난 이후에 경험한 주요 상실의 요소를 설명하고, 트라우마적 사건 후에 자신의 정체성에 관한 고찰까지 나아간다. (3) 마지막 날이 되면, 각 참여자들은 청중 앞에서 새로운 이야기를 말하게 된다. 청중에는 참여자들, 집단 촉진자들, 그들의 여정을 도와준 외부 스태프들이 포함된다.

점점 더 많은 연구가 트라우마와 상실의 치유와 장기적인 효과에 있어서 삶의 의미 형성이 인지적인 구성을 하는 데 가장 중요한 것이라 간주한다(Neimeyer et al., 2010; Pyszczynski & Kesebir, 2011; Stroebe & Schut, 2001; Tedeschi, Park, & Calhoun, 1998). 비록 피정은 의미 재구성 이론에 근거하지는 않지만, 니마이어(2004)가 소개한 외상 후 성장 이론에 미치는 이야기의 영향은 핵심적인 과정을 나타내 준다. 이 과정은 피정을 하는 동안에 이뤄질 수 있으며, 이 연구에서 사용한 자료들에 나타난다. 예술작품을 만들고 공유하는 행동은 분열된 이야기를 가지고 있는 집단에게 실존주의적 관심과 감상, 그리고 개인적인 성장에 대한 인식을 불어넣어 그들이 정체성을 확고히 다져 나가는 데 도움을 줄 수 있다. 또한 참전 용사들과 시민들이 사회적으로 묵인되어 왔던 이야기들을 폭로하도록 하여 관계를 돈독하게 만들어 줄 수 있다. 좀 더 구체적으로는, 처음 다섯 개의 질문에서 마지막 네 개의 질문으로 넘어가면서, 자기 이야기를 구성하기 위한 주제적 요소가 바뀔 수도 있다. 그리고 참여자들이 만든 시각적 예술작품과 집단에서의 공유를 통해, 사회에서 강요하는 이야기는 자신에게는 해당되지 않는, 문제가 가득한 이야기라는 것이 드러난다. 그 밖에도, 새로운 이야기를 반공개적으로 말하는 것은 사회적인 지지와 인정을 요구한다.

과정

이 연구는 최소한 세 가지 주제와 관련된 결과물이 나올 것이다. (1) 참여자들의 의미 부여를 묘사하는 이야기. 예를 들어, 혜택을 찾기, 이해하기, 정체성의 형성과 같은 것들을 이야기할 수 있다. (2) 내가 선별한 참여자들의 이야기를 대표할 수 있는 그들의 예술작품들, (3) 참여자들의 서술적 묘사에서 발견할 수 있는 주제들의 시각적이고 창조적인 조합. 이 주제는 코드 빈도수 조사에 따라 선정되었다.

이 연구는 자료 분석과 연구자의 변화로 구성되어 있다. 주제 분석은 연역적이고 귀납적인 코딩 방식을 통해 이뤄진다. 즉, 명확하고 총체적이며, 구조적인 코딩 방식을 따르게 된다(Saldana, 2009). 이 코드들은 표로 정리되어, 참여자들의 이야기를 이끌어 내는 서술적 질문에 교묘하게 결합된다. 연역적인 코드는 의미 재구성에 대한 이론적 문헌에서 가져온다(Neimeyer, 2012). 자료 분석의 첫 단계를 완성했을 때와 두 번째 단계를 마무리했을 때, 연구자가 이해한 바가 창조적으로 조합되어 나타난다. 예술에 근거한 직관적인 분석에서 연구자는 주제와 관련된 자신의 경험을 탐색하게 된다. 그 목적은 통찰력을 얻고, 윤리적 인식론을 위해 자료로부터 무의식적인 혼란스러움을 구분해 내고자 하기 위함이다(Romanyshyn, 2007).

이 연구는 직관적인 질문 과정의 현재 버전(Anderson, 2006)을 활용한다. 직관적인 질문 과정은 다섯 개의 사이클로 이루어져 있다. 첫 번째 사이클은 상상력을 이용한 대화를 통해 주제와 연구자의 목적을 명시하는 것이다. 이때 출처에 상관없이 주제와 관련된 자료를 활용한다. 두 번째 사이클은 상상력을 이용한 대화를 통해 명시된 연구자의 가정 10~12가지를 적어 보는 것이다. 이때 참고하는 주제와 관련된 자료는 문서나 연구에서 가져온다. 세 번째 사이클은 가정에 대한 언급 없이 자료를 종합하고 분석적으로 설명하는 것이다. 네 번째 사이클에서는 두 번째 사이클에서 나온 가정을 수정하고 자료를 해석한다. 다섯 번째 사이클에서는 수정한 가정과 문헌조사, 개선된 이론, 그리고 연구 결과 기반의 추정을 통합한다. 그 결과물은 창조적인 조합이고, 연구자의 변화를 말해 주는 진술이다. 다섯 번째 사이클은 반드시 그래야 할 필요는 없지만 귀납적인 이론으로 이어질 수 있다(Anderson: Wertz et al., 2011에서 재인용).

나는 내가 '전사의 여정'에 자체적으로 참여해서 완성했던 아홉 가지 질문에 대한 자료를 분석했다. (이 장에서 설명할) 그 첫 번째 분석 단계에서 아래와 같은 방법들의 순서가 적용되었다. 이 단계의 연구 결과들은 두 번째 단계에서 동일한 방법의 순서로 남은 여섯 개의 자료 세트를 분석하기 위해 활용할 것이다.

- 꿈 및 우연한 사건과 같이 연구자의 직관적인 경험을 따라가 본다.
- 다음의 방법들을 순서대로 활용해 본다.
  - 귀납적인 코딩(명확하고 총체적이며 민감한 주제들)
  - 가상의 꿈을 시각적 형태로 이야기하는 반응 예술[24](Neimeyer & Young-Eisendrath, 2014)
  - 반구조화된 인터뷰(첫 번째 단계에서만 사용)
  - 융(Jung)의 적극적 상상에 근거해 전이를 불러일으키는 대화(Romanyshyn, 2007)
  - 내러티브 질문
  - 연역적 코딩
  - 가상의 꿈을 이야기하는 방법을 활용한 창조적인 조합(Neimeyer, 2012).

예비연구 결과

이 절에서는 지침이 되는 연구 질문과 방법론에 관한 질문을 다루는 예비연구 결과를 설명한다. 변화와 타당성에 대한 결과는 전체 연구(Arta, 2013, 출판 중)에 제시한다.

예비연구 결과 1: 의미의 재구성에서 주제를 나타내는 지표들의 완전함

주제 분석을 통해 의미 부여를 발견할 수 있었다. 의미 부여는 의미 재구성 이론에서도 다뤄진 개념이다(Neimeyer, 2012). 또한 연역적이고 귀납적인 코딩은 서로가 잘

24) 역자 주: 반응 예술(response art)이란 치료 작업 중에 만들어진 자료에 대한 반응으로 예술치료사가 만든 예술작품을 말한다.

분석되었는지를 점검해 볼 수 있도록 도와줬다. 먼저, 나는 (명확하고 총체적인) 귀납적인 코딩과 반응 예술 활동을 통해 민감한 개념들(Saldana, 2009)을 추출하고 그 개념들을 둘러싼 서술적 묘사를 구성했다. 문헌을 참고한 후, 나는 그 서술적 묘사를 연역적 코딩 방법으로 분석했다. 그리고 그 민감한 개념이 혜택을 찾기, 이해하기, 정체성의 형성을 나타낸다는 것을 발견했다(Neimeyer, 2012). 각 참여자들은 새로운 이야기와 인터뷰에서도 일관적으로 의미 부여를 했다. 그들이 의미 부여를 통해 지향하는 바는 개인적인 것에서 시작해 지구, 사회적 유대, 우주적 연합을 외치는 초개인적인 것까지 다양했다.

주제의 일관성을 뒷받침하는 또 다른 증거가 있는데, 각 참여자가 참여한 서술적 활동에서 그들이 슬픔을 외적으로, 내적으로, 반사적으로 처리하는 방식이 자신의 의미 부여를 반영했다는 것이다(Neimeyer, 2004). 나는 상실이 주는 교훈과 상실에 대처하기 위한 삶의 원칙을 비교하면서 이 일관성을 발견했다. 이는 상실이 주는 교훈이 이러한 참여자들의 상실의 슬픔을 이끌어 간다는 것을 뜻할 수 있다. 외적인 처리 방식은 관찰할 수 있는 사건에 대한 객관적인 보고로 알 수 있다. 내적인 처리 방식은 감정과 반응을 서술한다. 반추적인 과정은 의미를 찾기 위해 사건을 해석하고 개념화한다. 나는 각 참여자들의 서술적 묘사를 상실에 대처하기 위한 삶의 원칙의 요약본에 합성한 후, 그들의 처리 방식의 특징을 살펴보았다.

의미 부여, 지향점, 처리 방식의 특징들은 다음의 진술 속에 잘 나타나 있다. 나는 참여자들에게 물었다. “당신은 상실을 통해 무엇을 배웠나요?” 참여자들의 이름은 그들이 선택한 가명으로 처리되었다.

‘피터’는 파나마와 이라크에서 근무한 45세의 참전 용사이다. 그는 ‘상실로 비워진 공간을 주변의 도움으로 채워 넣을 수 있는’ 상실로 강화된 공동체에서 자기 자신에 대한 더 좋은 인식을 가질 수 있게 되었다고 답했다. 이 답을 통해 그는 혜택과 정체성을 꼭 집어 말할 수 있었는데, 이는 그의 새로운 이야기가 강조하는 부분과 유사하다. 피터는 사랑의 대단함에 대해 노래했다. 후렴구에서는 “사랑은 얼마나 많은 변화를 이끌어 내는가”라고 노래하며 그 공동체의 치유를 위해 그 자신과 다른 이들이 보여 준 사랑에 주목했다. 피터는 상실의 아픔에 젖어 있는 자기 자신을 다시 되찾은 ‘너무나도 순수한 나, 너무나도 순진한 나’로 표현했다. 이와 유사하게, 나는 피터를 이끄는 두 가지 삶의 원칙을 추론했다. 그것은 사랑이라는 내적 처리 과정의 특징과 삶과 죽음을 결정하는 ‘최상의 존재’ 앞에서의 겸손이라는 반추적 처리 과정의 특징이다. 터치 드로

[그림 54-1] 피터의 터칭 드로잉 〈감히 도전을 하는 사람이…… 승리를 한다〉는 상실의 아픔을 겪는 동안 그를 도와준 내적 자원을 나타내 준다.

잉[25]([그림 54-1])은 내게 피터를 이끄는 이러한 삶의 원칙들을 시각적으로 잘 나타내 주었다. 내가 해석한 바로는, 한때 그의 순수함을 말살시킨 것으로 가득 차 있던 크고 선명한 화살표는 이제 비워져 있다. 그 화살표 위에 그려진 입구는 열려 있어서 다양

25) 역자 주: 데로라(Derorah)가 창시하였다. 이미지 카드를 보고 종이를 느끼면서 그림 작업을 시작하고, 라이브 음악이 연주되면 자연스럽게 무의식의 탐험을 시작한다. 이후에는 의식으로 돌아와 상대방과 대화를 나누고 나를 알아차리고 바라보는 작업까지 진행하게 된다(http://cafe.naver.com/nicesw/15064).

[그림 54-2] 언덕의 양키 아저씨의 방패는 그가 세상에 대해 깨달은 통찰을 나타낸다.

한 형태의 사랑을 주거나 받기도 한다.

또 다른 참여자인 67세의 베트남 참전 용사는 가명으로 '언덕의 양키 아저씨(Old Hill Yankee)'를 선택했다. 그는 그 당시 자신을 둘러싼 자연환경을 떠올려 말하면서 상실의 아픔을 이해하려 했다. 그의 예술작품은 상황을 이해하기 위한 그의 의미 부여를 더 강화했다. 그의 작품에서는 줄무늬가 있는 지팡이가 상실과 친구들의 지지를 은유적으로 나타내 주었다([그림 54-2]와 [그림 54-3] 참조).

정체성 형성에서 그는 자기 자신을 '아직도 인생을 배워 나가는 중'이라고 표현하며

[그림 54-3] 언덕의 양키 아저씨의 터치 드로잉은 상실로부터 벗어나기 전, 상실에 처했을 때 그를 달래 왔던 내적 자원을 보여 준다.

지팡이에 비유했다. 언덕의 양키 아저씨는 자신이 상실을 반추적으로 처리하기 위해 따랐던 삶의 원칙을 전하기 위해 그의 예술작품을 사용한다. 그의 방패([그림 54-2])와 터치 드로잉([그림 54-3])에서는 '자연의 영역'에 대한 그의 인식을 볼 수 있다. 그는 자연의 영역이 "당신은 영원불멸할 존재가 아닌 것을 알죠."라고 말한다고 믿었으며, "될 대로 되게 하라."라는 말을 중요성을 알았다.

또 다른 65세의 베트남 참전 용사는 자기 자신에게 아주 단순한 'P29'라는 가명을 붙였다. 그는 상실을 통해 다른 사람에게 유익이 되는 방식으로 자기 자신에 대해 배울 수 있다고 보았다. 그는 '모든 것은 하나다.'라는 우주론적 창조 질서의 일환으로 자신의 정체성에서 잃을 수 없는 것은 무엇인지를 알게 되었다. 그는 이 창조적 질서를 사랑을 통해 가장 깊이 깨닫게 되었다. 그가 새롭게 말한 이야기에서 마지막으로 말하고자 한 것은 "현재의 나는 과거의 나이다. 그 중간의 모든 것은 현재의 나로 나아가는 과정이다."라는 교훈에 잘 나타나 있다. P29가 만든 예술작품, 새로운 이야기, 인터뷰 자료를 종합해 발견한 그를 이끌어 가는 신조는 반추적이고 성찰적인 처리 방식을 보여 준다. 그의 삶의 원칙은 자기를 사랑하고, 다른 사람을 사랑하고 돌보고, 끊임없이 배워 나가며 이 우주 안에서 자신의 자리를 찾아 나가는 것이다. 이러한 주제들은 그가 만든 예술작품에 잘 나타나 있다(이 장에서는 사진을 싣지 않았다). 이 작품의 제목은 '순수함의 상실(Loss of Innocence)'이었다. 이 작품에는 둥지에 두 명의 동료를 남겨 두고 눈부신 태양을 향해 날아가는 새가 묘사되어 있다.

예비연구 결과 2: 방법론의 적용 가능성

이 결과는 '우리가 어떤 방법론을 활용해서 참전 용사들의 애도와 관련된 문제를 이해해야 그들에게 더 적합하고 효과적인 치료 방법을 획기적으로 개발할 수 있을까?'라는 질문을 다룬다. 나는 자료 분석과 연구자의 자기탐구를 위해 예술작품 활동을 활용해서 좀 더 빨리 참여자들의 핵심 주제에 초점을 맞출 수 있었다. 예술작품을 만드는 활동은 내가 전이와 투사를 해서 참여자들의 상태를 악화시킬 수 있는 위험 요인에 민감하게 만들었다. 만약 내가 예술작품을 만들지 않고 자료를 분석하고자 했다면, 나는 무의식적으로 상실에 대해서 내가 가진 사전 지식을 코딩과 서술적 결과물에 대입했을 것이다. 자세히 말하자면, 참여자들에게 상실을 통해 무엇을 배웠는지 물어볼 생각조차 하지 않았을지도 모른다. 실제로도, 새로운 이야기를 기록하고 시각적 예술을 정리하면서 나는 상실에 대한 나의 인식이 좀 더 의식화되고 유연해지는 것을 느꼈다. 그래서 나는 이러한 나의 개념들을 점검해 보기 위해 매주 예술작품을 만들었다. 예술작품 활동은 나의 자의식을 일깨워 줬는데, 이는 인터뷰할 때 대화의 깊이를 더할 수 있는 데 도움이 됐다.

인터뷰 단계의 초반에 나는 "상실을 통해 무엇을 배웠나요?"라고 질문을 하면서 매우 조심스럽고 소심했다. 이 질문은 나의 반응 예술에서 나온 것이다. 이 질문이 떠오르자, 나는 직관적으로 이 질문을 해야 한다는 것을 알았다. 내 내면의 저항에도 불구하고 그렇게 생각한 것은 내가 그 전날 상어에게 키스하는 꿈을 꿨기 때문인 것도 없지 않아 있다. 이 꿈은 처음에는 위협적으로 보이는 것에도 다가갈 필요가 있다는 것의 타당성을 은유적으로 강화했다. 인터뷰를 끝내고 나서, 참여자들이 들려준 풍부한 이야기와 예술작품 속에서 나는 연구 방향을 설정하는 데 혼란감을 느끼게 되었다. 나는 그들의 이야기와 작품을 일관된 방향으로 종합할 수 없을 것만 같아 절망스럽기까지 했다. 이 문제를 다루기 위해 나는 전이 대화(Romanyshyn, 2007)의 일환으로 그림을 그렸다. 전이 대화는 연구자가 연구 작업에 대한 압박감을 느슨하게 하기 위해 적극적 상상을 활용한다. 이 방법에서 연구자는 네 가지 전이 층(개인적인, 역사적인, 문화적인, 생태우주적인)으로부터 각각의 이미지가 떠오르도록 상상력의 공간으로 들어가게 된다. 이 방법을 통해 연구자는 연구의 깊이를 더해 갈 수 있다. 전이를 통한 이미지는 연구자가 연구를 하면서 갖게 되는 무의식적인 콤플렉스를 일깨워서 '이 연구는 정말 무엇을 연구하고자 하는가?'라는 질문을 생각해 보게 한다. 이러한 방식으로, 전이 대화 방법은 윤리적 인식론의 한 종류일 뿐만 아니라 통찰력을 기를 수 있는 방식이다. 이 과정에서 나는 사기꾼의 태고원형[26]을 마주했다. 이것을 마주한 순간, 나는 자료를 분석할 때 어떻게 해야겠다는 압박감을 떨쳐 버릴 수 있었으며 그 압박감 뒤에 숨겨져 있던 어떤 존재를 느낄 수 있었다. 그 존재는 마치 유령 같았지만 내 안에 실제로 존재하는 것이었다.

전반적으로 보자면, 나는 전이 대화를 통해 내가 여태까지 피해 왔던 무언가를 더 깊이 파고들 용기가 생겼고 궁극적으로는 내가 자료를 마주하고 그것을 민감한 개념에 따라 서술적 묘사로 정리할 수 있게 되었다. 그리고 나의 사전 지식을 뒤로하고, 참여자들이 상실의 아픔을 통해 어떻게 자기 자신을 이해하게 되었는지를 있는 그대로 이해할 수 있게 되었다. 참여자들을 만나고 그들의 자료를 분석하면서 나의 슬픔의 감정이 변화하는 걸 볼 수 있었다. 나는 그 변화에 압도되어서, 그래픽 아트를 통해 그 변화를 포착하고 그 서술적 묘사를 기반으로 상실에 대한 나의 개인적인 느낌을 나타내는 '창조적 조합'을 만들었다. 이렇게 전이 대화는 연구자가 질문을 시작할 수 있도록 하고, 창조적 조합은 그것에 영역을 정하고 연구자의 시각을 드러낸다.

예비연구 결과 3: 창조적 조합 – 개작된 가상의 꿈 이야기

전이 대화와 창조적 조합은 상호 보완적인 한 쌍의 방법이라고 생각할 수 있다. 전이 대화는 많은 가정을 산산조각 내고, 나는 창조적인 조합의 과정을 통해 가정을 재구성하려고 노력한다. 이제 자료 분석의 첫 번째 단계 중 마지막 부분에 왔다. 나는 자료와 주제에 대한 나의 주관적인 판단을 표면화시키고, 통합하고 드러내기 위해 모은 자료들을 조합한다. 예비연구 결과물의 이 조합을 위해 나는 니마이어(2012)의 가상의 꿈 이야기 방법을 시각적인 조합([그림 54-4])과 글로 쓰인 이야기 방법에 적용했다.

---

26) 역자 주: 타고난 심리적 유형으로서, 본능과 연결되어 있고 활성화될 경우 행동과 정서로 나타난다.

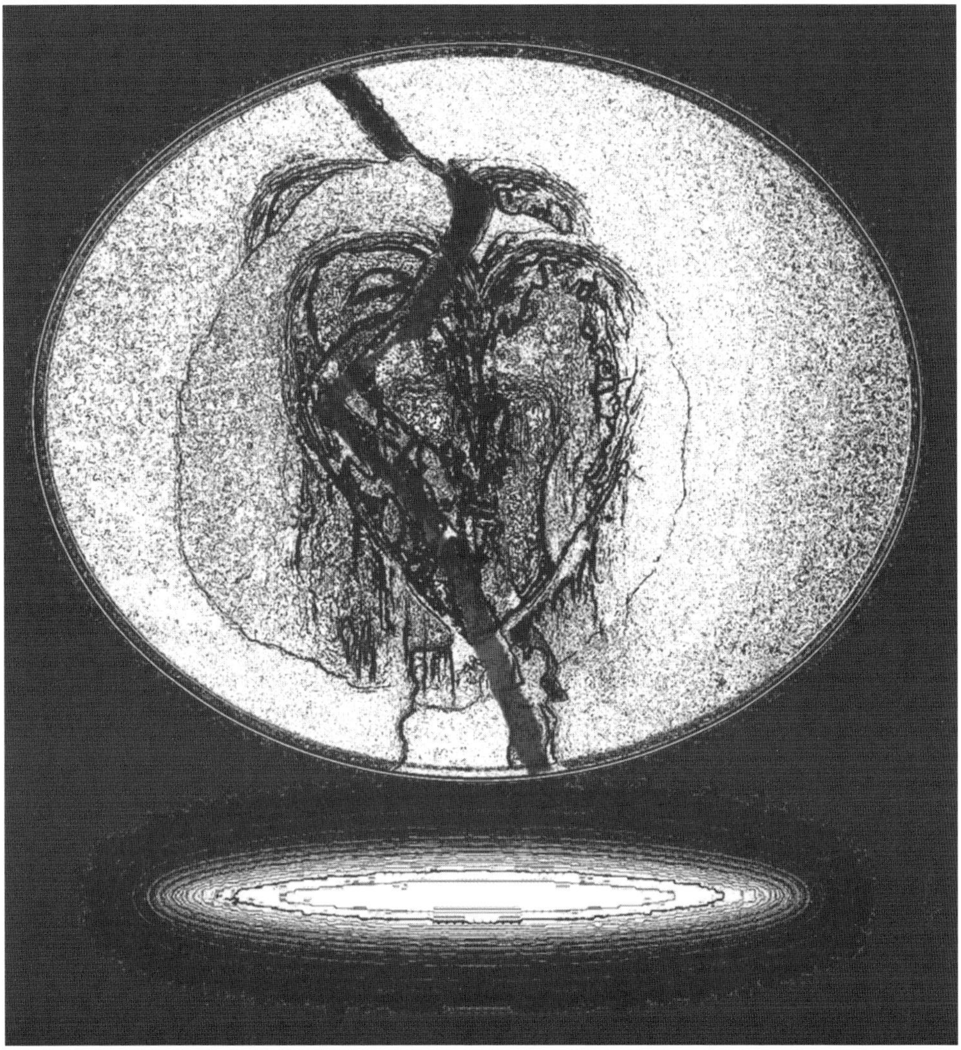

[그림 54-4] 첫 번째 분석 단계에서 완성한 창조적 조합: 가상의 꿈 이야기

먼저, 나는 참여자들이 말한 이야기들의 요소들을 상기시키는 간략히 조합된 서술을 다음과 같이 써 보았다. 상실은 자연스러운 것으로 삶의 연속을 이루는 한 부분이다. 상실의 빈 공간은 누군가의 지지를 통해 채워진다. 상실의 아픔은 결코 끝나지 않는 큰 원이다. 지금의 나는 과거의 나이다. 나는 아직도 인생을 배워 나가는 중이다. 나는 내 안의 순진한 어린 소년을 발견했다. 나는 사랑한다. 받아들이라, 될 대로 되게 하라, 배우라. 자비, 최상의 존재, 평화. 그다음 나는 참여자들의 예술작품, 이야기, 인터뷰에서 이미지에 포함할 가장 인상 깊은 요소들을 골라내어 목록을 만들었다(〈표 54-1〉). 그리고 이것들을 상징물, 도덕적 가치, 배

경으로 범주화하고 나서 네 번째 범주로 교훈을 덧붙였다. 가상의 꿈 이미지를 완성한 후([그림 54-4]), 나는 그 안에 나타난 요소들을 목록으로 적은 다음(〈표 54-2〉) 가상의 꿈 이야기를 써 나갔다.

나는 '상실의 아픔을 통해 무엇을 배웠는가?'라는 질문에 대한 답으로 일주일 내내 시각적으로 보이는 이미지를 완성하는 것으로 시작했다. 두 번째 주가 끝나갈 무렵, 들쭉날쭉하게 반으로 분할된 종이에 눈물 뒤로 하나의 하트를 그리게 되었다. 인터뷰를 했던 한 참여자가 그 이미지의 세 번째 버전을 함께 완성해 주었다. 그는 이 이미지를 둘러싸는 원을 추가했다. 네 번째 버전에서 나는 이 요소들을 활용해 컴퓨터 그래픽 이미지를 만들었다. 눈물의 외곽에는 두 명의 사람이 서로 마주한 옆얼굴을 덧붙여 넣었다. 그리고는 가상의 꿈을 위한 요소들을 덧붙였다. 나는 남아 있는 여섯 개의 자료 세트를 분석하면서 이 가상의 꿈 과정을 계속 반복할 것이다.

표 54-1 가상의 꿈 이미지에 포함할 요소

상징물
- 하트 (이미지 중앙에)
- 여러 개의 하트 (앞의 심장 뒤에)
- 지팡이 (언덕의 양키 아저씨) (윗부분은 종이를 찢어서 표현하고, 중앙을 뚫고 내려오는 선을 그린다.)
- '큰원' (P29) (주변과 무정형의 구름이 두 개의 옆얼굴을 통해 연결되어 있다.)
- 확증 (피터) (하트들, 탄력 있는 가슴 아래로 자궁 측면의 모습)

배경
- 자연주기 (구의 윗부분은 마치 자신만의 주기를 갖고 있는 세상과 같이 그려져 있다. 그리고 표현된 이미지들은 자연물과 같아 보인다. 바위와 같은 얼굴, 바람이나 물과 같은 하트, 번개와 같은 수직선, 공기와 같은 픽셀)
- 우주 공간 (P29) (이미지를 둘러싼 공간 그리고 이미지 안의 픽셀)

도덕적 가치들
- 수용 (차분한 얼굴 표정의 옆모습)
- 학습 (옆얼굴에서 뇌가 있는 부분에 하트가 있다.)
- '영원히 사는 나무는 없다' (언덕의 양키 아저씨) (떠오른 이미지를 포괄)
- '될 대로 되게 하라' (언덕의 양키 아저씨) (차분한 얼굴 표정의 옆모습)
- '나는 아직도 인생을 배워 나가는 중이다' (언덕의 양키 아저씨) (부화하다) (각각 다른 시대에 만들어진 하트들이 밑에 겹겹이 쌓여 있다.)
- '상실의 빈 공간은 누군가의 지지를 통해 채워진다.' (피터) (갈라진 틈 사이 여러 개의 하트) (서로 마주보고 있는 얼굴들)
- '지금 나는 과거의 나다.' (P29) (구 아래의 공간에서 서로 마주보고 있는 얼굴의 옆모습)

표 54-2 시각적 가상의 꿈에 나타난 시각적 요소

- 달걀 (윗부분의 타원형의 모양)
- 눈 (동공 같은 하트)
- 나무 (초점을 흐려서 보면 이 이미지는 생명의 나무의 모습을 연상시킨다.)
- 상단 이미지 밑의 구멍
- 천사 (수직선이 뒤에 있는 심장과 교차하는 곳에 날개가 나와 있다. 구부러진 수직선은 십자가에 매달려 죽은 자세를 연상시킨다.)
- 줄기 (수직선이 뒤에 있는 심장과 교차하는 지점에서 마치 나뭇잎이 자라나는 것처럼 보인다.)

내 가상의 꿈 이야기 예술작품과 연관해서 마지막으로 가상의 꿈 이야기를 써 내려갔다. 그 내용은 다음과 같다.

> 나는 깊은 골짜기로 둘러싸인 자궁 안에서 내 그늘을 마주했다. 상상의 공간에서 가능하듯이, 시야가 흩어졌다. 가장자리에 시간은 칠흑같이 어둡고, 탁하고, 공허하게 느껴졌다. 나는 싸늘한 외로움 속에 심장만을 가지고 있다. 피비린내 나는 심장은 내가 아는 것보다 더 깊이 살아 꿈틀거리고 있다. 나는 이 심장의 깊은 구덩이 속에 빠져 있다. 이야기에 매달려 있다. 옳고 그름을 엮은 천에 지탱하여 망각 위에 겨우 매달려 있다. 누군가를 잃어버리는 아픔은 모든 것을 떠오르게 한다. 알은 무덤과 같다. 비극이 그 껍질을 깨려고 한다. 대재앙이다. 어둠과 빛. 사랑하는 사람을 잃은 상실 앞에 무엇이 남아 있을까? 상실의 아픔은 시작과 끝이 명확한가? 이 고통은 죽음이다. 이 고통은 새 생명이다. 작별의 인사를 건네고 만남의 인사를 건넨다. 진실한 사람의 심장은 한마음을 이루고 있다. 죽을 수밖에 없는 운명과 비도덕적인 관행에 굴복한다. 그늘진 연합에 빛이 비춘다. 거절되었던 것들이 이제는 소용돌이치며, 어지러이 돌고, 화합을 이룬다. 그림자는 희망의 뒤를 가만히 따라 밟는다. 침입자이기도 하며 중재자이기도 하다. 쓰인 시들은 변혁을 이루고 세상을 지속시킨다.

맺는말

이 연구는 사랑하는 사람을 잃은 아픔 속에 남겨진 것들을 찾고자 하는 데 초점을 맞추고 있다. 대참사의 비극이 바로 이와 같은 노력을 기울이도록 한다. 즉, 매우 중요한 무언가가 드러나는데, 이에 대한 지식은 구조의 근본적인 변화를 일으킨다. 이와 같은 노력은 '전사의 여정'에 참여한 사람들의 예술작품과 이야기에 녹아 있다. 그들은 상실에 의미를 부여하며 자연, 사회적 관계, 우주적 연합 속에서 자신의 위치를 찾아 나간다.

앤더슨(Anderson, 2006)은 인간의 본질에 다다르는 통찰을 통해 "문제가 많은 세상 속에 인간이 되어 가는 새로운 방식"을 주장했다(p. 70). 이를 이루기 위해 로메니신(Romanyshyn, 2007)은 연구자를 상상의 공간으로 초대한다. 그는 이 공간에서 모든 것을 내려놓고 참여적 지식 습득을 통해 현상이 발생하게 된 이유를 발견할 수 있다고 보았다. 여기서 소개한 예비연구 결과에서는 참여 예술에 근거한 연구 방법이 결과의 이론적 적합성을 저해하지 않는다는 것을 보여 준다. 오히려 연구자가 가진 심리적인 한계를 다룸으로써 탐구의 깊이와 속도를 더해 갈 수 있었고, 새로운 발견과 혁신도 이뤄 낼 수 있었다.

이 연구는 우리 모두가 갖고 있는 인간의 조건을 다룬다. 즉, 사랑하는 사람을 잃은 슬픔과 새로운 변화를 이뤄 가는 것에 대해 말한다. 참여자들이 상실의 아픔을 이겨내고 자신의 삶으로 되돌아가는 과정을 지켜보면서, 나는 내 안에 있는 그늘을 마주할 용기를 갖게 되었다. 참전 용사들의 이야기들은 우리 모두에게 해당되는 이야기일 것이다. 왜냐하면 내적 투쟁과 내적 평화에 대해 말해 주고 있기 때문이다. 그들의 이야기는 참전 용사들을 뛰어넘어 우리 모두에게 인간이란 존재에 대해 생각해 볼 여지를 남겨 준다.

참고문헌

Anderson, R. (2006). Intuitive inquiry: The ways of the heart in research and scholarship. (Unpublished manuscript) www.wellknowingconsulting.org/publications/articles.html

Anderson, R., & Braud, W. (2011). *Transforming self and others through research*. Albany, NY: State University of New York Press.

Artra, I. (2014). Transparent assessment: Authentic meanings made by combat veterans. *Journal of Constructivist Psychology*, *27*(3), 211–235.

Artra, I. (2013). A civilian's artistic inquiry into loss with eight combat veterans: Thematic analysis of meaning reconstruction for grief and moral injury. (Doctoral dissertation). Retrieved from Proquest Dissertations and Theses. (Accession Order No. 3560633)

Eisner, E. (2007). Art and knowledge. In J. G. Knowles & A. L. Cole (Eds.). *Handbook of the arts in qualitative research*. Thousand Oaks, CA: Sage.

Herman, J. (1997). *Trauma and recovery*. New York: Basic.

Hervey, L. W. (2000). *Artistic inquiry in dance/movement therapy: Creative alternatives for research*. Springfield, IL: Charles C. Thomas.

Johnson, D. (2009). Commentary: Examining underlying paradigms in the creative arts therapies of trauma. *The Arts in Psychotherapy, 36*(2), 114-120. doi:10.1016/j.aip.2009.01.011

Leavey, P. (2008). *Method meets art: Arts-based research practice*. New York: Guilford.

Litz, B. T., Stein, N., Delaney, E., Lebowitz, L., Nash, W. P., Silva, C., & Maguen, S. (2009). Moral injury and moral repair in war veterans. *Clinical Psychology Review, 29*(8), 695-06. doi:10.1016/j.cpr.2009.07.003

MacDermott, D. (2010). Psychological hardiness and meaning making as protection against sequelae in veterans of the wars in Iraq and Afghanistan. *International Journal of Emergency Mental Health, 12*(3), 199-206.

McNiff, S. (1998). *Art-based research* (1st ed.). New York: Jessica Kingsley.

National Academy of Sciences, Institute of Medicine of the National Academies, Committee on Treatment of Posttraumatic Stress Disorder, Board of Population Health and Public Health Practice. (2007). *Treatment of posttraumatic stress disorder: An assessment of the evidence*. Washington, DC: National Academies Press.

Neimeyer, R. A. (2004). Fostering posttraumatic growth: A narrative elaboration. *Psychological Inquiry, 15*(1), 53-59.

Neimeyer, R. A. (2012). Loss, grief and the reconstruction of meaning: the narrative arc of tragic loss. Two-day professional development course at pre-conference institute for The Association for Death Education and Counseling. March 27-8, 2012. Atlanta, Georgia.

Neimeyer, R. A., & Young-Eisendrath, P. (2014). Virtual Dream Stories. In B. E. Thompson & R. A. Neimeyer (Eds.), *Grief and the Expressive Arts: Practices for creating meaning* (pp. 3-13). New York: Routledge.

Neimeyer, R. A., Burke, L. A., Mackay, M. M., & van Dyke Stringer, J. G. (2010). Grief therapy and the reconstruction of meaning: From principles to practice. *Journal of Contemporary Psychotherapy, 40*(2), 73-83. doi:10.1007/s10879-009-9135-3

Neimeyer, R. A., Prigerson, H. G., & Davies, B. (2002). Mourning and meaning. *American Behavioral Scientist, 46*(2), 235-251. doi:10.1177/000276402236676

Nelson, S. D. (2011). The posttraumatic growth path: An emerging model for prevention and treatment of trauma-related behavioral health conditions. *Journal of Psychotherapy Integration*, *21*(1), 1-42.

Pyszczynski, T., & Kesebir, P. (2011). Anxiety buffer disruption theory. *Anxiety, Stress & Coping, 24*(1), 3-26. doi:10.1080/10615806.2010.517524

Romanyshyn, R. (2007). *The wounded researcher*. New Orleans, LA: Spring Journal Books.

Saldana, J. (2009). *The coding manual for qualitative researchers*. Thousand Oaks, CA: Sage.

Stroebe, M. S., & Schut, H. (2001). Meaning making in the dual process model of coping with bereavement. In R. A. Neimeyer (Ed.), *Meaning reconstruction & the experience of loss* (pp. 55-73). doi:10.1037/10397-003

Tedeschi, R. G., Calhoun, L. G., & Cann, A. (2007). Evaluating resource gain: Understanding and misunderstanding posttraumatic growth. *Applied Psychology, 56*(3), 396-406. doi:10.1111/j.1464-0597.2007.00299.x

Tedeschi, R. G., Park, C. L., & Calhoun, L. G. (1998). *Posttraumatic growth*. New York: Psychology Press.

Tick, E. (2005). *War and the soul*. Wheaton IL: Quest Books.

Wertz, F., Charmaz, K., McMullen, L., Josselson, R., Anderson, R., & McSpadden, E. W., (2011). *Five ways of doing qualitative analysis: Phenomenological Psychology, Grounded Theory, Discourse Analysis, Narrative Research, and Intuitive Inquiry* (1st ed.). New York: Guilford.

55

연구의 예술[1]

캐롤 워그린(Carol Wogrin), 발 마스도르프(Val Maasdorp), & 데브라 마산도(Debra Machando)

돌봄의 현장에 대한 검토

타인의 트라우마와 고통을 옆에서 지켜보는 것이 전문적으로 돌봄을 제공하는 사람들에게 미치는 영향에 대한 관심이 지난 몇 세기 동안 증대되고 있다. 상당한 수준의 고통을 당하고 있는 사람들을 만나 공감적으로 도움을 줘야 하는 상황에서 보건관리와 사회복지 분야에 종사하고 있는 사람들이 보이는 심리적이고 감정적이며 신경생리학적인 반응에 대한 자료가 많아지고 있다. 그에 따라 이러한 서비스 제공자들이 상당한 도전적 과제를 떠안고 장기적으로는 정신적 · 신체적 건강의 후유증으로 위협을 받고 있다는 점이 점점 명백해지고 있다(Rothschild & Rand, 2006).

지난 수년 동안 짐바브웨가 처한 상황으로 인해 그곳의 사람들 사이에서 상실의 고통이 서서히 널리 퍼졌다. 그곳의 전문가들과 의료진들은 오랜 시간 동안 자신의 내담자가 호소하는 고통의 근원을 통제하기 어려운 환경에서 일을 해 왔다. 그 환경은 동정심의 감퇴와 번아웃 증후군으로 가는 모든 위험 요소를 갖추고 있었다. 게다가 내담자들이 마주하게 된 것과 유사한 문제가 그들의 삶을 위협하고 있었다. 예를 들어, 경제적 자원이 상당히 부족해지고, 고아들을 가족으로 받아들이고, 대가족은 더 많은 경제적 지원을 필요로 했고, HIV/AIDS로 인한 질병과 죽음이 그들의 사회를 위협하는 것과 같은 일들이 벌어지게 되었다. 문헌에서는 이러한 개인적 삶의 스트레스 요인과 내담자의 스트레스 요인 사이의 유사성이 주된 위험 요인이라고 언급하고 있다. 하지만 스트레스에 대한 의료진의 대량의 연구가 진행된 서구 사회에서는 이러한 유사성이 두드러지지 않았고 넓은 범위의 전문가들에게 영향을 미치는 지속적인 스트레스 요인도 일반적으로 찾아볼 수 없었다. 지금까지 짐바브웨의 전문가들이 자신의 직업적·개인적 삶에서 받는 고도의 스트레스를 어떻게 다루는지에 대한 체계적인 연구가 없었다. 이와 마찬가지로, 이러한 환경에서 질병, 상실 그리고 트라우마를 다룰 때 그들의 회복탄력성(resilience)을 높여 줄 수 있는 요인과 관련된 것들도 거의 연구되지 않은 실정이었다.

강의 지도를 그리기

이번 조사 연구에서 우리는 12명의 개별 인터뷰와 9개의 포커스 집단을 진행했다. 참여자에는 의사, 간호사, 정신건강 전문가들과 변호사들이 있었다. 또한 짐바브웨의 지역 기반 기관들 중 상당수가 훈련된 자원봉사자들을 활용하고 있었기 때문에 그들도 연구에 포함시켰다. 그들은 질병과 상실로 고통받는 사람들에게 가정 방문 치료를 제공하고 있었다. 우리는 첫 번째 연락 이후 4~6주가 지난 후에 두 번째 인터뷰와 포커스 집단을 진행하였다. 첫 번째 만남을 끝내면서 우리는 참여자들에게 다음 만남이 있기 전까지 주어진 시간 동안에 어떤 스트레스를 경험했는지, 그것을 어떻게 대처해 왔는지에 주의를 기울여 달라고 부탁했다. 개인 및 집단과의 두 번째 인터뷰에서는 스트레스와 대처 방식에 대한 인식의 변화를 물어보았다. 그리고 첫 번째 인터뷰에서 드러난 주제들에 대해 조금 더 상세하게 물어볼 수 있는 기회가 있었다.

우리는 참여자들이 자신의 스트레스와 주요 대처 방식을 단순히 인지적으로 평가하는 것을 넘어서 감정적인 경험을 효과적으로 전달할 수 있도록 하기 위해 각 인터뷰와 포커스 집단을 그림 그리는 활동으로 시작했다(Muller, 2006). 첫 번째 만남을 시작하기 위해서 참여자들에게 "여러분이 하고 있는 일을 강(江)이라고 생각해 보세요. 다른 사람을 돌보는 여러분의 일을 상징하는 강을 그려 보세요. 여러분이 느끼고 있는 어려움과 도전적 과제, 스트레스를 어떻게 나타낼 수 있을지도 생각해 보세요. 그리고 여러분에게 힘이 되어 줄 수 있는 자원, 영감 및 동기와 대처 전략에 대해서도 생각해 보세요."라고 지시했다. 우리는 다시 이어지는 인터뷰를 시작하기 위해서도 그림을 활용했다. 두 번째로, 우리는 참여자들에게 "현재 당신의 스트레스, 장애물, 대처 전략을 나타내 주는 강의 지도를 그려 보셔도 좋고, 당신의 경험을 더 잘 나타내 주는 이미지가 있다면 그걸 그려도 됩니다."라고 부탁했다. 두 번째 인터뷰에서 14명은 다시 강을 그렸지만, 11명은 길 이미지를 그렸고, 6명은 나무를, 4명은 산을, 나머지 20명은 그 밖의 이미지를 그렸다. 각각의 사람들이 그들의 강 지도를 설명하는 것으로 인터뷰와 집단 토론이 시작되었다. 참여자들이 그림을 그리는 과정은 너무나도 흥미로웠다. 그 과정은 그들이 이미지와 은유를 통해 자신의 경험을 표현하는 방식이었을 뿐만 아니라 그들이 두 만남의 이미지를 대조하며 각 만남에서 경험한 스트레스와 회복탄력성을 비교할 수 있는 기회가 됐다.

한 의사는 개인 인터뷰에서 자신에게 그림을 그리라고 부탁하지 말라고 선을 그었다. 또한 이 활동에서 요구하는 방식으로 은유적인 생각을 하는 것을 좋아하지 않는다고 말했다. 그런데 처음에 마지못해 활동에 참여하던 그는 빠른 시간 내에 그 경험에 몰두하게 되었다. 그래도 그는 자신이 '의사가 아닌 치료사처럼 생각'해야 할 필요가 있었다고 말했다. 그는 그림을 그리면서 계속 말을 했는데, 그것이 '(그의) 생각이 흘러가도록 해 주는 데 도움'이 된다고 했다. 작품의 완성도는 중요하지 않았다. 그가 말하면서 이미지와 은유의 세계에 얼마나 몰입했는지 보여 주기 위해 우리는 여기서 그의 그림을 소개하고자 한다([그림 55-1] 참조).

> 내가 치료사라고 생각해 보겠다. 나는 내 일이 강이라고 말한다, 좋다. 강에 난류(亂流)를 어떻게 일으키지? 당신도 알겠지만 나는 아주 큰 소용돌이를 원해. …… 좋아 …… 내가 왜 이렇게 말할까? 너도 알다시피 나는 많은 문제를 갖고 있는 사람들을 치료하잖아. 이건 난류가 일어난 성난 강이야. 그리고 나는 내담자가 스스로 이겨 나가는 방식을 찾아낼 수 있도록 치료사의 역할을 하고 있어. 여기 나는 선박과 함께 있어. 너무나 흥미롭군 …….
>
> 나는 여기에 있어, 내가 밖에 있나? 그래, 어떻게 저기로 가지. …… 지금 나는 여기 강기슭에 있어, 나는 지금 여기에 내담자와 함께 있어, 나는 내 내담자가 여기를 지나갈 수 있는 자신만의 방법을 찾을 수 있도록 돕고 있어. …… 우리가 지나가려고 할 때 뭘 마주하게 되지? …… 흠, 저기서 악어를 마주칠 수도 있겠군. …… 홍수에 떠내려갈 수도 있겠어. …… 그동안 나는 내담자를 도울 수 있을 거야, 이 벼랑 끝까지 함께 오고. …… 내가 이 내담자의 손을 놓겠지. 아니면 우리는 저기까지 함께 갈 수도 있지. 그곳을 가던 도중에 너도 알다시피 우리는 난류를 만나게 될 거야. 내담자가 흥미를 잃을 수도 있지, 나도 내담자를 잃겠지.

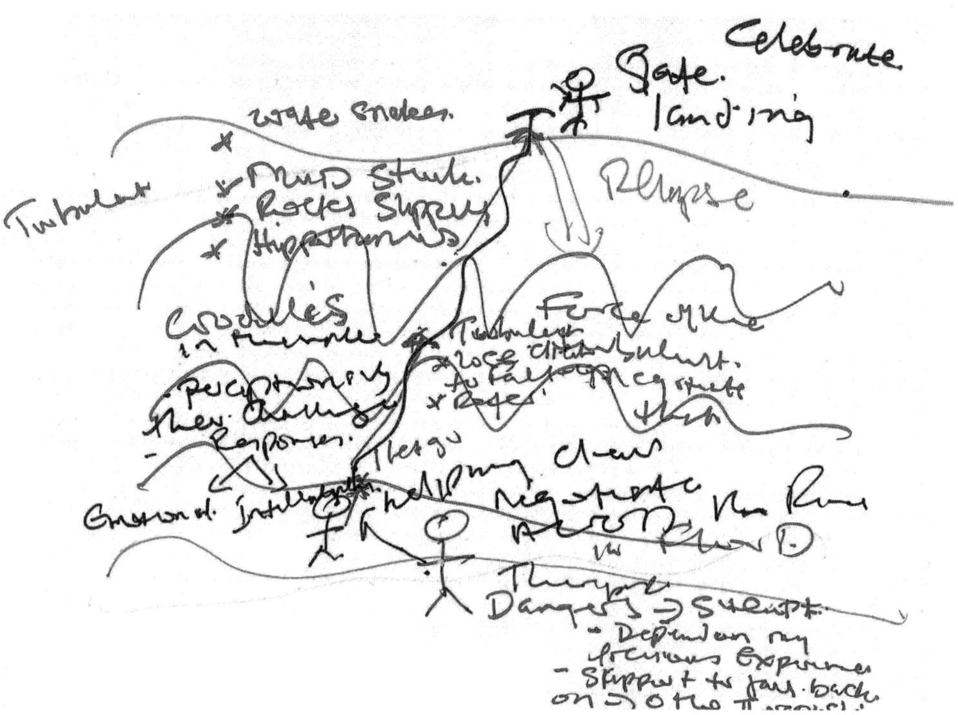

[그림 55-1] 의사가 환자와 함께 일하는 과정에서 나타난 난류 지역을 그린 지도

…… 내담자가 가던 길을 멈추기로 결정한 뒤에는 나를 따르던 내담자를 잃겠지. …… 좋아, 아니면 나를 잃을 수도 있어. 나는 일을 많이 진척시키지 못했다고 느끼겠지. 그러면 나는 말할 거야. 아, 아, 이걸로 충분해, 이제 다른 사람에게 맡길래.

좋아. …… 우리는 홍수가 일어난 이 강을 함께 건너고 있어, 그리고 나는 내 내담자가 여기를 안전하게 건너길* 바라, 그리고 내 내담자가 행복하길 바라. …… 혹은 아무 소용없이 우리는 강을 건너지 못할 수도 있어. …… 우리가 급류에 휩쓸려 서로를 잃어버리거나 내가 암류에서 헤어 나오지 못할 수도 있지. 때로 우리는 함께 강을 건너고 승리를 자축하겠지. 또 한편으로는 몇 명의 내담자는 또다시 여기로 훌쩍 넘어올 수도 있어. 힘겨웠던 그 마지막 순간으로 되돌아오는 거지. …… 그곳에는 진흙투성이의 강, 진흙투성이의 물이 있겠지. …… 너는 그 진흙에 갇혔어. …… 진흙 안의 바위는 매우 미끄럽지. …… 하지만 너도 알다시피 하마는 도움을 주려고 할 테지만, 때로는 네가 겁을 먹겠지. 그리고 물뱀도 있어. 너는 생각지도 못했던 물뱀이. …… 참 흥미롭군.

이어지는 인터뷰에서는 그의 경험을 조금 더 깊이 파헤쳐 보기 위해 그가 그림 그리기 활동에서 사용했던 상징과 은유들을 활용했다. 이를테면 그에게 악어나 미끄러운 돌들로 대표되는 특정한 장애물들에 대해 조금 더 자세하게 설명해 달라고 하거나, '강기슭에서 내담자를 떠나보내는 것'이 그에게는 어떠한지 설명해 달라고 했다. 여기서 볼 수 있듯이, 그림을 그리는 활동은 이 의사가 내담자와 작업하는 자신의 경험을 색다른 방식으로 떠올릴 수 있도록 한다. 이 활동이 아니라 그저 그의 스트레스 경험에 대해 말해 달라는 단순한 대화를 했으면, 이런 방식으로 그 경험에 접근하기는 어려웠을 것이다. 그림을 그리기 시작할 때 '치료사처럼 생각'해야 한다는 그의 말은 그가 의사로서 일을 하면서 그 경험의 정서적인 측면에는 일반적으로 주의를 기울이지 않는다는 것을 암시한다. 그가 당장 직면한 연구 질문, 즉 스트레스에 대한 경험을 이해하기 위해서는 이러한 자각을 하는 것이 중요하다. 그림 그리기 활동 없이 곧장 인터뷰 대화로 시작했더라면 그가 이만큼 자신의 경험에 대해 이야기해 주지 못했을 것이다.

다른 참여자들은 첫 번째 만남에서 표현한 것과는 반대되는 이미지를 두 번째 그림에 그려 넣었다. 그러면서 첫 번째 만남 이후, 특별히 그림을 그리면서 변화가 일어났다고 말해 주었다. 호스피스 간호사는 첫 번째 그림에서 '사람을 물 수 있는 몇 마리의 뱀'의 모습을 그려 넣었다. 이 뱀들은 그녀가 같이 일하는 동료들 중에 그녀의 전문적인 기준에 부합하지 못하는 돌봄을 제공하거나 환자들을 나쁘게 대하는 이들을 나타냈다. 그녀는 두 번째 그림을 보여 주면서 자신의 경험이 변화된 것을 다음과 같이 설명했다([그림 55-2] 참조).

> 저는 현재 다른 그림을 갖고 있어요, 강이 아닌 나무를 그린 그림이에요. 이건 생명을 나타내 주는 나무죠. 이전에 그림을 그리면서부터 정작 제 자신을 돌보고 있지 못하다는 사실을 깨닫게 됐어요. 그리고 뱀에 대해 생각하거나 다른 것들을 돌아보기보다 제 자신을 먼저 돌봐야 할 필요가 있다는 걸 알게 됐어요.
>
> 제 자신을 더 돌봐야 해요. 이게 제 뿌리예요. 저는 좀 더 현실에 기반을 두려고 하고 있어요. 그래서 거기 아래 이렇게 큰 게 있어요. 좀 더 현실감에 기반을 두려고 하는 거죠. 내가 변화시킬 수 없는 다른 사람을 변화시키려고 애쓰지 않고 내 자신 안에서 내가 변화시킬 수 있는 것을 찾아보고 있어요. 그래서 나는 지금 변화의 여정을 밟고 있어요. 내 나무를 더 강하게 만들기 위해 매일매일 더 많은 뿌리를 내리고 있죠. 뿌리 쪽이 넓은 이유는 바로 그것 때문이에요. 그리고 저는 더 행복해졌어요. 이건 밝은 색색의 각기 다른 나뭇잎들이에요. 저는 제가 가진 강점을 보기 시작했죠. 제가 행복할 수 있다는 사실도요. …… 그리고 저를 괴롭히는 것들을 계속해서 생각하기보다, 일을 하며 즐거운 것들에 더 많은 관심을 기울이기로 했어요.

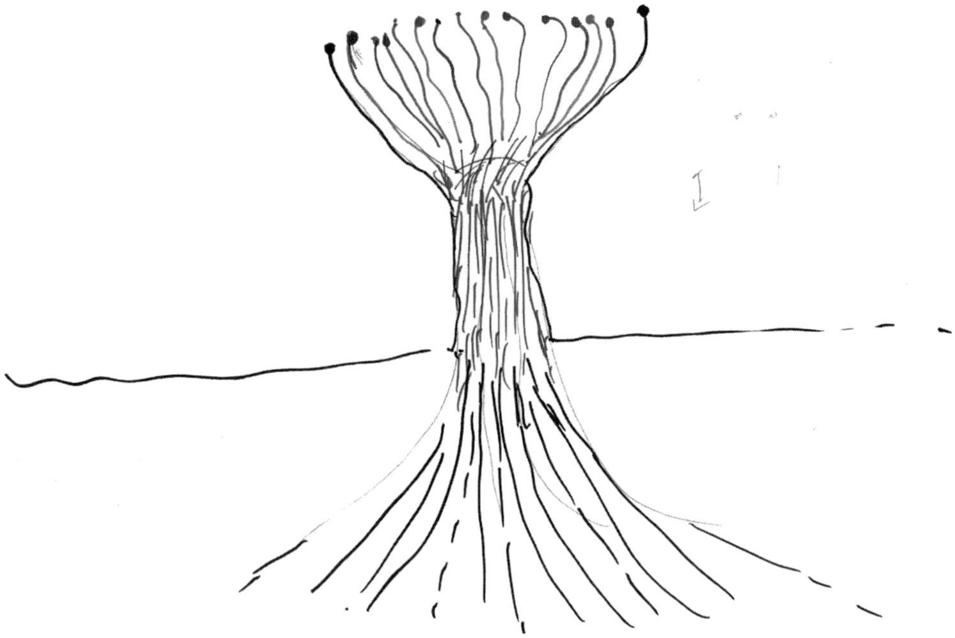

[그림 55-2] 호스피스 간호사가 표현한 생명의 나무

지역을 기반으로 돌봄을 제공해 주는 한 자원봉사자는 HIV 때문에 아파서 병상에 누워 지내는 사람들을 찾아가 도와주는 일을 하고 있었다. 그녀 역시 첫 번째와 두 번째 포커스 집단 만남 사이에 겪은 변화를 설명하기 위해, 두 번째 만남에서 그린 그림을 첫 번째 것과 대조해 보았다([그림 55-3] 참조).

저는 우리가 마지막으로 만났던 때를 나타내 줄 수 있는 그림을 그리기 시작했어요. 저는 여러 개의 작은 돌을 그렸죠. 저번에 우리가 대화를 나누기 전에는 이곳에 큰 돌들이 있곤 했어요. 저는 제 짐이 아닌 짐을 굳이 짊어지려고 했어요. 저는 다른 사람들과 이야기를 하면서 제가 이렇다는 것을 깨달았죠. 그래서 지난 6주 동안 저의 여정에서, 제 삶과 일의 짐을 내려놓게 되었어요. …… 제 일이 얼마나 중요한지를 알게 되었죠. 그리고 우리 의료진이 공동체에 불어넣는 삶을 물고기와 풀로 그려 냈어요.

제가 해결할 수 없는 일은 제 일이 아니에요. 그 일과 관련 있는 사람들에게 말하면, 바로 그들의 일이 되는 거예요. 저는 병원에 있는 사람에게 보내 줄 돈이 없어요. 그래서 저는 그들을 도와줄 수 있는 기관을 소개해 주었죠. 제가 그들에게 줄 돈이 없다고 짐을 짊어져서는 안 돼요. 심지어 그들에게 줄 음식이 없어도 짐을 짊어져서는 안 돼요. 저는 그들을 도와줄 수 있는 다른 사람을 소개해 주었죠. (둑에 있는 더미를 가리키며) 이 돌들은 제 짐이 아

[그림 55-3] 지역 자원봉사자의 장애물 없는 강의 그림

니라는 사실을 알았기 때문에 거기에 놔둔 거예요.

이 마지막 이미지([그림 55-4])는 처음 인터뷰에서 약간의 스트레스를 느끼고 있다고 말해 준 치료사가 그린 것이다. 그는 내담자를 만나 상담을 하고 있었는데, 상당히 높은 트라우마와 상실의 아픔을 갖고 있는 아이들을 주로 만나고 있었다. 4주가 지난 후 다시 인터뷰를 하면서 그는 자신의 개인적인 삶에서도 스트레스가 더해졌다고 말했다. 그는 그림을 그리고 나서 다음과 같이 설명을 덧붙였다.

> 이건 마치 불과 같아요. 발톱이 있는 불 같고 저를 집어 삼키려고 하는 것만 같아요. 하지만 다행히도 저는 흰색의 석면 소방 우주복을 입고 있었기 때문에 저를 보호할 수 있었어요. 제가 생각하기에 저를 보호해 줄 수 있는 건 무엇보다도 우정, 가족과 친구에 대한 사랑, 그리고 아마 약간의 명상과 요가 그리고 신체 활동이 있네요. 이 불길이 저를 집어 삼킬 수 있겠죠. 하지만 다행히도 저는 보호복을 입고 있어요.

흥미롭게도, 그림 안에 사용된 상징들이 나타내 주는 의미는 개개인마다 매우 다르게 나타난다. 예를 들자면, 많은 사람은 장애물을 나타내기 위해서 바위를 그린다. 하지만 다른 사람들은 디딤돌 또는 자신을 강하게 한 지지를 바위로 표현한다. 많은 사람이 강에 가득한 개구리로 자신이 마주한 어려움을 표현했다. "그러자 개구리가 다가

[그림 55-4] 스트레스의 불길을 막아 줄 수 있는 안전복을 그린 치료사의 그림

왔어요. 그것은 우리 환자들이 마주하게 된 도전 과제예요. 우리는 그들이 도움을 받을 수 있게 되기를 바라요." 반면, 다른 사람들은 개구리로 회복력을 나타냈다. 한 사람이 다음과 같이 말했다.

> 이 개구리들, 저는 이들을 우리가 이제까지 바쳐 온 헌신과 열정으로 칭하겠어요. 개구리는 주로 물속에 있죠. 그래서 물이 말라 버린다면, 그들은 더 많은 물이 있는 곳을 찾아 껑충 뛰어다닐 거예요. 저는 이걸 아주 큰 헌신과 열정이라고 봐요. …… 그래서 우리는 일을 하면서 상황이 좋지 못할 때 어떻게 개선할 수 있는지 찾아봐야 해요. 그 개구리와 같이 해결책을 찾아 이리저리 뛰어다녀야 해요.

맺는말

이 연구에서는 스트레스의 경험과 관련된 많은 주제를 다뤘다. 그리고 만성적으로 어려운 상황에서 일할 때 회복탄력성을 키워 주는 요인들과 관련된 주제들도 다뤘다. 참여자들은 자신의 무력함에 초점을 맞췄다. 그들은 자원이 부족해서 자신이 경감해 주지 못하는 고통을 볼 때, 그리고 정상적인 자원이 있다면 방지할 수 있었을 내담자의 질병과 죽음을 볼 때 무력함을 느꼈다. 그들은 또한 내담자의 스트레스 요인과 자신의 스트레스 요인 사이의 유사점이 미치는 영향을 반복적으로 다뤘다. 그들은 자신의 삶에서 마주하는 문제를 내담자의 집에서도 발견했다. 이와 유사하게, 참여자들은 회복탄력성을 키울 수 있는 요소들에 관심을 기울여 왔다. 특히 그들이 자신이 하는 일에 대해 느끼는 열정과 '소명' 의식, 그리고 그 일이 자신의 삶에 가져다주는 의미가 회복탄력성을 키울 수 있는 요소였다. 많은 사람은 자신들이 직접 목격한 고통과 그에 따른 인식으로 인해 자신들이 더 나은 사람임을 믿게 되었다고 말했다. 마지막으로, 많은 사람은 그들의 하나님과의 관계를 새롭게 정의하고, 다른 사람들과의 관계가 이러한 일을 지속해 나갈 수 있도록 돕는 중요한 요소임을 확인했다.

이 연구에서 아주 흥미로웠던 점은 만성적으로 부담이 큰 환경에서 고통 중에 있는 사람들을 돕는 일을 하는 많은 사람이 정작 자기 자신의 스트레스 증상은 잘 돌보고 있지 못한다는 점이다. 이러한 사실을 놓고 봤을 때, 그림을 활용해서 그들이 잘 회피하도록 학습했던 경험을 좀 더 의식적으로 생각해 보는 것은 특히 효과적이라고 할 수 있다. 마지막에는 참여자들이 자기 경험의 풍부함을 나누었는데, 때로는 그것이 그들에게도 놀라운 것으로 보였다.

미주

1. 이 연구 프로젝트는 이 장의 저자들과 함께 과러레아 제방웨이, DPhil 후보자, MPhil, BSc Hons Psych, 짐바브웨 대학교에 의해 기획되고 수행되었다.

참고문헌

Muller, K. (2006). Creating new lines of communication in large organizations: The usefulness of river maps. *New Voices in Psychology*, *2*, 217-229.

Rothschild, B., & Rand, M. (2006). *Help for the helper: The psychophysiology of compassion fatigue and vicarious trauma*. New York: Norton.

56

애도상담에서의 표현예술 - 경험적 관점

칼로스 토레스(Carlos Torres), 로버트 니마이어(Robert A. Neimeyer), & 메릴 네프(Maryl L. Neff)

어느 문화의 장례식이나 추모식을 봐도, 사람들이 상실을 극복하기 위해서는 음악, 동작, 예술 활동, 드라마가 필수적인 요소라는 것을 알 수 있다. 상담 현장에서 표현예술이 상실의 아픔을 이겨 내는 데 효과적일 수 있다는 것은 무엇을 보면 알 수 있을까? 대대적인 문헌 조사를 통해 이 핵심 질문을 경험적 문헌에서 충분히 연구하지 못했다는 것을 발견할 수 있었다. 이 장에서는 사별한 내담자와 함께 작업한 표현예술의 사례를 조사한 질적 · 양적 연구를 살펴볼 것이다. 또한 이후의 연구를 위한 조언도 해 보고자 한다. 인간의 경험과 의미 형성에 관한 연구는 질적 · 양적 방법을 동시에 사용하는 것이 유익하기 때문에(Neimeyer & Torres, 2014), 여기에서는 이 두 방법을 모두 다룰 것이다.

문헌 고찰

질적 연구

〈표 56-1〉에서 볼 수 있듯이, 이제까지 사별의 아픔을 치유하기 위해 표현예술치료를 다룬 철저한 질적 연구들은 소수에 불과했다. 그 연구들 중 대다수는 음악치료적 개입이 많았고, 연구 자료는 주로 인터뷰를 통해 수집되었다. 예를 들자면, 린덴펠서, 그로크와 맥퍼런(Lindenfelser, Grocke, & McFerran, 2008)은 사별을 경험한 어머니 7명을 연구했다. 그녀들에겐 위독한 질병에 걸린 아이들(5개월에서 12세까지)이 있었으며, 그 아이들은 치료 과정 중에 음악치료를 받았다. 이후 한 시간의 구조화된 인터

표 56-1 질적 연구

연구	표본 (연구 참여자)	치료 방법	연구 방법	분석	결과
Lindenfelser, Grocke, & McFerran (2008)	음악치료에 참여했으며 위독한 병에 걸린 아이를 둔 7명의 부모	불특정한 음악치료 경험	개별 면담	현상학	음악치료는 상황에 대한 가족의 인식을 변화시켰고, 추모에 있어 중요한 요소였으며, 대화와 표현을 촉진했다.
McFerran, Roberts, & O'Grady (2010)	친척을 잃은 16명의 청소년	음악을 듣고 글을 쓰며 다양한 악기 연주를 활용한 음악치료	포커스 집단	근거 이론	음악치료를 통해 참여자들은 슬픔을 정리하고 앞으로 나아갈 수 있었으며, 자신의 감정을 표현하고, 좀 더 편안하고 덜 외롭다고 느낄 수 있었다.
O'Callaghan, McDermott, Hudson, & Zalcberg (2013)	음악치료를 경험했던 사랑하던 사람을 잃은 8명의 의료진	불특정한 음악치료 경험	개별 면담	근거 이론	음악치료는 떠난 사람과의 유대감을 불러일으키며 편안함을 주고 대처 능력을 키울 수 있도록 도와줬다.
Lin, Lin, & Li (2014)	19명의 애도 전문가	표현예술 활동과 함께 하는 원예치료 워크숍	포커스 집단과 조사	서술, 수치화	사전·사후 결과에서 참여자들은 상실의 아픔을 회피하려는 모습이 줄어들었다. 자기돌봄이 증대되었고 아름다움을 감상할 수 있게 되었다. 몸과 마음, 영혼의 건강이 호전된 모습도 보였다.

뷰 동안 아이와 부모가 경험한 음악치료에 초점을 맞추고, 그 음악치료가 사별 후에 가족에게 미친 영향도 얘기했다. 그 결과, 음악치료가 상실의 아픔을 나누고 표현하는 데 많은 도움이 되었다는 점이 나타났다. 그리고 아이들을 추모하는 데도 도움이 되었고, 역경 속에서 자신들의 상황에 대한 아이와 가족의 인식을 긍정적으로 변화시켰다. 이와 유사하게, 다른 질적 연구들에서도 음악치료를 활용하는 것이 감정을 표현하는 수단이 되고, 죽은 사람과 타인과의 유대감을 갖게 해 줬을 뿐만 아니라, 안정감을 되찾는 데도 도움이 됐다는 것을 알 수 있었다. 한편, 시각 예술, 연기, 춤, 창조적 글쓰기가 치료적 방식으로서 하는 역할에 대한 철저한 질적 연구가 별로 없다는 점을 알아야 한다. 이 책의 초반 장들에서 이러한 방향의 독창적인 연구가 몇몇 소개되기는 했지만, 그래도 그러한 연구가 별로 없다는 사실은 변하지 않는다. 하지만 이 와중에 반가운 소식은 바로 다양한 시각 예술, 상징과 창조적 글쓰기 활동들을 다루는 원예치료 연구가 꽤 있다는 것이다. 이 연구에서 활용한 방식들을 통해 애도 과정을 돕는 전문가들은 자신의 슬픔을 마주해서 치유할 수 있을 뿐만 아니라, 그 작업을 확장해서 애도하고 나이가 들어 가는 내담자를 도와줄 수 있다. 이는 이 책의 제4부 '프로그램'에서 제시된 리(Li)와 창(Chang)의 연구에서도 찾아볼 수 있다. 설문 조사로 보충된 질적 연구 방법은 이 통제되지 않은 연구에서의 사전 · 사후 워크숍에서 관찰된 자기가치, 안정감, 아름다움과 영성에 대한 감사를 기록해 주었다(Lin, Lin, & Li, 2014).

양적 연구

〈표 56-2〉의 요약에서 보듯이, 7개의 연구가 표현예술치료 방식의 영향을 측정하기 위해 양적 연구 방법론을 주로 사용했다. 이 연구들에서는 연기, 시각 예술, 의식(儀式)과 창조적 글쓰기의 비중은 거의 없고 음악치료가 주를 이뤘다. 그의 이전 연구(2001)를 확장하여, 힐리어드(Hilliard, 2007)는 26명의 아동을 조사했다. 그 아동들은 다음의 세 집단에 분배되었다. (1) 첫째 음악치료 집단에서는 리듬 악기를 연주하고 음악을 들으며 가사를 쓰는 활동을 한다. (2) 둘째 집단에서는 드라마, 그림 그리기, 조각하기와 같은 다양한 표현예술 기법을 활용한다. (3) 셋째 집단은 대기명단에 있는 아동들로 이루어진 통제집단이다. 8주간의 연구가 진행되는 동안, 음악치료에 참여했던 첫째 집단은 문제 행동과 슬픔 증상이 뚜렷이 나아졌고, 창조적인 예술 활동에 참여했던 둘째 집단의 아동들은 문제 행동만 개선되었으며, 통제집단의 아동들은 그 두 영역 모두에서

뚜렷한 개선을 보이지 않았다. 마찬가지로, 일반적인 음악치료 연구에서도 치료 집단이 비치료 통제집단에 비해 증상이 확연히 줄어든 결과를 나타냈다. 하지만 주목할 만한 점은 두 연구 모두가 기술통계를 활용해서 집단 사이의 증상 변화를 비교했을 뿐, 통계적 유의성을 검사하지는 않았다는 것이다. 이와 유사하게, 팝킨(Popkin)과 동료들(2011)은 표현예술 의식의 수용 용이성과 유용성을 뒷받침하는 기술적 조사 결과를 내놓았다. 그들은 하프 즉흥연주, 기타 간주곡, 성찰적 시 낭독, 추억하기, 그리고 '(치유의) 손이 주는 축복'과 같은 표현예술 의식을 활용했다. 그 연구 대상은 중앙 암센터에서 환자들의 죽음을 지켜보며 애도하는 임상의들이었다.

마지막으로, 다른 연구자들은 사별을 당한 표본(연구 참여자)들에게 창조적인 글쓰기 개입이 어떻게 작용하는지를 연구하기 시작했다. 오코너, 니콜레티, 크리스티안슨, 로와 윌콕(O'Conner, Nikoletti, Kristjanson, Loh, & Willcock, 2003)은 1일 표현적 글쓰기 집단에 참여한 성인들의 심리적 건강, 슬픔 증상, 자기돌봄의 행위와 대기명단 통제집단의 성인들의 그것을 비교 분석했다. 1일 표현적 글쓰기에서는 시, 저널 쓰기, 이야기를 활용했다. 워크숍이 시작되기 전, 워크숍이 시작되고 2주차, 8주차에 수집된 자료는 두 집단이 비슷하게 건강이 점점 향상되고 슬픔 증상이 완화되는 것을 보여 주었다. 칼란타리, 율, 디레그로브, 네샤트두스트와 아마디(Kalantari, Yule, Dyregrov, Neshatdoost, & Ahmadi, 2012)는 사랑하는 사람을 여읜 청소년들이 구조화된 형식으로 감정을 드러내는 글쓰기 활동에서 어떠한 효과를 나타낼 수 있을지 조사했다. 이 글쓰기 활동은 창조적인 요소를 포함했다. 그들은 자신과 똑같은 상황에 놓여 있는 다른 사람에게 어떤 조언을 할지, 그리고 10년 후의 자신이 지금 경험을 되돌아보면 무엇을 깨달았다고 할지를 글로 써 보았다. 아무 연락도 취하지 않은 통제집단과 비교해 보았을 때, 여섯 회기에 걸친 글쓰기 프로그램에 참여한 청소년들은 '아동용 트라우마적 슬픔 검사(Traumatic Grief Inventory for Children)'로 측정했을 때 슬픔 증상이 확연하게 감소했다.

표 56-2 양적 연구

연구	표본 (연구참여자)	치료방법	설계	측정	결과
Dalton & Krout (2005)	20명의 청소년, 12세에서 18세의 연령 분포를 보임. 이들은 지난 3년 안에 사랑하는 사람을 상실한 경험이 있다.	작사 및 다양한 악기 연주를 활용한 음악치료	사전 · 사후 설계로 7주 동안의 음악치료 집단 또는 접촉하지 않은 통제집단	슬픔의 변화 과정 척도	기술통계 결과에 의하면 통제집단에 비해 실험집단에서 치료 점수에 상당한 차이가 나타났다.

Hilliard (2001)	18명의 아동, 6세에서 11세의 연령 분포를 보임. 지난 2년 안에 사랑하는 사람을 상실한 경험이 있다.	작사 및 리듬 악기 연주를 활용한 음악치료	사전 · 사후 설계로 8주 동안 음악치료 집단, 또는 대기명단의 통제집단	부모/보호자용 사별 질문지, 아동용 행동 지수 평가, 우울증 자기평가 척도	음악치료 집단은 통제집단에 비해 슬픔 증상과 문제 행동이 확연히 줄었다.
Hilliard (2007)	26명의 아동, 5세에서 11세의 연령 분포를 보임. 지난 2년 안에 사랑하는 사람을 상실한 경험이 있다.	작사 및 리듬 악기 연주를 활용한 음악치료, 연기, 그림, 조각을 활용한 창조적 예술작품 만들기	사전 · 사후 설계로 8주 동안 음악치료 집단, 창조적 예술 집단, 또는 대기 명단의 통제집단	부모/보호자용 사별 질문지, 아동용 행동 지수 평가	음악치료 집단에서는 슬픔 증상과 행동상의 문제가 확연히 줄어들었다. 반면, 창조적 예술 집단에서는 행동상의 문제가 확연히 줄어들었다. 두 집단 사이의 뚜렷한 차이는 발견되지 않았다.
McFerran, Roberts, & O'Grady (2010)	16명의 청소년, 12세에서 16세의 연령 분포를 보임. 지난 7년 안에 친척을 상실한 경험이 있다.	음악을 듣거나 작사, 다양한 악기를 연주하는 것을 활용한 음악치료	사전 · 사후 설계로 12주 동안의 음악치료 집단, 또는 14주 동안의 음악치료 집단	청소년 대처능력 척도, 청소년용 자기인식 프로파일	기술통계는 두 치료 집단 모두에서 대처능력과 행동 척도가 높아지는 것을 나타내 주었다.
O'Connor, Nikoletti, Kristjanson, Loh, & Willcock (2003)	69명의 사별한 성인, 31세에서 86세의 연령 분포를 보임. 지난 10년 안에 친척을 상실한 경험이 있다.	시, 저널링, 이야기를 활용한 표현적 글쓰기 치료	하루 동안의 개입 후 세 가지 시점에서 자료를 수집한 집단, 또는 대기명단의 통제집단	핵심 사별 문항, 전반적 건강질문지-30, 자기돌봄 지수	일반적으로, 개입에 전적으로 의지하지 않으면서도 건강이 호전되고 사별 증상이 완화되는 모습을 보였다.
Kalantari, Yule, Dyregrov, Neshatdoost, & Ahmadi (2012)	전쟁으로 사랑하는 사람을 잃은 61명의 청소년, 12세에서 16세의 연령 분포를 보임. 2년에서 17년 전 사이에 사랑하는 사람을 상실한 경험이 있다.	창조적인 이야기 만들기 활동들을 활용한 글쓰기치료	사전 · 사후 설계로 여섯 회기의 글쓰기치료 집단, 또는 접촉하지 않은 통제집단	아동용 트라우마 슬픔 검사	글쓰기 집단에 참여한 청소년들은 슬픔 증상이 확연히 줄어들었다. 반면, 접촉하지 않은 통제집단의 참여자들은 증상이 더 심해졌다.
Popkin, Lichtenthal, Rothstein, & Cole (2011)	중앙 암센터의 불특정한 수의 임상의	음악, 시 낭송, 회상이 있는 세속적 추모식	반응 및 수용 용이성 사후 프로그램 평가	의식(儀式)의 영향과 그것의 요소들을 알아내기 위해 특별히 설계된 조사(질적 연구 자료로 보충됨)	모든 직원이 다양한 개입 요소를 '매우 유용하다'에서부터 '가장, 매우 효과적'이라고 평가했다.

연구 제언

질적 연구

'참여자들에게 음악치료는 어떤 기능을 할까?' 또는 '내담자들은 치료를 통해 변화하는 감정을 어떻게 보고 있을까?' 등과 같은 질적 연구의 질문들은 실험적 통제 연구에서 얻을 수 있는 결과를 훨씬 뛰어넘어 풍부하게 내담자가 애도치료에서 무엇을 경험했는지 드러내 준다. 여기서 우리는 이 방법을 활용할 미래의 연구들을 위해 몇 가지 제언을 하고자 한다.

사별을 당한 내담자를 위한 창조적인 치료 방식의 활용을 뒷받침하는 근거 자료를 강화하기 위해서는, 질적 연구자들이 반드시 체계적 과정을 거쳐야만 한다. 이러한 체계적 과정은 인식론적으로 설득력 있는 방법론에서 비롯되고, 명확한 이론적 접근이 그 과정을 이끌어 간다(예: 의미를 재구성하는 과정으로서 슬픔을 탐색하기 위해 반구조화된 인터뷰를 구성론적으로 활용하는 것). 몇몇 연구 설계가 바로 이와 같은 노력에 박차를 가해 줄 수 있다. 사례 연구들은 실존하는 인물들의 복잡한 상황과 치료를 통한 변화를 생생하게 나타내 줄 수 있다. 포커스 집단에서는 참여자가 연구자의 질문뿐만 아니라 서로의 대답에 반응하기 때문에 적은 수의 참여자로부터 상당히 다양한 반응을 이끌어 낼 수 있다. 몇몇 개인(주로 8~20명)과의 집중 인터뷰는 치료에 참여한 것에 대한 광범위한 의미들을 탐색해 볼 수 있도록 도와준다. 집중 인터뷰는 더 이상 새로운 주제가 나타나지 않을 때까지, 즉 자료가 '포화' 상태에 이를 때까지 지속된다. 연구의 결과는 현상학, 근거 이론, 전통적인 코딩 방법 또는 내러티브 방법을 활용해 분석할 수 있다. 이 방법들은 모두 잠재적으로 강력한 방법이 될 수 있다. 이 방법들은 연구자가 참여자들의 생생한 삶의 경험 속으로 들어가 어떻게 그들이 상실의 경험을 받아들이고 있으며 그 안의 숨겨진 유익을 찾아가고 있는지를 이해할 수 있는 실마리를 제공해 준다. 그리고 어떻게 참여자들 고유의 경험이 문화와 사회적 압력 속에 뒤섞여 있는지를 알 수 있게 해 준다(Yin, 2008).

하지만 인터뷰의 한계는 바로 내담자의 경험을 이해하기 위해 보통 언어에만 의존하고 있다는 것이다. 사랑하는 사람을 여읜 내담자들이 어떻게 창조적인 치료 방식을 활용하고 있는지를 이해하는 데 있어, 그들이 치료 과정 중에 스스로 만든 작품들이 풍부할수록 연구에 도움이 된다. 회기를 진행하면서 표현되는 그림, 음악 가사, 율동, 단막극은 심오한 의미를 품고 있고, 그 작품들은 앞의 장들에서 본 것과 같이 연구와 매우 밀접한 연관이 있다. 이러한 작품들은 인터뷰를 하는 동안에 활용할 수도 있고, 그 자체가 자료가 될 수도 있다. 마치 돌턴과 크라우트(Dalton & Krout, 2005)가 노래 가사를 분석한 것과 같이 말이다.

질적 연구, 특히 표현예술 프로그램을 통해 나온 자료를 분석하고자 하는 연구자들은 오로지 텍스트로 표현된 연구 결과를 내놓으려고 할 필요가 없다. 그레이와 사인딩(Gray & Sinding, 2002)의 『기립박수: 암에 대한 사회과학 연구(Standing Ovation: Performing Social Science Research about Cancer)』가 그 대표적인 예이다. 그들의 연구는 하나의 공연으로 막을 내렸다. 그레이, 피치, 라브레크와 그린버그(Gray, Fitch, LaBrecque, & Greenberg, 2003)에 의하면 연구 결과를 예술적 형태로 전달하는 것은 의사들이 환자와의 관계에서 이해심과 유대감을 증진시키고 의사 자신의 행동적·태도적 변화를 이끌어 낼 수 있다. 이와 유사한 연구 윤리의 파급 효과는 이 책의 23장에 소개된 스코트 컨포티(Scott-Conforti)의 작품 〈영혼의 외침!〉에도 영향을 미쳤다.

양적 연구

양적 연구 방법을 활용하면 두 변수 사이의 관계를 설정할 수 있다(예를 들어, 창조적 글쓰기에서 각 단어들의 빈도수는 이해도나 통찰을 나타내고 개인의 성장을 측정할 수 있는 도구가 된다). 또는 신중하게 설계된 개입(예: 사별 당한 아동들을 위한 표현예술치료)의 영향이 시간에 따라 어떻게 변하는지 알아낼 수 있다. 하지만 성과 연구에서 '최적의 기준(gold standard)'의 설계로 알려져 있는 무작위대조시험(RCT)은 많은 지역기반의 연구자가 근접하기 어려운 수준의 자원을 요구한다. 앞서 언급된 많은 저자 또한 학교 및 지역사회 파트너들과 함께 일해 오면서 적은 수의 표본과 무작위 과정의 부재로 인해 연구의 한계를 느꼈다고 인정했다. 하지만 사별한 사람들을 위한 표현예술 중심의 개입들이 유용하고 효과가 있으며 영향력이 있다는 것을 나타내 주는 양적 자료들도 아직 손쉽게 수집할 수 있다. 사별한 사람들을 위한 표현예술치료의 효과를 검증하고자 했던 소수의 양적 연구를 검토한 결과, 우리는 이후 연구를 위해 다음과 같은 제언을 하고자 한다.

첫째, 좋은 연구를 위해서는 반드시 사별과 관련된 최근 문헌을 파악하고 있어야 한다. 리스터, 푸시커와 코널리(Lister, Pushkar, & Connolly, 2008)에 의하면 예술치료 공동체는 아직도 애도의 '단계 모형'을 따르고 있는데, 현대 이론의 관점에서 보면 이 모형은 시대에 뒤처진 것이다. 연구자들이 사별의 현상학, 역기능적인 애도의 해로운 영향, 그리고 효과적으로 치료적인 치유의 가능성을 이해하려면, 표현예술치료를 경험적으로 견문이 넓은 현대의 문헌과 연관시키는 것이 중요하다. 예를 들어, 기존의 애도를 돕는 치료적 개입에 대한 메타분석(Currier, Holland, & Neimeyer, 2007; Currier, Neimeyer, & Berman, 2008; Neimeyer & Currier, 2009)은 그러한 개입이 '상당히 위험한' 상실의 아픔(예: 아이를 잃은 부모, 부모를 잃은 아이; 자살, 살인 또는 치명적인 사건으로 인한 사별)을 경험한 사람들에게 더 효과적이라는 점을 발견했다. 또한 특정한 고통을 당한 사람들에게 더 효과적일 것이라는 점도 입증되었다. 이러한 요인들은 치료에 있어서 '표현예술적 개입을 통해 가장 많은 도움을 받을 수 있는 사람은 누구인가?'라는 질문과 연관된다. 다시 말해, 독특한 상실로 인해 자신과 가족 혹은 공동체의 지지와 자원을 넘어선 다른 무언가가 필요한 사람이 이러한 개입으로 인해 가장 큰 효과를 볼 수 있다.

조사 연구에 착수하기에 앞서, 치료를 통해 다루고자 하는 중요한 결과물이 무엇인가, 그리고 그러한 치료적 변화를 포착하려면 어떤 측정 도구를 사용해야 하는가를 고민해야 한다. 연구자가 사용할 수 있는 측정 도구는 실로 다양하다. 복잡한 애도를 측정하는 도구(복잡한 애도 검사-개정판; Prigerson et al., 1995)부터 우울을 측정하는 도구(벡 우울 척도-2; Beck, 1996), 의미 형성을 측정하는 도구(스트레스적 삶의 경험의 통합 척도; Holland, Currier, Coleman, & Neimeyer, 2010), 개인적 성장을 측정하는 도구(외상 후 성장 검사; Tedeschi & Calhoun 1996)까지 필요에 맞게 쓸 수 있다. 돌턴과 크라우트(2005)는 창조적인 치료 방식에 특화된 측정 도구를 개발했다. 이 도구는 표현예술치료만의 결과를 측정할 수 있는 모범적인 예로, 그중에서도 음악치료로 인한 변화 과정을 집중적으로 조명한다.

표현예술은 개인 심리치료, 병원에서 진행하는 프로그램, 호스피스, 애도를 위한 피정과 같은 다양한 장소에서 편리하게 활용해 볼 수 있기 때문에 많은 치료사에게 호응을 얻어 왔다. 그러나 애도 문헌에서 참고한 양적 연구 설계를 설득력 있게 만들려면, 사별의 다양한 측면을 미묘하게 고려해야 한다. 따라서 표현예술치료를 활용하는 연구자들은 평가와 경험적 설계의 문제뿐만 아니라 각 변수가 사회적 낙인이 되어 미치는 영향을 고려해야 한다. 그 변수들은 사랑하는 사람이 죽은 방식, 영적이고 종교적인 문제, 나이, 인종, 수입과 연관이 있을 수 있다. 치료가 개인으로 진행됐는지, 집단으로 진행됐는지 뿐만 아니라 치료의 참여도 효과(예: 치료의 빈도, 진행 시간, 강도)도 고려해야 한다. 오늘날에 이르기까지 대다수의 표현예술적 개입에 관한 연구들은 젊은 층을 대상으로 해왔다. 따라서 앞으로는 성인 남녀 및 다양한 인종을 대상으로 포함한 연구들이 더 이뤄져야 할 필요가 있겠다. 그러한 연구의 시대로 나아가는 일말의 가능성을 최근 캐슬로(Kaslow)와 동료들(2009)이 진행한 연구를 보며 발견했다. 그들은 가족의 자살로 인해 고통받는 아프리카계 미국인 아동과 성인을 위한 치료 프로그램에서 스토리텔링, 사랑하는 사람을 기억할 수 있도록 돕는 메모리북 만들기, 공예품 만들기 활동을 활용했다.

혼합된 방법

사전-사후 설계 안에 인터뷰, 창조적 예술작품, 체계적인 관찰을 포함시키면, 연구자는 표현예술을 활용한 치료의 효과를 밝힐 수 있을 뿐만 아니라 그 치료적 프로그램으로 발생된 개인적 · 집단적 · 사회적 과정을 이해할 수 있다. 사랑하는 사람을 여읜 사람들 사이에서 창조적 치료의 효과성을 연구하기 위해 이처럼 혼합된 방법을 활용하는 것은 극히 드물긴 하지만 강력히 추천한다. 이러한 방법에 흥미를 느끼는 연구자가 있다면, 혼합된 방법에 대해 자세히 잘 정리한 크레스웰과 클라크(Creswell & Clark, 2010)의 『혼합 방법의 연구 설계와 실행(Designed and Conducting Mixed Methods Research)』과 같은 문헌들을 참고하면 되겠다.

요약하자면, 이 짧은 장과 앞의 장들에서 간략하게 언급했거나 소개한 연구들은 창조적 예술을 활용한 애도상담의 효과성을 말하고, 더 나아가 그 효과성을 기록하기도 했다. 우리는 이 희망적인 초기 단계의 연구를 시작으로 앞으로 더 철저한 연구가 진행되길 바란다. 사람들이 상실 속에서 적응할 수 있도록 확실하게 도와주는 접근법들의 독특한 공헌을 밝힘으로써 그 원리와 과정에 대한 연구가 이어지길 기대한다.

참고문헌

Creswell, J. W., & Clark, V. L. (2010). *Designing and conducting mixed methods research*. Thousand Oaks, CA: Sage.

Currier, J. M., Holland, J. M., & Neimeyer, R. A. (2007). The effectiveness of bereavement interventions with children: A meta-analytic review of controlled outcome research. *Journal of Clinical Child and Adolescent Psychology, 36*(2), 253-259.

Currier, J. M., Neimeyer, R. A., & Berman, J. S. (2008). The effectiveness of psychotherapeutic interventions for bereaved persons: A comprehensive quantitative review. *Psychological Bulletin, 134*(5), 648-661.

Dalton, T. A., & Krout, R. E. (2005). Development of the Grief Process Scale through music therapy songwriting with bereaved adolescents. *The Arts in Psychotherapy*, *32*(2), 131-143.

Gray, R. E., Fitch, M. I., LaBrecque, M., & Greenberg, M. (2003). Reactions of health professionals to a research-based theatre production. *Journal of Cancer Education, 18*(4), 223-229.

Gray, R., & Sinding, C. (2002). *Standing ovation: Performing social science research about cancer*. Walnut Creek, CA: AltaMira Press.

Hilliard, R. E. (2001). The effects of music therapy-based bereavement groups on mood and behavior of grieving children. *Journal of Music Therapy, 38*(4), 291-306.

Hilliard, R. E. (2007). The effects of Orff-based music therapy and social work groups on childhood grief symptoms and behaviors. *Journal of Music Therapy*, *44*(2), 123-138.

Holland, J. M., Currier, J. M., Coleman, R. A., & Neimeyer, R. A. (2010). The Integration of Stressful Life Experiences Scale (ISLES): Development and initial validation of a new measure. *International Journal of Stress Management*, *17*(4), 325-352.

Kalantari, M., Yule, W., Dyregrov, A., Neshatdoost, H., & Ahmadi, S. J. (2012). Efficacy of writing for recovery on traumatic grief symptoms of Afghani refugee bereaved adolescents: A randomized control. *Omega*, *65*(2), 139-150.

Kaslow, N., Ivey, A., Berry-Mitchell, F., Franklin, K., & Bethea, K. (2009). Postvention for African American families following a loved one's suicide. *Professional Psychology*, *40*, 165-171.

Lin, Y. J., Lin, C. Y., & Li, Y. C. (2014). Planting hope in loss and grief: Self-care applications of horticultural therapy for grief caregivers in Taiwan. *Death Studies*, *8*(9), 603-611.

Lindenfelser, K. J., Grocke, D., & McFerran, K. (2008). Bereaved parents' experiences of music therapy with their terminally ill child. *Journal of Music Therapy*, *45*(3), 330-348.

Lister, S., Pushkar, D., & Connolly, K. (2008). Current bereavement theory: Implications for art therapy practice. *The Arts in Psychotherapy, 35*(4), 245-250.

McFerran, K., Roberts, M., & O'Grady. L. (2010). Music therapy with bereaved teenagers: A mixed methods perspective. *Death Studies, 34*(6), 541–565.

Neimeyer, R. A., & Currier, J. M. (2009). Grief therapy: Evidence of efficacy and emerging directions. *Current Directions in Psychological Science, 18*(6), 352–356.

Neimeyer, R. A., & Torres, C. (2014). Constructivism/constructionism: Methodology. In *International Encyclopedia of Social and Behavioral Sciences* 2nd edn. Amsterdam: Elsevier.

O'Callaghan, C. C., McDermott, F., Hudson, P., & Zalcberg, J. R. (2013). Sound continuing bonds with the deceased: The relevance of music, including preloss music therapy, for eight bereaved caregivers. *Death Studies*, *37*, 101–125.

O'Connor, M., Nikoletti, S., Kristjanson, L. J., Loh, R., & Willcock, B. (2003). Writing therapy for the bereaved: Evaluation of an intervention. *Journal of Palliative Medicine, 6*(2), 195–204.

Popkin, K., Lichtenthal, W. G., Rothstein, H. D., & Coyle, N. (2011). A pilot music therapy–centered intervention for nurses and ancillary staff working in cancer settings. *Music and Medicine, 3*(1), 40–46.

Prigerson, H. G., Maciejewski, P. K., Reynolds III, C. F., Bierhals, A. J., Newsom, J. T., Fasiczka, A. et al. (1995). Inventory of complicated grief: A scale to measure maladaptive symptoms of loss. *Psychiatry Research, 59*(1–2), 65–79.

Tedeschi, R. G., & Calhoun, L. G. (1996). The Posttraumatic Growth Inventory: Measuring the positive legacy of trauma. *Journal of Traumatic Stress, 9*(3), 455–471.

Yin, R. K. (2008). *Case study research* (4th edn.). Thousand Oaks, CA: Sage.

57

지하세계의 페르세포네 - 닫는 글

바버라 톰슨(Barbara E. Thompson) & 로버트 니마이어(Robert A. Neimeyer)

사랑하는 사람을 잃는 경험은 한 사람의 인생을 급속히 바꿔 놓을 수 있다. 마치 활짝 핀 꽃이 갑자기 시들어 버리는 것과 같이 말이다. 그리스 신화의 페르세포네(저승의 여왕) 이야기는 트라우마적인 상실과 자신이 알고 있던 세계가 무너지는 경험을 이야기한다. 페르세포네는 그녀의 집 근처 햇살이 따갑게 내리쬐는 곳에서 향기로운 꽃을 따고 있었다. 그러던 중, 아무런 예고도 없이 플루토(하데스라고도 불리는)가 그녀를 강간한 후 자신의 지하세계로 납치했다. 고대 이야기에서와 같이 트라우마적인 상실은 순수한 영혼을 삶의 의미와 위로가 전혀 없는 차갑고 무서운 세계로 몰고 간다.

이와 같이 자신이 알고 있던 세상의 파괴를 마주했을 때, 신화, 동화, 다른 형태의 예술작품들은 우리가 시간을 뛰어넘는 암묵적인 질서를 엿볼 수 있도록 도와준다. 그리고 상실과 슬픔의 경험이 인류 공동의 경험에 연결될 수 있도록 도와준다. 융과 케레니(Jung & Kerenyi, 1963)는 우리에게 이미지들이 어떤 예술적 형태로든지 '쏟아져 나오도록' 놔두라고 말한다. "해석하거나 설명하려 하지 말고, 무엇보다도 내버려두고 이미지 자체가 의미를 말할 수 있도록 해서 이미지의 목소리가 말할 기회를 준다."(p. 3)

표현예술 분야와 완전히 일치하는 이러한 지향점(Thompson & Berger, 2011)은 예술작품이 자신의 의미를 드러낼 때까지 '함께'하거나, 이해하기 위한 노력을 기울이게 한다. 우리는 '특별한 귀'를 가지고 작품이 무엇을 표현하는지, 우리의 내적 삶과 함께 공명하는 것은 무엇인지에 귀를 기울일 수 있어야 한다(Jung & Kerenyi, 1963). 이러한 노력을 통해 새로운 '돌파구'를 찾아 수면 위로 떠오를 수 있는 가능성이 생긴다. 즉, 삶과 죽음, 선과 악, 빛과 어둠, 가능성과 제한성과 같이 서로 양립할 수 없어 보이는 것들이 완전히 새로운 관점을 제시하는 것이다. 그 새로운 관점은 "세 번째의 무엇…… 인간 존재의 새로운 차원, 새로운 상황"이다(Jung: Miller, 2004, p. 3에서 재인용). 융은 이렇게 근본적으로 변증법적인 과정을 초월적 기능으로 보았고, 이를 통해 "개인이 자신을 '재발견'하고 재구조화하게 된다."(p. 14)라고 말했다. 초월적 기능은 "흔히 '상처 입은 치유자'와 같이 역설적인 이미지로 표현되곤 한다."(Salmon, 2000, p. 85)

이 책『애도상담과 표현예술』은 독자들에게 이러한 초월적 기능이 제 기능을 발휘할 수 있도록 돕는 많은 창조적 실천 방안을 제시해 주었다. 자아의 한 부분은 이 변화된 삶에서 상실을 삶에 통합시키고 삶의 의미를 형성하려는 분투를 하고 있다. 초월적 기능을 발휘할 수 있는 방법은 상처를 받았지만 아직 회복력 있는 바로 그 자아의 한 부분을 직설적으로 또는 은유적으로 말로 나타내는 것이다. 페르세포네와 같이 슬픔에 젖어 있는 아동과 성인들은 한때 온화했던 세상에서 벗어나, 나아갈 길도 제시되지 않은 생소하고 출구도 없는 어둡고 외딴 지역으로 내던져진 느낌을 받는다. 하지만 바로 이곳, 지독한 고통의 한가운데서, 애도를 돕는 상담자들은 내담자를 만나려고 한다. 그들은 표현예술뿐 아니라 좀 더 전통적인 방식들을 활용해서 내담자가 이 지하세계로부터 벗어나 삶이 가득한 지상으로 점점 나아갈 수 있도록 한다.

이러한 변화의 과정은 최근 문헌들에서뿐만 아니라 고대 문헌들에서 이미 설명하고 있다. 호머(Homer)의 '데메테르를 찬미하는 노래(Hymn to Demeter)'에서 죽음의 신인 플루토는 금으로 된 전차를 타고 심연에서 올라와 페르세포네를 그녀의 가족과 친구들에게서 빼앗아 자신의 어두운 지하세계로 납치한다. 페르세포네의 엄마 데메테르는 소복을 입고 안절부절못한다. 그녀는 자신의 딸을 몹시 그리워하며 딸이 어떻게 됐는지 알아내기 위해 기나긴 여정을 시작한다. 분노와 절망에 휩싸인 데메테르는 이 땅에 생명의 씨 한 톨도 자라지 못할 것이라 명령했다. 그녀의 고통에 까맣게 그슬려 대지도 황량하게 메말라 갔다. 상황의 심각성을 감지한 제우스는 플루토에게 페르세포네를 그녀의 엄마에게 되돌려 보내라고 명령했다. 어쩔 수 없이 플루토는 페르세포네를 놔주게 되었다. 하지만 놔주기 전에 플루토는 페르세포네에게 석류 씨를 건네주며 먹게 했는데, 이는 그녀가 다시 자신에게 돌아오게 하기 위함이었다. 지하세계의 열매를 먹으면 페르세포네는 반드시 매해 일정 기간 그곳에서 보내야 하기 때문이다(Frazer,

1922). 지하세계의 열매를 먹은 페르세포네와 같이, 중대한 상실의 경험은 우리를 바꿔 놓고 우리는 이 지상 세계에서 더 이상 예전과 같은 방식으로 살 수 없게 된다.

호머의 뒤를 따라 쓰인 시집 『숭배의 찬가(Orphic Hymns)』에는 페르세포네가 "삶과 죽음의 힘을 모아 자기 자신을 변화시킨" 것으로 묘사되어 있다(Woolger & Woolger, 1989, p. 250). 그녀는 "지구의 가장 깊은 하계에서 하데스의 문을 통제했다." 그리고 그녀는 "눈부시게 빛나는 계절들과 함께 노는 친구…… 8월, 평화롭게 활짝 꽃을 피우고, 총명하고 전능한 아가씨"로 설명되어 있다(Athanassakis: Woolger & Woolger, 1989, pp. 251-252에서 재인용). 하계의 여왕이었던 페르세포네는 등불이 되었다. 즉, 누군가 아무런 예고도 없이 그녀가 살고 있는 왕국의 어둠 속에 빠졌을 때 그녀는 '상처 입은 치유자'로 함께 있어 주는 존재이다. 이제 슬픔과 상실의 세계에 익숙한 그녀는, 이 어둠의 세계에서 사람들을 이끌어 주며 동반자가 되어 준다. 비록 그녀의 의지에 반한 선택이었지만, 페르세포네는 상처 입은 경험을 통해 교훈을 얻을 수 있었다. 슬픔이 매우 단단하고, 영원히 지속될 것 같으며, 헤쳐 나갈 수 없을 것 같이 느껴지지만, 페르세포네와 마찬가지로 오늘날 슬픔에 잠긴 많은 사람은 슬픔의 고통을 통해 무언가를 배울 수 있을 것이다. 아주 미세할지라도 슬픔을 움직일 수 있을 것이다. 얼어붙은 땅속에 묻힌 씨앗과 같이, 새로운 계절의 도래와 태양의 따스함과 함께 변화가 일어날 수 있는 가능성은 존재한다. 성공적인 애도상담은 내담자에게 이와 같은 희망을 갖게 할 것이다. 그리고 표현예술이 바로 이와 같은 가능성을 꽃피우게 할 것이다.

토머스 엘리엇(T.S. Eliot)은 슬픔을 알았고, 자신이 쓴 시인 '4개의 4중주(Four Quartets)'에서 지하세계를 어떠한 행동도 취할 동기가 없는 '텅 빈 성 간 공간(항성 간의 공간)'이라고 표현했다. 그는 자신의 '특별한 귀'로 듣게 된 것을 다음과 같은 글로 남겨 두었다. "나는 내 영혼에게 말했다. 가만히 있어 어둠이 네게로 다가오게 하라."(Eliot, 1971, p. 27). 그는 "어둠에 빛이 비치고, 정적인 움직임은 역동적인 춤으로 뒤바뀔 것"이라는 점을 이미 알고 있었다(p. 28). 아니다, 슬픔을 통해 알게 된 것인지도 모르겠다. 그는 고요함 속에서 '졸졸 흐르는 개울의 속삭임'을 들었고, '정원에 퍼지는 웃음소리'와 함께 '이전에는 보지 못했던 야생 백리향과 야생 딸기'를 보았으며, 그것들을 '잃어버리지 않았다'는 것을 깨닫게 되었다(p. 28). 그가 묘사하는 세계는 역설적이다. 그 세계는 무서우면서도 아름다웠다. 그는 우리에게 '탐험가'가 되어 '더 깊이 연합하고, 더 깊이 교감을 나누라.'고 말한다. 그럼으로써 그가 그러했듯이 우리도 '삶이 끝난 것 같을 때가 사실 삶의 시작이다.'라는 것을 깨달을 수 있을 것이라 말한다(p. 32).

표현예술은 깊이 있는 교감을 나눌 수 있도록 해 주며, 개인적인 경험이 보편적인 경험으로 바뀌는 것을 경험할 수 있게 한다. 그리고 시간을 초월한 공간 속에서 서로를 의지하며 살아갈 수 있도록 도와준다. 우리가 개방성과 창조성의 자세를 가지고 그 공간을 보면, 예상하지 못했던 새로운 것들을 발견할 수 있다. 그리고 보통은 감춰져 있어 말로 형용할 수 없었던 것들을 볼 수 있게 될 것이다. 이 책에서는 사랑하는 사람을 잃은 절망적인 아픔을 극복하고 어떻게 다양한 방법으로 변화를 이끌어 낼 수 있을지에 대한 많은 방안을 제시해 주었다. 또한 지하세계에 스스로 내려간 많은 이의 이야기도 콜라주, 춤, 사진, 예술작품, 저널 목록을 통해 볼 수 있었다. 이들은 '상처 입은 치유자'로서 사별을 당한 사람들의 동반자가 되어 준다. 이들은 어둠 속에 갇혀 외로움에 떨고 있는 그 사람들에게 자유를 선사하고 변화하는 그들의 모습에 증인이 되어 줄 것이다.

비록 우리는 더 이상 페르세포네를 찬미하지 않지만, 그녀는 우리 안에 내재하며 우리가 트라우마적 상실로 가득 찬 지하세계에서 방황할 때 길잡이가 되어 줄 것이다. 우리는 지하세계에 익숙한 이 존재를 통해 변화의 씨앗이 자라나는 데 필요한 온기를 전해 줄 수 있다. 표현예술은 이러한 씨앗이 잘 자랄 수 있도록 땅을 경작하는 역할을 한다. 이 책은 이러한 과정을 비롯하여 예술이 가진 특별한 치유의 힘을 기록하면서 다듬어 나가고, 선조들이 대물려 준 지혜를 확인해 나가며, 우리 모두 안에 있는 예술가의 영혼을 소생시켜 역사 속에서 예술가들의 작품을 살펴보는 데 전념했다.

참고문헌

Eliot, T. S. (1971). *Four Quartets*. New York: Harcourt Brace.

Frazer, J. G. (1922). *The golden bough: A study in magic and religion*. New York: Collier.

Jung, C. G., & Kerenyi, C. (1963). *Essays on a science of mythology*. Princeton, NJ: Bollingen.

Miller, J. (2006). *The transcendent function: Jung's model of psychological growth through dialogue with the unconscious*. Albany, NY: SUNY Press.

Salmon, S. (2000). The wisdom of psychological creativity and amor fati. In P. Young-

Eisendrath & M. E. Miller (Eds.), *The psychology of mature spirituality: Integrity, wisdom, transcendence* (pp. 77-86). Philadelphia, PA: Taylor & Francis.

Thompson, B., & Berger, J. (2011). Expressive arts therapy and grief. In R. A. Neimeyer, H. D. Winokeur, D. Harris, & G. Thornton (Eds.), *Grief and bereavement in contemporary society: Bridging research and practice*. New York: Routledge.

에필로그(영혼의 움직임)

그러면, 모든 사람 속에 하늘이 뒤엉켜 스며들어 있는 것이 영혼인가?

장 프랑수아 보셰민(Jean-François Beauchemin)

유령이 집을 지나간다.

모든 창문과
모든 문이 열린다.
그들은 그것들을 감싸며 움직인다.

리본
얇은 천

우리가 살고 있는 공간에는 너무도 많은 것이 있다.
혹은 우리가 많이 있게 했는지도 모른다.
바람과 움직임
명주천이 나부끼며,
우리 자신이 오랫동안 그려 온 영혼.

이 몸은
닫힌 것이 아니라,
단단한 껍질이 아니라,
창틀에 작은 덩굴이 있는 창문 딸린 방.

오라, 와서 문간에 서라.
당신에게 보여 주련다.
나의 노란 방을, 깨어지지 않는.

* Moore, J. (2012). *Everything, Now*. Ontario: Brick Books. 허락하에 발췌하여 게재함

편저자 소개

Barbara E. Thompson (LCSW, OTD, OTR/L) 세이지 대학교 작업치료학과 교수이며, 개인 정신치료 기법을 활용하고 있다. 뉴욕 알바니에 있는 성베드로 병원에서 '성베드로 호스피스의 날' 프로그램과 근위축성 측삭경화증센터를 창립하여 운영하고 있으며, 전임교수로 임명되기 전에는 유럽에서 표현예술 분야의 자격증 과정을 수료하였다.

Robert A. Neimeyer (Ph.D.) 멤피스 대학교 심리학과 교수이며, 임상 분야에서도 활발하게 활동하고 있다. 20여 권의 책을 출간했고, 『죽음학(Death Studies)』의 편저자이기도 하다. 죽음, 사망 및 사별에 관한 국제 조직(International Work Group on Death, Dying, and Bereavement: IWG)의 회장을 역임하였으며, 현재 죽음교육 및 상담 협회(Association for Death Education and Counseling: ADEC)의 회장을 맡고 있다. 시인으로도 등재되어 있으며, 최신 저작으로는 『열망의 예술(The Art of Longing)』이 있다.

집필진 소개

Dorit Amir (DA, ACMT) 이스라엘의 바일란 대학교 음악학부

Iishana P. Artra (PhD) 캘리포니아주의 소피아 대학교, 버몬트주의 군인협회 연구 및 개발 이사

Sally S. Atkins (EdD) 노스캐롤라이나주의 애팔래치아 주립대학교 인간개발 및 심리상담학부

Diana Austin (DA, ACMT, LCAT) 뉴욕주의 뉴욕 대학교, 개인상담센터

David Baecker (MFA) 뉴욕주의 러셀세이지 칼리지

Ione Beauchamp (MFA, RSMT, RYT) 버몬트주의 베닝턴 칼리지 무용학부

Joy S. Berger (DMA, FT) 켄터키주의 호스피스 교육 네트워크 집단

Sandra Bertman (PhD) 매사추세츠주의 죽음교육 국제센터 죽음학 및 예술학, 매사추세츠 대학교 의료센터 인문과학과 교수

Alexandria B. Callahan (BC-DMT, LPC) 일리노이주의 중서부 지역의료센터 내 미국암치료센터장

Cecilia Lai Wan Chan (PhD, RSW) 홍콩의 홍콩 대학교 사회복지 및 행정학부 보건사회복지과 주임교수

Cypress Chang (MA) 대만의 타이페이 국립대학교 간호보건과학대학

Elizabeth Maier Chernow (PhD) 캘리포니아주의 교정 및 재활 심리학자

Michael Conforti (PhD) 버몬트주의 아시시 협회(Assisi Institute)

Gerry R. Cox (PhD) 위스콘신주의 위스콘신 대학교

Kate Dahlstedt (MA, LMHC) 뉴욕주의 군인의 심장(Soldier's Heart)

Thomson A. Dalton (LMHC, MT-BC, VITAS) 플로리다주의 혁신적 호스피스 케어(Innovative Hospice Care)

Leigh Davies (ATR-BC, LCAT, LMFT) 뉴욕주의 러셀세이지 칼리지

Thelma Duffey (PhD, LPC, LMFT) 텍사스주의 텍사스 대학교 교수 및 학장, 개인 교습

Eliana Gil (PhD, ATR, RPT-S) 워싱턴주의 길 치유 및 놀이 센터(Gil Center for Healing & Play)

Richard Gold (MA) 워싱턴주의 퐁고 십대 글쓰기 프로젝트(Pongo Teen Writing Project)

Linda Goldman (MS, LCPC, FT) 캐나다의 킹스 칼리지 겸임교수

Angela Hamblen (LCSW) 테네시주의 침례 트리니티 호스피스(Baptist Trinity Hospice) 및 올바른 애도를 위한 케몬스 윌슨 가족센터(Kemmons Wilson Family Center for Good Grief)

Bob Heath (MA) 영국의 마이클 소벨 경의 집(Sir Michael Sobell's House) 음악치료사, 영국 웨스트잉글랜드 대학교 음악치료 강사

Malinda Ann Hill (MA) 펜실베이니아주의 필라델피아 아동병원 내 새벽별 사별 프로그램(Evenstar Bereavement Program) 코디네이터

Russell Hilliard (PhD) 일리노이주의 임종기 돌봄 음악치료센터(Center for Music Therapy in End of Life Care) 및 사계절 호스피스 및 완화치료 케어(Seasons Hospice & Palliative Care)

Andy Hau Yan Ho (MSocSc, MFT, FT) 홍콩의 홍콩 대학교 행동건강센터 연구 책임자 및 명예 강사

Rainbow H. T. Ho (PhD, BC-DMT) 홍콩의 홍콩 대학교 행동건강센터

Todd Hochberg (BA) 일리노이주의 사진작가 및 교육자

Lisa Jennings 테네시주의 예술가

Robert Eric Krout (EdD, MT-BC) 텍사스주의 남부감리교 대학교

Kris Eric Larsen (LCPC, BC-DMT) 일리노이주의 컬럼비아 칼리지 무용동작 치료 및 상담학과

Ellen G. Levine (MSW, PhD, ATR-BC, REAT) 스위스의 유럽 대학원 교수

Stephen K. Levine (PhD, DSSc, REAT) 스위스의 유럽 대학원 표현예술 박사과정 학장

Yu-Chan Li (PhD) 대만의 타이페이 국립대학교 간호보건과학대학

Jane Lings (MA) 영국의 성베드로 호스피스(St. Peter's Hospice) 음악치료사, 영국 웨스트잉글랜드 대학교 음악치료학 수석 강사

Val Maasdorp [B SocSc (SW)] 짐바브웨의 아일랜드 호스피스(Island Hospice)

Debra Machando (MSc) 짐바브웨의 아프리카 여자대학교

Katrina Skewes McFerran (PhD, RMT) 호주의 음악치료 의장, 국립 음악치료 연구소장 멜버른 음악학교, 멜버른 대학교

Breffni McGuinness (MA, Dramatherapy, MIACAT) 아일랜드의 아일랜드 호스피스 재단(Irish Hospice Foundation) 상담센터

Evgenia Milman (MA) 캐나다의 맥길 대학교

Jessica Moore (MA) 캐나다의 토론토에서 활동

Jane Moss (MA) 영국의 크루즈 사별 케어(Cruise Bereavement Care)

Virginia Reed Murphy 테네시주의 재생 멤피스(Playback Memphis) 전무이사

Maryl L. Neff (PhD, OTS) 뉴욕주의 세이지 칼리지 작업치료학과

Robert A. Neimeyer (PhD) 테네시주의 멤피스 대학교 심리학과

Gail Noppe-Brandon (LMSW, MA, MPA) 뉴욕주의 목소리 내기 프로젝트(The Voicing Project)

Jordan S. Potash (PhD, ATR-BC) 홍콩의 홍콩 대학교 행동건강센터

Irene Renzenbrink (MSA) 호주의 레이크사이드 표현예술(Lakeside Expressive Arts) 감독

Diana Sands (PhD) 호주의 자살로 인한 사별센터(Bereaved by Suicide Center for Intense Grief)

Loralee Scott-Conforti 버몬트주의 아첸도 무용단(Accento Dance Company) 이사

Ilene A. Serlin (PhD, BC-DMT) 매사추세츠주의 레슬리 대학교

Harold Ivan Smith (DMin, FT) 미주리주의 성누가 병원

Toni Smith (MFA) 뉴욕주의 스키드모어 칼리지 무용학과, 보디마인드 센터링 전문가

Shanee Stepakoff (PhD, MFA, PTR) 뉴욕주의 상담센터

Sharon Strouse (MA, ATR) 메릴랜드주의 크리스틴 리타 스트라우스 재단(Kristin Rita Strouse Foundation), 개인 교습

Barbara Thompson (OTD, LCSW, OTR/L) 뉴욕주의 세이지 칼리지 작업치료학과

Carlos Torres (MS) 테네시주의 멤피스 대학교 심리학과

Lysa Toye (MSW, RSW, Dip EXAT) 캐나다의 마운트시나이 병원, 맥스 앤 베아트리체 울프 아동 센터(Max & Beatrice Wolfe Children's Centre) 및 제이 박사의 아동 애도 프로그램(Dr. Jay Children's Grief Program)

Bernard J. Vanden Berk (PhD) 위스콘신주의 밸리뷰 초등학교

Denis Whalen (MA, CAGS) 뉴욕주의 뉴욕 표현예술(New York Expressive Arts)

Natalie Wlodarczyk (PhD, MT-BC) 미주리주의 드루어리 대학교 음악치료학과

Carol Wogrin (PsyD, RN) 짐바브웨의 아프리카 여자대학교

Jessica Young (LCPC, BC-DMT) 일리노이주의 컬럼비아 칼리지 무용동작치료 및 상담학과

Polly Young-Eisendrath (PhD) 버몬트주의 버몬트 대학교 정신의학과

역자 소개

유영권(You, Young Gweon)
미국 Vanderbilt University, Ph. D.(기독교상담학, 지역심리학)
한국상담심리학회 상담심리사 1급(no. 121), 기독상담심리치료 감독
한국상담심리학회 학회장 및 생명문화학회 학회장 역임
현 연세대학교 연합신학대학원 상담코칭학과 정교수
　한국자살예방협회 이사

〈주요 저서〉
자살의 이해와 예방(공저, 학지사, 2007)
행복한 부부여행(주는나무, 2007)
행복한 어머니와 건강한 가정(주는나무, 2008)
기독(목회)상담학(2판, 학지사, 2014)
상담 수퍼비전의 이론과 실제(2판, 공저, 학지사, 2019) 외 다수

박경은(Park, Kyung Eun)
연세대학교 대학원 상담코칭학 박사(Ph. D.)
기독상담 전문상담자
한국상담심리학회 총무이사 및 생명문화학회 사무국장 역임
연세대학교 상담코칭지원센터 전문상담자 역임
현 세명대학교 교양학부 및 경영행정복지대학원 상담심리학과 조교수

애도상담과 표현예술
-의미창출을 위한 상담기법-

Grief and the Expressive Arts
-Practices for Creating Meaning-

2020년 1월 10일 1판 1쇄 인쇄
2020년 1월 15일 1판 1쇄 발행

엮은이 • Barbara E. Thompson · Robert A. Neimeyer
옮긴이 • 유영권 · 박경은
펴낸이 • 김진환
펴낸곳 • (주) 학지사
04031 서울특별시 마포구 양화로 15길 20 마인드월드빌딩
대표전화 • 02)330-5114 팩스 • 02)324-2345
등록번호 • 제313-2006-000265호

홈페이지 • http://www.hakjisa.co.kr
페이스북 • https://www.facebook.com/hakjisa

ISBN 978-89-997-1980-6 93180

정가 27,000원

이 도서의 국립중앙도서관 출판시도서목록(CIP)은 서지정보유통지원시스템 홈페이지(http://seoji.nl.go.kr)와 국가자료공동목록시스템(http://www.nl.go.kr/kolisnet)에서 이용하실 수 있습니다.
(CIP 제어번호: CIP2019044920)